Berliner Schriften zur Stadt- und Regionalplanung

herausgegeben von

Univ.-Prof. Dr.-Ing. habil. Stephan Mitschang

Band 45

Maike Hölscher

Sozialgerechte Bodennutzung durch kooperative Baulandmodelle

Rechtliche Grundlagen und Grenzen

Nomos

Onlineversion
Nomos eLibrary

Die Deutsche Nationalbibliothek verzeichnet diese Publikation in
der Deutschen Nationalbibliografie; detaillierte bibliografische
Daten sind im Internet über http://dnb.d-nb.de abrufbar.

Zugl.: Heidelberg, Univ., Diss., 2022

ISBN 978-3-7560-0555-0 (Print)
ISBN 978-3-7489-3908-5 (ePDF)

Die Bände 1-31 dieser Reihe sind im Peter Lang Verlag erschienen.

1. Auflage 2023
© Nomos Verlagsgesellschaft, Baden-Baden 2023. Gesamtverantwortung für Druck
und Herstellung bei der Nomos Verlagsgesellschaft mbH & Co. KG. Alle Rechte, auch
die des Nachdrucks von Auszügen, der fotomechanischen Wiedergabe und der Über-
setzung, vorbehalten. Gedruckt auf alterungsbeständigem Papier.

Vorwort

Die vorliegende Arbeit wurde im Wintersemester 2022/2023 von der Juristische Fakultät der Universität Heidelberg als Dissertation angenommen. Rechtsprechung und Literatur befinden sich im Wesentlichem auf dem Stand von Dezember 2022.

Meiner Doktormutter Prof. Dr. Ute Mager danke ich herzlich für die Betreuung der Arbeit, die Zuversicht in ihr Gelingen und den bereichernden fachlichen Austausch. Prof. Dr. Dr. h.c. mult. Eberhard Schmidt-Aßmann danke ich für die rasche Erstellung des Zweitgutachtens. Mein Dank gilt zudem Prof. Dr. Stephan Mitschang für die Aufnahme in die Schriftenreihen „Berliner Schriften zur Stadt- und Regionalplanung".

Besonders danke ich meiner Familie, die mich auf meinem Weg begleitet und immer bedingungslos unterstützt.

Der größte Dank gilt meinem Ehemann Simon, der seit Beginn meines Studiums die Höhen und Tiefen des Lebens mit mir beschreitet, mir bei den vielfältigen Herausforderungen der letzten Jahre Zuspruch und Rückhalt gegeben hat und mit dem an meiner Seite alles möglich erscheint.

Brüssel, im Januar 2023

Inhaltsverzeichnis

Abkürzungsverzeichnis

9. BImSchV	Neunte Verordnung zur Durchführung des Bundes-Immissionsschutzgesetzes Verordnung über das Genehmigungsverfahren
a.A.	anderer Ansicht
a.F.	alte Fassung
Abl.	Amtsblatt
Abs.	Absatz
AGBauGB	Gesetz zur Ausführung des Baugesetzbuchs
AGBG	Gesetz zur Regelung des Rechts der Allgemeinen Geschäftsbedingungen
AllMBl.	Allgemeines Ministerialblatt
ALR	Allgemeines Landrecht der Preußischen Staaten von 1794
Alt.	Alternative
Amtsbl.	Amtsblatt
Anm.	Anmerkung
APuZ	Aus Politik und Zeitgeschichte
Art.	Artikel
Aufl.	Auflage
AZG	Gesetz über die Zuständigkeiten in der Allgemeinen Berliner Verwaltung
BauGB	Baugesetzbuch
BauGB-MaßnahmenG	Maßnahmengesetz zum Baugesetzbuch
BauleitplanfeststellungsG	Gesetz über die Feststellung von Bauleitplänen und ihre Sicherung
BauNVO	Baunutzungsverordnung
BauO Bln.	Bauordnung für Berlin
BauO NRW	Bauordnung für das Land Nordrhein-Westfalen
BauR	Zeitschrift für das Baurecht
BauZVO	Verordnung zur Sicherung einer geordneten städtebaulichen Entwicklung und der Investitionen in den Gemeinden

Bay. GVBl.	Bayerisches Gesetz- und Verordnungsblatt
BayBO	Bayerische Bauordnung
BayBS	Bereinigte Sammlung des Bayerischen Landesrechts
BayGO	Gemeindeordnung für den Freistaat Bayern
BayHO	Haushaltsordnung des Freistaates Bayern
BayLKrO	Landkreisordnung für den Freistaat Bayern
BayMBl.	Bayerisches Ministerialblatt
BayVBl.	Bayerische Verwaltungsblätter
BayVerf	Verfassung des Freistaates Bayern
BayVerfGHE	Entscheidungen des Verfassungsgerichtshofs für den Freistaat Bayern
BayVwVfG	Bayerisches Verwaltungsverfahrensgesetz
BayWoFG	Gesetz über die Wohnraumförderung in Bayern
BBauG	Bundesbaugesetz
BBergG	Bundesberggesetz
BbgVerf	Verfassung des Landes Brandenburg
BbgWoFG	Gesetz über die soziale Wohnraumförderung im Land Brandenburg
Bd.	Band
BeckOK	Beck'scher Online-Kommentar
ber.	berichtet
Beschl.	Beschluss
BetrKV	Verordnung über die Aufstellung von Betriebskosten
BGB	Bürgerliches Gesetzbuch
BGBl.	Bundesgesetzblatt
BGH	Bundesgerichtshof
BGHZ	Entscheidungen des Bundesgerichtshofs (amtliche Sammlung)
BHO	Bundeshaushaltsordnung
BImSchG	Gesetz zum Schutz vor schädlichen Umwelteinwirkungen durch Luftverunreinigungen, Geräusche, Erschütterungen und ähnliche Vorgänge (Bundes-Immissionsschutzgesetz)
BNatSchG	Gesetz über Naturschutz und Landschaftspflege (Bundesnaturschutzgesetz)
BR-Drs.	Drucksachen des Deutschen Bundesrates

BremVerf	Landesverfassung der Freien Hansestadt Bremen
BRS	Baurechtssammlung
BT-Drs.	Drucksachen des Deutschen Bundestages
BVerfG	Bundesverfassungsgericht
BVerfGE	Entscheidungen des Bundesverfassungsgerichts (amtliche Sammlung)
BVerwG	Bundesverwaltungsgericht
BVerwGE	Entscheidungen des Bundesverwaltungsgerichts (amtliche Sammlung)
BW	Baden-Württemberg
bzw.	beziehungsweise
d.h.	das heißt
ders.	derselbe
dies.	dieselben
DNotI-Report	Informationsdienst des Deutschen Notarinstituts
DNotZ	Deutsche Notar-Zeitschrift
DÖV	Die Öffentliche Verwaltung
Drs.	Drucksachen
DVBl.	Deutsches Verwaltungsblatt
DVP	Deutsche Verwaltungspraxis
DVWoR	Verordnung zur Durchführung des Wohnungsrechts und des Besonderen Städtebaurechts
EAG Bau	Gesetz zur Anpassung des Baugesetzbuchs an EU-Richtlinien – Europarechtsanpassungsgesetz Bau
EBKrG	Gesetz über Kreuzungen von Eisenbahnen und Straßen
EL	Ergänzungslieferung
ExWoSt	Experimenteller Wohnungs- und Städtebau
f./ff.	folgend(e)
Fn.	Fußnote
FS	Festschrift
FStrG	Bundesfernstraßengesetz
fub	Flächenmanagement und Bodenordnung
FWW	Die Zeitschrift der mittelständischen Immobilienwirtschaft
GABl. BW	Gemeinsames Amtsblatt Baden-Württemberg

GBl. BW	Gesetzblatt Baden-Württemberg
GemHVO	Verordnung des Innenministeriums über die Haushaltswirtschaft der Gemeinden
GemO BW	Gemeindeordnung für Baden-Württemberg
GewArch	Gewerbearchiv
GG	Grundgesetz für die Bundesrepublik Deutschland
GO NRW	Gemeindeordnung für das Land Nordrhein-Westfalen
GS	Gesetz-Sammlung für die Königlichen Preußischen Staaten
GV. NRW	Gesetz- und Verordnungsblatt für das Land Nordrhein-Westfalen
GVBl.	Gesetz- und Verordnungsblatt
GVBl. Rh.-Pf.	Gesetz- und Verordnungsblatt für das Land Rheinland-Pfalz
GVOBl. SH	Gesetz- und Verordnungsblatt für Schleswig-Holstein
HdB	Handbuch
Hess. StAnz.	Staatsanzeiger für das Land Hessen
HGO	Hessische Gemeindeordnung
HLPG	Hessisches Landesplanungsgesetz
HmbGVBl	Hamburgisches Gesetz- und Verordnungsblatt
HmbWoFG	Gesetz über die Wohnraumförderung in der Freien und Hansestadt Hamburg
HOAI	Verordnung über die Honorare für Architekten- und Ingenieurleistungen
Hrsg.	Herausgeber
Hs.	Halbsatz
HStR	Handbuch des Staatsrechts der Bundesrepublik Deutschland
HVwVfG	Hessisches Verwaltungsverfahrensgesetz
HWoFG	Hessisches Wohnraumfördergesetz
i.d.F.v.	in der Fassung vom
i.V.m.	in Verbindung mit
insb.	insbesondere
JA	Juristische Arbeitsblätter
JöR	Jahrbuch des öffentlichen Rechts der Gegenwart
JURA	Juristische Ausbildung
jurisPR	juris PraxisReport

JuS	Juristische Schulung
JZ	JuristenZeitung
Kap.	Kapitel
KommHV-Doppik	Verordnung über das Haushalts-, Kassen- und Rechnungswesen der Gemeinden, der Landkreise und der Bezirke nach den Grundsätzen der doppelten kommunalen Buchführung
KommJur	Kommunaljurist
KStZ	Kommunale Steuerzeitschrift
LBO	Landesbauordnung
Lfg.	Lieferung
LG	Landgericht
LHO BW	Landeshaushaltsordnung für Baden-Württemberg
lit.	littera (Buchstabe)
LKV	Landes- und Kommunalverwaltung
LPlG BW	Landesplanungsgesetz Baden-Württemberg
LWoFG BW	Landesgesetz zur Förderung von Wohnraum und Stabilisierung von Quartierstrukturen Baden- Württemberg
LWoFG Rh.-Pf.	Landeswohnraumförderungsgesetz Rheinland-Pfalz
m.w.N.	mit weiteren Nachweisen
MDR	Monatsschrift für Deutsches Recht
MGeschO LSA	Muster einer Geschäftsordnung für den Gemeinderat und seine Ausschüsse sowie für den Verbandsgemeinderat und seine Ausschüsse des Städte- und Gemeindebunds Sachsen-Anhalt
MietNovG	Gesetz zur Dämpfung des Mietanstiegs auf angespannten Wohnungsmärkten und zur Stärkung des Bestellerprinzips bei der Wohnungsvermittlung
MittBayNot	Mitteilungen des Bayerischen Notarvereins, der Notarkasse und der Landesnotarkammer Bayern
MVVerf	Verfassung des Landes Mecklenburg-Vorpommern
Nds. GVBl.	Niedersächsisches Gesetz- und Verordnungsblatt
NJW	Neue Juristische Wochenschrift
NJW-RR	Neue Juristisches Wochenschrift – Rechtsprechungs-Report
NordÖR	Zeitschrift für öffentliches Recht in Norddeutschland
NotBZ	Zeitschrift für die notarielle Beratungs- und Beurkundungspraxis

Nr.	Nummer
NuR	Natur und Recht – Zeitschrift für das gesamte Recht zum Schutze der natürlichen Lebensgrundlagen und der Umwelt
NVwZ	Neue Zeitschrift für Verwaltungsrecht
NVwZ-RR	Neue Zeitschrift für Verwaltungsrecht – Rechtsprechungs-Report
NWoFG	Niedersächsisches Gesetz über die soziale Wohnraumförderung und die Förderung von Wohnquartieren
NWVBl.	Nordrhein-Westfälische Verwaltungsblätter
NZA	Neue Zeitschrift für Arbeitsrecht
NZBau	Neue Zeitschrift für Baurecht und Vergaberecht
NZM	Neue Zeitschrift für Miet- und Wohnungsrecht
OLG	Oberlandesgericht
OVG	Oberverwaltungsgericht
RhPf Verf	Verfassung für Rheinland-Pfalz
RL	Richtlinie
Rn.	Randnummer
ROG	Raumordnungsgesetz
Rspr.	Rechtsprechung
S.	Seite
s.o.	siehe oben
SächsABl.	Sächsisches Amtsblatt mit Amtlichem Anzeiger
SächsVerf	Verfassung des Freistaates Sachsen
SGB I	Sozialgesetzbuch Erstes Buch – Allgemeiner Teil
SGB II	Sozialgesetzbuch Zweites Buch – Grundsicherung für Arbeitssuchende
SGB XII	Sozialgesetzbuch Zwölftes Buch – Sozialhilfe
SHWoFG	Gesetz über die Wohnraumförderung in Schleswig-Holstein
sog.	sogenannte(r)
st. Rspr.	ständige Rechtsprechung
StGB	Strafgesetzbuch
sublit	sub littera (Unterbuchstabe)
TA Lärm	Sechste Allgemeine Verwaltungsvorschrift zum Bundes-Immissionsschutzgesetz

ThürVerf	Verfassung des Freistaats Thüringen
ThürWoFG	Thüringer Wohnraumfördergesetz
u.a.	unter anderem
UIG	Umweltinformationsgesetz
UmwR	Umweltrecht
Urt.	Urteil
v.	vom
Var.	Variante
VBlBW	Verwaltungsblätter für Baden-Württemberg
Verf. Nds.	Niedersächsische Verfassung
VerfLSA	Verfassung des Landes Sachsen-Anhalt
VerwArch	Verwaltungsarchiv
VG	Verwaltungsgericht
VGH	Verfassungsgerichtshof
vgl.	vergleiche
vgl.	vergleiche
vhw FWS	Bundesverband Wohnen und Stadtentwicklung – Forum Wohnen und Stadtentwicklung
Vorb.	Vorbemerkungen
VvB	Verfassung von Berlin
VVDStRL	Veröffentlichungen der Vereinigung der Deutschen Staatsrechtslehrer
VwV	Verwaltungsvorschrift
VwVfG	Verwaltungsverfahrensgesetz (Bund)
WaStrG	Bundeswasserstraßengesetz
WEG	Gesetz über das Wohnungseigentum und das Dauerwohnrecht
WFNG NRW	Gesetz zur Förderung und Nutzung von Wohnraum für das Land Nordrhein-Westfalen
WHG	Gesetz zur Ordnung des Wasserhaushalts
WiStG	Gesetz zur weiteren Vereinfachung des Wirtschaftsstrafrechts
WoBauG	Wohnungsbaugesetz
WoGG	Wohngeldgesetz
WuM	Wohnungswirtschaft und Mietrecht

z.B.	zum Beispiel
ZESAR	Zeitschrift für europäisches Sozial- und Arbeitsrecht
ZfBR	Zeitschrift für deutsches und internationales Bau- und Vergaberecht
ZfIR	Zeitschrift für Immobilienrecht
zfv	Zeitschrift für Geodäsie, Geoinformation und Landmanagement
zit.	zitiert
ZJS	Zeitschrift für das Juristische Studium
ZRP	Zeitschrift für Rechtspolitik
ZUR	Zeitschrift für Umweltrecht
ZuständigkeitsVO	Verordnung des Finanz- und Wirtschaftsministeriums über Zuständigkeiten nach dem Landeswohnraumförderungsgesetz

Einleitung

A. *Hintergrund der Arbeit*

Die Gemeinde hat bei der Bauleitplanung in besonderer Weise die soziale Funktion des Städtebaurechts zu berücksichtigen. Nach § 1 Abs. 5 Satz 1 BauGB sollen Bauleitpläne unter anderem eine dem Wohl der Allgemeinheit dienende sozialgerechte Bodennutzung gewährleisten. In den letzten Jahren ist die sozialgerechte Bodennutzung stärker in den Fokus der Öffentlichkeit und der Politik gerückt. Gerade Haushalte mit kleinen und mittleren Einkommen, teilweise auch gut situierte Haushalte finden in einigen Städten und in Ballungsräumen immer schwerer bezahlbaren Wohnraum. Für sie wird ein menschliches Grundbedürfnis zur Herausforderung. In der vergangenen Zeit kam es in Großstädten immer wieder zu Demonstrationen von Bürgern, die sich gegen steigende Mieten und die Verdrängung aus ihren Stadtteilen wandten.[1] Der Bundesminister des Innern, für Bau und Heimat der 19. Legislaturperiode des Deutschen Bundestags *Horst Seehofer* hat die Wohnungsfrage während seiner Amtszeit wiederholt als *„die* soziale Frage unserer Zeit" bezeichnet.[2]

Der Bedarf an bezahlbarem Wohnraum in Großstädten und Ballungsräumen steigt seit Jahren. Eine allgemeingültige Definition des Begriffs „bezahlbar" gibt es nicht.[3] Die Bezahlbarkeit einer Wohnung hängt von verschiedenen Faktoren ab, wie zum Beispiel dem Einkommen und der Le-

---

1 In München organisiert die Bürgerinitiative „ausspekuliert" Demonstrationen für bezahlbaren Wohnraum und gegen soziale Ausgrenzung. Am 15.09.2018 kamen mehr als 10.000 Bürger für einen Protestzug zusammen, *Britzelmeier*, sz.de/1.4131464 (zuletzt aufgerufen am 30.12.2022). In Frankfurt demonstrierten am 20.10.2018 über 5.000 Bürger gegen den Wohnungsmangel in der Stadt, *Obertreis*, F.A.Z. v. 22.10.2018, Nr. 245, S. 29. Das Bündnis „Gemeinsam gegen Verdrängung und Mietenwahnsinn" organisierte in Berlin am 11.09.2021 einen Protestzug gegen steigende Mieten, an dem nach Angaben der Polizei mehrere Tausend Menschen teilnahmen, https://www.tagesspiegel.de/berli n/mehrere-tausend-demonstranten-fur-enteignungen-ziehen-durch-berlin-5614351.h tml (zuletzt aufgerufen am 30.12.2022).
2 Rede von *Horst Seehofer* im Deutschen Bundestag, 19. Wahlperiode, 206. Sitzung, 28.01.2021, Plenarprotokoll 19/206, 25924 (B) und zuvor bereits 49. Sitzung, 13.09.2018, Plenarprotokoll 19/49, 5148 (A) („[...] bezahlbarer Wohnraum ist die soziale Frage unserer Zeit").
3 Vgl. BT-Drs. 19/18230, S. 1.

benssituation des jeweiligen Haushalts sowie Eigenschaften der Wohnstätte wie Größe, Lage und Ausstattung.[4] Ein Maßstab, der eine Annäherung an den Begriff des bezahlbaren Wohnens ermöglicht, ist die Höhe des Einkommensanteils, den ein Mieterhaushalt durchschnittlich für Wohnkosten ausgibt.[5] In Deutschland gilt eine dauerhafte Wohnkostenbelastungsquote von mehr als einem Drittel des verfügbaren Nettohaushaltseinkommens für die Warmmiete als problematisch.[6] Das EU-Parlament zieht die Grenze bei 40 Prozent des verfügbaren Einkommens.[7]

Zu Beginn der 19. Legislaturperiode hat sich die Bundesregierung das Ziel gesetzt, 1,5 Millionen neue Wohnungen zu schaffen[8], um den Wohnraummangel zu entschärfen. Dieses Ziel wurde verfehlt.[9] Die Koalitionsparteien der 20. Legislaturperiode streben den Bau von 400.000 neuen Wohnungen pro Jahr, davon 100.000 öffentlich geförderte Wohnungen, an.[10] Das Wohnungsangebot kann in vielen Städten mit der Nachfrage nicht Schritt halten, was dazu führt, dass die Mieten weiter steigen.[11] Weitere Erscheinungen verschärfen den Druck auf den Mietwohnungsmarkt.

---

4 Vgl. Landtag des Saarlands, Drs. 16/1071, S. 2.

5 Vgl. Landtag des Saarlands, Drs. 16/1071, S. 2.

6 Vgl. Wohnungspolitisches Konzept für die Landeshauptstadt Potsdam, Juli 2015, S. 21, https://www.potsdam.de/sites/default/files/documents/wohnungspolitisches_konzept_0.pdf (zuletzt aufgerufen am 30.12.2022); EKD, Bezahlbar wohnen, S. 25 und 43, https://www.ekd.de/ekd_de/ds_doc/ekd-texte_136_2021.pdf (zuletzt aufgerufen am 30.12.2022).

7 Vgl. Entschließung des Europäischen Parlaments v. 21.01.2021 zu dem Zugang zu angemessenem und erschwinglichem Wohnraum für alle (2019/2187(INI)).

8 Siehe Koalitionsvertrag zwischen CDU, CSU und SPD, Ein neuer Aufbruch für Europa. Eine neue Dynamik für Deutschland. Ein neuer Zusammenhalt für unser Land, Zeile 567.

9 Zwar wurden im Jahr 2020 laut Statistischem Bundesamt insgesamt 306.376 neue Wohnungen fertiggestellt, siehe Pressemitteilung Nr. 250 v. 27.05.2021. Die Zielmarke von 375.000 Wohnungen in diesem Jahr wurde hingegen nicht erreicht. Der Bundesverband deutscher Wohnungs- und Immobilienunternehmen schätzt, dass zum Ende der Legislaturperiode nur 1,2 Millionen Wohnungen neu gebaut sein werden, F.A.Z. v. 28.05.2021, Nr. 121, S. 19.

10 Siehe Koalitionsvertrag zwischen SPD, Bündnis 90/Die Grünen und FDP der 20. Legislaturperiode, S. 69.

11 *Henger/Voigtländer*, IW-Report 28/2019, Ist der Wohnungsbau auf dem richtigen Weg?, S. 15 ff., https://www.iwkoeln.de/fileadmin/user_upload/Studien/Report/PDF/2019/IW-Report_2019_Wohnungsbaubedarfmodell.pdf (zuletzt aufgerufen am 30.12.2022); *Kment*, NJW 2018, 3692.

Zum einen hält der Zuzug in die Städte an, wobei es sowohl Menschen aus Deutschland, aber auch aus dem Ausland in die Städte zieht.[12] Während der Corona-Pandemie hat sich dieser Trend abgeschwächt.[13] Experten erwarten aber, dass der Zuzug nach der Pandemie wieder zunimmt.[14] Darüber hinaus nimmt die Anzahl der Ein-Personen-Haushalte seit vielen Jahren zu.[15]

Auch sind die Auswirkungen der globalen Finanzkrise von 2007/2008 auf dem Grundstücks- und Immobilienmarkt weiterhin spürbar. Aufgrund des niedrigen Zinsniveaus fehlen alternative Anlageformen, weshalb in den letzten Jahren viele renditeorientierte und finanzstarke Investoren in den Wohnimmobilienmarkt investiert haben[16], wobei mitunter das Gut Boden auch Gegenstand von Spekulationen geworden ist.[17]

Zugleich laufen viele Belegungsbindungen bei sozial geförderten Wohnungen aus, ohne dass dieser Wegfall durch den ausreichenden Neubau von sozial geförderten Wohnungen kompensiert wird, was die Situation im Bereich des unteren Mietpreissegments weiter verschärft.[18] Für Investoren

---

12 Siehe Statistisches Bundesamt, Pressemitteilung Nr. N 012 v. 04.12.2019.

13 Siehe Statistisches Bundesamt, Pressemitteilung Nr. 384 v. 01.10.2020. Im Vergleich zum Vorjahresvergleich brachen die Zuzüge aus dem Ausland im ersten Halbjahr 2020 um 29 Prozent ein. Auch innerhalb Deutschlands wurden zehn Prozent weniger Wanderungen über die Grenzen der Bundesländer registriert als im Vorjahreszeitraum.

14 Vgl. *Möbert*, Deutsche Bank Research, Ausblick auf den deutschen Wohnungsmarkt 2021 ff., S. 5 f., https://www.dbresearch.de/PROD/RPS_DE-PROD/PROD00000000 00517006/Ausblick_auf_den_deutschen_Wohnungsmarkt_2021_ff_%3A.PDF?unde fined&realload=4~eBE6OltgkNC67K6Tgd0tXIbGDZKqeLqSFLmpfKzIE59BwNBE H82p/qSZHr0DqS (zuletzt aufgerufen am 30.12.2022); IVD-Analyse, Wie beeinflusst die Corona-Pandemie die Preisentwicklung auf dem Wohnimmobilienmarkt 2020?, S. 3, https://ivd.net/wp-content/uploads/2020/05/2020_05_18-IVD-Analyse_Wie-b eeinflusst-die-Corona-Pandemie-die-Preisentwicklungen.pdf (zuletzt aufgerufen am 30.12.2022).

15 Siehe Statistisches Bundesamt, Pressemitteilung Nr. N 073 v. 12.11.2020. Im Jahr 2019 lebten 17,6 Millionen Menschen in Deutschland allein. Der Anteil der Ein-Personen-Haushalte stieg zwischen 1991 und 2019 von 34 Prozent auf 42 Prozent. Wiederum fast die Hälfte dieser Haushalte (42 Prozent) lebt in Großstädten ab 100.000 Einwohnern.

16 Vgl. dazu auch *Burgi*, NVwZ 2020, 257 (258).

17 Vgl. *Kment*, NJW 2018, 3692. Detailliert zur Verhinderung von Bodenspekulationen im Zusammenhang mit kommunalen Immobilienveräußerungen siehe *Grziwotz*, ZfIR 2019, 693 (695).

18 Im Jahr 2020 betrug der Bestand an gebundenen Mietwohnungen deutschlandweit knapp 1,13 Millionen, vgl. BT-Drs. 20/1824, S. 14 (Anlage 4) mit einer Aufschlüsselung nach Bundesländern. Im Jahr 2006 betrug der Bestand an gebundenen Mietwohnun-

der Wohnimmobilienbranche ist der soziale Wohnungsbau im Vergleich zum freifinanzierten Wohnungsbau weniger attraktiv. Im gehobenen Preissegment können sie bessere Renditen erzielen. Sofern die Gemeinde bei der Baulandentwicklung keine regulatorischen Vorgaben macht, errichten private Investoren regelmäßig weder sozial geförderte Wohnungen noch solche im unteren Preissegment. Ein Grund für das geringe Interesse der Wohnimmobilienbranche an der Errichtung von gefördertem Wohnraum sind die hohen Bodenpreise auf stark nachgefragten Wohnungsmärkten.[19] Verfügbares und bezahlbares Bauland bleibt das Nadelöhr, welches jedes Wohnbauprojekt passieren muss.

Vor diesem Hintergrund empfiehlt eine vom Bundesministerium des Innern, für Bau und Heimat in der 19. Legislaturperiode eingesetzte Expertenkommission[20] allen Gemeinden

> „die Einführung und sachgerechte Ausgestaltung kooperativer Baulandmodelle mit einheitlichen und transparenten Vorgaben für die Anteile von gefördertem und preisgedämpften Wohnraum sowie die Kostenbeteiligung für Infrastrukturaufwendungen bei der Schaffung von Baurecht".[21]

Kooperative Baulandmodelle stellen einen Ansatz der partnerschaftlichen Zusammenarbeit zwischen Gemeinde und Investoren zur Bewältigung der angespannten Lage der Wohnraumversorgung dar. Die Gemeinden sind auf die Beteiligung der Investoren angewiesen. Zwar ergeben sich die größten Einflussmöglichkeiten auf den kommunalen Mietwohnungsmarkt aus dem Eigentumsrecht. Ein strategisches Baulandmanagement und eine

---

gen deutschlandweit noch rund 2,09 Millionen, vgl. BT-Drs. 19/12786, S. 4. Seit 2020 berichten die Länder an den Bund, wie viele Sozialwohnungen jährlich aus der sozialen Bindung gefallen sind, vgl. BT-Drs. 20/1824, S. 4 f.

19 In München sind die Grundstückspreise zwischen 1950 und 2017 um 39.390 Prozent gestiegen, siehe *Vogel*, Mehr Gerechtigkeit!, S. 38. Im Freistaat Bayern kostete ein Quadratmeter Bauland im Jahr 2011 im Durchschnitt 123,69 EUR und im Jahr 2019 211,03 EUR, siehe BT-Drs. 19/29951, S. 7.

20 Kommission „Nachhaltige Baulandmobilisierung und Bodenpolitik" (Baulandkommission). Siehe zu den Aufgaben und ihrer Zusammensetzung, BT-Drs. 19/24444.

21 Empfehlungen auf Grundlage der Beratungen in der Kommission „Nachhaltige Baulandmobilisierung und Bodenpolitik" (Baulandkommission), 02.07.2019, S. 9, https://www.bmi.bund.de/SharedDocs/downloads/DE/veroeffentlichungen/nachrichten/Handlungsempfehlungen-Baulandkommission.pdf?__blob=publicationFile&v=1 (zuletzt aufgerufen am 30.12.2022). Die Bedeutung des Instruments der kooperativen Baulandmodelle zur Bekämpfung der Wohnungsmarktkrise betont auch *Köster*, BauR 2019, 1378 (1387).

aktive Liegenschaftspolitik der Gemeinde, die auf eine gezielte Bodenbevorratung setzt, sowie die Unterhaltung eigener kommunaler Wohnungsbaugesellschaften erfordern aber einen hohen Kapitalbedarf, der häufig im Widerspruch zur angespannten Finanzsituation vieler Gemeinden steht. Die Einbeziehung von privaten Investoren bei der Verbesserung der Wohnraumsituation ist für Gemeinden unerlässlich.[22]

B. Gang der Untersuchung

Ziel der Untersuchung ist es, das Instrument der kooperativen Baulandmodelle systematisch zusammenzufassen und die Leistungsfähigkeit dieses Instruments im Hinblick auf die Gewährleistung einer sozialgerechten Bodennutzung bei der Wohnbaulandentwicklung zu untersuchen.

Im ersten Teil der Arbeit wird dazu zunächst herausgearbeitet, inwieweit die Gewährleistung einer sozialgerechten Bodennutzung eine staatliche Aufgabe darstellt. Die konkrete Betrachtung des Begriffs der sozialgerechten Bodennutzung ist der Ausgangspunkt für weitere Überlegungen. Aufbauend darauf wird analysiert, welche Rechtsvorschriften welchen Rechtsträger adressieren, eine sozialgerechte Bodennutzung zu gewährleisten. Verständnis und Würdigung der Aufgabe der Gewährleistung einer sozialgerechten Bodennutzung setzt die Kenntnis der von diesem Begriff betroffenen Verfassungsgüter voraus, weshalb zunächst ein Blick auf das Sozialstaatsprinzip und das Eigentumsrecht geworfen wird. Anschließend wird untersucht, inwieweit die Träger der verschiedenen Planungsstufen (Raumordnungsplan, Regionalplan, Flächennutzungsplan, Bebauungsplan) eine sozialgerechte Bodennutzung zu gewährleisten haben. Dabei werden die ihnen zu Verfügung stehenden Festlegungs-, Darstellungs- und Festsetzungsinhalte der Pläne auf die Effektivität der Gewährleistung einer sozialgerechten Bodennutzung untersucht. Ein Schwerpunkt der Darstellung liegt dabei auf der Steuerung der sozialgerechten Bodennutzung durch Festsetzungen im Bebauungsplan. Es wird sich zeigen, dass die Einflussmöglichkeiten der Raumordnungs-, Regional- und Bauleitpläne auf eine Steuerung der sozialgerechten Bodennutzung begrenzt sind.

Ausgehend von diesem Ergebnis wird anschließend das Instrument der kooperativen Baulandmodelle dargestellt. Neben einer anfänglichen Erläuterung von Begriffen werden die Ziele von kooperativen Baulandmodel-

---

22 Vgl. *Schulze*, F.A.Z. v. 12.12.2019, Nr. 289, S. 32.

len erörtert und sodann das Instrument anhand von drei Beispielen aus der Praxis (München, Berlin und Bonn) vorgestellt. Anschließend erfolgt eine systematische Aufarbeitung des Instruments, bei der ein Schwerpunkt auf der Darstellung der möglichen Regelungsinhalte von städtebaulichen Verträgen liegt, welche im Rahmen der Umsetzung eines kooperativen Baulandmodells zwischen einer Gemeinde und einem Vorhabenträger geschlossen werden.

Der zweite Teil der Arbeit befasst sich mit den rechtlichen Anforderungen an kooperative Baulandmodelle und deren rechtlichen Grenzen. Zunächst wird der Frage nachgegangen, ob kooperative Baulandmodelle einer Rechtsgrundlage bedürfen. Daran anknüpfend wird die Rechtsnatur kooperativer Baulandmodelle analysiert. Im Anschluss daran werden mit Zuständigkeits-, Verfahrens- und Formvoraussetzungen die formellen Anforderungen an kooperative Baulandmodelle herausgearbeitet. Im Zentrum des zweiten Teils stehen die rechtlichen Grenzen kooperativer Baulandmodelle, die sich zum einen aus der Verfassung, zum anderen aus einfachen Gesetzen ergeben. Insbesondere das Gebot der Angemessenheit (§ 11 Abs. 2 Satz 1 BauGB) sowie das Koppelungsverbot (§ 11 Abs. 2 Satz 2 BauGB) stellen bei städtebaulichen Verträgen einfachgesetzliche Grenzen dar, die eine Gemeinde bei der Etablierung eines kooperativen Baulandmodells zu berücksichtigen hat.

Die Arbeit schließt mit einer Analyse weiterer möglicher Maßnahmen, die zur Stärkung der sozialgerechten Bodennutzung in Betracht kommen. Untersucht wird zunächst, ob eine Fortentwicklung der Festsetzungsmöglichkeiten für sozial geförderten Wohnraum im Bebauungsplan rechtlich möglich und sinnvoll ist. Der durch das Baulandmobilisierungsgesetz[23] neu eingefügte § 9 Abs. 2d BauGB ermöglicht Gemeinden die Aufstellung von sektoralen Bebauungsplänen zur Wohnraumversorgung. Dieses neue Instrument wird mit Blick auf die Gewährleistung der sozialgerechten Bodennutzung untersucht und bewertet. Anschließend wird erörtert, weshalb die Integration eines Musterbeschlusses für ein kooperatives Baulandmodell in das Baugesetzbuch nicht zielführend ist. Schließlich werden zwei erfolgreiche Beispiele aus der Praxis dargestellt, die zu einer Stärkung der interkommunalen Zusammenarbeit im Bereich der Wohnraumentwicklung geführt haben, aus denen sich Empfehlungen für Gemeinden herleiten

---

23 Gesetz zur Mobilisierung von Bauland (Baulandmobilisierungsgesetz) v. 14.06.2021, BGBl. I, S. 1802.

lassen, um die interkommunale Zusammenarbeit auf dem Gebiet der sozialgerechten Bodennutzung fortzuentwickeln.

Teil 1:
Kooperative Baulandmodelle als Instrument zur Gewährleistung einer sozialgerechten Bodennutzung

§ 1 Sozialgerechte Bodennutzung als staatliche Aufgabe

Kooperative Baulandmodelle verfolgen das Ziel, die sozialgerechte Nutzung des Bodens zu fördern. Das Gebot, vorhandenen Boden sozialgerecht zu nutzen, ist eine „Richtschnur für den Gesetzgeber, bei der Regelung des Eigentumsinhalts das Wohl der Allgemeinheit zu beachten".[24] Von besonderem Interesse ist, inwieweit der Gesetzgeber dieses Gebot umgesetzt hat und ob die bestehenden gesetzlichen Regelungen ausreichen, um den Bedarf der Allgemeinheit an preisgünstigen Wohnungen zu decken.

A. Begriff der sozialgerechten Bodennutzung

Der Begriff der sozialgerechten Bodennutzung stammt aus dem Baugesetzbuch. Es handelt sich um einen städtebaulichen Begriff. Nach § 1 Abs. 5 Satz 1 BauGB sollen Bauleitpläne

> „eine nachhaltige städtebauliche Entwicklung, die die sozialen, wirtschaftlichen und umweltschützenden Anforderungen auch in Verantwortung gegenüber künftigen Generationen miteinander in Einklang bringt, und eine dem Wohl der Allgemeinheit dienende sozialgerechte Bodennutzung gewährleisten".

Die Vorschrift statuiert einen Auftrag an die Gemeinden, bei der Aufstellung von Bauleitplänen die sozialen Bedürfnisse der Bevölkerung, soweit sie einen städtebaulichen Bezug haben, zu berücksichtigen.[25]

---

24 BVerfGE 21, 73 (83).
25 Vgl. *Söfker*, in: Ernst/Zinkahn/Bielenberg/Krautzberger, BauGB, § 1 Rn. 104.

In der Praxis hat der Begriff der sozialgerechten Bodennutzung darüber hinaus in den letzten Jahren eine neue, zusätzliche Dimension erhalten. Gemeindeverwaltungen verwenden den Begriff in einem weiteren Sinn und beschreiben damit ein Instrument[26], eine Richtlinie[27] oder ein Modell[28], welches im Wesentlichen zwei Ziele verfolgt: die Schaffung und Erhaltung bezahlbaren Wohnraums sowie die Beteiligung des durch die Planung Begünstigten an den Kosten und Lasten, die durch kommunale Bauleitplanung entstehen.[29] Dazu gehören im Wesentlichen Planungs- und Erschließungskosten sowie Folgekosten für soziale Infrastruktur (Kindergarten- und Grundschulplätze).[30]

Sozialgerechte Bodennutzung hat darüber hinaus auch eine politische Dimension. Politische Parteien und Akteure nehmen vermehrt Bezug auf den Begriff der sozialgerechten Bodennutzung und nutzen ihn ebenfalls als Oberbegriff für Forderungen nach mehr bezahlbarem Wohnraum und einer Kostenbeteiligung bei der Bauleitplanung durch den Planbegünstigten.[31]

---

26 In München entstand der Eigenname Sozialgerechte Bodennutzung (SoBoN). Die Stadt bezeichnet die SoBoN als „wichtiges Instrument im Münchner Wohnungsbau", https://www.muenchen.de/rathaus/Stadtverwaltung/Referat-fuer-Stadtplanung-un d-Bauordnung/Stadt-und-Bebauungsplanung/SoBoN.html (zuletzt aufgerufen am 30.12.2022).

27 In Köln wurde am 04.04.2017 durch den Rat die Richtlinie „Kooperatives Baulandmodell Köln" verabschiedet, https://www.stadt-koeln.de/mediaasset/content/pdf61/k oopblm_stand_2017.pdf (zuletzt aufgerufen am 30.12.2022).

28 Die Stadt Münster hat das Münsteraner Modell der sozialgerechten Bodennutzung etabliert, Beschluss des Rats der Stadt Münster v. 07.04.2014, Vorlagen-Nr. V/ 0039/2014. Mit dem Modell verfolgt die Stadt die Ziele, den Bau öffentlich geförderter Wohnungen deutlich zu verstärken und private Grundstückseigentümer, auf deren Flächen Wohnbauentwicklungen stattfinden, durch entsprechende Bindungen und Kostenbeiträge an der Erreichung der wohnungs- und sozialpolitischen Ziele zu beteiligt. Berlin wendet seit 2014 das Berliner Modell der kooperativen Baulandentwicklung an, um dem im BauGB formulierten Ziel einer sozialgerechten Bodennutzung gerecht zu werden.

29 Vgl. *Schröer/Kullick*, NZBau 2012, 429.

30 Vgl. *Bunzel*, ZfBR 2018, 638 (640).

31 So beispielsweise Antrag der Fraktion Die Linke in der Hamburger Bürgerschaft, Drucksache 20/3238; Antrag der Fraktion GAL in der Hamburger Bürgerschaft, Drucksache 20/3068, in welchem ein „Konzept" der sozialgerechten Bodennutzung gefordert wird; Dringlichkeitsantrag der Fraktion Bündnis 90/Die Grünen im Stadtrat Garching v. 27.04.2019, der am 10.05.2019 im Stadtrat unter der Vorlage Nummer 2-BV/045/2019 behandelt wurde; interfraktioneller Antrag im Gemeinderat der Stadt Karlsruhe v. 20.03.2012, der am 24.04.2012 im Gemeinderat unter der Vorlagen Nummer 1057 behandelt wurde. Ebenso das Wahlprogramm 2020 der Oberbürgermeiste-

B. Sozialgerechte Bodennutzung im Lichte des Grundgesetzes

Die sozialgerechte Nutzung des Bodens und die Versorgung der Bevölkerung mit bezahlbarem Wohnraum sind in der Verfassung im Sozialstaatsprinzip und in der Sozialfunktion des Eigentums verankert.

I. Sozialgerechte Bodennutzung als Ausprägung des Sozialstaatsprinzips

1. Recht auf Wohnung?

Für den Einzelnen konkretisiert sich die an der Allgemeinheit orientierte Gewährleistung einer sozialgerechten Bodennutzung in einer für ihn bedarfsgerechten und bezahlbaren Wohnung. Fraglich ist, ob das Sozialstaatsprinzip, die Verfassungen der Länder oder andere Rechtsquellen dem Einzelnen ein einklagbares Recht auf Wohnung garantieren.

a) Gewährleistungsinhalt des Sozialstaatsprinzips

Art. 20 Abs. 1 GG definiert die Bundesrepublik Deutschland als demokratischen und sozialen Bundesstaat. Daneben muss nach Art. 28 Abs. 1 GG die verfassungsmäßige Ordnung in den Ländern den Grundsätzen des republikanischen, demokratischen und sozialen Rechtsstaats im Sinne des Grundgesetzes entsprechen. Das Grundgesetz führt die soziale Staatstätigkeit nicht näher aus.[32] Insbesondere normiert die Verfassung kein explizites Recht des Einzelnen auf eine angemessene, bezahlbare Wohnung. Sie verpflichtet den Staat lediglich allgemein zu einer sozialen Aktivität und insbesondere dazu, „sich um einen erträglichen Ausgleich der widerstreitenden Interessen und um die Herstellung erträglicher Lebensbedingungen für alle zu bemühen."[33]

In der jüngeren Vergangenheit sind verschiedene politische Initiativen zu beobachten, die das Ziel verfolgen, ein Recht auf Wohnen in der Verfassung zu verankern. Im Januar 2017 hat die Fraktion Die Linke einen Gesetzent-

---

rin von Augsburg, Eva Weber, S. 26, https://www.evaweber.de/fileadmin/Eva_Weber/Downloads/CSU_Stadt_der_Chancen_2020.pdf (zuletzt aufgerufen am 30.12.2022).

32 Vgl. *Papier*, in: Pötting, Die Zukunft des Sozialstaats, S. 49; *Welti*, KommJur 2006, 241 (243).

33 BVerfGE 1, 97 (105).

wurf in den Bundestag eingebracht, der die Aufnahme sogenannter sozialer Grundrechte in das Grundgesetz vorsah, unter anderem auch das Recht auf Wohnung.[34] Der Gesetzentwurf sah vor, einen Art. 3b Abs. 1 Satz 1 GG einzufügen: „Jeder Mensch hat das Recht auf eine menschenwürdige und diskriminierungsfrei zugängliche Wohnung und auf Versorgung mit Wasser und Energie."[35] Der Bundestag hat diesen Gesetzentwurf abgelehnt.[36] Auch die Partei Bündnis 90/Die Grünen fordert in ihrem Grundsatzprogramm die Aufnahme des Rechts auf Wohnen in das Grundgesetz.[37]

Bereits bei der Entstehung des Grundgesetzes verzichtete der Parlamentarische Rat bewusst auf die Normierung sozialer Grundrechte.[38] In Abkehr zur Weimarer Reichsverfassung[39] und in Kenntnis der Normierung sozialer Grundrechte in der vor dem Grundgesetz verabschiedeten bayerischen Landesverfassung[40] sollte nach dem Willen des Verfassungsgebers die „so-

---

34 Vgl. BT-Drs. 18/10860, S. 6; *Krennerich*, APuZ 25-26/2018, 9.

35 BT-Drs. 18/10860, S. 6.

36 Dazu lag den Abgeordneten eine Beschlussempfehlung des Rechtsausschusses vor, BT-Drs. 18/12412.

37 Vgl. „... zu achten und zu schützen ..." Veränderung schafft Halt, Grundsatzprogramm Bündnis 90/Die Grünen, November 2020, Kapitel 6, 301, https://cms.gruene.de/uploads/documents/20200125_Grundsatzprogramm.pdf (zuletzt aufgerufen am 07.07.2020). Diese Forderung findet sich im Koalitionsvertrag zwischen SPD, Bündnis 90/Die Grünen und FDP der 20. Legislaturperiode nicht wieder. Dort heißt es lediglich, dass Wohnen „ein Grundbedürfnis" sei, S. 66 und 88.

38 Siehe dazu ausführlich *Weber*, Die verfassungsrechtlichen Grenzen sozialstaatlicher Forderungen, S. 412 ff. Abgesehen von der Garantie des Mutterschutzes (Art. 6 Abs. 4 GG) und dem Gesetzgebungsauftrag zur Gleichstellung der unehelichen Kinder (Art. 6 Abs. 5 GG) kennt das Grundgesetz keine sozialen Grundrechte, vgl. *Stern*, Das Staatsrecht der Bundesrepublik Deutschland, Bd. I, § 21 IV 4 f. sowie *Murswiek* in: Isensee/Kirchhof, HStR, Bd. IX, § 192 Rn. 52. Auch Art. 2 Abs. 2 Satz 1 GG räumt dem Einzelnen kein Grundrecht auf angemessene Versorgung durch den Staat ein. Die zunächst vom Ausschuss für Gesetzesfragen des Parlamentarischen Rates vorgeschlagene Bestimmung über ein Recht auf ein Mindestmaß an Nahrung, Kleidung und Wohnung ist später gestrichen und in das Grundgesetz nicht aufgenommen worden, BVerfGE 1, 97 (104).

39 Die Weimarer Verfassung enthielt verschiedene Sozialrechtsartikel, unter anderem Art. 155, der das Ziel normierte, jedem Deutschen eine gesunde Wohnung zu sichern. Diesem Ziel kam aber nur programmatische Bedeutung zu, siehe dazu *Erman*, in: Nipperdey, Die Grundrechte und Grundpflichten der Reichsverfassung, Bd. 3, S. 291; *Haarmann*, MDR 1949, 473. Nach *Apelt*, Geschichte der Weimarer Verfassung, S. 352 sind die „Ideen und Forderungen [der Weimarer Verfassung] nicht immer klar zu Ende gedacht, sind sie in staatsrechtlich nicht glücklichen, leicht phrasenhaft anmutenden Formulierungen steckengeblieben, die ihren Kompromißcharakter [sic] zur Schau tragen".

40 Ausführlich dazu *Zacher*, in: FS Bayer. Verfassungsgerichtshofs, S. 95 ff.

zialwirtschaftliche Struktur" der Zukunft nicht in die Verfassung hinein-
geschrieben werden.[41] Das Grundgesetz verzichtet auf jede ausdrückliche
wirtschaftspolitische Programmatik.[42]

Die fehlende Normierung sozialer Grundrechte in der Verfassung bedeutet aber keine Abkehr von der ihnen zugrundeliegenden Idee. Sie geht in
der Sozialstaatlichkeit auf.[43] Der Verfassungsgeber von 1948 wusste um die
Gefahr der Verbürgung sozialer Grundrechte in der Verfassung, da sie nicht
in der gleichen Weise gewährleistet werden können wie Freiheitsrechte
und stets dem Risiko des Scheiterns ausgesetzt sind.[44] Im Vergleich zu
Freiheitsrechten sind soziale Grundrechte nicht ohne Weiteres vollzugsfä-
hig. Der Gesetzentwurf der Fraktion Die Linke veranschaulicht, dass ein
soziales Grundrecht wie das Recht auf Wohnen von unbestimmten Rechtsbegriffen geprägt ist, die wiederum durch die Rechtsprechung ausgelegt
werden müssen.[45] Dies birgt die Gefahr, dass in letzter Konsequenz dem
Bundesverfassungsgericht die Aufgabe eines Sozialgesetzgebers zukommt,
was eine Kompetenzverschiebung nach sich ziehen würde.[46]

Gegen die Aufnahme eines Rechts auf Wohnen in die Verfassung spricht
ferner, dass sie dem Prinzip der schlanken Formulierungen des Grundgesetzes zuwiderläuft.[47] Das Sozialstaatsprinzip zeichnet sich durch eine
inhaltliche Unbestimmtheit und Offenheit aus. Es zielt allgemein auf den
Ausgleich der sozialen Gegensätze und die Schaffung einer gerechten Sozi-
alordnung.[48] Die Ziele und Handlungsaufträge, die das Sozialstaatsgebot
formuliert, gehen mit einem hohen Konkretisierungsbedarf einher.[49] Ihn
auszufüllen ist Aufgabe des parlamentarischen Gesetzgebers.[50] Im Vergleich

---

41 So der Abgeordnete *Theodor Heuss* (FDP), zitiert nach JöR N.F. Bd. 1, S. 43.
42 Vgl. *Zacher*, in: Isensee/Kirchhof, HStR, Bd. II, § 28 Rn. 24.
43 Vgl. *Murswiek*, in: Isensee/Kirchhof, HStR, Bd. IX, § 192 Rn. 54.
44 Vgl. *Murswiek*, in: Isensee/Kirchhof, HStR, Bd. IX, § 192 Rn. 54.
45 Siehe BT-Drs. 18/12412, S. 3.
46 Siehe BT-Drs. 18/12412, S. 3.
47 Siehe BT-Drs. 18/12412, S. 3.
48 Vgl. *Grzeszick*, in: Dürig/Herzog/Scholz, GG, Art. 20, VIII., Rn. 1; *Pitschas*,
   VVDStRL 64 (2005), 109 (112).
49 Das Anliegen des Gesetzgebers, die Bildung von Wohneigentum vornehmlich einkommensschwacher Bevölkerungskreise zu fördern und Verzerrungen im Gefüge
   der Wohnkostenbelastungen zu beseitigen, hat das BVerfG als Konkretisierung des
   Sozialstaatsgebots angesehen, BVerfGE 72, 175 (198).
50 Vgl. *Papier*, in: Pöttering, Die Zukunft des Sozialstaats, S. 49; *Grzeszick*, in: Dü-
   rig/Herzog/Scholz, GG, Art. 20, VIII., Rn. 18; *Robbers*, in: Bonner Kommentar GG,
   139. Aktualisierung April 2009, Art. 20 Rn. 1558.

zu sozialen Grundrechten setzt das Sozialstaatsprinzip auf einer höheren Ebene an und bündelt die sozialen Belange in sich. Auf diese Weise vermeidet der Verfassungsgeber, durch die Normierung sozialer Grundrechte inhaltslose Floskeln zu schaffen. Auch das Bundesverfassungsgericht hebt in seiner Rechtsprechung hervor, der Gesetzgeber verfüge bei der Ausgestaltung des Sozialstaatsprinzips über einen weiten Gestaltungsspielraum.[51] Einigkeit besteht jedoch darin, dass das Sozialstaatsprinzip den Auftrag an den Staat umfasst, für ausreichenden Wohnraum zu sorgen.[52] Als „schwergewichtiges Ziel" des Sozialstaats beschreibt *Kloepfer* „die Bekämpfung von Missständen am Wohnungsmarkt bzw. die Linderung der Wohnungsnot".[53] *Stepanek* spricht von dem „Staatsziel der sozialen Wohnraumförderung".[54]

b) Konkretisierung in den Landesverfassungen

Anders als das Grundgesetz formen die Verfassungen der Länder das Bekenntnis zur Sozialstaatlichkeit vielfach näher aus.[55] Den an den Sozialstaat gerichteten Auftrag, für ausreichenden Wohnraum zu sorgen, greifen elf Landesverfassungen durch ein Recht auf angemessenen Wohnraum oder durch eine Staatszielbestimmung, die die Verpflichtung zu angemessenem Wohnraum vorsieht, auf.[56] Art. 106 Abs. 1 der Bayerischen Verfassung lautet

---

51 Einen „weiten Gestaltungsspielraum" benennt das BVerfG ausdrücklich in BVerfGE 59, 231 (263) sowie „weiter Gestaltungsraum" in BVerfGE 82, 60 (80) Hingegen spricht das BVerfG in Bezug auf die Bemessung des Existenzminimums lediglich von einem „Gestaltungsspielraum", BVerfGE 125, 175 Rn. 133.

52 Vgl. *Robbers*, in: Bonner Kommentar GG, 139. Aktualisierung April 2009, Art. 20 Rn. 1557; *Jarass*, in: Jarass/Pieroth, GG, Art. 20 Rn. 162.

53 *Kloepfer*, NJW 2019, 1656 (1661).

54 *Stepanek*, Verfassungsunmittelbare Pflichtaufgaben der Gemeinden, S. 208.

55 Vgl. *Herdegen*, in: Isensee/Kirchhof, HStR, Bd. VI, § 129 Rn. 6.

56 Siehe Art. 106 Abs. 1 BayVerf, Art. 28 Abs. 1 VvB, Art. 47 Abs. 1 BbgVerf, Art. 14 Abs. 1 BremVerf, Art. 17 Abs. 2 MVVerf, Art. 6a Verf. Nds., Art. 63 RhPf Verf, Art. 7 Abs. 1 SächsVerf, Art. 40 Abs. 1 VerfLSA, Art. 15 ThürVerf. Durch eine Verfassungsänderung im Jahr 2018 wurde auch in Hessen die Förderung von angemessenem Wohnraum in die Verfassung aufgenommen, Artikel 26a Aufnahme eines Staatszielbegriffs - Gesetz zur Ergänzung der Verfassung des Landes Hessen v. 11.12.2018, GVBl. Hessen, S. 738. Alle fünf Verfassungen der neuen Bundesländer haben nach der Wiedervereinigung ebenfalls soziale Grundrechte aufgenommen. Im Vergleich zu den Landesverfassungen der alten Bundesländer, die soziale Grundrechte normieren, sind sie teilweise erkennbar als objektive Verpflichtungen des Staates (Art. 47 Abs. 1 BbgVerf) oder überwiegend als „Staatsziele" (Art. 7 Abs. 1 SächsVerf, Art. 15 ThürVerf, Art. 17 Abs. 2 MVVerf, Art. 40 Abs. 1 VerfLSA) formuliert.

beispielsweise: „Jeder Bewohner Bayerns hat Anspruch auf eine angemessene Wohnung".

c) Revidierte Europäische Sozialcharta, UN-Menschenrechtscharta und UN-Sozialpakt

Art. 31 der Revidierten Europäischen Sozialcharta[57] normiert das Recht auf Wohnung. Danach sind die Vertragsparteien verpflichtet,

„Maßnahmen zu ergreifen, die darauf gerichtet sind,
1. den Zugang zu Wohnraum mit ausreichendem Standard zu fördern;
2. der Obdachlosigkeit vorzubeugen und sie mit dem Ziel der schrittweisen Beseitigung abzubauen;
3. die Wohnkosten für Personen, die nicht über ausreichende Mittel verfügen, so zu gestalten, daß [sic] sie tragbar sind".

Die Bundesrepublik Deutschland hat die revidierte Fassung der Sozialcharta am 29.06.2007 unterzeichnet. Im Herbst 2020 hat der Bundestag mit Zustimmung des Bundesrats ein Gesetz beschlossen, das der revidierten Europäischen Sozialcharta zustimmt.[58] Jedoch bringt die Bundesrepublik Deutschland bei der Hinterlegung der Ratifikationsurkunde Vorbehalte an, unter anderem zu Art. 31 der revidierten Europäischen Sozialcharta.[59] Dieser Anwendungs- und Ratifikationsvorbehalt hat zur Folge, dass das Recht auf Wohnung von der Anwendung für Deutschland gänzlich ausgenommen ist.[60]

---

57 Sammlung Europäischer Verträge Nr. 163. Die revidierte Europäische Sozialcharta modifiziert und passt die Regelungen der Europäischen Sozialcharta von 1961 an. Die Europäische Sozialcharta von 1961 kannte ein Recht auf Wohnung noch nicht. Vertiefend zur Implementierung der Europäischen Sozialcharta und früheren Ratifikationsinitiativen zur Implementierung der revidierten Europäischen Sozialcharta siehe *Knospe*, ZESAR 2015, 449 ff.

58 Gesetz zur Revision der Europäischen Sozialcharta vom 3. Mai 1996 v. 12.11.2020, BGBl. II, S. 900. Zuvor wurden oppositionelle Initiativen zur Ratifizierung abgelehnt, zuletzt Antrag der Fraktion Die Linke, BT-Drs. 18/4092 v. 24.02.2015. Dazu die Beschlussempfehlung des Ausschusses für die Angelegenheiten der Europäischen Union, BT-Drs. 18/10175 v. 31.10.2016.

59 Art. A der revidierten Europäischen Sozialcharta eröffnet der Vertragspartei einen Spielraum bei den einzugehenden Verpflichtungen, den das Zustimmungsgesetz wahrt.

60 Siehe BT-Drs. 19/20976, S. 76. Der Anwendungs- und Ratifikationsvorbehalt zu Art. 31 der revidierten Europäischen Sozialcharta wird damit begründet, dass die

Art. 25 der Allgemeinen Erklärung der Menschenrechte (UN-Menschenrechtscharta), eine Resolution der Vereinten Nationen, normiert ein Recht auf einen angemessenen Lebensstandard, einschließlich eines Rechts auf Wohnung.[61] Seit dem Beitritt der Bundesrepublik Deutschland in die Organisation der Vereinten Nationen am 18.09.1973 bekennt sich Deutschland zu der Allgemeinen Erklärung der Menschenrechte. Auch nach Art. 11 Abs. 1 des internationalen Paktes über wirtschaftliche, soziale und kulturelle Rechte (UN-Sozialpakt) muss jeder Vertragsstaat das Recht eines jeden auf einen angemessenen Lebensstandard, einschließlich ausreichender Ernährung, Bekleidung und Unterbringung anerkennen.[62]

d) Kein subjektiv einklagbares Recht auf Wohnung

Aus dem Sozialstaatsprinzip folgt für den Einzelnen kein einklagbarer Anspruch auf staatliche Leistungen.[63] Insbesondere besteht kein subjektives Recht auf Wohnung in dem Sinne, dass der Staat zur Bereitstellung einer angemessenen Wohnung für jeden Bürger verpflichtet wäre. Auch in den Ländern, in denen die Landesverfassungen ein Recht auf angemessenen Wohnraum normieren, steht dem Einzelnen kein einklagbarer Leistungsanspruch zu. Die Vorschriften sind nicht als Grundrecht, sondern als Staatszielbestimmung oder Programmsatz zu verstehen.[64] Adressat ist nicht der Bürger, sondern der Staat. Eine Berechtigung des einzelnen Bürgers beab-

---

Regelung nicht ausreichend konturiert sei, was zu Problemen bei der Umsetzung in nationales Recht führe.

61 Allgemeine Erklärung der Menschenrechte, Resolution 217 A (III) der Generalversammlung v. 10.12.1948.

62 Bei dem Sozialpakt handelt es sich um einen völkerrechtlichen Vertrag, den die Bundesrepublik Deutschland am 09.10.1968 unterzeichnet und am 17.12.1973 die Ratifikationsurkunde beim Generalsekretär der Vereinten Nationen hinterlegt hat (BGBl. II 1976, S. 428). Mit Inkrafttreten des Paktes ist die Bundesrepublik Deutschland völkerrechtlich an diesen gebunden. Das Zustimmungsgesetz wurde am 23.11.1973 vom Deutschen Bundestag beschlossen (BGBl. II, S. 1569), wodurch der Vertrag in den Rang eines formellen Bundesgesetzes gehoben wurde. Es ist zeitgleich mit dem Sozialpakt am 03.01.1976 in Kraft getreten.

63 Vgl. BVerfGE 27, 253 (283); 29, 302 (315); 41, 126 (153 f.); 82, 60 (80); 94, 241 (263); 110, 412 (445); *Sachs*, in: ders., GG, Art. 20 Rn. 50; *Leisner, W.G.*, in: Sodan, GG, Art. 20 Rn. 22.

64 Vgl. *Grziwotz*, ZfIR 2020, 81; *Baumgart/Kment*, Gutachten D zum 73. Deutschen Juristentag 2020/2022, D 74. Für die Bestimmung in Art. 106 Abs. 1 BayVerf vertritt eine neuere Auffassung, dass eine Grundrechtsverbürgung vorliegt, wobei dem Freistaat

sichtigen die Landesverfassungen hingegen nicht.[65] Bei einem Recht auf Wohnung bleibt es der nicht einklagbaren Entscheidung des Gesetzgebers überlassen, ob und inwieweit er im Rahmen der Daseinsvorsorge Teilhaberechte gewähren will.[66] Ihm kommt die Aufgabe zu, das Staatsziel oder den Programmsatz einfachgesetzlich auszugestalten.

Auch aus Art. 31 der revidierten Europäischen Sozialcharta folgt kein subjektives Recht des Einzelnen auf Wohnung, da die Bundesrepublik Deutschland dieses Recht bei der Ratifizierung ausgeklammert hat.[67] Auch Art. 25 der Allgemeinen Erklärung der Menschenrechte begründet kein einklagbares Recht des Einzelnen. Die Erklärung stellt kein völkerrechtlich bindendes Dokument dar, vielmehr handelt es sich um „soft law".[68] Aus ihr folgen für den unterzeichnenden Staat keine unmittelbaren Rechtspflichten, sodass auch der Einzelne keine Rechte geltend machen kann. Art. 11 Abs. 1 UN-Sozialpakt beinhaltet ebenfalls kein subjektives Recht des Einzelnen. Dies folgt aus Art. 2 Abs. 1 UN-Sozialpakt, der festlegt, dass die Vertragsstaaten die im Pakt verbürgten Rechte verwirklichen sollen. Der Einzelne kann aus dem Pakt keine Rechte herleiten.[69] Adressiert wird alleine der Staat.[70]

Bayern als Grundrechtsverpflichteten ein weiter Erfüllungsspielraum eingeräumt wird, vgl. *Lindner*, in: Lindner/Möstl/Wolff, BayVerf, Art. 106 Rn. 3.

65 In seiner Entscheidung vom 12.07.1962 - Vf. 87-VI-61, BayVerfGHE 15, 49, führt der bayerische Verfassungsgerichtshof zwar aus, dass der Wortlaut von Art. 106 Abs. 1 BayVerf und die Stellung der Vorschrift im Zweiten Hauptteil der Verfassung auf ein subjektives Recht hinzuweisen scheinen. Aus den Verhandlungen des Verfassungsausschusses ergibt sich aber, dass die Vorschrift lediglich als „Programmsatz" zu verstehen ist und aus ihr kein subjektives Recht des Einzelnen folgt. Zustimmend *Burgi*, NVwZ 2020, 257 (262 f.). Abweichend *Lindner*, in: Lindner/Möstl/Wolff, BayVerf, Art. 106 Rn. 3. Ein einklagbares Recht auf eine angemessene Wohnung hat auch das Verfassungsgericht Brandenburg, Beschl. v. 19.05.1994 - VfGBbg 6/93; VfGBbg 6/93 EA, verneint. Nach dem Wortlaut von Art. 47 Abs. 1 BbgVerf wird bereits nur „das Land verpflichtet, im Rahmen seiner Kräfte für die Verwirklichung des Rechts auf angemessene Wohnung zu sorgen".

66 Siehe auch BVerfGE 33, 303 (331).

67 Siehe dazu bereits S. 39.

68 Vgl. *Nettesheim*, in: Merten/Papier, Handbuch der Grundrechte, Bd. VI/2, § 173 Rn. 21 und 39.

69 Vgl. *Dann*, in: Isensee/Kirchhof, HStR, Bd. XI, § 249 Rn. 79.

70 Vgl. *Dann*, in: Isensee/Kirchhof, HStR, Bd. XI, § 249 Rn. 79.

2. Weiter gesetzgeberischer Gestaltungsspielraum bei der Ausgestaltung des Sozialstaatsprinzips

Wie der Gesetzgeber den ihm eröffneten Gestaltungsspielraum ausfüllt, stellt eine politische Entscheidung dar. Die konkrete Ausgestaltung der Maßnahmen zur Erreichung des Staatsziels und die Abwägung über deren Ausmaß sowie den Einsatz finanzieller Mittel sind von politischen Mehrheiten abhängig. Im Hinblick auf die soziale Absicherung des Wohnens hat der Gesetzgeber diesen Spielraum insbesondere in drei Bereichen umgesetzt.

a) Objektförderung

Unter die Objektförderung fallen Maßnahmen im Rahmen der sozialen Wohnraumförderung der Länder.[71] Ihr kommt eine Versorgungsfunktion für Haushalte zu, die sich nicht aus eigener Kraft mit angemessenem Wohnraum versorgen können.

Die erste rechtliche Grundlage für die staatliche Förderung des Wohnungsbaus legte 1950 das Erste Wohnungsbaugesetz (I. WoBauG)[72], welches den Wiederaufbau von bezahlbarem Wohnraum nach dem Zweiten Weltkrieg zum Ziel hatte. Bereits im Jahr 1956 wurde es durch das Zweite Wohnungsbaugesetz (Wohnungsbau- und Familienheimgesetz, II. WoBauG)[73] abgelöst. Neben der Schaffung von bezahlbarem Wohnraum förderte das II. WoBauG außerdem den Erwerb von selbstgenutztem Immobilieneigentum für eine breite Bevölkerungsschicht. Das II. WoBauG wurde im Jahr 2001 durch das Gesetz zur Reform des Wohnungsbaurechts ersetzt. Dieses Artikelgesetz enthält in Art. I das Gesetz über die soziale Wohnraumförderung (Wohnraumförderungsgesetz – WoFG).[74]

Im Zuge der Neufassung des Art. 74 Abs. 1 Nr. 18 GG durch die Föderalismusreform im Jahr 2006 ist die Gesetzgebungszuständigkeit für die soziale Wohnraumförderung in die ausschließliche Gesetzgebungskompetenz der

---

71 Vgl. *Kötter/Rehorst/Weiß*, Arbeitshilfe, Baulandstrategien im Brandenburger Maßstab, S. 38, https://mil.brandenburg.de/sixcms/media.php/9/Arbeitshilfe_Baulandstrategien_Langfassung_final.pdf (zuletzt aufgerufen am 30.12.2022).
72 Erste Wohnungsbaugesetz v. 24.04.1950, BGBl. I, S. 83.
73 Zweite Wohnungsbaugesetz v. 27.06.1956, BGBl. I, S. 523.
74 Gesetz über die soziale Wohnraumförderung – Wohnraumförderungsgesetz v. 13.09.2001, BGBl. I, S. 2376.

Länder übergegangen.[75] Seitdem obliegen Gesetzgebung und Finanzierung der sozialen Wohnraumförderung den Ländern.[76] Zunächst standen den Ländern seit Anfang 2007 als Ausgleich für den durch die Abschaffung u.a. der Finanzhilfen zur sozialen Wohnraumförderung bedingten Wegfall der Finanzierungsanteile des Bundes bis Ende 2019 Kompensationsmittel aus dem Bundeshaushalt zu. Durch eine Grundgesetzänderung kann der Bund den Ländern auch über das Jahr 2019 hinaus Finanzhilfen für Investitionen der Länder und Gemeinden im Bereich des sozialen Wohnungsbaus gewähren.[77] Dies ermöglicht der neu eingefügte Art. 104d GG. Mit der Änderung des Art. 104d GG erkennt der Bund seine gesamtstaatliche Verantwortung für den sozialen Wohnungsbau als Daueraufgabe an. Für das Programmjahr 2021 stellt der Bund den Ländern Finanzhilfen in Höhe von einer Milliarde Euro für den Bereich des sozialen Wohnungsbaus zur Verfügung.[78]

Zwischenzeitlich haben viele Länder eigene Wohnraumförderungsgesetze erlassen.[79] Soweit das Wohnraumförderungsgesetz des Bundes nicht durch landesrechtliche Regelungen ersetzt worden ist, gilt es nach Art. 125a Abs. 1 Satz 1 GG fort. Soziale Wohnraumförderung beabsichtigt

---

75 Gesetz zur Änderung des Grundgesetzes v. 28.08.2006, BGBl. I, S. 2034; Vertiefend zu den Auswirkungen der Föderalismusreform auf den geförderten Wohnungsbau siehe *Feßler*, WuM 2010, 267 ff.

76 Vgl. BT-Drs. 16/813, S. 13.

77 Gesetz zur Änderung des Grundgesetzes v. 28.03.2019, BGBl. I, S. 404. Dazu *Battis/Eder*, NVwZ 2019, 592.

78 Vgl. Verwaltungsvereinbarung über die Gewährung von Finanzhilfen des Bundes im Bereich des sozialen Wohnungsbaus im Programmjahr 2021 v. 08.12.2020 / 25.02.2021.

79 Folgende Länder haben von ihrer Gesetzgebungskompetenz Gebrauch gemacht und eigene Wohnraumförderungsgesetze erlassen: Landesgesetz zur Förderung von Wohnraum und Stabilisierung von Quartiersstrukturen in Baden-Württemberg (WoFG BW) v. 11.12.2007, GBl. BW, S. 581; Gesetz über die Wohnraumförderung in Bayern (BayWoFG) v. 10.04.2007, Bay. GVBl., S. 260; Gesetz über die soziale Wohnraumförderung im Land Brandenburg (BbgWoFG) v. 05.06.2019, GVBl. Brandenburg I, Nr. 17; Gesetz über die Wohnraumförderung in der Freien und Hansestadt Hamburg (HmbWoFG) v. 19.02.2008, HmbGVBl., S. 74; Hessisches Wohnraumfördergesetz (HWoFG) v. 13.12.2012, GVBl. Hessen, S. 600; Niedersächsisches Gesetz über die soziale Wohnraumförderung und die Förderung von Wohnquartieren (NWoFG) v. 29.10.2009, Nds. GVBl., S. 403; Gesetz zur Förderung und Nutzung von Wohnraum für das Land Nordrhein-Westfalen (WFNG NRW) v. 08.12.2009, GV. NRW, S. 772; Landeswohnraumförderungsgesetz Rheinland-Pfalz (WoFG Rh.-Pf.) v. 22.11.2013, GVBl. Rh.-Pf., S. 472; Gesetz über die Wohnraumförderung in Schleswig-Holstein (SHWoFG) v. 25.04.2009, GVOBl. SH, S. 194; Thüringer Wohnraumfördergesetz (ThürWoFG) v. 31.01.2013, GVBl. Thüringen, S. 1.

sowohl die Bereitstellung preiswerter Mietwohnungen als auch die Unterstützung bei der Bildung selbst genutzten Wohneigentums, vor allem für Haushalte mit Kindern.

Die jeweiligen Fördervoraussetzungen der sozialen Wohnraumförderung richten sich nach den landesrechtlichen Wohnraumförderungsgesetzen und den jeweils dazu erlassenen Wohnraumförderungsbestimmungen. In den Ländern, die (noch) keine eigenen Wohnraumförderungsgesetze erlassen haben, sind die Fördervoraussetzungen dem fortgeltenden Wohnraumförderungsgesetz des Bundes und den jeweils einschlägigen Wohnraumförderungsbestimmungen des Landes zu entnehmen.[80]

b) Subjektförderung

Die Übernahme der Kosten der Unterkunft und Heizung für Empfänger von Bürgergeld und für Empfänger von Sozialhilfe sowie die soziale Absicherung einkommensschwacher Haushalte mit Wohngeld ist der Subjektförderung zuzurechnen. Diese Maßnahmen sind zweckgebundene Transferleistungen zur (anteiligen) Übernahme der Wohnkosten bedürftiger Haushalte. Auf die Leistungen besteht ein Rechtsanspruch, der eine Gleichbehandlung der berechtigten Haushalte sicherstellt. Die Übernahme der Kosten der Unterkunft und Heizung richtet sich bei einer Gewährung im Rahmen des Bürgergelds nach § 22 SGB II, im Rahmen der Sozialhilfe nach § 35 SGB XII. Wohngeld wird für selbstnutzende Eigentümer als Lastenzuschuss und für Mieter als Mietzuschuss geleistet. Die gesetzlichen

---

80 Siehe beispielsweise die Förderrichtlinie des Sächsischen Staatsministeriums für Regionalentwicklung zur Schaffung von selbstgenutztem Wohneigentum für Familien mit Kindern (FRL Familienwohnen) vom 10.03.2021, SächsABl., S. 310, sowie die Förderrichtlinie des Sächsischen Staatsministeriums für Regionalentwicklung zur Förderung der Schaffung von mietpreis- und belegungsgebundenem Mietwohnraum (FRL gebundener Mietwohnraum) vom 29.04.2021, SächsABl., S. 502.

Voraussetzungen der Gewährung sind im Wohngeldgesetz (WoGG)[81] und der Wohngeldverordnung (WoGV)[82] geregelt.

c) Sozialer Schutz über Regelungen des allgemeinen Wohnraummietrechts

Das Wohnraummietrecht ist durch den Gesetzgeber auf vielfältige Weise sozial ausgestaltet worden, insbesondere durch spezifische Regelungen zum Kündigungs- und Preisschutz.[83] Der Kündigungsschutz wird durch §§ 573, 575 BGB und durch die sogenannte Sozialklausel (§§ 574-574c BGB) gewährt.[84] Der Preisschutz des Mieters wird durch § 291 Abs. 1 Satz 1 Nr. 1 StGB (Mietwucher)[85] und § 5 Wirtschaftsstrafgesetz (WiStG)[86] sichergestellt.[87] Zudem kennt das BGB mit der Kappungsgrenze und der Mietpreisbremse zwei Instrumente zur Begrenzung des Mietpreises. Die Kappungsgrenze betrifft die Zulässigkeit der Mieterhöhung in bestehenden Mietverhältnissen im Vergleich zur ortsüblichen Vergleichsmiete.[88] Die Mietpreisbremse hat der Bundesgesetzgeber 2015 mit den

---

81 Wohngeldgesetz (WoGG) v. 24.09.2008, BGBl. I, S. 1856. Ausführlich zum Wohngeld *Muckel/Ogorek/Rixen*, Sozialrecht, § 15 Rn. 13 ff. Gemäß § 68 Nr. 10 SGB I gilt das WoGG als besondere Ausgestaltung der Sozialgesetzbücher. Die zum 01.01.2020 in Kraft getretene Wohngeldreform ermöglicht erstmals eine regelmäßige Anpassung des Wohngelds. Diese Dynamisierung ist in § 43 WoGG geregelt. Die erste Fortschreibung des Wohngeldes erfolgt zum 01.01.2022, § 43 Abs. 1 Satz 2 WoGG. Darüber hinaus tritt zum 01.01.2023 eine weitere umfassende Reform des Wohngelds in Kraft. Durch die Stärkung des Wohngelds steigt die Anzahl der berechtigten Haushalte von rund 600.000 auf rund 2 Millionen an. Zudem wird die Höhe des Wohngelds angehoben. Bezieher erhalten im Schnitt monatlich statt 177 EUR rund 370 EUR.

82 Wohngeldverordnung v. 19.10.2001, BGBl. I, S. 2722.

83 Vgl. *Weidenkaff*, in: Grüneberg, Einf. v. § 535 Rn. 127 ff. Zur Entwicklung des sozialen Mietrechts vgl. *Emmerich* in: Staudinger, BGB, Vorb. zu § 535 Rn. 11 ff.

84 Vgl. *Emmerich* in: Staudinger, BGB, Vorb. zu § 535 Rn. 10.

85 Ausführlich zu § 291 Abs. 1 Satz 1 Nr. 1 StGB *Weigelt*, Die wachsende Stadt als Herausforderung für das Recht, S. 331 ff. Der Bundesrat hat im März 2022 einen Gesetzentwurf zur besseren Bekämpfung von Mietwucher in den Bundestag eingebracht, BT-Drs. 20/1239. Der Entwurf sieht vor, den Bußgeldrahmen für unangemessen hohe Mietforderungen von maximal 50.000 EUR auf 100.000 EUR anzuheben.

86 Neufassung des Gesetzes zur weiteren Vereinfachung des Wirtschaftsstrafrechts (Wirtschaftsstrafgesetz 1954) v. 03.06.1975, BGBl. I, S. 1313.

87 Ausführlich zu § 5 WiStG *Weigelt*, Die wachsende Stadt als Herausforderung für das Recht, S. 318 ff. *Weigelt* weist zu Recht auf die geringe praktische Relevanz von § 5 WiStG hin.

88 In angespannten Märkten sieht der Koalitionsvertrag zwischen SPD, Bündnis 90/Die Grünen und FDP der 20. Legislaturperiode eine Verschärfung der Kappungsgrenze

Vorschriften der §§ 556d ff. BGB eingeführt.[89] Diese ermöglicht es den Landesregierungen, durch Rechtsverordnung Gebiete mit angespanntem Wohnungsmarkt zu bestimmen.[90] In diesen Gebieten darf die Miete für Wohnraum bei Wiedervermietung die ortsübliche Vergleichsmiete um höchstens 10 Prozent übersteigen.[91]

II. Sozialgerechte Bodennutzung im Spannungsverhältnis zwischen Eigentumsgarantie, Inhalts- und Schrankenbestimmungen und Sozialfunktion des Eigentums

Mit der Bodennutzung eng verbunden ist die Frage, ob ein Privater mit seinem Grundeigentum nach Belieben verfahren kann oder ob Art. 14 GG ihm die Pflicht auferlegt, sein Grundeigentum sozialgerecht zu nutzen.

1. Grundeigentum als geschützte Rechtsposition

Nach Art. 14 Abs. 1 Satz 2 GG wird der Inhalt des verfassungsrechtlich geschützten Eigentums durch einfache Gesetze bestimmt. Es handelt sich um ein normgeprägtes Grundrecht. §§ 903, 905 BGB weisen dem Grundeigentümer eine umfassende Herrschafts- und Nutzungsbefugnis über sein Grundstück zu. Die Nutzung eines Grundstücks durch Bebauung ist verfassungsrechtlich geschützt, sofern sich die Bebauung im Rahmen der Gesetze hält.[92] Mit diesem Recht eng verknüpft ist der Anspruch auf eine Entschei-

---

vor. Die Kappungsgrenze soll von 15 auf elf Prozent in drei Jahren abgesenkt werden, S. 71.

89 Gesetz zur Dämpfung des Mietanstiegs auf angespannten Wohnungsmärkten und zur Stärkung des Bestellerprinzips bei der Wohnungsvermittlung (Mietrechtsnovellierungsgesetz – MietNovG) v. 21.04.2015, BGBl. I, S. 610.

90 Die zunächst zeitlich bis zum 31.12.2020 befristete Verordnungsermächtigung wurde verlängert. Nach § 556d Abs. 2 Satz 4 BGB muss eine Rechtsverordnung nach § 556d Abs. 2 Satz 1 BGB nunmehr spätestens mit Ablauf des 31.12.2025 außer Kraft treten. Nach dem Willen der Koalitionäre soll die Mietpreisbremse bis zum Jahre 2029 verlängert werden, vgl. Koalitionsvertrag zwischen SPD, Bündnis 90/Die Grünen und FDP der 20. Legislaturperiode, S. 91.

91 Das BVerfG bewertet die Regelungen der Mietpreisbremse als grundrechtskonform, vgl. Beschl. v. 18.07.2019 - 1 BvL 1/18 u.a., NJW 2019, 3054 ff.

92 Vgl. BVerfG, Beschl. v. 19.06.1973 - 1 BvL 39/69 und 14/72; Beschl. v. 22.05.2001 - 1 BvR 1512/97 und 1677/97.

dung der Baurechtsbehörde.[93] Stehen einem Vorhaben öffentlich-rechtliche Vorschriften nicht entgegen, ist die Baugenehmigung von der zuständigen Baurechtsbehörde zu erteilen. Der konkrete Anspruch, auf den der Eigentümer sein Begehren stützen kann, folgt nicht unmittelbar aus Art. 14 GG, sondern aus den einfachgesetzlichen Vorschriften der entsprechenden Landesbauordnungen.[94]

2. Inhalts- und Schrankenbestimmungen des Eigentums

Die Eigentumsgarantie des Art. 14 Abs. 1 GG gewährt die bauliche Nutzung eines Grundstücks nicht uneingeschränkt. Art. 14 Abs. 1 Satz 2 GG beauftragt den Gesetzgeber, Inhalts- und Schrankenbestimmungen für das Eigentum zu formulieren. Die §§ 30 ff. BauGB enthalten Vorschriften, die die Bebaubarkeit von Grund und Boden regeln und beschränken. Gemeinden können nach §§ 2 Abs. 1 Satz 1, 1 Abs. 2 Alt. 2 BauGB Bebauungspläne aufstellen. Der Bebauungsplan als materielles Gesetz im Sinne des Art. 14 Abs. 1 Satz 2 GG bestimmt Inhalt und Schranken des Eigentums.[95] Für das Plangebiet hat er eigentumsgestaltende Wirkung.[96] Nach § 1 Abs. 7 BauGB hat die Gemeinde bei der Aufstellung eines Bebauungsplans die öffentlichen und privaten Belange gegeneinander und untereinander gerecht abzuwägen. Zu den Gemeinwohlbelangen zählt die sozialgerechte Nutzung des Bodens, zu den privaten Belangen das Interesse des Grundeigentümers zur baulichen Nutzung seines Grundstücks.

3. Sozialfunktion des Eigentums

Während Art. 14 Abs. 1 GG das Eigentum institutionell verbürgt, setzt Art. 14 Abs. 2 GG den „sozialen Kontrapunkt".[97] Das grundrechtlich geschützte Interesse des Einzelnen erhält durch die Sozialpflichtigkeit des

---

93 *Lege*, ZJS 2012, 44 (45) betont, dass es sich nicht um einen Anspruch auf Erteilung einer Baugenehmigung handelt, sondern um einen Anspruch auf eine gebundene Entscheidung, die in der Erteilung der Baugenehmigung mündet.

94 In Baden-Württemberg beispielsweise aus § 58 LBO BW.

95 Vgl. BVerfG, Beschl. v. 22.02.1999 - 1 BvR 565/91, NVwZ 1999, 979 (980); BVerwGE 47, 144 (153).

96 Vgl. BVerwGE 110, 203 (208).

97 *Breuer*, Die Bodennutzung im Konflikt zwischen Städtebau und Eigentumsgarantie, S. 41.

Eigentums ein Gegengewicht durch die Belange der Allgemeinheit.[98] Neben die Privatnützigkeit des Eigentums tritt *zugleich* das Gemeinwohl.[99] Das in Art. 14 Abs. 1 Satz 2 GG verbürgte Recht des Gesetzgebers, Inhalt und Schranken des Eigentums zu formulieren sowie die Gemeinwohlklausel des Art. 14 Abs. 2 GG bilden eine Einheit und sind als ein Gesetzesvorbehalt zugunsten des einfachen Gesetzgebers zu verstehen, der in diesem Rahmen den Freiheitsraum des privaten Eigentums beschränken darf.[100]

a) Inhalt der Gemeinwohlklausel

Auf die Nutzung des Bodens sind Eigentümer, Nichteigentümer, Staat und Gemeinschaft angewiesen.[101] Boden ist Voraussetzung für Wohnen. Wohnen wiederum ist ein elementares Grundbedürfnis.[102] Eine Wohnung vermittelt nicht nur physischen Schutz, sondern sie befriedigt auch weitere soziokulturelle Bedürfnisse nach Geborgenheit, Alleinsein, Geselligkeit und Besinnung. Die Versorgung mit einer Wohnung ist unabdingbare Voraussetzung für die Selbstverwirklichung und das Wohlbefinden. Die Unvermehrbarkeit des Bodens stellt im Vergleich zu anderen Gütern eine Besonderheit dar, die im Rahmen der Sozialpflichtigkeit Berücksichtigung finden muss. In diesem Kontext ist der Satz des Bundesverfassungsgerichts zu lesen: „[E]ine gerechte Rechts- und Gesellschaftsordnung zwingt vielmehr dazu, die Interessen der Allgemeinheit beim Boden in weit stärkerem Maße zur Geltung zu bringen als bei anderen Vermögensgütern."[103] Insbesondere dann, wenn Grundeigentum durch Dritte genutzt wird, erlangt es eine soziale Funktion. Das verfassungsrechtliche Postulat einer am Gemeinwohl orientierten Nutzung des Privateigentums umfasst auch das Gebot zur Rücksichtnahme auf die Belange der Mitbürger, die auf die Nutzung des Eigentumsgegenstandes angewiesen sind.[104]

---

98 Vgl. *Isensee*, in: Isensee/Kirchhof, HStR, Bd. IX, § 190 Rn. 212.

99 Vgl. *Papier/Shirvani*, in: Dürig/Herzog/Scholz, GG, Art. 14 Rn. 510.

100 Vgl. *Leisner, W.*, in: Isensee/Kirchhof, HStR, Bd. VIII, § 173 Rn. 89; *Isensee*, in: Isensee/Kirchhof, HStR, Bd. IX, § 190 Rn. 216; *Kment*, NJW 2018, 3692 (3693 f.).

101 *Wendt*, in: Sachs, GG, Art. 14 Rn. 112.

102 Dazu ausführlich *Bath*, Soziale Menschenrechte in theologischer Perspektive, S. 116.

103 BVerfGE 21, 73 (83).

104 Vgl. BVerfGE 37, 132 (140); 50, 290 (341); 52, 1 (33); 79, 292 (302); 84, 382 (385); 95, 64 (84).

Diese besondere soziale Bindung des Grundeigentums bekräftigt der Gesetzgeber durch den Planungsgrundsatz in § 1 Abs. 5 Satz 1 BauGB, in welchem er fordert, dass die Bauleitplanung die sozialgerechte Bodennutzung zu gewährleisten hat. Mit dem Begriff kommt der sozialstaatliche Auftrag des Städtebaus zum Ausdruck.[105] Mit dem Planungsgrundsatz der sozialgerechten Bodennutzung setzt das BauGB die Sozialwohlklausel des Art. 14 Abs. 2 GG einfachgesetzlich um.[106] Gleichzeitig wird der Auftrag zur sozialen Gestaltung der Eigentumsordnung durch § 1 Abs. 5 Satz 1 BauGB an die Gemeinden weitergegeben.[107] In Bezug auf Grund und Boden obliegt ihnen die Aufgabe, im Wege der Abwägung nach § 1 Abs. 7 BauGB den Ausgleich zwischen Privatnützigkeit und Sozialpflichtigkeit des Eigentums herzustellen.

b) Keine unmittelbare Verpflichtung des Einzelnen durch die Gemeinwohlklausel

Nach einer in der Literatur vertretenen Auffassung verpflichtet die Gemeinwohlklausel des Art. 14 Abs. 2 GG unmittelbar den Grundrechtsträger.[108] Aus ihr können ohne einfachgesetzliche Konkretisierung durch den einfachen Gesetzgebers Nutzungs- und Verfügungsbeschränkungen folgen.[109] So meint *Kreft*, „Normen, die der einfache Gesetzgeber im Rahmen des Art. 14

---

105 *Battis*, in: Battis/Krautzberger/Löhr, BauGB, § 1 Rn. 45. Ähnlich auch *Schrödter* und *Wahlhäuser*, die darauf hinweisen, dass Gemeinden nach § 1 Abs. 5, Abs. 6 Nr. 1-3 BauGB sowie nach den Vorschriften des Städtebauförderungsrechts der §§ 136-171e BauGB die soziale Funktion des Städtebaurechts beachten müssen, *Schrödter/Wahlhäuser*, in: Schrödter, BauGB, § 1 Rn. 201.

106 Siehe *Gierke*, in: Brügelmann, BauGB, § 1 Rn. 506; *Dirnberger*, in: Spannowsky/Uechtritz (BeckOK), BauGB, § 1 Rn. 75.

107 Siehe *Gierke*, in: Brügelmann, BauGB, § 1 Rn. 506.

108 *Nüßgens/Boujong*, Eigentum, Sozialbindung, Enteignung, Rn. 141, bejahen eine „unmittelbare Rechtspflicht für den Eigentümer" ohne einfachgesetzliche Konkretisierung. Ebenso *Rudolph*, Die Bindung des Eigentums, S. 15 f. Ähnlich *Bryde/Wallrabenstein*, in: v. Münch/Kunig, GG, Bd. I, Art. 14 Rn. 101. Ablehnend: *Papier/Shirvani*, in: Dürig/Herzog/Scholz, GG, Art. 14 Rn. 416; *Isensee*, in: Isensee/Kirchhof, HStR, Bd. IX, § 190 Rn. 214, *Gassner*, NVwZ 1982 165 (167); vermittelnd: *Breuer*, Die Bodennutzung im Konflikt zwischen Städtebau und Eigentumsgarantie, S. 42 f., der zwar meint, die Sozialpflichtigkeit erzeuge „unmittelbare Rechtspflichten des Eigentümers", gleichzeitig aber auch darauf hinweist, dass „die Ausprägung dem einfachen Gesetzgeber vorbehalten" bleibt.

109 Vgl. *Kreft*, in: FS Hauß, S. 209.

Abs. 1 Satz 2 GG erläßt [sic], [enthalten] teils lediglich Positivierungen und Konkretisierungen von Beschränkungen, die sich auch schon unmittelbar aus Art. 14 Abs. 2 GG ergeben [...]".[110]

Dieser Auffassung ist nicht zu folgen, denn für den einzelnen Eigentümer ist die Aufforderung des Art. 14 Abs. 2 GG zu unbestimmt. Der Einzelne kann der Vorschrift nicht entnehmen, wozu sein Eigentum verpflichtet und welche Handlung das Allgemeinwohl von ihm fordert.[111] Es fehlt an der Befehlsklarheit.[112] Sähe man in Art. 14 Abs. 2 GG eine unmittelbare Verpflichtung des Einzelnen, würde dies bedeutet, dass ihre Grenzen durch die Verwaltung und letztlich durch die Rechtsprechung gezogen würden. Dieses Verständnis sieht sich aber dem Einwand des Subjektivismus[113] und, soweit ein durch die Gerichte geschaffener Rahmen in Rede steht, dem Nachteil nicht vorhersehbarer Kasuistik ausgesetzt.[114] Das abstrakte Leitbild, welches die Verfassung in Art. 14 Abs. 2 GG zeichnet, enthält einen politischen Gestaltungsauftrag, den in der demokratischen Gewaltenteilung die Legislative auszufüllen hat.[115] Art. 14 Abs. 2 GG statuiert keine unmittelbare Pflicht des Eigentümers, sein Eigentum sozialgerecht zu nutzen und sozialwidrige Eigentumsnutzung zu unterlassen.[116] Ein bauwilliger Grundstückseigentümer ist nicht verpflichtet, bei der Planung und Ausführung eines Bauvorhabens die sozialgerechte Nutzung des Bodens zu berücksichtigen. Sofern sich sein Vorhaben in dem von dem Bebauungsplan gesteckten Rahmen hält, ist es zulässig.

C. Sozialgerechte Bodennutzung als Aufgabe der Raumordnung

Bevor genauer erläutert wird, inwieweit der Auftrag zur sozialen Gestaltung der Eigentumsordnung im Bauplanungsrecht zum Ausdruck kommt, lohnt es sich zunächst, die übergeordnete Planungsebene der Raumordnung zu

---

110 *Kreft*, in: FS Hauß, S. 209.
111 *Isensee* spricht anschaulich davon, dass der „Tatbestand des Grundrechts zerfließt", in: Isensee/Kirchhof, HStR, Bd. IX, § 190 Rn. 214.
112 *Isensee*, in: Isensee/Kirchhof, HStR, Bd. IX, § 190 Rn. 212.
113 Vgl. *Gassner*, NVwZ 1982, 165 (168). *Kaiser*, Staat und Privateigentum, S. 25, wirft der Rechtsprechung vor, „selbst darüber befunden [zu haben], was im konkreten Fall die vernünftige Nutzungsart ist". *Bender*, NJW 1965, 1297 (1301) bezeichnet Art. 14 Abs. 2 GG als „inhaltslose, bedenklich manipulierbare Formel".
114 Vgl. *Gassner*, NVwZ 1982, 165 (168).
115 Vgl. *Isensee*, in: Isensee/Kirchhof, HStR, Bd. IX, § 190 Rn. 216.
116 Vgl. *Kment*, NJW 2018, 3692.

betrachten. Aufgezeigt wird, ob eine sozialgerechte Bodennutzung und die Schaffung von Wohnraum auf dieser Planungsebene von Bedeutung sind.

I. Grundlagen der Raumordnung

Raumordnung ist die zusammenfassende, überörtliche und überfachliche Ordnung des Raumes.[117] Aufgabe der Raumordnung ist es, den Gesamtraum der Bundesrepublik Deutschland und seiner Teilräume durch zusammenfassende übergeordnete Raumordnungspläne und durch Abstimmung raumbedeutsamer Planungen und Maßnahmen zu entwickeln, zu ordnen und zu sichern.[118] Die Raumordnung übernimmt ebenso wie die Bauleitplanung eine Koordinierungs- und Integrationsfunktion.[119] Seit der Föderalismusreform 2006 steht dem Bund nach Art. 74 Abs. 1 Nr. 31 GG eine konkurrierende Gesetzgebungskompetenz für die Raumordnung zu. In den Bereichen, in denen das Bundesrecht keine (abschließende) Regelung getroffen hat, haben die Länder die Gesetzgebungskompetenz.[120] Zudem können die Länder gemäß Art. 72 Abs. 3 Satz 1 Nr. 4 GG vom Bundesrecht abweichende Gesetze erlassen.[121] Rechtsquelle für das Raumordnungsrecht auf Bundesebene ist das Raumordnungsgesetz (ROG).[122] In den Ländern tritt neben dieses das jeweilige Landesplanungsgesetz.[123] Die Aufgabe der

---

117 Vgl. BVerfG, Baurechtsgutachten v. 16.06.1954 - 1 PBvV 2/52, Rn. 79 (juris).
118 Vgl. Hendler, in: Koch/Hendler, Baurecht, Raumordnungs- und Landesplanungsrecht, S. 46.
119 Vgl. Battis, Öffentliches Baurecht und Raumordnungsrecht, S. 13.
120 Vgl. Jarass/Schnittker/Milstein, JuS 2011, 215 (216).
121 Vgl. Runkel, in: Bielenberg/Runkel/Spannowsky, Raumordnungs- und Landesplanungsrecht, M vor §§ 1-27, Rn. 26.
122 Raumordnungsgesetz v. 22.12.2008, BGBl. I, S. 2986.
123 Landesplanungsgesetz Baden-Württemberg v. 10.07.2003, GBl. BW, S. 385; Bayerisches Landesplanungsgesetz v. 25.06.2012, Bay. GVBl., S. 254; in den Ländern Berlin und Brandenburg gilt der Landesplanungsvertrag i.d.F.v. 01.11.2011, Berlin GVBl. 2012, S. 2, Brandenburg GVBl. 2012 Nr. 14; Bremen und Hamburg als Stadtstaaten verfügen über keine eigenständigen Landesplanungsgesetze; Hessisches Landesplanungsgesetz v. 12.12.2012, GVBl. Hessen, S. 590; Landesplanungsgesetz Mecklenburg-Vorpommern v. 05.05.1998, GVOBl. Mecklenburg-Vorpommern, S. 503, ber. S. 613; Niedersächsisches Raumordnungsgesetz v. 06.12.2017, GVBl. Niedersachsen, S. 456; Landesplanungsgesetz NRW v. 03.05.2005, GV. NRW, S. 430; Landesplanungsgesetz Rh.-Pf. v. 10.04.2003, GVBl. Rheinland-Pfalz, S. 41; Saarländisches Landesplanungsgesetz v. 18.11.2010, Amtsbl. Saarland, S. 2599; Sächsisches Landesplanungsgesetz v. 11.12.2018, Sächsisches GVBl., S. 706; Landesentwicklungsgesetz Sachsen-Anhalt v. 23.04.2015, GVBl. Sachsen-Anhalt, S. 170; Landesplanungsgesetz

Raumordnung wird von den Ländern wahrgenommen. Die Länder füllen diese insbesondere durch die Aufstellung der Raumordnungspläne aus.[124] § 13 Abs. 1 Satz 1 ROG schreibt für das Landesgebiet einen landesweiten Raumordnungsplan (Nr. 1) und für die Teilräume der Länder Regionalpläne (Nr. 2) vor.[125]

II. Wohnbedarf als Festlegungsinhalt von Raumordnungsplänen

Bei der Erfüllung der in § 1 Abs. 1 ROG niedergelegten Aufgabe der Raumordnung – die Entwicklung, Ordnung und Sicherung des Raums – ist die Leitvorstellung des § 1 Abs. 2 ROG zu berücksichtigen. Leitvorstellung der Raumordnung ist eine nachhaltige Raumentwicklung, die die sozialen und wirtschaftlichen Ansprüche an den Raum mit seinen ökologischen Funktionen in Einklang bringt und zu einer dauerhaften, großräumig ausgewogenen Ordnung mit gleichwertigen Lebensverhältnissen in den Teilräumen führt.

Die Grundsätze der Raumordnung (§ 2 Abs. 2 Nr. 1-8 ROG) konkretisieren die Leitvorstellung einer nachhaltigen Raumentwicklung weiter.[126] Soweit dies erforderlich ist, sind die Grundsätze der Raumordnung wiederum nach § 2 Abs. 1 ROG durch Festlegungen in den Raumordnungsplänen zu konkretisieren.

Inhalt des Raumordnungsgrundsatzes Nr. 2 sind die Raum- und Siedlungsstrukturen. Nach § 2 Abs. 2 Nr. 2 Satz 2 ROG hat der Raumordnungsträger dafür Sorge zu tragen, dass Städte und ländliche Räume auch künftig

---

Schleswig-Holstein v. 27.01.2014, GVOBl. Schleswig-Holstein, S. 8; Thüringer Landesplanungsgesetz v. 11.12.2012, GVBl. Thüringen, S. 450.

124 Neben den Raumordnungsplänen stellen das Raumordnungsverfahren nach § 15 ROG und die Untersagung raumbedeutsamer Planungen und Maßnahmen nach § 12 ROG weitere Instrumente dar, um die Vorgaben der Raumordnung zu verwirklichen.

125 § 13 Abs. 1 Satz 2 ROG eröffnet den Stadtstaaten Berlin, Bremen und Hamburg die Möglichkeit, statt eines landesweiten Raumordnungsplans einen Flächennutzungsplan nach § 5 BauGB aufzustellen, der dann die Funktion der landesweiten Planung nach § 13 Abs. 1 Satz 1 Nr. 1 ROG übernimmt. § 13 Abs. 1 Satz 3 ROG nimmt die Stadtstaaten sowie das Saarland von der Verpflichtung zur Aufstellung von Regionalplänen aus.

126 Die gesetzlichen Grundsätze der Raumordnung sind von den planerischen Grundsätzen der Raumordnung als Festlegungsform in Raumordnungsplänen zu unterscheiden, vgl. dazu *Runkel*, in: Bielenberg/Runkel/Spannowsky, Raumordnungs- und Landesplanungsrecht, M § 2 Rn. 10 ff.

ihre vielfältigen Aufgaben für die Gesellschaft erfüllen können. Ausweislich der Gesetzesbegründung liegt diesem Satz der Gedanke zugrunde, dem Wohnbedarf der Bevölkerung im Raumordnungsplan Rechnung zu tragen.[127] Der Gesetzgeber bringt damit zum Ausdruck, dass innerhalb der drei Elemente, welche die gesamträumliche Planung prägen – soziale Anforderungen an den Raum, wirtschaftliche Anforderungen an den Raum und ökologische Funktion des Raums[128] –, der Wohnbedarf der Bevölkerung ein zu berücksichtigender Belang ist.

Weiter ausgeformt wird der Grundsatz der Raum- und Siedlungsstrukturen durch § 13 Abs. 5 Satz 1 Nr. 1 ROG, wonach der Raumordnungsplan Festlegungen zu der anzustrebenden Siedlungsstruktur enthalten soll. Insbesondere die Möglichkeit der Ausweisung besonderer Gemeindefunktionen (§ 13 Abs. 5 Satz 1 Nr. 1 c) ROG) sowie Festlegungen zur Siedlungsentwicklung (§ 13 Abs. 5 Satz 1 Nr. 1 d) ROG) können Einfluss auf die Raum- und Siedlungsstruktur haben. Durch die Ausweisung besonderer Gemeindefunktionen legt der Raumordnungsplaner eine Grundkonzeption für die regionale Siedlungsentwicklung fest.[129] Je nach Untersuchungsergebnis der durchzuführenden Bedarfsberechnung begrenzt der Raumordnungsplan die Siedlungstätigkeit einer Gemeinde auf ihre bloße Eigenentwicklung oder qualifiziert geeignete Gemeinden, die über die Eigenentwicklung hinausgehende Funktionen und Potentiale aufweisen, für die Siedlungsentwicklung.[130] Diese Festlegungen ermöglichen dem Plangeber des Raumordnungsplans, bereits auf der übergeordneten Ebene der Raumordnung geeignete Flächen für Wohngebiete zu benennen und so die Entwicklung von Wohnflächen in einem bestimmten Raum zu fördern, zu ordnen oder zu sichern.[131]

III. Bindungswirkung der Festlegungen

Anhand des landesweiten Raumordnungsplans für Baden-Württemberg und des Regionalplans Stuttgart wird dargestellt, wie auf der Ebene der

---

127 BT-Drs. 16/10292, S. 21.
128 Vgl. *Runkel*, in: Spannowsky/Runkel/Goppel, ROG, § 1 Rn. 102.
129 Vgl. *Spannowsky*, in: Bielenberg/Runkel/Spannowsky, Raumordnungs- und Landesplanungsrecht, M § 13 Rn. 140.
130 Vgl. *Spannowsky*, in: Bielenberg/Runkel/Spannowsky, Raumordnungs- und Landesplanungsrecht, M § 13 Rn. 140.
131 Vgl. *Spannowsky*, in: Bielenberg/Runkel/Spannowsky, Raumordnungs- und Landesplanungsrecht, M § 13 Rn. 141.

Raumordnung der Bedarf an Wohnraum berücksichtigt werden kann und inwieweit eine Bindungswirkung für die nachfolgende Ebene der Bauleitplanung besteht.

In Baden-Württemberg ist der Landesentwicklungsplan (LEP)[132] der landesweite Raumordnungsplan im Sinne des § 13 Abs. 1 Satz Nr. 1 ROG. Das Kapitel 3.1 des LEP beschäftigt sich mit der Siedlungsentwicklung. Nach der Zielvorgabe 3.1.2 ist die Siedlungstätigkeit vorrangig auf Siedlungsbereiche sowie Schwerpunkte des Wohnungsbaus zu konzentrieren. Der Plansatz 3.1.3 legt fest, dass Gemeinden und Gemeindeteile, in denen sich die Siedlungstätigkeit verstärkt vollziehen soll, in den Regionalplänen als Siedlungsbereiche auszuweisen sind, soweit dies für die Entwicklung der regionalen Siedlungsstruktur erforderlich ist. Nach dem Plansatz 3.1.4 werden regionalbedeutsame Schwerpunkte des Wohnungsbaus in der Region Stuttgart gebietsscharf ausgewiesen.

Nach § 13 Abs. 2 Satz 1 ROG sind die Regionalpläne aus dem landesweiten Raumordnungsplan zu entwickeln.[133] Für die Region Stuttgart wurde der Regionalplan Stuttgart aufgestellt[134], der aus dem LEP Baden-Württemberg entwickelt wurde. Der Regionalplan widmet sich im Kapitel 2.4 der Siedlungsentwicklung. Unter 2.4.1 werden Gemeinden mit verstärkter Siedlungstätigkeit (Siedlungsbereiche) festgelegt.[135] Zudem sind unter dem Kapitel 2.4.4 Schwerpunkte des Wohnungsbaus festgelegt.[136] Nach dem Plansatz 2.4.4.1 werden zur Konzentration der Siedlungsentwicklung Schwerpunkte des Wohnungsbaus als Vorranggebiete für eine verstärkte Wohnungsbautätigkeit festgelegt.[137] Vorranggebiete sind nach

---

132 Verordnung der Landesregierung über die Verbindlicherklärung des Landesentwicklungsplans 2002 v. 23.07.2002, GBl. BW, S. 301.

133 § 11 Abs. 2 Satz 3 LPlG BW enthält zudem einen Ausformungsauftrag, wonach die Regionalplanung die höherstufigen Vorgaben in den regionalen Kontext planerischgestaltend umzusetzen hat, dazu *Hager*, in: Hager, Kommentar zum Landesplanungsrecht in Baden-Württemberg, § 11 Rn. 23.

134 Regionalplan für die Region Stuttgart v. 22.07.2009, Bekanntmachung im Staatsanzeiger Baden-Württemberg am 12.11.2010, Nr. 44/2010.

135 Nach § 11 Abs. 3 Satz 2 Nr. 3 LPlG BW sind Siedlungsbereiche im Regionalplan festzulegen.

136 Nach § 11 Abs. 3 Satz 2 Nr. 6 LPlG BW sind Wohnungsbauschwerpunkte im Regionalplan festzulegen.

137 *Runkel* hält die Festlegung eines Vorranggebiets für den Wohnungsbau aufgrund der Detaillierungsschärfe für unzulässig, in: Spannowsky/Runkel/Goppel, ROG, § 1 Rn. 73, unter Bezugnahme auf *Busse*, BayVBl. 1998, 293 (294), der ein Vorbehaltsgebiet für Wohnungsbau für unzulässig hält, da in den Aufgabenbereich der gemeindlichen Bauleitplanung eingegriffen wird, ohne dass dieser Eingriff aus

§ 7 Abs. 3 Satz 2 Nr. 1 ROG Gebiete, die für bestimmte raumbedeutsame Funktionen oder Nutzungen vorgesehen sind und andere raumbedeutsame Funktionen oder Nutzungen in diesem Gebiet ausschließen, soweit diese mit den vorrangigen Funktionen oder Nutzungen nicht vereinbar sind. Ziel der Festlegung von Siedlungsschwerpunkten ist es, den Siedlungsdruck in geordnete Bahnen zu lenken.[138] Die als Vorranggebiete ausgestalteten Schwerpunkte des Wohnungsbaus sind als verbindliches regionalplanerisches Ziel gegen konkurrierende Nutzungen gesichert.[139]

Fraglich ist jedoch, inwieweit die regionalplanerischen Festlegungen von Siedlungsflächen für Wohnen sowie Schwerpunkten des Wohnungsbaus für die nachfolgende Ebene der Bauleitplanung Bindungswirkung entfalten. Nur eine strikte Bindung würde dazu beitragen, dass die Flächen dem Wohnungsbau tatsächlich zur Verfügung gestellt werden würden und so einen Einfluss auf die sozialgerechte Bodennutzung nehmen könnten. Voraussetzung für eine sozialgerechte Nutzung des Bodens im Sinne bezahlbaren Wohnraums ist das Vorhandensein ausreichender Flächen, die bebaut werden können. Nach § 1 Abs. 4 BauGB sind Bauleitpläne den Zielen der Raumordnung anzupassen. Für die Gemeinden in der Region Stuttgart folgt daraus eine Anpassungs- und Erstplanungspflicht.[140] Ihre

---

überörtlichen Gesichtspunkten zwingend gerechtfertigt ist. In der Rechtsprechung des BVerwG ist hingegen anerkannt, dass gebiets- oder bereichsscharfe Zielfestlegungen ebenfalls zulässig sind, sofern sie sich auf ein qualifiziertes überörtliches Interesse stützen, BVerwG, Urt. v. 16.03.2006 - 4 A 1001/04, NVwZ 2006, 1055 (1056); ebenso *Halama*, in: FS Schlichter, S. 218; *Gierke/Blessing*, in: Brügelmann, BauGB, § 1 Rn. 350; *Hendler*, in: FS Schmidt-Jortzig, S. 218. *Kümper*, ZfBR 2018, 119 (121) meint, die Situationsgebundenheit bestimmter Gemeindeteile kann ein solch qualifiziertes überörtliches Interesse darstellen und als Rechtfertigungsgrund für eine bereichsscharfe Festlegung herangezogen werden. Die Festlegung von Schwerpunkten des Wohnungsbaus als Vorranggebiete wird im Regionalplan Stuttgart anhand bestimmter Beurteilungskriterien ermittelt. Diese sind (i) die Anbindung an den ÖPNV und die sonstige Infrastruktur, (ii) die vorrangige Nutzung von Siedlungsmöglichkeiten im Bestand, (iii) die Lage an einer Entwicklungsachse sowie (iv) die Berücksichtigung landschaftlicher und topographischer Gegebenheiten (regionale Grünzüge, Landschaftsschutzgebiete, Naturschutzgebiete, Wasserschutzzonen). Aufgrund der anhand dieser Kriterien ermittelten Situationsgebundenheit dürfen Schwerpunkte des Wohnungsbaus bereichsscharf im Regionalplan festgelegt werden. Die kommunale Planungshoheit der Gemeinde nach Art. 28 Abs. 2 Satz 1 GG wird dadurch nicht verletzt.

138 Vgl. Landtag von Baden-Württemberg, Drs. 12/5877, S. 15.

139 Vgl. *Kiwitt*, in: Mitschang, Erhaltung und Sicherung von Wohnraum, S. 125.

140 Die Erstplanungspflicht, d.h. die gemeindliche Verpflichtung zur Aufstellung von Bebauungsplänen im unbeplanten Bereich war lange Zeit umstritten, vgl. *Kümper*,

Grenzen findet diese Pflicht jedoch in der Umsetzbarkeit der betreffenden Bauleitpläne.[141] Die raumordnerische Abwägung (§ 7 Abs. 2 Satz 1 ROG) ist der übergeordneten Aufgabe der Raumordnung angepasst[142], weshalb nicht alle von der vorgesehenen Raumnutzung oder Raumfunktion berührten Belange in ihr Berücksichtigung finden.[143] Das System der abgestuften Planungsebenen bringt es mit sich, dass auf der feingliederigen Planungsebene der Bauleitplanung öffentliche oder private Belange auftreten können, die auf der übergeordneten Planungsebene noch nicht ersichtlich waren. Diese Belange können sich erst auf der nachgeordneten Stufe als Hindernis für die Planverwirklichung der höheren Planungsstufe erweisen.[144] Beispielsweise werden Konflikte im Bereich des Artenschutzes regelmäßig erst auf der Ebene der Bauleitplanung detailliert geprüft, sodass erst auf dieser Planungsstufe eine unzureichende Vollzugsfähigkeit erkennbar werden kann.[145] In einer solchen Konstellation kollidiert das Anpassungsgebot des § 1 Abs. 4 BauGB mit dem Gebot der Erforderlichkeit des § 1 Abs. 3 BauGB.[146] Kann ein Bebauungsplan aufgrund von rechtlichen oder tatsächlichen Gründen dauerhaft nicht vollzogen werden, ist dieser nicht erforderlich im Sinne des § 1 Abs. 3 BauGB.[147] Kommt es zur Kollision dieser beiden Gebote, ist die Gemeinde zur Anpassung an das Raumordnungsziel nicht verpflichtet.[148] Die Bindungswirkung des Raumordnungsziels entfällt in

---

ZfBR 2018, 115 (126) m.w.N. Das BVerwG hat 2003 eine aus § 1 Abs. 4 BauGB folgende Erstplanungspflicht angenommen, BVerwGE 119, 25 (28 f.). Diese Rechtsprechung hat im Schrifttum Zuspruch gefunden: *Battis*, in: Battis/Krautzberger/Löhr, BauGB, § 1 Rn. 32; *Runkel*, in: Ernst/Zinkahn/Bielenberg/Krautzberger, BauGB, § 1 Rn. 65b; *Gierke/Blessing*, in: Brügelmann, BauGB, § 1 Rn. 434 ff.; *Bartram*, Die Ziele der Raumordnung, S. 111 ff.

141 Vgl. *Kümper*, ZfBR 2018, 119 (127).
142 *Hendler* in: FS Schmidt-Jortzig, S. 215 spricht treffenderweise von einer „ebenenspezifischen Abwägung".
143 Vgl. *Kümper*, ZfBR 2018, 119 (127); *Wahl*, DÖV 1981, 597 (604) spricht mit Blick auf die Abwägungsentscheidung auf der Ebene der Raumordnung von einer „unaufhebbaren Distanz zur Detailliertheit". *Erbguth*, DVBl. 2013, 274 (280) verweist zu Recht auf die Überfachlich- und Überörtlichkeit der räumlichen Planung, weshalb auf der Raumordnungsebene allein „eine überschlägige raumordnerische Machbarkeitsprüfung [...] hinsichtlich der Realisierungsmöglichkeiten" angezeigt ist.
144 Vgl. *Hendler*, in: FS Schmidt-Jortzig, S. 215; *Kümper*, ZfBR 2018, 119 (127).
145 Vgl. *Kiwitt*, in: Mitschang, Erhaltung und Sicherung von Wohnraum, S. 126; *Kümper*, ZfBR 2018, 119 (127).
146 Vgl. *Kümper*, DVBl. 2017, 1216 (1222).
147 Vgl. BVerwGE 117, 351 (353); *Gierke*, in: Brügelmann, BauGB, § 1 Rn. 167.
148 Vgl. *Kümper*, ZfBR 2018, 119 (127); im Ergebnis zustimmend *Moench*, DVBl. 2005, 676 (684), der darauf verweist, dass „die Umsetzung des Ziels [...] nicht in eine

dieser Konstellation. Dies kann im Einzelfall dazu führen, dass auf Flächen, die auf der Ebene der Raumordnung als Siedlungsflächen vorgesehen sind, tatsächlich keine Siedlung entwickelt wird.

IV. Steuerung sozialgerechter Bodennutzung durch Festlegungen im Regionalplan

Die Steuerungswirkung der Raumordnung auf die sozialgerechte Boden-nutzung hängt davon ab, inwieweit die Festlegungen des Regionalplans auf der Planungsebene der Bauleitplanung Berücksichtigung finden. Durch die Festlegung von Siedlungsschwerpunkten werden geeignete Flächen für den Wohnungsbau identifiziert. Diese Arbeit auf der übergeordneten Ebene der Raumordnung ist wichtig, da das Vorhandensein bebaubarer Flächen Voraussetzung für den Bau von Wohnungen ist. Ein Grund für den Woh-nungsmangel ist fehlendes Bauland, sodass es verstärkter Anstrengungen bei der Bereitstellung von Bauland bedarf.[149] Gleichwohl ist der Einfluss der Raumordnung auf die sozialgerechte Bodennutzung als gering einzustufen. Der überörtlichen und überfachlichen Planung ist es immanent, dass die Schaffung von mehr Wohnbauland nur eines von vielen weiteren Zielen ist. Erst auf der nachfolgenden Stufe der Bauleitplanung trifft die Gemeinde als Trägerin der Planungshoheit eine abschließende Entscheidung über die zulässige Nutzung des Bodens. Ferner haben Landesentwicklungspläne und Regionalpläne keinerlei Auswirkungen auf die Frage, welcher Wohnraum in den Siedlungsbereichen entsteht. Qualität und Quantität der später entste-henden Wohnungen können mit den Regelungen der Raumordnung nicht beeinflusst werden.

---

unauflösliche Kollision mit anderen Rechten oder Pflichten geraten [darf], etwa Eigentumsrechte, Naturschutzbelange oder europarechtliche Vorgaben". Auch aus dem Urteil des BVerwG v. 16.03.2006 - 4 A 1075.04, welches sich mit dem Verhält-nis von Raumordnung und Fachplanung beschäftigt, kann nicht geschlussfolgert werden, dass die Anpassungspflicht der Bauleitplanung auch dann fortbesteht, wenn die Planung einen rechtswidrigen Zustand hervorrufen würde, dazu ausführlich *Hendler*, in: FS Schmidt-Jortzig, S. 216 ff.

149 Vgl. Empfehlungen auf Grundlage der Beratungen in der Kommission für „Nach-haltige Baulandmobilisierung und Bodenpolitik" (Baulandkommission), 02.07.2019, S. 6, https://www.bmi.bund.de/SharedDocs/downloads/DE/veroeffentlichungen/n achrichten/Handlungsempfehlungen-Baulandkommission.pdf?__blob=publication File&v=1 (zuletzt aufgerufen am 30.12.2022).

D. Sozialgerechte Bodennutzung als Aufgabe der Bauleitplanung

Das Bauplanungsrecht nimmt den Auftrag zur sozialen Gestaltung der Eigentumsordnung durch den Planungsgrundsatz der sozialgerechten Bodennutzung wahr (I.). Der abstrakt gehaltene Planungsgrundsatz wird durch Planungsleitlinien konkretisiert (II.). Untersucht wird, inwieweit der Planungsgrundsatz der sozialgerechten Bodennutzung und die diesen konkretisierenden Planungsleitlinien durch Darstellungen im Flächennutzungsplan (III.) und Festsetzungen im Bebauungsplan (IV.) von der Gemeinde verwirklicht werden kann.

I. Sozialgerechte Bodennutzung als Planungsgrundsatz für die Gemeinde

1. Gesetzgebungshistorie

Der Begriff der sozialgerechten Bodennutzung wurde erstmals 1976 durch eine Novelle des Bundesbaugesetzes (BBauG) eingefügt.[150] Der Gesetzentwurf der Bundesregierung sah zunächst vor, § 1 Abs. 5 Satz 1 BBauG wie folgt zu formulieren: „Die Bauleitpläne sollen eine dem Wohl der Allgemeinheit entsprechende sozialgerechte Bodennutzung gewährleisten und dazu beitragen, eine menschenwürdige Umwelt zu sichern."[151] Im Rahmen des Gesetzgebungsverfahrens rief der Bundesrat den Vermittlungsausschuss nach Art. 77 Abs. 2 GG an. Der Bundesrat forderte unter anderem einen übergeordneten allgemeineren Leitbegriff für die Bauleitplanung, den er nicht in der „sozialgerechten Bodennutzung" erkennen konnte.[152] Dem Bundesrat schien der Begriff der sozialgerechten Bodennutzung zu unbestimmt. Daraufhin wurde „die geordnete städtebauliche Entwicklung" als Oberbegriff gewählt. § 1 Abs. 6 BBauG i.d.F.v. 18.08.1976 lautete sodann: „Bauleitpläne sollen eine geordnete städtebauliche Entwicklung und eine dem Wohl der Allgemeinheit entsprechende sozialgerechte Bodennutzung gewährleisten und dazu beitragen, eine menschenwürdige Umwelt zu sichern." Im Vergleich zu dem Begriff der sozialgerechten Bodennutzung bot der ebenfalls unbestimmte Rechtsbegriff der geordneten städtebaulichen

---

150 Bundesbaugesetz (BBauG) i.d.F.v. 18.08.1976, BGBl. I, S. 2256.
151 BT-Drs. 7/2496, S. 4.
152 Vgl. BT-Drs. 7/5059, S. 2.

Entwicklung den Vorteil, dass er bereits durch die Rechtsprechung näher ausgeformt war.[153]

Bei der Verschmelzung des Bundesbaugesetzes und des Städtebauförderungsgesetzes zum Baugesetzbuch im Jahr 1986[154] blieb der Regelungsgehalt des § 1 Abs. 6 BBauG a.F. erhalten, fand sich aber fortan in § 1 Abs. 5 Satz 1 BauGB.

1998 wurde der Begriff „geordnete städtebauliche Entwicklung" durch den Begriff „nachhaltige städtebauliche Entwicklung" ersetzt.[155] Die Änderung des Wortlauts war nach Auffassung des beratenden Ausschusses des Bundestags „rein redaktioneller Natur, weil das Planungsziel der städtebaulichen Ordnung nach wie vor in § 1 Abs. 3 enthalten ist."[156] Nach dem Willen des Gesetzgebers sollte das Nachhaltigkeitsprinzip die Ordnungsfunktion nicht ersetzen, sondern neben sie treten.[157]

Die Struktur von § 1 Abs. 5 und Abs. 6 BauGB wurde zudem durch das Europarechtsanpassungsgesetz (EAG) verändert.[158] Die Grundsätze, die bisher in § 1 Abs. 5 Satz 1 BauGB a.F. definiert waren, wurden in

---

153 Der Begriff der „geordneten städtebaulichen Entwicklung" fand sich bereits in § 20 Abs. 1 Nr. 3 BBauG. Die obergerichtliche Rechtsprechung hatte dazu ausgeführt: „Der unbestimmte Gesetzesbegriff »geordnete städtebauliche Entwicklung« hat die Besonderheit, daß [sic] sein konkreter Inhalt für die einzelne Gemeinde vom Träger der Planungshoheit auf Grund verhältnismäßig weitgehender, wenn auch nicht unbeschränkter gestalterischer Freiheit bestimmt werden kann. Der Planungsträger kann innerhalb einer mehr oder weniger großen Zahl gesetzlich zulässiger Planungsmöglichkeiten sich für eine bestimmte bauliche Entwicklung entscheiden und sie dadurch zu der geordneten städtebaulichen Entwicklung machen. Was im Einzelfall die geordnete städtebauliche Entwicklung ist, bestimmt sich also nach den vorhandenen, hinreichend konkretisierten planerischen Willensbetätigungen der Planungsträger und nur bei Fehlen solcher planmäßigen Festlegungen ausschließlich nach den örtlichen Gegebenheiten", BVerwG, Urt. v. 30.06.1964 - I C 79.63, Rn. 8 (juris). Zu dem Begriff bereits zuvor BVerwG, Urt. v. 7.10.1954 - I C 16.53; Beschl. v. 12.07.1962 - I B 51.62; Urt. v. 29.04.1964 - I C 30.62.
154 Baugesetzbuch i.d.F.v. 08.12.1986, BGBl. I, S. 2191.
155 Gesetz zur Änderung des Baugesetzbuchs und zur Neuregelung des Rechts der Raumordnung (Bau- und Raumordnungsgesetz 1998 – BauROG) v. 18.08.1997, BGBl. I, S. 2081.
156 BT-Drs. 13/7589, S. 14.
157 Die Verankerung des Planungsgrundsatzes der Nachhaltigkeit in § 1 Abs. 5 BauGB diente zudem dazu, Beschlüsse der Weltsiedlungskonferenz der UN umzusetzen und einer Ghetto-Bildung und damit einer Bedrohung des sozialen Friedens vorzubeugen, BT-Drs. 13/7589, S. 8. Ausführlich dazu *Bunzel*, NuR 1997, 583 ff.
158 Gesetz zur Anpassung des Baugesetzbuchs an EU-Richtlinien v. 24.06.2004, BGBl. I, S. 1359.

Abs. 5 zusammengefasst. Das EAG verlagerte die Belange, die vorher in § 1 Abs. 5 Satz 2 BauGB a.F. aufgeführt waren, in § 1 Abs. 6 BauGB.

Seinen heutigen Wortlaut erhielt § 1 Abs. 5 Satz 1 BauGB durch das Gesetz zur Umsetzung der RL 2014/52/EU im Städtebaurecht und zur Stärkung des neuen Zusammenlebens in der Stadt.[159] Durch dieses wurden nach den Wörtern „sozialgerechte Bodennutzung" die erweiternden Begriffe „unter Berücksichtigung der Wohnbedürfnisse der Bevölkerung" eingefügt. Seit dieser Ergänzung kommt es zu einer Doppelung in § 1 BauGB. Die Wohnbedürfnisse der Bevölkerung benennen nunmehr sowohl § 1 Abs. 5 Satz 1 BauGB als auch § 1 Abs. 6 Nr. 2 BauGB. Zum einen ist darin eine gewisse Aufwertung des Belangs der Wohnraumversorgung zu erkennen.[160] Zum anderen bringt der Gesetzgeber mit der Ergänzung zum Ausdruck, dass die Berücksichtigung der Wohnbedürfnisse der Bevölkerung in der Bauleitplanung geeignet ist, eine sozialgerechte Bodennutzung zu gewährleisten.[161]

2. Funktion von Planungsgrundsätzen

Die Funktion der in § 1 Abs. 5 BauGB normierten Planungsgrundsätze[162] besteht darin, die planerische Abwägung im Sinne von Orientierungs- oder Leitlinien zu steuern.[163] Sie stellen die Leitvorstellungen der Bauleitplanung

---

159 Gesetz zur Umsetzung der RL 2014/52/EU im Städtebaurecht und zur Stärkung des neuen Zusammenlebens in der Stadt v. 04.05.2017, BGBl. I, S. 1057.

160 Vgl. *Manssen*, ZfIR 2017, 809 (811).

161 Vgl. *Söfker*, in: Ernst/Zinkahn/Bielenberg/Krautzberger, BauGB, § 1 Rn. 104a. Anders *Manssen*, ZfIR 2017, 809 (811), der die Ergänzung des § 1 Abs. 5 Satz 1 BauGB der „Gesetzgebungslyrik" zuordnet.

162 Die Anforderungen des § 1 Abs. 5 BauGB werden hier als Planungsgrundsätze bezeichnet, ebenso BVerwGE 104, 353 (356); *Decker*, in: Berliner Kommentar, BauGB, § 1 Rn. 121 ff.; *Schrödter/Wahlhäuser*, in: Schrödter, BauGB, § 1 Rn. 187 ff.; *Battis*, in: Battis/Krautzberger/Löhr, BauGB, § 1 Rn. 44; *Jeromin*, in: Kröninger/Aschke/Jeromin, BauGB, § 1 Rn. 26; *Kment*, Öffentliches Baurecht Bd. I, § 4 Rn. 63. Es sind aber auch andere Bezeichnungen in Gebrauch: *Gierke*, in: Brügelmann, BauGB, § 1 Rn. 465 ff. verwendet den Begriff „Leitvorstellungen"; *Hoppe*, in: Hoppe/Bönker/Grotefels, Öffentliches Baurecht, § 7 Rn. 24 bevorzugt den Begriff „generelle Planungsziele". *Dirnberger*, in: Spannowsky/Uechtritz (BeckOK), BauGB, § 1 Rn. 73 verweist zu Recht darauf, dass die verschiedenen Bezeichnungen letztlich keine praktische Bedeutung haben.

163 Vgl. *Decker*, in: Berliner Kommentar, BauGB, § 1 Rn. 122; *Kment*, Öffentliches Baurecht Bd. I, § 4 Rn. 63; ähnlich *Gierke*, in: Brügelmann, BauGB, § 1 Rn. 477, der den Planungsgrundsätzen eine „interpretationsleitende Funktion" beimisst.

dar und konkretisieren den Zweck der Bauleitplanung, der in der Gewährleistung einer geordneten städtebaulichen Entwicklung besteht.[164] Durch
sie soll die Planung eine allgemeine Ausrichtung im Sinne einer Zielvorgabe erhalten.[165] Die Planungsgrundsätze sind geprägt von einem hohen
Abstraktionsniveau und müssen ihrerseits wieder ausgefüllt und konkretisiert werden.[166] *Hoppe* schreibt den Planungsgrundsätzen aufgrund ihres
Abstraktionsgrads einen hohen Wertungsgehalt zu.[167] Wegen ihrer „gene-
ralklauselartigen Weite"[168] und ihrer Abstraktheit gleichen sie den hinter
ihnen stehenden verfassungsrechtlichen Grundsätzen, dem Sozialstaatsgebot nach Art. 20 Abs. 1 GG und der Sozialpflichtigkeit des Eigentums nach
Art. 14 Abs. 2 GG.[169]

Die Planungsgrundsätze bieten einen Anhaltspunkt für die Gewichtung
von Belangen im Rahmen der Abwägung nach § 1 Abs. 7 BauGB.[170] Einen
strikten Vorrang gegenüber anderen Belangen und Interessen können sie
nicht begründen.[171] *Waechter* schreibt ihnen insoweit die Aufgabe von
„Gewichtungshilfen" zu.[172] Innerhalb des Planungsermessens der Gemeinde eröffnen die Planungsgrundsätze einen weiten Entscheidungs- und
Beurteilungsspielraum. *Schmidt-Aßmann* spricht von einer „Gestaltungsermächtigung".[173] In der Ausübung dieser setzen die Planungsgrundsätze

---

164 Diese Zweckbindung folgt bereits aus § 1 Abs. 1 BauGB, siehe *Gierke*, in: Brügel-
    mann, BauGB, § 1 Rn. 67 ff. (mit Verweis auf den Wortlaut von § 1 Abs. 1 BBauG
    1960); *Battis*, in: Battis/Krautzberger/Löhr, BauGB, § 1 Rn. 10; *Söfker*, in: Ernst/Zin-
    kahn/Bielenberg/Krautzberger, BauGB, § 1 Rn. 11.
165 Vgl. *Gierke*, in: Brügelmann, BauGB, § 1 Rn. 473; *Decker*, in: Berliner Kommen-
    tar, BauGB, § 1 Rn. 123, spricht von „positiven Ziellinien"; *Söfker*, in: Ernst/Zin-
    kahn/Bielenberg/Krautzberger, BauGB, § 1 Rn. 101, sprechen von „Zielsetzungen".
166 Vgl. *Battis*, Öffentliches Baurecht und Raumordnungsrecht, S. 85.
167 Vgl. *Hoppe*, in: Hoppe/Bönker/Grotefels, Öffentliches Baurecht, § 7 Rn. 24.
168 *Schmidt-Aßmann*, Grundfragen des Städtebaurechts, S. 86.
169 Vgl. *Gierke*, in: Brügelmann, BauGB, § 1 Rn. 483.
170 Vgl. *Söfker*, in: Ernst/Zinkahn/Bielenberg/Krautzberger, BauGB, § 1 Rn. 102
    und 122; *Gierke*, in: Brügelmann, BauGB, § 1 Rn. 481.
171 So entschieden für den Umweltschutz, vgl. BVerwG, Beschl. v. 15.10.2002 - 4 BN
    51/02, NVwZ-RR 2003, 171.
172 *Waechter*, DVBl. 2006, 465 (469). Ähnlich auch *Söfker*, in: Ernst/Zinkahn/Bielen-
    ·berg/Krautzberger, BauGB, § 1 Rn. 102, der meint, „der Gesetzgeber [habe] mit
    § 1 Abs. 5 und 6 von seiner Möglichkeit Gebrauch gemacht, durch gewichtende
    Vorgaben auf den Abwägungsvorgang steuernden Einfluss zu nehmen. Den Grund-
    sätzen und Belangen der Absätze 5 und 6 [seien] durch den Gesetzgeber im Sinne
    programmatischer Wertung ein entsprechendes Gewicht beigegeben worden."
173 *Schmidt-Aßmann*, Grundfragen des Städtebaurechts, S. 86.

der Gemeinde einen Rahmen, den sie nicht überschreiten darf.[174] Der Gestaltungsermächtigung und Konkretisierungsbefugnis sind insoweit Grenzen vorgegeben. Die Konkretisierung darf nicht dazu führen, dass die Planungsgrundsätze des § 1 Abs. 5 BauGB selbst in Frage gestellt würden.[175] Die Planungsgrundsätze legen die äußeren rechtlichen Schranken des Planungsermessens und damit der Planungsbefugnis einschränkend fest.[176] Mit Blick auf den Planungsgrundsatz der sozialgerechten Bodennutzung hat das BVerwG ausgeführt, dass durch die Bauleitplanung kein Zustand begründet, verfestigt oder gar gefördert werden darf, der eine nicht sozialgerechte Bodennutzung darstellen würde.[177]

3. Inhalt des Planungsgrundsatzes „sozialgerechte Bodennutzung"

Der in § 1 Abs. 5 Satz 1 BauGB normierte Planungsgrundsatz, eine dem Wohl der Allgemeinheit entsprechende sozialgerechte Bodennutzung unter Berücksichtigung der Wohnbedürfnisse der Bevölkerung zu gewährleisten, knüpft an die Sozialwohlklausel des Art. 14 Abs. 2 GG an.[178] Dieser Plangrundsatz soll den Plangeber anregen Planinhalte zu schaffen, die dazu beitragen, die Eigentumsnutzung auf das Wohl der Allgemeinheit auszurichten. Ziel ist es, einen die Vielfalt der Bedürfnisse der Bevölkerung berücksichtigenden Ausgleich herzustellen.[179] Dies kann durch Festsetzungen für soziale Zwecke, für Hilfsbedürftige, für die Freizeitgestaltung oder Planinhalte, die eine Eigentumsbildung für breite Bevölkerungskreise fördern, erzielt werden.[180] In der Begründung zu den Änderungen des Gesetzes zur Umsetzung der Richtlinie 2014/52/EU im Städtebaurecht und zur Stärkung des neuen Zusammenlebens in der Stadt wies der federführende Ausschuss für Umwelt, Naturschutz, Bau und Reaktorsicherheit in seiner Beschlussempfehlung darauf hin, dass mit der Ergänzung des Planungsgrundsatzes der sozialgerechten Bodennutzung um die „Wohnbedürfnisse der Bevölke-

---

174 *Waechter*, DVBl. 2006, 465 (470) spricht insoweit von „Mindeststandards" und „Planungsschranken".
175 Vgl. *Gierke*, in: Brügelmann, BauGB, § 1 Rn. 473.
176 Vgl. *Waechter*, DVBl. 2006, 465 (470); *Gierke*, in: Brügelmann, BauGB, § 1 Rn. 490.
177 So zu § 1 BBauG 1976 BVerwGE 92, 231 (237).
178 Siehe dazu bereits oben S. 47 f.
179 Vgl. *Decker*, in: Berliner Kommentar, BauGB, § 1 Rn. 128.
180 Vgl. *Kment*, Öffentliches Baurecht, Bd. I, § 4 Rn. 66.

rung" insbesondere auch die Versorgung der Bevölkerung mit angemessenem Wohnraum gemeint ist.[181]

Der Plangrundsatz der sozialgerechten Bodennutzung erinnert die planende Gemeinde daran, dass es im Rahmen der kommunalen Bauleitplanung ihre Aufgabe ist, ein

> „Sozialmodell zu verwirklichen, dessen normative Elemente sich einerseits aus der grundgesetzlichen Anerkennung des Privateigentums durch Art. 14 Abs. 1 Satz 1 GG und andererseits aus der verbindlichen Richtschnur des Art. 14 Abs. 2 GG ergeben."[182]

Eine Bodennutzung ist sozialgerecht, wenn sie die Bedürfnisse und Belange der Allgemeinheit insgesamt berücksichtigt und diese mit den Rechten und Befugnissen des Eigentümers in einen Ausgleich bringt.[183] Schließlich erfordert eine sozialgerechte Bodennutzung die besondere Berücksichtigung von Belangen benachteiligter und darum hilfsbedürftiger Bevölkerungskreise.[184]

Die Gewährleistung einer dem Wohl der Allgemeinheit entsprechenden sozialgerechten Bodennutzung steht in engem Zusammenhang zu dem in § 1 Abs. 5 BauGB erstgenannten Plangrundsatz der nachhaltigen städtebaulichen Entwicklung.[185] Letzteren definiert § 1 Abs. 1 Satz 1 BauGB als eine städtebauliche Entwicklung, die die sozialen, wirtschaftlichen und umweltschützenden Anforderungen auch in Verantwortung gegenüber künftiger Generationen miteinander in Einklang bringt.[186] Auch die „Neue Leipzig Charta" versteht den Begriff der Nachhaltigkeit in dieser dreifachen Dimension.[187] Der Planungsgrundsatz der sozialgerechten Bodennutzung

---

181 Siehe BT-Drs. 18/11439, S. 19.
182 BVerfGE 37, 132 (140).
183 Vgl. *Gierke*, in: Brügelmann, BauGB, § 1 Rn. 507.
184 Vgl. *Gierke*, in: Brügelmann, BauGB, § 1 Rn. 507.
185 Vgl. *Decker*, in: Berliner Kommentar, BauGB, § 1 Rn. 128; *Battis*, in: Battis/Krautzberger/Löhr, BauGB, § 1 Rn. 45.
186 *Gierke*, in: Brügelmann, BauGB, § 1 Rn. 502, spricht insoweit von einem „Drei-Säulen-Modell".
187 Die „Neue Leipzig Charta" wurde beim Informellen Ministertreffen Stadtentwicklung am 30.11.2020 im Rahmen der deutschen EU-Ratspräsidentschaft verabschiedet und schreibt die „Leipzig Charta für eine nachhaltige europäische Stadt", die 2007 von den europäischen Ministern für Stadtentwicklung in Leipzig verabschiedet wurde, fort. Unterzeichnet wurde die Charta von den für die Stadtentwicklung zuständigen Ministerinnen und Minister der Mitgliedstaaten der Europäischen Union.

formt den erstgenannten Planungsgrundsatz der nachhaltigen städtebaulichen Entwicklung weiter aus.[188]

II. Konkretisierung des Planungsgrundsatzes in Planungsleitlinien

Die von einem hohen Abstraktionsgrad gekennzeichneten Planungsgrundsätze des § 1 Abs. 5 Satz 1 BauGB werden durch die in § 1 Abs. 6 BauGB nicht abschließend aufgeführten öffentlichen Belange konkretisiert.[189] Für die in § 1 Abs. 6 BauGB aufgeführten Belange wird einheitlich der Begriff „Planungsleitlinien" verwendet.[190] Nach dem Willen des Gesetzgebers soll der Katalog des § 1 Abs. 6 BauGB dazu beitragen, eine ausgewogene Abwägungsentscheidung im Rahmen des § 1 Abs. 7 BauGB vorzubereiten.[191] Zur Konkretisierung des Planungsgrundsatzes der sozialgerechten Bodennutzung dienen insbesondere die in § 1 Abs. 6 Nr. 1, Nr. 2 und Nr. 3 BauGB genannten Belange.

1. Allgemeine Anforderungen an gesunde Wohnbedürfnisse

Die Planungsleitline des § 1 Abs. 6 Nr. 1 BauGB stellt eine zentrale Aufgabe des Städtebaus dar und formt die in § 1 Abs. 5 Satz 1 BauGB formulierten allgemeinen Aufgaben der Bauleitplanung aus, insbesondere den Planungsgrundsatz, eine dem Wohl der Allgemeinheit dienende sozialgerechte Bodennutzung unter Berücksichtigung der Wohnbedürfnisse der Bevölkerung zu gewährleisten.[192] Der Fokus bei § 1 Abs. 6 Nr. 1 BauGB liegt auf der Prävention städtebaulicher Missstände.[193] Die Gemeinde muss bei der Planung Gefahrensituationen ermitteln und in die planerische Abwägung einstellen,

---

188 Vgl. *Battis*, in: Battis/Krautzberger/Löhr, BauGB, § 1 Rn. 45.

189 Vgl. *Battis*, Öffentliches Baurecht und Raumordnungsrecht, S. 85; *Kment*, Öffentliches Baurecht Bd. I, § 4 Rn. 63.

190 Vgl. *Gierke*, in: Brügelmann, BauGB, § 1 Rn. 530; *Decker*, in: Berliner Kommentar, BauGB, § 1 Rn. 145; *Hoppe*, in: Hoppe/Bönker/Grotefels, Öffentliches Baurecht, § 7 Rn. 25; *Kment*, Öffentliches Baurecht Bd. I, § 4 Rn. 63; *Battis*, Öffentliches Baurecht und Raumordnungsrecht, S. 85; *Reidt*, in: Bracher/Reidt/Schiller, Bauplanungsrecht, Rn. 11.209.

191 Siehe die Gesetzesbegründung BT-Drs. 15/2250, S. 37.

192 Ähnlich *Söfker/Runkel*, in: Ernst/Zinkahn/Bielenberg/Krautzberger, BauGB, § 1 Rn. 114.

193 Vgl. *Battis*, in: Battis/Krautzberger/Löhr, BauGB, § 1 Rn. 54.

die als Folge der Planung entstehen oder verfestigt werden können.[194] Die Berücksichtigung von gesunden Wohnverhältnissen verlangt von der Gemeinde, bei der Aufstellung eines Bebauungsplans eine lebenswerte Umwelt zu gestalten, was sie beispielsweise durch eine geeignete Anordnung der Wohngebäude, durch die Ausweisung von Grünflächen für Freizeit und Erholung sowie durch Festsetzungen zum Immissionsschutz erreichen kann.[195] Auf diese Weise kann die Bauleitplanung zur Sicherung einer menschenwürdigen Umwelt beitragen.

2. Wohnbedürfnisse der Bevölkerung

§ 1 Abs. 6 Nr. 2 BauGB formt die in § 1 Abs. 5 Satz 1 BauGB geforderte sozialgerechte Bodennutzung weiter aus. Bereits der Planungsgrundsatz des § 1 Abs. 5 Satz 1 BauGB als auch die Planungsleitline des § 1 Abs. 6 Nr. 1 BauGB nennt die Wohnbedürfnisse der Bevölkerung. Dies hebt den Stellenwert dieses Belangs im Rahmen der Bauleitplanung hervor.[196] § 1 Abs. 6 Nr. 2 BauGB konkretisiert dieses Handlungsziel, indem die Planungsleitlinie die Gemeinde dazu auffordert, neben den allgemeinen Wohnbedürfnissen der Bevölkerung insbesondere auch die Schaffung und Erhaltung sozial stabiler Bewohnerstrukturen, die Eigentumsbildung weiter Kreise der Bevölkerung, die Anforderungen kostensparenden Bauens und die Bevölkerungsentwicklung bei der Aufstellung der Bauleitpläne zu beachten.

Der Belang der Wohnbedürfnisse der Bevölkerung fordert die Bauleitplanung dazu auf, in ausreichendem Maße Flächen für Wohnzwecke auszuweisen, um den Wohnbedarf der Bevölkerung, insbesondere auch von Familien mit Kindern, zu befriedigen.[197] Der quantitative Bedarf an Wohnbauland hängt dabei von der Bevölkerungsentwicklung und der Änderung der Wohnansprüche ab. Seit längerer Zeit steigt der Bedarf an Wohnbauland in Deutschland an.[198] Um den quantitativen Bedarf an Wohnbauland

---

194 BGHZ 140, 380 (382 f.).

195 Vgl. *Söfker/Runkel*, in: Ernst/Zinkahn/Bielenberg/Krautzberger, BauGB, § 1 Rn. 118.

196 Vgl. *Söfker/Runkel*, in: Ernst/Zinkahn/Bielenberg/Krautzberger, BauGB, § 1 Rn. 120 und 122.

197 Vgl. *Gierke*, in: Brügelmann, BauGB, § 1 Rn. 569; *Jarass/Kment*, BauGB, § 1 Rn. 44.

198 *Söfker/Runkel*, in: Ernst/Zinkahn/Bielenberg/Krautzberger, BauGB, § 1 Rn. 121, begründet dies mit den steigenden Wohnansprüchen der Bevölkerung. Die durchschnittliche Wohnfläche pro Kopf stieg deutschlandweit von 41,4 m² im Jahr 2002 auf 45,6 m² im Jahr 2018. Grund hierfür ist nicht allein der Umstand, dass Wohnun-

innerhalb der Gemeinde zu ermitteln, ist eine zeitnahe Beobachtung und Analyse der Wohnverhältnisse der Gemeinde erforderlich. Dazu erstellen Gemeinden in der Praxis Prognosen über den Wohnbedarf in ihrem Gemeindegebiet.[199] Der Belang der Wohnbedürfnisse der Bevölkerung gibt der Bauleitplanung zudem auf, den qualitativen Bedarf an Wohnbauland zu beachten. Dazu muss sie untersuchen, welche Arten von Wohnungen in der Zukunft benötigt werden. Zu berücksichtigen hat sie dabei die Größe der Wohnung und ihre Eignung für Familien, insbesondere für solche mit mehreren Kindern, oder älteren Menschen.[200] Zu den qualitativen Anforderungen gehört auch die Ausstattung der Wohngebiete mit den notwendigen Infrastruktureinrichtungen wie beispielsweise Kinderbetreuungseinrichtungen oder wohnortnahe Kinderspielplätze.[201]

Die Schaffung und Erhaltung sozial stabiler Bewohnerstrukturen ist ein weiterer Belang, den die Planungsleitlinie des § 1 Abs. 6 Nr. 2 BauGB benennt. Die Formulierung wurde durch das EAG Bau 2004 eingeführt und hat die früher vom Gesetz benutzte Umschreibung „Vermeidung einseitiger Bevölkerungsstrukturen" in sich aufgenommen.[202] Mit dem Begriff „Schaffung und Erhaltung sozial stabiler Bewohnerstrukturen" greift das BauGB die Terminologie des WoFG[203] auf und integriert das Ziel der sozialen Wohnraumversorgung in den Kanon der abwägungserheblichen Belange.[204] Die Gemeinde soll im Rahmen der Bauleitplanung darauf hinwirken,

---

gen größer werden, sondern auch der Umstand, dass der Anteil der Einpersonenhaushalte von 36,7 Prozent im Jahr 2002 auf 41,9 Prozent im Jahr 2018 gestiegen ist. Siehe dazu BT-Drs. 19/23056, S. 2 f.

199 Vgl. *Battis*, in: Battis/Krautzberger/Löhr, BauGB, § 1 Rn. 55; *Gierke*, in: Brügelmann, BauGB, § 1 Rn. 571.

200 Siehe *Söfker/Runkel*, in: Ernst/Zinkahn/Bielenberg/Krautzberger, BauGB, § 1 Rn. 121; ähnlich *Dirnberger*, in: Spannowsky/Uechtritz (BeckOK), BauGB, § 1 Rn. 87.

201 Vgl. *Battis*, in: Battis/Krautzberger/Löhr, BauGB, § 1 Rn. 55; *Gierke*, in: Brügelmann, BauGB, § 1 Rn. 572.

202 Vgl. *Dirnberger*, in: Spannowsky/Uechtritz (BeckOK), BauGB, § 1 Rn. 88. Mit der Änderung des Wortlauts hat sich das BauGB davon abgewendet, stets die soziale Durchmischung der Bevölkerung zu fordern. Nach der Gesetzesbegründung zum EAG Bau 2004 kann „auch eine einheitliche Sozialstruktur der Gewährleistung ausgewogener und konfliktarmer Wohnverhältnisse dienen", BT-Drs. 15/2250, S. 37. Damit *kann* die soziale Mischung der Bevölkerung ein städtebauliches Ziel sein, *muss* es aber nicht in jedem Fall.

203 § 6 Satz 2 Nr. 3 Bundes-WoFG. Auch die Wohnraumförderungsgesetze der Länder haben diese Terminologie aufgegriffen, vgl. beispielsweise § 2 Nr. 3 WoFG BW oder Art. 8 Nr. 3 BayWoFG.

204 *Bunzel*, ZfBR 2015, 11 (12).

Segregationserscheinungen entgegenzuwirken, soweit sie zu einer problematischen Zusammensetzung der Bevölkerung führen können.[205] Soziale Brennpunkte und Ghetto-Bildungen sollen vermieden werden.[206] Der Belang verpflichtet die Gemeinde, „eine ausreichende, angemessene und auch im übrigen [sic] sozialgerechte und sozialverträgliche Wohnbebauung" zu ermöglichen.[207] Gleichwohl ist hervorzuheben, dass der Belang nicht eine Fokussierung auf Bevölkerungsgruppen mit wenig bis gar keinem Einkommen vorschreibt. Das Bauplanungsrecht muss die gesamte Bandbreite der Einkommensstrukturen berücksichtigen, auch kapitalstarke Bevölkerungsgruppen. Richtig ist daher die Annahme des BVerwG, die Berücksichtigung der Bevölkerungsstruktur schließt nicht aus, Grundstücksgrößen für die Bebauung mit „Villencharakter" auszuweisen.[208] Die Bauleitplanung muss berücksichtigen, dass unterschiedliche Einkommensverhältnisse auch unterschiedliche Wohnbedürfnisse nach sich ziehen. Eine Nivellierung von Einkommensunterschieden kann nicht auf der Ebene der Bauleitplanung erreicht werden.

Die Bildung von Grundeigentum für weite Kreise der Bevölkerung ist eine weitere Konkretisierung der Planungsleitlinie. Dieses Ziel korrespondiert mit der in § 4 Abs. 1 und 2 Satz 1 WoFG genannten Aufgabe der Gemeinde, wonach diese zur Förderung des Wohnungsbaus ihr gehörende Grundstücke als Bauland für den Wohnungsbau zu Eigentum oder in Erbbaurecht bereitstellen und dafür Sorge tragen soll, dass für den Wohnungsbau erforderliche Grundstücke bebaut und erforderliche Modernisierungsmaßnahmen durchgeführt werden können.[209] Zwar folgt aus der Vorschrift für den einzelnen Grundstückseigentümer kein individuell durchsetzbarer Anspruch, wie § 4 Abs. 4 WoFG ausdrücklich normiert. Gleichwohl verstärkt sie das Gewicht des Belangs der „Eigentumsbildung" im Rahmen der Abwägung nach § 1 Abs. 7 BauGB.[210]

---

205 Vgl. *Söfker/Runkel*, in: Ernst/Zinkahn/Bielenberg/Krautzberger, BauGB, § 1 Rn. 123; *Battis*, in: Battis/Krautzberger/Löhr, BauGB, § 1 Rn. 55.

206 Vgl. *Gierke*, in: Brügelmann, BauGB, § 1 Rn. 580 und 581.

207 Vgl. BVerwGE 92, 231 (237) zu § 1 Abs. 6 BBauG 1976. Die Änderung des Wortlauts hat die Pflicht der Gemeinde nicht verändert.

208 BVerwGE 92, 231 (241).

209 Diesen Zusammenhang benennt auch *Battis*, in: Battis/Krautzberger/Löhr, BauGB, § 1 Rn. 56. Auch das WoFG BW adressiert die Gemeinden mit der Aufgabe, geeignete Grundstücke als Bauland für den Wohnungsbau zu überlassen, vgl. § 9 Abs. 2 Satz 2 WoFG BW.

210 Vgl. *Söfker/Runkel*, in: Ernst/Zinkahn/Bielenberg/Krautzberger, BauGB, § 1 Rn. 124.

Der Belang des kostensparenden Bauens trägt der Gemeinde ferner auf, zu berücksichtigen, welche Kosten bei der Vorhabenentwicklung auf den Eigentümer zukommen und erinnert sie daran, dass Maßnahmen für kostensparendes Bauen bereits in der Bauleitplanung getroffen werden können.[211] Der Belang des kostensparenden Bauens ist nicht im Sinne einer finanziellen Förderung zu verstehen.[212] Vielmehr adressiert er die planende Gemeinde, durch Festsetzungen über das Maß der baulichen Nutzung, die Bauweise und die überbaubaren Grundstücksflächen eine optimale Ausnutzbarkeit der Baugrundstücke zu erreichen.[213] § 123 Abs. 2 BauGB spezifiziert den Belang zudem für Erschließungsanlagen, indem gefordert wird, dass diese „kostengünstig" herzustellen sind.

§ 1 Abs. 6 Nr. 2 BauGB nennt schließlich die Bevölkerungsentwicklung als abwägungserheblichen Belang, der in engem Zusammenhang mit den Wohnbedürfnissen der Bevölkerung zu sehen ist. Er gibt der Bauleitplanung auf, die demographische Entwicklung auf dem Gemeindegebiet zu berücksichtigen.[214] Die Bevölkerungsentwicklung verläuft regional äußerst unterschiedlich. Manche Gemeinden haben spürbare Bevölkerungsrückgänge zu bewältigen.[215] Andernorts muss die Bauleitplanung auf deutliche Bevölkerungszuwächse reagieren.[216] Der größte Wohnungsmangel ist in Ballungszentren, Großstädten und kleineren Universitätsstädten zu verzeichnen.[217] Dort besteht vielfach ein hoher Bedarf an bezahlbarem Wohnraum, wohingegen in ländlich geprägte Regionen nicht selten ein Überangebot an Wohnraum herrscht und hohe Leerstandsquoten zu verzeichnen sind.[218] In den Regionen mit Wohnungsknappheit sind Gemeinden gefragt, die ihnen zur Verfügung stehenden Instrumente einzusetzen, um eine sozialgerechte Bodennutzung zu gewährleisten.

---

211 Vgl. *Battis*, in: Battis/Krautzberger/Löhr, BauGB, § 1 Rn. 56.
212 Vgl. *Söfker/Runkel*, in: Ernst/Zinkahn/Bielenberg/Krautzberger, BauGB, § 1 Rn. 125.
213 Vgl. *Söfker/Runkel*, in: Ernst/Zinkahn/Bielenberg/Krautzberger, BauGB, § 1 Rn. 125; *Dirnberger*, in: Spannowsky/Uechtritz (BeckOK), BauGB, § 1 Rn. 90.
214 *Battis*, in: Battis/Krautzberger/Löhr, BauGB, § 1 Rn. 56.
215 *Dirnberger*, in: Spannowsky/Uechtritz (BeckOK), BauGB, § 1 Rn. 91.
216 *Dirnberger*, in: Spannowsky/Uechtritz (BeckOK), BauGB, § 1 Rn. 91.
217 Vgl. *Henger/Voigtländer*, IW-Report 28/2019, Ist der Wohnungsbau auf dem richtigen Weg?, S. 8, https://www.iwkoeln.de/fileadmin/user_upload/Studien/Report/PDF/2019/IW-Report_2019_Wohnungsbaubedarfmodell.pdf (zuletzt aufgerufen am 30.12.2022).
218 Vgl. *Henger/Voigtländer*, IW-Report 28/2019, Ist der Wohnungsbau auf dem richtigen Weg?, S. 3, https://www.iwkoeln.de/fileadmin/user_upload/Studien/Report/PDF/2019/IW-Report_2019_Wohnungsbaubedarfmodell.pdf (zuletzt aufgerufen am 30.12.2022).

3. Soziale Bedürfnisse der Bevölkerung

Die Planungsleitlinie des § 1 Abs. 6 Nr. 3 BauGB normiert unter anderem das Gebot, in der Abwägung nach § 1 Abs. 7 BauGB die sozialen Bedürfnisse der Bevölkerung zu berücksichtigen. Die Vorschrift formt das Sozialstaatsprinzip des Art. 20 Abs. 1 GG für die Bauleitplanung aus.[219] Die Gemeinde hat sicherzustellen, dass die Bevölkerung mit Einrichtungen für gesundheitliche oder sonstige soziale Zwecke versorgt wird.[220] Die Einrichtungen müssen ganz oder überwiegend gemeinnützigen Zwecken dienen und sind von den Einrichtungen mit gewerblicher, kultureller, sportlicher oder kirchlicher Zweckbestimmung abzugrenzen.[221] Anders als die BauNVO, die Anlagen für soziale und gesundheitliche Zwecke nebeneinander aufzählt[222], unterscheidet § 1 Abs. 6 Nr. 3 BauGB nicht zwischen den sozialen und gesundheitlichen Bedürfnissen. Einrichtungen für gesundheitliche Zwecke dienen der Erhaltung und Wiederherstellung der Gesundheit, wie etwa Krankenhäuser, Rettungswachen, Kur-, Heil- und Pflegeanstalten.[223] Zu den Einrichtungen zur sonstigen sozialen Betreuung zählen Altentagesstätten, Pflegeheime, Einrichtungen für Behinderte, Frauenhäuser, Hospize, Kinderheime, Kinderbetreuungseinrichtungen, Jugendzentren, Jugendherbergen, Obdachlosenheime sowie Asylbewerberunterkünfte.[224]

---

219 Vgl. *Gierke*, in: Brügelmann, BauGB, § 1 Rn. 596. Zur Absicherung sozialer Belange kennt das BauGB darüber hinaus die Instrumente des Sozialplans (§ 180 BauGB) und des Härteausgleichs (§ 181 BauGB), näher dazu: *Battis*, Öffentliches Baurecht und Raumordnungsrecht, S. 169 ff.
220 Vgl. *Jarass/Kment*, BauGB, § 1 Rn. 49.
221 Vgl. *Gierke*, in: Brügelmann, BauGB, § 1 Rn. 598.
222 Siehe § 2 Abs. 3 Nr. 2 BauNVO, § 3 Abs. 3 Nr. 2 BauNVO, § 4 Abs. 2 Nr. 3 BauNVO, § 4a Abs. 2 Nr. 5 BauNVO, § 5 Abs. 2 Nr. 7 BauNVO, § 6 Abs. 2 Nr. 5 BauNVO, § 6a Abs. 2 Nr. 5 BauNVO; § 7 Abs. 2 Nr. 4 BauNVO, § 8 Abs. 3 Nr. 2 BauNVO, § 9 Abs. 3 Nr. 2 BauNVO.
223 Vgl. *Stock*, in: Ernst/Zinkahn/Bielenberg/Krautzberger, BauNVO, § 4 Rn. 99.
224 Vgl. *Gierke*, in: Brügelmann, BauGB, § 1 Rn. 599; zu Frauenhäusern: VGH Hessen, Beschl. v. 29.04.1992 - 3 TH 691.92; zu Jugendzentren: VGH Baden-Württemberg, Beschl. v. 19.10.1998 - 8 S 2192/98.

III. Steuerung sozialgerechter Bodennutzung durch Darstellungen im Flächennutzungsplan

Bei der Aufstellung des Flächennutzungsplans hat die Gemeinde den in § 1 Abs. 5 BauGB normierten Planungsgrundsatz der sozialgerechten Bodennutzung zu berücksichtigen. Die Funktion des Flächennutzungsplans als vorbereitender Bauleitplan spricht für eine geringe Steuerungswirkung des Flächennutzungsplans auf die sozialgerechte Bodennutzung. Innerhalb der zweistufigen Systematik der Bauleitplanung stellt der Flächennutzungsplan die Bedürfnisse der Gemeinde nur in Grundzügen dar.[225] Um zu ermitteln, inwieweit der Flächennutzungsplan eine Steuerungswirkung auf die sozialgerechte Bodennutzung entfaltet, ist zu untersuchen, welche Darstellungsmöglichkeiten Einfluss auf die den Planungsgrundsatz konkretisierenden Wohnbedürfnisse und sozialen Bedürfnisse der Bevölkerung nehmen.

1. Darstellungen von Bauflächen und Baugebieten - § 5 Abs. 2 Nr. 1 BauGB

Eine Möglichkeit, Einfluss auf die sozialgerechte Nutzung des Bodens und die Schaffung von Wohnraum durch Darstellungen im Flächennutzungsplan zu nehmen, bietet die Darstellungsmöglichkeit des § 5 Abs. 2 Nr. 1 BauGB. Danach können „für die Bebauung vorgesehenen Flächen nach der allgemeinen Art ihrer baulichen Nutzung (Bauflächen), nach der besonderen Art ihrer baulichen Nutzung (Baugebiete) sowie nach dem allgemeinen Maß der baulichen Nutzung" gekennzeichnet werden.

Für Bauflächen und Baugebiete ist § 1 Abs. 1 und 2 BauNVO maßgeblich.[226] Dem quantitativen Bedarf an Wohnbauland kann so durch Darstellung von Wohnbauflächen (§ 1 Abs. 1 Nr. 1 BauNVO) sowie von Wohngebieten (insbesondere §§ 3, 4 BauNVO[227]) Rechnung getragen werden.[228] Mit dieser Darstellungsmöglichkeit kann aber nur das Ziel erreicht werden, ausreichend Flächen zur Wohnnutzung darzustellen. Welche konkrete Art von Wohnnutzung auf diesen Flächen später entsteht (Mietwohnungen, Eigentumswohnungen, Eigenheime, Sozialwohnungen) und in welchem

---

225 Vgl. *Kment*, Öffentliches Baurecht Bd. I, § 6 Rn. 16.
226 Vgl. *Schiller*, in: Bracher/Reidt/Schiller, Bauplanungsrecht, Rn. 8.37.
227 Auch die Gebietstypen der §§ 2, 4a-7 BauNVO sehen Wohnnutzung – neben anderen Nutzungsmöglichkeiten – vor.
228 Vgl. *Söfker/Runkel*, in: Ernst/Zinkahn/Bielenberg/Krautzberger, BauGB, § 1 Rn. 121.

Preissegment die Wohnungen letztlich positioniert werden, kann der Plangeber bei der Aufstellung des Flächennutzungsplans nicht beeinflussen.

Darstellungen zum allgemeinen Maß der baulichen Nutzung erfolgen nach § 16 Abs. 1 BauNVO durch die Angabe der Geschossflächenzahl, der Baumassenzahl oder der Höhe der baulichen Anlagen. Da der Katalog des § 5 Abs. 2 BauGB nicht abschließend ist („insbesondere"), sind auch weitere Darstellungen zum Maß der baulichen Nutzung möglich.[229] So sind Angaben zur Bauweise und zur überbaubaren Grundstücksfläche (Grundflächenzahl) denkbar.[230] Selbst Ausführungen zur Zahl der Vollgeschosse sollen zulässig sein.[231] Diese Darstellungen bieten die Möglichkeit, auf die Anzahl der Wohnungen, die in einem Gebiet entstehen können, Einfluss zu nehmen. Diese Steuerungsmöglichkeit scheitert aber an der fehlenden Erforderlichkeit. Die Darstellungen des Flächennutzungsplans müssen im Sinne des § 1 Abs. 3 BauGB erforderlich sein.[232] Die Berücksichtigung des Belangs der Wohnbedürfnisse der Bevölkerung (§ 1 Abs. 6 Nr. 2 BauGB) kann auf der Ebene des Bebauungsplans erfolgen. Mit dem Sinn und Zweck des Flächennutzungsplans sind konkrete Darstellungen zum Maß der baulichen Nutzung nicht vereinbar.[233] Es sind keine städtebaulichen Gründe erkennbar, die solche konkreten Darstellungen zum Maß der baulichen Nutzung im vorbereitenden Flächennutzungsplan erforderlich machen. Vielmehr würden sie seiner Funktion, lediglich die Grundzüge der beabsichtigten städtebaulichen Entwicklung darzustellen, entgegenstehen.[234]

Die Maßbestimmungsfaktoren (Grundflächenzahl, Geschossflächenzahl, Baumassenzahl, Höhe) werden als Höchstmaße verwendet.[235] Fraglich ist, ob die Darstellung eines hoch angesetzten Höchstmaßes im Flächennutzungsplan dazu beitragen kann, dass auf einer Wohnbaufläche bzw. in einem Wohngebiet möglichst viel Wohnraum entsteht und so eine sozialgerechte Bodennutzung im Sinne der Schaffung von Wohnraum gefördert

---

229 Vgl. *Seith*, in: Brügelmann, BauNVO, § 16 Rn. 2; *Hartmann/Schilder*, in: Bönker/Bischopink, BauNVO, § 16 Rn. 5.

230 Vgl. BVerwG, Urt. v. 18.08.2005 - 4 C 13/04; *Gaentzsch/Philipp/Tepperwien*, in: Berliner Kommentar, § 5 Rn. 25. Anders aber OVG Saarlouis, Urt. v. 25.11.1983 - 2 R 4/82, das eine Festlegung der überbaubaren Grundstücksfläche im Flächennutzungsplan als „wesensfremd" bezeichnet.

231 Vgl. BVerwG, Urt. v. 18.08.2005 - 4 C 13/04.

232 Vgl. *Gierke*, in: Brügelmann, BauGB, § 5 Rn. 52.

233 Vgl. *Schiller*, in: Bracher/Reidt/Schiller, Bauplanungsrecht, Rn. 8.39.

234 Vgl. *Gierke*, in: Brügelmann, BauGB, § 5 Rn. 139; *Schiller*, in: Bracher/Reidt/Schiller, Bauplanungsrecht, Rn. 8.39.

235 Vgl. *Hartmann/Schilder*, in: Bönker/Bischopink, BauNVO, § 16 Rn. 35.

wird. Jedoch können bei dem Übergang in die konkretere Planungsstufe des Bebauungsplans Festsetzungen nach unten unbegrenzt von der Darstellung abweichen.[236] Auch im Baugenehmigungsverfahren kann das im Bebauungsplan festgesetzte Höchstmaß unterschritten werden, soweit kein Mindestmaß nach § 16 Abs. 4 BauNVO festgesetzt ist.[237] Diesen Effekt könnte die Darstellung eines Mindestmaßes im Flächennutzungsplan verhindert. Ein Mindestmaß sieht die BauNVO aber nur für den Bebauungsplan vor, § 16 Abs. 4 BauNVO, nicht aber für den Flächennutzungsplan. Allerdings könnte die Darstellung eines Mindestmaßes unmittelbar auf § 5 Abs. 2 BauGB ("insbesondere") gestützt werden. Diese Darstellung scheitert aber ebenfalls an der fehlenden Erforderlichkeit im Sinne des § 1 Abs. 3 BauGB. Es sind keine städtebaulichen Gründe ersichtlich, im Flächennutzungsplan das Entwickeln der Maßfestsetzungen durch ein Mindestmaß einzuengen.

2. Darstellungen von Anlagen und Einrichtungen des Gemeinbedarfs - § 5 Abs. 2 Nr. 2 lit. a BauGB

Ferner besteht nach § 5 Abs. 2 Nr. 2 a) BauGB die Möglichkeit, im Flächennutzungsplan Ausstattungen des Gemeindegebietes mit Anlagen und Einrichtungen zur Versorgung mit Gütern und Dienstleistungen des öffentlichen und privaten Bereichs, insbesondere mit der Allgemeinheit dienenden baulichen Anlagen und Einrichtungen des Gemeinbedarfs, wie mit Schulen und Kirchen sowie mit sonstigen kirchlichen, sozialen, gesundheitlichen und kulturellen Zwecken dienenden Gebäuden und Einrichtungen darzustellen. Auf diese Weise kann der in § 1 Abs. 6 Nr. 3 BauGB genannte Belang der sozialen Bedürfnisse auf der Ebene der Flächennutzungsplanung Berücksichtigung finden. Die grobmaschige Flächennutzungsplanebene erfordert aber lediglich die Darstellung der infrastrukturellen Grundausstattung der Gemeinde.[238] Das Bestimmtheitsgebot erfordert, dass auf der Ebene der Flächennutzungsplanung der Zweck der Anlage oder Einrichtung grob angegeben wird.[239] Die konkrete Ausgestaltung bleibt aber der Bebauungsplanung überlassen.[240] Lenkenden Einfluss auf die Entstehung von ausrei-

---

236 Vgl. *Seith*, in: Brügelmann, BauNVO, § 16 Rn. 30.
237 Vgl. VG Koblenz, Urt. v. 24.05.2007 - 7 K 1002/06.KO, Rn. 22 (*juris*).
238 Vgl. *Jaeger*, in: Spannowsky/Uechtritz (BeckOK), BauGB, § 5 Rn. 45.
239 Vgl. *Jaeger*, in: Spannowsky/Uechtritz (BeckOK), BauGB, § 5 Rn. 45.
240 Vgl. *Jaeger*, in: Spannowsky/Uechtritz (BeckOK), BauGB, § 5 Rn. 45.

chend Plätzen in Kinderbetreuungseinrichtungen kann auf diese Weise nicht ausgeübt werden. Die Anzahl der benötigten Plätze in Kinderbetreuungseinrichtungen korreliert mit der Anzahl der entstehenden Wohnungen. Im frühen Stadium der Flächennutzungsplanung ist die genaue Entwicklung des Bevölkerungswachstums noch nicht absehbar.

Andere Möglichkeiten zur Förderung der sozialgerechten Bodennutzung, wie etwa die Darstellungen von Wohnbauflächen speziell für bezahlbaren Wohnraum oder Wohnbauflächen, auf denen eine bestimmte Sozialquote eingehalten werden muss, sieht der grobe Maßstab des Flächennutzungsplans nicht vor.

IV. Steuerung sozialgerechter Bodennutzung durch Festsetzungen im Bebauungsplan

Der Bebauungsplan setzt die vorbereitende Planung des Flächennutzungsplans in die konkretere Planungsstufe um. Kann die Gemeinde bei der Aufstellung des Flächennutzungsplans die sozialgerechte Bodennutzung nur geringfügig steuern, stehen ihr bei der Aufstellung des Bebauungsplans weitere Festsetzungsmöglichkeiten zur Verfügung, mit denen sie Einfluss auf die Gewährleistung der sozialgerechten Bodennutzung nehmen kann. Bei den Festsetzungen ist die Gemeinde auf den Katalog des § 9 Abs. 1 BauGB beschränkt. Die Festsetzungsmöglichkeiten sind dort abschließend normiert.[241]

1. Festsetzungen von Art und Maß der baulichen Nutzung - § 9 Abs. 1 Nr. 1 BauGB

Nach § 9 Abs. 1 Nr. 1 BauGB können im Bebauungsplan Art und Maß der baulichen Nutzung festgelegt werden. Die Festsetzungsmöglichkeiten werden durch Vorschriften der BauNVO näher ausgestaltet.

a) Art der baulichen Nutzung - § 9 Abs. 1 Nr. 1 Alt. 1 BauGB

Die Art der baulichen Nutzung kann durch die Festsetzung eines der in § 1 Abs. 2 BauNVO bezeichneten Baugebiete bestimmt werden. Durch die

---

241 Vgl. nur BVerwG, Beschl. v. 06.05.1993 - 4 NB 32/92, NVwZ 1994, 292.

Festlegung eines Baugebietstyps nimmt die Gemeinde steuernd Einfluss auf die in diesem Gebiet allgemein zulässige Nutzung. Wohnnutzung sieht die BauNVO in reinen, allgemeinen und besonderen Wohngebieten sowie in Dorf- und Mischgebieten, in dörflichen Wohngebieten und in urbanen Gebieten vor. Durch die Festlegung eines Gebiets, in dem Wohngebäude eine zulässige Nutzung sind, kann die Gemeinde jedoch nur das Ob des Wohnungsbaus beeinflussen, nicht hingegen das Wie. Faktoren wie der Preis oder die Größe des Wohnraums können durch die Art der baulichen Nutzung nicht festgelegt werden.

b) Maß der baulichen Nutzung - § 9 Abs. 1 Nr. 1 Alt. 2 BauGB

Das Maß der baulichen Nutzung wird in §§ 16 ff. BauNVO konkretisiert. § 16 Abs. 2 BauNVO bestimmt abschließend, durch welche Festsetzungen das Maß der baulichen Nutzung im Bebauungsplan bestimmt werden kann: Durch Festsetzungen der Grundflächenzahl oder der Größe der Grundflächen der baulichen Anlagen (Nr. 1), der Geschossflächenzahl oder der Größe der Geschossfläche, der Baumassenzahl oder der Baumasse (Nr. 2), der Zahl der Vollgeschosse (Nr. 3) und der Höhe baulicher Anlagen (Nr. 4). Die Begriffsbestimmungen zu den jeweiligen Maßbestimmungsfaktoren legen die §§ 18 bis 21 BauNVO fest.

Mit Hilfe der Maßbestimmungsfaktoren kann der Plangeber Einfluss auf die gewünschte städtebauliche Dichte nehmen.[242] Die Erhöhung des Maßes der baulichen Nutzung wirkt sich auf die Quantität des Wohnungsbaus aus.[243] Nach § 19 Abs. 1 BauNVO ist die Grundflächenzahl (GRZ) die Zahl, die das jeweils auf den Quadratmeter bezogene Verhältnis der zulässigen Grundfläche zu der Grundstücksfläche ausdrückt. Damit gibt die Grundflächenzahl an, wie viel Grundfläche je Quadratmeter Grundstücksfläche versiegelt werden darf.[244] Je höher die Grundflächenzahl ist, desto größer ist die entsprechende Grundstücksfläche, die bebaut werden kann. Den Begriff der Geschossflächenzahl (GFZ) definiert § 20 Abs. 2 BauNVO. Ebenso wie die Grundflächenzahl handelt es sich bei der Ge-

---

242 OVG Nordrhein-Westfalen, Urt. v. 04.02.2013 - 2 D 108/11.NE, Rn. 72 (*juris*).
243 Vgl. *Weigelt*, Die wachsende Stadt als Herausforderung für das Recht, S. 113.
244 Vgl. *Petz*, in: König/Roeser/Stock, BauNVO, § 19 Rn. 3 f.

schossflächenzahl um eine Verhältniszahl.[245] Die Geschossflächenzahl bestimmt das Nutzungsmaß in der Bauhöhe im Verhältnis zur maßgebenden Fläche des Baugrundstücks.[246] Je höher die Geschossflächenzahl ist, desto dichter ist die Bebauung.[247] Bei den Festsetzungen zur Grundflächen- und Geschossflächenzahl hat sich die Gemeinde jedoch grundsätzlich an die von § 17 BauNVO vorgegebenen Orientierungswerte zu halten.

§ 16 Abs. 4 Satz 1 BauNVO eröffnet der Gemeinde eine weitere Steuerungsmöglichkeit. Da die Festsetzungen zum Maß der baulichen Nutzung Höchstmaße sind, dürfen sie grundsätzlich unterschritten werden.[248] Etwas anderes gilt, wenn die Gemeinde nach § 16 Abs. 4 Satz 1 BauNVO zugleich ein Mindestmaß festlegt. Mindestmaße können für die Geschossflächenzahl oder die Größe der Geschossfläche, für die Zahl der Vollgeschosse und die Höhe baulicher Anlagen festgelegt werden. Dies eröffnet die Möglichkeit, einen Rahmen des Nutzungsmaßes vorzugeben, der eingehalten werden muss.[249] Ziel einer solchen Festsetzung ist es zu vermeiden, dass das festgesetzte Höchstmaß der baulichen Nutzung in der Planverwirklichung deutlich unterschritten wird.[250] Auf diese Weise kann die Gemeinde eine Mindestausnutzung der zur Bebauung vorgesehenen Flächen erreichen.[251]

Bei der Festsetzung eines Mindestmaßes muss die Gemeinde berücksichtigen, dass diese einen gewichtigen Eingriff in die Baufreiheit des Eigentümers darstellt.[252] Bei der Bautätigkeit ist der Bauherr an dieses Maß gebunden, selbst wenn er die Umsetzung des Mindestmaßes aus finanziellen Gründen nicht realisieren kann.[253] In der Abwägung nach § 1 Abs. 7 BauGB sind die Auswirkungen der Festsetzung eines Mindestmaßes als privater

---

245 Vgl. OVG Nordrhein-Westfalen, Urt. v. 04.02.2013 - 2 D 108/11.NE, Rn. 72 (*juris*); *Hartmann/Schilder*, in: Bönker/Bischopink, BauNVO, § 20 Rn. 26.

246 Vgl. *Petz*, in: König/Roeser/Stock, BauNVO, § 20 Rn. 22.

247 Vgl. *Schimpfermann/Stühler*, in: Fickert/Fieseler, BauNVO, § 16 Rn. 3.

248 Vgl. *Schimpfermann/Stühler*, in: Fickert/Fieseler, BauNVO, § 16 Rn. 49.

249 Decken sich Höchst- und Mindestmaß, liegt eine zwingende Festsetzung vor, die nach § 16 Abs. 4 Satz 2 BauNVO nur bei der Zahl der Vollgeschosse und der Höhe baulicher Anlagen zulässig ist.

250 Vgl. *Hartmann/Schilder*, in: Bönker/Bischopink, BauNVO, § 16 Rn. 36.

251 Vgl. die Begründung zur Vierten Verordnung zur Änderung der Baunutzungsverordnung BR-Drs. 354/89, S. 62.

252 Vgl. *Schimpfermann/Stühler*, in: Fickert/Fieseler, BauNVO, § 16 Rn. 49 und 52; *Petz*, in: König/Roeser/Stock, BauNVO, § 16 Rn. 29.

253 Vgl. *Söfker*, in: Ernst/Zinkahn/Bielenberg/Krautzberger, BauNVO, § 16 Rn. 38; *Schimpfermann/Stühler*, in: Fickert/Fieseler, BauNVO, § 16 Rn. 49.

Belang zu berücksichtigen.[254] Städtebauliche Gründe, die eine Festsetzung eines Mindestmaßes rechtfertigen können, sind das flächensparende Bauen, die Ausnutzung des vorhandenen Baulandes und die Vermeidung von Neuausweisungen von Bauflächen sowie das Ziel, eine Verdichtung der betroffenen Fläche zu erreichen, um beispielsweise eine bereits vorhandene Infrastruktur besonders gut ausnutzen zu können.[255]

Zwar erlauben Festsetzungen zum Maß der baulichen Nutzung der Gemeinde, Einfluss darauf zu nehmen, wie viel Wohnfläche im Plangebiet entsteht. Welche Art von Wohnraum gebaut und für welches Preissegment der Wohnraum errichtet wird, kann mit dieser Festsetzungsmöglichkeit hingegen nicht beeinflusst werden.

2. Festsetzungen von Bauweise und überbaubaren Grundstücksflächen - § 9 Abs. 1 Nr. 2 BauGB

§§ 22, 23 BauNVO konkretisieren § 9 Abs. 1 Nr. 2 BauGB und erlauben der Gemeinde die Bauweise und die überbaubaren Grundstücksflächen festzusetzen. § 22 BauNVO erlaubt die offene Bauweise (Absatz 2), die geschlossene Bauweise (Absatz 3) und die sonstige, abweichende Bauweise (Absatz 4). Die Festsetzung der offenen Bauweise ermöglicht das Errichten von Einzelhäusern, Doppelhäusern oder Hausgruppen. Tendenziell führt diese Festsetzung zu einer Bebauung der Grundstücke durch einkommensstärkere Haushalte.[256] In der geschlossenen Bauweise werden die Gebäude ohne seitlichen Grenzabstand errichtet, was eine besonders dichte Bebauung erlaubt. Diese kann ebenfalls durch eine abweichende Bauweise erreicht

---

254 Vgl. *Hartmann/Schilder*, in: Bönker/Bischopink, BauNVO, § 16 Rn. 36; *Schimpfermann/Stühler*, in: Fickert/Fieseler, BauNVO, § 16 Rn. 52; *Petz*, in: König/Roeser/Stock, BauNVO, § 16 Rn. 29.

255 Vgl. *Seith*, in: Brügelmann, BauNVO, § 16 Rn. 59; *Söfker*, in: Ernst/Zinkahn/Bielenberg/Krautzberger, BauNVO, § 16 Rn. 38.

256 Vgl. *Ramsauer*, Steuerung sozialer und ethnischer Segregation durch städtebauliche Planungsinstrumente, S. 131 f.

werden, z.B. durch die Gartenhofbauweise[257] oder die Zeilenbauweise.[258] In der Praxis spielt die abweichende Bauweise aber nur eine geringe Bedeutung, da die Gemeinde entsprechende planerische Vorstellungen einfacher und flexibler durch Festsetzungen von Baulinien und -grenzen nach § 23 BauNVO erreichen kann.[259] Durch Festsetzungen nach §§ 22, 23 BauNVO kann die Gemeinde eine Grundlage für kostensparendes Bauen schaffen und die Eigentumsbildung weiter Kreise der Bevölkerung fördern, indem sie die optimale Ausnutzbarkeit der Baugrundstücke ermöglicht.[260] Auf diese Weise ist es ihr möglich, durch ihre planerische Konzeption die Wohnbedürfnisse der Bevölkerung zu berücksichtigen. Der Einfluss, den die Gemeinde mit den Festsetzungen nach § 9 Abs. 1 Nr. 2 BauGB ausüben kann, ist insgesamt aber als sehr gering zu bewerten. Mit der Festsetzungsmöglichkeit kann sie keinen Einfluss darauf nehmen, welche Art von Wohnungen und in welchem Preissegment diese errichtet werden.

3. Festsetzungen von Mindest- und Höchstmaßen für Grundstücke - § 9 Abs. 1 Nr. 3 BauGB

Nach § 9 Abs. 1 Nr. 3 BauGB können Mindest- und Höchstmaße für Baugrundstücke festgesetzt werden, wobei Höchstmaße nur bei Wohnbaugrundstücken möglich sind. Ziel einer Festsetzung von Mindestmaßen ist es, die Parzellierung großer Flächen in kleine Baugrundstücke zu unterbinden und für eine aufgelockerte Siedlungsweise zu sorgen.[261] Dadurch kann die Gemeinde eine städtebaulich unzweckmäßige oder unerwünschte Ver-

---

257 Nach dem Urteil des VGH Baden-Württemberg v. 30.07.1992 - 3 S 1199/92, Rn. 8 (*juris*) handelt es sich bei Gartenhöfen um gärtnerisch genutzten Grundstücksteile, die auf drei, mindestens aber zwei Seiten vom Baukörper eines Wohnhauses umschlossen sind (sog. U- oder L-Bauweise). Für diese Bauweise prägend ist zudem, dass ein nach außen hin abgeschlossenes und damit fremder Sicht entzogenes Wohnen mit einem „grüne[n] Zimmer" ermöglicht werden soll, *Hornmann*, in: Hornmann/Kämper/Spannowsky (BeckOK), BauNVO, § 22 Rn. 68.

258 Die Zeilenbauweise ist eine Modifikation der offenen Bauweise, bei der die nach § 22 Abs. 2 Satz 2 BauNVO auf 50 Meter begrenzte Länge der Hausformen durch Festsetzung erweitert wird, vgl. *Fischer*, in: Brügelmann, BauNVO, § 22 Rn. 115.

259 Vgl. *Dirnberger*, in: Jäde/Dirnberger, BauNVO, § 22 Rn. 16; *Weigelt*, Die wachsende Stadt als Herausforderung für das Recht, S. 120.

260 Vgl. *Fischer*, in: Brügelmann, BauNVO, § 22 Rn. 75.

261 Vgl. *Gaentzsch*, in: Berliner Kommentar, BauGB, § 9 Rn. 22; *Gierke*, in: Brügelmann, BauGB, § 9 Rn. 116.

dichtung vermeiden.[262] Dem Ziel, möglichst viel bezahlbaren Wohnraum zu schaffen und eine sozialgerechte Bodennutzung zu gewährleisten, läuft die Festsetzung von Mindestmaßen zuwider. Höchstmaße können dieses Ziel hingegen fördern. Den Belang der Wohnbedürfnisse der Bevölkerung, insbesondere die Förderung der Eigentumsbildung weiter Kreise der Bevölkerung und des kostensparenden Bauens, kann die Gemeinde durch die Festsetzung von Höchstmaßen steuern. Sofern festgesetzte Höchstmaße beim Planvollzug überschritten werden, muss ein Grundstück zunächst geteilt werden, bevor eine Baugenehmigung erteilt werden kann.[263] Zwar deutet der Wortlaut des § 9 Abs. 1 Nr. 3 Alt. 2 BauGB darauf hin, Höchstmaße für Wohnbaugrundstücke dürften nur aus Gründen des sparsamen und schonenden Umgangs mit Grund und Boden festgesetzt werden. Der Regierungsentwurf zum Baugesetzbuch 1986 führt den sparsamen und schonenden Umgang mit Grund und Boden aber nicht als einzigen möglichen Rechtfertigungsgrund für eine solche Festsetzung auf. In dem Regierungsentwurf heißt es, dass „[b]esondere städtebauliche Gründe [...] insbesondere anzunehmen [sind], wenn eine flächensparende Bauweise erreicht werden soll."[264] Der Ausdruck „insbesondere" macht deutlich, dass es sich nicht um eine abschließende Aufzählung handelt, sondern auch andere besondere städtebauliche Gründe für die Rechtfertigung einer Höchstmaßfestsetzung in Betracht kommen. Städtebauliche Ziele, die eine Verdichtung der Bebauung voraussetzen, wie etwa das kostensparende Bauen und die soziale Wohnraumförderung, können die Festsetzung eines Höchstmaßes rechtfertigen.[265] *Weigelt* weist zudem darauf hin, dass der Gesetzes- und Verordnungsgeber die Festsetzungen von Mindest- *und* Höchstfestlegungen auch in anderen, ähnlich gelagerten Zusammenhängen verknüpft, etwa in § 16 Abs. 4 Satz 1 BauNVO, und keine Differenzierung der rechtfertigenden Gründe vornimmt, sondern für Höchst- und Mindestfestlegungen die gleichen Rechtfertigungsgründe herangezogen werden können.[266] Anhaltspunkte, wieso dies bei § 9 Abs. 1 Nr. 3 BauGB anders sein sollte, sind nicht ersichtlich. Damit eröffnet § 9 Abs. 1 Nr. 3 Alt. 2 BauGB der Gemeinde eine

---

262 Vgl. *Gierke*, in: Brügelmann, BauGB, § 9 Rn. 116.

263 Vgl. *Gierke*, in: Brügelmann, BauGB, § 9 Rn. 119.

264 BT-Drs. 10/4630, S. 71.

265 Vgl. *Spieß*, in: Jäde/Dirnberger, BauGB, § 9 Rn. 25. Ausdrücklich noch anders *Jäde*, in: Jäde/Dirnberger/Weiss, BauGB, 7. Aufl. 2013, § 9 Rn. 26, der darauf verweist, dass sozialpolitische Motivationen die Festsetzungen nach § 9 Abs. 1 Nr. 3 Alt. 2 BauGB nicht rechtfertigen können.

266 Vgl. *Weigelt*, Die wachsende Stadt als Herausforderung für das Recht, S. 122.

Steuerungsmöglichkeit, um eine höhere Ausnutzung von Grundstücken sicherzustellen.[267]

4. Festsetzungen von Flächen für den Gemeinbedarf - § 9 Abs. 1 Nr. 5 BauGB

Dem in § 1 Abs. 6 Nr. 3 BauGB genannten Belang der sozialen Bedürfnisse der Bevölkerung kann die Bauleitplanung durch die Festsetzung von Gemeinbedarfsflächen nach § 9 Abs. 1 Nr. 5 BauGB entsprechen.[268] Zu den Einrichtungen und Anlagen des Gemeinbedarfs zählen Anlagen der öffentlichen Verwaltung, Anlagen für kulturelle Zwecke, Bildungseinrichtungen, Anlagen für gesundheitliche Zwecke und Einrichtungen und Anlagen für soziale Betreuung.[269] Bei der Festsetzung von Gemeinbedarfsflächen muss die Gemeinde ein besonderes Augenmerk auf den Grundsatz der Planbestimmtheit legen.[270] Die bloße Festsetzung „Fläche für den Gemeinbedarf" genügt diesem nicht.[271] Das Bestimmtheitserfordernis wird gewahrt, wenn der Festsetzung zu entnehmen ist, für welchen konkreten Zweck sie genutzt werden soll.[272] Für das Gewährleisten einer sozialgerechten Bodennutzung sind neben der Ausweisung von Flächen für Wohngebäude in deren unmittelbarer Umgebung Flächen für Kinderbetreuungseinrichtungen und Grundschulen von besonderer Bedeutung. Wenn die Gemeinde Flächen für Wohnbebauung vorsieht, muss sie gleichzeitig sicherstellen, dass eine wohnortnahe Betreuung der Kinder möglich sein wird. Allerdings eröffnet § 9 Abs. 1 Nr. 5 BauGB keine Steuerungsmöglichkeit im Hinblick auf die Kosten, die für die Errichtung der Einrichtung des Gemeinbedarfs entstehen. Weist die Gemeinde ein neues Wohnbaugebiet aus und setzt sie dabei eine Fläche für eine Kinderbetreuungseinrichtung fest, regelt die Festset-

---

267 In diesem Sinne auch *Weigelt*, Die wachsende Stadt als Herausforderung für das Recht, S. 122.
268 Vgl. *Battis*, in: Battis/Krautzberger/Löhr, BauGB, § 1 Rn. 58.
269 Vgl. *Gierke*, in: Brügelmann, BauGB, § 9 Rn. 143.
270 Vgl. *Söfker*, in Ernst/Zinkahn/Bielenberg/Krautzberger, BauGB, § 9 Rn. 61; *Gierke*, in: Brügelmann, BauGB, § 9 Rn. 149.
271 Vgl. BVerwG, Beschl. v. 20.01.1995 - 4 NB 43/93, ZfBR 1995, 692 (693 f.); OVG Nordrhein-Westfalen, Urt. v. 19.07.2011 - 10 D 131/08.NE, Rn. 36 (*juris*).
272 Den Zusatz „Dorfplatz" hat die Rechtsprechung als hinreichend bestimmt angesehen, BVerwG, Beschl. v. 20.01.95 - 4 NB 43/93, ZfBR 1995, 692 (693 f.); weitere Beispiele aus der Rechtsprechung bei *Söfker*, in Ernst/Zinkahn/Bielenberg/Krautzberger, BauGB, § 9 Rn. 61.

zung nicht, wer die Einrichtung errichtet und die Kosten zu tragen hat. Dies kann nur Inhalt eines ergänzenden städtebaulichen Vertrags sein.

5. Festsetzungen von Beschränkungen der Zahl der Wohnungen - § 9 Abs. 1 Nr. 6 BauGB

Nach § 9 Abs. 1 Nr. 6 BauGB kann die Gemeinde im Bebauungsplan eine Höchstzahl an Wohnungen in Wohngebäuden festsetzen. Für die Gewährleistung einer sozialgerechten Bodennutzung hat diese Festsetzungsmöglichkeit nur geringe Bedeutung. Denn die Festsetzungsmöglichkeit ermöglicht lediglich die Anzahl der Wohnungen zu steuern, nicht hingegen die Größe der Wohnungen.[273] Mit einer Begrenzung der Wohnungsanzahl je Wohngebäude kann die Gemeinde lediglich einer allzu hohen Verdichtung entgegenwirken.[274] Nach der früheren Fassung des § 9 Abs. 1 Nr. 6 BauGB[275] konnten im Bebauungsplan Flächen, die überwiegend für die Bebauung mit Familienheimen vorgesehenen waren, festgesetzt werden. Zudem konnte die Anzahl der Wohnungen auf maximal zwei begrenzt werden.[276] Diese Festsetzungsmöglichkeiten bezweckten, zur Eigentumsbildung und der Schaffung von Familienheimen beizutragen sowie eine einheitliche Struktur des Gebiets in Bezug auf die Wohnform (Ein- und Zweifamilienhaussiedlungen) zu erreichen.[277] *Weigelt* schreibt § 9 Abs. 1 Nr. 6 BauGB auch heute nur „homogenitätssichernden Charakter" zu.[278] Dem ist zuzustimmen, da die Festsetzung ausschließlich ermöglicht sicherzustellen, dass alle Wohnhäuser innerhalb des Festsetzungsbereichs die festgelegte Anzahl oder eine kleinere Anzahl an Wohnungen aufweisen. Damit kann in Gebieten mit Ein- und Zweifamilienhäusern die Eigenart dieser Gebiete bewahrt und der Bau von Mehrfamilienhäusern verhindert werden. Diese Vorgehensweise kann die Verdichtung in diesen Gebieten begrenzen. Verfolgt die Gemeinde das konträre Ziel, möglichst viel neuen Wohnraum auf geringer Fläche zu schaffen, muss sie darauf verzichten, die Anzahl der Wohnungen im Bebauungsplan zu begrenzen.

---

273 Vgl. OVG Nordrhein-Westfalen, Urt. v. 16.12.2005 - 7 D 48/04.NE; *Stüer*, Handbuch des Bau- und Fachplanungsrechts, Rn. 453.
274 Vgl. *Spannowsky*, in: Spannowsky/Uechtritz (BeckOK), BauGB, § 9 Rn. 25.
275 § 9 Abs. 1 Nr. 6 BauGB i.d.F.v. 18.08.1976, gültig bis 30.06.1987.
276 § 3 Abs. 4 und § 4 Abs. 4 BauNVO i.d.F.v. 15.09.1977, gültig bis 26.01.1990.
277 Vgl. BVerwGE 107, 256 (269); *Söfker*, in Ernst/Zinkahn/Bielenberg/Krautzberger, BauGB, § 9 Rn. 74.
278 *Weigelt*, Die wachsende Stadt als Herausforderung für das Recht, S. 125.

6. Festsetzungen von Flächen für den geförderten Wohnungsbau - § 9 Abs. 1 Nr. 7 BauGB

Im Bebauungsplan können nach § 9 Abs. 1 Nr. 7 BauGB ferner Flächen festgesetzt werden, auf denen ganz oder teilweise nur Wohngebäude errichtet werden dürfen, die mit Mitteln der sozialen Wohnraumförderung gefördert werden könnten. Die auf den festgesetzten Flächen entstehenden Wohngebäude müssen mit Mitteln der sozialen Wohnraumförderung gefördert werden können. Dazu müssen die Wohngebäude die Anforderungen erfüllen, welche die Vorschriften der sozialen Wohnraumförderung aufstellen.[279] Seit der Föderalismusreform 2006 ist die Gesetzgebungskompetenz im Bereich der sozialen Wohnraumförderung auf die Länder übergegangen,[280] sodass sich die Anforderungen überwiegend aus den Wohnraumförderungsgesetzen der Länder ergeben.[281] Die bundesrechtlichen Regelungen des WoFG gelten nur noch in den Bundesländern, die bisher keine eigenen Wohnraumförderungsgesetze erlassen haben.[282] Die Verknüpfung der Festsetzung des § 9 Abs. 1 Nr. 7 BauGB mit den Vorschriften der Wohnraumförderung bewirkt, dass die Wohngebäude, die auf der Fläche errichtet werden sollen, nach ihrer Ausstattung und Größe den Voraussetzungen der einschlägigen Regelungen der Landeswohnraumförderung entsprechen müssen.[283] Mit einer Festsetzung nach § 9 Abs. 1 Nr. 7 BauGB werden die gebäudebezogenen Anforderungen der Förderbestimmungen Inhalt des Bebauungsplans.[284] Die gebäudebezogenen Anforderungen legen beispielsweise fest, wie große eine Wohnung maximal sein darf, um förderfähig zu sein.[285]

---

279 Vgl. *Söfker*, in: Ernst/Zinkahn/Bielenberg/Krautzberger, BauGB, § 9 Rn. 75; *Gaentzsch*, Berliner Kommentar, BauGB, § 9 Rn. 29.

280 Siehe dazu bereits oben S. 42 f.

281 Siehe die Auflistung der Landeswohnraumförderungsgesetze in Fußnote 79.

282 Vgl. *Schrödter/Möller*, in: Schrödter, BauGB, § 9 Rn. 59; *Söfker*, in: Ernst/Zinkahn/Bielenberg/Krautzberger, BauGB, § 9 Rn. 76.

283 Vgl. OVG Rheinland-Pfalz, Urt. v. 26.04.2017 - 8 C 11681/16, Rn. 44 (*juris*); *Söfker*, in: Ernst/Zinkahn/Bielenberg/Krautzberger, BauGB, § 9 Rn. 75; *Spieß*, in: Jäde/Dirnberger, BauGB, § 9 Rn. 33 f.

284 Vgl. *Kukk*, in: Schäfer/Uechtritz/Zuber, Rechtsgestaltung in der kommunalen Praxis, § 8 Rn. 4.

285 Vgl. beispielsweise für Nordrhein-Westfalen die Wohnflächenobergrenzen in 4.3.4.1 der Anlage 1 zu den Wohnraumförderbestimmungen NRW, Runderlass des Ministeriums für Heimat, Kommunales, Bau und Gleichstellung – 402-2010-81/20 – v. 02.02.2021. Danach darf eine einfache barrierefreie 1-Zimmer-Wohnung höchstens 47 m² groß sein. Für Baden-Württemberg richtet sich die förderfähige Wohnungs-

Mit der Festsetzung nach § 9 Abs. 1 Nr. 7 BauGB kann die Gemeinde das Ziel verfolgen, Wohnungen für Bevölkerungskreise mit geringem Einkommen zu schaffen.[286] Durch die Bindung an die gebäudebezogenen Anforderungen der Wohnraumförderbestimmungen wird sichergestellt, dass einfache und nicht übergroße Wohnungen errichtet werden müssen.[287] Dadurch kann die Gemeinde in begrenztem Umfang Einfluss auf den späteren Mietpreis der Wohnung nehmen, da die Festsetzung das Entstehen von groß angelegten Wohnungen mit viel Wohnfläche verhindert. Begrenzt ist der Einfluss jedoch, da auch für knapp bemessene Wohnungen in bestimmten Wohnlagen hohe Mietpreise bezahlt werden.

Erschwerend kommt hinzu, dass die Ausweisung solcher Flächen nicht zu einer Verpflichtung des Grundstückseigentümers führt, Mittel der sozialen Wohnraumförderung in Anspruch zu nehmen.[288] Infolgedessen resultiert aus der Festsetzung zum einen keine Pflicht, die Wohnungen an förderberechtigte Personen zu vermieten. Zum anderen besteht auch keine Bindung an die nach den Regelungen der Wohnraumförderung vorgesehene Miethöhe. Solche Bindungen können lediglich entstehen, wenn tatsächlich Fördermittel der sozialen Wohnraumförderung in Anspruch genommen werden.[289] *Spieß* spricht insoweit treffend von einer „abstrakten Förderfähigkeit".[290] Eine Steuerungswirkung im Hinblick auf eine sozialgerechte Bodennutzung kann die Festsetzung nicht entfalten. Letztlich erschöpft sie sich in einer weiteren Konkretisierung hinsichtlich der Größe der zu errichtenden Wohnungen.[291] Dies dürften auch die Gründe dafür sein, weshalb die Festsetzung in der Praxis selten zur Anwendung kommt.[292]

---

größe nach Teil 3 Nummer 1 und 2 Durchführungshinweise des Wirtschaftsministeriums zum Landeswohnraumförderungsgesetz (DH-LWoFG).

286 Vgl. BVerwG, Beschl. v. 17.12.1992 - 4 N 2.91; *Bracher*: in: Bracher/Reidt/Schiller, Bauplanungsrecht, Rn. 9.60.

287 Vgl. BVerwG, Beschl. v. 17.12.1992 - 4 N 2.91; *Ramsauer*, Steuerung sozialer und ethischer Segregation durch städtebauliche Planungsinstrumente, S. 123 f.

288 Vgl. *Gierke*, in: Brügelmann, BauGB, § 9 Rn. 174; *Schrödter/Möller*, in: Schrödter, BauGB, § 9 Rn. 59.

289 *Söfker* in: Ernst/Zinkahn/Bielenberg/Krautzberger, BauGB, § 9 Rn. 79.

290 *Spieß*, in: Jäde/Dirnberger, BauGB, § 9 Rn. 34.

291 Vgl. *Weigelt*, Die wachsende Stadt als Herausforderung für das Recht, S. 128.

292 *Jarass* und *Kment* sprechen von einer geringen „wohnungspolitischen Bedeutung" der Vorschrift, BauGB, § 9 Rn. 50; *Schäfer* und *Schmidt-Eichstaedt* zeigten 1984 in einer Studie auf, dass Gemeinden Festsetzungen nach § 9 Abs. 1 Nr. 7 BauGB „nie" oder „selten" nutzten, Praktische Erfahrungen mit dem Bundesbaugesetz, S. 139. *Schmid-Urban*, Städtebauliche Planung und sozialer Anspruch, S. 98, sah 1984 Gründe für die geringe Anwendungspraxis der Vorschrift noch in Ängsten

7. Festsetzungen von Flächen für Personengruppen mit besonderem Wohnbedarf - § 9 Abs. 1 Nr. 8 BauGB

§ 9 Abs. 1 Nr. 8 BauGB ermöglicht die Festsetzungen solcher Flächen, auf denen ganz oder teilweise nur Wohngebäude errichtet werden dürfen, die für Personengruppen mit besonderem Wohnbedarf bestimmt sind. Der besondere Wohnbedarf der Personengruppen muss in baulichen Besonderheiten der Wohngebäude zum Ausdruck kommen.[293] Bauliche Besonderheiten finden sich beispielsweise bei Wohnungen für alte und behinderte Menschen, die auf rollstuhlgerechte Türen, Fahrstühle und auf Mindestflächen beispielsweise im Sanitärbereich angewiesen sind. Bauliche Besonderheiten erfordern ebenfalls Studentenwohnheime. Sie sind durch Einzelräume als Wohneinheiten für Studierende geprägt, weisen darüber hinaus aber auch Gemeinschaftseinrichtungen auf.[294] Ein geringes Einkommen begründet für sich genommen keinen besonderen Wohnbedarf im Sinne der Vorschrift,[295] sodass das Ziel, bezahlbaren Wohnraum für sozial schwache Bürger zu schaffen, mangels besonderen baulichen Anforderungen an die Wohngebäude nicht mit der Festsetzungsmöglichkeit des § 9 Abs. 1 Nr. 8 BauGB verfolgt werden kann.[296] Sie beinhaltet keine rein sozialpolitisch motivierte Festsetzungsbefugnis.[297]

---

vor Rechtsunsicherheit und den damit eventuell verbundenen Streitigkeiten und gerichtlichen Auseinandersetzungen. Diese Gründe dürften 35 Jahre später so nicht mehr gelten. Aktuellere Umfragen zur Häufigkeit der Festsetzung nach § 9 Abs. 1 Nr. 7 BauGB liegen nicht vor. Der Umstand, dass kaum Rechtsprechung zu § 9 Abs. 1 Nr. 7 BauGB existiert, weist aber darauf hin, dass sich die Praxis der Bauleitplanung seit 1984 nicht verändert hat. So im Ergebnis auch *Weigelt*, Die wachsende Stadt als Herausforderung für das Recht, S. 129.

293 Vgl. BVerwGE 91, 318 (325); bayerischer VGH, Urt. v. 17.10.2017 - 15 N 17.574, NVwZ-RR 2018, 219 (220).

294 Vgl. BVerwGE 91, 318 (325); *Rehorst/Kötter*, fub 2017, 160 (164); *Schrödter* und *Möller* meinen, das Wohnen von Studenten entwickele sich vom herkömmlichen Studentenwohnheim hin zum „studentischen Wohnen" in individuellen Appartements, sodass die baulichen Besonderheiten von Gemeinschaftseinrichtungen dort häufig kaum mehr vorzufinden seien, in: Schrödter, BauGB, § 9 Rn. 60. Aktuelle Projekte der Studierendenwerke Potsdam, Göttingen, Tübingen und Frankfurt widersprechen dieser Wahrnehmung. Richtig ist zwar, dass diese Wohnheime größtenteils mit einzelnen Appartements ausgestattet sind, gleichwohl sind Gemeinschaftseinrichtungen vorgesehen (Gemeinschafts-, Fitness-, und Waschmaschinenräume).

295 Vgl. BVerwGE 91, 318 (325).

296 Vgl. *Söfker*, in: Ernst/Zinkahn/Bielenberg/Krautzberger, BauGB, § 9 Rn. 82.

297 Bayerischer VGH, Urt. v. 17.10.2017 - 15 N 17.574, NVwZ-RR 2018, 219.

Die Festsetzungsmöglichkeit kann Steuerungswirkung im Hinblick auf bezahlbaren Wohnraum entfalten, sofern Wohnraum für solche Personengruppen geschaffen wird, deren Wohnbedarf einerseits durch baulich-strukturelle Besonderheiten geprägt ist und andererseits die betroffenen Personen regelmäßig ein geringes Einkommen aufweisen. Dies ist insbesondere bei der Personengruppe der Studierenden und Auszubildenden der Fall. Vermehrt betrifft dies auch die Personengruppe der Alten.[298] Durch die Festsetzung nach § 9 Abs. 1 Nr. 8 BauGB ist in diesen Fällen zumindest mittelbar eine Entlastung des Wohnungsmarktes im unteren und mittleren Preissegment möglich.[299]

Eingeschränkt wird die Festsetzungsmöglichkeit des § 9 Abs. 1 Nr. 8 BauGB dadurch, dass die Gemeinde nur einzelne Flächen und nicht ein ganzes Baugebiet für Personengruppen mit besonderem Wohnbedarf festsetzen darf.[300] Mit der Beschränkung auf einzelne Flächen und der damit verbundenen geringen Größe der Flächen wird einer „Ghetto-Bildung" durch Personengruppen mit besonderem Wohnbedarf entgegengewirkt.[301] Dadurch wird wiederum das in § 1 Abs. 6 Nr. 2 BauGB verankerte Ziel der Schaffung und Erhaltung sozial stabiler Bewohnerstrukturen gefördert.[302]

E. Zusammenfassung

Die Gewährleistung einer sozialgerechten Nutzung des Bodens wurzelt in der Verfassung. Ein einklagbares, subjektives Recht des Einzelnen auf bezahlbaren Wohnraum garantiert sie hingegen nicht. Dem Gesetzgeber verbleibt ein weiter Gestaltungsspielraum für das Maß sozialstaatlicher Verpflichtungen, das er im Wohnungsbereich zu tragen bereit ist. Auch das Eigentumsrecht erfährt durch die Sozialbindung des Eigentums eine Einschränkung, deren Inhalt und Ausmaß wiederum vom Gesetzgeber abhängt.

---

298 Vgl. bestimmte Personengruppen, die gegenwärtig und künftig besonders vom Risiko der Altersarmut betroffen sind, *Kümpers/Alisch*, in: Huster/Boeckh/Mogge-Grotjahn, Handbuch Armut und soziale Ausgrenzung, S. 600 m.w.N.

299 Vgl. *Rehorst/Kötter*, fub 2017, 160 (164 f.).

300 Vgl. *Gaentzsch*, in: Berliner Kommentar, BauGB, § 9 Rn. 30; *Mitschang/Reidt*, in: Battis/Krautzberger/Löhr, BauGB, § 9 Rn. 48.

301 Vgl. BVerwGE 91, 318 (324).

302 Vgl. *Söfker*, in: Ernst/Zinkahn/Bielenberg/Krautzberger, BauGB, § 9 Rn. 83.

Auf der Ebene der Raumordnung kann durch die Festlegung geeigneter Flächen für den Wohnungsbau im Raumordnungsplan nur in geringem Maße Einfluss auf eine sozialgerechte Bodennutzung genommen werden. Die Festlegung muss auf der nachfolgenden Planungsebene der Bauleitplanung weiter ausgeformt werden. Die Träger der Raumordnung und Regionalplanung haben dabei keine Möglichkeit, den Gemeinden als Trägern der kommunalen Planungshoheit rechtsverbindlich vorzuschreiben, Wohnflächen zu schaffen. Die Bindungswirkung der Ziele der Raumordnung kann bei Kollision mit dem Gebot der Erforderlichkeit entfallen. Die Steuerungswirkung der Raumordnung auf die sozialgerechte Nutzung des Bodens wird zudem dadurch gehemmt, dass bei der Umsetzung der einzelnen Planungsstufen viel Zeit vergeht und es Jahre dauern kann, bis eine Gemeinde Baurecht für Wohnflächen in einem Gebiet schafft, welches in einem Regionalplan als Schwerpunkt des Wohnungsbaus festgelegt wurde. Der Einfluss der Raumordnung auf eine sozialgerechte Nutzung des Bodens ist daher als sehr gering einzustufen.[303] Dieser sehr geringe Einfluss spiegelt sich bereits im Gesetz wider. Der Gesetzgeber hat es den Trägern der Bauleitplanung aufgegeben, eine sozialgerechte Bodennutzung zu gewährleisten. Nach der Leitvorstellung des § 1 Abs. 2 ROG soll zwar auch die Raumordnung die sozialen Ansprüche an den Raum berücksichtigen. § 1 Abs. 2 ROG ist dabei weiter gefasst als § 1 Abs. 5 BauGB. Anders als bei § 1 Abs. 5 Satz 1 BauGB wird die sozialgerechte Bodennutzung in § 1 Abs. 2 ROG gerade nicht gesondert als Leitvorstellung ausgewiesen.

Die Untersuchung hat gezeigt, dass die Gemeinde durch die Darstellungs- und Festsetzungsmöglichkeiten der §§ 5 und 9 BauGB nur begrenzten Einfluss auf die sozialgerechte Bodennutzung nehmen und über die Darstellungen und Festsetzungen in den Bauleitplänen kaum steuernd auf die Schaffung bezahlbaren Wohnraums einwirken kann. Hinzu kommt, dass bei der klassischen gemeindlichen Bauleitplanung der Bebauungsplan eine reine Angebotsplanung darstellt. Er eröffnet lediglich die Befugnis zur Verwirklichung der vorgesehenen Planung, eine Pflicht des Grundstückseigentümers zur Umsetzung der Planung der Gemeinde besteht hingegen nicht. Ob der Grundstückseigentümer die von der Gemeinde vorgesehene Wohnnutzung tatsächlich umsetzt, bleibt ihm selbst überlassen.

---

303 Aufgrund dieses geringen Einflusses nutzt der Verband der Region Stuttgart neben dem formalen Instrument des Regionalplans weitere, nicht formale Instrumente zur Steuerung der Wohnraumversorgung wie beispielsweise das Aktionsprogramm Wohnen, dazu und zu weiteren Instrumenten *Kiwitt*, in: Mitschang, Erhaltung und Sicherung von Wohnraum, S. 127 ff.

Erschwerend kommt hinzu, dass in den letzten Jahren Investitionen in die Schaffung bezahlbaren Wohnraums für private Wohnungsunternehmen zunehmend uninteressant geworden sind. Die anhaltende Niedrigzinsphase führt dazu, dass Immobilienentwickler auf vormals attraktive Förderbedingungen der sozialen Wohnraumförderung nicht mehr angewiesen sind, sodass für private Wohnungsunternehmen keine Gründe bestehen, sozial geförderten Wohnraum zu errichten. Der marktwirtschaftliche Anreiz, in dieses Segment des Immobilienmarktes zu investieren, ist erheblich geringer als im gehobenen Segment, da bei letzterem höhere Profite erzielt werden können. Mit den Darstellungs- und Festsetzungsmöglichkeiten kann die Gemeinde diesem Trend nicht entgegensteuern. Will die Gemeinde die Ausweisung von Bauland davon abhängig machen, dass der Vorhabenträger eine Quote für sozial geförderten Wohnraum erfüllt und sich an den planungsbedingten Kosten beteiligt, muss die Gemeinde dies zum Inhalt eines städtebaulichen Vertrags machen.[304] Erst durch das Zusammenspiel von Festsetzungen im Bebauungsplan und dem Abschluss eines städtebaulichen Vertrags, in dem sich der Vertragspartner verpflichtet, Maßnahmen zu ergreifen, die die sozialgerechte Bodennutzung fördern, ist der Einfluss der Gemeinde erfolgversprechend.

---

304 Vgl. *Kukk*, in: Schäfer/Uechtritz/Zuber, Rechtsgestaltung in der kommunalen Praxis, § 8 Rn. 6; *Schrödter/Möller*, in: Schrödter, BauGB, § 9 Rn. 59; *Söfker* in: Ernst/Zinkahn/Bielenberg/Krautzberger, BauGB, § 1 Rn. 123 und § 9 Rn. 79; *Bunzel*, ZfBR 2015, 11 ff.

§ 2 Sozialgerechte Bodennutzung durch kooperative Baulandmodelle

Die Gewährleistung einer sozialgerechten Bodennutzung kann die Gemeinde mit dem Instrument des kooperativen Baulandmodells verfolgen. Die Kommission „Nachhaltige Baulandmobilisierung und Bodenpolitik" (Baulandkommission) hat im Juli 2019 Gemeinden die Einführung und sachgerechte Ausgestaltung kooperativer Baulandmodelle empfohlen.[305]

A. Begriffserläuterungen

Die Wohnbedürfnisse und die sozialen Bedürfnisse der Bevölkerung können bei Bebauungsplänen, die im Wege der klassischen Angebotsplanung aufgestellt werden, durch die Festsetzungsmöglichkeiten des § 9 BauGB nicht hinreichend gesichert werden. Für das Entstehen von bezahlbarem Wohnraum und die Versorgung der Bewohner mit ausreichenden Plätzen in Kinderbetreuungseinrichtungen und Grundschulen sind weitere Instrumente erforderlich. Diese Erkenntnis hat sich in den letzten Jahren in vielen Gemeinden durchgesetzt. Zahlreiche Gemeinden reagieren mit einem aktiven kommunalen Flächenmanagement und einer kommunalen Bodenpolitik. *Dransfeld* nennt diese Entwicklung die „Bodenreform von unten".[306] Ein Instrument, um eine sozialgerechte Bodennutzung zu gewährleisten oder zu verbessern, sind Baulandmodelle. Bundesweit gibt es zahlreiche Modelle mit unterschiedlicher Schwerpunktsetzung, die alle das

---

305 Empfehlungen auf Grundlage der Beratungen in der Kommission für „Nachhaltige Baulandmobilisierung und Bodenpolitik" (Baulandkommission), 02.07.2019, S. 9, https://www.bmi.bund.de/SharedDocs/downloads/DE/veroeffentlichungen/nac hrichten/Handlungsempfehlungen-Baulandkommission.pdf?__blob=publicatio nFile&v=1 (zuletzt aufgerufen am 30.12.2022). Das Bundesministerium des Innern, für Bau und Heimat hat im Herbst 2018 diese Kommission eingesetzt und ihr den Auftrag erteilt, Maßnahmen zur Verbesserung rechtlicher Rahmenbedingungen zu erarbeiten. Auch die Gutachten D und E der öffentlich-rechtlichen Abteilung des 73. Deutschen Juristentags 2020/2022 fordern Gemeinden zur Einführung von Baulandmodellen auf, *Kment*, Gutachten D zum 73. Deutschen Juristentag, D 84 sowie *Baumgart*, Gutachten E zum 73. Deutschen Juristentag, E 49.
306 *Dransfeld*, vhw FWS 2018, 136.

Ziel verfolgen, mittels städtebaulicher Verträge nach § 11 BauGB die sozialgerechte Nutzung des Bodens zu fördern. Durch kooperative Maßnahmen beteiligen sich Vorhabenträger daran, dass in § 1 Abs. 5 Satz 1 BauGB verankerte bauplanungsrechtliche Ziel zu erreichen. Kooperative Baulandmodelle gehen einher mit Baulandbeschlüssen. Zudem entwickeln und verabschieden Gemeinden in der Praxis zusätzlich Baulandstrategien.

I. Begriff des kooperativen Baulandmodells

Eine eindeutige Begriffsbestimmung bzw. -abgrenzung des Begriffs „Baulandmodell" gibt es nicht. Teilweise werden die Begriffe „Baulandstrategie" und „Baulandmodell" auch synonym verwendet.[307] Diese Gleichstellung der Begriffe verkennt jedoch, dass ein Baulandmodell auch nur einen Teil einer übergeordneten Baulandstrategie beschreiben kann.[308] Teilweise wird auch der Begriff Baulandrichtlinie benutzt.[309] Im Folgenden wird der Begriff Baulandmodell verwendet.

Bei Baulandmodellen handelt es sich um von der Gemeinde aufgestellte Leitlinien, an denen sie sich bei der Verhandlung städtebaulicher Verträge orientiert.[310] Durch Baulandmodelle kann die Gemeinde eine effektivere Umsetzung der mit ihrer Bauleitplanung verfolgten städtebaulichen Ziele erreichen, da sie nicht mehr einzelfallbezogene Vertragsverhandlungen führen muss. Dies ermöglicht ihr, stärker Einfluss auf eine sozialgerechte Baulandentwicklung zu nehmen und eine grundsätzliche Strategie für die gemeindliche Baulandentwicklung umzusetzen.[311] In der Praxis haben sich

---

307 Vgl. *Kötter/Rehorst*, Arbeitshilfe, Schaffung preisgünstigen Wohnraums durch Bauleitplanung, städtebauliche Verträge und Zwischenerwerbsmodelle, S. 22, https://m il.brandenburg.de/sixcms/media.php/9/Arbeitshilfe_gefoerderter_Wohnungsbau. pdf (zuletzt aufgerufen am 30.12.2022).

308 Vgl. *Freudenberg/Huttenloher*, Mehr Bauland für bezahlbaren Wohnungsbau, S. 14, https://www.deutscher-verband.org/fileadmin/user_upload/docume nts/Broschüren/Mehr_Bauland_bezahlbarer_Wohnungsbau_DV.pdf (zuletzt aufgerufen am 30.12.2022).

309 *Faller/Beyer*, vhw FWS 2018, 127 verwenden die Begriffe Baulandmodell und Baulandrichtlinie synonym.

310 *Spieth*, in: Bader/Ronellenfitsch (BeckOK), VwVfG, § 56 Rn. 4.

311 Vgl. *Bunzel*, ZfBR 2018, 638 (645); *Kötter*, in: Bayerische Akademie ländlicher Raum e.V., Its all about land, S. 81; *ders.*, vhw FWS 2018, 149 (150).

Baulandmodelle etabliert, die unterschiedliche Ziele verfolgen.[312] Dabei sind zwei Grundausrichtungen zu unterscheiden.

Zum einen existieren Baulandmodelle zur Gewährleistung und Förderung einer sozialgerechten Bodennutzung. Bei dieser Grundausrichtung steht die Verwirklichung des städtebaulichen Ziels bezahlbaren Wohnraum zu schaffen sowie die Beteiligung des Vorhabenträgers an den entstehenden Kosten durch den Abschluss städtebaulicher Verträge, im Vordergrund. Ein besonderer Fokus liegt auf der Errichtung von sozial gefördertem Mietwohnraum. Die Verschaffung von Baurecht durch die Gemeinde erfolgt nur, sofern der Vorhabenträger bereit ist, städtebauliche Verträge abzuschließen, die Maßnahmen und Regelungen für eine sozialgerechte Bodennutzung beinhalten.[313] Welchen Inhalt diese Verträge im Einzelnen haben, legt das Baulandmodell ebenfalls fest.[314] Diese Art des Baulandmodells statuiert ein Regelwerk zur operativen Anwendung städtebaulicher Verträge nach § 11 BauGB.[315] *Dransfeld* bezeichnet sie als „Operationalisierung" von § 11 BauGB.[316] Mit der Einführung eines solchen Baulandmodells hat die Gemeinde die Möglichkeit, bei der Baulandentwicklung ein systematisiertes und standardisiertes Verfahren zur Berücksichtigung sozialgerechter Bodennutzung anzuwenden und Einzelfallentscheidungen zu vermeiden.[317]

---

312 Einen Überblick über unterschiedliche Baulandmodelle verschiedener Städte bietet die Studie von *Dransfeld/Hemprich*, Kommunale Boden- und Liegenschaftspolitik, S. 83 ff., https://www.forum-bauland.nrw/wp-content/uploads/2018/07/kobolip o.pdf (zuletzt aufgerufen am 30.12.2022), welche die Vielfalt von Baulandmodellen verdeutlicht.

313 Das BVerwG hat bereits im Urt. v. 11.02.1993, BVerwGE 92, 56 (64), ausgeführt, dass flankierende vertragliche Regelungen zur Erreichung der Ziele der Bauleitplanung zulässig sind.

314 Vgl. *Drixler/Friesecke/Kötter/Weitkamp/Weiß*, Kommunale Bodenpolitik und Baulandmodelle, S. 41.

315 Vgl. *Dransfeld/Hemprich*, Kommunale Boden- und Liegenschaftspolitik, S. 29, https://www.forum-bauland.nrw/wp-content/uploads/2018/07/kobolipo.pdf (zuletzt aufgerufen am 30.12.2022); *Kötter*, vhw FWS 18, 149 (150), *Spieß*, Komm-Jur 2017, 441; *Freudenberg/Huttenloher*, Mehr Bauland für bezahlbaren Wohnungsbau, S. 19, https://www.deutscher-verband.org/fileadmin/user_upload/docume nts/Broschüren/Mehr_Bauland_bezahlbarer_Wohnungsbau_DV.pdf (zuletzt aufgerufen am 30.12.2022).

316 *Dransfeld/Hemprich*, Kommunale Boden- und Liegenschaftspolitik, S. 54, https:// www.forum-bauland.nrw/wp-content/uploads/2018/07/kobolipo.pdf (zuletzt aufgerufen am 30.12.2022).

317 Vgl. *Drixler/Friesecke/Kötter/Weitkamp/Weiß*, Kommunale Bodenpolitik und Baulandmodelle, S. 46; *Kötter/Rehorst*, Arbeitshilfe, Schaffung preisgünstigen Wohnraums durch Bauleitplanung, städtebauliche Verträge und Zwischenerwerbsmodel-

Ein Kennzeichen dieser Grundausrichtung der Baulandmodelle ist es, dass die mit der Baurechtsbeschaffung einhergehenden Verpflichtungen des Vorhabenträgers erst eintreten, wenn das Vorhaben eine gewisse Größe erreicht. Diese Bagatellgrenze legt die Gemeinde individuell nach ihren Bedürfnissen fest. Zudem befinden sich die zu entwickelnden Grundstücke im Eigentum des Vorhabenträgers.[318] Da die Baulandentwicklung nur in Kooperation mit dem Vorhabenträger erreicht werden kann, wird diese Grundausrichtung als kooperatives Baulandmodell bezeichnet.

Bei der zweiten Grundausrichtung von Baulandmodellen liegt der Fokus auf dem kommunalen Flächen- und Liegenschaftsmanagement und der kommunalen Bodenvorratspolitik.[319] Bei dieser Unterart kommen häufig der kommunale Zwischenerwerb[320] und die Baulandumlegung zum Einsatz.[321] Zu dieser zweiten Grundausrichtung der Baulandmodelle zählen auch Einheimischenmodelle. Charakteristisch für diese Unterart der Baulandmodelle sind Vereinbarungen zwischen der Gemeinde und privaten Grundstückseigentümern, die sicherstellen, dass im Zusammenhang mit der Ausweisung von Wohnbaurecht der Bedarf an Wohnbauland Ortsansässiger bevorzugt gedeckt wird. In der Praxis haben sich verschiedene Konzeptionen entwickelt. Kennzeichnend für diese ist, dass die Gemeinde durch einen Zwischenerwerb oder durch ein Ankaufsrecht Einfluss auf die Entwicklung der Grundstücksfläche erhält.

Da Baulandmodelle stets auf die individuellen Bedürfnisse der Gemeinde ausgerichtet sind, finden sich in der Praxis auch Baulandmodelle, in

---

le, S. 24, https://mil.brandenburg.de/sixcms/media.php/9/Arbeitshilfe_gefoerderter _Wohnungsbau.pdf (zuletzt aufgerufen am 30.12.2022).

318 Vgl. *Freudenberg/Huttenloher*, Mehr Bauland für bezahlbaren Wohnungsbau, S. 12 f, https://www.deutscher-verband.org/fileadmin/user_upload/docume nts/Broschüren/Mehr_Bauland_bezahlbarer_Wohnungsbau_DV.pdf (zuletzt aufgerufen am 30.12.2022).

319 Vgl. *Dransfeld*, vhw FWS 18, 136 (138).

320 Beim kommunalen Zwischenerwerb kauft die Gemeinde alle oder einen Teil der zur Bebauung vorgesehenen Fläche, entwickelt diese und veräußert sie an Bauwillige. Ausführlich zum kommunalen Zwischenerwerb als Instrument der Baulandentwicklung *Dransfeld/Hemprich*, Der kommunale Zwischenerwerb als Weg des Baulandmanagements, S. 1 ff, https://www.forum-bauland.nrw/wp-content/uploads /Zwischenerwerb_Zweitauflage.pdf (zuletzt aufgerufen am 30.12.2022).

321 Vgl. *Dransfeld/Freckmann/Joeres/Pfeiffer*, Bausteine zum Baulandbeschluss, S. 15 f., https://www.forum-bauland.nrw/wp-content/uploads/2018/07/baulandbeschl.pdf (zuletzt aufgerufen am 30.12.2022); *Bunzel*, ZfBR 2018, 638 (639).

denen beide Grundausrichtungen kombiniert werden.[322] Im Folgenden werden nur solche Baulandmodelle untersucht, die der ersten Grundausrichtung zuzuordnen sind.

II. Begriff des Baulandbeschlusses

Der Begriff des Baulandbeschlusses ist rechtlich ebenfalls nicht kodifiziert. Das Vertretungsorgan einer Gemeinde beschließt einen Baulandbeschluss und legt darin die bodenpolitischen Grundsätze und Ziele der Baulandbereitstellung sowie die anzuwendende Verfahrensweise fest.[323] Durch diesen Willensakt des kommunalen Vertretungsorgans[324] setzt dieses die entwickelte Baulandstrategie politisch um. Das in diesem Beschluss zur Abstimmung gestellte Regelwerk stellt das Baulandmodell dar. In der Praxis wird dieser Beschluss vereinzelt als (bodenpolitischer) Grundsatzbeschluss bezeichnet.[325]

---

322 So etwa das Modell der sozialgerechten Bodennutzung in Münster, welches als Wege der Baulandbereitstellung den kommunalen Zwischenerwerb und die Anwendung städtebaulicher Verträge vorsieht, dazu im Einzelnen Ratsbeschluss der Stadt Münster v. 02.04.2014, Vorlagen-Nr. V/0039/2014 und *Dransfeld/Hemprich*, Kommunale Boden- und Liegenschaftspolitik, S. 124 ff., https://www.forum-bau land.nrw/wp-content/uploads/2018/07/kobolipo.pdf (zuletzt aufgerufen am 30.12.2022).

323 Vgl. *Dransfeld/Hemprich*, Der kommunale Zwischenerwerb als Weg des Baulandmanagements, S. 105, https://www.forum-bauland.nrw/wp-content/uploads/Zwis chenerwerb_Zweitauflage.pdf (zuletzt aufgerufen am 30.12.2022); *Freudenberg/Huttenloher*, Mehr Bauland für bezahlbaren Wohnungsbau, S. 14, https://www.deutsch er-verband.org/fileadmin/user_upload/documents/Broschüren/Mehr_Bauland_be zahlbarer_Wohnungsbau_DV.pdf (zuletzt aufgerufen am 30.12.2022).

324 Die (Kommunal-)Verfassungen der Bundesländer kennen verschiedene Bezeichnungen für das Vertretungsorgan der Gemeinde (Gemeinderat, Art. 30 Abs. 1 Satz 1 BayGO; Abgeordnetenhaus, Art. 38 Abs. 1 VvB; Rat der Gemeinde, § 41 Abs. 1 Satz 1 GO NRW). Mitunter variiert die Bezeichnung in Abhängigkeit der Größe der Gemeinde. So führt der Gemeinderat in bayerischen Städten die Bezeichnung Stadtrat, Art. 30 Abs. 1 Satz 2 BayGO. Im Folgenden wird einheitlich der Begriff kommunales Vertretungsorgan verwendet.

325 Den Beschluss zur Einführung des „Offenburger Baulandmodells" bezeichnet die Stadt Offenburg als bodenpolitischen Grundsatzbeschluss, Beschlussvorlage Drs-Nr. 066/10 v. 26.10.2010. Auch die Stadt Münster spricht bei der Einführung des Baulandmodells Sozialgerechte Bodennutzung Münster von einem Grundsatzbeschluss, Vorlagen-Nr. V/0039/2014, S. 5. *Schäfer/Lau/Specovius*, Baulandbereitstellung, S. 1, verwenden diesen Begriff ebenfalls. *Hoffmann*, in: Brandl/Dirnber-

III. Begriff der Baulandstrategie

Der Begriff der Baulandstrategie ist rechtlich nicht kodifiziert. Im Vordergrund einer solchen Strategie steht die Mobilisierung von Bauland.[326] Mit einer Baulandstrategie wird der grundsätzliche strategische Rahmen der kommunalen Baulandentwicklung und des kommunalen Flächenmanagements festgelegt.[327] Die kommunale Praxis kennt unterschiedliche Strategietypen zur Baulandbereitstellung, zum Beispiel die reine Angebotsplanung, die städtebauliche Entwicklungsmaßnahme, den kommunalen Zwischenerwerb, die amtliche und die freiwillige Umlegung.[328] Bei der Festlegung einer kommunalen Baulandstrategie kann die Gemeinde auch eine Kombination der einzelnen Strategietypen vorsehen.[329] Zudem hat sie die lokalen Bedürfnisse und Potenziale der Baulandentwicklung zu berücksichtigen, weshalb die Praxis eine Vielzahl unterschiedlicher Baulandstrategien kennt, in denen verschiedene Instrumente (Zwischenerwerb, städ-

---

ger/Miosga/Simon, Wohnen im ländlichen Raum. Wohnen für alle, S. 110 benutzt die Begriffe „Baulandbeschluss" und „Grundsatzbeschluss" ebenfalls synonym.

326 Vgl. *Schäfer/Lau/Specovius*, Baulandbereitstellung, S. 12; *Dransfeld/Hemprich*, Der kommunale Zwischenerwerb als Weg des Baulandmanagements, S. 105, https://www.forum-bauland.nrw/wp-content/uploads/Zwischenerwerb_Zweitauflage.pdf (zuletzt aufgerufen am 30.12.2022); *Kötter/Rehorst*, Arbeitshilfe, Schaffung preisgünstigen Wohnraums durch Bauleitplanung, städtebauliche Verträge und Zwischenerwerbsmodelle, S. 22, https://mil.brandenburg.de/sixcms/media.php/9/Arbeitshilfe_gefoerderter_Wohnungsbau.pdf (zuletzt aufgerufen am 30.12.2022).

327 Vgl. *Freudenberg/Huttenloher*, Mehr Bauland für bezahlbaren Wohnungsbau, S. 14, https://www.deutscher-verband.org/fileadmin/user_upload/documents/Broschüren/Mehr_Bauland_bezahlbarer_Wohnungsbau_DV.pdf (zuletzt aufgerufen am 30.12.2022).

328 *Schäfer/Lau/Specovius*, Baulandbereitstellung, S. 13 gliedern die unterschiedlichen Strategien in fünf verschiedene Typen. *Dransfeld/Hemprich*, Kommunale Boden- und Liegenschaftspolitik, S. 43 ff., https://www.forum-bauland.nrw/wp-content/uploads/2018/07/kobolipo.pdf (zuletzt aufgerufen am 30.12.2022), kategorisiert acht verschiedene Strategietypen; *Kötter/Rehorst*, Arbeitshilfe, Schaffung preisgünstigen Wohnraums durch Bauleitplanung, städtebauliche Verträge und Zwischenerwerbsmodelle, S. 22 ff., https://mil.brandenburg.de/sixcms/media.php/9/Arbeitshilfe_gefoerderter_Wohnungsbau.pdf (zuletzt aufgerufen am 30.12.2022) ordnen die Strategien ebenfalls acht verschiedenen Strategietypen zu.

329 Vgl. *Kötter/Rehorst*, Arbeitshilfe, Schaffung preisgünstigen Wohnraums durch Bauleitplanung, städtebauliche Verträge und Zwischenerwerbsmodelle, S. 26, https://mil.brandenburg.de/sixcms/media.php/9/Arbeitshilfe_gefoerderter_Wohnungsbau.pdf (zuletzt aufgerufen am 30.12.2022).

tebauliche Verträge, Umlegung, Erbbaurechte) zum Einsatz kommen.[330] Zur Umsetzung der entwickelten kommunalen Baulandstrategie kann die Gemeinde wiederum das Instrument des Baulandmodells neben weiteren Instrumenten einsetzen.

B. Kooperative Baulandmodelle

Im Rahmen eines kooperativen Baulandmodells steht bei der Schaffung von neuem Wohnbaurecht die Kooperation mit dem Vorhabenträger im Vordergrund. Das Modell sieht eine Abfolge verschiedener städtebaulicher Verträge im Zusammenhang mit der Aufstellung von Bebauungsplänen vor, die der Ausweisung von Wohnbauland dienen.[331] Diese flankierenden städtebaulichen Verträge erlauben der Gemeinde auf zwei Umstände Einfluss zu nehmen, auf die sie im Rahmen der klassischen Angebotsplanung nicht genügend oder gar keinen Einfluss nehmen kann: die Errichtung von bezahlbarem, insbesondere sozial gefördertem Wohnraum und die Refinanzierung der Siedlungsentwicklung.

I. Ziele

Mit dem kooperativen Baulandmodell verfolgt die Gemeinde soziale (1.), ökonomische (2.) und städtebauliche (3.) Ziele.

1. Soziale Ziele

Der Bestand an Wohnungen mit einer Belegungsbindung ist in den vergangenen Jahren stark gesunken. Viele Bindungen sind ausgelaufen und der Neubau von sozial gefördertem Wohnraum kann den Verlust nicht kompensieren.[332] Das Land Berlin verfügte beispielsweise 2011 noch über fast

---

330 Vgl. *Freudenberg/Huttenloher*, Mehr Bauland für bezahlbaren Wohnungsbau, S. 14, https://www.deutscher-verband.org/fileadmin/user_upload/docume nts/Broschüren/Mehr_Bauland_bezahlbarer_Wohnungsbau_DV.pdf (zuletzt aufgerufen am 30.12.2022).

331 Vgl. *Spieß*, KommJur 2017, 441; *Busse*, ZfIR 2018, 164 (165).

332 Vgl. *Kropp*, zfv 2017, 234. Für Berlin und Brandenburg vgl. *Kötter/Rehorst*, Arbeitshilfe, Schaffung preisgünstigen Wohnraums durch Bauleitplanung, städtebauliche Verträge und Zwischenerwerbsmodelle, S. 9, https://mil.brandenburg.de/sixcms/m

300.000 Wohnungen mit Belegungsbindungen.[333] Prognosen zufolge wird sich der Bestand bis 2022 etwa halbieren.[334] Im Land Baden-Württemberg gab es im Jahr 2015 noch 60.000 Mietwohnungen mit Belegungsbindungen, wohingegen es im Jahr 2019 nur noch 55.309 Wohnungen waren.[335]

Kooperative Baulandmodelle fokussieren die Verbesserung des Wohnungsangebots und insbesondere die Erweiterung des Angebots an sozial geförderten Wohnungen und preiswerten Wohnungen.[336] Dazu wird festgelegt, dass bei jeder neuen Ausweisung von Wohnbaurecht ein zuvor festgelegter Anteil an Wohnungen oder Geschossflächen nach den Bestimmungen der sozialen Wohnraumförderung zu errichten ist.[337] Dies wird über eine einheitliche, stadtweit geltende sogenannte Sozialquote erreicht. Flankiert wird die Vorgabe einer Quote durch Vereinbarungen zu Belegungs- und Mietbindungen, um den entstehenden Wohnraum möglichst lange Haushalten mit niedrigen Einkommen zur Verfügung stellen zu können. Zusätzlich schreiben einige Gemeinden auch eine Quote für preisgedämpften Wohnraum vor. Diese soll die Versorgung von Haushalten mit mittleren Einkommen auf dem Wohnungsmarkt sichern.

2. Ökonomische Ziele

Die Entwicklung von Wohnbauland erfordert hohe finanzielle Aufwendungen für Infrastruktur- und Folgeeinrichtungen, die kommunale Haushalte finanziell belasten. Das kooperative Baulandmodell beabsichtigt daher, die Kosten der Gemeinde für die Infrastrukturentwicklung und die Folgeeinrichtungen soweit wie möglich zu refinanzieren.[338] Dies wird durch eine vertragliche Vereinbarung zwischen Gemeinde und Vorhabenträger erzielt, wonach Letzterer die Entwicklungs- und Folgekosten eines Bauvorhabens,

---

edia.php/9/Arbeitshilfe_gefoerderter_Wohnungsbau.pdf (zuletzt aufgerufen am 30.12.2022).

333 Vgl. *Kropp*, zfv 2017, 234.
334 Vgl. *Kropp*, zfv 2017, 234.
335 Vgl. BT-Drs. 19/25633, S. 7.
336 Vgl. *Drixler/Friesecke/Kötter/Weitkamp/Weiß*, Kommunale Bodenpolitik und Baulandmodelle, S. 47 f.
337 Vgl. *Kötter*, in: Bayerische Akademie ländlicher Raum e.V., Its all about land, S. 82; *Drixler/Friesecke/Kötter/Weitkamp/Weiß*, Kommunale Bodenpolitik und Baulandmodelle, S. 47 f.
338 Vgl. *Burmeister*, Praxishandbuch Städtebauliche Verträge, S. 49 ff.

für welches neues Baurecht geschaffen wurde, übernimmt.[339] Dadurch können kommunale Haushalte entlastet, Handlungsspielräume für die Stadtentwicklung erhalten und eine verursachergerechte Kostenzuordnung vorgenommen werden.[340]

3. Städtebauliche Ziele

Mit einem kooperativen Baulandmodell kann die Gemeinde Transparenz, Gleichbehandlung und Kalkulierbarkeit schaffen.[341] Ohne ein kooperatives Baulandmodell, welches alle Vorhabenträger gleichbehandelt, ist es für den einzelnen Vorhabenträger häufig nicht nachvollziehbar, wieso ihm bestimmte Verpflichtungen auferlegt werden. Auch kann es sein, dass unterschiedliche Bezirke innerhalb derselben Stadt den Vertragsverhandlungen verschiedene Schwerpunkte zugrunde legen und es so zu einer Ungleichbehandlung kommt.[342] Das kooperative Baulandmodell schafft eine einheitliche Basis für den Abschluss von städtebaulichen Verträgen. Vertragsinhalte können standardisiert werden und dadurch das Verfahren zur Aushandlung des städtebaulichen Vertrags entlastet werden. Durch die einheitliche Anwendung des Modells auf alle Vorhabenträger und die damit verbundene Gleichbehandlung wird die Akzeptanz bei den Investoren gesteigert und einer Einzelfallbetrachtung vorgebeugt.[343] Kennen die Vorhabenträger die durch das Modell vorgegebenen Leitlinien für die Vertragsverhandlungen, führt dies für sie bereits im Vorfeld der Vertragsverhandlungen zu einer besseren finanziellen Kalkulierbarkeit ihrer Projekte. Durch den Einsatz eines Baulandmodells kann ebenfalls die Verfahrensdauer eines Bebauungsplanverfahrens gestrafft werden, sodass auch der zeitliche Faktor kalku-

---

339 Vgl. *Drixler/Friesecke/Kötter/Weitkamp/Weiß*, Kommunale Bodenpolitik und Baulandmodelle, S. 49.
340 Vgl. *Drixler/Friesecke/Kötter/Weitkamp/Weiß*, Kommunale Bodenpolitik und Baulandmodelle, S. 49.
341 Vgl. *Kötter*, vhw FWS 2018, 149 (154 f.); *Bunzel*, ZfBR 2018, 638 (639).
342 So etwa vor der Einführung des Berliner Modells der kooperativen Baulandentwicklung. Zwölf unterschiedliche Bezirksämter regelten den Abschluss der städtebaulichen Verträge mit Vorhabenträgern, wobei es keine einheitliche Leitlinie zu den Vertragsverhandlungen gab. Das hat sich durch die Einführung des Berliner Modells der kooperativen Baulandentwicklung im Jahr 2014 geändert.
343 Vgl. *Dransfeld/Hemprich*, Kommunale Boden- und Liegenschaftspolitik, S. 19, https://www.forum-bauland.nrw/wp-content/uploads/2018/07/kobolipo.pdf (zuletzt aufgerufen am 30.12.2022).

lierbarer wird.[344] Auf Seiten der Gemeinde führt die Gleichbehandlung zu einer Verfahrensvereinfachung, die gleichzeitig auch eine Verfahrensbeschleunigung mit sich bringt. Die Vertragsverhandlungen mit jedem einzelnen Vorhabenträger entfallen, da das Baulandmodell konkrete Vorgaben macht, an welche sich die Gemeinde halten muss.[345]

II. Beispiele aus der Praxis

Die Baulandmodelle der Städte München (1.), Berlin (2.) und Bonn (3.) zeigen typische Regelungsinhalte und Verfahrensvorgaben eines kooperativen Baulandmodells auf.

1. Münchner Modell der sozialgerechten Bodennutzung (SoBoN)

Die Wurzeln des kooperativen Baulandmodells liegen in München. Als erste Gemeinde hat der Stadtrat im Jahr 1994 in dem Beschluss „Sozialgerechte Bodennutzung" die Rahmenbedingungen für ein solches Modell festgelegt.[346] Auslöser für diesen Beschluss war die angespannte städtische Haushaltslage in den frühen 1990er Jahren, die unter anderem darauf zurückzuführen war, dass die Kosten der Planung überwiegend den städtischen Haushalt belasteten.[347] Es drohte ein Planungsstopp, da die Stadt München die Kosten für die Planung und Entwicklung von neuen Wohngebieten nicht mehr tragen konnte.[348] Bis heute ist die Übernahme der Planungs- und Folgekosten durch den Vorhabenträger ein Kernelement des Münchner Modells. Im Laufe der Jahre wurde das Münchner Modell sechsmal weiterentwickelt, um es an veränderte Gegebenheiten anzupassen.[349] Zuletzt wurde das Modell im Jahr 2021 mit dem Ziel reformiert, noch

---

344 Vgl. *Süring/Weitkamp*, fub 2019, 134 (135).
345 Vgl. *Spieß*, ZfIR 2020, 410 (416).
346 Vgl. *Spieß*, ZfIR 2020, 410 f.
347 Vgl. *Kley/Wuttke*, in: Spannowsky/Gohde, Nachfrageorientierte städtebauliche Planung, S. 69.
348 Vgl. Landeshauptstadt München, Die sozialgerechte Bodennutzung – Der Münchner Weg, 2009, S. 6.
349 Mit dem Beschluss des Stadtrats der Landeshauptstadt München v. 23.03.1994 wurde das Baulandmodell eingeführt und durch die Beschlüsse v. 26.07.1995, 10.12.1997, 21.03.2001, 26.07.2006, 26.07.2017 und 28.07.2021 fortgeschrieben.

mehr bezahlbaren Wohnraum und die Übernahme höherer Folgekosten zu ermöglichen.[350]

a) Inhalt

Nach dem Münchner Modell muss der Vorhabenträger die ursächlichen Kosten des Planungsvorhabens übernehmen.[351] Dazu soll er unentgeltlich und kostenfrei Flächen für vorgesehene Erschließungsanlagen, für Gemeinbedarfseinrichtungen und für den naturschutzrechtlichen Ausgleich an die Stadt abtreten.[352] Ferner soll der Vorhabenträger Herstellungskosten der Erschließungsanlagen, Kosten der Ausgleichsmaßnahmen für Eingriffe in Natur und Landschaft sowie Gutachterkosten tragen.[353]

Darüber hinaus steht dem Vorhabenträger seit der Fortschreibung des Münchner Modells im Jahr 2021 für kostenrelevante Bindungen und dem Beitrag zu den ursächlichen sozialen Infrastrukturkosten ein „100-Punkte-Baukastenmodell" zur Verfügung, welches aus vier Grundbausteinen und zwei ergänzenden Sonderbausteinen besteht.[354] Jeder dieser Bausteine beinhaltet eine differenzierte Punktebewertung. Ein konkretes Planungsvorhaben wird von der Stadt München nur unterstützt, wenn nach dem Baukastenmodell 100 Punkte erzielt werden. Auf diese Weise wird ein hohes

---

350 Beschluss des Stadtrats der Landeshauptstadt München v. 28.07.2021, Sitzungsvorlage Nr. 20-26 / V 03932, S. 3. Dass bereits nach nur vier Jahren nach der letzten Änderung der Verfahrensgrundsätze zur Sozialgerechten Bodennutzung umfassende Anpassungen vorgenommen werden konnten, ermöglichte das Ergebnis der Kommunalwahl 2020, bei der sich die Mehrheitsverhältnisse im Stadtrat geändert haben. Ein Ziel der Koalitionsvereinbarung zwischen der Stadtratsfraktion Die Grünen/Rosa Liste und der Fraktionsgemeinschaft SPD/Volt war es, die SoBoN dahingehend zu novellieren, dass auch auf privaten Entwicklungsflächen dauerhaft bezahlbarer Wohnraum zu schaffen und zu sichern ist, siehe Koalitionsvereinbarung für die Stadtratsperiode 2020 - 2026 der Stadt München, https://spd-rathausm uenchen.de/workspace/media/static/druckfassung_koalitionsvertrag-5eb182453a5 e4.pdf, S. 4 (zuletzt aufgerufen am: 15.04.2022). Ausführlich zu den Hintergründen der Fortschreibung der SoBoN 2021 *Kley/Grahovac*, fub 2022, 8 (10 f).

351 Verfahrensgrundsätze zur Sozialgerechten Bodennutzung - Neufassung nach Maßgabe des Stadtratsbeschlusses v. 28.07.2021, Landeshauptstadt München, S. 3.

352 Verfahrensgrundsätze zur Sozialgerechten Bodennutzung - Neufassung nach Maßgabe des Stadtratsbeschlusses v. 28.07.2021, Landeshauptstadt München, S. 5.

353 Verfahrensgrundsätze zur Sozialgerechten Bodennutzung - Neufassung nach Maßgabe des Stadtratsbeschlusses v. 28.07.2021, Landeshauptstadt München, S. 5.

354 Verfahrensgrundsätze zur Sozialgerechten Bodennutzung - Neufassung nach Maßgabe des Stadtratsbeschlusses v. 28.07.2021, Landeshauptstadt München, S. 3 ff.

Maß an Flexibilität ermöglicht und auf die unterschiedlichen Geschäftsmodelle der Vorhabenträger Rücksicht genommen.[355]

Das Grundmodell sieht im ersten Baustein eine Quote für den geförderten Wohnungsbau und den preisgedämpften Wohnungsbau vor. 40 Prozent der neu entstehenden Geschossfläche Wohnen sollen für den geförderten Wohnungsbau errichtet werden, weitere 20 Prozent für den preisgedämpften Wohnungsbau. Letzterer soll Haushalten zur Verfügung gestellt werden, deren Einkommensgrenze die der sozialen Wohnraumförderung gering übersteigen. Der zweite Grundbaustein beinhaltet ein Aufteilungsverbot bzw. -beschränkung für 80 Prozent des neugeschaffenen Wohnbaurechts.[356] Ergänzt werden die Quoten durch einen dritten Baustein, der für diese eine Bindungsdauer von 40 Jahren vorsieht. Abgerundet wird das Grundmodell von einem vierten Baustein, der einen Kostenbeitrag für die ursächliche soziale Infrastruktur von 175 EUR pro neu errichtetem Quadratmeter Geschossfläche Wohnen festlegt. Innerhalb vorgegebener Grenzen kann der Vorhabenträger von diesem Grundmodell abweichen und auf diese Weise ein für sein Geschäftsmodell passendes SoBoN-Modell zusammenstellen.[357] Dazu darf er optional auf zwei weitere Sonderbausteine zurückgreifen. Zum einen besteht die Möglichkeit, Flächen an die Stadt München zu verkaufen. Zum anderen können Flächen auch an Genossenschaften bzw. Mietersyndikate verkauft werden. Diese beiden Sonderbausteine sollen einen Anreiz dafür schaffen, dass die Stadt München bzw. Genossenschaften oder Mietersyndikate Wohnbauflächen erhalten, auf denen sie über den

---

355 *Kley/Grahovac*, fub 2022, 8 (11), die darauf verweisen, dass sich die Ziele von Bestandshaltern von denjenigen Vorhabenträgern unterscheiden, die ein Vorhaben lediglich entwickeln, um die Wohnungen dann gewinnbringend veräußern zu können.

356 Das Aufteilungsverbot setzt sich zusammen aus der Quote für den geförderten Wohnungsbau (40 Prozent), den preisgedämpften Wohnungsbau (20 Prozent) und weiteren 20 Prozent, die im freifinanzierten Mietwohnungsbau entstehen. Auf diese Weise ist im Grundmodelle die Errichtung von Eigentumswohnungen auf 20 Prozent begrenzt. Siehe zu den Einzelheiten Verfahrensgrundsätze zur Sozialgerechten Bodennutzung - Neufassung nach Maßgabe des Stadtratsbeschlusses v. 28.07.2021, Landeshauptstadt München, S. 17 ff.

357 Siehe zu den verschiedenen Optionen des Baukastenmodells, der Punktebewertung sowie den vorgegebenen Grenzen Beschluss des Stadtrats der Landeshauptstadt München v. 28.07.2021, Sitzungsvorlage Nr. 20-26 / V 03932, S. 12 ff. *Kley/Grahovac*, fub 2022, 8 (12) zeigen ergänzend eine Projektentwicklermodellvariante sowie eine Bestandshaltermodellvariante auf.

Bindungszeitraum von 40 Jahren hinaus bezahlbaren Wohnraum errichten können.[358]

b) Personeller und sachlicher Anwendungsbereich

Die Leistungen sind von den Eigentümern der überplanten Flächen zu erbringen.[359] In der Praxis ist dies häufig ein Investor. In sachlicher Hinsicht findet das Modell „bei städtebaulichen Maßnahmen im Rahmen von Bauleitplanungen und anderen städtebaulichen Satzungen, die planungsbedingt Lasten bei der Stadt auslösen und die zu einer Bodenwertsteigerung in nicht unerheblichem Umfang führen" Anwendung.[360] Wann ein nicht unerheblicher Umfang gegeben ist, definieren die Verfahrensgrundsätze nicht. In jedem Einzelfall prüft und entscheidet die Arbeitsgruppe „Sozialgerechte Bodennutzung" im Rahmen des Planungsverfahrens, ob eine erhebliche Wertsteigerung und planungsbedingte Kosten zu erwarten sind. Das Modell findet keine Anwendung, wenn die Planung zu weniger als vier geförderten Wohnungen führt.[361]

c) Verfahren

Das Verfahren des Münchner Modells gliedert sich in drei Schritte (Grundzustimmung, Grundvereinbarung und Ausführungsverträge) und ist mit

---

358 Beschluss des Stadtrats der Landeshauptstadt München v. 28.07.2021, Sitzungsvorlage Nr. 20-26 / V 03932, S. 14. So auch *Kley/Grahovac*, fub 2022, 8 (10).

359 Verfahrensgrundsätze zur Sozialgerechten Bodennutzung - Neufassung nach Maßgabe des Stadtratsbeschlusses v. 28.07.2021, Landeshauptstadt München, S. 3.

360 Verfahrensgrundsätze zur Sozialgerechten Bodennutzung - Neufassung nach Maßgabe des Stadtratsbeschlusses v. 28.07.2021, Landeshauptstadt München, S. 3.

361 Diese Bagatellgrenze ergibt sich nicht unmittelbar aus den Verfahrensgrundsätzen, sondern aus den wohnungspolitischen Handlungsprogrammen, die die Landeshauptstadt München jeweils für fünf Jahre verabschiedet. Das wohnungspolitische Handlungsprogramm „Wohnen in München IV" (2007-2011) legt fest, dass auf die Bindung einer Förderquote im Rahmen der SoBoN verzichtet wird, wenn weniger als vier geförderte Wohneinheiten ermöglicht werden, Sitzungsvorlage Nr. 02-08 / V 08804, S. 77 f. Nach dem Handlungsprogramm „Wohnen in München VI" (2017-2021) gilt die Bagatellgrenze aus „Wohnen in München IV" weiter, da in Bezug auf die Bagatellgrenze keine neuen Regelungen getroffen wurden, Sitzungsvorlage Nr. 14-20 / V 07205, S. 151.

dem Bebauungsplanverfahren verwoben.[362] In einem ersten Schritt wird von dem Vorhabenträger eine sogenannte Grundzustimmung zu den Verfahrensgrundsätzen der „Sozialgerechte Bodennutzung" eingeholt.[363] Bei dieser Grundzustimmung handelt es sich um eine einseitige Erklärung des Vorhabenträgers gegenüber der Stadt München, die Grundsätze der sozialgerechten Bodennutzung im weiteren Verfahren zu berücksichtigen. Diese Erklärung wird auch als *letter of intent* bezeichnet.[364] Erst danach wird ein Planaufstellungsbeschluss gefasst und mit dem Planungsverfahren begonnen. Im zweiten Schritt, der Grundvereinbarung, erklärt der Vorhabenträger rechtlich bindend, welche Leistungen er erbringen wird. Die Form der Grundvereinbarung ist von der Art des angestrebten Verfahrens abhängig. Als Verfahrensart kommt der städtebauliche Vertrag, das gesetzliche Umlegungsverfahren oder die private Bodenordnung in Betracht. Ist die Grundvereinbarung noch nicht hinreichend konkret, werden in einem dritten Schritt zusätzliche städtebauliche Regelungen (sog. Ausführungsverträge) geschlossen, wie z.B. ein Erschließungsvertrag oder bei dem Teileigentumserwerb einer Kinderbetreuungseinrichtung der Ausführungs- und Teileigentumserwerbsvertrag.[365]

2. Berliner Modell der kooperativen Baulandentwicklung

Im Land Berlin findet seit 2014 das Berliner Modell der kooperativen Baulandentwicklung Anwendung.[366] Dieses stellt einheitliche Leitlinien für den Abschluss städtebaulicher Verträge im Land Berlin dar. Die Einführung des Modells 2014 erfolgte zunächst ohne Beschluss des Berliner Senats. Die Leitlinien wurden lediglich durch den damaligen Stadtentwicklungs- und Umweltsenator Michael Müller unterzeichnet und für anwendbar er-

---

362 Vgl. *Spieß*, Bayerischer Gemeindetag 2015, 198 (203).
363 Vgl. Verfahrensgrundsätze zur Sozialgerechten Bodennutzung - Neufassung nach Maßgabe des Stadtratsbeschlusses v. 28.07.2021, Landeshauptstadt München, S. 9.
364 Vgl. *Kley/Wuttke*, in: Spannowsky/Gohde, Nachfrageorientierte städtebauliche Planung, S. 74.
365 Vgl. *Kley/Wuttke*, in: Spannowsky/Gohde, Nachfrageorientierte städtebauliche Planung, S. 75.
366 Berliner Modell der kooperativen Baulandentwicklung, Leitlinien für den Abschluss städtebaulicher Verträge, i.d.F.v. 28.08.2014.

klärt.[367] Nach einer Anpassung der Leitlinien im April 2015 hat der Berliner Senat erstmals am 16.06.2015 einen Beschluss über das Modell der kooperativen Baulandentwicklung gefasst.[368] Im Jahr 2018 wurde das Berliner Modell fortgeschrieben und unter anderem die Quote für sozial geförderten Wohnraum angepasst, von zuvor 25 Prozent der Wohneinheiten auf 30 Prozent der Geschossfläche.[369] In der novellierten Fassung der Leitlinie findet das Berliner Modell der kooperativen Baulandentwicklung seit dem 01.11.2018 Anwendung.

a) Inhalt

Der Vorhabenträger wird an sämtlichen dem Land Berlin entstehenden Kosten oder sonstigen Aufwendungen für städtebauliche Maßnahmen, die Voraussetzung oder Folge des geplanten Vorhabens sind, beteiligt.[370] Hierzu zählen Planungskosten, Kosten für die Neuordnung von Grundstücken, Kosten der erforderlichen Flächenbereitstellung für technische und soziale Infrastruktur, Bau- und Baunebenkosten für Erschließungsanlagen, Kosten für öffentliche Grünflächen und für Ausgleichsmaßnahmen oder Bau- und Baunebenkosten für Kinderbetreuungseinrichtungen und Grundschulen.[371] Darüber hinaus hat der Vorhabenträger auf Verlangen des Landes Berlin sämtliche für öffentliche Zwecke zu nutzende Flächen unentgeltlich, kosten- und lastenfrei an das Land Berlin abzutreten, soweit und in dem Umfang, wie diese Folge oder Voraussetzung des geplanten Vorhabens sind.[372]

Des Weiteren sind nach dem Berliner Modell Mietpreis- und Belegungsbindungen entsprechend den Wohnraumförderungsbestimmungen des Landes Berlin in städtebaulichen Verträgen zu vereinbaren.[373] Der

---

367 Pressemitteilung der Senatsverwaltung Stadtentwicklung und Wohnen v. 28.08.2014, https://www.stadtentwicklung.berlin.de/aktuell/pressebox/archiv_volltext.shtml?ar ch_1408/nachricht5340.html (zuletzt aufgerufen am 30.12.2022).

368 Beschluss des Berliner Senats v. 16.06.2015, Nr. S-367/2015.

369 Beschluss des Berliner Senats v. 27.11.2018, Nr. S-1715/2018. Siehe dazu auch Abgeordnetenhaus Berlin, Drucksache 18/1535 v. 03.12.2018, Vorlage zur Kenntnisnahme.

370 Berliner Modell der kooperativen Baulandentwicklung, Leitlinie für den Abschluss städtebaulicher Verträge im Land Berlin, S. 9.

371 Vgl. *Schade*, in: Schönig/Kadi/Schipper, Wohnraum für alle?!, S. 237.

372 Berliner Modell der kooperativen Baulandentwicklung, Leitlinie für den Abschluss städtebaulicher Verträge im Land Berlin, S. 11.

373 Berliner Modell der kooperativen Baulandentwicklung, Leitlinie für den Abschluss städtebaulicher Verträge im Land Berlin, S. 12.

Anteil an mietpreis- und belegungsgebundenen Wohnungen bezieht sich auf die Geschossfläche Wohnen und umfasst 30 Prozent.[374] Der Zeitraum für die Bindungen beträgt 30 Jahre.[375] Auf diese Quote kann nur im besonders gelagerten Einzelfall verzichtet werden, wenn andere städtebauliche Ziele dem entgegenstehen und ein Zurückstellen dieser Ziele sich nach der konkreten Planungssituation auch angesichts der großen Bedeutung der Flächenbereitstellung für die soziale Wohnraumversorgung als nicht gerechtfertigt erweist.[376]

b) Personeller und sachlicher Anwendungsbereich

Sämtliche Leistungen sind von dem Vorhabenträger zu erbringen. Das Berliner Modell kommt zur Anwendung, wenn die Aufstellung oder die Änderung eines Bebauungsplans für die Herbeiführung der Genehmigungsfähigkeit von Vorhaben mit Wohnnutzung ist.[377] Bei Bebauungsplanverfahren mit weniger als 5.000 Quadratmeter Geschossfläche Wohnen wird das Berliner Modell nicht angewandt. Vorhaben, die auf der Grundlage des § 34 BauGB genehmigt werden, bleiben vom Berliner Modell ausgeklammert.[378]

c) Verfahren

Das Berliner Modell folgt einem standardisierten Ablaufschema. Das Verfahren zur Aufstellung oder Änderung eines Bebauungsplans beginnt erst, nachdem der Vorhabenträger seine Zustimmung zur Anwendung des ko-

---

374 Berliner Modell der kooperativen Baulandentwicklung, Leitlinie für den Abschluss städtebaulicher Verträge im Land Berlin, S. 12. Wie die Geschossfläche Wohnen im Rahmen der Anwendung des Berliner Modells der kooperativen Baulandentwicklung bestimmt wird, legt ein Rundschreiben der Senatsverwaltung für Stadtentwicklung und Wohnen fest.
375 Berliner Modell der kooperativen Baulandentwicklung, Leitlinie für den Abschluss städtebaulicher Verträge im Land Berlin, S. 12.
376 Berliner Modell der kooperativen Baulandentwicklung, Leitlinie für den Abschluss städtebaulicher Verträge im Land Berlin, S. 12.
377 Berliner Modell der kooperativen Baulandentwicklung, Leitlinie für den Abschluss städtebaulicher Verträge im Land Berlin, S. 8.
378 Soweit das Vorhaben ohne Bauleitplanung genehmigungsfähig ist, findet die Leitlinie keine Anwendung, Berliner Modell der kooperativen Baulandentwicklung, Leitlinie für den Abschluss städtebaulicher Verträge im Land Berlin, S. 8.

operativen Verfahrens erklärt hat (Grundzustimmung).[379] Mit der Grundzustimmung signalisiert der Vorhabenträger seine Bereitschaft, die Regelungen des Berliner Modells zu akzeptieren.[380]

Erst wenn die Grundzustimmung vorliegt, wird das Verfahren zur Aufstellung eines Bebauungsplans eingeleitet.[381] Nach dem Beschluss über die Aufstellung des Bebauungsplans ist ein Vertrag zur Übernahme der Verfahrens- und Gutachterkosten durch den Vorhabenträger abzuschließen.[382] Hieran schließen sich die durch die Grundzustimmung bereits wesentlich vorbereiteten Verhandlungen über den städtebaulichen Vertrag an, der die in der Leitlinie vorgesehenen Verpflichtungen des Berliner Modells festschreibt. Die Beteiligung der Öffentlichkeit erfolgt erst nach Abschluss dieses Vertrags.[383]

3. Bonner Baulandmodell

Der Rat der Stadt Bonn hat im Jahr 2017 beschlossen, in Bonn ein Baulandmodell einzuführen.[384] Im Anschluss an einen Ausarbeitungsprozess durch Politik, Wohnungswirtschaft und Verwaltung, in dem das Modell konkretisiert und modifiziert wurde, verabschiedete der Rat im Sommer 2018 das finale Baulandmodell.[385] Die Regelungen des Bonner Baulandmodells sind zum einen in einem „Leitfaden zur Anwendung für Vorhabenträger"[386] als auch in einer „FAQ-Broschüre"[387] näher ausgestaltet.

---

379 Muster der Grundzustimmung, Berliner Modell der kooperativen Baulandentwicklung, Leitlinie für den Abschluss städtebaulicher Verträge im Land Berlin, S. 18.

380 Vgl. *Kropp*, zfv 2017, 234 (236).

381 Berliner Modell der kooperativen Baulandentwicklung, Leitlinie für den Abschluss städtebaulicher Verträge im Land Berlin, S. 15.

382 Berliner Modell der kooperativen Baulandentwicklung, Leitlinie für den Abschluss städtebaulicher Verträge im Land Berlin, S. 15.

383 Berliner Modell der kooperativen Baulandentwicklung, Leitlinie für den Abschluss städtebaulicher Verträge im Land Berlin, S. 16.

384 Ratsbeschluss der Stadt Bonn v. 30.03.2017, Drucksachen-Nr. 1613742EB5.

385 Ratsbeschluss der Stadt Bonn v. 10.07.2018, Drucksachen-Nr. 1811574EB5.

386 Baulandmodell Bonn: Leitfaden zur Anwendung für Vorhabenträger, https://www .bonn.de/medien-global/amt-61/191001_BBLM_Leitfaden_Investoren_final.pdf (zuletzt aufgerufen am 30.12.2022). Der Leitfaden wurde durch die Verwaltung der Stadt Bonn im Auftrag des Rats der Stadt Bonn erarbeitet und von ihm zur Kenntnis genommen, Mitteilungsvorlage 190446 v. 07.11.2019.

387 Baulandmodell Bonn: FAQ-Broschüre, https://www.bonn.de/medien-global/amt -61/191001_BBLM_FAQ-Broschuere_final.pdf (zuletzt aufgerufen am 30.12.2022). Die Broschüre wurde durch die Verwaltung der Stadt Bonn im Auftrag des Rats

a) Inhalt

Der Vorhabenträger soll sich an den Kosten beteiligen, die Voraussetzung oder Folge seines Vorhabens sind. Planungskosten, Kosten für naturschutzrechtliche Ausgleichs- und Ersatzmaßnahmen sowie Erschließungskosten, die auf das Vorhaben zurückzuführen sind, hat der Vorhabenträger zu tragen.[388] Ferner muss sich der Vorhabenträger zur Schaffung von Plätzen in Kinderbetreuungseinrichtungen verpflichten.[389] Der Umfang richtet sich nach dem Bedarf, der durch das geplante Vorhaben ausgelöst wird. Sofern der Bedarf an Kinderbetreuungsplätzen ganz oder teilweise durch freie Plätze in bestehenden Einrichtungen gedeckt werden kann, reduziert sich die Zahl der von dem Vorhabenträger herzustellenden Plätze entsprechend.[390]

Darüber hinaus bestimmt das Bonner Modell zwei verschiedene, von der Größe des Vorhabens abhängige Quoten für sozial geförderten Wohnungsbau.[391] Anhand von Schwellenwerten legt das Modell dazu zwei verschiedene Stufen fest. Vorhaben mit acht oder mehr Wohneinheiten oder mindestens 850 m² Bruttogrundfläche Wohnen stellen die erste Stufe dar, Vorhaben ab 20 Wohneinheiten oder ab 2100 m² Bruttogrundfläche Wohnen stellen die zweite Stufe dar.[392] Bei Vorhaben der ersten Stufe müssen 40 Prozent der Bruttogrundfläche Wohnen im geförderten Mietwohnungsbau errichtet werden.[393] Davon müssen mindestens 75 Prozent der Flächen im Mietwohnungsbau Förderweg A[394], und die restlichen Flächen im Miet-

---

der Stadt Bonn erarbeitet und von ihm zur Kenntnis genommen, Mitteilungsvorlage 190446 v. 07.11.2019.

388 Baulandmodell Bonn: Leitfaden zur Anwendung für Vorhabenträger, S. 13.

389 Ratsbeschluss der Stadt Bonn v. 10.07.2018, Drucksachen-Nr. 1811574EB5.

390 Baulandmodell Bonn: Leitfaden zur Anwendung für Vorhabenträger, S. 4.

391 Ratsbeschluss der Stadt Bonn v. 28.06.2021, Vorlage Nr. 201298, Beschluss gefasst nach Maßgabe des Änderungsantrags 201298-04 AA v. 02.02.2021. Nach der Kommunalwahl im September 2020 haben sich die Mehrheitsverhältnisse im Rat der Stadt Bonn geändert, was eine Verschärfung der Quote ermöglichte.

392 Ratsbeschluss der Stadt Bonn v. 27.10.2022, Vorlage Nr. 220278. Diese Schwellenwerte gelten für Wohnungsneubauvorhaben, für die ab dem 01.07.2021 neues Planungsrecht geschaffen wird.

393 Ratsbeschluss der Stadt Bonn v. 27.10.2022, Vorlage Nr. 220278. Zuvor betrug die Quote auf dieser Stufe 20 Prozent, siehe Ratsbeschluss der Stadt Bonn v. 30.03.2017, Drucksachen-Nr. 1613742EB5.

394 Dazu zählen Begünstigte, deren anrechenbares Einkommen die Einkommensgrenze des § 13 Abs. 1 WFNG NRW nicht übersteigt, vgl. 1.2 a) Wohnraumförderbestim-

wohnungsbau Förderweg B[395] der jeweils gültigen Förderbestimmungen des Landes Nordrhein-Westfalen umgesetzt werden.[396] Bei Vorhaben der zweiten Stufe erhöht sich die Quote auf 50 Prozent, wobei mindestens 75 Prozent im Förderweg A und die restlichen Flächen im Förderweg B errichtet werden müssen.[397] Für Vorhaben der ersten Stufe entfällt die Kostenbeteiligung für die Schaffung von Kinderbetreuungsplätzen.[398]

b) Personeller und sachlicher Anwendungsbereich

Adressat des Bonner Baulandmodells ist der Vorhabenträger. Nach den bereits vorgestellten Stufen findet das Modell Anwendung, sofern für die Realisierung eines Vorhabens ein Bebauungsplan aufgestellt oder angepasst werden soll und in der ersten Stufe acht oder mehr Wohneinheiten oder in der zweiten Stufe 20 oder mehr Wohneinheiten errichtet werden. Vorhaben, die auf der Grundlage bestehender Bebauungspläne oder nach § 34 BauGB genehmigt werden, fallen nicht in den Anwendungsbereich des Bauland-modells.[399]

c) Verfahren

Wie auch in den anderen beiden Modellen muss der Vorhabenträger vor Einleitung des Bebauungsplanverfahrens seine Zustimmung zu der Anwen-dung des Bonner Baulandmodells erklären (Zustimmungserklärung).[400] Eine Besonderheit des Bonner Modells ist der sogenannte Zielbeschluss.

---

mungen NRW, Runderlass des Ministeriums für Heimat, Kommunales, Bau und Gleichstellung – 402-2010-81/20 – v. 02.02.2021.

395 Dazu zählen wirtschaftlich leistungsfähigere Begünstigte, deren anrechenbares Ein-kommen die Einkommensgrenze des § 13 Abs. 1 WFNG NRW um bis zu 40 v. H. übersteigt, vgl. 1.2 b) Wohnraumförderbestimmungen NRW, Runderlass des Minis-teriums für Heimat, Kommunales, Bau und Gleichstellung – 402-2010-81/20 – v. 02.02.2021.

396 Ratsbeschluss der Stadt Bonn v. 27.10.2022, Vorlage Nr. 220278.

397 Ratsbeschluss der Stadt Bonn v. 27.10.2022, Vorlage Nr. 220278. Auf der zweiten Stufe betrug die Quote zuvor 40 Prozent, siehe Ratsbeschluss der Stadt Bonn v. 10.07.2018, Drucksachen-Nr. 1811574EB5.

398 Ratsbeschluss der Stadt Bonn v. 30.03.2017, Drucksachen-Nr. 1613742EB5.

399 Ratsbeschluss der Stadt Bonn v. 10.07.2018, Drucksachen-Nr. 1811574EB5.

400 Baulandmodell Bonn: Leitfaden zur Anwendung für Vorhabenträger, S. 10.

Durch diesen wird die Zustimmung der politischen Gremien zu einem geplanten Vorhaben mit seinen grundsätzlichen Planungszielen eingeholt, bevor in konkrete Planungen und fachgutachterliche Arbeiten eingetreten wird.[401] Anschließend wird eine Planungsvereinbarung getroffen, durch die sich der Vorhabenträger verpflichtet, die Planungskosten zu übernehmen.[402] Bevor der Satzungsbeschluss gefasst wird, vereinbaren der Vorhabenträger und die Stadt Bonn in einem städtebaulichen Vertrag die zu erbringenden Leistungen.[403]

III. Anwendungsbereich

Kooperative Baulandmodelle müssen festlegen, in welchen Fallgestaltungen sie zur Anwendung kommen. Zu unterscheiden ist zwischen dem personellen (1.) und dem sachlichen (2.) Anwendungsbereich eines kooperativen Baulandmodells.

1. Personeller Anwendungsbereich

Ein kooperatives Baulandmodell verpflichtet denjenigen Grundstückseigentümer, der mit der Idee für ein Vorhaben an die Gemeinde herantritt, für welche Planungsrecht neu geschaffen oder bestehendes verändert werden muss. Vertragsparteien der städtebaulichen Verträge, in denen die zu erbringenden Leistungen festgeschrieben werden, sind die Gemeinde und der von der Planung begünstigte Private.

2. Sachlicher Anwendungsbereich

Kooperative Baulandmodelle kommen zur Anwendung, soweit zugunsten eines privaten Vorhabenträgers Wohnbaurecht durch die erstmalige Aufstellung eines Bebauungsplans oder die Änderung eines bestehenden Bebauungsplans geschaffen wird.

Der sachliche Anwendungsbereich eines kooperativen Baulandmodells kann durch eine Bagatellgrenze eingeschränkt werden. Bei Vorhaben unterhalb eines festgelegten Schwellenwertes kommt ein Modell nicht zur

---

401 Baulandmodell Bonn: Leitfaden zur Anwendung für Vorhabenträger, S. 10.
402 Baulandmodell Bonn: Leitfaden zur Anwendung für Vorhabenträger, S. 11.
403 Baulandmodell Bonn: Leitfaden zur Anwendung für Vorhabenträger, S. 11.

Anwendung. Eine Bagatellgrenze kann sich auf die entstehende Geschossfläche Wohnen, auf die Anzahl der entstehenden Wohneinheiten oder auf
beide Parameter beziehen. In der letzten Variante ist für die Anwendung
des Baulandmodells jeweils der Schwellenwert maßgeblich, der zuerst erreicht wird. Durch diese Regelungstechnik wird sichergestellt, dass sich ein
Vorhabenträger nicht durch die Gestaltung der Grundfläche der Wohnungen dem Anwendungsbereich entziehen kann. Würde die Bagatellgrenze
nur anhand einer Anzahl von Wohneinheiten festgelegt, könnte der Vorhabenträger durch den Zuschnitt großer Wohnungen den Schwellenwert
unterschreiten, aber gleichzeitig ein Vorhaben in einer Größendimension
entwickeln, bei dem die Anwendung des kooperativen Baulandmodells
politisch gewollt ist. Dieser Effekt kann durch die Festlegung einer Bagatellgrenze, die eine Kombination aus beiden Schwellenwerten beinhaltet,
vermieden werden.

Bei welcher Anzahl von Wohneinheiten bzw. Geschossfläche für Wohnnutzung eine Bagatellgrenze gezogen wird, ist eine politische Entscheidung
und richtet sich nach den Gegebenheiten des kommunalen Wohnungsmarkts. Die Anwendung eines kooperativen Baulandmodells ist häufig erst
ab einer gewissen Größe des Vorhabens politisch gewollt. Die Festlegung
einer Bagatellgrenze ermöglicht es der Gemeinde, solche Vorhaben aus
dem Anwendungsbereich auszuklammern, die so klein sind, dass regelmäßig kein wirtschaftlich agierendes Wohnungsbauunternehmen Träger des
Vorhabens ist, sondern ein privater Kleinvermieter. Letzterem soll eine
Investition in den Wohnungsmarkt nicht durch die zu erbringenden Leistungen erschwert werden. Zudem kann der Ausschluss von kleinen Vorhaben aus dem Anwendungsbereich des kooperativen Baulandmodells die
Arbeitsbelastung der Gemeindeverwaltung reduzieren. Jedes Vorhaben, das
in den Anwendungsbereich eines Modells fällt, erzeugt Arbeitsaufwand bei
der Gemeinde, der im Verhältnis zu seinem Nutzen stehen muss. Kleine
Vorhaben, bei denen beispielsweise nur eine sehr geringe Anzahl an Sozialwohnungen entstehen würde, erzeugen kaum Einfluss auf den Wohnungsmarkt, sodass der Aufwand nicht in Relation zu dem Nutzen steht.

IV. Verfahrensablauf

Die Verfahrensschritte eines kooperativen Baulandmodells sind eng mit
denen des Bebauungsplanverfahrens verwoben. Der Anstoß für die Einleitung eines Bebauungsplanverfahrens kann grundsätzlich durch den Vorha-

benträger, das kommunale Vertretungsorgan oder die Verwaltung erfolgen. Häufig geht die Initiative von dem Vorhabenträger aus. Bevor die Gemeinde ein Bebauungsplanverfahren einleitet, muss der Vorhabenträger seine Grundzustimmung erklären (1.). Erst im Anschluss daran folgt der Planaufstellungsbeschluss (2.). Kernstück eines kooperativen Baulandmodells sind die städtebaulichen Verträge, die nach dem Planaufstellungsbeschluss ausgearbeitet werden und die Lasten und Pflichten regelt, die nach dem kooperativen Baulandmodell erforderlich werden (3.). Schließlich folgt der Satzungsbeschluss über den Bebauungsplan (4.).

1. Grundzustimmung des Vorhabenträgers

Bevor die Gemeinde durch den Planaufstellungsbeschluss das Verfahren zur Aufstellung oder Änderung eines Bebauungsplans einleitet, muss der Vorhabenträger eine Grundzustimmung unterzeichnen. Mit der Grundzustimmung erklärt er sich mit der Anwendung der Verfahrensgrundsätze des kooperativen Baulandmodells einverstanden. Die Grundzustimmung ist von dem Vorhabenträger, nicht aber von der Gemeinde zu unterzeichnen. Es handelt sich um eine einseitige Willenserklärung des Vorhabenträgers, die er gegenüber der Gemeinde abgibt. Sinn und Zweck der Grundzustimmung ist es, die Mitwirkung des Vorhabenträgers im weiteren Planungsverlauf zu gewährleisten.[404]

Die Grundzustimmung des Vorhabenträgers ist in ihrer rechtlichen Wirkung mit dem aus der Wirtschaftsrechtspraxis bekannten *letter of intent* vergleichbar. Dabei handelt es sich um eine einseitige Erklärung oder zweiseitige Vereinbarung, mit welcher das ernsthafte Interesse an weitergehenden Verhandlungen bekundet wird.[405] Ein *letter of intent* ist für den Unterzeichner regelmäßig unverbindlich und erzeugt keinen Anspruch auf den späteren Abschluss eines Vertrags.[406] Die Unverbindlichkeit des *letter of*

---

404 Vgl. *Kropp*, zfv 2017, 234 (236).

405 Vgl. *Lutter*, Der Letter of Intent, S. 25 ff.; *Seibt*, Beck'sches Formularbuch Mergers & Acquisitions, S. 156.

406 *Thümmel*, in: Schütze/Weipert/Rieder, Münchener Vertragshandbuch, Bd. 4, S. 10 weist darauf hin, dass die Parteien regelmäßig noch keine Bindungswirkung bezogen auf den Hauptvertrag herstellen wollen, weil die Umstände im Detail noch nicht feststehen. Auch *Seibt*, Beck'sches Formularbuch Mergers & Acquisitions, S. 157 hebt hervor, dass der *letter of intent* zum großen Teil rechtlich unverbindliche Regelungen beinhaltet und die Rechtsverbindlichkeit in das Ermessen der Parteien gestellt wird. Nach *Busche*, in: Münchener Kommentar, BGB, Vorb. zu § 145 Rn. 59

intent äußert sich häufig darin, dass er eine Aufzählung noch zu erörternder Themen enthält.[407]

Diese fehlende rechtliche Verbindlichkeit des *letter of intent* ist auf die Grundzustimmung übertragbar. Sie ist als eine reine Absichtserklärung zu qualifizieren. In dem frühen Planungsstadium können die Kosten, die das Vorhaben verursacht, häufig noch nicht genau beziffert werden. Konkrete vertragliche Verpflichtungen zur Übernahme von Kosten und Lasten können erst vereinbart werden, wenn die städtebauliche Planung einen Konkretisierungsgrad erreicht hat, der es ermöglicht, die Wirtschaftlichkeit des gesamten Vorhabens abzuschätzen. Die Vereinbarung über die konkreten Verpflichtungen stellen einen noch zu klärenden Punkt dar. Durch die Unterzeichnung der Grundzustimmung erklärt sich der Vorhabenträger bereit, in einem späteren Verfahrensstadium einen städtebaulichen Vertrag nach § 11 BauGB abzuschließen und die Verpflichtungen, die das kooperative Baulandmodell vorsieht, einzugehen. Die fehlende rechtliche Bindung der Grundzustimmung führt zudem dazu, dass die Gemeinde auf Grundlage der Grundzustimmung keine Ansprüche geltend machen kann, sofern sich der Vorhabenträger wegen fehlender Wirtschaftlichkeit dazu entscheidet, von dem Vorhaben Abstand zu nehmen. Etwas anderes gilt nur, wenn bereits frühzeitig eine vertragliche Vereinbarung zur Übernahme bestimmter Kosten geschlossen wurde. Soll der Vorhabenträger auch im Falle des Scheiterns des Bebauungsplans die entstandenen Planungskosten tragen, muss sich dies aus dem Vertrag ergeben.[408]

Im zeitlichen Zusammenhang mit der Grundzustimmung kann in diesem frühen Stadium der Planung eine vorläufige Prüfung der Angemessen-

---

ist typisch, „dass der *letter of intent* [...] noch nicht [...] rechtlich verbindlich sein soll (*no binding clause*), sondern nur die Bereitschaft zu erkennen geben soll, über den angesprochenen Vertrag (unter gewissen Bedingungen) in ernstliche Verhandlungen zu treten".

407 *Busche*, in: Münchener Kommentar, BGB, Vorb. zu § 145 Rn. 59.

408 Nach dem OVG Rheinland-Pfalz, Urt. v. 08.12.2014 - 8 A 10642/14 kann die in einem städtebaulichen Vertrag enthaltene Vertragsbestimmung, wonach der Vorhabenträger die Planungs- und Gutachterkosten die „in Verbindung mit dem Bebauungsplan und der Umsetzung dieser Planung" entstehen, nicht dahingehend ausgelegt werden, dass ein Anspruch der Gemeinde auf Erstattung ihrer Aufwendungen für Planungs- und Gutachterkosten auch im Falle des Scheiterns des Bebauungsplans besteht. Sofern sich der Vorhabenträger nicht ausdrücklich für den Fall des Scheiterns zur Kostenübernahme verpflichtet hat, verlangt eine interessengerechte Risikoverteilung die Übernahme der Kosten durch die Gemeinde.

heit des städtebaulichen Vertrags durchgeführt werden.[409] Sie dient der ersten Einschätzung, ob mit dem Vorhaben eine Wertsteigerung einhergeht, die die Anwendung des kooperativen Baulandmodells ermöglicht. Dem Vorhabenträger kann die vorläufige Angemessenheitsprüfung frühzeitig die möglicherweise entstehenden Kosten und Lasten aufzeigen und so eine erste Orientierung bei der wirtschaftlichen Kalkulation bieten. Für die bei Abschluss des städtebaulichen Vertrags durchzuführende Angemessenheits- prüfung kann die vorläufige Prüfung keine rechtlich bindende Wirkung entfalten. Maßgeblich für das Beurteilen der Angemessenheit vertraglicher Vereinbarungen ist der Zeitpunkt des Vertragsschlusses.

2. Planaufstellungsbeschluss der Gemeinde

Nach Unterzeichnung der Grundzustimmung leitet die Gemeinde das Bau- leitplanverfahren regelmäßig durch den Planaufstellungsbeschluss ein und dokumentiert mit ihm ihren Planungswillen.[410]

3. Abschluss des städtebaulichen Vertrags

Auf der Grundlage des sodann ausgearbeiteten Entwurfs des Bebauungs- plans verhandelt die Verwaltung nach Maßgabe des § 11 BauGB den städ- tebaulichen Vertrag mit dem Vorhabenträger. Im Gegensatz zur Grundzu- stimmung ist dieser Vertrag für den Vorhabenträger rechtlich bindend. Mit Abschluss des Vertrags verpflichtet sich der Vorhabenträger zur Erfüllung der in dem Baulandmodell vorgesehenen Verpflichtungen (z.B. Flächen- abtretungen, Sozialquote, Übernahme von Folgekosten). Sofern nicht zu Beginn des Planungsverfahrens bereits ein separater städtebaulicher Vertrag über die Planungs- und Erschließungskosten abgeschlossen worden ist, werden auch diese in diesem Planungsstadium in den städtebaulichen Ver- trag aufgenommen.

---

409 Eine solche sieht etwa das Bonner Baulandmodell und das Berliner Modell der kooperativen Baulandentwicklung vor.

410 Vgl. *Söfker*, in: Ernst/Zinkahn/Bielenberg/Krautzberger, BauGB, § 2 Rn. 22. Die Verfahrensvorschriften zur Aufstellung eines Bebauungsplans sehen einen förmli- chen Planaufstellungsbeschluss nicht vor. Nach dem BVerwG ist ein Planaufstel- lungsbeschluss keine Wirksamkeitsvoraussetzung für den späteren Bebauungsplan, BVerwGE 79, 200 (204). In der kommunalen Praxis wird ein solcher Beschluss regelmäßig von dem kommunalen Vertretungsorgan gefasst, um den Willen der Gemeinde zu dokumentieren, bestimmte Planungsabsichten zu verfolgen.

Der städtebauliche Vertrag muss im Rahmen der Öffentlichkeitsbeteiligung nach § 3 BauGB nicht ausgelegt werden. Gegenstand der Auslegung ist der Entwurf des Bebauungsplans mit seiner Begründung, die den Umweltbericht einschließt (§§ 9 Abs. 8, 2a BauGB). Ein städtebaulicher Vertrag ist weder Bestandteil des Entwurfs des Bebauungsplans noch seiner Begründung.[411] Städtebauliche Verträge, die Baulandmodelle umsetzen, weisen eine Vielzahl an Regelungen zur Tragung von Planungs- und Folgekosten sowie zur Errichtung von sozial gefördertem Wohnraum auf. Dabei handelt es sich um Vertragsinhalte, die abwägungsrelevant sind. Um ein transparentes Planverfahren sicherzustellen, sollte in der Begründung zum Bebauungsplanentwurf klargestellt werden, dass das kooperative Baulandmodell zur Anwendung kommt und mit dem Vorhabenträger ein städtebaulicher Vertrag zur Übernahme von Kosten und Lasten geschlossen wird.[412] Die wesentlichen Regelungen des städtebaulichen Vertrags können stichpunktartig zusammengefasst werden (z.B. Errichtung und Bindung von geförderten Wohnungen, anteilige Übernahme der Kosten für Einrichtungen der sozialen Infrastruktur, Übernahme von Planungskosten, Bauverpflichtung).

---

411 BVerwGE 143, 24 Rn. 10. In dem zu entscheidenden Fall hatte die Gemeinde mit dem Planungsbegünstigten zur Absicherung der städtebaulichen Verträglichkeit einen städtebaulichen Vertrag geschlossen, der Vorgaben zur Nutzung des Plangebiets enthielt. Dieser war nicht Gegenstand der Auslegungsunterlagen. Ein Anspruch auf Einsicht in den städtebaulichen Vertrag kann sich aus § 3 Abs. 1 Satz 1 UIG ergeben, siehe VG Berlin, Urt. v. 10.05.2021, 2 K 220/19. Der zwischen der Gemeinde und dem Vorhabenträger abgeschlossene städtebauliche Vertrag zur Umsetzung des Berliner Modells der kooperativen Baulandentwicklung beinhaltet Regelungen über die Übernahme der entstehenden Planungs- und Entwicklungskosten, Kosten für die soziale Infrastruktur sowie über die Errichtung von Wohnungen. Diese Regelungen sind als Umweltinformationen i.S.d. § 2 Abs. 3 Nr. 3a UIG zu qualifizieren. Hingegen umfasst § 3 Abs. 1 Satz 1 UIG keinen Anspruch auf Einsicht in den Bebauungsplanentwurf vor der förmlichen Öffentlichkeitsbeteiligung, da der Ablehnungsgrund des § 8 Abs. 2 Nr. 4 UIG (Entwurf als nicht abgeschlossenes Schriftstück) entgegensteht.

412 In diesem Sinne auch *Reidt*, in: FS Krautzberger, S. 210; *ders.*, BauR 2008, 1541 (1544). Auch das OVG Berlin-Brandenburg, Urt. v. 22.09.2011 - OVG 2 A 8.11, BauR 2012, 1612 sieht keine Pflicht zur Auslegung des städtebaulichen Vertrags. Der Leitsatz des Urteils ist irreführend. Dort heißt es: „Voraussetzung ist (...), dass der Vertrag (...) Gegenstand der Abwägung sowie der Öffentlichkeitsbeteiligung war". Aus den Urteilsgründen folgt hingegen, dass das Gericht nicht davon ausgeht, dass der städtebauliche Vertrag als solcher Gegenstand der Auslegung sein muss, sondern es genügt, dass im Rahmen der Begründung des Bebauungsplanentwurfs auf den geplanten Abschluss und den Inhalt des Vertrags hingewiesen wird.

4. Satzungsbeschluss

Nach Abschluss des städtebaulichen Vertrags und der Durchführung der Öffentlichkeits- und Behördenbeteiligung beschließt das kommunale Vertretungsorgan den Bebauungsplan als Satzung, § 10 Abs. 1 BauGB.[413] Mit diesem gestuften Vorgehen ist es der Gemeinde möglich, ihre Planungshoheit zur Steuerung der Baulandentwicklung systematisch einzusetzen.[414] Weigert sich der Vorhabenträger zu Beginn des Bebauungsplanverfahrens, die Grundzustimmung zu unterzeichnen oder können sich die Parteien im Verlauf der Vertragsverhandlungen nicht auf einen städtebaulichen Vertrag einigen, kann die Gemeinde den weiteren Fortgang des Verfahrens jederzeit abbrechen.

V. Mögliche Regelungsinhalte städtebaulicher Verträge zur Gewährleistung einer sozialgerechten Bodennutzung

Verträge zwischen der Gemeinde und dem privaten Vorhabenträger haben im Städtebaurecht eine lange Tradition.[415] Die Kooperation eröffnet Möglichkeiten, die mit den Instrumenten der Bauleitplanung nicht verfolgt werden können. Der städtebauliche Vertrag ist das Kernstück von kooperativen Baulandmodellen. Seine rechtlichen Grenzen muss ein kooperatives Baulandmodell wahren, um seinerseits rechtlich zulässig zu sein. § 11 Abs. 1 Satz 2 BauGB listet in seinen Nummern 1 bis 5 beispielhaft verschiedene Vertragsgegenstände auf. Für das Ziel, eine sozialgerechte Bodennutzung zu gewährleisten, sind die Nummern 1 bis 3 von besonderer Bedeutung. Sie ermöglichen die Beteiligung des Vorhabenträgers an erforderlichen städtebaulichen Maßnahmen und beinhalten eine Rechtsgrundlage für die Verpflichtung des Vorhabenträgers zur Schaffung von sozial gefördertem und preisgedämpftem Wohnraum. Vorbereitungs- und Durchführungsverträge können nach § 11 Abs. 1 Satz 2 Nr. 1 BauGB geschlossen werden (1.). Verträ-

---

413 Gemäß § 246 Abs. 2 BauGB gelten für die Stadtstaaten Berlin, Bremen und Hamburg Sonderregelungen. Dort können Bebauungspläne in anderen Rechtsformen erlassen werden. Gemäß §§ 6 Abs. 3 Satz 1, 7 Abs. 2 Satz 2 AGBauGB wird in Berlin der Bebauungsplan als Rechtsverordnung festgesetzt, in Hamburg gemäß § 3 Abs. 1, 2 BauleitplanfeststellungsG regelmäßig als Rechtsverordnung und ausnahmsweise durch Gesetz. Bremen hat von der Ermächtigung des § 246 Abs. 2 BauGB keinen Gebrauch gemacht, sodass es dort bei der Rechtsform der Satzung bleibt.

414 Vgl. *Kötter*, in: Bayerische Akademie ländlicher Raum e.V., Its all about land, S. 89.

415 Vgl. nur *Schmidt-Aßmann*, in: FS Gelzer, S. 117.

ge zur Förderung und Sicherung der mit der Bauleitplanung verfolgten Ziele ermöglichen die Verpflichtung des Vorhabenträgers, sozial geförderten und preisgedämpften Wohnraum zu schaffen. Die Voraussetzungen dafür beinhaltet § 11 Abs. 1 Satz 2 Nr. 2 BauGB (2.). Schließlich normiert § 11 Abs. 1 Satz 2 Nr. 3 BauGB die Voraussetzungen, wann von dem Vorhabenträger Kosten- bzw. Aufwendungsersatz für städtebauliche Maßnahmen verlangt werden darf (3.).

1. Vorbereitungs- und Durchführungsvertrag - § 11 Abs. 1 Satz 2 Nr. 1 BauGB

Nach § 11 Abs. 1 Satz 2 Nr. 1 BauGB kann Gegenstand eines städtebaulichen Vertrags die Vorbereitung oder Durchführung städtebaulicher Maßnahmen durch den Vertragspartner auf eigene Kosten sein.[416] Der Vertragspartner verpflichtet sich vertraglich zur Übernahme von Aufgaben der Gemeinde im Rahmen der Durchführung der Bauleitplanung. Beispielhaft nennt das Gesetz verschiedene Vertragsinhalte: die Neuordnung der Grundstücksverhältnisse, die Bodensanierung und sonstige vorbereitende Maßnahmen, die Erschließung durch nach Bundes- oder nach Landesrecht beitragsfähige sowie nicht beitragsfähige Erschließungsanlagen, die Ausarbeitung der städtebaulichen Planungen sowie erforderlichenfalls des Umweltberichts. Im Rahmen kooperativer Baulandmodelle sind Verträge über die Erschließung sowie Planungsverträge von Bedeutung.

a) Städtebaulicher Vertrag über die Erschließung

Gemäß § 123 Abs. 1 BauGB obliegt die Erschließung der Gemeinde. Sie kann diese Aufgabe durch einen städtebaulichen Vertrag über die Erschließung nach § 11 Abs. 1 Satz 2 Nr. 1 BauGB für ein bestimmtes Erschließungsgebiet ganz oder teilweise an einen Dritten übertragen. Dieser führt die Erschließung dann im eigenen Namen und auf eigene Rechnung durch.[417]

---

416 Zwischen dem Vorbereitungs- und Durchführungsvertrag nach § 11 Abs. 1 Satz 2 Nr. 1 BauGB und dem Durchführungsvertrag des vorhabenbezogenen Bebauungsplans nach § 12 Abs. 1 Satz 1 BauGB besteht keine Identität, vgl. *Kukk*, in: Schröder, BauGB, § 11 Rn. 11. Aufgrund der begrifflichen Verwechselungsgefahr wird der Vertrag nach § 11 Abs. 1 Satz 2 Nr. 1 BauGB teilweise auch als Vorbereitungs- und Maßnahmenvertrag bezeichnet, so etwa *Hoffmann*, in: Spannowsky/Uechtritz (BeckOK), BauGB, § 11 Rn. 8 ff.

417 Vgl. *Burmeister*, Praxishandbuch Städtebauliche Verträge, S. 251.

Zur Erfüllung seiner vertraglichen Verpflichtungen gegenüber der Gemeinde kann der Dritte seinerseits einen Dritten beauftragen, der für ihn die Erschließungsanlagen herstellt.[418] Schließt die Gemeinde mit dem Vorhabenträger als Drittem einen Erschließungsvertrag, führt der Vorhabenträger die Erschließung entweder selbst durch oder beauftragt ein Erschließungsunternehmen als Erfüllungsgehilfen mit der Durchführung der Arbeiten.[419]

Davon abzugrenzen ist die Konstellation, in der die Gemeinde die Erschließung zunächst selbst durchführt oder von einem unabhängigen Dritten durchführen lässt und sich anschließend die entstandenen Kosten von dem Vorhabenträger erstatten lässt. Dabei handelt es sich um einen Folgekostenvertrag nach § 11 Abs. 1 Satz 2 Nr. 3 BauGB, auf den später eingegangen wird.

In vielen Gemeinden sind städtebauliche Verträge über die Erschließung nach § 11 Abs. 1 Satz 2 Nr. 1 BauGB eingeübte Praxis. Ein solcher Vertrag kann in das kooperative Baulandmodell integriert werden. Dazu wird der städtebauliche Vertrag über die Erschließung mit dem städtebaulichen Vertrag, der die übrigen mit dem Baulandmodell einhergehenden Verpflichtungen regelt, verbunden. Möglich sind aber auch zwei getrennte Vertragswerke.[420] Ermöglicht das kooperative Baulandmodell beide Konstellationen, eröffnet dies Spielräume bei den Vertragsverhandlungen. Handelt es sich bei dem Vorhabenträger um ein Unternehmen, welches die Erschließung selbst durchführen kann, wird es ein wirtschaftliches Eigeninteresse daran haben, einen Erschließungsvertrag nach § 11 Abs. 1 Satz 2 Nr. 1 BauGB abzuschließen und die Erschließung selbst durchführen zu können statt einen Folgekostenvertrag nach § 11 Abs. 1 Satz 2 Nr. 3 BauGB zu vereinbaren.

b) Planungsvertrag

Mit einem Planungsvertrag nach § 11 Abs. 1 Satz 2 Nr. 1 BauGB kann die Gemeinde die Ausarbeitung der Planungen und Gutachten, die zur Vorbe-

---

418 Vgl. *Birk*, Städtebauliche Verträge, Rn. 164.
419 In diesem Sinne auch *Bank*, in: Brügelmann, BauGB, § 11 Rn. 26.
420 Nach dem Berliner Modell der kooperativen Baulandentwicklung soll ein gesonderter Erschließungsvertrag abgeschlossen werden, sofern der Vorhabenträger die Erschließung auf eigene Kosten durchführt, Leitlinie für den Abschluss städtebaulicher Verträge im Land Berlin, S. 10.

reitung der Bauleitplanung notwendig sind, auf den Vorhabenträger über-
tragen.[421] Hierzu zählen die Erstellung des Bebauungsplanentwurfs, des
Grünordnungsplans, von Planungsunterlagen für notwendige, parallel zum
Bebauungsplanverfahren durchzuführende Verfahren (beispielsweise die
Änderung des Flächennutzungsplans oder ein Raumordnungsverfahren).[422]
Fachgutachten können in den Bereichen Natur- und Artenschutz, Altlasten,
Verkehr, Lärm und Luftverunreinigung erforderlich werden.[423] Der Vorha-
benträger beauftragt sodann auf seine Kosten ein Planungsbüro und stellt
der Gemeinde die erarbeiteten Planungsleistungen zur Verfügung.[424]

Wie beim städtebaulichen Vertrag über die Erschließung hat die
Gemeinde auch beim Planungsvertrag die Möglichkeit, die Planung
zunächst selbst auszuführen oder einen Dritten damit zu beauftragen und mit dem Vorhabenträger lediglich die Erstattung der Kosten zu vereinbaren, was wiederum einen Kostenerstattungsvertrag nach
§ 11 Abs. 1 Satz 2 Nr. 3 BauGB darstellt.[425]

Für die Gemeinde hat die Übertragung der Planung auf den Vorhabenträger den Vorteil, dass die Gemeinde bei Zahlungsschwierigkeiten des
Vorhabenträgers nicht für die erbrachten Planungsleistungen des die Planung ausführenden Büros in Anspruch genommen werden kann, da die
vertraglichen Beziehungen nur zwischen dem Vorhabenträger und dem
Planungsbüro bestehen.[426] Die fehlende vertragliche Beziehung zwischen
der Gemeinde und dem die Planung ausführenden Büro führt aber dazu,
dass die Gemeinde keinen Einfluss auf die Durchführung der Planung nehmen kann.[427] Sie ist selbst nicht mehr Herrin des Planungsverfahrens.[428]
Insbesondere die Auswahl der zu beauftragenden Gutachter und die Über-
wachung der Qualität der Begutachtung entziehen sich ihrem Einflussbe-
reich. Eröffnet das kooperative Baulandmodell die Möglichkeit eines Pla-

---

421 Vgl. *Bank*, in: Brügelmann, BauGB, § 11 Rn. 35.
422 Vgl. *Burmeister*, Praxishandbuch Städtebauliche Verträge, S. 135; *Hoffmann*, in:
     Spannowsky/Uechtritz (BeckOK), BauGB, § 11 Rn. 16.
423 Vgl. *Birk*, Städtebauliche Verträge, Rn. 322.
424 Vgl. *Schwab*, Städtebauliche Verträge, Rn. 114.
425 Vgl. *Reidt*, in: Battis/Krautzberger/Löhr, BauGB, § 11 Rn. 44; *Bunzel/Coul-
     mas/Schmidt-Eichstaedt*, Städtebauliche Verträge, S. 106.
426 Vgl. *Bunzel/Coulmas/Schmidt-Eichstaedt*, Städtebauliche Verträge, S. 106; *Burmeis-
     ter*, Praxishandbuch Städtebauliche Verträge, S. 135; *Bank*, in: Brügelmann, BauGB,
     § 11 Rn. 34.
427 Vgl. *Bunzel/Coulmas/Schmidt-Eichstaedt*, Städtebauliche Verträge, S. 109, *Burmeis-
     ter*, Praxishandbuch Städtebauliche Verträge, S. 136.
428 Vgl. *Reidt*, in: Battis/Krautzberger/Löhr, BauGB, § 11 Rn. 44.

nungsvertrags, sollte in diesem das Verhältnis der Gemeinde und des planenden Büros geregelt werden. So kann etwa vereinbart werden, dass die Ausarbeitung des Planentwurfs in enger Abstimmung mit der Gemeinde erfolgt. Dazu kann beispielsweise eine Pflicht vereinbart werden, wonach Mitarbeiter des Planungsbüros an Sitzungen des Planungsausschusses der Gemeinde teilnehmen müssen. In dem Planungsvertrag zwischen Gemeinde und Vorhabenträger muss festgehalten werden, dass der Vorhabenträger diese Pflicht zur Zusammenarbeit an das Planungsbüro weitergibt.

2. Vertrag zur Förderung und Sicherung der mit der Bauleitplanung verfolgten Ziele - § 11 Abs. 1 Satz 2 Nr. 2 BauGB

Wie zuvor herausgearbeitet, können die Festsetzungsmöglichkeiten, die der Festsetzungskatalog des § 9 BauGB bereithält, sowie die diesen Katalog ergänzenden Regelungen der BauNVO eine sozialgerechte Bodennutzung nicht gewährleisten.[429] Der Starrheit des Festsetzungskatalogs kann mit Vereinbarungen in städtebaulichen Verträgen nach § 11 Abs. 1 Satz 2 Nr. 2 BauGB begegnet werden. Diese unterliegen dem Festsetzungskatalog inhaltlich nicht und eröffnen eine größere Flexibilität. Der städtebauliche Vertrag ist ein Handlungsinstrument der Gemeinde, der es ihr ermöglicht, eine Feinsteuerung bei der Verwirklichung ihrer kommunalpolitischen Ziele zu betreiben.[430]

Regelungsgegenstand eines städtebaulichen Vertrags nach § 11 Abs. 1 Satz 2 Nr. 2 BauGB ist die Förderung und Sicherung der mit der Bauleitplanung verfolgten Ziele. Diese Verträge werden als Planungsverträge[431], als Planverwirklichungsverträge[432], Baurealisierungsverträge[433], Zielbindungs-verträge[434] oder als Förderungsverträge[435] bezeichnet. Das Ziel all dieser Begriffsbezeichnungen ist die Vereinfachung. Es empfiehlt sich jedoch aufgrund der Gefahr der Verwechselung und der Verkürzung

---

429 Siehe dazu bereits S. 73 ff.
430 *Krautzberger*, in: Ernst/Zinkahn/Bielenberg/Krautzberger, BauGB, § 11 Rn. 128.
431 So *Reidt*, in: Battis/Krautzberger/Löhr, BauGB, § 11 Rn. 45. Gegen diese Begriffswahl spricht die Gefahr der Verwechselung mit dem Planungsvertrag im Sinne des § 11 Abs. 1 Satz 2 Nr. 1 BauGB.
432 *Spannowsky*, in: Berliner Kommentar, BauGB, § 11 Rn. 86.
433 *Stüer*, Handbuch des Bau- und Fachplanungsrechts, Rn. 2234, *Stüer/König*, ZfBR 2000, 528 (529).
434 *Busse*, KommJur 2009, 241 (242); *Spieß*, KommJur 2017, 441 (443); *Bunzel*, ZfBR 2015, 11 (14).
435 *Kukk*, in: Schrödter, BauGB, § 11 Rn. 36.

auf einen speziellen Regelungsfall allgemein von Verträgen zur Förderung und Sicherung der mit der Bauleitplanung verfolgten Ziele zu sprechen.

Das Gesetz zählt nicht abschließend („insbesondere") einige mögliche Regelungsinhalte auf. Für die Gewährleistung einer sozialgerechten Bodennutzung und die Errichtung bezahlbaren Wohnraums von Bedeutung sind Vereinbarungen über die Grundstücksnutzung (a) sowie über die Deckung des Wohnbedarfs von Bevölkerungsgruppen mit besonderen Wohnraumversorgungsproblemen (b). Anhand von Vereinbarungen über den Erwerb angemessenen Wohnraums durch einkommensschwächere und weniger begüterte Personen der örtlichen Bevölkerung (c) wird schließlich die Abgrenzung zwischen kooperativen Baulandmodellen und Einheimischenmodellen, die der zweiten Grundausrichtung von Baulandmodellen zuzuordnen sind[436], verdeutlicht.

a) Vereinbarungen über die Grundstücksnutzung - insbesondere Bauverpflichtung

Die Gemeinde kann mit dem Vorhabenträger Vereinbarungen über die Nutzung eines Grundstücks treffen. Mit Blick auf die Gewährleistung einer sozialgerechten Bodennutzung ist die Vereinbarung einer Bauverpflichtung von Bedeutung. Daneben sind in Ergänzung zu § 9 Abs. 2 BauGB Vereinbarungen zu Bedingungen und Befristungen der Grundstücksnutzung möglich. Erstmals sah § 6 Abs. 2 Satz 2 BauGB-MaßnahmenG[437] die Möglichkeit einer Vereinbarung vor, nach der Grundstücke binnen angemessener Frist einer Nutzung entsprechend den Festsetzungen des Bebauungsplans zuzuführen waren.[438] Diese Regelung des § 6 BauGB-MaßnahmenG wur-

---

436 Siehe dazu S. 90.

437 Gesetz zur Erleichterung von Investitionen und der Ausweisung und Bereitstellung von Wohnbauland (Investitionserleichterungs- und Wohnbaulandgesetz), v. 22.04.1993, BGBl. I, S. 466.

438 Mit dem BauGB-MaßnahmenG 1993 wurden detaillierte Vorschriften zum städtebaulichen Vertrag, die bis dahin nach § 246a Abs. 1 Satz 1 Nr. 11 BauGB i.V.m. § 54 BauZVO nur in den neuen Bundesländern Anwendung fanden, erstmals auf alle Bundesländer ausgeweitet. Bis 1993 regelte in den alten Bundesländern allein § 124 BauGB den städtebaulichen Vertrag. Der Gesetzgeber selbst erkannte, dass trotz der häufigen Anwendung des städtebaulichen Vertrags, dieser „im geltenden Recht nur unvollkommen in § 124 BauGB ausgeformt" war, BT-Drs. 12/3944, S. 24.

den durch das Bau- und Raumordnungsgesetz 1998[439] in § 11 BauGB übernommen und redaktionell angepasst. § 11 Abs. 1 Satz 2 Nr. 2 BauGB spricht
nur noch allgemein von Vereinbarungen über die Grundstücksnutzung.

aa) Inhalt und Ziel einer Bauverpflichtung

Durch den Abschluss einer Bauverpflichtung in einem städtebaulichen
Vertrag sagt der Vorhabenträger der Gemeinde zu, das Grundstück entsprechend den Festsetzungen des aufzustellenden Bebauungsplans zu nutzen
und das in dem städtebaulichen Vertrag beschriebene Vorhaben innerhalb
einer bestimmten Frist zu errichten. Ziel einer Bauverpflichtung ist es, das
Grundstück umgehend der Bebauung zuzuführen, die der in Aufstellung
befindliche Bebauungsplan für dieses vorsieht.[440] Bei einem vorhabenbezogenen Bebauungsplan nach § 12 Abs. 1 Satz 1 BauGB ist die Vereinbarung
einer Bauverpflichtung obligatorisch. Der Durchführungsvertrag muss sowohl die Verpflichtung für den Vollzug der Erschließung als auch für das
private Vorhaben beinhalten.[441] Beim Angebotsbebauungsplan muss die
Verpflichtung zum Bau des Vorhabens separat vereinbart werden.

Mit einer Bauverpflichtung kann die Gemeinde dem Entstehen von
Baulücken vorbeugen. Wird ein Gebiet mit einem Bebauungsplan, der
Wohnbaurechte schafft, überplant, hat die Gemeinde ein Interesse daran,
dass die geschaffenen Baurechte möglichst vollständig ausgenutzt werden.
Nur so kann sie den dringenden Wohnbedarf der Bevölkerung decken,
den Flächenverbrauch für neue Baugebiete möglichst vermindern und den
Aufwand für die Erschließung minimieren. Zudem dient eine Bauverpflich-
tung dazu, die Auslastung zusätzlich errichteter Infrastruktur zu erreichen.

Eine häufige Ursache für das Entstehen von Baulücken in Großstädten und Gemeinden in Ballungszentren ist, dass Investoren mit Grundstücken Bodenspekulation betreiben und auf Steigerungen des Bodenwerts
setzen.[442] Im ländlichen Bereich bleiben Grundstücke des Öfteren unbe-
baut, da Eigentümer Bauplätze für die eigenen Kinder oder Enkel vorhalten

---

439 Gesetz zur Änderung des Baugesetzbuchs und zur Neuregelung des Rechts der
   Raumordnung (Bau- und Raumordnungsgesetz 1998 – BauROG) v. 18.08.1997,
   BGBl. I, S. 2081.
440 Vgl. BT-Drs. 12/3944, S. 43; *Bank*, in: Brügelmann, BauGB, § 11 Rn. 54.
441 Vgl. *Krautzberger*, in: Ernst/Zinkahn/Bielenberg/Krautzberger, BauGB, § 12 Rn. 95.
442 Vgl. *Parzefall*, NVwZ 2020, 26.

möchten.[443] Diese private Bodenbevorratung kann durch Bauverpflichtungen vermieden werden, indem ein Grundstück innerhalb einer bestimmten Frist mit dem vertraglich vereinbarten Vorhaben bebaut werden muss. Insbesondere wenn der Bebauungsplan die Bebauung zu Wohnzwecken festsetzt, kann durch eine Bauverpflichtung sichergestellt werden, dass das Grundstück zeitnah mit Wohnraum bebaut und einer Wohnnutzung zugeführt wird.[444]

bb) Abgrenzung zum Baugebot

Das Instrument des Baugebots nach § 176 BauGB steht der Zulässigkeit einer Bauverpflichtung nicht entgegen.[445] Das Baugebot zählt zu den in §§ 175 bis 179 BauGB geregelten städtebaulichen Geboten. Die Gemeinde kann durch Anordnung eines solchen Gebots einen Grundstückeigentümer aus städtebaulichen Gründen dazu verpflichten, bestimmte Maßnahmen auf seinem Grundstück durchzuführen, unter anderem sein Grundstück entsprechend den Festsetzungen des Bebauungsplans zu bebauen, § 176 Abs. 1 Nr. 1 BauGB. Im Unterschied zur Vereinbarung einer Bauverpflichtung ist der Erlass eines Baugebots – abgesehen von den Baulückenfällen im Anwendungsbereich des § 34 BauGB, die § 176 Abs. 2 BauGB regelt – erst möglich, wenn das Grundstück überplant wurde.[446] Hingegen wird die Bauverpflichtung im Vorfeld eines Beschlusses über einen Bebauungsplan in einem städtebaulichen Vertrag vereinbart. Die Wirkungszeitpunkte der beiden Maßnahmen unterscheiden sich voneinander. Die Bauverpflichtung verfolgt das Ziel, der Entstehung von Baulücken vorzubeugen. Es handelt sich um eine präventive Maßnahme. Das Baugebot hingegen stellt eine repressive Maßnahme dar. Baugebot und Bauverpflichtung unterscheiden sich ferner durch die zu wählende Handlungsform. Der Erlass eines Baugebots ist eine hoheitliche Maßnahme und erfolgt durch einen Verwaltungs-

---

443 Vgl. *Burmeister*, Praxishandbuch Städtebauliche Verträge, S. 158; *Bunzel/Niemeyer*, ZfBR 2018, 743 (747); in diesem Sinne auch *Shirvani*, DVBl. 2020, 172 (174).

444 Vgl. *Kukk*, in: Schäfer/Uechtritz/Zuber, Rechtsgestaltung in der kommunalen Praxis, § 8 Rn. 10.

445 Vgl. *Krautzberger*, in: Ernst/Zinkahn/Bielenberg/Krautzberger, BauGB, § 11 Rn. 141.

446 Vgl. *Mitschang*, in: Battis/Krautzberger/Löhr, BauGB, § 176 Rn. 1; *Krautzberger*, in: Ernst/Zinkahn/Bielenberg/Krautzberger, BauGB, § 11 Rn. 141.

akt im Sinne des § 35 Satz 1 VwVfG.[447] Die Bauverpflichtung wird durch das kooperative Handlungsinstrument des städtebaulichen Vertrags nach § 11 BauGB geschlossen.

b) Vereinbarungen zur Deckung des Wohnbedarfs von Bevölkerungsgruppen mit besonderen Wohnraumversorgungsproblemen

Der Begriff der „Bevölkerungsgruppen mit besonderen Wohnraumversorgungsproblemen" deckt sich weitgehend mit dem der Zielgruppe der sozialen Wohnraumförderung.[448] Diese Zielgruppe erfasst nach § 1 Abs. 2 Satz 1 WoFG Haushalte, die sich am Markt nicht angemessen mit Wohnraum versorgen können und der Unterstützung bedürfen. Dazu zählen insbesondere Haushalte mit geringem Einkommen sowie Familien und andere Haushalte mit Kindern, Alleinerziehende, Schwangere, ältere Menschen, behinderte Menschen, Wohnungslose und sonstige hilfebedürftige Personen.[449] Die soziale Wohnraumförderung als Objektförderung trägt zur Versorgung der Bevölkerung mit preisgünstigem Wohnraum bei. Nachdem die Gesetzgebungskompetenz im Bereich der sozialen Wohnraumförderung auf die Länder übergegangen war, gewährte der Bund den Ländern Kompensationsmittel als Ausgleich für den Wegfall früherer Finanzhilfen. Im Jahr 2019 betrugen sie 1,5 Mrd. Euro.[450] Das Entflechtungsgesetz[451], welches die Rechtsgrundlage für die Kompensationszahlung darstellte[452], war bis Ende des Jahres 2019 befristet. Durch eine Änderung des Grundgesetzes können

---

447 Vgl. BVerwGE 84, 335 (338 f.). Die Entscheidung erging zu § 39b Abs. 7 BBauG, der § 176 Abs. 2 BauGB entspricht.

448 Vgl. *Krautzberger*, in: Ernst/Zinkahn/Bielenberg/Krautzberger, § 11 Rn. 145. Der Begriff wurde erstmals in § 6 Abs. 2 Satz 2 Nr. 2 BauGB-MaßnahmenG 1993 verwendet. Mit § 6 BauGB-MaßnahmenG 1993 wurde der städtebauliche Vertrag für die westdeutschen Länder eingeführt. Der Begriff „Bevölkerungsgruppen mit Wohnraumversorgungsproblemen" wurde als Teil einer beispielhaften Aufzählung zur Verdeutlichung der Einsatzmöglichkeiten städtebaulicher Verträge im Vorfeld von Bebauungsplanverfahren aufgenommen, siehe auch BT-Drs. 12/4340, S. 13.

449 Vgl. § 1 Abs. 2 Satz 2 Nr. 1 Bundes-WoFG.

450 Siehe den Bericht der Bundesregierung über die Verwendung der Kompensationsmittel für den Bereich der sozialen Wohnraumförderung 2019, BT-Drs. 19/19960, S. 2.

451 Gesetz zur Entflechtung von Gemeinschaftsaufgaben und Finanzhilfen v. 05.09.2006, BGBl. I, S. 2098.

452 Vgl. § 1 Entflechtungsgesetz.

die Finanzhilfen auch nach 2019 weiter an die Länder fließen.[453] Für die Jahre 2020, 2021 sowie 2022 hat der Bund jeweils eine Milliarde Euro zweckgebunden für den sozialen Wohnungsbau zur Verfügung gestellt.[454]

Diese Finanzhilfen können ihre Wirkung nur entfalten, wenn die Fördermittel der sozialen Wohnraumförderung auch tatsächlich in Anspruch genommen werden. Kooperative Baulandmodelle, die dem Vorhabenträger einen bestimmten Anteil sozial geförderter Wohnungen vorschreiben, sorgen dafür, dass die Finanzmittel in der Praxis auch eingesetzt werden. Städtebauliche Verträge über Vereinbarungen zur Deckung des Wohnbedarfs von Bevölkerungsgruppen mit besonderen Wohnraumversorgungsproblemen können einen wichtigen Beitrag dazu leisten, dass sozial geförderter Wohnraum tatsächlich errichtet wird.

Voraussetzung für eine Vereinbarung zur Deckung des Wohnbedarfs für Bevölkerungsgruppen mit besonderen Versorgungsproblemen ist zunächst, dass sie aus städtebaulichen Gründen erforderlich ist (aa). Ferner ist zu unterscheiden, ob die Vereinbarung einhergeht mit der Verpflichtung des Vorhabenträgers, Wohnungen im Standard und mit finanziellen Mittel der sozialen Wohnraumförderung zu errichten (bb) oder ob das Vorhaben freifinanziert wird (cc).

aa) Städtebauliche Erforderlichkeit

Die Gemeinde kann den Vorhabenträger nur dann dazu verpflichten, einen bestimmten Anteil neu entstehender Wohnungen mit Belegungs- und Mietbindungen zu errichten, wenn dies aus städtebaulichen Gründen erforderlich ist. Reine sozialpolitische oder sozioökonomische Ziele, wie etwa die Angleichung der Lebensverhältnisse der Gemeindebewohner oder die Verbesserung der Mietbelastungsquote können mit einem städtebaulichen Vertrag nicht verfolgt werden. Der Wortlaut des § 11 Abs. 1 Satz 2 Nr. 2 BauGB verlangt, dass Gegenstand der Vereinbarung „die mit der

---

453 Gesetz zur Änderung des Grundgesetzes v. 28.03.2019, BGBl. I, S. 404.
454 Vgl. Art. 1 Abs. 2 Verwaltungsvereinbarung über den sozialen Wohnungsbau im Programmjahr 2020 v. 15.01./21.04.2020, Art. 1 Abs. 2 Verwaltungsvereinbarung über die Gewährung von Finanzhilfen des Bundes im Bereich des sozialen Wohnungsbaus im Programmjahr 2021 v. 08.12.2020/25.02.2021 sowie Art. 1 Abs. 2 Verwaltungsvereinbarung über die Gewährung von Finanzhilfen des Bundes im Bereich des sozialen Wohnungsbaus im Programmjahr 2022 v. 22.12.2021/16.03.2022. Siehe dazu bereits oben S. 43.

Förderung und Sicherung der Bauleitplanung verfolgten Ziele" sind. Die städtebauliche Rechtfertigung kann sich aus § 1 Abs. 5 und 6 BauGB ergeben, der beispielhaft die städtebaulichen Gründe für die Bauleitplanung beinhaltet. Belegungs- und Mietbindungen dienen dem Ziel, sozialgerechte Bodennutzung zu gewährleisten, die Wohnbedürfnisse der Bevölkerung zu berücksichtigen sowie sozial stabile Bewohnerstrukturen zu schaffen und zu erhalten.[455] Unschädlich ist es, wenn der städtebauliche Vertrag neben der städtebaulichen Funktion auch einen wohnungspolitischen Bezug aufweist.[456] Dies folgt aus einem Vergleich mit der städtebaulichen Erforderlichkeit bei einem Bauleitplan. In der Rechtsprechung des Bundesverwaltungsgerichts ist ein Nebeneinander verschiedener Ziele anerkannt. Eine unzulässige „Gefälligkeitsplanung"[457] liegt nur dann vor, wenn eine positive städtebauliche Zielsetzung lediglich vorgeschoben wird, um in Wahrheit andere als städtebauliche Ziele zu verfolgen.[458] Diese Überlegung kann auf die städtebauliche Erforderlichkeit einer Vereinbarung zur Deckung des Wohnbedarfs von Bevölkerungsgruppen mit besonderen Wohnraumversorgungsproblemen übertragen werden. Eine Überlagerung verschiedener Ziele berührt die Wirksamkeit des städtebaulichen Vertrags nicht, solange die Gemeinde nicht unter dem Deckmantel der sozialgerechten Bodennutzung ausschließlich sozialpolitische oder sozioökonomische Ziele verfolgt. Den Nachweis, dass ein Bedarf an bezahlbarem Wohnraum im Gemeindegebiet besteht, kann die Gemeinde durch eine Analyse ihres Wohnungsmarkts erbringen.[459] Ist die Nachfrage gedeckt, kann sie den Vorhabenträger nicht verpflichten, Belegungs- und Mietbindungen einzugehen, da die städtebauliche Erforderlichkeit für die Vereinbarung fehlt.

---

455 Vgl. *Krautzberger*, Ernst/Zinkahn/Bielenberg/Krautzberger, BauGB, § 11 Rn. 144 ff; *Bunzel*, ZfBR 2019, 640 (644).

456 Vgl. *Reidt*, in: Battis/Krautzberger/Löhr, BauGB, § 11 Rn. 50; *Bank*, in: Brügelmann, BauGB, § 11 Rn. 58a.

457 Vgl. BVerwGE 149, 373 Rn. 19.

458 Vgl. BVerwG, Beschl. v. 07.12.2015 - 4 BN 47.15, ZfBR 2016, 376; Beschl. v. 11.05.1999 - 4 BN 15/99, NVwZ 1999, 1338 (1339).

459 Vgl. *Grötz*, Städtebauliche Verträge zur Baulandbereitstellung, S. 72. Die Stadt München erarbeitet alle zwei Jahre einen Bericht zur Wohnungssituation in München. In diesem werden die wichtigsten Entwicklungen am Wohnungs- und Immobilienmarkt in München zusammengefasst, insbesondere das Wohnungsangebot sowie die -nachfrage, Mietpreise sowie der Bedarf an sozial gefördertem Wohnraum. In Berlin dient der Stadtentwicklungsplan Wohnen dazu, den Bedarf an bezahlbarem Wohnraum nachzuweisen.

bb) Vereinbarungen, Wohnraum im Standard und mit finanziellen Mitteln
   der sozialen Wohnraumförderung zu errichten

Zur Deckung des Wohnbedarfs von Bevölkerungsgruppen mit besonderen
Wohnraumversorgungsproblemen kommen regelmäßig drei Maßnahmen
zur Anwendung: die Erfüllung einer Quote, die Begründung von Belegungsbindungen und die Begründung von Mietbindungen. Vereinbarungen
zu diesen Maßnahmen können im städtebaulichen Vertrag getroffen werden. Zu unterscheiden sind zwei verschiedene Ebenen. Zum einen sind
Vertragsgestaltungen denkbar, wonach sich eine Verpflichtung des Vorhabenträgers zu diesen Maßnahmen unmittelbar aus dem städtebaulichen
Vertrag ergibt. Zum anderen kann im städtebaulichen Vertrag auch lediglich die Höhe der Sozialquote festgelegt und die Anwendung der Vorschriften der sozialen Wohnraumförderung angeordnet werden, die wiederum
Belegungs- und Mietbindungen beinhalten. Bei dieser zweiten Konstellation kommt dem städtebaulichen Vertrag eine Verknüpfungsfunktion zu.
Durch ihn werden die Vorschriften der sozialen Wohnraumförderung aktiviert.

(1) Sozialquote

In einem städtebaulichen Vertrag kann die Verpflichtung zur Erfüllung
einer Sozialquote vereinbart werden. Eine Sozialquote bestimmt, wie hoch
der Anteil an Wohnraum an einem gesamten Vorhaben sein muss, den
der Vorhabenträger nach den jeweils einschlägigen landesrechtlichen Bestimmungen der sozialen Wohnraumförderung zu errichtet hat. Die soziale Wohnraumförderung unterstützt sowohl die Errichtung von Mietwohnraum als auch die Bildung von selbstgenutztem Wohneigentum.[460] Bei
der Sozialquote steht die Förderung von Mietwohnraum im Vordergrund.
Teilweise wird statt des Begriffs Sozialquote auch der Begriff Förderquote
verwendet.[461]
   In einem städtebaulichen Vertrag wird regelmäßig zunächst das jeweilige
Baulandmodell, welches die Sozialquote festlegt, für anwendbar erklärt, sodann der Prozentanteil der Geschossflächen bzw. Wohnungen benannt, der
nach den Voraussetzungen der sozialen Wohnraumförderung zu errichten

---

460 Vgl. beispielhaft § 1 Abs. 1 Bundes-WoFG.
461 Verfahrensgrundsätze zur Sozialgerechten Bodennutzung - Neufassung nach Maß-
     gabe des Stadtratsbeschlusses v. 28.07.2021, Landeshauptstadt München, S. 4.

ist, und in einem dritten Schritt konkret berechnet, wie viel Quadratmeter Geschossfläche bzw. wie viele Wohnungen nach den Voraussetzungen der sozialen Wohnraumförderung zu errichten sind.

Je nach Ausgestaltung des Baulandmodells kann die in einem städtebaulichen Vertrag zu vereinbarende Sozialquote variieren. Zu unterscheiden ist zwischen einer *starren* und einer *flexiblen Sozialquote.*

Bei der starren Sozialquote ist die im Baulandmodell festgelegte Quote zwingend in den städtebaulichen Vertrag zwischen Gemeinde und Vorhabenträger zu übernehmen und der entsprechende Anteil an sozial gefördertem Wohnraum von dem Vorhabenträger innerhalb seines Vorhabens umzusetzen. Eine starre Sozialquote belässt den Vertragsparteien keinerlei Gestaltungsspielraum. Das Berliner Baulandmodell verfügt über eine starre Sozialquote. Es ordnet an, dass grundsätzlich 30 Prozent der Geschossfläche Wohnen als förderfähiger Wohnraum errichtet werden muss und nur in besonders gelagerten Einzelfällen von dieser Verpflichtung abgewichen werden darf.[462] Einen Unterfall der starren Quote stellt die starre Sozialquote mit Wahlmöglichkeit dar. Dieser Unterfall liegt vor, wenn das Baulandmodell einen bestimmten Anteil an sozial gefördertem Wohnraum verlangt, dem Vorhabenträger bei der Umsetzung der Sozialquote aber einen Gestaltungsspielraum belässt. Dem Vorhabenträger steht ein Wahlrecht unter verschiedenen Varianten zu, wie er die Sozialquote erbringen kann. Das Baulandmodell der Stadt München belässt dem Vorhabenträger im Rahmen des Baukastenmodells Wahlfreiheit bei der konkreten Ausgestaltung der Sozialquote. Auch das Baulandmodell der Stadt Bonn eröffnet dem Vorhabenträger einen geringen Gestaltungsspielraum bei der Sozialquote.[463]

---

462 Berliner Modell der kooperativen Baulandentwicklung, Leitlinie für den Abschluss städtebaulicher Verträge im Land Berlin, S. 29.

463 Bis zu einer Fortschreibung im Juni 2021 verfügte das Baulandmodell der Stadt Bonn über eine starre Sozialquote mit Wahlmöglichkeit. Dem Vorhabenträger wurde bei der Erfüllung der Sozialquote ein minimaler Gestaltungsspielraum belassen. Das Baulandmodell schrieb vor, dass der Vorhabenträger eine Sozialquote von 40 Prozent zu erfüllen hat, davon musste mindestens die Hälfte auf den Förderweg A der Wohnraumförderbestimmungen des Landes NRW entfallen, der Rest auf den Förderweg B. Der Vorhabenträger durfte den Anteil der Wohnungen, die nach den Bestimmungen des Förderwegs A zu errichten sind, beliebig erhöhen. Im städtebaulichen Vertrag wurde schließlich vereinbart, ob lediglich die mindestens geforderten 20 Prozent auf dem Förderweg A errichtet wurden oder ein höherer Anteil. Der Förderweg A bezeichnet Wohnraum für Begünstigte, deren anrechenbares Einkommen die Einkommensgrenze des § 13 Abs. 1 WFNG NRW nicht übersteigt, vgl. 1.2

Eine flexible Sozialquote liegt vor, wenn in einem Baulandmodell der Anteil an Wohnraum, den der Vorhabenträger im Standard und mit finanziellen Mitteln der sozialen Wohnraumförderung zu errichten hat, nicht generell für alle zukünftigen Vorhaben festlegt ist, sondern über den Anteil in jedem Einzelfall neu entschieden und sodann in den städtebaulichen Vertrag übernommen wird. Ein weiter Gestaltungsspielraum ist charakteristisch für die flexible Sozialquote.

Die untersuchten Baulandmodelle der Städte München, Berlin und Bonn beinhalten keine flexible Sozialquote. Die Stadt Heilbronn hingegen arbeitet mit einer flexiblen Sozialquote.[464] Dort hat der Gemeinderat die Verwaltung beauftragt, in jedem einzelnen Bebauungsplanverfahren ab zwölf Wohneinheiten dem kommunalen Beschlussorgan einen bebauungsplanbezogenen und begründeten Vorschlag für einen zu erfüllenden Anteil an öffentlich geförderten Mietwohnungen zu unterbreiten.[465] Die vorgeschlagene Sozialquote kann zwischen null und hundert Prozent liegen.[466] Auch die Stadt Ludwigshafen hat eine flexible Sozialquote beschlossen.[467] Die volle Flexibilität wie in der Stadt Heilbronn gewährt der in Ludwigshafen zur Anwendung kommende Beschluss zur Sozialquote jedoch nicht. Der Stadtrat von Ludwigshafen hat sich darauf geeinigt, dass jährlich im Durchschnitt ein Förderanteil von mindestens 25 Prozent geförderte Wohnungen

---

a) Wohnraumförderbestimmungen NRW, Runderlass des Ministeriums für Heimat, Kommunales, Bau und Gleichstellung – 402-2010-81/20 – v. 02.02.2021. Der Förderweg B bezeichnet Wohnraum für wirtschaftlich leistungsfähigere Begünstigte, deren anrechenbares Einkommen die Einkommensgrenze des § 13 Abs. 1 WFNG NRW um bis zu 40 Prozent übersteigt, vgl. Nr. 1.2 b) Wohnraumförderbestimmungen NRW, Runderlass des Ministeriums für Heimat, Kommunales, Bau und Gleichstellung – 402-2010-81/20 – v. 02.02.2021. Seit einer weiteren Fortschreibung im Oktober 2022 besteht wieder eine minimale Wahlmöglichkeit des Vorhabenträgers. Bei der Erfüllung der Sozialquote von 40 Prozent (Stufe 1) bzw. 50 Prozent (Stufe 2) muss jeweils mindestens 75 Prozent der Bruttogrundfläche Wohnen im Förderweg A errichtet werden, der Rest im Förderweg B, Ratsbeschluss der Stadt Bonn v. 27.10.2022, Vorlage Nr. 220278.

464 Siehe die baulandpolitischen Beschlüsse der Stadt Heilbronn v. 23.03.2018, GR-Drucks. Nr. 49, S. 11 f. und GR-Drucks. 49b, S. 1 und 5 f.

465 Baulandpolitischer Beschluss der Stadt Heilbronn v. 28.03.2018, GR-Drucks- 49b, S. 1 und 5.

466 Baulandpolitischer Beschluss der Stadt Heilbronn v. 28.03.2018, GR-Drucks- 49b, S. 1.

467 Beschlüsse des Stadtrats Ludwigshafen v. 23.09.2019, Vorlage Nr. 20190436 und 20190405.

zu errichten ist.[468] Das Abstellen auf den Durchschnitt erlaubt bei der Bestimmung des Anteils im Einzelfall Flexibilität. Dieser Regelungsmechanismus ermöglicht der Stadt Ludwigshafen, die spezifischen städtebaulichen Rahmenbedingungen und Eignungen für jedes Plangebiet im Einzelfall zu prüfen.

(2) Belegungsbindungen

Eine Belegungsbindung ist die öffentlich-rechtliche Verpflichtung des Vorhabenträgers oder sonstigen Verfügungsberechtigten, öffentlich geförderten Wohnungsbau nur Wohnberechtigten zu überlassen.[469] Über die Verpflichtung des Vorhabenträgers in dem städtebaulichen Vertrag, einen bestimmten Anteil der entstehenden Wohnungen oder der Geschossfläche nach den Fördervoraussetzungen der sozialen Wohnraumförderung zu errichten, findet eine Verknüpfung mit dem jeweils anzuwendenden Recht der sozialen Wohnraumförderung statt. In München findet das Bayerische Wohnraumförderungsgesetz (BayWoFG) Anwendung. Berlin hat kein eigenes Wohnraumförderungsgesetz, sodass das Bundes-WoFG Anwendung findet. In Bonn ist das Gesetz zur Förderung und Nutzung von Wohnraum für das Land Nordrhein-Westfalen (WFNG NRW) anzuwenden.

(a) Begründung der Belegungsbindung

Sofern der Vorhabenträger im städtebaulichen Vertrag verpflichtet wird, das Vorhaben nach den Voraussetzungen und mit den Mitteln der sozialen Wohnraumförderung zu errichten, erfolgt die Begründung der Belegungsbindungen nicht nur durch den städtebaulichen Vertrag nach § 11 Abs. 1 Satz 2 Nr. 2 BauGB, sondern ebenfalls im Rahmen der Förderzu-

---

468 Noch im Jahr 2017 lehnte die CDU-Fraktion die Einführung einer starren Sozialquote für die Stadt Ludwigshafen ab. Der flexiblen Quote stimmte sie zu. Grund hierfür ist eine Bewerbung der Stadt Ludwigshafen für das Landesförderprogramm „Experimenteller Wohnungs- und Städtebau" (ExWoSt). Voraussetzung für die Teilnahme an diesem Förderprogramm ist eine Quote für geförderten Wohnungsbau in Höhe von mindestens 25 Prozent, vgl. 2.1 Rundschreiben v. 11.01.2019, Neuer Ex-WoSt-Förderschwerpunkt: Zuschussförderung für investitionsvorbereitende Maßnahmen von Gemeinden zur Stärkung des geförderten Mietwohnungsbaus.
469 Vgl. § 4 Abs. 5 WoFG BW; § 16 Abs. 1 ThürWoFG.

sage durch die für die soziale Wohnraumförderung zuständige Stelle.[470] Die Förderzusage erfolgt durch Verwaltungsakt oder durch öffentlich-rechtlichen Vertrag.[471] Wird eine Belegungsbindung auch im städtebaulichen Vertrag vereinbart, kann die Gemeinde klarstellend darauf hinweisen, dass es sich um dieselbe Verpflichtung handelt.

(b) Arten von Belegungsbindungen

Zu unterscheiden sind unmittelbare und mittelbare Belegungsbindungen.[472] Unmittelbare Belegungsbindungen werden an den geförderten Wohnungen bzw. Geschossflächen begründet. Mittelbare Belegungsbindung werden an anderen Wohnungen bzw. Geschossflächen begründet[473], was voraussetzt, dass der Vorhabenträger bereits über Wohnungen vor Ort verfügt. Das Baulandmodell der Stadt München sieht für den Regelfall nur unmittelbare Belegungsbindungen vor. Unter engen Voraussetzungen ist ausnahmsweise eine mittelbare Belegungsbindung möglich.[474] Im Anwendungsbereich des Berliner Baulandmodells sind mittelbare Belegungsbindungen explizit ausgeschlossen.[475] Das Baulandmodell der Stadt Bonn trifft zur Art der Belegungsbindung keine Aussage.

---

470 Zutreffend beschreibt *Schwab*, Städtebauliche Verträge, Rn. 185, dass „parallel bzw. ergänzend zum städtebaulichen Vertrag ein Bewilligungsbescheid über die öffentlichen Fördermittel" ergeht.

471 Vgl. im Einzelnen § 13 Abs. 3 Satz 1 Hs. 1 Bundes-WoFG; § 13 Abs. 1 Satz 1 WoFG BW; Art. 13 Abs. 1 Satz 1 BayWoFG, mit der terminologischen Besonderheit, dass die Förderzusage als „Förderentscheidung" bezeichnet wird; § 11 Abs. 1 Satz 2 Bbg-WoFG; § 10 Abs. 4 Satz 1 Hs. 1 HmbWoFG; § 12 Abs. 1 Satz 2 HWoFG; § 6 Abs. 1 Satz 3 NWoFG, mit der terminologischen Besonderheit, dass die Förderzusage als „Förderentscheidung" bezeichnet wird; § 10 Abs. 1 Satz 2 WFNG NRW; § 7 Abs. 1 Satz 2 WoFG Rh.-Pf.; § 5 Abs. 1 SHWoFG; § 9 Abs. 1 ThürWoFG.

472 Vgl. etwa § 3 Abs. 9 Satz 2 Nr. 1 und Nr. 2 BbgWoFG, § 18 Abs. 1 Nr. 1 und Nr. 3 WoFG Rh.-Pf.

473 Vgl. § 3 Abs. 9 Satz 2 Nr. 2 BbgWoFG, § 18 Abs. 1 Nr. 3 WoFG Rh.-Pf.

474 Es müssen fünf Voraussetzungen kumulativ vorliegen, damit eine mittelbare Belegungsbindung ausnahmsweise zugelassen werden kann, Verfahrensgrundsätze zur Sozialgerechten Bodennutzung - Neufassung nach Maßgabe des Stadtratsbeschlusses v. 28.07.2021, Landeshauptstadt München, S. 8 mit Verweis auf die Maßgaben für einen Ersatzstandort nach dem Beschluss des Stadtrates der Landeshauptstadt München v. 26.07.2006, Sitzungsvorlage Nr. 02-08 / V 08351, S. 9.

475 Berliner Modell der kooperativen Baulandentwicklung, Leitlinie für den Abschluss städtebaulicher Verträge im Land Berlin, S. 12.

(c) Belegungsrechte

Ausgestaltet wird eine Belegungsbindung durch ein Belegungsrecht. Für die Dauer einer Belegungsbindung wird ein Belegungsrecht begründet. Die meisten Landes-Wohnraumförderungsgesetze und das Bundes-WoFG kennen drei verschiedene Formen des Belegungsrechts: das allgemeine Belegungsrecht, das Benennungsrecht und das Besetzungsrecht.[476] Ein allgemeines Belegungsrecht ist das Recht der zuständigen Stelle, von dem durch die Förderung berechtigten und verpflichteten Verfügungsberechtigten zu fordern, bestimmten belegungsgebundenen Wohnraum einer wohnberechtigten Person zu überlassen.[477] Die zuständige Stelle vermittelt berechtigte Wohnungssuchende an den Verfügungsberechtigten einer belegungsgebundenen Wohnung.[478] Dieser kann sich aus dem Kreis der wohnberechtigten Personen den Mieter frei auswählen. Die Wohnberechtigung des Wohnungssuchenden wird durch einen Wohnberechtigungsschein nachgewiesen.[479] Mit diesem kann ein Mieter den Nachweis erbringen, dass er aufgrund niedrigen Einkommens berechtigt ist, eine mit öffentlichen Mitteln geförderte Wohnung zu beziehen. Ein Wohnberechtigungsschein wird auf Antrag des Mieters durch die zuständige Stelle in der Regel für ein Jahr ausgestellt.[480]

Wird ein Benennungsrecht begründet, hat die zuständige Stelle Einfluss auf die Auswahl der infrage kommenden wohnberechtigten Personen. Re-

---

476 Das hessische WoFG kennt nur das allgemeine Belegungsrecht und das Benennungsrecht, vgl. § 4 Abs. 7 HWoFG. Gleichwohl können Kommunen nach dem Willen des Gesetzgebers auch das – aus dem Bundes-WoFG bekannte – Besetzungsrecht weiter praktizieren, Hessischer Landtag, Drs. 18/5832, S. 25. Das niedersächsisches WoFG und das thüringische WoFG kennen ein Besetzungsrecht nicht. In der Gesetzesbegründung zum WoFG 2013 in Thüringen heißt es: „In Thüringen wurde davon Abstand genommen, auch Besetzungsrechte aufzunehmen, da sie einen starken Eingriff in die Rechte des Eigentümers oder des sonstigen Verfügungsberechtigten bedeuten, der aufgrund des derzeitigen und auf absehbare Zeit erkennbar entspannten Wohnungsmarkts nicht notwendig ist.", Thüringer Landtag, Drs. 5/5061, S. 36.

477 Siehe etwa § 29 Nr. 6 Satz 1 WFNG NRW.

478 Die zuständigen Stellen auf dem Gebiet der sozialen Wohnraumförderung legen die Länder durch Rechtsverordnungen fest, vgl. beispielhaft für Baden-Württemberg, Verordnung des Finanz- und Wirtschaftsministeriums über Zuständigkeiten nach dem Landeswohnraumförderungsgesetz (ZuständigkeitsVO-LWoFG) v. 09.10.2009, GBl. 2009, S. 541.

479 Siehe beispielhaft §§ 26 Abs. 2 Satz 2, 27 Bundes-WoFG.

480 Siehe beispielhaft § 27 Abs. 2 Satz 1 Bundes-WoFG.

gelmäßig benennt die zuständige Stelle dem Verfügungsberechtigten drei wohnungssuchende Personen.[481] Aus dem benannten Personenkreis hat der Verfügungsberechtigte den Mieter auszuwählen. Das Auswahlrecht des Vermieters wird durch das Benennungsrecht beschränkt.[482]

Bei einem Besetzungsrecht wird der zuständigen Stelle das Recht eingeräumt, einen Wohnungssuchenden zu bestimmen, dem der Verfügungsberechtigte die belegungsgebundene Wohnung zu überlassen hat.[483] Dadurch wird die Wahlfreiheit des Verfügungsberechtigten bei der Auswahl des Mieters auf null reduziert.

Zuständige Stelle für die Ausübung eines Belegungsrechts ist die untere Verwaltungsbehörde.[484] Mit dem Instrument des Benennungs- und Beset-

---

481 Nach der Rechtsprechung des VG Düsseldorf, Urt. v. 31.01.2005 - 14 K 6229/04, Rn. 28 (*juris*) ist der sog. *Dreiervorschlag* charakteristisch für das Benennungsrecht. Vgl. im Einzelnen § 26 Abs. 2 Satz 3 Bundes-WoFG; § 4 Abs. 13 Satz 4 WoFG BW; Art. 14 Abs. 1 Satz 2 Alt. 2 BayWoFG; § 3 Abs. 11 BbgWoFG; § 15 Abs. 1 Satz 3 Hmb-WoFG; § 4 Abs. 9 HWoFG; § 8 Abs. 4 NWoFG; § 29 Nr. 6 Satz 2 WFNG NRW; § 18 Abs. 2 Satz 3 WoFG Rh.-Pf.; § 11 Abs. 1 Satz 2 SHWoFG und §16 Abs. 2 Satz 3 ThürWoFG.

482 Vgl. § 4 Abs. 13 Satz 3 WoFG BW.

483 Vgl. im Einzelnen § 26 Abs. 2 Satz 4 Bundes-WoFG; § 4 Abs. 13 Satz 5 WoFG BW; Art. 14 Abs. 1 Satz 2 Alt. 1 BayWoFG; § 3 Abs. 12 BbgWoFG; § 15 Abs. 1 Satz 4 Hmb-WoFG; § 29 Nr. 6 Satz 3 WFNG NRW; § 18 Abs. 2 Satz 4 WoFG Rh.-Pf.; § 11 Abs. 1 Satz 2 SHWoFG.

484 Die Zuständigkeit der Stadt München für die Förderung von Mietwohnraum folgt aus § 1 Abs. 1 Nr. 1 lit c) sublit aa), Abs. 3 Nr. 1 Verordnung zur Durchführung des Wohnungsrechts und des Besonderen Städtebaurechts (Durchführungsverordnung Wohnungsrecht – DVWoR) v. 08.05.2007, Bay. GVBl., S. 326. Die Zuständigkeit für das Land Berlin ergibt sich aus § 3 Abs. 2 Satz 3 Bundes-WoFG i.V.m. Nr. 11.1 Wohnungsbauförderungsbestimmungen Berlin 2022, ABl. Berlin, Nr. 39, S. 2633, wonach die Senatsverwaltung Bauen und Wohnen zuständig für die Aufnahme von Bauvorhaben in das Wohnungsbauförderprogramm ist. Belegungsbindungen sind in der Förderzusage enthalten, für die in Berlin die Investitionsbank Berlin zuständig ist, vgl. 12.3 Wohnungsbauförderungsbestimmungen Berlin 2022, ABl. Berlin, Nr. 39, S. 2633. Als Anstalt des öffentlichen Rechts steht die Investitionsbank Berlin im Eigentum des Landes Berlin, § 1 Satz 1 Gesetz über die Errichtung der Investitionsbank Berlin als rechtsfähige Anstalt des öffentlichen Rechts (Investitionsbankgesetz – IBBG) v. 25.05.2004, GVBl. Berlin, S. 226. Die Zuständigkeit der Stadt Bonn ergibt sich aus folgenden Überlegungen: Nach § 10 Abs. 3 Satz 3 WFNG NRW ist in der Förderzusage festzulegen, ob Belegungsrechte als allgemeine Belegungsrechte, Benennungsrechte oder Besetzungsrechte zu begründen sind. Zuständig für die Förderzusage sind nach § 3 Abs. 2 WFNG NRW i.V.m. § 2 Nr. 1 Verordnung über Zuständigkeiten auf dem Gebiet der sozialen Wohnraumförderung und anderer Maßnahmen des Wohnungswesens v. 02.06.1992, GV. NRW, S. 190, die Kreise und kreisfreien Städte, sowie die Großen und Mittleren kreisangehörigen Städte. Die

zungsrechts als Sonderformen des Belegungsrechts kann die Gemeinde als untere Verwaltungsbehörde konkreten Einfluss auf die Vergabe geförderter Wohnungen ausüben. Wurden Benennungs- oder Besetzungsrechte für die Gemeinde begründet, kann sie diese insbesondere für Wohnungsnotfälle solcher Personengruppen einsetzen, die andernfalls von Wohnungslosigkeit bedroht sein würden. Solche Wohnungsnotfälle können etwa bei Menschen auftreten, die aus einer Haftanstalt entlassen werden, bei Frauen, insbesondere schwangeren oder solchen mit kleinen Kindern, die übergangsweise in ein Frauenhaus einziehen müssen oder sonstigen Fällen drohender Obdachlosigkeit.

(d) Bindungsdauer

Die Dauer der Bindung hängt davon ab, welche Vorschriften der sozialen Wohnraumförderung Anwendung finden. Das Bundes-WoFG schreibt für Belegungsbindungen keine bestimmte Dauer vor.[485] In Bayern hingegen beträgt die Dauer der Bindung für Mietwohnraum in Mehrfamilienhäusern 25 oder 40 Jahre.[486] Auch in Nordrhein-Westfalen besteht bei der Dauer der Belegungsbindung eine Wahlmöglichkeit. Die Belegungsbindung kann wahlweise für 20, 25 oder 30 Jahre festgelegt werden.[487] Das Wahlrecht obliegt dem Förderbegünstigten. Er kann bei der Antragstellung aus den gesetzlich eröffneten Möglichkeiten aussuchen.[488]

Stadt Bonn ist nach § 1 Abs. 1 Satz 1 und Satz 2 Gesetz zur kommunalen Neugliederung des Raumes Bonn (Bonn-Gesetz) v. 10.06.1969, GV. NRW, S. 236, kreisfreie Stadt.

485 Siehe § 29 Abs. 1 Satz 1 Hs. 1 Bundes-WoFG.

486 Art. 17 BayWoFG i.V.m. 21.1 Satz 1 Wohnraumförderungsbestimmungen 2022 Bayern, Bekanntmachung des Bayerischen Staatsministeriums für Wohnen, Bau und Verkehr v. 16.03.2022 (BayMBL. Nr. 204).

487 Vgl. 2.3.1 Satz 2 Wohnraumförderbestimmungen NRW, Runderlass des Ministeriums für Heimat, Kommunales, Bau und Gleichstellung – 402-2010-81/20 – v. 02.02.2021.

488 Vgl. Antragsformular der NRWBank, Förderantrag Mietwohnungen und Gruppenwohnungen, S. 4, https://www.nrwbank.de/de/foerderung/dokumente/wohnraumf oerderung-zusatzseite-4-antrag-mietwohnungen.pdf?contentType=application/pdf &pfad=/3/2/8432/ (zuletzt aufgerufen am 30.12.2022).

(e) Weitergehende Vereinbarungen im städtebaulichen Vertrag

Die Bedingungen für eine Förderung werden in der Förderzusage festgelegt. Darüber hinaus sind weitergehende Vereinbarungen im städtebaulichen Vertrag möglich. Dabei ist zu unterscheiden, ob die vertragsschließende Gemeinde gleichzeitig auch die für die soziale Wohnraumförderung zuständige Stelle ist.[489] In den Fällen, in denen die für die soziale Wohnraumförderung zuständige Stelle nicht die vertragsschließende Gemeinde selbst ist, sollten weitergehende Vereinbarungen nur in Absprache mit der für die soziale Wohnraumförderung zuständigen Stelle getroffen werden. Sonst besteht die Gefahr sich widersprechender Regelungen.

Eine weitergehende Vereinbarung im städtebaulichen Vertrag kann beispielsweise die Verpflichtung des Vorhabenträgers sein, die nach den Vorschriften der sozialen Wohnraumförderung bestehenden unterschiedlichen Einkommensgruppen im Baugebiet zu durchmischen.[490] Durch diese Verpflichtung kann die Gemeinde die soziale Durchmischung der Bewohner des Baugebiets sicherstellen. Ist die vertragsschließende Gemeinde selbst die für die soziale Wohnraumförderung zuständige Stelle, ist eine solche Verpflichtung des Vorhabenträgers im städtebaulichen Vertrag nicht erforderlich. Durch Ausübung der Belegungsrechte kann die Gemeinde die Durchmischung der Einkommensgruppen steuern. Ist die vertragsschließende Gemeinde hingegen nicht die für die soziale Wohnraumförderung zuständige Stelle, muss sie dieses Ziel auf anderem Weg erreichen. Über eine weitergehende Vereinbarung im städtebaulichen Vertrag kann sie sich eine mittelbare Einflussnahme sichern.

Zudem kann durch eine Vereinbarung im städtebaulichen Vertrag die Wahlmöglichkeit des Antragstellers zur Dauer der Belegungsbindung, die einige Länder in ihren Vorschriften der sozialen Wohnraumförderung vor-

---

489 Beispielsweise kann in Bayern die für die soziale Wohnraumförderung zuständige Stelle das Landratsamt als untere Verwaltungsbehörde sein (§ 1 Abs. 3 Nr. 2 DVWoR i.V.m. Art. 37 Abs. 1 Satz 2 BayLKrO), während für den Abschluss des städtebaulichen Vertrags die Gemeinde zuständig ist (Art. 28 Abs. 2 Satz 1 GG).

490 Vgl. *Spieß*, in: Brandl/Dirnberger/Miosga/Simon, Wohnen im ländlichen Raum. Wohnen für alle, S. 241. In Bayern gibt es drei verschiedene Einkommensstufen, die zu drei Einkommensgruppen führen, vgl. Nr. 25.3 Wohnraumförderungsbestimmungen 2022 Bayern, Bekanntmachung des Bayerischen Staatsministeriums für Wohnen, Bau und Verkehr v. 16.03.2022 (BayMBL. Nr. 204).

sehen[491], beschränkt werden. Die Gemeinde kann mit dem Vorhabenträger vereinbaren, dass der Vorhabenträger diejenige Belegungsbindung bei der zuständigen Stelle beantragt, die die einschlägige Vorschrift maximal vorsieht.[492] Sofern die Vorschriften der sozialen Wohnraumförderung keine bestimmte Dauer für Belegungsbindungen vorschreibt, kann eine solche im städtebaulichen Vertrag festgelegt werden.

Sofern die einschlägigen Vorschriften der sozialen Wohnraumförderung der zuständigen Stelle die Entscheidung darüber belassen, welche Art des Belegungsrechts (allgemeines Belegungsrecht, Benennungs- oder Besetzungsrecht) sie in der Förderzusage begründet, kann dieser Gestaltungsspielraum der zuständigen Stelle in einem städtebaulichen Vertrag verengt werden. Ist die vertragsschließende Gemeinde nicht die für die soziale Wohnraumförderung zuständige Stelle, kann eine Festlegung auf eine bestimmte Art des Belegungsrechts im städtebaulichen Vertrag nur in Absprache mit der für die Wohnraumförderung zuständigen Stelle erfolgen. Letztere begründet das jeweilige Belegungsrecht in der Förderzusage. Einigen sich die Vertragsparteien eines städtebaulichen Vertrags ohne Absprache mit der zuständigen Stelle auf eine besondere Art des Belegungsrechts, entfaltet diese Einigung keine Bindungswirkung für die zuständige Stelle. Begründet die zuständige Stelle in der Förderzusage eine andere Art des Belegungsrechts hat dies zur Folge, dass der Vorhabenträger die Verpflichtung aus dem städtebaulichen Vertrag nicht erbringen kann.

Auch können im städtebaulichen Vertrag Regelungen zur örtlichen Anordnung des zu errichtenden geförderten Wohnraums innerhalb des Gesamtvorhabens getroffen werden.[493] Üblicherweise wird der Vorhabenträger ein Interesse daran haben, den sozial geförderten Wohnraum in ertrags-

---

491 In NRW beträgt die Dauer der Belegungsbindung etwa wahlweise 20, 25 oder 30 Jahre, siehe 2.3.1 Satz 2 Wohnraumförderbestimmungen NRW, Runderlass des Ministeriums für Heimat, Kommunales, Bau und Gleichstellung – 402-2010-81/20 – v. 02.02.2021.

492 So wird es auch in München praktiziert: Das Baulandmodell der Stadt München schreibt vor, dass Einzelheiten zur Realisierung der Förderquote (z.B. Bindungsfristen) im Rahmen der Grundvereinbarung und in den Förderbescheiden geregelt werden, siehe Verfahrensgrundsätze zur Sozialgerechten Bodennutzung - Neufassung nach Maßgabe des Stadtratsbeschlusses v. 28.07.2021, Landeshauptstadt München, S. 4.

493 Im Einzelfall ist zu untersuchen, ob ein kooperatives Baulandmodell zur Frage der örtlichen Anordnung Regelungen enthält. Das Baulandmodell der Stadt München legt beispielsweise fest, dass „[s]oweit nicht wichtige Gründe dagegen sprechen (z.B. förderrechtliche Bestimmungen oder planungs- und baurechtliche Festsetzungen), [...] es den Planungsbegünstigten frei[steht], auf welcher Fläche bzw. welchen

schwachen Lagen innerhalb des Vorhabens zu errichten. Faktoren, die den Wert einer Wohnung beeinflussen sind etwa das Stockwerk, in dem sich die Wohnung befindet, oder die Himmelsausrichtung der Wohnung. Eine nach Norden ausgerichtete Wohnung ist weniger attraktiv als eine Wohnung mit Südbalkon. Aber auch Immissionsbeeinträchtigungen haben einen Einfluss auf den Wert der Wohnung, wobei die Beeinträchtigungen von Einflüssen des Vorhabens selbst, wie beispielsweise einer Tiefgarageneinfahrt, oder von äußeren Einflüssen, wie beispielsweise Verkehrslärm, herrühren können. Vereinbarung zur örtlichen Anordnung sollten gleichzeitig die Leitvorstellung des § 1 Abs. 6 Nr. 2 BauGB berücksichtigen, wonach die Schaffung und die Erhaltung sozial stabiler Bewohnerstrukturen ein Ziel ist. Dieses kann beispielsweise erreicht werden, indem eine Regelung in den Vertrag aufgenommen wird, wonach der geförderte Wohnraum sich gleichmäßig über verschiedene Wohnhäuser verteilen muss.

Ferner können im städtebaulichen Vertrag auch Vereinbarungen zu Sicherungsinstrumenten getroffen werden, die die Verpflichtungen des Vorhabenträgers gegenüber der Gemeinde sichern.[494]

(3) Mietbindungen

Als dritte Maßnahme zur Deckung des Wohnbedarfs von Bevölkerungsgruppen mit besonderen Wohnraumversorgungsproblemen werden Mietbindungen vereinbart. Bei einer Mietbindung handelt es sich um eine öffentlich-rechtliche Verpflichtung des Verfügungsberechtigten, den Wohnraum nicht gegen eine höhere als in der Förderzusage festgelegte höchstzulässige Miete an einen Wohnberechtigten zu überlassen.[495] Die höchstzuläs-

---

Flächen innerhalb des Planungsgebiets die Förderquote bzw. der zusätzliche preisgedämpfte Mietwohnungsbau errichtet wird", Verfahrensgrundsätze zur Sozialgerechten Bodennutzung - Neufassung nach Maßgabe des Stadtratsbeschlusses v. 28.07.2021, Landeshauptstadt München, S. 8.

494 Vgl. *Krautzberger*, in: Ernst/Zinkahn/Bielenberg/Krautzberger, BauGB, § 11 Rn. 148. Zur Zulässigkeit von in der Praxis häufig auftretenden Unterlassungsdienstbarkeiten zur Sicherung von Belegungsrechten siehe *Owusu*, Die Absicherung von Verpflichtungen in städtebaulichen Verträgen gemäß § 11 BauGB, S. 386 ff.

495 Vgl. etwa Art. 15 Abs. 1 Satz 1 BayWoFG und Nr. 20 und 21 Wohnraumförderungsbestimmungen 2022 Bayern, Bekanntmachung des Bayerischen Staatsministeriums für Wohnen, Bau und Verkehr v. 16.03.2022 (BayMBL. Nr. 204); § 28 Abs. 1 Satz 1 Hs. 1 Bundes-WoFG i.V.m. Nr. 10 Wohnungsbauförderungsbestimmungen Berlin 2022, ABl. Berlin, Nr. 39, S. 2633; § 16 WFNG NRW und Nr. 2.3.2 Wohnraumförder-

sige Miete ist die in der Förderzusage festgesetzte Miete ohne den Betrag für die Betriebskosten.[496] Sie wird auch als zulässige Erstvermietungsmiete oder Bewilligungsmiete bezeichnet.[497] Ihre Berechnung wird in den jeweils einschlägigen Wohnraumförderbestimmungen näher ausgeführt.[498]

In einem städtebaulichen Vertrag nach § 11 Abs. 1 Satz 2 Nr. 2 BauGB wird eine höchstzulässige Miete nicht vereinbart. Durch die vertragliche Verpflichtung, Mittel der sozialen Wohnraumförderung in Anspruch zu nehmen, werden die Vorschriften der sozialen Wohnraumförderung aktiviert. Die höchstzulässige Miete und die Dauer der Mietbindung werden für jeden Einzelfall in der Förderzusage festgelegt. Darüber hinaus ist es nicht erforderlich, die Mietbindung zusätzlich im städtebaulichen Vertrag niederzuschreiben. Möglich ist es, im städtebaulichen Vertrag darauf zu verweisen, dass die Förderzusage zwingende Vorgaben zur Miethöhe für die abzuschließenden Mietverträge enthält.

cc) Vereinbarungen bei freifinanzierten Vorhaben

Vereinbarungen zur sozialgerechten Bodennutzung können auch bei freifinanzierten Vorhaben getroffen werden. Der Terminus „freifinanziertes Vorhaben" bezeichnet Wohnraum, der nicht durch öffentliche Mittel der sozialen Wohnraumförderung mitfinanziert wird.[499] Die Ver-

---

bestimmungen NRW, Runderlass des Ministeriums für Heimat, Kommunales, Bau und Gleichstellung – 402-2010-81/20 – v. 02.02.2021.

496 Vgl. Art. 15 Abs. 1 Satz 1 Hs. 2 BayWoFG; § 28 Abs. 1 Satz 1 Hs. 2 Bundes-WoFG; § 10 Abs. 3 Satz 6 WFNG NRW.

497 Vgl. Nr. 19.1 Wohnraumförderungsbestimmungen 2022 Bayern, Bekanntmachung des Bayerischen Staatsministeriums für Wohnen, Bau und Verkehr v. 16.03.2022 (BayMBL. Nr. 204); Nr. 10.1 Wohnungsbauförderungsbestimmungen Berlin 2022, ABl. Berlin, Nr. 39, S. 2633; Nr. 2.3.2.1 Wohnraumförderbestimmungen NRW, Runderlass des Ministeriums für Heimat, Kommunales, Bau und Gleichstellung – 402-2010-81/20 – v. 02.02.2021.

498 Vgl. dazu Nr. 19.1 Wohnraumförderungsbestimmungen 2022 Bayern, Bekanntmachung des Bayerischen Staatsministeriums für Wohnen, Bau und Verkehr v. 16.03.2022 (BayMBL. Nr. 204); Nr. 10.1 Wohnungsbauförderungsbestimmungen Berlin 2022, ABl. Berlin, Nr. 39, S. 2633; 2.3.2 Wohnraumförderbestimmungen NRW, Runderlass des Ministeriums für Heimat, Kommunales, Bau und Gleichstellung – 402-2010-81/20 – v. 02.02.2021.

499 Vgl. *Pahnke*, Einkommensorientierte Förderung des sozialen Wohnungsbaues, S. 7, der darauf verweist, dass allgemein gewährte Vergünstigungen auch bei freifinanzierten Vorhaben in Anspruch genommen werden können, wie etwa die im Rah-

einbarung einer Sozialquote in einem städtebaulichen Vertrag nach § 11 Abs. 1 Satz 2 Nr. 2 BauGB kommt bei freifinanzierten Vorhaben nicht in Betracht, da Wesensmerkmal einer Sozialquote gerade die Verpflichtung ist, für einen bestimmten Anteil der Fläche öffentliche Mittel der Wohnraumförderung in Anspruch zu nehmen. Aber auch im freifinanzierten Bereich können in städtebaulichen Verträgen zur Deckung des Wohnbedarfs von Bevölkerungsgruppen mit besonderen Wohnraumversorgungsproblemen Vereinbarungen über die Erfüllung einer Quote, die Begründung von Belegungsbindungen und die Begründung von Mietbindungen getroffen werden.[500] Bei der Umsetzung eines Vorhabens kann es einen Teil geben, bei dem der Vorhabenträger Verpflichtungen aus Vereinbarungen, Wohnungen im Standard und mit Mitteln der sozialen Wohnraumförderung zu errichten, nachkommen muss und einen Teil, bei dem der Vorhabenträger Verpflichtungen aus Vereinbarungen im freifinanzierten Vorhabenbereich zu erfüllen hat.

(1) Quote für preisgedämpften Wohnraum

Die angespannte Lage auf dem Mietwohnungsmarkt führt dazu, dass nicht mehr nur Geringverdiener zu den Bevölkerungsgruppen mit besonderen Wohnraumversorgungsproblemen zählen. Auch Einkommensbezieher, die die Einkommensgrenzen der sozialen Wohnraumförderung überschreiten und deshalb keine sozial geförderte Wohnung beziehen können, haben immer häufiger Schwierigkeiten, auf dem freien Wohnungsmarkt bezahlbaren und angemessenen Wohnraum zu finden. Eine Angebotslücke besteht bei Mietwohnraum oft für solche Haushalte, die die Einkommensgrenzen für einen Wohnberechtigungsschein knapp überschreiten, andererseits aufgrund des hohen Mietniveaus in der Region aber keinen preisgünstigen Wohnraum am freien Markt finden. Dies macht deutlich, dass der Begriff „Bevölkerungsgruppen mit besonderen Wohnraumversorgungsproblemen" nicht deckungsgleich mit dem der Zielgruppe der sozialen Wohnraumför-

---

men der Einkommensbesteuerung gewährte erhöhte Gebäudeabschreibung nach § 7 Abs. 5 EStG im Mietwohnungsbau.

500 Ähnlich auch *Schwab*, Städtebauliche Verträge, Rn. 186, der nur die Möglichkeit erwähnt, dem Vorhabenträger Belegungs- und Mietbindungen aufzuerlegen, sowie *Bank*, in: Brügelmann, BauGB, § 11 Rn. 58c.

derung ist, sondern darüber hinausgeht.[501] Gemeinden haben erkannt, dass die angespannte Lage auf dem Mietwohnungsmarkt nicht nur zu erheblichen wirtschaftlichen Problemen bei Haushalten mit geringem bis mittlerem Einkommen führt, sondern dies auch Wettbewerbsnachteile für die Gemeinde nach sich zieht.[502] Dringend benötigte Fachkräfte können hohe Mieten insbesondere in Ballungsräumen nicht bezahlen und entscheiden sich stattdessen für Arbeitsregionen mit niedrigerem Mietniveau oder ziehen ins preisgünstigere Umland und sind gezwungen, weite Wege zur Arbeitsstätte zu pendeln. *Burgi* meint treffenderweise, die Wohnungsnot sei „in der Mitte der Gesellschaft angekommen".[503]

Eine in der Praxis neuere Entwicklung ist eine Quote für preisgedämpften Wohnraum. Eine solche Quote legt fest, dass für einen bestimmten Anteil der Wohnflächen Belegungs- und Mietbindungen vereinbart werden. Die für die Bindungen maßgeblichen Einkommensgrenzen liegen dabei oberhalb der Grenzen, die bei der sozialen Wohnraumförderung gelten. Im Gegensatz zur Sozialquote werden die Verpflichtungen, die aus der Quote für den preisgedämpften Wohnraum resultieren, nicht durch finanzielle Mittel kompensiert.

Einige Städte haben Quoten für preisgedämpften Wohnraum in ihre kooperativen Baulandmodelle aufgenommen, um sicherzustellen, dass für Einkommensbezieher, die die Einkommensgrenzen der sozialen Wohnraumförderung übersteigen, preisgünstiger Mietwohnraum auf dem Markt angeboten wird. Die nähere Ausgestaltung der festzulegenden Belegungs- und Mietbindungen erfolgt nicht durch die einschlägigen Vorschriften der sozialen Wohnraumförderung, sondern muss durch die Gemeinde im städtebaulichen Vertrag festgelegt werden. Von den Baulandmodellen der Städte Berlin, Bonn und München kennt das Münchner Modell eine Quote für den preisgedämpften Wohnungsbau.[504] Zusätzlich zu der Sozialquote von 40 Prozent muss der Vorhabenträger in München eine im Rahmen des Baukastenmodells näher zu bestimmende Quote im preisgedämpften Miet-

---

501 Abweichend *Schwab*, Städtebauliche Verträge, Rn. 184, der meint, der Begriff „Bevölkerungsgruppe mit besonderen Wohnraumversorgungsproblemen" sei inhaltsgleich mit dem der Zielgruppe der sozialen Wohnraumförderung.

502 Vgl. Beschluss des Gemeinderats der Stadt Konstanz v. 24.07.2014, Handlungsprogramm Wohnen in Konstanz, Beschlussvorlage ö 2014-0445, Anlage 1, S. 17.

503 *Burgi*, NVwZ 2020, 257.

504 Verfahrensgrundsätze zur Sozialgerechten Bodennutzung - Neufassung nach Maßgabe des Stadtratsbeschlusses v. 28.07.2021, Landeshauptstadt München, S. 4 f.

wohnungsbau errichten.[505] Auch die Baulandmodelle der Städte Düsseldorf und Stuttgart kennen eine Quote für preisgedämpften Wohnungsbau.[506]

(2) Belegungsbindungen

Eine Belegungsbindung bei einem freifinanzierten Vorhaben legt fest, welcher Personenkreis berechtigt ist, den preisgedämpften Wohnraum zu beziehen. Um diesen Kreis zu bestimmen, ist eine Einkommensgrenze zu definieren. Zusätzlich kann eine angemessene Wohnungsgröße pro Haushaltsangehörigem festgelegt werden.

Die Stadt München zieht die Mietbelastungsquote heran, um den wohnberechtigten Personenkreis für preisgedämpften Wohnraum zu bestimmen.[507] Die Mietbelastungsquote eines Haushalts bezeichnet je nach

---

505 Die Quote kann dabei zwischen fünf und 25 Prozent liegen. Wählt der Vorhabenträger eine Förderquote von insgesamt 45 Prozent (40 Prozent geförderter Wohnungsbau und fünf Prozent preisgedämpfter Wohnungsbau), wird die Förderquote mit lediglich fünf von 100 Punkten bedacht. Eine Förderquote von 65 Prozent (40 Prozent geförderter Wohnungsbau und 25 Prozent preisgedämpfter Wohnungsbau), erreicht hingegen 50 von 100 notwendigen Punkten. Der Verzicht auf die Errichtung von preisgedämpften Wohnungen ist nur möglich, wenn stattdessen 40 Prozent der Flächen an die Landeshauptstadt München verkauft werden. Siehe im Einzelnen zu den möglichen Bausteinen Beschluss des Stadtrats der Landeshauptstadt München v. 28.07.2021, Sitzungsvorlage Nr. 20-26 / V 03932, S. 15 sowie die Übersicht zu dem 100 Punkte-Baukasten-Modell in der Anlage 6 zu dem Beschluss.

506 Beschluss des Rats der Stadt Düsseldorf v. 28.04.2016, Vorlage 61/ 33/2016 sowie zur Weiterentwicklung der Quotierungsregelung im Jahr 2022 Beschluss des Rats der Stadt Düsseldorf v. 07.04.2022, Vorlage APS/006/2022; Beschluss des Gemeinderats Stuttgart v. 02.04.2020, GRDrs 1060/2019, Anlage 2, S. 10 f. Die Stadt Stuttgart hat eine Quote für den preisgedämpften Mietwohnungsbau bei der ersten Gesamtfortschreibung des Stuttgarter Innenentwicklungsmodells (SIM) eingeführt. Der Koalitionsvertrag zwischen SPD, Bündnis 90/Die Grünen und Die Linke für die Stadt Berlin in der Legislaturperiode 2021-2026 formuliert das Ziel, das Berliner Modell der kooperativen Baulandentwicklung auf das mittlere Preissegment auszuweiten und eine Quote für den preisgedämpften Wohnraum einzuführen, vgl. Koalitionsvertrag zwischen SPD, Bündnis 90/Die Grünen und die Linke für die Stadt Berlin in der Legislaturperiode 2021-2026, S. 17.

507 Beschluss des Stadtrats der Landeshauptstadt München v. 26.07.2017, Sitzungsvorlage Nr. 14-20 / 09240, S. 16 f. Der Beschluss zur Fortschreibung der SoBoN 2021 sieht vor, dass soweit keine neuen Regelungen getroffen werden im Übrigen die bisherige Beschlusslage (SoBoN 2017) fort gilt, siehe Beschluss des Stadtrats der Landeshauptstadt München v. 28.07.2021, Sitzungsvorlage Nr. 20-26 / V 03932, S. 38. Dies trifft auf die Regelungen zur Mietbelastungsquote sowie zur Wohnungsgrößenfestlegung zu.

Definition den Anteil am Haushaltsnettoeinkommen, der für die Kalt- bzw. Warmmiete aufgewendet werden muss.[508] Die Regelungen des Münchner Modells der sozialgerechten Bodennutzung sehen vor, dass mindestens 30 Prozent des Haushaltsnettoeinkommens für die Nettokaltmiete inklusive Tiefgarage aufgebracht werden sollen.[509] Um zu verhindern, dass ein Haushalt mit geringer Personenzahl die Mietbelastungsquote durch den Bezug einer flächenmäßig großen Wohnung erreicht, wird die Mietbelastungsquote in München um eine Wohnungsgrößenfestlegung ergänzt.[510] Die Wohnungsgrößenfestlegung verfügt über zwei Parameter: die Größe der Wohnung und die Personenanzahl des Haushalts.[511]

---

508 Eine allgemeingültige Definition des Begriffs „Mietbelastungsquote" gibt es nicht. Es ist im Einzelfall zu prüfen, ob sich die Mietbelastungsquote auf die Kalt- oder Warmmiete bezieht. Bei der Kaltmiete wird zusätzlich zwischen der Netto- und der Bruttokaltmiete unterschieden. Die Nettokaltmiete erfasst keinerlei Nebenkosten, *Bartholomäi/Stellmann*, in: Lindner-Figura/Oprée/Stellmann, Geschäftsraummiete, Kap. 10 Rn. 12. Die Bruttokaltmiete setzt sich aus der Miete für die Gebrauchsüberlassung nebst einem kalkulierten, aber nicht ausgewiesenen Betrag für die kalten Betriebskosten zusammen, wobei „kalte Betriebskosten" die in § 1 Abs. 1 und § 2 Nr. 1-3, Nr. 7-17 BetrKV ausgewiesenen Betriebskosten sind, also sämtliche Betriebskosten mit Ausnahme der Heiz- und Warmwasserkosten, *Gras*, in: Schach/Schultz/Schüller, BeckOK MietR, BGB, § 535 Rn. 2404. Der Dritte Bericht der Bundesregierung über die Wohnungs- und Immobilienwirtschaft in Deutschland und Wohngeld- und Mietbericht 2016 (BT-Drs. 18/13120) berechnet die Mietbelastungsquote auf Basis der Eurostat-Definition des Housing Cost Burden, die auf die Brutto*warm*miete abstellt, vgl. Eurostat, Algorithms to compute Social Inclusion Indicators based on EU-SILC and adopted under the Open Method of Coordination (OMC), LC-ILC/39/09/EN-rev.1, 2010. Der Bericht weist darauf hin, dass in früheren Jahren die Mietbelastung auf Basis der Brutto*kalt*miete ausgewiesen wurde und sie somit nicht vergleichbar sind, BT-Drs. 18/13120, S. 114.

509 Vgl. Beschluss des Stadtrats der Landeshauptstadt München v. 26.07.2017, Sitzungsvorlage Nr. 14-20 / 09249, S. 16 i.V.m. Beschluss des Stadtrats der Landeshauptstadt München v. 28.07.2021, Sitzungsvorlage Nr. 20-26 / V 03932, S. 38. Abweichend zu der Eurostat-Definition (siehe Fußnote 508) stellt die Münchner Regelung bei der Mietbelastungsquote auf die Nettokaltmiete ab.

510 Vgl. Beschluss des Stadtrats der Landeshauptstadt München v. 26.07.2017, Sitzungsvorlage Nr. 14-20 / 09249, S. 17 i.V.m. Beschluss des Stadtrats der Landeshauptstadt München v. 28.07.2021, Sitzungsvorlage Nr. 20-26 / V 03932, S. 38.

511 In München gilt: eine Person bis 60 m², zwei Personen bis 75 m², drei Personen bis 90 m², vier Personen bis 105 m². Die Wohnungsgrößenfestlegung als Kriterium für den preisgedämpften Wohnraum entspricht der Wohnungsgrößenfestlegung aus dem Konzeptionellen Mietwohnungsbau, vgl. Beschluss des Stadtrats der Landeshauptstadt München v. 26.07.2017, Sitzungsvorlage Nr. 14-20 / 09249, S. 17. Die Wohnungsgrößenfestlegungen aus dem Konzeptionellen Mietwohnungsbau wurden

Die Stadt Stuttgart verfährt bei der Bestimmung des wohnberechtigten Personenkreises ähnlich: Die Wohnungen des preisgedämpften Segments dürfen nur solchen Personen überlassen werden, die durch Bescheinigung der Stadt Stuttgart die Einhaltung von zuvor festgelegten Einkommensgrenzen und angemessenen Wohnungsgrößen nachweisen.[512]

Die Stadt Düsseldorf legt den wohnberechtigten Personenkreis für preisgedämpften Wohnraum in Anlehnung an die Einkommensgrenzen des öffentlich geförderten Wohnraums fest.[513] Preisgedämpften Wohnraum dürfen Haushalte bewohnen, die die Einkommensgrenze des öffentlich geförderten Wohnraums um maximal 60 Prozent überschreiten.[514]

(3) Mietbindungen

Anders als im Regelungsregime der sozialen Wohnraumförderung, in dem die höchstzulässige Miete durch die Förderzusage festgelegt wird, muss bei Vereinbarungen zum preisgedämpften Wohnraum im freifinanzierten Bereich die zulässige Höhe der Nettokaltmiete durch die Gemeinde festgelegt werden.[515] Darüber hinaus muss die Gemeinde regulieren, in welchem Um-

---

mit Beschluss des Stadtrats der Landeshauptstadt München v. 10.04.2019, Sitzungsvorlagen Nr. 14-20 / V 13303, S. 4 angepasst.

512 Siehe Beschluss des Gemeinderats Stuttgart v. 02.04.2020, GRDrs 1060/2019, Anlage 2, S. 10 f. Die Einkommensgrenze richtet sich in Stuttgart nach der Neufassung der Richtlinien „Mietwohnungen für mittlere Einkommensbezieher", Richtlinien zur Förderung von Mietwohnungen in Stuttgart v. 19.07.2007 i.d.F.v. 27.07.2016, geändert am 29.07.2020, https://www.stuttgart.de/medien/ibs/Neufassung-der-Richtlinien-Mietwohnungen-fuer-mittlere-Einkommensbezieher.pdf (zuletzt aufgerufen am 30.12.2022).

513 Vgl. Beschluss des Rats der Stadt Düsseldorf v. 28.04.2016, Anlage zur Vorlage Nr. 61/33/2016, S. 6.

514 Vgl. Beschluss des Rats der Stadt Düsseldorf v. 28.04.2016, Anlage zur Vorlage Nr. 61/33/2016, S. 6. Die Berechnung der Einkommensgrenze des öffentlich geförderten Wohnraums erfolgt anhand der in § 13 WFNG NRW normierten Methode.

515 In München beträgt die zulässige Nettokaltmiete 14,50 EUR/m^2 bei Erstvermietung, siehe Beschluss des Stadtrats der Landeshauptstadt München v. 28.07.2021, Sitzungsvorlage Nr. 20-26 / V 03932, S. 16. In Stuttgart wird der exakte Wert der Nettokaltmiete vom Amt für Stadtplanung und Wohnen festgelegt und bewegt sich in Abhängigkeit von der Wohnlage zwischen 9,00 EUR/m^2 und 10,50 EUR/m^2, siehe Beschluss des Gemeinderats Stuttgart v. 02.04.2020, GRDrs 1060/2019, Anlage 2, S. 11. In Düsseldorf liegt der Startwert der Nettokaltmiete bei 9,80 EUR/m^2 und wird jährlich angepasst, indem er anhand des „Baupreisindex für konventionellen Neubau und Hochbau für Wohngebäude" des statistischen Bundesamts indexiert

fang Mieterhöhungen möglich sind und wie hoch die Miete bei Wiedervermietung sein darf. Dazu kann sie entweder die allgemeinen Regelungen zur Mieterhöhung des BGB für anwendbar erklären[516] oder eine gleichlautende Regelung zu den Vorgaben des jeweils einschlägigen Wohnraumförderprogramms formulieren[517].

(4) Bindungsdauer

Die Gemeinden müssen im Bereich des preisgedämpften Wohnraums für die Belegungs- und Mietbindungen eine Bindungsdauer festlegen. In München beträgt die Bindungsdauer 40 Jahre[518], in Stuttgart[519] und Düsseldorf[520] jeweils 20 Jahre.

---

wird, allerdings nur bis zu einer Erhöhung von maximal 1,5 Prozent, siehe Beschluss des Rats der Stadt Düsseldorf v. 18.06.2020, RAT/256/2020, S. 2.

516 In München ist eine Mietsteigerung der Erstvermietungsmiete für fünf Jahre nach Erstbezug ausgeschlossen. Danach dürfen Mietsteigerungen in laufenden Mietverhältnissen anhand des Verbraucherpreisindexes erfolgen, höchstens jedoch bis zur ortsüblichen Vergleichsmiete, siehe Beschluss des Stadtrats der Landeshauptstadt München v. 28.07.2021, Sitzungsvorlage Nr. 20-26 / V 03932, S. 16. In Düsseldorf muss der Verfügungsberechtigte im Bereich des preisgedämpften Wohnraums mit den begünstigten Personen ebenfalls Indexmietverträge nach § 557b BGB abschließen, siehe Beschluss des Rats der Stadt Düsseldorf v. 28.04.2016, Anlage zur Vorlage Nr. 61/33/2016, S. 10. Die Indexierung bezieht sich bei Indexmietverträgen nach § 557b BGB auf den Verbraucherpreisindex für Deutschland (VPI), der vom Statistischen Bundesamt ermittelt wird, vgl. *Börstinghaus* in: Blank/Börstinghaus, Miete, BGB, § 557b Rn. 2.

517 In Stuttgart darf die Miete beim preisgedämpften Wohnraum alle zwei Jahre um bis zu fünf Prozent innerhalb der ortsüblichen Vergleichsmieten erhöht werden, siehe Beschluss des Gemeinderats Stuttgart v. 02.04.2020, GRDrs 1060/2019, Anlage 2, S. 10. Diese Regelung ist gleichlautend mit der Regelung zur Mieterhöhung im sozial geförderten Wohnraum, vgl. Abschnitt II, B., 2., b) Verwaltungsvorschrift des Wirtschaftsministeriums zum Förderprogramm Wohnungsbau Baden-Württemberg 2020 / 2021 (VwV-Wohnungsbau BW 2020 / 2021) v. 01.04.2020, Az.: 5-2711.1-20 / 21.

518 Siehe Verfahrensgrundsätze zur Sozialgerechten Bodennutzung - Neufassung nach Maßgabe des Stadtratsbeschlusses v. 28.07.2021, Landeshauptstadt München, S. 5.

519 Siehe Beschluss des Gemeinderats Stuttgart v. 02.04.2020, GRDrs 1060/2019, Anlage 2, S. 10.

520 Siehe Beschluss des Rats der Stadt Düsseldorf v. 18.06.2020, RAT/256/2020, S. 2. Zuvor galt eine Bindungsdauer von zehn Jahren für den preisgedämpften Wohnraum, siehe Beschluss des Rats der Stadt Düsseldorf v. 28.04.2016, Anlage zur Vorlage Nr. 61/33/2016, S. 9.

(5) Konsequenzen

Im Gegensatz zu Vereinbarungen, Wohnungen im Standard und mit finanziellen Mitteln der sozialen Wohnraumförderung zu errichten, werden bei Vereinbarungen im freifinanzierten Vorhabenbereich, die den Vorhabenträger verpflichten, preisgedämpften Wohnraum zu errichten, Einzelheiten zu den Belegungs- und Mietbindungen nicht in der Förderzusage getroffen. Der Regelungsbedarf im städtebaulichen Vertrag nach § 11 Abs. 1 Satz 2 Nr. 2 BauGB ist bei Vereinbarungen, die den freifinanzierten Teil des Vorhabens betreffen, ungleich höher. Die Einzelheiten für eine Belegungs- und Mietbindung müssen im Detail ausgearbeitet werden. Aufgrund der fehlenden finanziellen Kompensation der wirtschaftlichen Nachteile, die aus den Bindungen im Bereich des preisgedämpften Wohnraums resultieren, ist insbesondere die Angemessenheit der vertraglichen Regelungen von Bedeutung.[521] Die rechtlichen Grenzen von Belegungs- und Mietbindungen im freifinanzierten Vorhabenbereich werden im zweiten Teil der Arbeit näher untersucht.

Die Verpflichtung des Vorhabenträgers zur Errichtung preisgedämpften Wohnraums geht zudem einher mit einer aufwendigen administrativen Umsetzung. Die Überprüfung der Bindungen, die im städtebaulichen Vertrag festgeschrieben werden, bindet personelle Ressourcen. Vor diesem Hintergrund hat sich der Rat der Stadt Bonn bei der Entwicklung des Bonner Baulandmodells gegen eine zunächst beschlossene Quote für den preisgedämpften Wohnraum entschieden.[522]

---

521 Davon zu unterscheiden sind solche Vorhaben, die nicht in den Anwendungsbereich des jeweiligen Baulandmodells fallen. Bei diesen ist eine finanzielle Förderung für die Errichtung von preisgedämpftem Wohnraum möglich. Die Stadt München kennt als Maßnahme beispielsweise das Programm „Konzeptioneller Mietwohnungsbau" (KMB), welches steigenden Grundstückspreisen entgegenwirken und stabile Mieten sichern soll, vgl. Grundsatzbeschluss des Stadtrats v. 24.07.2013, Sitzungsvorlage Nr. 08-14/V 12582, und Stadtratsbeschluss zur Fortschreibung des KMB v. 02.10.2019, Sitzungsvorlage Nr. 14-20 / V 15508. Die Stadt Stuttgart fördert mit dem Programm „Mietwohnungen für mittlere Einkommensbezieher" die Errichtung von preisgedämpftem Wohnraum auf ehemals städtischen Grundstücken, unter anderem durch die vergünstigte Abgabe städtischer Grundstücke, siehe im Einzelnen dazu Richtlinie zur Förderung von Mietwohnungen in Stuttgart v. 27.07.2016, Amtsblatt Nr. 32/33 v. 11.08.2016, zuletzt geändert am 26.07.2017 (Amtsblatt Nr. 32/33 v. 10.08.2017).

522 Siehe Ratsbeschluss der Stadt Bonn v. 30.03.2017, Drucksachen-Nr. 1613742EB5, S. 2, Ratsbeschluss der Stadt Bonn v. 10.07.2018, Drucksachen-Nr. 1811574, S. 2 und Be-

c) Vereinbarungen über den Erwerb angemessenen Wohnraums durch einkommensschwächere und weniger begüterte Personen der örtlichen Bevölkerung

Nach § 11 Abs. 1 Satz 2 Nr. 2 Var. 5 BauGB kann ein städtebaulicher Vertrag mit dem Inhalt geschlossen werden, den Erwerb angemessenen Wohnraums durch einkommensschwächere und weniger begüterte Personen der örtlichen Bevölkerung zu fördern.[523] Verträge mit diesem Inhalt setzen Einheimischenmodelle um.[524] Dabei erhalten Ortsansässige eine Subventionierung bei dem Erwerb von Grundstücken. Die Verträge bezwecken zum einen, Ortsansässigen den Kauf von Bauland innerhalb ihrer Heimatgemeinde zu ermöglichen. Insbesondere in touristisch geprägten Regionen mit hohem Siedlungsdruck verlieren ortsansässige junge Familien häufig den Preiskampf um bezahlbares Bauland gegen finanzstarke Investoren.[525] Die Ansiedlung Ortsfremder, die teilweise auch nur einen Zweitwohnsitz begründen, führt zu einer weiteren Spannung auf dem Grundstück-

---

gründung des Änderungsantrags zur Beschlussvorlage des Rats der Stadt Bonn v. 10.07.2018, Drucksachen-Nr. 1811574AA4, S. 2.

523 Die Änderung des § 11 Abs. 1 Satz 2 Nr. 2 Var. 5 BauGB erfolgte durch die Städtebaurechtsnovelle 2017. Grund für die Neufassung war das Vertragsverletzungsverfahren der Europäischen Kommission gegen Deutschland (DE 2006/4271). Mit der Änderung des Wortlauts wird zum Ausdruck gebracht, dass die Einheimischenmodelle bei europarechtskonformer Ausgestaltung dem „Erwerb angemessenen Wohnraums durch einkommensschwächere und weniger begüterte Personen der örtlichen Bevölkerung" dienen, BT-Drs. 18/11439 S. 20. In der früheren Fassung konnten Verträge zur Förderung „des Wohnbedarfs der ortsansässigen Bevölkerung" geschlossen werden. Die neue Fassung bringt zum Ausdruck, dass das Kriterium der Ortsansässigkeit nicht allein ausschlaggebend sein darf, sondern von weiteren Kriterien abhängig ist. Ausführlich zu der europarechtskonformen Ausgestaltung von Einheimischenmodellen *Grziwotz*, ZfIR 2017, 761 ff. und *Simon/Gleich*, Bayerischer Gemeindetag 2017, 258 ff.

524 Vgl. *Reidt*, in: Battis/Krautzberger/Löhr, BauGB, § 11 Rn. 51; *Hoffmann*, in: Spannowsky/Uechtritz (BeckOK), BauGB, § 11 Rn. 23. Zu Einheimischenmodellen siehe bereits oben S. 62.

525 Ein bekanntes Einheimischenmodell ist beispielsweise das Weilheimer Modell, welches seinen Ursprung in der Stadt Weilheim hat, die in unmittelbarer Nähe zum Starnberger See und im Einzugsbereich der Stadt München liegt. Sofern das Modell Auswärtige nicht generell ausschließt, hat das BVerwG das Weilheimer Modell für zulässig anerkannt, BVerwGE 92, 56 ff. Ausführlich zu den facettenreichen Ausgestaltungen von Einheimischenmodellen, *Huber/Wollenschläger*, Einheimischenmodelle, S. 15 ff. und *Langeloh*, Die Zulässigkeit von finanziellen Einheimischenprivilegierungen, S. 37 und 140 ff.

markt.[526] Zum anderen ermöglichen städtebauliche Verträge im Rahmen eines Einheimischenmodells Gemeinden, Ortsansässige in der Gemeinde zu halten und ihren Wegzug zu verhindern.[527] Auf diese Weise trägt die vergünstigte Abgabe von Grundstücken dazu bei, die örtliche Gemeinschaft zu bewahren und zu stärken.

Obwohl Verträge nach § 11 Abs. 1 Satz 2 Nr. 2 Var. 5 BauGB die sozialgerechte Bodennutzung gewährleisten, indem sie die Wohnbedürfnisse der Bevölkerung berücksichtigen, handelt es sich bei diesen Regelungen nicht um Inhalte, die im Rahmen eines kooperativen Baulandmodells vereinbart werden. Kooperative Baulandmodelle und Einheimischenmodelle haben gemeinsam, dass sie städtebauliche Verträge als Umsetzungsinstrument nutzen. Beide Modelle basieren auf einer kooperativen Zusammenarbeit. In ihren Stoßrichtungen unterscheiden sie sich jedoch erheblich.

Der Anwendungsbereich kooperativer Baulandmodelle ist erst eröffnet, sofern das Vorhaben eine gewisse Größe erreicht hat. Charakteristisch für kooperative Baulandmodelle ist eine Bagatellgrenze.[528] Sie sorgt dafür, dass das kooperative Baulandmodell erst zur Anwendung kommt, sofern das Vorhaben ein gewisses städtebauliches Gewicht entfaltet. Kooperative Baulandmodelle bezwecken die Errichtung von bezahlbarem Wohnraum für eine Vielzahl von Personen. Es entsteht weit überwiegend geförderter Mietwohnungsbau. Einheimischenmodelle hingegen sind auf einer kleinteiligeren Ebene angesiedelt. Die vertraglich erfasste Grundstücksfläche ist um ein Vielfaches kleiner als bei Vorhaben, die in den Anwendungsbereich kooperativer Baulandmodelle fallen. Es handelt sich lediglich um einige Grundstücke, welche als Bauland für einige Familie dienen sollen. Zudem unterscheidet sich das Einheimischenmodell auch in der Wohnform: Das kooperative Baulandmodell fordert überwiegend Mietwohnungen, das Einheimischenmodell fördert hingegen Wohneigentum.

---

526 Vgl. *Grziwotz*, ZfIR 2017, 761.
527 Nach der bildlichen Darstellung des VG München sollen Einheimischenmodelle „ein Ausbluten gerade von ländlichen Gegenden" vermeiden, Beschl. v. 18.02.2020 - M 11 E 19.5841, Rn. 18 *(juris)*.
528 Siehe zu den Grenzwerten der Bagatellgrenzen bei den untersuchten Baulandmodellen S. 70 (München), S. 73 (Berlin) und S. 76 (Bonn).

3. Kosten- und Aufwendungsersatz für städtebauliche Maßnahmen - § 11 Abs. 1 Satz 2 Nr. 3 BauGB

Gemäß § 11 Abs. 1 Satz 2 Nr. 3 BauGB kann die Gemeinde mit dem Vorhabenträger einen städtebaulichen Vertrag schließen, der die Übernahme von Kosten oder sonstigen Aufwendungen zum Gegenstand hat.[529] Die Gemeinde kann den Vorhabenträger vertraglich verpflichten, sich an den Kosten, die Voraussetzung oder Folge des geplanten Vorhabens sind, zu beteiligen. Kostenübernahmeverträge oder Verträge über Aufwendungsersatz sind – neben Vereinbarungen zur Verbesserung des Wohnungsangebots – die zweite Säule eines kooperativen Baulandmodells zur sozialgerechten Bodennutzung. Im Fall eines vorhabenbezogenen Bebauungsplans wird der Kosten- und Aufwendungsersatz für städtebauliche Maßnahmen im Durchführungsvertrag geregelt. § 12 Abs. 1 Satz 1 BauGB ist gegenüber § 11 Abs. 1 Satz 2 Nr. 3 BauGB eine abschließende Sonderregelung.[530]

a) Städtebauliche Maßnahmen

Die Übernahme von Kosten und Aufwendungen durch den Vorhabenträger kann die Gemeinde nur für städtebauliche Maßnahmen verlangen. Die Rechtsprechung ist von einem weiten Verständnis des Begriffs geprägt.[531] Städtebauliche Maßnahmen sind solche Anlagen und Einrichtungen, die der Allgemeinheit dienen.[532] Erfasst wird das kommunale Handlungsfeld,

---

529 Eine entsprechende vertragliche Vereinbarung war auch vor der Einführung dieser speziellen Vorschrift von der Rechtsprechung anerkannt. Dies hat das BVerwG grundlegend bereits 1973 entschieden, BVerwGE 42, 331 (345).

530 Vgl. *Krautzberger*, in: Ernst/Zinkahn/Bielenberg/Krautzberger, BauGB, § 12 Rn. 101; *Mitschang*, in: Battis/Krautzberger/Löhr, BauGB, § 12 Rn. 44. Schließt die Gemeinde bei einem vorhabenbezogenen Bebauungsplan neben dem Durchführungsvertrag nach § 12 BauGB zusätzlich eine „Kostenübernahmevereinbarung" nach § 11 Abs. 1 Satz 2 Nr. 3 BauGB ab, geht die Kostenübernahme bei Vorliegen der Voraussetzungen in die Kostenregelung nach § 12 Abs. 1 Satz 1 BauGB ein, VG München, Urt. v. 10.05.2016 - M 1 K 14.4233, Rn. 50 (*juris*).

531 Vgl. BVerwGE 133, 85 Rn. 26, wonach ein Schulgebäude eine städtebauliche Maßnahme darstellt. Das VG Hannover, Urt. v. 15.09.2011 - 9 A 90/11, Rn. 99 (*juris*) qualifiziert die Erweiterung eines Rathauses als städtebauliche Maßnahme, für die nach § 11 Abs. 1 Satz 2 Nr. 3 BauGB Folgekosten erhoben werden dürfen. Die Vereinbarung über die Folgekosten für diese städtebauliche Maßnahme scheiterte im zu entscheidenden Fall jedoch an der fehlenden Kausalität, Rn. 109 (*juris*).

532 Vgl. BVerwG, Urt. v. 29.01.2009 - 4 C 15/07, NVwZ 2009, 1109 (1112).

das die städtebauliche Ordnung und Entwicklung des Gemeindegebiets zum Gegenstand hat.[533] Auch soziale Einrichtungen wie Kindergärten und Schulen fallen unter den Begriff.[534] In kooperativen Baulandmodellen wird regelmäßig die Kostenübernahme für städtebauliche Maßnahmen wie die Erschließung des Baugebiets, Maßnahmen der städtebaulichen Planung sowie Maßnahmen zum Ausbau der sozialen Infrastruktur geregelt.[535]

aa) Erschließungsanlagen

Nachdem durch die Innenentwicklungsnovelle 2013[536] die Regelung des § 124 BauGB a.F., die nach der Rechtsprechung des BVerwG[537] und anderen Vertretern[538] eine speziellere Vorschrift des Erschließungsvertrags darstellte, weggefallen ist, kann die Übernahme von Kosten für die Erschließung durch nach Bundes- oder nach Landesrecht beitragsfähige sowie nicht beitragsfähige Erschließungsanlagen nach § 11 Abs. 1 Satz 2 Nr. 3 BauGB vereinbart werden.[539]

Die Baulandmodelle der Städte München, Berlin und Bonn sehen vor, dass separate städtebauliche Verträge über die Erschließung geschlossen werden.[540] Dabei handelt es sich nur dann um einen Vertrag nach § 11 Abs. 1 Satz 2 Nr. 3 BauGB, wenn nicht der Vorhabenträger, sondern die Gemeinde selbst oder ein von ihr beauftragter Dritter die Erschließung

---

533 Vgl. *Krautzberger*, in: Ernst/Zinkahn/Bielenberg/Krautzberger, BauGB, § 11 Rn. 158.

534 Vgl. BVerwG, Urt. v. 29.01.2009 - 4 C 15/07, NVwZ 2009, 1109 (1112).

535 Vgl. *Schwab*, Städtebauliche Verträge, Rn. 229. Auch naturschutzrechtliche Ausgleichsmaßnahmen nach § 1a Abs. 3 BauGB können Gegenstand eines Kostenübernahmevertrags sein, *Bunzel/Coulmas/Schmidt-Eichstaedt*, Städtebauliche Verträge, S. 198.

536 Gesetz zur Stärkung der Innenentwicklung in den Städten und Gemeinden und weiteren Fortentwicklung des Städtebaurechts v. 11.06.2013, BGBl. I, S. 1548.

537 Vgl. BVerwG, Urt. v. 01.12.2010 - 9 C 8/09, NVwZ 2011, 690 (692).

538 Vgl. *Birk*, BauR 1999, 205 (208 f.); *Quaas*, BauR 1999, 1113 (1124).

539 Vgl. zum früheren Meinungsstand *Bunzel/Coulmas/Schmidt-Eichstaedt*, Städtebauliche Verträge, S. 198 f.

540 Die Kosten, die für die Erschließung aufgewendet werden müssen, können im Vorfeld der Maßnahmen durch sog. Folgekostenschätzer ermittelt werden. Siehe dazu etwa den Folgekostenschätzer des bayerischen Staatsministeriums für Wohnen, Bau und Verkehr oder den „InfrastrukturFolgekostenSchätzer" des Ministeriums für Infrastruktur und Landesplanung Brandenburg, der bereits in der Version 6.0 zur Anwendung kommt. Beide Kostenrechner beziehen sich ausschließlich auf technische, nicht auf soziale Infrastruktur.

durchführt und die entstandenen Kosten von dem Vorhabenträger ersetzt verlangt. Führt der Vorhabenträger die Erschließung selbst durch oder beauftragt er einen Dritten mit der Durchführung der Erschließung, handelt es sich um einen städtebaulichen Vertrag über die Erschließung nach § 11 Abs. 1 Satz 2 Nr. 1 BauGB.[541]

bb) Städtebauliche Planung

Ferner kann die Gemeinde mit dem Vorhabenträger vereinbaren, dass dieser die Kosten, die durch die Erstellung der Planung bei der Gemeinde entstehen, übernimmt. Erfordert das Vorhaben die Aufstellung oder Änderung eines Bebauungsplans oder die Änderung des Flächennutzungsplans, sind alle dadurch veranlassten Kosten und Aufwendungen Voraussetzung für das geplante Vorhaben.[542] Erfasst werden Kosten für Fachgutachten wie z.B. Lärm-, Altlasten-, Verkehrsgutachten oder Gutachten zum Arten- oder Biotopenschutz.[543] Wird der Bebauungsplan unter den Voraussetzungen des § 4b BauGB durch ein privates Planungsbüro vorbereitet, zählen auch diese Kosten zu denen der städtebaulichen Planung.[544]

(1) Abgrenzung zum Planungsvertrag

Die Abgrenzung zu einem Planungsvertrag nach § 11 Abs. 1 Satz 2 Nr. 1 BauGB, der die Übernahme von Planungsleistungen zum Gegenstand hat, erfolgt anhand der vertraglich übernommenen Pflicht. Soweit die Parteien nicht Handlungspflichten, sondern eine Geldleistungspflicht vereinbaren, liegt ein Kostenübernahmevertrag im Sinne des § 11 Abs. 1 Satz 2 Nr. 3 BauGB vor.[545] Der Vorhabenträger wird regelmäßig einen Planungsvertrag nach § 11 Abs. 1 Satz 2 Nr. 1 BauGB bevorzugen, der ihm ermöglicht, ein Planungsbüro bzw. einen Gutachter seiner Wahl zu beauftragen. Führt die Gemeinde die Planung hingegen selbst durch und überträgt sie die Planungskosten dem Vorhabenträger durch städtebau-

---

541 Siehe dazu bereits S. 113 f.
542 Vgl. VG Augsburg, Urt. v. 22.11.2018 - Au 5 K 17.1924, Rn. 38 (*juris*); *Bunzel/Coulmas/Schmidt-Eichstaedt*, Städtebauliche Verträge, S. 217.
543 Vgl. *Burmeister*, Praxishandbuch Städtebauliche Verträge, S. 135.
544 Vgl. *Krautzberger*, in: Ernst/Zinkahn/Bielenberg/Krautzberger, BauGB, § 11 Rn. 159.
545 Bereits zur früheren Rechtslage nach dem BauGB-MaßnahmenG *Scharmer*, NVwZ 1995, 219 (220).

lichen Vertrag, hat dies für die Gemeinde den Vorteil, dass sie „Herrin der Planung" bleibt.

(2) Verwaltungsinterne Personal- und Sachkosten

Ob auch verwaltungsinterne Personal- und Sachkosten im Rahmen einer Vereinbarung nach § 11 Abs. 1 Satz 2 Nr. 3 BauGB erstattungsfähig sind, war bis zu einem Urteil des BVerwG im Jahr 2005 umstritten.[546] Anknüpfend an den von der Rechtsprechung[547] entwickelten Grundsatz, dass die gesetzliche Aufgabenzuweisung an eine Gemeinde die Anlastung der mit der Wahrnehmung der Aufgaben zusammenhängenden Kosten einschließt, hat das BVerwG eine Ausnahme entwickelt. Die Erstattung von verwaltungsinternen Kosten durch den Vorhabenträger ist insoweit möglich, als die Kosten für Maßnahmen entstanden sind, die nach § 4b BauGB auch auf einen Dritten hätten übertragen werden können.[548] Aufgaben, die nicht auf einen Dritten übertragen werden können, sind förmliche Beschlüsse (Aufstellungsbeschluss, Auslegungsbeschluss und Beschluss des Bebauungsplans)

---

546 Vgl. BVerwGE 124, 385 (387 ff). In der Literatur bereits vor dem Urteil befürwortend lediglich *Bunzel/Coulmas/Schmidt-Eichstaedt*, Städtebauliche Verträge, 2. Aufl., 1999, S. 154. Die Mehrzahl der Autoren lehnte eine Kostenerstattung mit Verweis auf die fehlende Möglichkeit der Konkretisierung verwaltungsinterner Personal- und Sachkosten ab: Vgl. *Bick*, DVBl. 2001, 154 (158); *Oerder*, BauR 1998, 22 (26); *Reidt*, in: Gelzer/Bracher/Reidt, Bauplanungsrecht, 6. Aufl. 2001, Rn. 1038; *Schäfer/Lau/Specovius*, Baulandbereitstellung, S. 30; *v. Nicolai/Wagner/Wecker*, Verträge des Baugesetzbuches, S. 33.

547 Vgl. BVerwGE 89, 7 (11).

548 Vgl. BVerwGE 124, 385 (394). Dieser Rechtsprechung haben sich große Teile der Literatur angeschlossen: Vgl. *Reidt* in: Battis/Krautzberger/Löhr, BauGB, § 11 Rn. 58; *Bank*, in: Brügelmann, BauGB, § 11 Rn. 72; *Bunzel/Coulmas/Schmidt-Eichstaedt*, Städtebauliche Verträge, S. 221; *Burmeister*, Praxishandbuch Städtebauliche Verträge, S. 140 f; *Schwab*, Städtebauliche Verträge, Rn. 234; *Decker*, JA 2012, 286 (290 f.); *Stüer*, in: Spannowsky/Hofmeister, Kooperative und nachfrageorientierte Kommunalentwicklung durch städtebauliche Verträge, S. 48; *Reitberger*, in: Brandl/Dirnberger/Miosga/Simon, Wohnen im ländlichen Raum. Wohnen für alle, S. 261. A.A *Krautzberger*, der als einziger nach der Entscheidung des BVerwG weiter an seiner Auffassung festhält, interne Verwaltungskosten seien nicht erstattungsfähig, begründet dies allein mit dem Verweis auf den Kausalitätsgrundsatz, *Krautzberger*, in: Ernst/Zinkahn/Bielenberg/Krautzberger, BauGB, § 11 Rn. 159. Er verkennt dabei, dass der Nachweis der Kausalität durch eine Kosten- und Leistungsrechnung oder durch die Hinzuziehung von Pauschalsätzen der Kosten einer Arbeitsstunde erbracht werden kann.

und die Verkündung des Bebauungsplans.[549] Diese Ausnahme findet ihre Rechtfertigung darin, dass eine Gemeinde, die ein Bebauungsplanverfahren mit eigenem Personal und eigenen Sachmitteln durchführt, finanziell nicht schlechter stehen darf, als eine Gemeinde, die einen Dritten mit diesen Aufgaben beauftragt.[550] Diese Rechtsprechung überzeugt aus systematischen Gründen. Zum einen schweigt § 11 Abs. 1 Satz 2 Nr. 3 BauGB zu der Frage, ob auch verwaltungsinterne Kosten für Personal und Sachmittel Vertragsgegenstand sein können. Anders hingegen § 164a Abs. 2 Nr. 2 Hs. 2 BauGB, wonach zu den Kosten der Ordnungsmaßnahmen nach § 147 BauGB nicht die persönlichen oder sachlichen Kosten der Gemeindeverwaltung gehören.[551] Zum anderen wäre es widersprüchlich, einerseits der Gemeinde die Möglichkeit zu eröffnen, die Planung Dritten übertragen zu können und alle dabei entstehenden Kosten von dem Vorhabenträger ersetzt zu verlangen, andererseits aber einer Gemeinde, die sich zu einer eigenständigen Durchführung der Planung entschließt, die Möglichkeit einer Kostenübertragung zu verwehren.

Wenn *Vierling*[552] meint, alleiniger Maßstab der Erstattungsfähigkeit verwaltungsinterner Kosten könne nur das Erfordernis der Kausalität sein, setzt er sich über den Grundsatz hinweg, wonach mit der Aufgabenzuweisung auch die Anlastung der mit der Wahrnehmung einhergehenden Kosten verbunden ist. Bevor sich die Frage der Kausalität stellt, muss in einem ersten Schritt geklärt werden, ob verwaltungsinterne Kosten für Personal und Sachmittel überhaupt zur städtebaulichen Planung zählen. Diese Frage hat der Gesetzgeber – obwohl er von der Existenz dieser Kenntnis hatte[553] – offen gelassen.[554] Das BVerwG hat überzeugend dargelegt, dass verwaltungsinterne Kosten für Personal und Sachmittel zu den Kosten der städtebaulichen Planung zählen, sofern die Kosten für Maßnahmen entstanden sind, die nach § 4b BauGB auch auf einen Dritten hätten über-

---

549 Vgl. BVerwGE 124, 385 (394).
550 Vgl. BVerwGE 124, 385 (394 f.).
551 Vgl. BVerwGE 124, 385 (393).
552 Vgl. *Vierling*, Die Abschöpfung des Planungsgewinns durch städtebauliche Verträge, S. 224; *ders.*, DNotZ 2006, 891 (898).
553 Die Frage wurde von der Expertenkommission zur damaligen Novellierung des Baugesetzbuchs diskutiert. In dem Kommissionsbericht empfiehl die Kommission dem Gesetzgeber, die Klärung dieser Frage der Rechtsprechung zu überlassen, vgl. Bericht der Expertenkommission zur Novellierung des Baugesetzbuchs, Berlin 1995, Rn. 147. In der Gesetzesbegründung zu § 11 BauGB klammert der Gesetzgeber diese Frage aus, BT-Drs. 13/6392, S. 50.
554 Vgl. BVerwGE 124, 385 (393).

tragen werden können. Das Erfordernis der Kausalität erlangt erst in einem zweiten Schritt Bedeutung.

In der Praxis dürften der Weg der Rechtsprechung und die Auffassung von *Vierling* regelmäßig unterschiedliche Ergebnisse nicht nach sich ziehen. Bei den Kosten für Sitzungen des kommunalen Vertretungsorgans, die während des Bebauungsplanverfahrens stattfinden, um die erforderlichen förmlichen Beschlüsse zu treffen, würde der Gemeinde ein eindeutiger Kausalitätsnachweis nicht gelingen. Die Sitzungskosten entstehen regelmäßig nicht wegen eines einzigen Beschlusses zu einem bestimmten Bebauungsplanverfahren.[555] Vielmehr wird in einer Sitzung einer Gemeindevertretung eine Vielzahl weiterer Tagesordnungspunkte behandelt. Die Kosten für einen einzelnen Beschluss sind nicht bezifferbar. Die Kosten der Verkündung des Bebauungsplans dürften – sofern sie bezifferbar sind – so gering ausfallen, dass sie zu vernachlässigen sind.[556]

In einem dritten Schritt schließt sich die Frage an, wie erstattungsfähige verwaltungsinterne Kosten zu beziffern sind. Gemeinden, die eine Kosten- und Leistungsrechnung mit personenbezogener Kostenaufschlüsselung eingeführt haben, können die kausal entstandenen Personalkosten mühelos beziffern und eine exakte Abrechnung der Kosten vornehmen.[557] Eine solche Kostenaufgliederung ermöglicht es dem Vorhabenträger zu überprüfen, ob es sich ausschließlich um Kosten für Maßnahmen handelt, welche die Gemeinden nicht selbst erledigen muss.[558] Die Haushaltsordnungen der Länder fordern die Einführung der Kosten- und Leistungsrechnung jedoch nur in geeigneten Bereichen.[559] Maßgebliches Kriterium für die Geeignetheit ist der Grundsatz der Wirtschaftlichkeit.[560] Insbesondere in kleineren Gemeinden ist die Einführung und Fortführung einer Kosten- und Leistungsrechnung mit erheblichem zusätzlichem Aufwand

---

555 Ähnlich auch *Reidt*, BauR 2008, 1541 (1542).
556 Die nach § 10 Abs. 3 Satz 1 BauGB erforderliche ortsübliche Bekanntmachung als Teil der Ersatzverkündung erfolgt u.a. durch Veröffentlichung im Amtsblatt, durch Bekanntmachung an der Amtstafel oder durch elektronische Bekanntmachung.
557 Vgl. *Reitberger*, in: Brandl/Dirnberger/Miosga/Simon, Wohnen im ländlichen Raum. Wohnen für alle, S. 261.
558 Vgl. *Grziwotz*, ZfIR 2015, 121 (122).
559 Vgl. beispielhaft für Baden-Württemberg § 7 Abs. 3 LHO BW und § 14 GemHVO BW oder für Bayern Art. 7 Abs. 3 BayHO und § 14 KommHV-Doppik.
560 Vgl. BT-Drs. 13/8293, S. 11 und *v. Lewinski/Burbat*, in: Nomos-Kommentar, BHO, § 7 Rn. 35.

verbunden, der sich wirtschaftlich nicht rentiert.[561] Diese Gemeinden können bei der Ermittlung der Personalkosten auf verwaltungsinterne Verrechnungssätze abstellen, die sich aus einschlägigen Verwaltungsvorschriften ergeben.[562] Alternativ können auch Stundensätze herangezogen werden, die bei Amtshilfen angesetzt werden.[563]

Als weiterer Maßstab für Personalkosten kommt die Anwendung der Honorarordnung der Architekten und Ingenieure (HOAI) in Betracht.[564] *Birk* weist darauf hin, dass bei Honoraren, die auf Basis gesetzlicher Honorarordnungen berechnet werden, auch Kosten für Gewinnerzielung, Sicherung der Beschäftigten eines Betriebs und Altersversorgung in die Berechnung eingespeist werden.[565] Diese Kostenpositionen dürften bei der Berechnung von Personalkosten von Gemeindebediensteten keine Berücksichtigung finden.[566] Deshalb schlägt *Birk* vor, einen Abschlag auf die HOAI vorzunehmen, ohne die Höhe des Abschlags zu konkretisieren.[567] Gegen diesen Vorschlag spricht, dass ein pauschalierter Abschlag nicht geeignet ist, Kostenpositionen, die bei einem freiberuflichen Architekten oder Ingenieur, nicht aber bei einer Gemeinde anfallen, herauszufiltern. Ein pauschalierter Abschlag widerspricht dem Grundsatz der Kausalität. Unterschiedliche Kostenpositionen der beiden Vergleichsgruppen sind die Gewinnerzielungsabsicht und die Sicherung der Beschäftigten.[568] Darüber

---

561 Vgl. etwa den Bericht über die Gemeinderatssitzung v. 23.10.2018 der Gemeinde Hildrizhausen, S. 13.

562 *Burmeister*, Praxishandbuch Städtebauliche Verträge, S. 141, verweist auf die Verwaltungsvorschrift des Finanzministeriums Baden-Württemberg über die Berücksichtigung der Verwaltungskosten insbesondere bei der Festsetzung von Gebühren und sonstigen Entgelten für die Inanspruchnahme der Landesverwaltung v. 02.11.2018 - 2-0541.8/40 – (VwV-Kostenfestlegung), GABl. BW, S. 716. Vgl. auch Verwaltungsvorschrift des Sächsischen Staatsministeriums der Finanzen zur Festlegung von Verwaltungsgebühren sowie Benutzungsgebühren und Entgelten für die Inanspruchnahme der Landesverwaltung v. 08.05.2020, SächsABl., S. 560.

563 Vgl. *Birk*, in: FS Krautzberger, S. 182.

564 Vgl. *Birk*, VBlBW 2020, 177 (180). Das VG München, Urt. v. 22.11.2018 - M 11 K 17.3633, Rn. 38 (*juris*) musste die Frage, ob die HOAI auch auf die durch einen Planungsverband erbrachten Planungsleistungen anzuwenden ist, nicht entscheiden, da dem Anspruch der Gemeinde bereits dem Grunde nach der Grundsatz von Treu und Glauben entgegenstand.

565 Vgl. *Birk*, VBlBW 2020, 177 (180).

566 Vgl. *Birk*, VBlBW 2020, 177 (180). Ohne Begründung lehnen *Reidt*, in: Battis/Krautzberger/Löhr, BauGB, § 11 Rn. 58 und *Burmeister*, Praxishandbuch Städtebauliche Verträge, S. 141 eine Kostenabrechnung nach der HOAI ab.

567 Vgl. *Birk*, VBlBW 2020, 177 (180).

568 Vgl. *Birk*, VBlBW 2020, 177 (180).

hinaus darf zudem das unternehmerische Risiko, welches Freiberufler übernehmen müssen, in der Kostenberechnung der Gemeinde keine Berücksichtigung finden. Entgegen der Auffassung von *Birk* muss aber auch bei der gemeindlichen Berechnung die Kostenposition der Altersversorgung Berücksichtigung finden. Die Berücksichtigung der unterschiedlichen Kostenpositionen zeigt, dass die Anwendung der HOAI als Maßstab für gemeindliche Personalkosten ungeeignet ist.

cc) Soziale Infrastruktur

Erstattungsfähig sind ferner Kosten für die soziale Infrastruktur. Dazu zählen Einrichtungen, die der Allgemeinheit dienen und die eine Gemeinde für die Bewohner neuer Wohngebiete bereitzustellen hat.[569] Sämtliche Maßnahmen der sozialen Infrastruktur kommen in Betracht. Von der Literatur vorgeschlagene Möglichkeiten der Kostenbeteiligung sind etwa der Neubau oder die Erweiterung von Kinderbetreuungseinrichtungen (Kindergarten, Kindertagesstätte, Kinderkrippe, Kinderhort), Grundschulen, weiterführende Schulen, Jugendfreizeit- und Seniorenheime, Bürgerzentren, Friedhöfe, Einrichtungen der Feuerwehr und des Rathauses.[570] In der Praxis verlangen die Gemeinden von dem Vorhabenträger ausschließlich die Kosten, die für den Neubau oder die Erweiterung einer Kinderbetreuungseinrichtung oder Grundschule entstehen. Die kooperativen Baulandmodelle der Städte München und Berlin sehen eine Kostenbeteiligung für Kinderbetreuungseinrichtungen und Grundschulen vor, das kooperative Baulandmodell der Stadt Bonn nur für Kinderbetreuungseinrichtungen.[571]

---

569 Vgl. BVerwGE 133, 85 Rn. 26.
570 Vgl. die Liste bei *Burmeister*, Praxishandbuch Städtebauliche Verträge, S. 141 f. und bei *Krautzberger*, Ernst/Zinkahn/Bielenberg/Krautzberger, BauGB, § 11 Rn. 161.
571 Zunächst beauftragte der Rat der Stadt Bonn die Verwaltung mit der Prüfung, ob im Rahmen des Baulandmodells auch eine Beteiligung an den Folgekosten für Grundschulplätze umgesetzt werden könnte. Die Verwaltung sollte untersuchen, ob eine kausale Ableitung des Platzbedarfs aus den Baugebieten sowie eine zeit- und standortnahe zweckgebundene Verwendung der eingenommenen Mittel möglich sei, vgl. Ratsbeschluss der Stadt Bonn v. 12.07.2018, Drucksachen-Nr. 1811574EB5, Ziffer 8. In dem Bericht zur Evaluierung des Bonner Baulandmodells, den die Verwaltung dem Rat der Stadt Bonn im Sommer 2020 vorgelegt hat, kommt sie zu der Einschätzung, dass ein zusätzlicher Posten zur Beteiligung der Vorhabenträger an den Folgekosten für Grundschulplätze bei zahlreichen Vorhaben zur Erreichung der Angemessenheitsgrenze und zur Kappung von Anforderungen führen würde,

Kooperative Baulandmodelle treffen keine Regelungen zur Errichtung von Kinderspielplätzen auf privaten Flächen. Ähnlich wie die Verpflichtung zur Errichtung von Stellplätzen für Kraftfahrzeuge oder Fahrräder ist die Errichtung von Kinderspielplätzen Gegenstand des Baugenehmigungsverfahrens.[572]

b) Kosten- oder Aufwendungsersatz

Der Vorhabenträger kann seine Leistung nicht nur durch Zahlung eines Geldbetrags erbringen, sondern auch durch die Bereitstellung eines Grundstücks. Die Einrichtungen der sozialen Infrastruktur können ferner durch den Vorhabenträger selbst hergestellt werden. Dann liegt ein Folgelastenvertrag als Unterform des Durchführungsvertrags nach § 11 Abs. 1 Satz 2 Nr. 1 BauGB vor.[573] Voraussetzung ist auch dann, dass die Kosten der städtebaulichen Maßnahme Voraussetzung oder Folge des Vorhabens sind.

aa) Regelungen in den untersuchten kooperativen Baulandmodellen

Die Baulandmodelle der Städte München, Berlin und Bonn sehen unterschiedliche Möglichkeiten vor, wie Vorhabenträger ihre Verpflichtungen erfüllen können.

Nach dem Modell der sozialgerechten Bodennutzung der Stadt München stellt der Vorhabenträger Flächen, die für Erschließungsanlagen und Gemeinbedarfseinrichtungen erforderlich werden, durch Abtretung an die Stadt zur Verfügung, soweit und in dem Umfang, wie diese Folge oder

---

weshalb die Verwaltung von einer Beteiligung an den Folgekosten für Grundschulplätze abrät. Vgl. Evaluierung des Bonner Baulandmodells 2020, Stadtplanungsamt, Beschlussvorlage 201298, Anlage, S. 20. Der Rat der Stadt Bonn hat die Evaluierung des Bonner Baulandmodells 2020 mit Beschluss v. 28.06.2021, Beschlussvorlage 201298, zur Kenntnis genommen und eine Beteiligung an den Folgekosten für die Finanzierung von Grundschulplätzen abgelehnt.

572 Vgl. zur bauordnungsrechtlichen Spielplatzverpflichtung Art. 7 Abs. 3 BayBO, § 8 Abs. 2 und 3 BauO Bln. und § 8 Abs. 2 BauO NRW.

573 Vgl. OVG Niedersachsen, Beschl. v. 02.06.2020 - 1 MN 116/19, BauR 2020, 1269 (1271). Anders *v. Nicolai/Wagner/Wecker*, Verträge des Baugesetzbuches, S. 46, die die Durchführung der städtebaulichen Maßnahme durch den Vorhabenträger als Vertrag nach § 11 Abs. 1 Satz 2 Nr. 3 BauGB qualifizieren.

Voraussetzung des geplanten Vorhabens sind. Darüber hinaus entrichtet er die anteiligen Herstellungskosten für die Erschließungsanlagen regelmäßig durch Zahlung eines Geldbetrags. Bei Erschließungsanlagen kann der Vorhabenträger statt der Zahlung eines Geldbetrags auch die tatsächliche Herstellung vornehmen.[574] Dieser Vertrag ist nicht als Kostenübernahmevertrag, sondern als städtebaulicher Vertrag über die Erschließung im Sinne des § 11 Abs. 1 Satz 2 Nr. 1 BauGB zu qualifizieren. Bei Kinderbetreuungseinrichtungen kommen verschiedene Variante in Betracht, wie der Vorhabenträger seine Verpflichtungen erfüllen kann. Zunächst kann der Vorhabenträger sich anteilig an den Kosten für die Herstellung durch Flächenabtretung und Zahlung eines Geldbetrags an den Kosten für die Betreuungseinrichtung beteiligen. Möglich ist aber auch, dass der Vorhabenträger die Herstellung der Einrichtung selbst vornimmt und sodann das Grundstück an die Stadt übereignet. Sofern Kinderbetreuungseinrichtungen in Wohn- oder Geschäftshäuser integriert werden, scheidet eine Abtretung der gesamten Grundstücksfläche an die Stadt aus. In einer solchen Fallkonstellation erwirbt die Stadt lediglich an der Fläche der Einrichtung Teileigentum nach dem Wohnungseigentumsgesetz.[575] Als dritte Variante kommt in Betracht, dass der Vorhabenträger die Einrichtung ebenfalls selbst herstellt, aber Eigentümer der Fläche bleibt. Bei dieser Variante muss rechtlich gesichert sein, dass die Einrichtung einem Betreiber soweit unentgeltlich als öffentliche Einrichtung zur Verfügung gestellt wird, wie das Vorhaben Bedarf an Kinderbetreuungsplätzen auslöst.[576] Diese dritte Variante kann nur bei Bestandshaltern zur Anwendung kommen, bei denen die Kinderbetreuungseinrichtung in die Wohnbebauung integriert ist.[577] Bestandshalter sind solche Unternehmen, die das Vorhaben nicht in Wohnungseigentum aufteilen und verkaufen, sondern deren Geschäftszweck die langfristige Vermietung der gesamten Immobilie ist.[578] Sie haben kein Interesse daran, dass die Stadt an der Fläche der Einrichtung Teileigen-

---

574 Verfahrensgrundsätze zur Sozialgerechten Bodennutzung - Neufassung nach Maßgabe des Stadtratsbeschlusses v. 28.07.2021, Landeshauptstadt München, S. 8.

575 Vgl. *Bunzel/Schlünder/Schneider*, Untersuchung der Kostenbeteiligung Dritter an den Infrastrukturkosten von Baumaßnahmen, S. 25, https://repository.difu.de/jspui/bitstream/difu/125487/1/DA01176.pdf (zuletzt aufgerufen am 30.12.2022).

576 Vgl. Verfahrensgrundsätze zur Sozialgerechten Bodennutzung - Neufassung nach Maßgabe des Stadtratsbeschlusses v. 28.07.2021, Landeshauptstadt München, S. 8.

577 Vgl. Beschluss des Stadtrats der Landeshauptstadt München v. 24.03.2021, Vorlagen-Nr. 20-26 / V 02624, S. 1.

578 Vgl. *Geyer*, Kennzahlen für die Bau- und Immobilienwirtschaft, S. 108.

tum nach dem Wohnungseigentumsgesetz erwirbt und infolgedessen Rechte und Pflichten als Teil der Wohnungseigentümergemeinschaft ausüben kann. Die rechtliche Absicherung, dass die Kinderbetreuungseinrichtung einem Betreiber unentgeltlich zur Verfügung gestellt wird, erfolgt nach dem Münchner Modell der sozialgerechten Bodennutzung durch die Bestellung eines Dauernutzungsrecht nach §§ 31 ff. WEG.[579]

Nach dem Berliner Modell der kooperativen Baulandentwicklung tritt der Vorhabenträger Flächen für die Erschließung an das Land Berlin ab[580] und kann für die Herstellung der Entschließung einen pauschalen Gesamtbetrag entrichten.[581] In der Regel soll der Vorhabenträger die Erschließung aber auf eigene Kosten durchführen.[582] Für die Errichtung von Kinderbetreuungseinrichtungen sieht das Berliner Modell drei Varianten der Leistungserbringung vor. Zum einen kann der Vorhabenträger einen Gesamtbetrag für die von seinem Vorhaben kausal verursachten Betreuungsplätze entrichten.[583] Neben der Kostenübernahme kann er die Errichtung der Kinderbetreuungseinrichtung anstelle des Landes Berlin auch auf eigene Kosten durchführen.[584] Die dritte Variante ist die Leistungserbringung

---

579 Vgl. Beschluss des Stadtrats der Landeshauptstadt München v. 24.03.2021, Vorlagen-Nr. 20-26 / V 02624, S. 2 f. Sofern die Kapazität der Kinderbetreuungseinrichtung über dasjenige hinausgeht, was kausal durch das Vorhaben des Vorhabenträgers verursacht wurde, zahlt die Stadt München eine einmalige Entschädigung für den nicht-ursächlichen Teil, vgl. Beschluss des Stadtrats der Landeshauptstadt München v. 24.03.2021, Vorlagen-Nr. 20-26 / V 02624, S. 4.

580 Vgl. Berliner Modell der kooperativen Baulandentwicklung, Leitlinien für den Abschluss städtebaulicher Verträge, S. 11.

581 Die Kosten für die Herstellung der Erschließung werden aus einzelnen Kostenpunkten (z.B. Herstellung der Grünflächen, Herstellung der Straßenflächen oder Herstellung der Wegeflächen) ermittelt, vgl. Berliner Modell der kooperativen Baulandentwicklung, Leitlinien für den Abschluss städtebaulicher Verträge, S. 27 f.

582 Vgl. Berliner Modell der kooperativen Baulandentwicklung, Leitlinien für den Abschluss städtebaulicher Verträge, S. 10.

583 Diese Alternative ist einschlägig, wenn mehrere Vorhaben zusammen den Bedarf für eine Kinderbetreuungseinrichtung auslösen und die Einrichtung nicht auf dem Grundstück des Vorhabenträgers erfolgt. In diesem Fall hat er sich pauschal mit 48.000 EUR pro Platz an den Kosten zu beteiligen, vgl. Senatsverwaltung für Stadtentwicklung und Wohnen, Übersicht der aktualisierten Kostenansätze im Rahmen des Berliner Modells der kooperativen Baulandentwicklung zur Anwendung beim Abschluss von städtebaulichen Verträgen ab dem 01.12.2022, https://www.berlin.de/sen/bauen/_assets/neubau/2022-12-01_tabelle_kostenansatze.pdf (zuletzt aufgerufen am 27.05.2022).

584 Vgl. Berliner Modell der kooperativen Baulandentwicklung, Leitlinien für den Abschluss städtebaulicher Verträge, S. 10.

durch das sogenannte Investoren-/Betreibermodell, welches den Regelfall darstellt.[585] Bei diesem errichtet der Vorhabenträger die erforderliche Kinderbetreuungseinrichtung auf seinem Grundstück, bleibt Eigentümer desselben und vermietet die Einrichtung dauerhaft an einen geeigneten Träger. Vertraglich muss sichergestellt sein, dass die von der Senatsverwaltung vorgegebenen Elternbeiträge nicht überschritten werden und dass die mit dem Investoren-/Betreibermodell einhergehenden Verpflichtungen im Falle eines Grundstücksverkaufs an den Rechtsnachfolger übertragen werden.[586] Sofern ein Baulandmodell die Möglichkeit der Vermietung der Kinderbetreuungseinrichtung vorsieht, ist zu berücksichtigen, dass die nähere Ausgestaltung des Mietverhältnisses (Mietkonditionen, Mietvertragslaufzeit, Betreiberauswahl) nicht Gegenstand eines städtebaulichen Vertrags nach § 11 Abs. 1 Satz 2 Nr. 3 BauGB sein kann, da in diesem nur die Übernahme von Kosten und Aufwendungen geregelt werden darf, die Voraussetzung oder Folge eines geplanten Vorhabens sind. Wird bei der Anwendung eines Baulandmodells bei der Kinderbetreuungseinrichtung das Mietmodell gewählt, ist ein zusätzlicher privatrechtlicher Vertrag zu schließen, in dem die Vertragsparteien weitere Einzelheiten regeln können.

Das Baulandmodell der Stadt Bonn kennt ebenfalls Regelungen zum Kosten- und Aufwendungsersatz. Es sieht die Übernahme von Planungs- und Erschließungskosten durch den Vorhabenträger vor.[587] Im Bereich der sozialen Infrastruktur schreibt das Bonner Baulandmodell abweichend von den Baulandmodellen der Städte München und Berlin eine Kostenbeteiligung nur für Kinderbetreuungsplätze, nicht aber für Grundschulplätze vor.[588] Das Bonner Modell sieht drei Möglichkeiten der Kostenbeteiligung vor.[589] Diese stehen nicht gleichrangig nebeneinander, sondern sind in einem Prioritätsverhältnis angeordnet.

---

585 Vgl. Berliner Modell der kooperativen Baulandentwicklung, Leitlinien für den Abschluss städtebaulicher Verträge, S. 29.

586 Vgl. Berliner Modell der kooperativen Baulandentwicklung, Leitlinien für den Abschluss städtebaulicher Verträge, S. 10 f.

587 Vgl. Ratsbeschluss der Stadt Bonn v. 10.07.2018, Drucksachen Nr. 1811574EB5 und Baulandmodell Bonn: Leitfaden zur Anwendung für Vorhabenträger, S. 13.

588 In der Evaluierung des Bonner Baulandmodells empfiehlt die Verwaltung dem Rat weiterhin nur eine Beteiligung an den Kosten für Kinderbetreuungsplätze, nicht aber für Grundschulplätze, vgl. dazu bereits Fußnote 571.

589 Vgl. Ratsbeschluss der Stadt Bonn v. 10.07.2018, Drucksachen Nr. 1811574EB5 und Baulandmodell Bonn: Leitfaden zur Anwendung für Vorhabenträger, S. 9 f.

- Prioritär ist die Kinderbetreuungseinrichtung im Plangebiet bzw. dessen Nachbarschaft[590] durch den Vorhabenträger zu errichten und anschließend an die Stadt zum Verkehrswert zu übertragen (Variante 1a). Der Kaufpreis reduziert sich um den Betrag der Kostenbeteiligung des Vorhabenträgers. Alternativ kann der Vorhabenträger die Betreuungseinrichtung errichten und Eigentümer der Flächen bleiben. In diesem Fall wird die Betreuungseinrichtung von einem anerkannten Träger der Jugendhilfe betrieben (Variante 1b - Mietmodell).[591]
- Ist dies nicht möglich, überträgt der Vorhabenträger ein Grundstück innerhalb des Plangebiets bzw. dessen Nachbarschaft an die Stadt und diese errichtet selbst eine Kinderbetreuungseinrichtung (Variante 2). Auch bei dieser Variante reduziert sich der Kaufpreis für das Grundstück in Höhe des Betrags der Kostenbeteiligung.
- Kann aus städtebaulichen Gründen eine Kinderbetreuungseinrichtung im Plangebiet nicht errichtet werden, bezahlt der Vorhabenträger einen Kostenbeitrag in Höhe der durch sein Vorhaben ausgelösten Kosten und die Stadt errichtet in räumlicher und zeitlicher Nähe zum Plangebiet eine Kinderbetreuungseinrichtung (Variante 3).

bb) Wahlrecht des Vorhabenträgers bei der Erfüllung seiner Verpflichtung?

Die Regelungen des Bonner Baulandmodells, die eine Priorisierung vorsehen, werfen die Frage auf, ob dem Vorhabenträger ein Wahlrecht zukommt, wie der durch sein Vorhaben verursachte Bedarf an Kinderbetreuungsplätzen gedeckt werden kann. Der Vorhabenträger hat regelmäßig ein Interesse daran, die Kinderbetreuungseinrichtung selbst zu errichten und die Fläche

---

590   Zunächst konnte die Betreuungseinrichtung nur innerhalb des Plangebiets errichtet werden. Seit einer Änderung des Bonner Baulandmodells ist die Errichtung auch in der Nachbarschaft möglich, siehe Ratsbeschluss der Stadt Bonn v. 28.10.2021, Vorlage Nr. 210781. Begründet wird diese Änderung damit, dass sich hierdurch in Einzelfällen leichter pragmatische und praktikable Möglichkeiten der Realisierung ergeben und gleichzeitig ein unmittelbarer Bezug zum Plangebiet erhalten bleibt.

591   Diese Alternative ist durch eine nachträgliche Änderung des Baulandmodells möglich geworden, siehe Ratsbeschluss der Stadt Bonn v. 28.10.2021, Vorlage Nr. 210781. Diese Änderung hat der Rat auf Druck der Immobilienwirtschaft vorgenommen. Der Ausschluss des Mietmodells hatte zunächst „zu deutlichem Unmut bei einigen Vorhabenträgern und zur Verzögerung einzelner Bebauungsplanverfahren geführt", Evaluierung des Bonner Baulandmodells 2020, Stadtplanungsamt, Beschlussvorlage 201298, Anlage, S. 15.

anschließend an die Gemeinde zu veräußern. Bei dieser Variante hat er – anders als beim Kostenersatz – die Möglichkeit, die Kosten, die für die Errichtung der Betreuungseinrichtung entstehen, selbst zu beeinflussen. Der Verkehrswert, zu dem er das Grundstück später an die Gemeinde veräußert, kann deutlich über den Kosten liegen, die ihm für die Errichtung der Betreuungseinrichtung entstanden sind. Zahlt er hingegen einen Ablösebetrag an die Gemeinde, kann er die Kosten, die für die Errichtung der Einrichtung anfallen, nicht beeinflussen. Aus Sicht des Vorhabenträgers ist die Miet-Variante häufig die ökonomisch attraktivste Variante. Sie ermöglicht es ihm, die Einrichtung zunächst selbst zu errichten und anschließend an die Gemeinde oder in Abstimmung mit dieser an einen geeigneten Betreiber zu vermieten. Der Vorhabenträger bleibt Eigentümer des Grundstücks und profitiert – sobald der durch sein Vorhaben ausgelöste Anteil an den Kosten für die Einrichtung aufgezehrt ist – von den Mieteinnahmen. Zahlt der Vorhabenträger hingegen einen Ablösebetrag an die Gemeinde, ist dies aus seiner Sicht häufig die wirtschaftlich schlechteste Variante. *Oerder* bezeichnet den an die Gemeinde zu zahlenden Ablösebetrag sogar als „verlorenen Zuschuss".[592] Dieser Aussage ist aus zwei Gründen nicht zuzustimmen. Zum einen stammt der Begriff des verlorenen Zuschusses aus dem Subventionsrecht und beschreibt die finanzielle Unterstützung eines Privaten durch den Staat zur Erfüllung eines bestimmten Zwecks, ohne dass der Private die Mittel zurückzahlen muss.[593] Beim städtebaulichen Vertrag über Folgekosten ist das Verhältnis umgedreht. Der Vorhabenträger entrichtet einen Betrag an die Gemeinde. Zum anderen ist dieses Verhältnis – anders als im Subventionsrecht – durch einen Austausch von Leistung und Gegenleistung geprägt. Die Übernahme von Folgekosten durch den Vorhabenträger ist notwendig, um die Voraussetzungen für die bauliche Entwicklung des Vorhabengebiets zu schaffen. Der „Zuschuss" des Vorhabenträgers ist für ihn nicht verloren, da er ohne ihn die von ihm anvisierte Aufstellung oder Änderung des Bebauungsplans nicht erreichen könnte.

Gleichwohl stellt sich vor dem Hintergrund der Interessenlage des Vorhabenträgers die Frage, ob § 11 Abs. 1 Satz 2 Nr. 3 BauGB dem Vorhabenträger die Möglichkeit eröffnet, selbst zu entscheiden, ob er seine Verpflichtung durch Kosten- oder Aufwendungsersatz erbringen möchte. Der Wortlaut der Norm beantwortet diese Frage nicht, sondern stellt lediglich klar, dass auch die Bereitstellung eines Grundstücks eine geeignete Form des

---

592 *Oerder*, NWVBl. 2020, 94 (99).
593 Vgl. *Ebeling/Tellenbröker*, JuS 2014, 217 (218).

Aufwendungsersatzes darstellt. Zu einem eindeutigen Ergebnis führt aber folgende Überlegung: § 11 Abs. 1 Satz 2 Nr. 3 BauGB eröffnet der Gemeinde die Möglichkeit, städtebauliche Verträge über die Errichtung von städtebaulichen Maßnahmen zu schließen. Dabei liegt es in der Hand der Gemeinde, auf welche Art und Weise der Vorhabenträger daran beteiligt wird, sofern sie die rechtlichen Grenzen, die für den städtebaulichen Vertrag gelten, einhält. Gegen ein Wahlrecht des Vorhabenträgers spricht, dass ihm ein solches auch nicht bei der Frage zusteht, ob er die Erschließung selbst durchführt (städtebaulicher Vertrag nach § 11 Abs. 1 Satz 2 Nr. 1 BauGB) oder ob die Gemeinde die Erschließung durchführt oder durchführen lässt und anschließend die Erstattung der Kosten von dem Vorhabenträger verlangt (städtebaulicher Vertrag nach § 11 Abs. 1 Satz 2 Nr. 3 BauGB). Auch aus städtebaulichen Gründen kann dem Vorhabenträger ein Wahlrecht nicht eingeräumt werden. Lösen erst Vorhaben verschiedener Vorhabenträger den Bedarf für die Errichtung einer neuen Kinderbetreuungseinrichtung aus, muss die Entscheidung, in welchem Vorhabengebiet die Einrichtung errichtet wird, von der Gemeinde getroffen werden können. Dass das Berliner Modell der kooperativen Baulandentwicklung und das Bonner Baulandmodell darüber hinaus dem Vorhabenträger die Variante des Investoren-/Betreiber-Modells bzw. Mietmodells eröffnet, mag für den Vorhabenträger eine ökonomisch attraktive Möglichkeit sein, da er Eigentümer der Flächen bleibt und von Mieteinnahmen profitiert. Ob die Gemeinde diese Variante in ihrem Baulandmodell vorsieht, ist hingegen eine politische Entscheidung. Ein Wahlrecht des Vorhabenträgers, wie er seine Verpflichtungen erfüllen kann, steht ihm nur zu, soweit die Gemeinde ein solches eröffnet. Legt die Gemeinde hingegen im Baulandmodell fest, wie Vorhabenträger an den Kosten für städtebauliche Maßnahmen zu beteiligen sind, hat der Vorhabenträger diese Entscheidung der Gemeinde zu akzeptieren, soweit der abgeschlossene städtebauliche Vertrag die rechtlichen Grenzen wahrt.

c) Kausalität zwischen Aufwendung und städtebaulicher Maßnahme

Eine besondere Voraussetzung des Kosten- und Aufwendungsersatzes ist das Erfordernis der Kausalität.[594] Nach § 11 Abs. 1 Satz 2 Nr. 3 BauGB muss

---

594 Vgl. *Kukk*, in: Schrödter, BauGB, § 11 Rn. 51.

die durch den Vorhabenträger zu finanzierende städtebauliche Maßnahme Voraussetzung oder Folge des geplanten Vorhabens sein. Aufgrund des mittleren Konkretisierungsniveaus[595] des § 11 BauGB wurde das Kausalitätserfordernis von der Rechtsprechung näher ausgeformt.[596] Diese verwendet den Begriff der Kausalität gleichbedeutend mit dem der Ursächlichkeit.[597] Ob die Kosten einer städtebaulichen Maßnahme kausal durch ein Vorhaben verursacht werden, bestimmt sich nicht danach, ob die Maßnahme dem Vorhaben objektiv zugutekommt.[598] Vielmehr steht der Gemeinde ein Spielraum bei der Entscheidung zu, welche Maßnahmen sie als Voraussetzung oder Folge ihrer Bauleitplanung für erforderlich hält.[599]

Das BVerwG hat in einem Grundsatzurteil dargelegt, dass eine städtebauliche Maßnahme als Voraussetzung oder Folge des geplanten Vorhabens anzusehen ist, wenn die Gemeinde nachvollziehbar davon ausgehen darf, dass durch die weitere Überplanung von bisher nicht bebauten Grundstücken Investitionskosten für öffentliche Einrichtungen entstehen, die sie zu tragen hätte, und sie im Hinblick auf diese Kosten abwägungsfehlerfrei von einer derartigen Überplanung absehen dürfte.[600] Dies kommt in Betracht, wenn die vorhandenen Kapazitäten der bereits bestehenden Einrichtungen erschöpft sind, die finanzielle Situation der Gemeinde eine Erweiterung der Einrichtungen nicht zulässt und eine Finanzierung über Beiträge oder Gebühren nicht kostendeckend wäre.[601] Ergibt sich im Zuge der städtebau-

---

595 BT-Drs. 13/6392, S. 42. Der Kausalitätsgrundsatz als einer der zentralen Aspekte des städtebaulichen Vertrags lässt sich gesetzlich nur begrenzt konkret normieren, was eine Ausgestaltung des Grundsatzes durch die Rechtsprechung erforderlich macht.

596 Vgl. BVerwG, Beschl. v. 15.06.2009 - 4 B 20/09, ZfIR 2009, 817; BVerwGE 133, 85 Rn. 31 f.; 139, 262 Rn. 24.

597 Vgl. BVerwG, Beschl. v. 21.06.2005 - 4 B 32/05, ZfBR 2005, 682; Sächsisches OVG, Urt. v. 05.12.2019 - 1 A 156/18, Rn. 38 und 56 (juris); OVG Niedersachsen, Urt. v. 19.05.2011 - 1 LC 86/09, BauR 2012, 70 (71 f.); VGH Baden-Württemberg, Urt. v. 02.02.2005 - 5 S 639/02, NVwZ-RR 2006, 90 (92). Der Begriff der Ursächlichkeit ist auf das Urteil des BVerwG v. 06.07.1973, BVerwGE 42, 331 (343), zurückzuführen, nach dem „das Erfordernis der Ursächlichkeit" eine Schranke eines Folgekostenvertrags darstellt. Die jüngere Rechtsprechung verwendet häufiger den Begriff der Kausalität. Auch in der Literatur werden beide Begriffe synonym verwendet, vgl. etwa *Junker*, Rechtliche Möglichkeiten und Grenzen einer Abschöpfung planungsbedingter Bodenwertsteigerungen durch Gemeinden, S. 139.

598 Vgl. BVerwGE 139, 262 Rn. 10.

599 Vgl. *Oerder*, BauR 1998, 22 (31).

600 Vgl. BVerwGE 133, 85 Rn. 30.

601 Vgl. *Reidt*, in: Battis/Krautzberger/Löhr, BauGB, § 11 Rn. 59; *Birk*, Städtebauliche Verträge, Rn. 496.

lichen Planung, dass durch ein Vorhaben ein zusätzlicher Bedarf an Kinderbetreuungsplätzen ausgelöst wird, der nicht durch die in der Gemeinde vorhandenen Kinderbetreuungseinrichtungen gedeckt werden kann, und stehen der Gemeinde die finanziellen Mittel zur Deckung des zusätzlichen Bedarfs nicht zur Verfügung, kann sie mit Blick auf die Kosten der sozialen Infrastruktur abwägungsfehlerfrei von der Planung Abstand nehmen. Auch bei einer im Gemeindegebiet bereits vorhandenen, noch nicht voll ausgelasteten Einrichtung kann die Gemeinde aus städtebaulichen Gründen entscheiden, dass diese zur Deckung des Bedarfs nicht geeignet ist, weil etwa die Entfernung oder die schlechte Verkehrsanbindung die Versorgung durch diese Einrichtung nicht gewährleisten kann.[602] Entgegen der Auffassung des bayerischen VGH[603] wird damit „der Willkür [nicht] Tür und Tor" geöffnet, da der Entscheidungsspielraum der Gemeinde durch das bauplanungsrechtliche Abwägungsgebot begrenzt wird.[604] Im Rahmen ihrer Planungshoheit muss die Gemeinde ermitteln, ob die Kosten für eine städtebauliche Maßnahme Voraussetzung oder Folge eines Vorhabens sind, wobei sie das Abwägungsgebot zu wahren hat.[605]

Im Bereich der sozialen Infrastruktur sehen kooperative Baulandmodelle aufgrund des Erfordernisses der Kausalität in der Praxis Folgekostenregelungen ausschließlich für den Neubau oder die Erweiterung von Kinderbetreuungseinrichtungen und Grundschulen vor. Bei anderen Einrichtungen der sozialen Infrastruktur, etwa einer Sekundarschule oder einem Friedhof, kann die Gemeinde den Nachweis der Kausalität zwischen dem Vorhaben und der Einrichtung nicht führen. Bei Plätzen für Sekundarschulen folgt dies aus der Überlegung, dass Kinder und Jugendliche aus dem Vorhabengebiet des Vorhabenträgers nicht zwingend in unmittelbarer räumlicher Nähe zu dem Vorhaben zur Schule gehen. Nicht selten besuchen sie eine weiterführende Schule in einem anderen Stadtteil oder sogar in einer anderen Stadt. Das Prinzip der wohnortnahen Beschulung gilt nur für Grundschulen, nicht hingegen für Sekundarschulen.[606] Bei einem Friedhof scheitert der Kausalitätsnachweis bereits daran, dass bei der Planung des Vorhabens nicht absehbar ist, welchen Einfluss dieses auf die Kapazität eines Friedhofs haben wird. Regelmäßig ziehen Bewohner aus dem Vorha-

---

602 Vgl. *Reicherzer*, Der Bayerische Bürgermeister 2009, 357 (360).
603 Bayerischer VGH, Beschl. v. 16.11.2009 - 4 BV 07.1902, Rn. 56 (*juris*).
604 Vgl. BVerwGE 139, 262 Rn. 11.
605 Vgl. *Hoffmann*, in: Spannowsky/Uechtritz (BeckOK), BauGB, § 11 Rn. 43.
606 Siehe etwa Berliner Modell der kooperativen Baulandentwicklung, Leitlinien für den Abschluss städtebaulicher Verträge, S. 11.

bengebiet im Laufe ihres Lebens um, sodass eine Zurechnung zu einem bestimmten Vorhaben ausscheidet.

Den Nachweis der Kausalität zwischen einem Vorhaben und der Erschließung oder der städtebaulichen Planung kann die Gemeinde unproblematisch führen. Wählt sie den Weg über den Kostenersatz nach § 11 Abs. 1 Satz 2 Nr. 3 BauGB, stellt sie dem Vorhabenträger die ihr entstandenen Kosten für die Planung oder Erschließung in Rechnung. Schwierigkeiten treten hingegen bei dem Nachweis auf, dass ein Vorhaben einen zusätzlichen Bedarf an Plätzen in Kinderbetreuungseinrichtungen und Grundschulen auslöst, weshalb sich die weitere Untersuchung auf die Kausalität bei sozialer Infrastruktur konzentriert.

aa) Räumliche Komponente der Kausalität

Die Maßnahme der sozialen Infrastruktur muss einen räumlichen Zusammenhang zu dem Vorhaben aufweisen. Dieser liegt auch dann vor, wenn die Kinderbetreuungseinrichtung oder die Grundschule, für die ein Vorhabenträger Aufwendungen übernehmen soll, nicht in dem Bebauungsplangebiet seines Vorhabens liegen.[607] Die Formulierung des § 6 Abs. 3 Satz 1 Hs. 2 BauGB-MaßnahmenG als Vorgängervorschrift von § 11 BauGB sah ausdrücklich vor, dass die städtebaulichen Maßnahmen auch „außerhalb des Gebiets" liegen können.[608] Diese Formulierung ist in den nachfolgenden Gesetzestexten entfallen. Nach dem Willen des Gesetzgebers sollte die Vorschrift des § 6 BauGB-MaßnahmenG redaktionell zwar gekürzt werden, inhaltlich aber keine Änderung erfahren.[609] Auch ist es möglich, dass die Summe verschiedener Vorhaben in einem Bebauungsplangebiet[610] oder mehrere Vorhaben in unterschiedlichen Bebauungsplangebieten[611] den Bedarf für die Errichtung oder eine Erweiterung einer

---

607 Vgl. BVerwGE 133, 85 Rn. 28; *Krautzberger*, in: Ernst/Zinkahn/Bielenberg/Krautzberger, BauGB, § 11 Rn. 163b.

608 Nachdem das BVerwG entschieden hatte, dass eine Kostenübernahme nur für Einrichtungen innerhalb des Baugebiets möglich sei, BVerwGE 90, 310 (311 ff.), hat der Gesetzgeber im Jahr 1993 mit Einführung des § 6 Abs. 3 Satz 1 BauGB-MaßnahmenG das Gegenteil klargestellt.

609 Vgl. den Bericht der Expertenkommission zur Novellierung des Baugesetzbuches v. 28.10.1995, Rn. 149 sowie BT-Drs. 13/6392 S. 50.

610 Vgl. BVerwG, Beschl. v. 21.06.2005 - 4 B 32/05, ZfBR 2005, 682.

611 Vgl. BVerwGE 139, 262 Rn. 12; 133, 85 Rn. 29.

Kinderbetreuungseinrichtung oder einer Grundschule auslösen. Die Frage, ob eine Kostenbeteiligung verlangt werden kann, wenn mehrere Vorhaben unterschiedlicher Bebauungsplangebiete eine städtebauliche Maßnahme auslösen, war in der Rechtsprechung lange Zeit umstritten. Der bayerische VGH[612] vertrat die Auffassung, eine Kostenbeteiligung sei nur bei größeren Vorhaben und einem damit verbundenen sprunghaften Anstieg der Bevölkerung möglich. Diese Rechtsprechung hatte zur Folge, dass bei kleineren Baugebieten ein Bedarf für die Errichtung einer städtebaulichen Maßnahme nicht nachgewiesen werden konnte, sodass eine Kostenbeteiligung des Vorhabenträgers ausschied. Nach der jüngeren Rechtsprechung des BVerwG ist eine Kostenbeteiligung auch dann möglich, wenn das Vorhaben nur einen Bruchteil der Kapazitäten der neu zu errichtenden oder zu erweiternden Einrichtung auslöst.[613] Dieser Rechtsprechung liegt der Gedanke zugrunde, dass der Gesetzgeber die Gemeinden nicht dazu veranlassen will, Bebauungspläne mit möglichst großem Geltungsbereich zu erlassen, um die Notwendigkeit der Errichtung von Infrastruktureinrichtungen besser begründen zu können.

Wird die städtebauliche Maßnahme durch mehrere Vorhaben veranlasst, ist jedes von ihnen kausal im Sinne des § 11 Abs. 1 Satz 2 Nr. 3 BauGB.[614] Resultiert der Bedarf für die Errichtung einer Kinderbetreuungseinrichtung oder Grundschule erst aus der Zusammenschau mehrerer Vorhaben unterschiedlicher Bebauungsplangebiete, hat die Rechtsprechung einige Voraussetzungen für den Nachweis der Kausalität aufgestellt.[615] Die Gemeinde trifft in einer solchen Situation die Pflicht, die Kausalität zwischen den

---

612 Bayerischer VGH, Urt. v. 02.04.1980 - 290 IV 76, BayVBl. 1980, 719 ff. Im Anschluss daran auch VG Köln, Urt. v. 04.08.1983 - 7 K 5047/78, KStZ 1983, 234.

613 Vgl. BVerwGE 139, 262 Rn. 12; 133, 85 Rn. 29.

614 Vgl. BVerwGE 133, 85 Rn. 29.

615 In dem Urteil v. 29.01.2009, BVerwGE 133, 85 Rn. 30 ff., hat das BVerwG erläutert, dass die Gemeinde auch mithilfe einer Gesamtkonzeption belegen kann, dass eine städtebauliche Maßnahme Folge mehrerer neu ausgewiesener Baugebiete ist. Eine zeitlich nachfolgende Entscheidung des bayerischen VGH zeigte jedoch, dass eine abschließende Klärung der Kausalitätsfrage bei mehreren Vorhaben mit der Entscheidung des BVerwG nicht einherging. Der bayerische VGH, Urt. v. 16.11.2009 - 4 BV 07.1902 verlangte für die Annahme eines Kausalzusammenhangs die reale Teilbarkeit der städtebaulichen Maßnahme. Im konkreten Fall handelt es sich um einen Autobahnzubringer, bei dem der bayerische VGH eine Kostenbeteiligung wegen fehlender Teilbarkeit ablehnte. Die Entscheidung hat das BVerwG korrigiert und deutlich gemacht, dass die Teilbarkeit der städtebaulichen Maßnahme keine Voraussetzung für den Nachweis der Kausalität ist, BVerwGE 139, 262 Rn. 12.

einzelnen Vorhaben und den zu erstattenden Kosten für die soziale Infrastrukturmaßnahme darzulegen. Dies muss in einer transparenten, nachvollziehbaren und damit kontrollierbaren Weise geschehen.[616] Der einzelne Vorhabenträger muss mit Blick auf sein Vorhaben die Möglichkeit haben zu prüfen, ob das kommunale Vertretungsorgan sich in seiner Abwägungsentscheidung von der Durchführung oder Nichtdurchführung der städtebaulichen Maßnahme beeinflussen lassen hat. Zudem muss für den Vorhabenträger deutlich sein, welchen Anteil sein Vorhaben an den zu erstattenden Kosten trägt. Die Rechtsprechung verlangt von den Gemeinden in dem Fall einer anteiligen Zuordnung der Kosten für die soziale Infrastruktur, dass die Kostenverteilung anhand einer Gesamtkonzeption überprüfbar ist. Ist die Kausalität zwischen Vorhaben und Maßnahme evident, weil nur ein einzelnes Baugebiet die städtebauliche Maßnahme auslöst, ist eine Gesamtkonzeption nicht erforderlich.[617] Bei mehreren Baugebieten muss der kausale Zusammenhang zwischen den verschiedenen Vorhaben und der städtebaulichen Maßnahme erst durch die Gesamtkonzeption hergestellt werden. Sie soll den Vorhabenträger in die Lage versetzen, den Informationsvorsprung der Gemeinde zu kontrollieren. Die Gemeinde verfügt über die erforderlichen Daten, anhand derer sie ermittelt, ob ein Vorhaben einen zusätzlichen Bedarf an Einrichtungen der sozialen Infrastruktur auslöst. Ihren planerischen Willen muss die Gemeinde durch einen Beschluss über das Gesamtkonzept zum Ausdruck bringen. Diesen Willen muss die Gemeinde nicht in einem eigens formulierten Beschluss über ein Gesamtkonzept bekunden. Auch der Beschluss über die Änderung eines Flächennutzungsplans kann diesen Willen dokumentieren.[618] Des Weiteren kann sich eine Gesamtkonzeption auch aus einer Gesamtschau inhaltlich zusammenhängender, aufeinander bezogener Unterlagen oder verschiedener Beschlüsse der Gemeinde ergeben.[619]

Der räumliche Geltungsbereich eines Bebauungsplans stellt nicht die Grenze der Kausalität dar. Gleichwohl wird die Zuordnung einer städtebaulichen Maßnahme zu einem Vorhaben mit wachsender Entfernung schwieriger. Wann der räumliche Zusammenhang entfällt, lässt sich nicht allge-

---

616 Vgl. BVerwGE 133, 85 Rn. 32.
617 Vgl. OVG Niedersachsen, Beschl. v. 02.06.2020 - 1 MN 116/19, BauR 2020, 1269 (1272).
618 Vgl. BVerwGE 133, 85 Rn. 32; OVG Niedersachsen, Urt. v. 19.05.2011 - 1 LC 86/09, BauR 2012, 70 (72).
619 Vgl. OVG Niedersachsen, Urt. v. 18.02.2016 - 1 LC 28/12, BauR 2016, 1270 (1272); Urt. v. 19.05.2011 - 1 LC 86/09, BauR 2012, 70 (72).

mein beantworten. Dies hängt von den konkreten Umständen des Einzelfalls ab und führt zu einer gewissen Rechtsunsicherheit.[620] Zu untersuchen sind die Art der städtebaulichen Maßnahme, die Größe der Gemeinde, die zur Verfügung stehende Verkehrsinfrastruktur sowie die Anbindung des Vorhabens an diese. Die Grenze des räumlich-kausalen Zusammenhangs darf bei einer Grundschule weitergezogen werden als bei einer Kinderbetreuungseinrichtung. Denn parallel zum steigenden Alter der Kinder darf auch die Entfernung der Einrichtung zum Wohnort zunehmen.

bb) Zeitliche Komponente der Kausalität

Weiterhin muss zwischen dem Vorhaben und der Maßnahme der sozialen Infrastruktur ein zeitlicher Zusammenhang bestehen. Die frühere Rechtsprechung des BVerwG[621] forderte einen engen zeitlichen Kausalzusammenhang ohne zu beziffern, wie viele Jahre zwischen Errichtung des Vorhabens und Errichtung der städtebaulichen Maßnahme verstreichen durften. In Folge dieser Rechtsprechung wurde die zeitliche Grenze zum Teil bei fünf Jahren gezogen.[622] Diese Grenze erscheint willkürlich und entbehrt einer Begründung. Richtig ist: Je größer der Zeitabstand zwischen Errichtung des Vorhabens und Errichtung der städtebaulichen Maßnahme, desto schwieriger ist es, den Nachweis des zeitlichen Zusammenhangs zu führen.[623] Die Umstände des Einzelfalls sind zu berücksichtigen. Die jüngere Rechtsprechung des BVerwG zieht die Gesamtkonzeption der Gemeinde auch zur Bestimmung des zeitlichen Kausalzusammenhangs heran. Dies ist konsequent, da sich der Bedarf für eine städtebauliche Maßnahme

---

620 Vgl. *Grötz*, Städtebauliche Verträge zur Baulandbereitstellung, S. 54.

621 Vgl. BVerwGE 90, 310 (311 ff.).

622 Vgl. *Scharmer*, NVwZ 1995, 219 (222) und *Reidt*, in: Bracher/Reidt/Schiller, Bauplanungsrecht, Rn. 14.95.

623 Vgl. *Kukk*, in: Schrödter, BauGB, § 11 Rn. 52, ein Nachhinken um einige Monate bezeichnet er als unschädlich. Zuvor sprachen sich *Quaas und Kukk* noch dafür aus, dass die zeitliche Grenze bei zwei bis vier Jahren liegt, *Quaas/Kukk*, in: Schrödter, BauGB, 7. Aufl., § 11 Rn. 31. Diese enge Auffassung basiert auf der früheren Rechtsprechung, wonach eine Kostenbeteiligung nur bei einem sprunghaften Anstieg der Bevölkerung möglich war, vgl. bayerischer VGH, Urt. v. 02.04.1980 - 290 IV 76, BayVBl. 1980, 719 ff. In diesen Fällen bestand der Bedarf nach weiteren städtebaulichen Maßnahmen in einem unmittelbaren zeitlichen Zusammenhang zu dem konkreten Vorhaben und konnte sich nicht erst aus einer Zusammenschau mehrerer Baugebiete ergeben.

auch erst aus einer Zusammenschau mehrerer verschiedener Baugebiete ergeben kann, die nacheinander realisiert werden. Dieser Umstand findet in der Gesamtkonzeption Berücksichtigung. Die zeitliche Komponente des Kausalitätserfordernisses ist gewahrt, wenn die Gemeinde mithilfe einer Gesamtkonzeption nachweisen kann, dass ihre Planung „in einem überschaubaren zeitlichen Zusammenhang" einen weiteren Bedarf an städtebaulichen Maßnahmen hervorruft.[624] Bei der planerischen Realisierung mehrerer Baugebiete bildet die Gesamtkonzeption eine Klammer.[625] Sie ist geeignet, den wachsenden Bedarf verschiedener Baugebiete möglichst präzise darzulegen. Werden mehrere Baugebiete nacheinander realisiert, kann der Bedarf für die Errichtung oder Erweiterung einer Kinderbetreuungseinrichtung oder Grundschule auch erst Jahre nach Baubeginn des ersten Planungsabschnitts eintreten, denn der Höhepunkt der benötigten Betreuungsplätze ist erfahrungsgemäß erst nach etwa fünf Jahren nach Fertigstellung des Baugebiets erreicht.[626] Diese zeitliche Verzögerung findet bei der Gesamtkonzeption Berücksichtigung.

Das OVG Niedersachsen[627] hat in Anknüpfung an die neuere Rechtsprechung des BVerwG ausgeführt, dass der zeitliche Rahmen der Gesamtkonzeption jedenfalls über fünf Jahren liegen darf. Nach Auffassung des OVG Niedersachsen ist die zeitliche Grenze einer Gesamtkonzeption erreicht, sobald sich die zugrunde liegenden Daten wesentlich ändern.[628] Eine wesentliche Änderung liegt beispielsweise vor, wenn die Entwicklung der Bevölkerung erwartungswidrig rückläufig ist und ein Schulneubau eine Überkapazität produziert.[629] Die Überkapazität darf dann nicht Gegenstand von Kostenübernahmeverträgen sein.[630]

Den zeitlich-kausalen Zusammenhang zwischen Vorhaben und städtebaulicher Maßnahme anhand der Gesamtkonzeption zu überprüfen, bietet

---

624 BVerwGE 133, 85 Rn. 32.
625 Vgl. *Bunzel/Coulmas/Schmidt-Eichstaedt*, Städtebauliche Verträge, S. 207.
626 Vgl. *Reicherzer*, Der Bayerische Bürgermeister 2009, 357 (358 f.). Das Infrastrukturkostenkonzept der Stadt Hannover sieht vor, dass der Folgekostenbetrag, den der Vorhabenträger an die Stadt geleistet hat, zurückzuerstatten ist, sofern eine Mittelverwendung nicht innerhalb von zehn Jahren nach Bekanntmachung des Satzungsbeschlusses, zu dem den Bedarf auslösenden Bebauungsplan erfolgt ist, siehe Beschluss der Ratsversammlung v. 26.01.2017, Drucksache Nr. 1928/2016, Anlage 2, S. 28.
627 Vgl. OVG Niedersachsen, Urt. v. 19.05.2011 - 1 LC 86/09, BauR 2012, 70 (72).
628 Vgl. OVG Niedersachsen, Urt. v. 19.05.2011 - 1 LC 86/09, BauR 2012, 70 (72).
629 Vgl. OVG Niedersachsen, Urt. v. 19.05.2011 - 1 LC 86/09, BauR 2012, 70 (72).
630 Vgl. OVG Niedersachsen, Urt. v. 19.05.2011 - 1 LC 86/09, BauR 2012, 70 (72).

in der praktischen Anwendung Rechtssicherheit. Verändern sich die der Gesamtkonzeption zugrunde liegenden Daten wesentlich, ist die Gesamtkonzeption nicht mehr geeignet, den zeitlich-kausalen Zusammenhang zu belegen. Ob eine wesentliche Änderung der Gesamtkonzeption vorliegt, bestimmt sich danach, wie groß der Einfluss des sich ändernden Faktors auf die Konzeption ist. Ändert sich zum Beispiel innerhalb weniger Jahre die Betreuungsquote bei U3-Kindern, hat dies Auswirkungen auf den anhand der Gesamtkonzeption ermittelten Bedarf dieser Plätze. Die Betreuungsquote wird durch politische Entscheidungen beeinflusst, die sich innerhalb kurzer Zeit ändern können.[631] Eine regelmäßige, jedenfalls aber eine anlassbezogene Evaluation der Daten, die der Gesamtkonzeption zugrunde liegen, stellt sicher, dass mit ihrer Hilfe der überschaubare zeitliche Zusammenhang im Einzelfall nachgewiesen werden kann.

Wird eine städtebauliche Maßnahme aus Anlass der Errichtung eines einzelnen Vorhabens und abgestimmt auf den von diesem ausgelösten Bedarf errichtet, ist eine gemeindliche Gesamtkonzeption nicht erforderlich. Die Gemeinde muss im Einzelfall untersuchen, innerhalb welcher Zeitspanne die Kausalität zwischen Vorhaben und städtebaulicher Maßnahme noch vorliegt.[632] Je mehr Zeit zwischen Realisierung des Vorhabens und Errichtung der städtebaulichen Maßnahme verstreicht, desto schwerer ist es für die Gemeinde, einen kausalen Zusammenhang zu belegen. Allerdings ist die jahrelange Nichtverwirklichung der städtebaulichen Maßnahme lediglich ein Indiz dafür, dass das Vorhaben nicht kausal für die Errichtung der städtebaulichen Maßnahme war.[633] Die Gemeinde kann das Risiko, dass der Vorhabenträger den Folgelastenvertrag wegen fehlender zeitlicher Kausalität anzweifelt, minimieren, indem sie die städtebauliche Maßnahme zeitnah nach Realisierung seines Vorhabens errichtet.[634] Wird die städtebauliche Maßnahme von dem Vorhabenträger selbst errichtet, kann die

---

631 Beispielsweise ist am 01.08.2013 das Gesetz zur Einführung eines Betreuungsgeldes v. 15.02.2013 in Kraft getreten, BGBl. I, S. 254. Das Betreuungsgeld wurde von Kritikern auch als „Herdprämie" bezeichnet, vgl. *Rixen*, NJW 2015, 3136 (3138). Kaum ein anderes Gesetz hat bereits vor seinem Inkrafttreten für so viel Diskussion gesorgt. Politisch war die Einführung hoch umstritten. Mit Urteil v. 21.07.2015 - 1 BvF 2/13, NJW 2015, 2399 hat das BVerfG die Vorschriften zum Betreuungsgeld (§§ 4 a–4 d des Bundeselterngeld- und Elternzeitgesetzes (BEEG)) für nichtig erklärt, da dem Bundesgesetzgeber die Gesetzgebungskompetenz fehle. Kritisch bereits vor der Entscheidung des BVerfG *Brosius-Gersdorf*, NJW 2013, 2316 ff.

632 Vgl. *Grötz*, Städtebauliche Verträge zur Baulandbereitstellung, S. 55.

633 Vgl. VG Cottbus, Urt. v. 27.10.2005 - 3 K 948/02, Rn. 37 (*juris*).

634 Vgl. *Grötz*, Städtebauliche Verträge zur Baulandbereitstellung, S. 55.

Gemeinde den zeitlichen Zusammenhang zwischen Vorhaben und städtebaulicher Maßnahme zum Beispiel dadurch sichern, dass in den städtebaulichen Vertrag eine Verpflichtung zur Fertigstellung der Kinderbetreuungseinrichtung innerhalb von drei Jahren nach mittlerer Bezugsfertigkeit der Wohnungen aufgenommen wird.

Der zeitlichen Kausalität steht ferner nicht entgegen, dass der Gemeinde die Kosten und Aufwendungen bereits vor Abschluss des städtebaulichen Vertrags mit dem Vorhabenträger entstanden sind. Dies folgt bereits aus dem Wortlaut des § 11 Abs. 1 Satz 2 Nr. 3 BauGB („Kosten, [...], die der Gemeinde für städtebauliche Maßnahmen [...] entstanden sind"). Im Zeitpunkt der Investition in die städtebauliche Maßnahme müssen die einzelnen Vertragspartner, die Folgekosten übernehmen werden, noch nicht feststehen.[635] In den Fällen der Übernahme bereits entstandener Aufwendungen ist das Kausalitätserfordernis besonders sorgfältig zu prüfen.[636] Stets muss die Gemeinde nachweisen, dass die Übernahme von Kosten oder Aufwendungen eine Maßnahme betrifft, die Voraussetzung oder Folge des Bauvorhabens ist.[637] Auch bei bereits entstandenen Kosten und Aufwendungen ist die planerische Entscheidung der Gemeinde maßgeblich, die diese unter Wahrung des Abwägungsgebots trifft. Städtebauliche, erstattungsfähige Maßnahmen können nur solche sein, die aufgrund und zeitlich nach dieser planerischen Entscheidung errichtet werden.[638] Kosten, die durch städtebauliche Maßnahmen ausgelöst werden, die zeitlich vor der gemeindlichen Planungsentscheidung anfallen, können nicht Gegenstand eines Folgekostenvertrags sein. Errichtet die Gemeinde eine Kinderbetreuungseinrichtung, weil die Kapazitäten für Betreuungsplätze in der Gemeinde erschöpft sind, und trifft sie erst im Anschluss daran eine planerische Entscheidung zur Entwicklung eines neuen Baugebiets, welches einen Bedarf an Betreuungsplätzen auslöst, kann sie von dem Vorhabenträger keine Kostenübernahme verlangen, da die Kinderbetreuungseinrichtung zeitlich vor der planerischen Entscheidung realisiert wurde und somit ein zeitlicher Kausalzusammenhang zwischen Vorhaben und Herstellung der Einrich-

---

635 Vgl. *Bunzel*, DVBl. 2011, 796 (801).

636 Vgl. *Burmeister*, Praxishandbuch Städtebauliche Verträge, S. 145; *Krautzberger*, in: Ernst/Zinkahn/Bielenberg/Krautzberger, BauGB, § 11 Rn. 164e.

637 Vgl. *Krautzberger*, in: Ernst/Zinkahn/Bielenberg/Krautzberger, BauGB, § 11 Rn. 164e.

638 Vgl. *Birk*, Städtebauliche Verträge, Rn. 508.

tung nicht besteht.[639] Anders stellt sich die Situation dar, wenn die Gemeinde die Entwicklungen mehrerer Baugebiete zeitlich versetzt voneinander plant, wobei die städtebauliche Maßnahme bereits bei der Entwicklung des ersten Baugebiets errichtet wird. In dieser Konstellation dürfen auch die Vorhabenträger der nachfolgenden Baugebiete anteilig an den Kosten beteiligt werden.[640] Der Wille der Gemeinde, weitere Vorhabenträger an den Aufwendungen und Kosten zu beteiligen, sollte im Satzungsbeschluss zum ersten Bebauungsplangebiet zum Ausdruck kommen.

d) Nachweis der Kausalität durch die Gemeinde

Die Gemeinde muss nachweisen, dass die von dem Vorhabenträger zu übernehmenden Aufwendungen für die städtebauliche Maßnahme Voraussetzung oder Folge des Vorhabens sind. Dazu muss sie den Bedarf ermitteln, der kausal von dem Vorhaben ausgelöst wird (aa). Anschließend müssen die Kosten beziffert werden, welche durch die Maßnahme kausal verursacht werden, wobei umstritten ist, ob auch Betriebs- und Unterhaltungskosten für städtebauliche Maßnahmen dem Vorhabenträger auferlegt werden können (bb). Wird eine städtebauliche Maßnahme durch mehrere Vorhaben kausal verursacht, muss jeder Vorhabenträger lediglich den auf ihn entfallenden Kostenanteil tragen (cc). Schließlich können die Vertragsparteien aus Gründen der Vereinfachung einen Pauschalbetrag vereinbaren (dd).

aa) Ermittlung des Bedarfs

Damit die Gemeinde die kausale Verknüpfung zwischen der Aufwendung für die städtebauliche Maßnahme und dem Vorhaben nachweisen kann, muss sie ermitteln, welcher Bedarf durch das jeweilige Vorhaben ausgelöst wird. Um die Transparenz, die Nachvollziehbarkeit und die Kontrollierbarkeit dieser Berechnung zu gewährleisten, erfolgt die Bedarfsermittlung in

---

639 Missverständlich formuliert von *v. Nicolai/Wagner/Wecker*, Verträge des Baugesetzbuches, S. 45 f., wonach eine Kostenübernahme durch den Vorhabenträger möglich sein soll, wenn „im Vorgriff auf künftige Erweiterungen Überkapazitäten geschaffen" werden, die ein Vorhaben eines Investors später ausfüllt.

640 *Birk*, Städtebauliche Verträge, Rn. 507 beschreibt verschiedene Fallkonstellationen. Ähnliche Beispiele auch bei *Bunzel*, DVBl. 2011, 796 (800).

folgenden Schritten: In einem ersten Schritt prognostiziert die Gemeinde anhand der geplanten Geschossfläche für Wohnnutzung, welchen Bevölkerungszuwachs ein Vorhaben auslösen wird.[641] Bei dieser Prognose kann sie auf Erfahrungswerte zurückgreifen.[642] Erfahrungswerte können Referenzbaugebiete in derselben Gemeinde oder in der unmittelbaren Umgebung liefern. Das Referenzbaugebiet sollte von einer ähnlichen städtebaulichen Struktur geprägt sein wie das geplante Baugebiet.[643] Zwar können auch ortsspezifische Durchschnittswerte der demographischen Entwicklung, die die statistischen Landesämter erheben, herangezogen werden. Diese sind aber ungenauer, da sie nicht zwischen unterschiedlichen Wohnformen (Geschosswohnungsbau, Einfamilienhaus) unterscheiden.[644] Die Anzahl der geplanten Wohneinheiten und deren Größe hat aber Einfluss auf die Entwicklung der Bevölkerung. Aus der prognostizierten Entwicklung der Bevölkerung lässt sich anhand statistischer Kenndaten der Kinderanteil und dessen durchschnittliche Jahrgangsstärke ermitteln.[645] Basierend auf diesen Daten wird der Bedarf für Plätze in Kinderbetreuungseinrichtungen und Grundschulen prognostiziert.[646] Damit die demographische Entwicklung eines Wohnbaugebiets möglichst genau ermittelt werden kann, müssen Sonderwohnformen wie betreutes Wohnen, Alten- und Pflegewohnheime sowie Studentenwohnheime bekannt sein.[647] In einem zweiten Schritt ist anhand der Prognose abzuleiten, welcher Bedarf an städtebaulichen Maßnahmen mit einem Vorhaben einhergeht.[648] Bei der Ermittlung des Bedarfs

---

641 Vgl. BVerwGE 133, 85 Rn. 32.
642 Vgl. BVerwGE 42, 331 (344).
643 Vgl. dazu im Einzelnen, *Reicherzer*, Der bayerische Bürgermeister 2009, 357 (358 f.).
644 Einzelheiten zur Berechnung des Bedarfs am Beispiel der Sozialgerechten Bodennutzung München beschreiben auch *Bunzel/Schlünder/Schneider*, Untersuchung der Kostenbeteiligung Dritter an den Infrastrukturkosten von Baumaßnahmen, S. 25 ff, https://repository.difu.de/jspui/bitstream/difu/125487/1/DA01176.pdf (zuletzt aufgerufen am 30.12.2022).
645 Vgl. *Burmeister*, Praxishandbuch Städtebauliche Verträge, S. 149; *Reitberger*, in: Brandl/Dirnberger/Miosga/Simon, Wohnen im ländlichen Raum. Wohnen für alle, S. 256.
646 Vgl. *Burmeister*, Praxishandbuch Städtebauliche Verträge, S. 149.
647 Nach dem Berliner Modell der kooperativen Baulandentwicklung, Leitlinien für den Abschluss städtebaulicher Verträge, S. 10 sind für Seniorenwohnungen weder Plätze in Kinderbetreuungseinrichtungen noch Grundschulplätze nachzuweisen. Für Wohnungen, die ausschließlich für Studentenwohnen festgesetzt sind, sind lediglich Plätze in Kinderbetreuungseinrichtungen nachzuweisen.
648 Vgl. BVerwGE 133, 85 Rn. 32.

darf die Gemeinde auf Vergleichs- oder Erfahrungswerte zurückgreifen.[649] Stellt sich im dritten Schritt heraus, dass der errechnete Bedarf durch vorhandene gebietsnahe Einrichtungen gedeckt werden kann, scheidet eine Kostenbeteiligung des Vorhabenträgers aus.[650] Löst ein Vorhaben hingegen mehr Plätze aus als Kapazitäten zur Verfügung stehen, stellt diese Lücke den durch ein Vorhaben ausgelösten Bedarf dar und eine Kostenbeteiligung des Vorhabenträgers ist für diesen errechneten zusätzlichen Bedarf möglich.

bb) Umfang der Kosten

Hat die Gemeinde ermittelt, welcher zusätzliche Bedarf kausal durch das Vorhaben verursacht wird, muss sie die Kosten für die zusätzlichen Plätze beziffern. Dazu muss sie eine Kostenprognose erstellen, bei der sie wiederum auf Vergleichs- oder Erfahrungswerte zurückgreifen darf.[651] Besteht bereits im Zeitpunkt der Bedarfs- und Kostenberechnung eine Unterversorgung mit Betreuungsplätzen, müssen die Kosten für diese Plätze bei der Berechnung der Kostenbeteiligung eines Vorhabenträgers zwingend ausgeklammert werden, da sie nicht kausal durch sein Vorhaben ausgelöst werden.[652] Wird die städtebauliche Maßnahme nicht unmittelbar nach Abschluss des städtebaulichen Vertrags errichtet, kann auch die Steigerung von Baukosten bei der Ermittlung der Kosten Berücksichtigung finden. Der Baupreisindex misst die durchschnittliche Entwicklung der Preise für Bauleistungen.[653] Er kann bei der Prognose herangezogen werden, um einen entsprechenden Kostenaufschlag zugunsten der Gemeinde zu berücksichtigen.[654]

Erhält die Gemeinde staatliche Zuwendungen, müssen diese in Abzug gebracht werden. Ein Kostenübernahmevertrag darf nicht zu einer Berei-

---

649 Vgl. *v. Nicolai/Wagner/Wecker*, Verträge des Baugesetzbuches, S. 45.
650 Vgl. OVG Niedersachsen, Urt. v. 19.05.2011 - 1 LC 86/09, BauR 2012, 70 (71 f.).
651 Vgl. *Burmeister*, Praxishandbuch Städtebauliche Verträge, S. 149.
652 „Die Deckung eines Nachholbedarfs für bereits zuvor verwirklichte Planungen" ist unzulässig, BVerwGE 133, 85 Rn. 31.
653 Der Baupreisindex wird durch das Statistischen Bundesamt vierteljährlich ermittelt und von den Statistischen Landesämtern veröffentlicht. Siehe auch https://bki.de/b aupreisindex.html (zuletzt aufgerufen am 30.12.2022).
654 Vgl. *Reitberger*, in: Brandl/Dirnberger/Miosga/Simon, Wohnen im ländlichen Raum. Wohnen für alle, S. 257.

cherung der Gemeinde führen.[655] Beschließt die Gemeinde eine Gesamtkonzeption, muss sie die staatliche Förderpraxis in die Prognose einbeziehen. Diese ist von politischen Entscheidungen abhängig und kann sich in dem Zeitraum, für den die Gesamtkonzeption aufgestellt wird, verändern.[656] In diesem Fall muss die Gesamtkonzeption nachträglich an die veränderten Förderbedingungen angepasst werden.[657]

Fraglich ist, ob Betriebs- und Unterhaltungskosten für öffentliche Einrichtungen ebenfalls erstattungsfähig sind. In der Rechtsprechung ist diese Frage noch nicht mit der erforderlichen Tiefe behandelt worden. Das OVG Niedersachsen verneint die Erstattungsfähigkeit solcher Kosten und stützt seine Begründung auf zwei Überlegungen. Zum einen sei ein Kausalzusammenhang zwischen dem initialen Vorhaben und den laufenden Unterhaltskosten umso schwieriger zu konstruieren, je weiter der Zeitraum der Unterhaltung in der Zukunft liege.[658] Diese Argumentation leitet aber zu der Frage über, ob in einer Anfangsphase eine kausale Verknüpfung zwischen Vorhaben und Betriebs- und Unterhaltskosten vorliegt und ab welchem Zeitpunkt die Grenze der Kausalität überschritten ist. Auch die zweite Überlegung überzeugt nicht vollständig: Die Ausweisung eines neuen Baugebiets habe regelmäßig den Zuzug von Einwohnern zur Folge, aus deren Abgaben die Unterhaltung der ihren Bedürfnissen dienenden öffentlichen Einrichtungen finanziert werden könne.[659] Dieser Überlegung ist zu entgegen, dass soweit Betriebs- und Unterhaltungskosten städtebaulicher Maßnahmen über Gebühren oder Beiträge finanziert werden, sich eine Kostenübernahme bereits wegen des Kompensationsprinzips verbietet.[660] Die Frage der Erstattungsfähigkeit stellt sich nur für den verbleibenden Teil. Nach Auffassung des sächsischen OVG sind Kosten für Pflege- und Unterhaltungsmaßnahmen einer Kinderbetreuungseinrichtung kein Leistungszweck, der die Anforderungen des § 11 Abs. 1 Satz 2 Nr. 3, Abs. 2

---

655 Vgl. *Grziwotz*, KommJur 2009, 293 (295).

656 Vgl. *Reitberger*, in: Brandl/Dirnberger/Miosga/Simon, Wohnen im ländlichen Raum. Wohnen für alle, S. 258.

657 Vgl. *Reitberger*, in: Brandl/Dirnberger/Miosga/Simon, Wohnen im ländlichen Raum. Wohnen für alle, S. 257.

658 Vgl. OVG Niedersachsen, Urt. v. 02.06.2020 - 1 MN 116/19, BauR 2020, 1269 (1270).

659 Vgl. OVG Niedersachsen, Urt. v. 02.06.2020 - 1 MN 116/19, BauR 2020, 1269 (1270 f.).

660 Werden beispielsweise Benutzungsgebühren für Kinderbetreuungseinrichtungen erhoben, sind die Betriebskosten in dieser Höhe ausgeglichen, sodass sich die Frage der Erstattungsfähigkeit nur auf die verbleibenden Kosten beziehen kann.

BauGB erfülle.[661] Zaghaft führt es aus, die Vorschrift nehme in erster Linie den zusätzlichen Investitions- und nicht den künftigen Unterhaltungsaufwand in den Blick.[662] Das VG München geht ohne Begründung davon aus, dass nur Investitionskosten, nicht aber Unterhaltungskosten erstattungsfähig sind.[663]

Der überwiegende Teil der Literatur lehnt die Erstattungsfähigkeit ab, teilweise mit der Begründung, es handele sich bei diesen Kosten schon nicht um Kosten für städtebauliche Maßnahmen[664], teilweise mit der Begründung, bei dem Betrieb einer staatlichen Einrichtung wie einer Kinderbetreuungseinrichtung oder einer Grundschule handele es sich um eine staatliche Aufgabe, die aus dem allgemeinen Gemeindehaushalt finanziert werde, soweit Gebühren und Beiträge die Kosten nicht ausgleichen.[665] Allein *Birk* meint, auch Betriebs- und Unterhaltungskosten seien folgelastenfähig, soweit sie kausal durch das Vorhaben ausgelöst werden.[666]

Der Wortlaut des § 11 Abs. 1 Satz 2 Nr. 3 BauGB differenziert nicht zwischen investiven Herstellungskosten einerseits und laufenden Betriebs- und Unterhaltungskosten andererseits, sondern spricht lediglich von der „Übernahme von Kosten [...] für städtebauliche Maßnahmen". Für die Auffassung der Literatur, die das Vorliegen einer städtebaulichen Maßnahme verneint, spricht, dass Betriebs- und Unterhaltungskosten keine baulichen Folgekosten darstellen. Im Gegensatz zu den einmalig anfallenden Herstellungskosten für die Errichtung der baulichen Anlage fallen Betriebskosten wiederkehrend an.

Birk meint, der Umstand, dass der Gesetzgeber zunehmend ausdrückliche gesetzliche Regelungen schafft, die Betriebskosten im weiteren Sinne ansprechen und zur Weitergabe an den Veranlasser vorsehen, spreche für die Erstattungsfähigkeit auch im Rahmen des § 11 Abs. 1 Satz 2

---

661 Vgl. Sächsisches OVG, Urt. v. 15.12.2019 - A 156/18, Rn. 58 (*juris*).
662 Sächsisches OVG, Urt. v. 15.12.2019 - A 156/18, Rn. 58 (*juris*).
663 Vgl. VG München, Urt. v. 10.07.2007 - M 2 K 06.4914, Rn. 60 (*juris*).
664 Vgl. *Burmeister*, Praxishandbuch Städtebauliche Verträge, S. 89; *Bunzel/Coulmas/Schmidt-Eichstaedt*, Städtebauliche Verträge, S. 199; *Bunzel/Schlünder/Schneider*, Untersuchung der Kostenbeteiligung Dritter an den Infrastrukturkosten von Baumaßnahmen, S. 8, https://repository.difu.de/jspui/bitstream/difu/125487/1/DA 01176.pdf (zuletzt aufgerufen am 30.12.2022); *Schäfer/Lau/Specovius*, Baulandbereitstellung, S. 30; *Kötter*, vhw FWS 2018, 149 (153).
665 Vgl. *Oerder*, BauR 1998, 22 (32); *Stüer/König*, ZfBR 2000, 528 (534); *Schwab*, Städtebauliche Verträge, Rn. 235; ohne nähere Begründung *Bank*, in: Brügelmann, BauGB, § 11 Rn. 73.
666 Vgl. *Birk*, Städtebauliche Verträge, Rn. 505.

Nr. 3 BauGB.[667] Das Gegenteil ist der Fall. Zunächst verdeutlichen die gesetzlichen Regelungen, die die Erstattungsfähigkeit von Betriebs- bzw. Unterhaltungskosten ausdrücklich ermöglichen (beispielsweise § 15 Eisenbahnkreuzungsgesetz (EBKrG), § 13a Abs. 1 Satz 3 und Abs. 2 Bundesfernstraßengesetz (FStrG), § 42 Abs. 1 Bundeswasserstraßengesetz (WaStrG) und § 15 Abs. 4 Bundesnaturschutzgesetz (BNatSchG)), dass der Gesetzgeber davon ausgeht, eine spezielle Rechtsgrundlage schaffen zu müssen. Die Regelungen im Eisenbahnkreuzungsgesetz, im Bundesfernstraßengesetz und im Bundeswasserstraßengesetz sind – anders als Birk andeutet – keine Regelungen der jüngeren Gesetzgebungsgeschichte, sondern bestehen alle bereits seit mehr als 40 Jahren.[668] In Kenntnis dieser Differenzierung der Kostenarten in spezielleren Gesetzen ermöglicht der Gesetzgeber in § 11 Abs. 1 Satz 2 Nr. 3 BauGB hingegen lediglich die Übernahme der Kosten von städte*baulichen* Maßnahmen. § 15 Abs. 4 BNatSchG[669] stellt eine weitere spezialgesetzliche Vorschrift dar, wonach naturschutzrechtliche Ausgleichs- und Ersatzmaßnahmen durch den Verursacher zu unterhalten sind. Der Regelung liegen Besonderheiten bei der pflanzlichen Entwicklung zugrunde. Die Vorschrift erfasst Anwuchs- und Entwicklungspflegekosten und verdeutlicht, dass der Begriff der Herstellungskosten bei naturschutzrechtlichen Ausgleichs- und Ersatzmaßnahmen weit zu verstehen ist.[670] Eine Maßnahme ist erst hergestellt, sobald sie überlebensfähig ist und ihre naturschützende Funktion ausüben kann.[671] Muss der Verursacher eines naturschutzrechtlichen Eingriffs beispielsweise als Ausgleichsmaßnahme Bäume pflanzen, ist die Maßnahme nicht bereits dann hergestellt, wenn diese gepflanzt wurden, sondern erst, wenn die Bäume einen Zustand erreicht haben, der ihre Überlebensfähigkeit sicherstellt. Kosten für die Unterhaltungspflege können nach § 15 Abs. 4 BNatSchG nur soweit verlangt werden, wie die Unterhaltung selbst Gegenstand der Ausgleichs- und Ersatzmaßnahme ist.[672] Aufgrund dieser Besonderheiten der pflanzlichen Entwicklung scheidet ein Vergleich mit Betriebskosten bei Immobilien aus.

---

667 Vgl. *Birk*, Städtebauliche Verträge, Rn. 505.
668 § 15 Abs. 1 Satz 1 EBKrG i.d.F.v. 08.03.1971, BGBl. I, S. 167 und § 15 Abs. 1 Satz 2 EBKrG i.d.F.v. 14.08.1963, BGBl. I, S. 683. § 13a Abs. 1 Satz 3 und Abs. 2 FStrG wurde durch das 2. Gesetz zur Änderung des Bundesfernstraßengesetzes v. 04.07.1974, BGBl. I, S. 1404 eingefügt. § 42 Abs. 1 WaStrG i.d.F.v. 02.04.1968, BGBl. II, S. 173.
669 § 15 Abs. 4 BNatSchG i.d.F.v. 29.07.2009, BGBl. I, S. 2542.
670 Vgl. *Patzelt*, ZUR 2020, 410.
671 Vgl. *Schrader*, in: Giesberts/Reinhardt (BeckOK UmweltR), BNatSchG, § 15 Rn. 51.
672 Siehe dazu die Gesetzesbegründung BT-Drs. 16/12274, S. 58, die beispielhaft eine Amphibienleiteinrichtung als Maßnahme auflistet, die einer Unterhaltung bedürfe.

Der Vollendungszeitpunkt der Herstellung einer baulichen Anlage kann im Gegensatz zu Ausgleichs- und Ersatzmaßnahmen unproblematisch bestimmt werden und tritt ein, sofern die vertraglich vereinbarten Leistungen erbracht wurden.

Für eine Begrenzung der Erstattung auf einmalige investive Herstellungskosten spricht ferner, dass die Übernahme von Betriebs- und Unterhaltungskosten mit dem Gleichbehandlungsgrundsatz kollidiert. Vergleicht man zunächst einen Vorhabenträger, der bisher nicht über Wohnbaurecht verfügt, mit einem Vorhabenträger, der ein Vorhaben auf einer Fläche entwickelt, für welche bereits Wohnbaurecht besteht, zeigt sich, dass die Kosteninanspruchnahme des erstgenannten Vorhabenträgers in einer gebildeten Vergleichsgruppe „Kostenbeteiligung der Vorhabenträger" eine Ungleichbehandlung darstellt. Diese ist aber gerechtfertigt. Der rechtfertigende Grund für die ungleiche Behandlung liegt in der unterschiedlichen bauplanungsrechtlichen Zulässigkeit ihrer Vorhaben. Der erstgenannte Vorhabenträger erhält von der Gemeinde als Gegenleistung für seinen Beitrag zur Finanzierung der städtebaulichen Maßnahme neues Wohnbaurecht, während der andere Vorhabenträger bereits über Wohnbaurecht verfügt.[673] In dem zeitlich nachfolgenden Stadium des Betriebs einer öffentlichen Einrichtung würde die Kosteninanspruchnahme des erstgenannten Vorhabenträgers auch für Betriebs- und Unterhaltungskosten ebenfalls eine ungleiche Behandlung darstellen. In diesem Stadium ist ein Rechtfertigungsgrund für die ungleiche Behandlung der beiden Vorhabenträger nicht ersichtlich. Würde der Vorhabenträger, der neues Wohnbaurecht erhalten hat, an den Betriebskosten einer Kinderbetreuungseinrichtung durch einen Kostenübernahmevertrag beteiligt werden, läge ein Verstoß gegen den Gleichheitsgrundsatz vor.

Zur Dauer der Unterhaltungspflege nach § 15 Abs. 4 BNatSchG siehe *Patzelt*, ZUR 2020, 410 (411 f.).

673 In einem ähnlich gelagerten Fall, in dem nur die Gruppe der Neunutzer an den Kosten für einen Autobahnzubringer beteiligt wurde, nicht aber die Gruppe der Altnutzer, hat das BVerwG eine Ungleichbehandlung bejaht und den rechtfertigenden Grund für die ungleiche Behandlung der Nutzergruppen darin gesehen, dass die Neunutzer von der Gemeinde als Gegenleistung für ihren Beitrag zur Finanzierung des Zubringers neues bzw. erweitertes Baurecht erhalten haben, während die Altnutzer ihr Baurecht bereits innehatten und zur Refinanzierung aus Rechtsgründen nicht mehr herangezogen werden konnten, BVerwGE 139, 262 Rn. 22.

cc) Verteilungsmaßstab bei mehreren Vorhabenträgern

Kommt die städtebauliche Maßnahme mehreren Vorhabenträgern zugute, muss jeder nur den auf ihn entfallenden Anteil tragen. Die gesamten Aufwendungen sind gerecht zwischen den Vorhabenträgern aufzuteilen.[674] Ein Verteilungsmaßstab, der Lastengerechtigkeit sicherstellt, muss berücksichtigen, inwieweit jedes konkrete Vorhaben im Verhältnis zu den anderen Vorhaben von der städtebaulichen Maßnahme profitiert. Der Verteilungsmaßstab sollte den durch das Grundstück genossenen Vorteil möglichst genau wiedergeben.[675]

Das BauGB schreibt einen Verteilungsmaßstab für Folgekostenverträge im Gegensatz zum Erschließungsbeitragsrecht nicht vor. Bei Letzterem erfolgt die Verteilung des ermittelten Erschließungsaufwands nach festgelegten Maßstäben. § 131 Abs. 2 Satz 1 BauGB lässt drei verschiedene Maßstäbe zu: (1) die Art und das Maß der baulichen oder sonstigen Nutzung, (2) die Grundstücksfläche oder (3) die Grundstücksbreite an der Erschließungsanlage. Das OVG Niedersachsen hat in Bezug auf Folgekostenverträge darüber hinaus den Grundstückswert als Verteilungsmaßstab für zulässig erachtet.[676] Gegen die Anwendung des Grundstückswerts als Verteilungs-

---

674 Vgl. *Bunzel/Schlünder/Schneider*, Untersuchung der Kostenbeteiligung Dritter an den Infrastrukturkosten von Baumaßnahmen, S. 15, https://repository.difu.de/jspui/bitstream/difu/125487/1/DA01176.pdf (zuletzt aufgerufen am 30.12.2022); *Grziwotz*, JuS 1998, 1113 (1115).

675 Vgl. OVG Niedersachsen, Urt. v. 19.05.2011 - 1 LC 86/09, BauR 2012, 70 (74); *Hoffmann*, in: Spannowsky/Uechtritz (BeckOK), BauGB, § 11 Rn. 31.2; *Bunzel/Schlünder/Schneider*, Untersuchung der Kostenbeteiligung Dritter an den Infrastrukturkosten von Baumaßnahmen, S. 15, https://repository.difu.de/jspui/bitstream/difu/125487/1/DA01176.pdf (zuletzt aufgerufen am 30.12.2022); *Bunzel/Coulmas/Schmidt-Eichstaedt*, Städtebauliche Verträge, S. 227; *Busse*, KommJur 2009, 241 (242).

676 OVG Niedersachsen, Urt. v. 19.05.2011 - 1 LC 86/09, BauR 2012, 70 (74). Der Entscheidung lagen mehrere Besonderheiten zugrunde. Die Gemeinde hat in Kenntnis der begrenzten Geeignetheit des von ihr gewählten Verteilungsmaßstabs eine Deckelung der Kosten in den Fällen vorgenommen, in denen besonders teure Grundstückslagen zu einer hohen Kostenbeteiligung geführt haben. Die das Baurecht schaffende Satzung war zudem so ausgestaltet, dass die Zahl der Wohneinheiten pro Grundstück auf zwei begrenzt war, sodass im Vergleich der Grundstücke zueinander eine unterschiedliche Nutzungsintensität ausschied. Aufgrund dieser Besonderheiten ist die Wahl dieses Verteilungsmaßstab nicht auf andere Fallgestaltungen, insbesondere dann, wenn die Nutzungsintensität variiert, übertragbar, *Bunzel/Schlünder/Schneider*, Untersuchung der Kostenbeteiligung Dritter an den Infrastrukturkosten von Baumaßnahmen, S. 15, https://repository.difu.de/jspui/bitstream/difu/125487/1/DA01176.pdf (zuletzt aufgerufen am 30.12.2022).

maßstab spricht, dass er nicht geeignet ist, eine präzise Kostenzuordnung sicherzustellen, denn er lässt keinen Rückschluss auf die Intensität der Nutzung zu. Der Wert eines Grundstücks gibt keinen Aufschluss darüber, wie viele Wohnungen auf diesem verwirklicht und wie viele Kinder letztlich in diesen leben werden. Die Intensität der Wohnnutzung, die für die Bedarfsermittlung und schließlich auch für die gerechte Verteilung der entstandenen Kosten für Kinderbetreuungseinrichtungen und Grundschulen maßgeblich ist, kann am besten anhand des zulässigen Maßes der Nutzung des Grundstücks ermittelt werden.[677] Dazu kann die Geschossfläche nach § 20 Abs. 3 und 4 BauNVO herangezogen werden. Dieser Verteilungsmaßstab stellt eine möglichst präzise Zuordnung der Kosten sicher, da er die Grundstücksausnutzung widerspiegelt, die wiederum maßgeblich ist für die Anzahl der Kinder, die in dem Gebiet leben werden.

Besondere Aufmerksamkeit verlangen Fallkonstellationen, in denen ein Vorhabengebiet neben Wohnnutzung auch sonstige Nutzungen ermöglicht. Beispielsweise kann die Errichtung einer Kinderbetreuungseinrichtung kausal durch verschiedene Vorhabengebiete hervorgerufen werden, von denen einige reine (§ 3 BauNVO) oder allgemeine (§ 4 BauNVO) Wohngebiete sind, andere Mischgebiete (§ 6 BauNVO). In Mischgebieten kommt Wohnnutzung in einem geringeren Maße vor als in reinen oder allgemeinen Wohngebieten.

Ist eine unterschiedliche bauliche oder sonstige Nutzung zulässig, ist im Erschließungsbeitragsrecht nach § 131 Abs. 3 BauGB der Verteilungsmaßstab in der Weise anzuwenden, dass der Verschiedenheit der Nutzung nach Art und Maß entsprochen wird. Der Verteilungsmaßstab soll die genossenen Vorteile differenziert widerspiegeln.[678] Das Differenzierungsgebot verfolgt das Ziel, den Erschließungsaufwand gemäß dem Vorteilsprinzip angemessen zu verteilen.[679] Nach dem Vorteilsprinzip sind Beiträge entsprechend den aus der Erschließung resultierenden Vorteilen zu bemessen. Durch einen Artzuschlag oder einen Artabschlag können die unterschiedlichen Gebrauchsvorteile, die die Erschließung bei unterschiedlichen

---

677 Vgl. *Bunzel/Coulmas/Schmidt-Eichstaedt*, Städtebauliche Verträge, S. 228, *Birk*, Städtebauliche Verträge, Rn. 503; *Hoffmann*, in: Spannowsky/Uechtritz (BeckOK), BauGB, § 11 Rn. 31.2.

678 Vgl. OVG Niedersachsen, Urt. v. 19.5.2011 - 1 LC 86/09, BauR 2012, 70 (74).

679 Zum Vorteilsprinzip siehe BVerwG, Urt. v. 09.12.2015 - 9 C 28/14, NVwZ 2016, 779 (780).

Nutzungsarten vermittelt, Berücksichtigung finden.[680] Im Erschließungsbeitragsrecht wird zwischen dem gebiets- und dem grundstücksbezogenen
Artzuschlag differenziert.[681] Ein gebietsbezogener Artzuschlag bezieht sich
auf die bauplanungsrechtlich gewährte Möglichkeit einer gewerblichen und
damit regelmäßig verkehrsintensiveren Nutzung des Grundstücks.[682] Ein
grundstücksbezogener Artzuschlag knüpft an eine einzelne intensivere Nutzung eines Grundstücks an, etwa wenn ein in einem qualifiziert überplanten Wohngebiet gelegenes Grundstück gewerblich und damit intensiver als
die übrigen Grundstücke genutzt wird.[683]

Dieses für das Erschließungsbeitragsrecht in § 131 Abs. 3 BauGB normierte Differenzierungsgebot kann bei der Verteilung der Kosten für Kinderbetreuungseinrichtungen und Grundschulen fruchtbar gemacht werden,
wenn die die Kosten auslösenden Vorhabengebiete oder Grundstücke unterschiedliche Intensitäten der Wohnnutzung aufweisen.

Nach der allgemeinen Zweckbestimmung dient ein Mischgebiet dem
Wohnen und der Unterbringung von Gewerbebetrieben, die das Wohnen
nicht wesentlich stören. Merkmal des Mischgebiets ist das gleichrangi-
ge Nebeneinander von Wohnnutzung und gewerblicher Nutzung.[684] Ein
Rangverhältnis zwischen den beiden Nutzungsarten besteht nicht.[685] Der
Baugebietstyp ist von einer Gleichwertigkeit und Gleichgewichtigkeit beider Nutzungsarten geprägt.[686] Eine geringere Fläche für Wohnnutzung
führt zu einem geringeren Bevölkerungswachstum in diesem Gebiet und
verursacht im Vergleich zu Wohngebieten einen geringeren Bedarf an Plätzen in Kinderbetreuungseinrichtungen und Grundschulen. Zugleich profitieren die in Mischgebieten zulässigen gewerblichen Nutzungen nicht von
diesen städtebaulichen Maßnahmen.[687] Die unterschiedliche Art der Nutzung kann durch einen gebietsbezogenen Artabschlag Berücksichtigung
finden. Da Wohnnutzung und gewerbliche Nutzung im Mischgebiet gleichrangig nebeneinander zulässig sind, ist ein Abschlag von 50 Prozent der

---

680 Vgl. *Eiding*, in: Spannowsky/Uechtritz (BeckOK), BauGB, § 131 Rn. 87; *Driehaus*, in:
     Berliner Kommentar, BauGB, § 131 Rn. 94.
681 Vgl. *Eiding*, in: Spannowsky/Uechtritz (BeckOK), BauGB, § 131 Rn. 88.
682 Vgl. *Eiding*, in: Spannowsky/Uechtritz (BeckOK), BauGB, § 131 Rn. 88.
683 Vgl. VGH Baden-Württemberg, Beschl. v. 04.04.2005 - 2 S 2441/04, NVwZ-RR 2005,
     420 (421); *Eiding*, in: Spannowsky/Uechtritz (BeckOK), BauGB, § 131 Rn. 88.
684 Vgl. *Schimpfermann/Stühler*, in: Fickert/Fieseler, BauNVO, § 6 Rn. 1.
685 Vgl. *Roeser*, in: König/Roeser/Stock, BauNVO, § 6 Rn. 3.
686 Vgl. BVerwG, Beschl. v. 11.04.1996 - 4 B 51/96, NVwZ-RR 1997, 463 f.
687 Vgl. OVG Niedersachsen, Urt. v. 19.05.2011 - 1 LC 86/09, BauR 2012, 70 (74).

durchschnittlichen Wohneinheiten sachgerecht. Dies bedeutet, dass bei der Erstellung der Gesamtkonzeption für Mischgebiete sowohl auf der Ebene der Bedarfsermittlung als auch auf der Ebene der Kostenverteilung nur die Hälfte der erfahrungsgemäß in Wohngebieten entstehenden Wohneinheiten angesetzt werden dürfen. Auf diese Weise kann dazu beigetragen werden, Verteilungsgerechtigkeit herzustellen. Auch in einem Dorfgebiet (§ 5 BauNVO), einem dörflichen Wohngebiet (§ 5a BauNVO), einem urbanen Gebiet (§ 6a BauNVO) oder einem Kerngebiet (§ 7 BauNVO) ist Wohnnutzung und gewerbliche Nutzung nebeneinander möglich, sodass im Einzelfall dort ebenfalls ein gebietsbezogener Artabschlag denkbar ist.[688]

dd) Zulässigkeit eines Pauschalbetrags

Dem Begriff Pauschalbetrag kommen zwei verschiedene Bedeutungen zu. Zum einen wird der Begriff im Sinne einer Zuzugsabgabe[689] oder auch eines Infrastrukturbeitrags[690] verwendet. Damit sind Fallkonstellationen gemeint, in denen sich ein Vorhabenträger an gemeindlichen Maßnahmen finanziell beteiligen muss, ohne dass ein kausaler Zusammenhang zwischen seinem Vorhaben und der Maßnahme nachgewiesen wird. Dieses Vorgehen ist der Gemeinde verwehrt. Sie darf von dem Vorhabenträger keine pauschalen Beträge verlangen, die objektiv nicht nachvollziehbar sind.[691] Das erforderliche Mindestmaß der Konkretisierung fehlt, wenn die Vertragsparteien allgemein vereinbaren, dass die von dem Vorhabenträger gezahlten Beträge zum Ausgleich von Finanzierungslücken im kommunalen Haushalt

---

688 Die praktische Relevanz eines gebietsbezogenen Artabschlags für Dorfgebiete ist gering, da kooperative Baulandmodelle regelmäßig von Städten beschlossen werden, deren Größe und städtebauliche Gegebenheiten der Ausweisung eines Dorfgebiets entgegenstehen. Einen Artabschlag für das Kerngebiet befürwortet *Grötz*, Städtebauliche Verträge zur Baulandbereitstellung, S. 59 ff.

689 So bereits BVerwGE 42, 331 (344). Vgl. zudem *Reidt*, in: Battis/Krautzberger/Löhr, BauGB, § 11 Rn. 60; *Schäfer/Lau/Specovius*, Baulandbereitstellung, S. 28; *Busse*, KommJur 2009, 241 (244). *Grziwotz*, ZfIR 2015, 121 (124) spricht von einer „Zuzugspauschale".

690 Vgl. BGH, Urt. v. 18.09.2009 - V ZR 2/09, NVwZ 2010, 398; *Kment*, NJW 2018, 3692 (3695); *Spieß*, KommJur 2017, 441 (446). *Hoffmann*, in: Spannowsky/Uechtritz (BeckOK), BauGB, § 11 Rn. 30, benutzt den Begriff „schematische[n] Infrastrukturabgaben".

691 So bereits BVerwGE 42, 331 (343 f.) zur Zuzugsabgabe und BGH, Urt. v. 18.09.2009 - V ZR 2/09, NVwZ 2010, 398 (399 f.) zum Infrastrukturbeitrag.

verwendet werden.[692] Fehlt eine präzisierte Gesamtplanung, liegt eine unzulässige Zuzugsabgabe vor.[693]

Zum anderen kann mit einem Pauschalbetrag auch eine Ablösevereinbarung gemeint sein. Eine solche Vereinbarung betrifft die Abrechnungsmodalität und beschreibt eine Möglichkeit, wie ein Vorhabenträger die durch sein Vorhaben kausal verursachten Kosten gegenüber der Gemeinde begleichen kann.[694] Einerseits können die Vertragsparteien vereinbaren, dass die Abrechnung der kausal verursachten Kosten erst nach Herstellung der städtebaulichen Maßnahmen durch eine Schlussrechnung erfolgt. Üblicherweise kann zum Zeitpunkt des Abschlusses des Kostenübernahmevertrags der Betrag lediglich geschätzt werden. Andererseits entspricht diese Vorgehensweise regelmäßig nicht der Interessenlagen beider Vertragsparteien.[695] Der Vorhabenträger ist daran interessiert, möglichst frühzeitig eine sichere Kostenkalkulation vornehmen zu können. Eine endgültige Kostenabrechnung durch die Gemeinde erst nach Errichtung der städtebaulichen Maßnahme ist für ihn mit einem Kalkulationsrisiko behaftet, welches er bei seiner Finanzierung berücksichtigen muss. Auch die Gemeinde hat ein Interesse daran, bereits zu einem frühen Zeitpunkt eine Vereinbarung zu treffen, durch die alle Kosten abgelöst werden. Diese bringt für sie den Vorteil, dass sie nach Abschluss der Arbeiten keine detaillierte Abschlussrechnung erstellen muss. Ein pauschalierter Ablösebetrag verursacht bei der Gemeinde einen geringeren Verwaltungsaufwand. Um einen Anreiz für die Wahl dieser Abrechnungsmodalität zu schaffen, gewähren einige Städte auf den prognostizierten Kostenbetrag einen Nachlass.[696] Verlangt ein Vorhabenträ-

---

692 Vgl. *Krautzberger*, in: Spannowsky/Hofmeister, Kooperative und nachfrageorientierte Kommunalentwicklung durch städtebauliche Verträge, S. 138.

693 So ausdrücklich OVG Niedersachsen, Urt. v. 10.07.2007 - 1 LC 200/05, ZfBR 2007, 804 (806). Auch die Vereinbarung eines pauschalen Infrastrukturbeitrags ist unzulässig wie der BGH im Urteil v. 18.09.2009 - V ZR 2/09, NVwZ 2010, 398 entschied. Danach verstößt die Vereinbarung in einem Grundstückskaufvertrag, den eine von kommunalen Körperschaften beherrschte juristische Person des Privatrechts mit dem Grundstückserwerber schließt, neben dem Kaufpreis zusätzlich einen jährlichen Infrastrukturbeitrag für kommunale Einrichtungen zu zahlen, gegen das aus Art. 20 Abs. 3 GG folgende Verbot, öffentliche Abgaben anders als nach Maßgabe der gesetzlichen Regelungen zu erheben und ist daher nichtig.

694 In diesem Sinne auch schon *Schäfer/Lau/Specovius*, Baulandbereitstellung, S. 28.

695 Vgl. *Bunzel/Coulmas/Schmidt-Eichstaedt*, Städtebauliche Verträge, S. 238.

696 Das Infrastrukturkostenkonzept der Stadt Hannover sieht einen Nachlass von 10 Prozent auf die prognostizierten Herstellungskosten vor, siehe Beschluss der Ratsversammlung v. 26.1.2017, Drucksache Nr. 1928/2016, Anlage 2, S. 28. Zu diesem Vorgehen auch *Bunzel/Schlünder/Schneider*, Untersuchung der Kostenbeteiligung

ger hingegen eine nachträgliche detaillierte Abrechnung der Kosten, muss die Gemeinde in der Lage sein, diese durchzuführen.[697]

Solche pauschalen Ablösevereinbarungen bieten sich für städtebauliche Maßnahmen der sozialen Infrastruktur an, da diese regelmäßig mit einem Prognoserisiko hinsichtlich der tatsächlich benötigten Betreuungsplätze verbunden sind. Das Prognoserisiko im Rahmen der Bedarfsermittlung setzt sich im Kostenrisiko fort. Bei Vereinbarungen zur Übernahme von Planungskosten oder Kosten für Erschließungsmaßnahmen werden pauschale Ablösevereinbarungen hingegen in der Regel nicht getroffen, da ihnen ein geringeres Prognoserisiko anhaftet. Stattdessen wird eine vollständige Kostenübernahme vereinbart.[698]

Das Baulandmodell der Stadt München sieht einen pauschalen Ablösebetrag für die Herstellungskosten der sozialen Infrastruktur von 175 EUR pro Quadratmeter neugeschaffener Geschossfläche Wohnen vor.[699] Anpassungen des Wertes erfolgen durch Stadtratsbeschluss.[700] Auch das Modell der kooperativen Baulandentwicklung Berlin eröffnet dem Vorhabenträger die Option, die Pflicht zur Zahlung der kausal verursachten Kosten für soziale Infrastruktur durch Zahlung eines Betrags abzulösen, der auf Basis

---

Dritter an den Infrastrukturkosten von Baumaßnahmen, S. 59, https://repository.dif u.de/jspui/bitstream/difu/125487/1/DA01176.pdf (zuletzt aufgerufen am 30.12.2022).

697 Vgl. *Bunzel/Schlünder/Schneider*, Untersuchung der Kostenbeteiligung Dritter an den Infrastrukturkosten von Baumaßnahmen, S. 59, https://repository.difu.de/jspui /bitstream/difu/125487/1/DA01176.pdf (zuletzt aufgerufen am 30.12.2022); *Bank*, in: Brügelmann, BauGB, § 11 Rn. 74.

698 Vgl. *Bunzel/Coulmas/Schmidt-Eichstaedt*, Städtebauliche Verträge, S. 238.

699 Verfahrensgrundsätze zur Sozialgerechten Bodennutzung - Neufassung nach Maßgabe des Stadtratsbeschlusses v. 28.07.2021, Landeshauptstadt München, S. 5. Das Modell der sozialgerechten Bodennutzung bezeichnet den Ablösebetrag als Finanzierungsbeitrag. Bis zur Fortschreibung des Modells im Jahr 2021 betrug der Finanzierungsbeitrag 100 EUR/m^2 neugeschaffener Geschossfläche Wohnen. Dieser Betrag war so niedrig angesetzt, dass in der Regel die ursächlichen Kosten für die Errichtung einer Kinderbetreuungseinrichtung nicht vollständig gedeckt werden konnten und der verbleibende Teil von der Stadt München zu tragen war, vgl. Beschluss des Stadtrats der Landeshauptstadt München v. 28.07.2021, Sitzungsvorlage Nr. 20-26 / V 03932, S. 22. Im Rahmen des Baukastenmodells steht dem Vorhabenträger ferner die Möglichkeit zu, den sozialen Infrastrukturkostenbeitrag selbst zu wählen. Die Spanne reicht von 100 EUR/m^2 bis maximal 250 EUR/m^2 neugeschaffener Geschossfläche Wohnen, wobei die Ursächlichkeit nachgewiesen werden muss. Korrespondierend zur Höhe des Beitrags werden Punkte vergeben (100 EUR = 5 Punkte, 250 EUR = 35 Punkte).

700 Verfahrensgrundsätze zur Sozialgerechten Bodennutzung in der Neufassung v. 26.07.2017, Vorlagen Nr. 14-20 / V 09249, Anlage 1b, S. 3.

der dem städtebaulichen Vertrag zugrundeliegenden Kostenschätzung ermittelt wird.[701] Wählt der Vorhabenträger diese Option, findet nach Fertigstellung keine Abrechnung der Maßnahme gegenüber dem Vorhabenträger statt.[702] Andernfalls muss das Land Berlin den Aufwand gegenüber dem Vorhabenträger nach Fertigstellung der Maßnahme abrechnen.[703] Anders als die Stadt München bietet das Land Berlin keinen pauschal geltenden Ablösebetrag pro Quadratmeter neugeschaffener Geschossfläche Wohnen an, sondern berechnet den Ablösebetrag individuell für die jeweilige Maßnahme. Für das Land Berlin ist dieses Vorgehen vorteilhaft, da so flexibel auf Veränderungen der Kosten reagiert werden kann und Kostensteigerungen zugunsten des Landes Berlin stets berücksichtigt werden können.

C. Zusammenfassung

Mit einem kooperativen Baulandmodell kann die Gemeinde die sozialgerechte Bodennutzung auf ihrem Gemeindegebiet fördern. Verfolgt wird nicht nur das soziale Ziel, die Wohnbedürfnisse der Bevölkerung zu berücksichtigen und mehr bezahlbaren Wohnraum zu schaffen, sondern daneben auch das ökonomische Ziel, die Ausweisung von Wohnbauland mit der Verpflichtung des Vorhabenträgers zu verbinden, sich an den Kosten, die durch das Vorhaben ausgelöst werden, zu beteiligen.

Die Städte München, Berlin und Bonn haben in ihren kooperativen Baulandmodellen jeweils festgelegt, unter welchen Voraussetzungen sie bereit sind, neues Wohnbauland durch einen Bebauungsplan auszuweisen. In den Städten München und Berlin muss der Vorhabenträger sich in einem städtebaulichen Vertrag verpflichten, 40 bzw. 30 Prozent der neu entstehenden Wohnbaufläche als sozial geförderten Wohnraum zu binden. In München müssen regelmäßig zusätzlich weitere 20 Prozent für den preisgedämpften Mietwohnungsbau errichtet werden. Nach dem Bonner Baulandmodell liegt die Sozialquote je nach Größe des Vorhabens entweder bei 40 oder 50 Prozent. Zudem muss der Vorhabenträger bestimmte Kosten tragen, die durch das Vorhaben entstehen. Dies sind neben den

---

701 Berliner Modell der kooperativen Baulandentwicklung, Leitlinien für den Abschluss städtebaulicher Verträge, S. 10.

702 Berliner Modell der kooperativen Baulandentwicklung, Leitlinien für den Abschluss städtebaulicher Verträge, S. 10.

703 Berliner Modell der kooperativen Baulandentwicklung, Leitlinien für den Abschluss städtebaulicher Verträge, S. 10.

Erschließungs- und Planungskosten auch Kosten der sozialen Infrastruktur, wobei in München und Berlin sowohl die Herstellungskosten für Kinderbetreuungseinrichtungen als auch für Grundschulen übernommen werden müssen. Das Baulandmodell der Stadt Bonn verlangt von dem Vorhabenträger lediglich die Übernahme der Herstellungskosten für Kinderbetreuungseinrichtungen, nicht hingegen die Übernahme der Herstellungskosten für Grundschulplätze.

Ein kooperatives Baulandmodell legt den personellen und sachlichen Anwendungsbereich fest. Von besonderer Bedeutung ist die sogenannte Bagatellgrenze, die einen Schwellenwert normiert, ab welcher Größe eines Vorhabens das kooperative Baulandmodell zur Anwendung kommt. Darüber hinaus skizziert ein kooperatives Baulandmodell den Verfahrensablauf, der eng mit dem Verfahren zur Aufstellung eines Bebauungsplans verwoben ist.

Umgesetzt werden kooperative Baulandmodelle durch den Abschluss städtebaulicher Verträge zwischen der Gemeinde und dem Vorhabenträger. Zulässige Vertragsinhalte ergeben sich aus § 11 Abs. 1 Satz 2 Nr. 1 bis 3 BauGB. Mit dem Vorhabenträger kann ein Erschließungs- und ein Planungsvertrag (§ 11 Abs. 1 Satz 2 Nr. 1 BauGB) geschlossen werden, wenn er oder ein von ihm beauftragter Dritter die Aufgaben wahrnimmt. Führt die Gemeinde oder ein von ihr beauftragter Dritter die Aufgaben durch, können die dadurch entstandenen Kosten durch einen Folgekostenvertrag (§ 11 Abs. 1 Satz 2 Nr. 3 BauGB) ersetzt verlangt werden. § 11 Abs. 1 Satz 2 Nr. 2 BauGB ermöglicht Vereinbarungen zur Förderung und Sicherung der mit der Bauleitplanung verfolgten Ziele. Dazu werden Quoten für den sozial geförderten Wohnraum, Belegungs- und Mietbindungen vereinbart. Sollen nicht die Regelungen der sozialen Wohnraumförderung zur Anwendung kommen, ist eine Quote für preisgedämpften Wohnraum möglich. Diese wird wiederum durch Belegungs- und Mietbindungen ausgestaltet. Die Vereinbarung von Quoten setzt voraus, dass die Errichtung von günstigem Wohnraum städtebaulich erforderlich ist. Diesen Nachweis kann die Gemeinde durch eine Wohnraumanalyse führen. Beim Kosten- und Aufwendungsersatz (§ 11 Abs. 1 Satz 2 Nr. 3 BauGB) muss zwischen der Aufwendung für die städtebauliche Maßnahme und dem Vorhaben ein kausaler Zusammenhang bestehen. Die Kausalität hat eine räumliche und eine zeitliche Komponente, welche durch die Gemeinde nachgewiesen werden müssen. Verursachen mehrere Vorhaben gemeinsam erst den Bedarf für eine städtebauliche Maßnahme, kann die Gemeinde den Nachweis mithilfe einer Gesamtkonzeption erbringen.

Teil 2:
Rechtliche Anforderungen an kooperative Baulandmodelle und deren Grenzen

§ 1 Zum Erfordernis einer Rechtsgrundlage für kooperative Baulandmodelle

Die Erkenntnis, dass durch die Einführung eines kooperativen Baulandmodells der Vorhabenträger bei der Aufstellung eines Bebauungsplans oder Änderung eines solchen mittels städtebaulichen Vertrags verpflichtet wird, bestimmte Pflichten und Kosten zu übernehmen, wirft die Frage auf, ob die Einführung eines solchen Modells eine gesetzliche Grundlage erfordert. Nach dem Vorbehalt des Gesetzes muss der parlamentarische Gesetzgeber alle wesentlichen Entscheidungen, insbesondere die grundrechtsbeschränkenden Regelungen, selbst treffen.[704] Erfasste der Vorbehalt des Gesetzes auch die Einführung eines kooperativen Baulandmodells, dürfte eine Gemeinde ein solches nur etablieren, sofern eine hinreichende gesetzliche Ermächtigungsgrundlage bestünde. Es stellt sich zunächst die Frage, ob die Einführung eines kooperativen Baulandmodells den Vorbehalt des Gesetzes auslöst. Ist dies der Fall, ist zu untersuchen, welche Vorschrift als taugliche Ermächtigungsgrundlage herangezogen werden kann.

A. Verfassungsrechtliche Grundlagen des Vorbehalts des Gesetzes

Der Vorbehalt des Gesetzes beschreibt zunächst das Erfordernis einer besonderen gesetzlichen Grundlage für exekutives Handeln. Jeder Eingriff des Staates in Freiheit und Eigentum des Einzelnen erfordert eine formell-ge-

---

704 So die gefestigte Rechtsprechung des BVerfG, die das Gericht zuletzt in seiner Entscheidung zum *Numerus clausus* beim Studium der Humanmedizin bestätigt hat, BVerfGE 147, 253, Rn. 116.

setzliche Grundlage.[705] Dadurch soll Transparenz und Vorhersehbarkeit des staatlichen Handelns garantieren werden.[706] Das BVerfG hat den Vorbehalt des Gesetzes mit Hilfe der Wesentlichkeitstheorie weiterentwickelt.[707] Sie dient dazu, zwei Sachbereiche des Vorbehalts des Gesetzes näher zu bestimmen. Zum einen gibt sie Auskunft darüber, welches Handeln der Exekutive vom Geltungsbereich des Vorbehalts des Gesetzes erfasst wird. Zum anderen wird sie zur Kompetenzabgrenzung zwischen Legislative und Exekutive herangezogen.[708] Nach der Wesentlichkeitstheorie ist der Gesetzgeber aufgrund des Rechtsstaatsprinzips und des Demokratieprinzips verpflichtet, alle wesentlichen Fragen, die den Bürger unmittelbar betreffen, durch Parlamentsgesetze selbst zu treffen und darf die Beantwortung der Fragen nicht der Verwaltung überlassen.[709] Trotz anfänglicher Kritik, insbesondere aufgrund der Vagheit in Bezug auf die Bestimmung dessen, was wesentlich ist, wird die Theorie von weiten Teilen der Literatur anerkannt.[710] Die „Wesentlichkeit" einer Maßnahme folgt vorrangig aus der Berührung grundrechtlich geschützter Lebensbereiche und der Intensität der Grundrechtsbetroffenheit.[711] Wesentlich ist eine Maßnahme im grundrechtsrelevanten Bereich in erster Linie, wenn sie „wesentlich für die Verwirklichung der Grundrechte" ist.[712] Nach diesem Verständnis bedarf die Etablierung eines kooperativen Baulandmodells dann einer speziellen Ermächtigungsgrundlage, wenn es für die Grundrechtsverwirklichung wesentlich ist.

---

705 Diese Ausprägung des Grundsatzes hat seinen Ursprung in der konstitutionellen, bürgerlich-liberalen Staatsauffassung des 19. Jahrhunderts, siehe *Jesch*, Gesetz und Verwaltung, S. 117; *Krebs*, Vorbehalt des Gesetzes und Grundrechte, S. 17 ff. Ausführlich zum Inhalt und zur Reichweite des Grundsatzes *Voßkuhle*, JuS 2007, 118 f.

706 Vgl. *Rux*, in: Epping/Hillgruber (BeckOK), GG, Art. 20 Rn. 173.

707 Siehe zu dem Begriff und der historischen Entwicklung der Wesentlichkeitstheorie *Staupe*, Parlamentsvorbehalt und Delegationsbefugnis, S. 104 ff.

708 Vgl. BVerfGE 47, 46 (79). Dazu auch *Sommermann*, in: v. Mangoldt/Klein/Starck, GG, Art. 20 Rn. 273; *Maurer/Waldhoff*, Allgemeines Verwaltungsrecht, § 6 Rn. 14.

709 Siehe BVerfGE 49, 89 (126 f.); 80, 124 (132); 88, 103 (116); 139, 148 Rn. 68.

710 Vgl. *Grzeszick*, in: Dürig/Herzog/Scholz, GG, Art. 20, VI., Rn. 105 ff; *Sommermann*, in: v. Mangoldt/Klein/Starck, GG, Art. 20 Rn. 273 ff; *Hofmann*, in: Schmidt-Bleibtreu/Hofmann/Henneke, GG, Art. 20 Rn. 69; *Sachs* in: Stelkens/Bonk/Sachs, VwVfG, § 44 Rn. 51, der in diesem Zusammenhang darauf verweist, dass die Entwicklung noch nicht abgeschlossen ist und sich das BVerfG „ausufernden Konsequenzen" der Wesentlichkeitstheorie mehrmals entgegengestellt hat, siehe etwa BVerfGE 67, 100 (139); 139, 321 Rn. 123 ff.

711 So schon BVerfGE 34, 165 (192 f.); danach st. Rspr., siehe etwa BVerfGE 108, 282 (311 f.); 139, 19 Rn. 52 ff.

712 BVerfGE 47, 46 (79).

B. Keine Grundrechtswesentlichkeit von kooperativen Baulandmodellen

Wird ein kooperatives Baulandmodell durch einen Beschluss des kommunalen Vertretungsorgans in einer Gemeinde eingeführt, hat dies keinen Einfluss auf eine Rechtsposition eines Einzelnen, insbesondere nicht auf die Rechtsposition eines Vorhabenträgers. Mithilfe eines kooperativen Baulandmodells legt die Gemeinde lediglich fest, unter welchen Voraussetzungen sie bereit ist, Wohnbauflächen auszuweisen. Diese Entscheidung tangiert die Rechtsposition eines Vorhabenträgers nicht. Für die Verwirklichung von Grundrechten sind Baulandmodelle nicht wesentlich. Eine spezielle gesetzliche Ermächtigungsgrundlage erfordern sie nicht. Sofern der Vorhabenträger Eigentümer eines Grundstücks ist, dessen Bebaubarkeit die Aufstellung oder Änderung eines Bebauungsplans erfordert, bedeutet die Einführung des kooperativen Baulandmodells für ihn lediglich, dass er parallel zum Planaufstellungsverfahren mit der Gemeinde einen städtebaulichen Vertrag über Pflichten und Kosten abschließen muss, dessen Inhalt das kooperative Baulandmodell umreißt. Nicht das Baulandmodell selbst, sondern erst die das Baulandmodell umsetzenden städtebaulichen Verträge berühren die Rechtsposition des Vorhabenträgers. Der Abschluss eines städtebaulichen Vertrags ist Ausdruck der grundrechtlichen Vertragsfreiheit und keine Beschränkung der Grundrechte. § 11 BauGB stellt eine umfassende Rechtsgrundlage für den städtebaulichen Vertrag dar. Missachtet ein städtebaulicher Vertrag die Schrankenregelungen des § 11 BauGB, insbesondere das Koppelungsverbot, das Angemessenheitsgebot oder das Gebot der Ursächlichkeit, entfaltet er keine Bindungswirkung und kann ebenfalls keine Grundrechtswesentlichkeit auslösen.[713]

---

713 Siehe ausführlich zur Grundrechtswesentlichkeit städtebaulicher Verträge, *Owusu*, Die Absicherung von Verpflichtungen in städtebaulichen Verträgen gemäß § 11 BauGB, S. 60 ff.

§ 2 Rechtsnatur kooperativer Baulandmodelle

Fraglich ist, welche Rechtsnatur kooperative Baulandmodelle aufweisen.

A. *Kommunale Satzung*

Obwohl ein Baulandmodell von dem kommunalen Vertretungsorgan beschlossen wird und es abstrakte Regelungen für eine Vielzahl von Sachverhalten beinhaltet, ist es nicht als kommunale Satzung zu qualifizieren. Die Einordnung einer Regelung als Satzung setzt voraus, dass neben das Merkmal der Abstraktheit eine Anordnung tritt, die sich mit verbindlicher Kraft an eine Vielzahl von Personen richtet.[714] Kooperative Baulandmodelle treffen keine Anordnungen, die unmittelbar den Vorhabenträger adressieren und ihm Verhaltensweisen vorschreiben. Ein kooperatives Baulandmodell erzeugt gegenüber dem Vorhabenträger keine Verpflichtungen oder Bindungen, sondern richtet sich ausschließlich an die Verwaltung. Es zeigt ihr auf, unter welchen Voraussetzungen sie die Aufstellung oder Änderung eines Bebauungsplans, der neues Wohnbaurecht schafft, vornehmen kann. Zudem umreißt es den konkreten Inhalt bebauungsplanbegleitender städtebaulicher Verträge, die im Rahmen des Bebauungsplanverfahrens zwischen Gemeinde und Vorhabenträger geschlossen werden. Adressat der Regelungen des kooperativen Baulandmodells ist ausschließlich die Verwaltung, was die binnenrechtliche Natur eines Baulandmodells unterstreicht. Obwohl die Außenwirkung regelmäßig zum Wesensmerkmal der kommunalen Satzung gehört, gibt es auch Satzungen, die zwar in der Form einer Satzung ergehen, aber inhaltlich keine allgemeinverbindlichen, nach außen wirkenden Rechtssätze enthalten.[715] So entfalten etwa die Hauptsatzung oder die

---

714 Nach der Rechtsprechung des BVerfG versteht man unter einer „Satzung [...] Rechtsvorschriften, die von einer dem Staat eingeordneten juristischen Person des öffentlichen Rechts [...] mit Wirksamkeit für die ihr angehörigen und unterworfenen Personen erlassen werden", BVerfGE 10, 20 (49 f.). Zustimmend *Gern/Brüning*, Deutsches Kommunalrecht, Rn. 846; *Burgi*, Kommunalrecht, § 15 Rn. 4.

715 Vgl. *Ossenbühl*, in: Isensee/Kirchhof, HStR, Bd. V, § 105 Rn. 44.

Haushaltssatzung einer Gemeinde nur interne Wirkung.[716] Gegen die Einordnung eines kooperativen Baulandmodells als Satzung mit reiner Innenwirkung spricht, dass es nicht in der Form einer Satzung ergeht.[717] Weder wird es bei der Rechtsaufsichtsbehörde als Satzung angezeigt, noch findet eine Ausfertigung statt, noch wird es als Rechtsnorm bekanntgemacht.[718]

B. Informelle städtebauliche Planungen, § 1 Abs. 6 Nr. 11 BauGB

Schäfer, *Lau* und *Specovius* meinen, Baulandmodelle seien im Hinblick auf die rechtliche Qualität mit informellen Plänen vergleichbar.[719] Dieser Vergleich trifft zu, soweit damit die interne Bindungswirkung gemeint ist. Auch informellen Plänen nach § 1 Abs. 6 Nr. 11 BauGB kommt keine Außenwirkung zu. Sie entfalten nur interne Bindungswirkung.[720] Zu berücksichtigen ist jedoch, dass die interne Bindungswirkung bei informellen Plänen keine strikte Bindung nach sich zieht. Nach der Rechtsprechung des BVerwG kommt der sonstigen städtebaulichen Planung im Sinne des § 1 Abs. 6 Nr. 11 BauGB „nicht die Funktion von bindenden Vorentscheidungen zu".[721] Nach dem Abwägungsgebot des § 1 Abs. 7 BauGB können die in § 1 Abs. 6 Nr. 11 BauGB bezeichneten Konzepte und Planungen im Rahmen der Abwägung überwunden werden.[722] Kooperative Baulandmodelle hingegen entfalten eine strikte Bindung. Die Verwaltung kann sich nicht über die Vorgaben des Baulandmodells hinwegsetzen.

---

716 Vgl. *Peters*, in: Dietlein/Heusch (BeckOK KommunalR NRW), GO NRW, § 7 Rn. 8; *Diemert*, in: Dietlein/Heusch (BeckOK KommunalR NRW), GO NRW, § 78 Rn. 9.

717 Zu diesem Ergebnis kommt auch *Spieß*, ZfIR 2020, 410 (416).

718 Dies sind formelle Rechtmäßigkeitsvoraussetzungen für eine Satzung, vgl. *Detterbeck*, Allgemeines Verwaltungsrecht, Rn. 849.

719 Vgl. *Schäfer/Lau/Specovius*, Baulandbereitstellung, S. 19. Auch *Haaß*, LKV 2018, 156 (159) wirft die Frage auf, ob das Berliner Modell der kooperativen Baulandentwicklung als informelle Planung zu berücksichtigen ist, lässt die Frage aber unbeantwortet.

720 Vgl. *Battis*, in: Battis/Krautzberger/Löhr, BauGB, § 1 Rn. 79 und 81; *Gierke*, in: Brügelmann, BauGB, § 1 Rn. 1201.

721 BVerwGE 133, 98 (110).

722 Vgl. *Söfker*, in: Ernst/Zinkahn/Bielenberg/Krautzberger, BauGB, § 1 Rn. 175; *Dirnberger*, in: Spannowsky/Uechtritz (BeckOK), BauGB, § 1 Rn. 129; *Battis*, in: Battis/Krautzberger/Löhr, BauGB, § 1 Rn. 84.

C. Verwaltungsvorschriften

Ferner könnten Baulandmodelle als Verwaltungsvorschriften klassifiziert werden. Bei einer Verwaltungsvorschrift handelt es sich um eine Regelung, die innerhalb der Verwaltungsorganisation von übergeordneten Verwaltungsinstanzen oder Vorgesetzten an nachgeordnete Behörden, Verwaltungsstellen oder Bedienstete ergeht und die dazu dient, Organisation und Handeln der Verwaltung näher zu bestimmen.[723] Sie werden in Organisations- und Verfahrensvorschriften (I.) sowie in entscheidungslenkende Verwaltungsvorschriften (II.) eingeteilt.

I. Organisations- und Verfahrensvorschriften

Regelungen zum Aufbau, zur inneren Ordnung sowie zu Zuständigkeiten und Verfahren von Behörden im Rahmen der originären exekutiven Organisationsgewalt der Verwaltung stellen organisatorische Verwaltungsvorschriften dar.[724] Kooperative Baulandmodelle regeln in erster Linie, dass bei der Aufstellung oder Änderung eines Bebauungsplans ein städtebaulicher Vertrag geschlossen wird und welchen Inhalt dieser hat. Zwar werden in einem Baulandmodell regelmäßig auch Verfahrensregeln getroffen. Diese beziehen sich aber auf das Baulandmodell selbst und nicht auf die innere Organisation einer Behörde.

II. Entscheidungslenkende Verwaltungsvorschriften

Entscheidungslenkende Verwaltungsvorschriften werden untergliedert in gesetzesinterpretierende, gesetzeskonkretisierende sowie ermessenslenkende Verwaltungsvorschriften.[725] Gesetzesinterpretierende und gesetzeskonkretisierende Verwaltungsvorschriften dienen der Klärung von Zweifelsfragen bei der Auslegung unbestimmter Rechtsbegriffe.[726] Sie sollen eine

---

723 Vgl. *Maurer/Waldhoff*, Allgemeines Verwaltungsrecht, § 24 Rn. 1.
724 Vgl. *Ossenbühl*, in: Isensee/Kirchhof, HStR, Bd. V, § 104 Rn. 19.
725 Siehe *Siegel*, Allgemeines Verwaltungsrecht, Rn. 856; *Maurer/Waldhoff*, Allgemeines Verwaltungsrecht, § 24 Rn. 11 ff.
726 Vgl. *Ossenbühl*, in: Isensee/Kirchhof, HStR, Bd. V, § 104 Rn. 24 und 27. Gesetzesinterpretierende Verwaltungsvorschriften beziehen sich auf unbestimmte Rechtsbegriffe ohne Beurteilungsspielraum, wohingegen gesetzeskonkretisierende Verwal-

einheitliche Interpretation unbestimmter Rechtsbegriffe ermöglichen.[727] Bezugspunkt eines Baulandmodelles ist jedoch nicht ein unbestimmter Rechtsbegriff, sondern die Frage, unter welchen Umständen eine Gemeinde einen Bebauungsplan aufstellt oder ändert, der neues Wohnbaurecht schafft.

Ermessenslenkende Verwaltungsvorschriften geben der Verwaltung Entscheidungsmaßstäbe und Entscheidungsmuster für eine sachgemäße Ausübung des Verwaltungsermessens an die Hand.[728] Ein kooperatives Baulandmodell stellt keinen Entscheidungsmaßstab für Verwaltungsermessen dar, sondern knüpft an das Planungsermessen der Gemeinde an. Dieses ist von dem Verwaltungsermessen zu unterscheiden.[729] Während das Verwaltungsermessen streng gesetzesakzessorisch und auf die Auswahl gesetzlich vorgesehener Rechtsfolgen beschränkt ist, kennzeichnet das Planungsermessen eine Beurteilungs- und Bewertungsfreiheit der Verwaltung im Rahmen einer durch Abwägung gekennzeichneten Planungsentscheidung.[730] Legt die Gemeinde in einem kooperativen Baulandmodell für eine Vielzahl von Fällen fest, dass sie neue Wohnbauflächen in einem Bebauungsplan nur ausweisen wird, wenn der Vorhabenträger in einem städtebaulichen Vertrag bestimmte Pflichten und Lasten übernimmt, stellt sie einen Entscheidungsmaßstab für ihre planerische Gestaltungsfreiheit auf. Tritt ein Vorhabenträger mit dem Wunsch nach Ausweisung von Wohnbauland an eine Gemeinde heran, wird die Gemeinde ihr Planungsermessen entsprechend der Regelungen ausüben, die sie in ihrem kooperativen Baulandmodell getroffen hat. Bei kooperativen Baulandmodellen handelt es sich mithin nicht um entscheidungslenkende Verwaltungsvorschriften.

Davon zu unterscheiden sind Fallkonstellationen, in denen eine Gemeinde im Rahmen eines Einheimischenmodells eine Richtlinie aufstellt, in der sie Kriterien für die Vergabe von gemeindeeigenem Bauland festlegt.[731] Bezugspunkt einer solchen Richtlinie ist nicht das planerische Ermessen der Gemeinde, sondern ihr Vergabeermessen, welches sie mithilfe der Richtlinie konkretisiert. Die Vergaberichtlinie ist Handlungsanweisungen für den

---

tungsvorschriften bei unbestimmten Rechtsbegriffen mit Beurteilungsspielraum zur Anwendung kommen, vgl. *Siegel*, Allgemeines Verwaltungsrecht, Rn. 859.

727 Siehe *Siegel*, Allgemeines Verwaltungsrecht, Rn. 858.
728 Vgl. *Ossenbühl*, in: Isensee/Kirchhof, HStR, Bd. V, § 104 Rn. 25.
729 Vgl. *Badura*, in: FS: Bayer. Verfassungsgerichtshof, S. 167.
730 Vgl. *Ossenbühl*, in: Erichsen u.a., Allgemeines Verwaltungsrecht, § 10 Rn. 10.
731 Siehe zu Einheimischenmodellen bereits oben S. 62 und 111 ff.

internen Verwaltungsbereich, weshalb es sich bei ihr um eine ermessenslenkende Verwaltungsvorschrift handelt.[732]

D. Beschluss ohne Außenwirkung

Ein kooperatives Baulandmodell könnte weiter als Beschluss ohne Außenwirkung zu qualifizieren sein. Dies sind alle Willensäußerungen eines kommunalen Vertretungsorgans, die keine Regelungswirkung gegenüber Außenrechtssubjekten entfalten.[733] Ein solcher Beschluss entfaltet entweder keinerlei rechtliche Wirkung oder löst eine gemeindeinterne Bindungswirkung für das kommunale Vertretungsorgan bzw. für die Verwaltung aus.[734] Diese zweite Variante trifft auf einen Beschluss zu, der ein Baulandmodell einführt. Bindungswirkung entfaltet der Beschluss zum einen für das kommunale Vertretungsorgan, welches durch den das Baulandmodell einführenden Beschluss festlegt, bei der zukünftigen Ausweisung von Wohnbauflächen städtebauliche Verträge mit dem Vorhabenträger über Pflichten und Kosten abzuschließen.[735] Zum anderen kann die Verwaltung dem kooperativen Baulandmodell entnehmen, mit welchem konkreten Inhalt ein solcher städtebaulicher Vertrag zustande kommen soll.[736]

---

732 Vgl. zuletzt VG München, Urt. v. 19.07.2016 - M 1 K 16.1554, Rn. 21 (*juris*). Zuvor bereits bayerischer VGH, Beschl. v. 23.02.2009 - 4 ZB 07.3484, Rn. 8 (*juris*) unter Verweis auf die Rechtsprechung des BVerwG zu ermessenslenkenden Verwaltungsvorschriften bei der Vergabe von Subventionen.

733 Vgl. *Gern/Brüning*, Deutsches Kommunalrecht, Rn. 661; *Lange*, Kommunalrecht, Kapitel 7 Rn. 239 ff. Auch die Rechtsprechung geht davon aus, dass es sich bei einem Gemeinderatsbeschluss grundsätzlich um ein bloßes Verwaltungsinternum ohne Außenwirkung handelt. Außenwirkung erfährt der Gemeinderatsbeschluss erst durch einen etwaigen Umsetzungsakt, vgl. VGH Hessen, Beschl. v. 24.01.2003 - 10 TP 2906/02, Rn. 6 (*juris*); VG Ansbach, Urt. v. 21.06.2017 - AN 4 K 16.02256, Rn. 20 (*juris*).

734 Vgl. *Gern/Brüning*, Deutsches Kommunalrecht, Rn. 661.

735 *Süring/Weitkamp* sprechen davon, dass sich „die Kommune [...] selbst an ihre städtebauliche Ausrichtung" bindet, fub 2019, 134 f.

736 In diesem Sinne auch *Schröer/Kullick*, NZBau 2012, 429.

§ 3 Formelle Anforderungen an kooperative Baulandmodelle

Beschließt eine Gemeinde die Einführung eines kooperativen Baulandmodells zur sozialgerechten Bodennutzung auf ihrem Gemeindegebiet, muss sie formelle Anforderungen einhalten.

A. Kompetenz zur Einführung kooperativer Baulandmodelle

Die Kompetenz der Gemeinde für die Einführung eines kooperativen Baulandmodells setzt zunächst die Verbandskompetenz der Gemeinde für diesen Sachgegenstand voraus. Sodann ist die Organzuständigkeit zu klären.

I. Verbandskompetenz der Gemeinde nach Art. 28 Abs. 2 Satz 1 GG

Als Grundvoraussetzung für die Steuerung einer sozialgerechten Bodennutzung durch ein kooperatives Baulandmodell ist zunächst zu klären, ob die sozialgerechte Bodennutzung eine kommunale Aufgabe ist. Nach Art. 28 Abs. 2 Satz 1 GG haben die Gemeinden das Recht, alle Angelegenheiten der örtlichen Gemeinschaft im Rahmen der Gesetze in eigener Verantwortung zu regeln. Zu den Aufgaben der örtlichen Gemeinschaft gehören alle „Bedürfnisse und Interessen, die in der örtlichen Gemeinschaft wurzeln oder auf sie einen spezifischen Bezug haben".[737] Ausdruck des Selbstverwaltungsrechts der Gemeinden ist unter anderem die kommunale Planungshoheit. Ein Kernelement dieser und das zentrale Mittel für die Gestaltung der städtebaulichen Entwicklung innerhalb einer Gemeinde sind Bauleitpläne.[738] Nach § 1 Abs. 5 Satz 1 BauGB ist die sozialgerechte Bodennutzung ein Ziel, welches Gemeinden bei der Aufstellung von Bauleitplänen zu berücksichtigen haben. Damit ist es Aufgabe der Gemeinde auf ihrem Hoheitsgebiet den in § 1 Abs. 5 Satz 1 BauGB präzisierten Auftrag, für eine sozialgerechte Bodennutzung Sorge zu tragen, zu erfüllen.[739]

---

737 BVerfGE 79, 127 (151 f.).
738 Vgl. *Mehde*, in: Dürig/Herzog/Scholz, GG, Art. 28 Abs. 2, Rn. 59.
739 So auch *Bunzel*, ZfBR 2018, 638 (645).

II. Organkompetenz innerhalb der Gemeinde

Die Organkompetenz der Gemeindevertretung im Verhältnis zum Bürgermeister könnte aus ihrer organschaftlichen Allzuständigkeit folgen.[740] Da kooperative Baulandmodelle nicht als kommunale Satzungen erlassen werden, können gesetzliche Ermächtigungen, die das kommunale Vertretungsorgan zum Erlass von Satzungen ermächtigen, die Organkompetenz nicht begründen.[741] Der Bürgermeister wäre für die Einführung eines Baulandmodells nur zuständig, wenn es sich dabei um ein „Geschäft der laufenden Verwaltung" handeln würde.[742] Ein solches liegt vor, wenn „die Sache nach Regelmäßigkeit und Häufigkeit des Vorgangs" zu den üblichen Geschäften gehört und ihre „Erledigung nach feststehenden Grundsätzen auf eingefahrenen Gleisen" erfolgen kann.[743] Neben der politischen Bedeutung der Aufgabe spielen bei der Einordnung als Geschäft der laufenden Verwaltung auch die finanziellen Auswirkungen eine Rolle.[744] Zudem können die Größe der Gemeinde und ihre Erfahrungen mit der Aufgabe Kriterien für die Einordnung als Geschäft der laufenden Verwaltung sein.[745]

Die Einführung eines kooperativen Baulandmodells ist keine Aufgabe, die regelmäßig erledigt werden muss. Ein wesentliches Ziel eines kooperativen Baulandmodells ist es, der Verwaltung einen Rahmen für den Vertragsinhalt städtebaulicher Verträge zu geben und zu vermeiden, dass der Inhalt städtebaulicher Verträge in jedem Einzelfall zwischen Verwaltung und Vorhabenträgern ausgehandelt werden muss. Die Einführung eines Baulandmodells ist eine einmalige Angelegenheit, wohingegen die Regelun-

---

740 Vgl. etwa § 41 Abs. 1 Satz 1 GO NRW oder § 24 Abs. 1 Satz 2 GemO BW. In Bayern folgt die Zuständigkeit des Gemeinderats aus einer negativen Abgrenzung. Er ist nach Art. 29 BayGO zuständig, soweit nicht der erste Bürgermeister entscheidet (Art. 37 BayGO) oder ein beschließender Ausschuss gebildet wurde (Art. 32 BayGO).

741 Ermächtigungen für den Erlass kommunaler Satzungen finden sich beispielsweise in der Gemeindeordnung NRW (§ 41 Abs. 1 Satz 2 lit. f) GO NRW) und in der Hessischen Gemeindeordnung (§ 51 Nr. 6 HGO).

742 Zum Begriff „Geschäft der laufenden Verwaltung" und einzelnen landesrechtlichen Vorschriften siehe *Burgi*, Kommunalrecht, § 13 Rn. 23 sowie *Leisner-Egensperger*, VerwArch 2009, 161 ff.

743 OVG Nordrhein-Westfalen, Urt. v. 18.06.2020 - 11 A 4178/18, Rn 71 (*juris*).

744 Vgl. *Behrendt*, in: Dietlein/Pautsch (BeckOK KommunalR BW), GemO BW, § 44 Rn. 10.

745 Vgl. *Lange*, Kommunalrecht, Kapitel 8, Rn. 105; *Leisner-Egensperger*, VerwArch 2009, 161 (169).

gen, die ein Modell festlegt, wiederkehrend zur Anwendung kommen. Ein kooperatives Baulandmodell setzt einmalig einen Rahmen, der die städtebauliche Entwicklung innerhalb der Gemeinde für einen langen Zeitraum beeinflusst. Erst mithilfe eines kooperativen Baulandmodells soll es der Verwaltung ermöglicht werden, städtebauliche Verträge zur sozialgerechten Bodennutzung nach verbindlichen Strukturen abzuschließen. Bereits der Abschluss eines städtebaulichen Vertrags, der die wesentlichen Fragen der Erschließung eines in Planung stehenden Baugebiets sowie den Ausgleich etwaiger Folgekosten regelt, stellt kein Geschäft der laufenden Verwaltung dar.[746] Dies spricht dafür, dass die Einführung eines kooperativen Baulandmodells erst recht kein Geschäft der laufenden Verwaltung begründet.

Regelmäßig ist die Einführung eines kooperativen Baulandmodells von großer politischer Bedeutung. Auf der einen Seite gibt es Vertreter innerhalb einer Gemeindevertretung, die den Bau von gefördertem Wohnraum befürworten. Auf der anderen Seite stehen Vertreter, die einer Regulierung des geförderten Wohnungsbaus mittels einer Quote skeptisch gegenüberstehen.

Mit einem kooperativen Baulandmodell gehen auch finanzielle Auswirkungen einher, da die Einführung eines solchen Modells dazu beitragen soll, dass sich der Vorhabenträger an den Kosten, die durch die Bauleitplanung entstehen, beteiligt und die Gemeinde dadurch finanziell entlastet wird. Der Aspekt der Mitfinanzierung der Bauleitplanung war ein wesentlicher Baustein bei der Einführung des Modells der Sozialgerechten Bodennutzung in München 1994[747] und ist es auch heute noch bei Gemeinden, die sich in einer angespannten finanziellen Situation befinden.

Die Einführung eines kooperativen Baulandmodells ist für jede Gemeinde, unabhängig von ihrer Größe, eine neue, nicht wiederkehrende Aufgabe, die kein Geschäft der laufenden Verwaltung darstellt und somit nicht von einem Bürgermeister übernommen werden kann. Vielmehr fällt diese Aufgabe in die Allzuständigkeit des kommunalen Vertretungsorgans.

---

746 Vgl. VG Cottbus, Urt. v. 27.10.05 - 3 K 948/02, Rn. 28 (*juris*).
747 Siehe dazu bereits oben S. 96.

III. Besonderheiten des Verwaltungsaufbaus im Stadtstaat Berlin und deren Auswirkungen auf die Kompetenz

Berlin ist gemäß Art. 1 Abs. 1 VvB[748] sowohl Land als auch Stadt. Aufgrund dieser organisationsrechtlichen Besonderheit ist fraglich, welches Organ im Land Berlin zuständig für die Einführung eines Baulandmodells ist. Nach Art. 4 Abs. 1 VvB ist Berlin in Bezirke aufgeteilt, die gemäß Art. 66 Abs. 2 Satz 1 VvB ihre Aufgaben nach den Grundsätzen der Selbstverwaltung führen. Die Verwaltung setzt sich zusammen aus dem Senat und den Bezirken, § 2 Abs. 1 AZG[749]. § 246 Abs. 4 BauGB sieht für den Bereich des Bauplanungsrechts aufgrund dieses besonderen Verwaltungsaufbaus eine Öffnungsklausel für die Behördenzuständigkeit vor. Daran anknüpfend bestimmt § 1 AGBauGB[750] für Berlin, dass Angelegenheiten, für die nach dem Baugesetzbuch die Gemeinde zuständig ist, von den Bezirken wahrgenommen werden, soweit nichts anderes bestimmt ist. Für Bebauungspläne regelt § 6 Abs. 1 AGBauGB die grundsätzliche Zuständigkeit der Bezirke.[751] Die Verantwortlichkeit der Bezirke wird durch die ausnahmsweise begründete Zuständigkeit des Senats begrenzt. Die Fälle, in denen der Senat ausnahmsweise zuständig ist, sind in §§ 8 und 9 AGBauGB geregelt.[752] Neben der Aufstellung und Festsetzung von Bebauungsplänen sind die Bezirke zudem grundsätzlich zuständig für den Abschluss städte-

---

748 Verfassung von Berlin i.d.F.v. 23.11.1995, GVBl. Berlin, S. 779, zuletzt geändert durch Gesetz v. 22.03.2016, GVBl. Berlin, S. 114.

749 Gesetz über die Zuständigkeiten in der Allgemeinen Berliner Verwaltung i.d.F.v. 22.07.1996, GVBl. Berlin, S. 302, 472.

750 Gesetz zur Ausführung des Baugesetzbuchs i.d.F.v. 07.11.1999, GVBl. Berlin, S. 578.

751 Ausführlich zur Zuständigkeit der Bezirke für die Aufstellung und Festsetzung von Bebauungsplänen *Durinke/Zepf*, LKV 2011, 385 (390 ff.).

752 Nach § 8 Abs. 1 AGBauGB ist die zuständige Senatsverwaltung originär zuständig zum Erlass solcher Bebauungspläne, die der Verwirklichung von Erfordernissen der Verfassungsorgane des Bundes zur Wahrnehmung ihrer Aufgaben dienen. Die Vorschrift knüpft an § 247 Abs. 1 BauGB an, wonach die Erfordernisse des Hauptstadtstatus Berlins besonders zu berücksichtigen sind. Darüber hinaus kann der Senat im Benehmen mit dem Rat der Bürgermeister nach § 9 Abs. 1 AGBauGB für ein bestimmtes Gebiet durch Beschluss feststellen, dass dieses von außergewöhnlicher stadtpolitischer Bedeutung oder für Industrie- und Gewerbeansiedlungen von derartiger Bedeutung wesentlich ist. Durch den Beschluss geht die Zuständigkeit zum Erlass eines Bebauungsplans originär auf die zuständige Senatsverwaltung über, §§ 9 Abs. 3, 8 Abs. 1 AGBauGB. Zur Auslegung des unbestimmten Rechtsbegriffs „außergewöhnliche stadtpolitische Bedeutung" siehe OVG Berlin-Brandenburg, Urt. v. 31.08.1999 - 2 B 13.99 sowie VG Berlin, Beschl. v. 20.09.1995 - 19 A 1766.95.

baulicher Verträge.[753] Liegt hingegen die Kompetenz für die Aufstellung und Festsetzung eines Bebauungsplans beim Senat, ist dieser ebenfalls zuständig für den Abschluss städtebaulicher Verträge.[754] Aus der grundsätzlichen Zuweisung der Zuständigkeit für die Aufstellung und Festsetzung von Bebauungsplänen und den Abschluss städtebaulicher Verträge folgt, dass die Bezirke ebenfalls grundsätzlich für die Gewährleistung sozialgerechte Bodennutzung zuständig sind und nur ausnahmsweise der Senat.

Liegt die Kompetenz für eine Materie bei den Bezirken, eröffnet Art. 67 Abs. 2 Satz 2 VvB dem Senat die Befugnis, Grundsätze und allgemeine Verwaltungsvorschriften zu erlassen. Dies können zum einen Ausführungsvorschriften zu bestehenden Gesetzen sein oder zum anderen gesetzesunabhängige Verwaltungsvorschriften.[755] Die Untersuchung hat gezeigt, dass es sich bei Baulandmodellen nicht um Verwaltungsvorschriften handelt[756], sodass sich die Kompetenz des Senats zur Einführung eines kooperativen Baulandmodells nicht auf die in Art. 67 Abs. 2 Satz 2 VvB eröffnete Befugnis stützen kann.[757]

Zwar liegt die Hauptverantwortung für die Entwicklung der Stadt als Ganzes bei dem Senat. Art. 67 Abs. 1 Satz 1 Nr. 1 VvB normiert, dass die Leitungsaufgaben durch den Senat wahrgenommen werden. Die Zuständigkeit des Senats zur Einführung eines Baulandmodells kann sich aus dieser Vorschrift jedoch nicht ergeben. Andernfalls würde die Rechtsstellung der Bezirke untergraben und das ausdifferenzierte Regelungssystem

---

753 Vgl. § 4 Abs. 1 Satz 2 AZG.
754 Vgl. § 4 Abs. 1 Satz 1 AZG i.V.m. Anlage 1 AZG Nr. 8 (3) lit. e).
755 Vgl. *Musil/Kirchner*, Das Recht der Berliner Verwaltung, Rn. 171.
756 Siehe dazu bereits zuvor S. 189 ff.
757 Der Stadtstaat Hamburg kennt darüber hinaus die Handlungsform der Globalrichtlinie. § 46 Bezirksverwaltungsgesetz v. 06.07.2006, HmbGVBl., S. 404, ermächtigt den Senat, mittels Globalrichtlinie Vorgaben für die Umsetzung von politischen Zielen und Programmen in Angelegenheiten zu machen, in denen auf Grund der maßgeblichen Rechtsvorschriften für die Bezirke ein Entscheidungsspielraum besteht. Auf diese Kompetenzvorschrift stützte sich die Einführung der Globalrichtlinie „Kostenbeteiligung in der Bauleitplanung", deren Anwendung bis zum 31.12.2010 befristet war. Am 22.05.2014 hat die Senatskommission eine „Regelung Kostenbeteiligung in der Bauleitplanung" beschlossen, die Vorgaben zur Kostenübernahme durch den Vorhabenträger für Leistungen und Maßnahmen, die im Rahmen des Bauleitplanverfahrens entstehen, macht. Dabei handelt es sich jedoch lediglich um einen Senatsbeschluss, nicht um eine Globalrichtlinie. Vgl. zu den einzelnen Regelungen in Hamburg *Drixler/Friesecke/Kötter/Weitkamp/Weiß*, Kommunale Bodenpolitik und Baulandmodelle, S. 58 ff. Zu Einzelheiten der historischen Entwicklung der Globalrichtlinie siehe Hamburger Bürgerschaft Drucksache 21/9406 v. 20.06.2017.

der Zuständigkeitszuweisung ad absurdum geführt. Die Kompetenz zur Einführung eines kooperativen Baulandmodells liegt bei dem Organ, welches für die Aufstellung und Festsetzung des Bebauungsplans und für den Abschluss städtebaulicher Verträge zuständig ist.

In Berlin wurde das Modell der kooperativen Baulandentwicklung von dem Senat verabschiedet.[758] Damit es auch für die einzelnen Bezirke verbindlich wird, bedarf es aufgrund der landesverwaltungsrechtlichen Besonderheiten eines weiteren Akts, durch den sich die Bezirke zur Anwendung des Modells bereit erklären. Dies ist mit dem „Bündnis für Wohnungsneubau in Berlin", das am 26.06.2014 zwischen der Senatsverwaltung für Stadtentwicklung und Umwelt und den Bezirksämtern getroffen wurde, geschehen.[759]

Die Verbindlichkeit des Modells im Verhältnis zwischen Senat und Bezirk kann sich darüber hinaus in einer weiteren Fallkonstellation ergeben: Nach § 7 Abs. 1 AGBauGB ist das zuständige Senatsmitglied[760] befugt, bei einer Zuständigkeit des Bezirks für das Bebauungsplanverfahren von seinem Eingriffsrecht gemäß § 13a AZG Gebrauch zu machen, wenn der Planentwurf „dringende Gesamtinteressen Berlins" beeinträchtigt. Der unbestimmte Rechtsbegriff der Beeinträchtigung dringender Gesamtinteressen Berlins wird durch § 7 Abs. 1 Satz 3 AGBauGB konkretisiert, indem bestimmte Fallgruppen enumerativ aufgezählt werden.[761] Ein dringendes Gesamtinteresse Berlins besteht nach § 7 Abs. 1 Satz 3 Nr. 5 AGBauGB bei Wohnungsbauvorhaben, die wegen ihrer Größe (ab 200 Wohneinheiten) oder Eigenart von besonderer Bedeutung für den Berliner Wohnungsmarkt sind. Das Berliner Modell der kooperativen Baulandentwicklung findet Anwendung bei Vorhaben ab 5.000 Quadratmeter Geschossfläche Wohnen. Berücksichtigt ein bezirklicher Bebauungsplan, der ein in

---

758 Berliner Senat, Beschluss v. 16.06.2015 – S-367/2015.

759 Vgl. *Schade*, in: Schönig/Kadi/Schipper, Wohnraum für alle?!, S. 232. In dem „Bündnis für Wohnungsneubau in Berlin" heißt es zu städtebaulichen Verträgen auf S. 6: „Die Bezirke sollen bei Wohnungsbauflächen, bei denen aufgrund der Aufstellung eines Bebauungsplans ein erheblicher Grundstückswertzuwachs entsteht, einen städtebaulichen Vertrag nach dem Leitfaden und unter Verwendung des Mustervertrages abschließen." Der Text ist aufrufbar unter: https://www.stadtentwicklu ng.berlin.de/wohnen/bezirksbuendnis/download/WohnenSenStadtUm_neubaubue ndnis_mit_bezirken.pdf (zuletzt aufgerufen am 30.12.2022).

760 Das zuständige Senatsmitglied richtet sich nach der Geschäftsverteilung des Senats. Angelegenheiten des Baugesetzbuchs und des AGBauGB gehören zum Geschäftsbereich der Senatsverwaltung für Stadtentwicklung und Wohnen.

761 Vgl. *Musil/Kirchner*, Das Recht der Berliner Verwaltung, Rn. 183.

§ 7 Abs. 1 Satz 3 Nr. 5 AGBauGB genanntes Wohnungsbauvorhaben ermöglicht, nicht die Vorgaben des Modells der kooperativen Baulandentwicklung, würde dies ein Eingriffsrecht des Senators für Stadtentwicklung und Wohnen begründen. Nach §§ 13a Abs. 1 Satz 1, 8 Abs. 3 b) AZG kann der zuständige Senator als Aufsichtsbehörde dem Bezirk eine Weisung zur Anwendung des Modells erteilen. Leistet der Bezirk dieser Weisung keine Folge, kann er das Aufstellungsverfahren für den Bebauungsplan an sich ziehen, § 8 Abs. 3 c) AZG.

B. Verfahren

Sowohl bei der erstmaligen Einführung eines kooperativen Baulandmodells (I.), als auch bei der Änderung (II.) oder Aufhebung (III.) eines kooperativen Baulandmodells sind Verfahrensvoraussetzungen zu berücksichtigen.

I. Verfahren zur Einführung kooperativer Baulandmodelle

1. Ausarbeitung des Baulandbeschlusses

Die Initiative für die Einführung eines kooperativen Baulandmodells geht häufig von einer oder mehreren Fraktionen aus. Dem kommunalen Vertretungsorgan wird ein Antrag zur Einführung eines Modells zur Beratung vorgelegt. Beschließt das Vertretungsorgan daraufhin, ein Baulandmodell einzuführen, wird die Verwaltung beauftragt, ein solches Modell auszuarbeiten. Den Ausarbeitungsprozess begleiten häufig private Forschungs- und Beratungsinstitute.[762] Sie unterstützen die Gemeinde bei einer umfassenden Grundlagenermittlung. Insbesondere kleinere Gemeinden haben weder genügend Personal noch verfügen sie über ausreichend Kenntnis, um den Handlungsbedarf zu ermitteln und verlässliche Aussagen und Prognosen über zu erwartende Wohnungsmarktentwicklungen sowie die damit zusammenhängenden Prognosen für den Bedarf von Kindergarten- und Grundschulplätzen zu tätigen. Des Weiteren ist zu beobachten, dass

---

762 Beratend tätig im Zusammenhang mit kooperativen Baulandmodellen und Prognosen zur Wohnungsmarktentwicklung sind insbesondere die empirica AG, die GEWOS Institut für Stadt-, Regional- und Wohnforschung GmbH, die InWIS Forschung & Beratung GmbH sowie die Quaestio - Forschung & Beratung GmbH.

Gemeinden Vertreter der Wohnungs- und Immobilienwirtschaft und Vertreter sonstiger Interessenvertretungen in den Prozess der Entwicklung des Modells einbeziehen. Dies können zum Beispiel Vertreter kommunaler und privater Wohnungsbauunternehmen sowie Vertreter von Verbänden, wie etwa der örtlich zuständige Ortsverein des Verbands Haus & Grund e.V., der betroffene Landesverband des Bundesverbands Freier Immobilien- und Wohnungsunternehmen e.V., der örtlich zuständige Regionalverband des Immobilienverbands Deutschland IVD Bundesverband der Immobilienberater, Makler, Verwalter und Sachverständigen e.V., der örtlich zuständige Mieterverein des Deutschen Mieterbunds e.V. oder Vertreter etwaiger Stadtteilvereine sein. Regelmäßig wird darüber hinaus auch die interessierte Öffentlichkeit in der Ausarbeitungsphase beteiligt.[763] Ist der Prozess der Ausarbeitung beendet, fasst das kommunale Vertretungsorgan über die Einführung des ausgearbeiteten Modells einen Beschluss (Baulandbeschluss).[764]

2. Beteiligung der Öffentlichkeit als besondere Verfahrensvoraussetzung?

Die in der Praxis im Vorfeld der Implementierung eines kooperativen Baulandmodells vielfach durchgeführte Einbeziehung der Öffentlichkeit, insbesondere lokaler Vertreter der Wohnungs- und Immobilienwirtschaft und Vertreter sonstiger Interessenvertretungen, wirft die Frage auf, ob eine Beteiligung der Öffentlichkeit eine formelle Rechtmäßigkeitsvoraussetzung darstellt.

Bei einem Beschluss zur Einführung eines Baulandmodells handelt es sich um einen Beschluss des kommunalen Vertretungsorgans ohne Außenwirkung.[765] Die formellen Voraussetzungen eines solchen Beschlusses ergeben sich aus der Gemeindeordnung sowie der Geschäftsordnung. Darüber hinaus kann eine Beteiligung der Öffentlichkeit gesetzlich verbindlich normiert sein.[766] Weder die Gemeindeordnungen der Länder noch einzelne Geschäftsordnungen schreiben die Beteiligung der Öffentlichkeit bei einem

---

763 Die Stadt Dresden veranstaltete im Vorfeld der Einführung des „Kooperativen Baulandmodells Dresden" eine öffentliche Podiumsdiskussion, https://www.dresden.d e/de/rathaus/aktuelles/pressemitteilungen/archiv/2019/03/pm_022.php (zuletzt aufgerufen am 30.12.2022).

764 Siehe zu dem Begriff „Baulandbeschluss" bereits oben S. 63.

765 Siehe dazu bereits zuvor S. 191.

766 Gesetzlich angeordnet wird die Beteiligung der Öffentlichkeit beispielsweise im Rahmen der Raumordnung nach § 9 ROG, im Rahmen der Bauleitplanung nach § 3 BauGB sowie beim immissionsschutzrechtlichen Genehmigungsverfahren nach § 10 BImSchG i.V.m. § 8 ff. 9. BImSchV.

Beschluss des kommunalen Vertretungsorgans vor. Gemäß der verfassungs-rechtlichen Grundentscheidung für eine repräsentative Demokratie ist die Gemeindevertretung der zentrale Ort für die politische Willensbildung auf Gemeindeebene. Daneben bestehen als Elemente der direkten Demokratie das Bürgerbegehren und der Bürgerentscheid. Beschließt ein kommunales Vertretungsorgan die Einführung eines kooperativen Baulandmodells, stel-len die gewählten Vertreter die Rückkopplung der Entscheidung an den Souverän sicher. Eine Verfahrensvoraussetzung ist die Beteiligung der Öf-fentlichkeit nicht.

Neben der gesetzlich vorgeschriebenen Beteiligung der Öffentlichkeit, die auch als formelle Beteiligung bezeichnet wird, gibt es ferner die freiwil-lige Beteiligung, die auch als informelle Beteiligung umschrieben wird.[767] Bei letzterer steht der Dialog zwischen Gemeindeverwaltung und Bürgern im Vordergrund.[768] Ziel der freiwilligen Beteiligung der Öffentlichkeit ist es, Transparenz zu schaffen und die Akzeptanz für eine Entscheidung zu för-dern.[769] Dies beabsichtigt auch eine Gemeinde, wenn sie im Vorfeld eines Beschlusses zur Einführung eines Baulandmodells mit den Bürgern und insbesondere mit Vertretern der Immobilienwirtschaft und mit Verbänden der Wohnungswirtschaft in Kontakt tritt.[770] Akzeptanz und Verständnis für

---

767 Das VG Schleswig, Urt. v. 18.07.2016 - 9 A 46/15, Rn. 31 (*juris*) spricht von der „frei-willigen Bürgerbeteiligung". Zum Begriff der informellen Öffentlichkeitsbeteiligung siehe *Ziekow*, HdB FachplanungsR, § 2 Rn. 33 und 60 ff. sowie *El Bureiasi*, DVP 2013, 424.

768 Vgl. *Huge*, Die Öffentlichkeitsbeteiligung in Planungs- und Genehmigungsverfahren dezentraler Energieanlagen, S. 28.

769 Bekanntes Beispiel für eine informelle Öffentlichkeitsbeteiligung ist das Schlich-tungsverfahren im Rahmen von Stuttgart 21, dazu *Schütte*, ZUR 2011, 169 ff. Den hohen Stellenwert der informellen Öffentlichkeitsbeteiligung für Windenergieanla-gen beschreiben *Portz/Richter*, KommJur 2014, 2 (6).

770 Eine Unterrichtungspflicht kann auch aus der Kommunalverfassung folgen. Gem. § 20 Abs. 1 GemO BW unterrichtet der Gemeinderat die Einwohner durch den Bürgermeister über die allgemein bedeutsamen Angelegenheiten der Gemeinde und sorgt für die Förderung des allgemeinen Interesses an der Verwaltung der Gemeinde. Eine allgemein bedeutsame Angelegenheit stellt die kommunale Woh-nungspolitik dar. Die Stadt Heidelberg hat zur Vorbereitung der Änderung ihres Baulandmodells ein Dialogforum Wohnen durchgeführt, an dem Vertreter aus der kommunalen Wohnungswirtschaft, Interessens- und Sozialverbände teilgenommen haben. Über die Ergebnisse der einzelnen Sitzungen wurde die interessierte Öffent-lichkeit anhand von Dokumentationen unterrichtet, siehe dazu https://www.hei delberg.de/hd/HD/Leben/dialogforum+wohnen.html (zuletzt aufgerufen am: 07.07.2022). Eine kommunale Unterrichtungspflicht findet sich auch in anderen Kommunalverfassungen, etwa in § 23 Abs. 1 Satz 1 GO NRW.

die Regelungen eines Baulandmodells sind für dessen Erfolg unerlässlich.[771] Vertreter der Immobilienwirtschaft stehen der Einführung eines Baulandmodells häufig kritisch gegenüber, da ein Baulandmodell die Übernahme von Kosten und Pflichten durch den Vorhabenträger vorsieht. Die informelle Beteiligung der Öffentlichkeit kann die Gemeinde nutzen, um bei Vorhabenträgern für Akzeptanz zu werben. Die Übernahme von Pflichten und Kosten durch einen städtebaulichen Vertrag kann eine Gemeinde auch ohne kooperatives Baulandmodell mit einem Vorhabenträger vereinbaren. Durch die Einführung eines Baulandmodells werden die Pflichten und Kosten für den Vorhabenträger kalkulierbar und der individuelle Prozess der Vertragsverhandlung entfällt, was für den Vorhabenträger zeitliche, finanzielle und personelle Ersparnis bedeutet. Diese Gründe kann die Gemeinde vor Einführung des Modells der Öffentlichkeit im Rahmen der informellen Beteiligung darlegen.[772]

II. Verfahren zur Änderung kooperativer Baulandmodelle

Die Stadt München, die auf eine langjährige Anwendungspraxis ihres kooperativen Baulandmodells zurückblicken kann, hat ihr Baulandmodell bereits sechsmal geändert, um die Regelungen den sich ändernden Rahmenbedingungen anzupassen.[773] Die Änderungen wurden jeweils durch einen Beschluss des Stadtrats herbeigeführt.[774] Fraglich ist, ob eine Änderung eines kommunalen Baulandmodells stets durch das kommunale Vertretungsorgan beschlossen werden muss oder ob Änderungen auch durch die ausführende Verwaltung vorgenommen werden können.

---

771 So auch *Spieß* ZfIR 2020, 410 (418).

772 Auch bei der Änderung eines bestehenden Baulandmodells bietet es sich an, Vertreter der Immobilienwirtschaft an dem Prozess zu beteiligen, um für die Akzeptanz der Änderung zu werben. Die Landeshauptstadt München hat bei der Novelle ihres Baulandmodells Vertreter der privaten Wohnungswirtschaft an dem Ausarbeitungsprozess beteiligt. Dabei wurde darauf geachtet, dass Vertreter verschiedener Geschäftsmodelle (Projektentwickler, Bestandshalter) an der Novelle partizipieren konnten, siehe dazu Beschluss des Stadtrats der Landeshauptstadt München v. 28.07.2021, Sitzungsvorlage Nr. 20-26 / V 03932, S. 11.

773 So beruht die Einführung einer Quote für preisgedämpften Wohnraum auf der Entwicklung des Mietwohnungsmarkts und den stetig steigenden Mieten für Wohnraum.

774 Mit dem Beschluss des Stadtrats der Landeshauptstadt München v. 23.03.1994 wurde das Baulandmodell eingeführt und durch die Beschlüsse v. 26.07.1995, 10.12.1997, 21.03.2001, 26.07.2006, 26.07.2017 und 28.07.2021 neu gefasst.

Verändern sich die städtebaulichen Strukturen und bildet sich eine politische Mehrheit, die eine Modifizierung des kooperativen Baulandmodells befürwortet, kann die Gemeinde ihr Baulandmodell fortschreiben und weiterentwickeln. Beschlüsse eines kommunalen Vertretungsorgans, die nur interne Bindungswirkung entfalten, können durch das Vertretungsorgan mit Wirkung für die Zukunft geändert werden.[775] Dies setzt einen Beschlussantrag voraus. Entsprechende Verfahrensregeln in der Gemeindeordnung oder der Geschäftsordnung des Vertretungsorgans sind zu berücksichtigen.[776] Eine Modifizierung des kooperativen Baulandmodells erfordert nur dann einen Änderungsbeschluss des kommunalen Vertretungsorgans, wenn von dem ursprünglich Abgestimmten abgewichen werden soll. Bezieht sich die Änderung hingegen auf Umstände, die nicht Gegenstand des vorherigen Beschlusses des Vertretungsorgans waren, ist ein formaler Änderungsbeschluss nicht erforderlich.

Beauftragt das kommunale Vertretungsorgan die Verwaltung, das Baulandmodell mittels eines Leitfadens oder einer Begründung näher auszugestalten, werden die Ausführungen der Verwaltung nicht Gegenstand des Beschlusses des kommunalen Vertretungsorgans. Trifft der Beschluss des kommunalen Vertretungsorgans beispielsweise keine konkrete Regelung zu der Methodik, wie eine planungsbedingte Wertsteigerung eines Grundstücks zu ermitteln ist, sondern wird die Berechnungsmethodik erst in der Begründung oder in einem Leitfaden der Verwaltung dargelegt, bedarf es für eine Modifizierung der Berechnungsmethodik keines Änderungs-

---

775 Vgl. *Lange*, Kommunalrecht, Kapitel 7, Rn. 256. Speziell für Baulandbeschlüsse weisen *Dransfeld/Freckmann/Joeres/Pfeiffer*, Bausteine zum Baulandbeschluss, S. 18, https://www.forum-bauland.nrw/wp-content/uploads/2018/07/baulandbeschl.pdf (zuletzt aufgerufen am 30.12.2022) auf die Möglichkeit eines Ergänzungsbeschlusses hin.

776 Beispielsweise sieht das Muster einer Geschäftsordnung für den Gemeinderat und seine Ausschüsse sowie für den Verbandsgemeinderat und seine Ausschüsse des Städte- und Gemeindebunds Sachsen-Anhalt (MGeschO LSA) in § 15 Regelungen zur „Änderung und Aufhebung der Beschlüsse des Gemeinderates" vor. Nach § 15 Abs. 1 MGeschO LSA kann die Aufhebung oder Änderung eines Gemeinderatsbeschlusses von einem Drittel der Mitglieder oder vom Bürgermeister beantragt werden. Wird ein solcher Antrag abgelehnt, kann ein Antrag innerhalb von sechs Monaten nur dann erneut gestellt werden, wenn sich die Sach- und/oder Rechtslage wesentlich geändert hat, § 15 Abs. 2 MGeschO LSA. Diese Mustervorschrift wurde von einigen Gemeinden in Sachsen-Anhalt in die Geschäftsordnung übernommen, vgl. etwa die Geschäftsordnung des Stadtrats von Dessau-Roßlau v. 08.05.2015, ABl. Stadt Dessau-Roßlau v. 27.06.2015, 7/15, S. 8, die diese Regelungen in § 16 Abs. 1 und 2 normiert.

beschlusses des kommunalen Vertretungsorgans. Insoweit ist die Begründung eines Baulandmodells in Form von Leitfäden, Broschüren oder auch unmittelbar im Text des Baulandmodells – sofern sich die Begründung textlich von dem eigentlichen Richtlinientext absetzt – in ihrer Wirkung vergleichbar mit der Begründung eines Bebauungsplans, eines Flächennutzungsplans oder von Raumordnungsplänen.[777] Bei diesen drei Arten von Plänen werden die Begründungen nicht Bestandteil des jeweiligen Plans.[778] Vielmehr sollen sie nur zum Verständnis der Pläne beitragen und als Hilfen für die Auslegung dienen.[779] Eine darüberhinausgehende rechtliche Wirkung entfalten die Begründungen nicht.

III. Verfahren zur Aufhebung eines kooperativen Baulandmodells

Das kommunale Vertretungsorgan kann einen Beschluss nicht nur ändern, sondern ihn auch aufheben.[780] Dabei hat es die entsprechenden Verfahrensregelungen der jeweiligen Gemeindeordnung und Geschäftsordnung zu berücksichtigen. Die Aufhebung eines kooperativen Baulandmodells erfolgt in der Form, in der auch die Einführung des kooperativen Baulandmodells selbst stattgefunden hat. Dies folgt aus der Kehrseiten-Theorie (*actus contrarius*).[781] Beispielsweise hat die Stadt Schwerte ihr im Jahr 2006 eingeführtes Baulandmodell im Jahr 2015 durch Ratsbeschluss aufgehoben, da das mit dem Baulandmodell verfolgte Ziel, die Entwicklung und Vermarktung von Wohnbauland im Stadtgebiet zu optimieren nicht erreicht werden konnte.[782]

---

777 Für den Bebauungsplan schreibt § 9 Abs. 8 BauGB die Beifügung einer Begründung vor, für den Flächennutzungsplan § 5 Abs. 5 BauGB und für die Raumordnungspläne § 7 Abs. 5 ROG.

778 Für den Bebauungsplan vgl. BVerwGE 120, 239 (244); *Söfker*, in: Ernst/Zinkahn/Bielenberg/Krautzberger, BauGB, § 9 Rn. 288. Für den Flächennutzungsplan vgl. *Mitschang*, in: Battis/Krautzberger/Löhr, BauGB, § 5 Rn. 9. Für Raumordnungspläne vgl. *Runkel*, in: Spannowsky/Runkel/Goppel, ROG, § 7 Rn. 93.

779 Vgl. BVerwGE 77, 300 (306); *Gierke*, in: Brügelmann, BauGB, § 9 Rn. 1812 und 1814; *Gaentzsch/Philipp/Tepperwien*, in: Berliner Kommentar, § 5 Rn. 48; *Hofmann*, in: Kment, ROG, § 7 Rn. 98.

780 Die Stadt Schwerte hat ihr 2006 eingeführtes Baulandmodell durch Beschluss v. 04.03.2015, Drucksache-Nr.: IX/0151, wieder aufgehoben, nachdem dieses nicht die gewünschte städtebauliche Wirkung erzeugen konnte.

781 Vgl. bayerischer VGH, Urt. v. 09.10.2019 - 16a D 18.1209, Rn. 20 (*juris*).

782 Beschluss des Rats der Stadt Schwerte v. 04.03.2015, Drucksache-Nr. IX/0151.

C. Form und Inhalt

Eine bestimmte Formvorschrift für ein kooperatives Baulandmodell existiert nicht. In der Praxis sind zwei unterschiedliche Regelungstechniken auszumachen. Zum einen gibt es Gemeinden, die den vollständigen Regelungsinhalt des von der Verwaltung erarbeiteten Baulandmodells in ihrem Baulandbeschluss festlegen.[783] Der Baulandbeschluss und die Regelungen des Baulandmodells sind in diesem Fall deckungsgleich. Zum anderen ist zu beobachten, dass einige Gemeinden das von der Verwaltung erarbeitete Modell nicht unmittelbar in den Beschlusstext aufnehmen, sondern dieses nur als Anhang zu ihrem Baulandbeschluss nehmen.[784] Da sich das kommunale Vertretungsorgan das von der Verwaltung erarbeitete Modell durch den Beschluss zu eigen macht, besteht kein rechtlicher Unterschied zwischen diesen beiden Regelungstechniken.

Die Regelungstiefe aller in der Praxis anzutreffenden Baulandbeschlüsse differiert stark.[785] Bei Baulandbeschlüssen, die ein kooperatives Baulandmodell zur Förderung der sozialgerechten Bodennutzung implementieren, ist regelmäßig eine sehr hohe Regelungstiefe auszumachen. Diese geht einher mit einer eingeschränkten Flexibilität der Regelungen. Je mehr Regelungen getroffen werden, desto geringer sind die Handlungsspielräume, die der Gemeinde bei der Anwendung des Modells verbleiben.[786] Diese können nur durch die Aufnahme von Ausnahmeregelungen wiedereröffnet werden.

Ferner ist in der Praxis zu beobachten, dass den von den Regelungen des Baulandbeschlusses Betroffenen seitens der Gemeinde weiteres Informationsmaterial zur Verfügung gestellt wird. Beispielsweise hat die Stadt

---

783 Diese Regelungstechnik wenden beispielsweise München (Beschluss des Stadtrats der Landeshauptstadt München v. 23.03.1994, zuletzt geändert durch den Beschluss v. 28.07.2021) und Bonn (Beschluss des Stadtrats v. 30.03.2017, ergänzt durch den Beschluss v. 10.07.2018) an.

784 So verfährt beispielsweise Potsdam, Beschluss der Stadtverordnetenversammlung der Landeshauptstadt Potsdam v. 25.01.2017, Vorlagennummer 16/SVV/0728.

785 Eine Übersicht über die Regelungstiefe von mehr als 50 Baulandbeschlüsse geben *Dransfeld/Freckmann/Joeres/Pfeiffer*, Bausteine zum Baulandbeschluss, S. 76 ff., https://www.forum-bauland.nrw/wp-content/uploads/2018/07/baulandbeschl.pdf (zuletzt aufgerufen am 30.12.2022).

786 Vgl. *Dransfeld/Hemprich*, Kommunale Boden- und Liegenschaftspolitik, S. 18, https://www.forum-bauland.nrw/wp-content/uploads/2018/07/kobolipo.pdf (zuletzt aufgerufen am 30.12.2022).

Bonn sowohl einen „Leitfaden zur Anwendung für Vorhabenträger"[787] als auch eine „FAQ-Broschüre"[788] veröffentlicht, in denen sie Einzelheiten zu den in dem Baulandbeschluss getroffenen Regelungen erörtert und erklärt. Ähnlich verfährt auch die Stadt Potsdam, die in ihrem Baulandmodell[789] jeweils im Anschluss an einen Unterabschnitt einen Textteil eingewebt hat, der mit „Erläuterung und Begründung" überschrieben ist und sich durch die grafische Gestaltung von dem übrigen Text absetzt. Mithilfe solchen Informationsmaterials können Gemeinden den Vorhabenträgern die operationalen Umsetzungsgrundlagen für die konkrete Anwendung eines Baulandmodells darlegen. Dieses zusätzliche Material ist nicht Gegenstand des Baulandbeschlusses. Deutlich wird dies an dem Baulandbeschluss der Stadt Bonn, in dem die Verwaltung von dem Stadtrat zur „Erstellung eines Leitfadens für Investoren" beauftragt wurde.[790] Über den ausgearbeiteten Leitfaden sowie die zusätzliche FAQ-Broschüre wurde kein Stadtratsbeschluss gefasst, sondern es erfolgt eine Mitteilungsvorlage, durch die der Stadtrat und die beteiligten Ausschüsse den Leitfaden und die Broschüre lediglich zur Kenntnis genommen haben.[791] Wie gesehen hat dies den Vorteil, dass die den Beschluss ausführende Verwaltung Einzelheiten modifizieren kann, ohne dass ein Beschluss des Rats erforderlich ist. Daneben stellt die Stadt Bonn, ebenso wie das Land Berlin, dem Vorhabenträger ein sogenanntes Berechnungstool zur Bewertung der Angemessenheit der städtebaulichen Verträge zur Verfügung. Dabei handelt es sich um eine Excel-Datei, in der verschiedene Parameter in eine Maske eingegeben werden, um zu prüfen, ob sich der städtebauliche Vertrag im Rahmen der Angemessenheit bewegt.

---

787 Baulandmodell Bonn: Leitfaden zur Anwendung für Vorhabenträger, https://www.bonn.de/medien-global/amt-61/191001_BBLM_Leitfaden_Investoren_final.pdf (zuletzt aufgerufen am 30.12.2022).

788 Bonner Baulandmodell: FAQ-Broschüre, https://www.bonn.de/medien-global/amt-61/191001_BBLM_FAQ-Broschuere_final.pdf (zuletzt aufgerufen am 30.12.2022).

789 Richtlinie zur sozialgerechten Baulandentwicklung in der Landeshauptstadt Potsdam (Potsdamer Baulandmodell), https://www.potsdam.de/sites/default/files/documents/anlage2-potsdamerbaulandmodell.pdf (zuletzt aufgerufen am 30.12.2022).

790 Vgl. Ratsbeschluss der Stadt Bonn v. 10.07.2018, Drucksachen-Nr. 1811574EB5.

791 Vgl. die Mitteilungsvorlage, Drucksachen-Nr. 1912937, dem Rat der Stadt Bonn vorgelegt am 07.11.2019.

§ 4 Rechtliche Grenzen kooperativer Baulandmodelle

A. *Verfassungsrechtliche Grenzen kooperativer Baulandmodelle*

Obwohl ein kooperatives Baulandmodell einer Ermächtigungsgrundlage nicht bedarf, da es sich unmittelbar lediglich an die ausführende Verwaltung richtet und nicht den einzelnen Vorhabenträger adressiert, weist es letzterem doch mittelbare Handlungspflichten zu, die dieser erfüllen muss, damit sein Grundstück eine ihm sonst fehlende Bebaubarkeit erlangt. Bei der Erarbeitung des Regelungsinhalts eines Baulandmodells muss die Gemeinde die verfassungsrechtlichen Grenzen berücksichtigen. Solche Grenzen können sich aus der Eigentumsgarantie nach Art. 14 GG (I.), aus dem allgemeinen Gleichheitssatz nach Art. 3 Abs. 1 GG (II.) und aus dem Gebot der Rechtsstaatlichkeit (III.), welches in Art. 20 Abs. 3 GG wurzelt, ergeben.

I. Eigentumsgarantie

Um zu untersuchen, inwieweit die Nutzung eines Grundstücks durch Bebauung vom grundrechtlichen Schutz erfasst wird, muss zunächst beleuchtet werden, wie das Eigentumsgrundrecht des Art. 14 Abs. 1 GG strukturiert ist. Anschließend wird untersucht, inwieweit sich aus der Eigentumsgarantie Grenzen für den Inhalt von kooperativen Baulandmodellen ergeben, welche die Gemeinden berücksichtigen müssen oder ob sie, wie *Schmidt-Eichstaedt*[792] mit Blick auf das Berliner Modell der kooperativen Baulandentwicklung äußert, „die Rolle eines Diktators" einnehmen können, der „völlig einseitig die Bedingungen diktiert".

1. Struktur der Eigentumsgarantie des Grundgesetzes

Art. 14 Abs. 1 GG schützt das Eigentum und soll „dem Träger des Grundrechts einen Freiheitsraum im vermögensrechtlichen Bereich [...] sichern und ihm dadurch eine eigenverantwortliche Gestaltung seines Lebens [...]

---

792 *Schmidt-Eichstaedt*, ZfBR 2018, 537 (542).

ermöglichen".[793] Neben dieser subjektiv-rechtlichen Komponente beinhaltet Art. 14 Abs. 1 Satz 1 GG auch eine Institutsgarantie, die objektives Verfassungsrecht darstellt.[794] Sie sichert einen „Grundbestand von Normen"[795], die ein Institut schaffen und gewährleisten, das den Namen Eigentum verdient.[796] Adressat der Institutsgarantie des Eigentums ist der Gesetzgeber.[797] Aufgabe der Institutsgarantie ist es, das individuelle Eigentumsgrundrecht zu sichern.[798]

Eigentum ist ein Institut, welches nicht von Natur aus existiert, sondern erst von der Rechtsordnung geschaffen werden muss. Dieses Erfordernis der rechtlichen Ausgestaltung durch den Gesetzgeber macht Art. 14 Abs. 1 Satz 2 GG deutlich, wonach Inhalt und Schranken des Eigentums durch die Gesetze bestimmt werden müssen. Das Eigentumsgrundrecht weist eine „besonders intensive Normprägung" auf.[799] Bei der Ausgestaltung ist der Gesetzgeber nicht völlig frei, sondern muss Grenzen beachten. Maßstab für das gesetzgeberische Handeln ist unter anderem, ob die wesentlichen Strukturmerkmale der Institutsgarantie berücksichtigt wurden.[800] Bei der Ermittlung dessen, was zu den wesentlichen Strukturmerkmalen der Institutsgarantie des Eigentums gehört, muss auf die geschichtliche Entwicklung und die Funktion des Eigentums zurückgegriffen werden.[801] Privatnützigkeit sowie die grundsätzliche Verfügungsbefugnis stellen die wesentlichen Strukturmerkmale des Eigentums dar.[802]

---

793 BVerfGE 102, 1 (15).

794 Umfassend zum Begriff der Institutsgarantie und zur historischen Entwicklung *Mager*, Einrichtungsgarantien, S. 175 ff.

795 BVerfGE 24, 367 (389).

796 *Kingreen/Poscher*, Grundrechte Staatsrecht II, Rn. 1248.

797 Vgl. *v. Münch/Mager*, Staatsrecht II, Rn. 598; *Just*, in: Hoppe/Bönker/Grotefels, Öffentliches Baurecht, § 2 Rn. 45.

798 Ausführlich zur Funktion der Institutsgarantie des Eigentums *Mager*, Einrichtungsgarantien, S. 179 f. Siehe zum Wandel der Funktion von der Verfassungsbindung des Gesetzgebers hin zum Schutz individueller grundrechtlicher Freiheitsentfaltung, *v. Münch/Mager*, Staatsrecht II, Rn. 53 ff.

799 *Kingreen/Poscher*, Grundrechte Staatsrecht II, Rn. 1185.

800 Zudem muss der Gesetzgeber gegenläufige Interessen schonend ausgleichen (BVerfGE 50, 290 (355)) und das Gleichheitsgebot wahren (BVerfGE 143, 246 (373)).

801 Vgl. *Just*, in: Hoppe/Bönker/Grotefels, Öffentliches Baurecht, § 2 Rn. 43; *Erbguth/Mann/Schubert*, Besonderes Verwaltungsrecht, Rn. 819.

802 BVerfGE 24, 367 (389 f.); 31, 229 (240 f,); 37, 132 (140); 50, 290 (339 f.); BVerwGE 88, 191 (194); *v. Münch/Mager*, Staatsrecht II, Rn. 598.

2. Das Recht zur Bebauung von Grundstücken

Mit Blick auf das Grundeigentum führt die Literatur eine Kontroverse darüber, ob und inwieweit die bauliche Nutzung des Grundstücks von dem Schutzbereich des Eigentumsgrundrechts erfasst wird.[803]

a) Baufreiheit als Bestandteil der Institutsgarantie des Art. 14 Abs. 1 Satz 1 GG

Anhänger der traditionellen Auffassung[804] und die Rechtsprechung[805] befürworten eine verfassungsrechtliche Verankerung der Baufreiheit in Art. 14 Abs. 1 Satz 1 GG. *W. Leisner* beschreibt diese aus der Verfassung resultierende Baufreiheit als „das Recht des Grundeigentümers, seinen Boden nach seinem Belieben zu bebauen".[806] Die verfassungsrechtliche Verankerung der Baufreiheit fußt auf zwei Überlegungen. Zum einen wurzelt das Prinzip der Baufreiheit in dem liberalen Eigentumsbegriff des 18. und 19. Jahrhunderts.[807] Bereits § 65 Abs. 1 Satz 8 ALR[808] statuierte, dass jeder Eigentümer wohl befugt ist, seinen Grund und Boden mit Gebäuden

---

803 Eine ausführliche Darstellung und Analyse des in der Literatur vertretenen Meinungsspektrums findet sich bei *Grochtmann*, Die Normgeprägtheit des Art. 14 GG, S. 255 ff.

804 Vgl. *Leisner, W.*, DVBl. 1992, 1065; *ders.* NVwZ 1993, 935 (940) („Baufreiheit als Ausfluß [sic] der verfassungsrechtlichen Eigentumsfreiheit"); *ders.*, in: Isensee/Kirchhof, HStR, Bd. VIII, § 173, Rn. 194 ff.; *Nüßgens/Boujong*, Eigentum, Sozialbindung, Enteignung, Rn. 39; *Hufen*, Staatsrecht II, § 38, Rn. 9; *Depenheuer/Froese*, in: v. Mangoldt/Klein/Starck, GG, Art. 14 Rn. 118; *Papier/Shirvani*, in: Dürig/Herzog/Scholz, GG, Art. 14 Rn. 164; *Wendt*, in: Sachs, GG, Art 14 Rn. 46; *Huber*, DÖV 1999, 173 (174 f.); *Shirvani*, DVBl. 2020, 172 (173 und 176). Kritisch zum Begriff der Baufreiheit und zu seiner historischen Entwicklung *Schmidt-Aßmann*, Grundfragen des Städtebaurechts, S. 89 ff.

805 BVerfGE 35, 263 (276) („Das Recht der Bauherrin, ihr Grundstück im Rahmen der Gesetze zu bebauen, ist durch die Eigentumsgarantie des Art. 14 Abs. 1 Satz 1 GG geschützt."). BVerwGE 106, 228 (234) („Auch die Baufreiheit, die vom Schutzbereich des Eigentumsgrundrechts umfaßt [sic] wird, ist nur nach Maßgabe des einfachen Rechts gewährleistet.").

806 *Leisner, W.*, DVBl. 1992, 1065.

807 Vgl. *Papier/Shirvani*, in: Dürig/Herzog/Scholz, GG, Art. 14 Rn. 164; *Depenheuer/Froese*, in: v. Mangoldt/Klein/Starck, GG, Art. 14 Rn. 119; *Schrödter/Wahlhäuser*, in: Schrödter, BauGB, § 1 Rn. 201; *Leisner, W.*, DVBl. 1992, 1065. A.A. *Dähne*, JURA 2003, 455 (457); *Beaucamp*, JA 2018, 487 (488).

808 Allgemeines Landrecht der Preußischen Staaten von 1794.

zu besetzen oder seine Gebäude zu verändern. Zum anderen verlangt die freiheitliche Funktion des Eigentumsgrundrechts die bauliche Nutzung des Grundstücks durch den Eigentümer, denn diese stellt häufig die „für den Eigentümer ökonomisch wichtigste Nutzungsart eines Grundstücks" dar.[809] Aus diesem Grund muss diese Nutzungsart unmittelbar durch die Verfassung geschützt werden. Andernfalls würde das Grundeigentum zur „leeren Hülse" abgestuft.[810]

Aus der verfassungsrechtlichen Verankerung der Baufreiheit in Art. 14 Abs. 1 Satz 1 GG folgt nicht, dass der Einzelne einen subjektiven Anspruch auf Bebaubarkeit seines Grundstücks hat, da die Ausgestaltung der baulichen Nutzung dem einfachen Gesetzgeber überlassen ist. Gleichwohl schützt die Institutsgarantie des Art. 14 Abs. 1 Satz 1 GG das Prinzip der Baufreiheit. Letzteres betrifft den Kernbereich der Eigentumsgewährleistung im Hinblick auf das Grundeigentum.[811] Die Nutzung eines Grundstücks durch Bebauung ist zentraler Ausdruck der Privatnützigkeit des Grundeigentums.[812] Mithin ist der Gesetzgeber nicht befugt, die Baufreiheit in Gänze abzuschaffen.

b) Baufreiheit als Bestandteil des Individualschutzes des Art. 14 Abs. 1 Satz 1 GG?

Die konkrete Reichweite des individuellen Eigentumsschutzes ergibt sich nicht aus der Institutsgarantie, sondern erst aus der Bestimmung von In-

---

809 *Leisner, W.*, DVBl. 1992, 1065 (1068); ebenso *Just*, in: Hoppe/Bönker/Grotefels, Öffentliches Baurecht, § 2 Rn. 55.

810 *Leisner, W.*, DVBl. 1992, 1065 (1068).

811 Vgl. *Papier/Shirvani*, in: Dürig/Herzog/Scholz, GG, Art. 14 Rn. 164; *Depenheuer/Froese*, in: v. Mangoldt/Klein/Starck, GG, Art. 14 Rn. 118; *Schrödter/Wahlhäuser*, in: Schrödter, BauGB, § 1 Rn. 201; *Battis*, Öffentliches Baurecht und Raumordnungsrecht, S. 56; *Just*, in: Hoppe/Bönker/Grotefels, Öffentliches Baurecht, § 2 Rn. 55 und 58; *Steiner/Brinktrine*, Besonderes Verwaltungsrecht, § 3 Rn. 167; *Leisner, W.*, DVBl. 1992, 1065; *Brenndörfer*, Reichweite und Grenzen des baurechtlichen Bestandsschutzes, S. 68 ff. A.A. *Dähne*, JURA 2003, 455 (459); *Beaucamp*, JA 2018, 487 (488), der die Institutsgarantie des Eigentums mit Verweis auf den Verhältnismäßigkeitsgrundsatz an sich in Frage stellt.

812 So auch *Steiner/Brinktrine*, Besonderes Verwaltungsrecht, § 3 Rn. 167; *Battis*, Öffentliches Baurecht und Raumordnungsrecht, S. 56. Ähnlich auch *Depenheuer/Froese*, in: v. Mangoldt/Klein/Starck, GG, Art. 14 Rn. 118, die darauf verweisen, dass die bauliche Nutzung von Grundstücken zum elementaren Bestand der vermögensrechtlichen Betätigung des Grundeigentümers zählt.

halt und Schranken des Eigentums durch den einfachen Gesetzgeber.[813] Ob die Baufreiheit von der individuellen Eigentumsgarantie erfasst wird, erschließt sich aus der einfachgesetzlichen Ausgestaltung. Der Wortlaut des Art. 14 Abs. 1 Satz 2 GG unterscheidet nicht zwischen Normen unterschiedlicher Rechtskreise, weshalb sich die Reichweite des grundrechtlich geschützten Eigentums aus einer Zusammenschau der Vorschriften des Öffentlichen Rechts als auch des Privatrechts ergibt.[814] Die generelle Nutzungsbefugnis wird dem Eigentümer eines Grundstücks durch §§ 903, 905 BGB zugeordnet. Er kann mit dem Grundstück „nach Belieben verfahren".[815] Die Befugnis des Eigentümers gilt aber nicht schrankenlos, sie kann – so ordnet § 903 Satz 1 BGB es an – durch Gesetz eingeschränkt werden. Das Bauplanungs- und Bauordnungsrecht enthält zahlreiche Vorschriften, die den Umfang der privatrechtlich zugeordneten Nutzungsbefugnis einschränken.[816] Es handelt sich um ein „rechtsgeprägte[s] Grundrecht"[817]. Der Eigentümer eines Grundstücks kann sich auf den Schutz des Art. 14 Abs. 1 GG nur berufen, wenn die verschiedenen nutzungsbeschränkenden Vorschriften, die zum maßgeblichen Zeitpunkt gelten, die Bebauung seines Grundstücks gestatten. Bei der Bestimmung von Inhalt und Schranken des Eigentums muss der Gesetzgeber neben sonstigen verfassungsrechtlichen Anforderungen die Baufreiheit als Bestandteil der Institutsgarantie berücksichtigen.[818] Eine „Substanzentleerung des Eigentums" durch die Ausgestaltung des Eigentumsgrundrechts ist unzulässig.[819] Die Baufreiheit und damit das Eigentumsgrundrecht des Art. 14 Abs. 1 Satz 1 GG manifestiert sich zum Beispiel bei der Abwägung öffentlicher und privater Belange bei der Aufstellung eines Bebauungsplans.[820] Ebenso konkretisieren die Vorschriften der §§ 30-37 BauGB die verfassungsrechtlich geschütz-

---

813 BVerfGE 50, 290 (339).

814 Vgl. BVerfGE 58, 300 (336). Siehe grundlegend zum verfassungsrechtlichen Eigentumsbegriff *Papier/Shirvani*, in: Dürig/Herzog/Scholz, GG, Art. 14 Rn. 160.

815 Vgl. den Wortlaut von § 903 Satz 1 BGB.

816 Weitere Einschränkungen der baulichen Nutzungsbefugnis können sich auch aus dem Denkmal-, Natur- und Artenschutzrecht ergeben, *Reidt*, in: Bracher/Reidt/Schiller, Bauplanungsrecht, 4.3.

817 *Burgi*, NVwZ 2020, 257 (261).

818 Vgl. *Battis*, in: Battis/Krautzberger/Löhr, BauGB, § 1 Rn. 8; *Erbguth/Mann/Schubert*, Besonderes Verwaltungsrecht, Rn. 822.

819 *Erbguth/Mann/Schubert*, Besonderes Verwaltungsrecht, Rn. 822.

820 Vgl. *Badura*, in: Benda/Maihofer/Vogel, Handbuch des Verfassungsrechts der Bundesrepublik Deutschland, § 10 Rn. 81.

te Baufreiheit.[821] Solange ein konkretes Vorhaben die Voraussetzungen für die Erteilung einer Baugenehmigung erfüllt, handelt es sich um eine geschützte Rechtsposition. Insoweit kann von einer Baufreiheit des Grundstückseigentümers gesprochen werden, die aber nicht statisch, sondern stets anhand der einfach gesetzlichen Ausgestaltung im maßgeblichen Zeitpunkt zu beurteilen ist.[822]

c) Baufreiheit aufgrund öffentlich-rechtlicher Verleihung

Eine Nutzung des Eigentums durch Bebauung wird durch das Bauplanungs- und Bauordnungsrecht sowie das Denkmal-, Natur- und Artenschutzrecht eingeschränkt. Die bauliche Nutzung darf nur im Rahmen der Gesetze erfolgen. Im Außenbereich ist die Baufreiheit häufig auf null reduziert.[823] Aufgrund der einfachgesetzlichen Ausgestaltung bleibt dem Grundeigentümer häufig lediglich ein Gestaltungsspielraum hinsichtlich der Fragen, ob und wann er sein Grundstück baulich nutzen möchte und wie er die erlaubte Nutzung konkretisiert. Aus diesem Umstand ziehen einige den Schluss, das Recht, ein Grundstück zu bebauen, sei nicht Gegenstand der verfassungsrechtlich garantierten Baufreiheit, sondern ein staatlich verliehenes Baurecht.[824] Nach den sogenannten Verleihungslehren[825] wird die bauliche Nutzbarkeit eines Grundstücks dem Grundeigentum von außen zugefügt. Die Baufreiheit beruhe auf einem Akt öffentlich-rechtlicher Verleihung. Sie werde dem Eigentümer entweder mit der Aufnahme seines Grundstücks in den Anwendungsbereich eines Bebauungsplans oder

---

821 *Steiner/Brinktrine*, Besonderes Verwaltungsrecht, § 3 Rn. 237.

822 Vgl. BVerfGE 58, 300 (336). Diese Entscheidung bezieht sich nicht explizit auf die Baufreiheit. Aus ihr folgt aber, dass es für die Bestimmung der Eigentumsposition auf eine „Zusammenschau aller in diesem Zeitpunkt geltenden, die Eigentümerstellung regelnden gesetzlichen Vorschriften" ankommt.

823 Vgl. *Leisner, W.*, in: Isensee/Kirchhof, HStR, Bd. VIII, § 173 Rn. 194; *Steiner/Brinktrine*, Besonderes Verwaltungsrecht, § 3 Rn. 163 sprechen von einem „faktische[n] Bauverbot" im Außenbereich.

824 Vgl. *Breuer*, in: Schrödter, BauGB, § 42 Rn. 7; *ders.*, DÖV 1978, 189 (191); *Rittstieg*, NJW 1982, 721 (722); *Schulte*, JZ 1984, 297 (299 f.); *ders.* DVBl. 1979, 133 (141); *Bielenberg*, DVBl. 1971, 441 (444); *Wieland*, in: Dreier, GG, Bd. 1, Art. 14 Rn. 48.

825 Der Begriff geht zurück auf *Leisner, W.*, DVBl. 1992, 1065 (1066 und 1068), der ausdrücklich darauf hinweist, dass es sich nicht um eine einheitliche Lehre handelt, sondern unterschiedliche Strömungen zu erkennen sind, weshalb er von Verleihungslehren spricht. Ebenso *Leisner, R.*, Baufreiheit und Baugebot, S. 102.

bei Vorliegen der Voraussetzungen der §§ 34, 35 BauGB zugewiesen.[826] Vom Schutzbereich des Art. 14 Abs. 1 GG werde die Baufreiheit nur dann erfasst, wenn der Grundeigentümer ein Mindestmaß an Eigenleistung zur Umsetzung der baurechtlich eingeräumten Befugnisse erbracht habe.[827] Grund dafür ist, dass die Rechtsprechung des Bundesverfassungsgerichts bei der Frage, ob eine Rechtsposition als Eigentum zu qualifizieren ist, auf die Unterscheidung zwischen Öffentlichem Recht und Privatrecht abstellt.[828] Öffentlich-rechtliche Rechtspositionen fallen nur dann in den Schutzbereich des Art. 14 Abs. 1 GG, wenn sie „auf nicht unerheblichen Eigenleistungen" beruhen.[829] Der Vermögenswert einer Rechtsposition müsse durch eigene Leistung und eigenen Kapitaleinsatz erworben werden.[830] Der eigentumsrechtliche Schutz der Baufreiheit hängt nach dieser Auffassung davon ab, ob der Eigentümer mit einer Eigenleistung dazu beigetragen habe, dass ihm die öffentlich-rechtliche Nutzungsbefugnis verliehen wird. Eine solche Eigenleistung könne in den Pflichten, die der Grundstückseigentümer in einem Erschließungs- oder Folgekostenvertrag übernimmt, gesehen werden.[831]

Die konsequente Anwendung dieser Auffassung führt dazu, dass Grundeigentum, welches in einem Gebiet nach § 34 BauGB oder § 35 BauGB liegt, am Eigentumsschutz nicht teilnimmt, da ein nicht unerheblicher eigener Leistungsanteil des Grundstückseigentümers nicht ersichtlich ist. Im Falle einer Beeinträchtigung seines Grundeigentums kann er sich verfassungsrechtlich nur auf den allgemeinen Gleichheitsgrundsatz, das Rechtsstaatsgebot sowie auf einfaches Gesetzesrecht stützen.[832]

Ferner spricht gegen die Verleihungslehren, dass der Wortlaut der §§ 903, 905 BGB einer Abtrennung der baulichen Nutzungsbefugnis vom Grundeigentum entgegensteht. Danach sind jegliche Formen der Nutzung des Grundeigentums und damit auch die Nutzung eines Grundstücks

---

826 Vgl. *Rittstieg*, NJW 1982, 721 (722).
827 Vgl. *Breuer*, Die Bodennutzung im Konflikt zwischen Städtebau und Eigentumsgarantie, S. 162 ff, 182 ff. und insb. 201 ff.; *ders.*, DÖV 1978, 189 (191).
828 So die ständige Rechtsprechung des BVerfG, siehe etwa BVerfGE 18, 392 (397).
829 BVerfGE 18, 392 (397). In dieser Entscheidung führt das Bundesverfassungsgericht aus, dass entscheidend „für die Bewertung eines Rechts als Eigentum [ist], inwieweit es sich als Äquivalent eigener Leistung erweist oder auf staatlicher Gewährung beruht". Siehe auch BVerfG, Beschl. v. 15.07.1987 - 1 BvR 488/86, NZA 1988, 373; BVerfGE 97, 271 (284).
830 Vgl. *Huber*, DÖV 1999, 173 (174).
831 Vgl. *Breuer*, DÖV 1978, 189 (191).
832 *Leisner, R.*, Baufreiheit und Baugebot, S. 102.

durch Bebauung dem Eigentümer zugeordnet. Eine Trennung bestimmter Nutzungsmöglichkeiten des Eigentums ist dem Gesetzgeber hingegen nicht fremd. § 4 Abs. 3 WHG[833] ordnet eine solche Trennung etwa für das Grundwasser an.[834] Ebenso besteht für bestimmte Bodenschätze nach § 3 Abs. 2 Satz 2 BBergG[835] eine Trennung zwischen dem Eigentum an den Bodenschätzen und ihrer Nutzungsbefugnis.[836] In Ermangelung einer vergleichbaren Vorschrift, nach der das Grundeigentum nicht zur Nutzung des Bodens durch Bebauung berechtigt, sind die Verleihungslehren abzulehnen.[837] Die bauliche Nutzung des Grundeigentums ist Ausfluss des Eigentumsgrundrechts und nicht als eine staatlich verliehene Bebauungsbefugnis aufzufassen.

3. Eigentumsrechtliche Grenzen kooperativer Baulandmodelle

Bewegt sich ein Vorhaben im einfachgesetzlich vorgezeichneten Rahmen, besteht für die Gemeinde keine Möglichkeit, durch die Anwendung eines kooperativen Baulandmodells dem Vorhabenträger Pflichten und Lasten aufzuerlegen.[838] Ist ein Vorhaben nach einem bestehenden Bebauungsplan zulässig oder liegt es im unbeplanten Innenbereich und erfüllt es die Voraussetzungen des § 34 BauGB,[839] ist für die Anwendung eines Baulandmodells kein Raum. Ein städtebaulicher Vertrag, der die Erteilung einer Baugenehmigung dennoch davon abhängig macht, dass der Vorhabenträger Pflichten und Lasten übernimmt, greift in die grundrechtlich geschützte Eigentumsposition des Vorhabenträgers ein und ist unzulässig. Das Kopplungsverbot nach § 11 Abs. 2 Satz 2 BauGB bringt dies auf einfachgesetzli-

---

833 Wasserhaushaltsgesetz i.d.F.v. 31.07.2009, BGBl. I, 2585.
834 Vgl. *Faßbender*, in: Landmann/Rohmer, Umweltrecht, WHG, § 4 Rn. 26 ff.; *Hasche*, in: Giesberts/Reinhardt (BeckOK UmweltR), WHG, § 4 Rn. 6.
835 Bundesberggesetz i.d.F.v. 13.08.1980, BGBl. I, S. 1310.
836 Vgl. *Weller*, in: Kullmann, NK BBergG, § 3 Rn. 2.
837 *Grochtmann*, Die Normgeprägtheit des Art. 14 GG, S. 287 ff. geht noch weiter und untersucht, ob trotz fehlender gesetzlich angeordneter Trennung von baulicher Nutzungsbefugnis und Grundeigentum eine konkludente Trennung in Betracht kommt, was er im Ergebnis aber verneint. Die Verleihungslehren ablehnend ebenso *Huber*, DÖV 1999, 173 (174) und *Papier/Shirvani*, in: Dürig/Herzog/Scholz, GG, Art. 14 Rn. 168 ff.
838 Vgl. *Reidt*, BauR 2021, 38 (40).
839 Die Anwendung des § 35 BauGB kommt bei Vorhaben, die eine nicht unerhebliche Geschossfläche ermöglichen sollen, nicht in Betracht.

cher Ebene zum Ausdruck.[840] Die reine Möglichkeit einer Planung durch die Gemeinde, die eine bauliche Nutzung nach Vorstellung des Grundstückseigentümers erlauben würde, ist hingegen nur eine potenzielle Chance, die nicht den Schutz der individuellen Eigentumsgarantie genießt.[841] § 1 Abs. 3 Satz 2 Hs. 1 BauGB, nach dem kein Anspruch auf die Aufstellung von Bauleitplänen besteht, spiegelt diesen Gedanken wider.[842]

Wird die Gemeinde bauplanerisch tätig, indem sie einen Bebauungsplan aufstellt oder einen bestehenden ändert, kann ein kooperatives Baulandmodell Anwendung finden. Es beinhaltet für die ausführende Verwaltung Vorgaben zum Abschluss städtebaulicher Verträge. Diese Verträge müssen ihrerseits die einfachgesetzlichen Vorgaben wahren.[843] Darüber hinaus besteht ein sachlicher Zusammenhang zwischen städtebaulichem Vertrag und Bebauungsplan, der wiederum eine Inhalts- und Schrankenbestimmung des Grundeigentums im Sinne des Art. 14 Abs. 1 Satz 2 GG darstellt. Erweist sich der städtebauliche Vertrag als fehlerhaft, kann dies die Unwirksamkeit des Bebauungsplans nach sich ziehen.[844] Aufgrund dieses inneren Zusammenhangs zwischen kooperativem Baulandmodell, städtebaulichem Vertrag und Bebauungsplan muss die Gemeinde bereits bei der Ausarbeitung des Baulandmodells beachten, dass der Gesetzgeber bei der Bestimmung des Eigentumsumfangs nicht völlig schrankenlos agieren kann. Der Gesetzgeber unterliegt bei der Bestimmung von Inhalt und Schranken des Eigentums besonderen verfassungsrechtlichen Grenzen.[845] Er muss das Spannungsverhältnis zwischen Privatnützigkeit des Eigentums und Sozialbindung des Eigentums nach Art. 14 Abs. 2 Satz 1 GG im Rahmen der

---

840 Vgl. *Reidt*, BauR 2021, 38 (40).

841 Vgl. *Huber*, DÖV 1999, 173 (175); sich diesem anschließend *Grochtmann*, Die Normgeprägtheit des Art. 14 GG, S. 263 f.

842 *Battis*, in: Battis/Krautzberger/Löhr, BauGB, § 1 Rn. 31.

843 Insbesondere das Gebot der Angemessenheit sowie das Koppelungsverbot, siehe dazu im Einzelnen sogleich unter Teil 2, § 4, B., III. und IV.

844 Beruht der Bebauungsplan maßgeblich im Sinne von § 214 Abs. 3 Satz 2 BauGB auf dem städtebaulichen Vertrag, ist er unwirksam, vgl. bayerischer VGH, Urt. v. 12.05.2004 - 20 N 04.329 und 20 NE 04.336, 1. LS. Der erste Leitsatz des Urteils stellt auf die Ungültigkeit des städtebaulichen Vertrags ab. Die Urteilsbegründung erwähnt daneben auch die Nichtigkeit als Rechtsfolge des Verstoßes gegen das Koppelungsverbot. Mit Blick auf Art. 59 Abs. 2 Nr. 4 BayVwVfG ist richtigerweise von der Nichtigkeit des Vertrags, nicht von seiner Ungültigkeit zu sprechen. Ausführlich zu den Auswirkungen eines fehlerhaften städtebaulichen Vertrags auf den Bebauungsplan *Grötz*, Städtebauliche Verträge zur Baulandbereitstellung, S. 194 ff.

845 Vgl. *Wieland*, in: Dreier, GG, Bd. 1, Art. 14 Rn. 143; *Wendt*, in: Sachs, GG, Art. 14 Rn. 70 ff.

Verhältnismäßigkeitsprüfung in einen angemessenen Ausgleich bringen.[846] Auch wenn die Gemeinde bei der Ausarbeitung von Regelungen eines Baulandmodells nicht unmittelbar Inhalt und Schranken des Eigentums festlegt, muss auch sie diesen Auftrag aufgrund der Konnexität von Baulandmodell, städtebaulichem Vertrag und Bebauungsplan berücksichtigen. Die Freiheitssphäre des Einzelnen muss mit dem Wohl der Allgemeinheit in ein ausgewogenes Verhältnis gebracht werden. Der Rechtsprechung des Bundesverfassungsgerichts können drei Aspekte entnommen werden, die bei der Bildung eines Maßstabs für die Prüfung der Abwägung von Grundrechtspositionen Berücksichtigung finden müssen, sofern das Grundeigentum betroffen ist.

a) Sicherung der persönlichen Freiheit durch Eigentum

Zunächst muss in die Abwägung einfließen, dass die Eigentumsgarantie aus Art. 14 GG die freie wirtschaftliche Nutzung und Verwertung des Eigentums schützt und dem Eigentümer die persönliche Freiheit im vermögensrechtlichen Bereich sichern soll, um eine eigenverantwortliche Lebensgestaltung zu ermöglichen.[847] Dem Eigentümer dürfen nicht auf Dauer Verluste oder gar die Substanzgefährdung seines Eigentums zugemutet werden.[848] Für Regelungen eines Baulandmodells folgt daraus, dass sie die Wirtschaftlichkeit eines Vorhabens nicht in Frage stellen dürfen.[849] Auf der einfach-gesetzlichen Ebene sichert das Gebot der Angemessenheit nach § 11 Abs. 2 Satz 1 BauGB diesen Aspekt ab.

Ferner wird der Aspekt durch den personalen Bezug der Eigentumsposition vertieft.[850] Je mehr das Eigentum die persönliche Freiheit des Einzelnen sichert, desto intensiver muss der Schutz der Eigentumsposition ausfal-

---

846 Vgl. *Papier/Shirvani*, in: Dürig/Herzog/Scholz, GG, Art. 14 Rn. 424 unter Verweis auf die ständige Rechtsprechung des BVerfG, BVerfGE 25, 112 (117 ff.); 37, 132 (139 ff.); 52, 1 (29); 50, 290 (340); 58, 300 (335); 58, 137 (147 f.); 70, 191 (200); 79, 174 (198); 81, 208 (220); 83, 201 (208).

847 Ständige Rechtsprechung, vgl. etwa BVerfGE 50, 290 (339); 68, 193 (222); 70, 191 (201); 78, 58 (73 f.); 83, 201 (208); 97, 350 (371); 100, 226 (241); 102, 1 (15).

848 So ausdrücklich bereits BVerfGE 71, 230 (250) zur Kappungsgrenze bei Mieterhöhungsverlangen, daran anschließend BVerfGE 91, 294 (310) zu Mietbindungen und zuletzt BVerfG, Beschl. v. 18.07.2019, 1 BvL 1/18 u.a., NJW 2019, 3054 (3058) zur Mietpreisbremse.

849 Diesen Gedanken greift auch *Schmidt-Eichstaedt*, ZfBR 2018, 537, (542) auf.

850 Vgl. BVerfGE 58, 81 (112); 79, 283 (289); 112, 93 (110); 128, 90 (103).

len.[851] Umgekehrt ist der Spielraum des Gesetzgebers zur Gestaltung umso größer, je mehr das Eigentumsobjekt in einem sozialen Bezug steht.[852] Der Gesetzgeber muss ermitteln, in welcher Sphäre des Eigentums sich die eigentumsbeeinträchtigende Maßnahme bewegt. Beim Grundeigentum nimmt der personale Bezug der Eigentumsposition ab, sobald der unternehmerische Charakter der Nutzung steigt.[853] Eine junge Familie, die mit dem Erwerb eines Grundstücks und dessen baulicher Nutzung das Ziel verfolgt, Vermögen aufzubauen und ihr Grundbedürfnis nach Wohnen zu sichern, hat einen ausgeprägteren personalen Bezug zum Grundeigentum als eine profitorientierte Wohnungsbaugesellschaft, die über eine Vielzahl von Grundstücken verfügt. Aber auch dasjenige Grundeigentum, das der Eigentümer nicht selbst bewohnt, sondern vermietet, kann einen engen personalen Bezug aufweisen, sofern es der Existenzsicherung dient.[854] Dies folgt aus der Rechtsprechung des Bundesverfassungsgerichts, nach der einer öffentlich-rechtlichen Rechtsposition Eigentumsqualität zuzuschreiben ist, wenn sie „auf nicht unerheblichen Eigenleistungen" beruht.[855] Darüber hinaus muss die Eigentumsposition der Existenzsicherung dienen.[856] Sind für die Begründung der Eigentumsqualität öffentlich-rechtlicher Rechtspositionen allein die Kriterien der Eigenleistung und der Existenzsicherung ausschlaggebend, kann dieser Umstand bei der Intensität des personalen Bezugs einer bereits Eigentumsqualität aufweisenden privatrechtlichen Position nicht unberücksichtigt bleiben.[857] Richtig ist zwar, dass die Zulässigkeit der baulichen Nutzung des Grundstücks nicht auf eine Eigenleistung des Eigentümers zurückzuführen ist, wohl aber der Erwerb des Grundstücks als solcher. Dient das Grundstück darüber hinaus dem Eigentümer als Existenzsicherung, etwas als Altersversorgung, weist auch diese Rechtsposition einen engen personalen Bezug auf. Diesem personalen Bezug der Eigentumsposition kann ein Baulandmodell durch Bagatellgrenzen Rechnung tragen, wonach das Modell nur Anwendung findet, wenn eine bestimmte Anzahl an Wohnungen oder Geschossfläche errichtet

---

851 Vgl. *Kreuter-Kirchhof*, NVwZ 2019, 1791 (1794).
852 Vgl. *Kreuter-Kirchhof*, NVwZ 2019, 1791 (1794).
853 Vgl. *Burgi*, NVwZ 2020, 257 (264).
854 Vgl. *Froese*, Wohnungseigentum zwischen individualgrundrechtlicher Gewährleistung und kollektiver Einbindung, S. 66.
855 BVerfGE 97, 271 (284).
856 Vgl. BVerfGE 69, 272 (300), wonach eine spezifische rentenversicherungsrechtliche Position Gegenstand der Eigentumsgarantie ist.
857 Vgl. *Froese*, Wohnungseigentum zwischen individualgrundrechtlicher Gewährleistung und kollektiver Einbindung, S. 66.

wird. Ist der Anwendungsbereich erst ab einer definierten Vorhabengröße eröffnet, ist sichergestellt, dass die Regelungen nicht private Eigennutzer oder Kleinvermieter treffen, sondern (börsennotierte) Großvermieter, die Wohnungen gewerblich vermieten. Zudem stellt eine Bagatellgrenze sicher, dass Vorhaben aus dem Anwendungsbereich eines kooperativen Baulandmodells ausgenommen sind, bei denen der Eigentümer eine Wohnung oder ein Haus für sich oder seine Familie errichtet. Dadurch wird dem besonders ausgeprägten Schutz des Eigentums Rechnung getragen, soweit die Verwendung des Eigentums der Sicherung der persönlichen Freiheit des Einzelnen dient.

b) Soziale Funktion des Grundeigentums

Als Gegenpol der Privatnützigkeit fließt die Gemeinnützigkeit als weiterer Aspekt in die Abwägung der Grundrechtspositionen ein. Das Bundesverfassungsgericht betonte schon früh die besondere soziale Bedeutung des Grundeigentums und begründete dies mit der Unvermehrbarkeit und Unentbehrlichkeit von Grund und Boden.[858] Dieser Aspekt des Wirtschaftsguts Boden verbiete es,

> „seine Nutzung dem unübersehbaren Spiel der freien Kräfte und dem Belieben des Einzelnen vollständig zu überlassen; eine gerechte Rechts- und Gesellschaftsordnung zwingt vielmehr dazu, die Interessen der Allgemeinheit beim Boden in weit stärkerem Maße zur Geltung zu bringen als bei anderen Vermögensgütern. Der Grund und Boden ist weder volkswirtschaftlich noch in seiner sozialen Bedeutung mit anderen Vermögenswerten ohne weiteres gleichzustellen; er kann im Rechtsverkehr nicht wie eine mobile Ware behandelt werden."[859]

Das Spiel der freien Kräfte soll durch kooperative Baulandmodelle minimiert werden. Sie zielen auf eine gerechtere und sozialverträglichere Lastenverteilung bei den Kosten der Baulandschaffung, insbesondere bei den Kosten für die soziale Infrastruktur.

---

858 Vgl. BVerfGE 21, 73 (82 f.) und 52, 1 (32 f.).
859 BVerfGE 21, 73 (83).

c) Intensität des sozialen Bezugs beim Grundeigentum

In der Abwägung muss schließlich die Intensität des sozialen Bezugs des Eigentumsobjekts Berücksichtigung finden.[860] Die Eigenart und die Funktion des Eigentumsobjekts sind dafür von entscheidender Bedeutung.[861] Grundeigentum, welches Mietern zur Versorgung mit Wohnraum dient, hat einen besonders ausgeprägten sozialen Bezug. Dies folgt aus dem Umstand, dass eine Wohnung für den Einzelnen von großer Bedeutung ist.[862] Er ist in existenzieller Weise auf die Nutzung eines im Eigentum eines Dritten stehenden Objekts angewiesen.[863] Bei der Untersuchung der Intensität des sozialen Bezugs dürfen die jeweiligen örtlichen Verhältnisse und Umstände auf dem Wohnungsmarkt berücksichtigt werden.[864] In Gegenden, in denen Wohnraumversorgungsprobleme bestehen, kann der soziale Bezug eines Eigentumsobjekts stärker ausgeprägt sein als in Gegenden, in denen Wohnraum in ausreichendem Maße zur Verfügung oder sogar leer steht. Dieser Aspekt findet bei kooperativen Baulandmodellen dadurch Berücksichtigung, dass Regelungen, die den Vorhabenträger dazu verpflichten, sozial geförderten Wohnraum zu errichten, nur dann möglich sind, sofern die Gemeinde den Bedarf für solche Wohnungen nachweist.[865]

Bewegt sich der Regelungsinhalt eines kooperativen Baulandmodells innerhalb des durch diese drei Aspekte abgesteckten Rahmens, steht Art. 14 GG einem Baulandmodell nicht entgegen. Insbesondere aus dem erstgenannten Aspekt, wonach es nicht auf Dauer zu Verlusten oder gar zu einer Substanzgefährdung des Eigentums kommen darf, ergibt sich eine eigentumsrechtliche Grenze für Baulandmodelle.

Die eingangs zitierte Befürchtung *Schmidt-Eichstaedts*, Gemeinden könnten die Rolle eines Diktators einnehmen und einseitig Bedingungen diktieren, verkennt, dass sich die Gemeinde auch bei der Ausarbeitung eines Baulandmodells nicht über die Privatnützigkeit des Eigentums hinwegsetzen und nach ihrem freien Belieben Regelungen für städtebauliche Verträge festlegen kann. Auch die von einer Gemeinde getroffenen Regelungen

---

860 Vgl. *Kreuter-Kirchhof*, NVwZ 2019, 1791 (1794).
861 Vgl. BVerfGE 21, 73 (83); 31, 229 (242); 36, 281 (292); 37, 132 (140); 42, 263 (294); 50, 290 (339 f.); 53, 257 (292); 100, 226 (241); 143, 246 (324 f.).
862 Vgl. BVerfGE 37, 132 (141); 38, 348 (370); 95, 64 (84 f.); BVerfG, Beschl. v. 18.07.2019, 1 BvL 1/18 u.a., NJW 2019, 3054 (3058 f.).
863 Vgl. *Burgi*, NVwZ 2020, 257 (264); *Gsell*, NZM 2017, 305 (306 f.).
864 Vgl. zuletzt BVerfG, Beschl. v. 18.07.2019, 1 BvL 1/18 u.a., NJW 2019, 3054 (3059) unter Verweis auf BVerfGE 91, 294 (310).
865 Siehe dazu bereits oben S. 121 f.

eines Baulandmodells müssen sich an dem soeben skizzierten Maßstab messen lassen, der die eigentumsrechtliche Balance sicherstellt.

II. Allgemeiner Gleichheitssatz

Die transparente Gleichbehandlung aller Vorhabenträger ist eines der Ziele, das eine Gemeinde mit einem kooperativen Baulandmodell verfolgt. Nicht selten stellt die uneinheitliche Vorgehensweise bei der Aushandlung städtebaulicher Verträge einen der Hauptbeweggründe für die Einführung eines Baulandmodells dar.[866] In Gemeinden, in denen es keine einheitliche Verwaltungspraxis für den Abschluss von städtebaulichen Verträgen zur Förderung der sozialgerechten Bodennutzung gibt, kann sich mit Blick auf den allgemeinen Gleichheitssatz aus Art. 3 Abs. 1 GG die Frage stellen, ob eine Pflicht besteht, die Verwaltungspraxis zu vereinheitlichen.[867] Hat die Gemeinde ein kooperatives Baulandmodell eingeführt, zwingt der allgemeine Gleichheitssatz zu zwei Überlegungen: Zum einen ist fraglich, wie eine Bagatellgrenze, deren Überschreitung die Anwendung des Baulandmodells auslöst, rechtlich zu bewerten ist. Zum anderen ist fraglich, ob Ausnahmeregelungen von bestimmten Lasten und Pflichten mit dem allgemeinen Gleichheitssatz vereinbar sind.

1. Gewährleistungsgehalt des allgemeinen Gleichheitssatzes

Nach Art. 3 Abs. 1 GG sind alle Menschen vor dem Gesetz gleich. Das Grundrecht zielt auf Rechtsgleichheit, politische Gleichberechtigung sowie sozialökonomische Gleichheit, beinhaltet hingegen keinen Verfassungsauftrag, Gleichheit unter den Menschen herzustellen.[868] Wer Regeln aufstellt, verursacht gleichzeitig auch Unterscheidungen. Die Gleichheit „vor dem

---

866 Ein Antrag der Regierungsfraktionen SPD und Grüne der Bürgschaft Hamburg beabsichtigt die Entwicklung eines kooperativen Baulandmodells für Hamburg, mit dem unter anderem das Ziel verfolgt werden soll, mit den Bezirken einheitliche Anforderungen im Rahmen von städtebaulichen Verträgen zu entwickeln, Bürgerschaft der Freien und Hansestadt Hamburg, Drs. 22/1430, S. 2.

867 Ähnlich auch *Bunzel*, ZfBR 2018, 638 (639). Dieses Problem tritt insbesondere in den Stadtstaaten Berlin und Hamburg auf, in denen unterschiedliche Bezirke für die Aufstellung eines Bebauungsplans und den Abschluss städtebaulicher Verträge sind. Diese Aufgabenzuweisung führt zu einer uneinheitlichen Verwaltungspraxis.

868 Vgl. *Ipsen*, Staatsrecht II Grundrechte, Rn. 795.

Gesetz" enthält eine Anweisung an den Gesetzgeber, wie er zu unterscheiden hat.[869] Sie erstreckt sich auch auf die vollziehende Gewalt, den allgemeinen Gleichheitssatz bei ihren Maßnahmen zu berücksichtigen.[870] Schließt eine Gemeinde einen städtebaulichen Vertrag, muss sie bei dem Abschluss den allgemeinen Gleichheitssatz berücksichtigen.[871] Der allgemeine Gleichheitssatz aus Art. 3 Abs. 1 GG verlangt, gleiche Sachverhalte gleich und ungleiche Sachverhalte ungleich zu behandeln, ohne sachlich gerechtfertigte Differenzierungen auszuschließen.[872] Wird wesentlich Gleiches ungleich oder wesentlich Ungleiches gleich behandelt, erfordert diese Ungleichbehandlung eine Rechtfertigung. Eine Differenzierung darf nicht willkürlich erscheinen, sondern muss sich auf einen sachlichen Grund stützen können.[873]

2. Vereinbarkeit einer Bagatellgrenze mit dem allgemeinen Gleichheitssatz

Sieht ein kooperatives Baulandmodell eine Bagatellgrenze vor, nach der die Regelungen des Modells erst ab einer bestimmten Geschossfläche oder einer bestimmten Anzahl an Wohnungen Anwendung finden, liegt eine Ungleichbehandlung der Vorhabenträger vor. Unterhalb der Bagatellgrenze finden die Lasten und Pflichten, insbesondere die Pflicht zur Errichtung von sozialgefördertem Wohnraum, keine Anwendung. Überschreitet das geplante Vorhaben die Bagatellgrenze, schafft die Gemeinde nur dann Wohnbaurecht, wenn der Vorhabenträger sich bereit erklärt, die Lasten und Pflichten zu erfüllen, die das Baulandmodell vorsieht.[874]

Nach der neueren Rechtsprechung des Bundesverfassungsgerichts bedürfen Differenzierungen stets der Rechtfertigung durch Sachgründe, die dem Differenzierungsziel und dem Ausmaß der Ungleichbehandlung angemessen sind.[875] Anzuwenden ist ein am Grundsatz der Verhältnismäßigkeit orientierter verfassungsrechtlicher Prüfungsmaßstab, dessen Inhalt und Grenzen sich nicht abstrakt, sondern nur nach den jeweils betroffenen

---

869 *Kirchhof*, in: Dürig/Herzog/Scholz, GG, Art. 3 Abs. 1, Rn. 5.
870 Vgl. *Wollenschläger*, in: v. Mangoldt/Klein/Starck, GG, Art. 3 Rn. 59.
871 Vgl. BVerfG, NVwZ 2013, 218 (225); BVerwGE 139, 262 Rn. 22.
872 Vgl. *Wollenschläger*, in: v. Mangoldt/Klein/Starck, GG, Art. 3 Rn. 66.
873 Vgl. die st. Rspr. des BVerfG, BVerfGE 1, 14 (52); 61, 138 (147); 89, 132 (141); 83, 1 (23). Siehe dazu auch *Heun*, in: Dreier, GG, Bd. 1, Art. 3 Rn. 32.
874 Siehe zu den Grenzwerten der Bagatellgrenzen bei den untersuchten Baulandmodellen S. 70 (München), S. 73 (Berlin) und S. 76 (Bonn).
875 Vgl. BVerfGE 132, 179 (188); 129, 49 (68).

unterschiedlichen Sach- und Regelungsbereichen bestimmen lassen.[876] Die Rechtfertigung muss sich an strengen Anforderungen messen lassen, sofern die Ungleichbehandlung an persönliche Merkmale anknüpft.[877] Umgekehrt ist der Maßstab bei sachbezogenen Regelungen weniger streng.[878] Eine Ungleichbehandlung größerer Intensität liegt bei sachbezogenen Differenzierungen vor, wenn der Gebrauch grundrechtlich geschützter Freiheiten erschwert wird.[879]

Die Differenzierung anhand einer Bagatellgrenze setzt an der Größe der geplanten Vorhaben an. Darin ist eine sachbezogene und keine personenbezogene Unterscheidung zu erkennen. Wie gesehen nimmt das Grundeigentum am individuellen Eigentumsschutz des Art. 14 Abs. 1 GG teil, soweit das geplante Vorhaben nach den geltenden Vorschriften zulässig ist.[880] Eine Bagatellgrenze im Rahmen eines Baulandmodells kommt nur dort zur Anwendung, wo die geltenden baurechtlichen Vorschriften dem Vorhaben des Vorhabenträgers (noch) entgegenstehen. Die Festlegung einer Bagatellgrenze erschwert den Gebrauch grundrechtlich geschützter Freiheiten nicht. Sie führt zu einer Ungleichbehandlung geringen Ausmaßes und Intensität. Diese ist zulässig, wenn ein sachlicher Grund für die unterschiedliche Behandlung gegeben ist.[881]

Mehrere Gründe können die Gemeinde veranlassen, eine Bagatellgrenze einzuführen. Zum einen kann durch eine Untergrenze sichergestellt werden, dass Vorhaben von Kleinvermietern nicht erfasst werden.[882] Vorhaben privater Kleinvermieter können einen Beitrag zur Bekämpfung der Wohnungsnot auf dem Wohnungsmarkt leisten. Investitionen in den Wohnungsmarkt durch Private stellen eine beliebte Anlageform für die Altersvorsorge dar. Die Pflichten und Kosten, die ein kooperatives Baulandmodell vorsieht, legen dem Vorhabenträger zusätzliche Belastungen auf. Vorhabenträger, die privat ein kleineres Bauprojekt durchführen, sollen im

---

876 Vgl. aus der jüngeren Rechtsprechung des Bundesverfassungsgerichts, BVerfG, Beschl. v. 11.12.2019 - 1 BvR 3087/14, NZA 2020, 37 (38); BVerfG, Beschl. v. 18.07.2019, 1 BvL 1/18 u.a., NJW 2019, 3054 (3061); BVerfGE 138, 136 (180); 132, 179 (188).

877 Vgl. BVerfGE 88, 87 (69); 126, 400 (417); 129, 49 (69); 131, 239 (256).

878 Vgl. *Epping*, Grundrechte, Rn. 812 f. und 815.

879 Vgl. BVerfGE 111, 176 (184). Danach dürfen die Voraussetzungen für einen Anspruch auf Erziehungsgeld von Ausländern nicht an die formale Art des Aufenthaltstitels geknüpft werden. Dieses sachbezogene Differenzierungskriterium erschwert den Gebrauch des Rechts auf Schutz von Ehe und Familie aus Art. 6 Abs. 1 GG.

880 Siehe dazu bereits S. 210 ff.

881 Vgl. *Kirchhof*, in: Dürig/Herzog/Scholz, GG, Art. 3 Abs. 1, Rn. 383.

882 Siehe dazu bereits im Zusammenhang mit dem Schutz des Eigentums S. 217 f.

Gegensatz zu gewerblich tätigen Bau- und Immobilienunternehmen durch diese zusätzlichen Belastungen nicht davon abgehalten werden, dringend benötigten Wohnraum zu generieren. Insbesondere die Verpflichtung zur Schaffung von gefördertem Wohnraum löst einen Mehraufwand aus, den ein Privater in der Regel nicht ohne rechtliche Beratung bewältigen kann. Die Bagatellgrenze dient dem Schutz von Vorhabenträgern, die Wohnungen als Privatanleger errichten. Darüber hinaus sprechen Praktikabilitätserwägungen für eine Bagatellgrenze. Die Gemeinde muss die städtebaulichen Verträge begleitend zum Bauleitplanverfahren ausarbeiten und die Einhaltung der Pflichten- und Kostenübernahmen überwachen. Dieses Vertragsmanagement bindet personelle Ressourcen. Die Bagatellgrenze gewährleistet, dass der personelle Aufwand, den ein kooperatives Baulandmodell auslöst, auf Vorhaben begrenzt wird, die aufgrund ihrer Größe einen erheblichen Beitrag zur Versorgung mit bezahlbarem Wohnraum leisten.

Aufgrund dieser Gründe stellt die Differenzierung von Vorhabenträgern anhand einer Bagatellgrenze keine willkürliche Ungleichbehandlung dar. Eine Verletzung des allgemeinen Gleichheitssatzes begründet sie nicht.

3. Vereinbarkeit einer Ausnahme von der Anwendbarkeit eines
   Baulandmodells mit dem allgemeinen Gleichheitssatz

Die Einführung eines kooperativen Baulandmodells führt zu einer Gleichbehandlung der Vorhabenträger. Die Pflichten und Kosten, die ein Vorhabenträger übernehmen muss, damit die Gemeinde sein Grundstück mit Wohnbaurecht überplant, sind transparent und für jedermann einsehbar. Sie beruhen auf städtebaulichen Gründen: die Gemeinde verfolgt die Ziele, mehr bezahlbaren Wohnraum zu schaffen, den Vorhabenträger an den Kosten der Bauleitplanung zu beteiligen und so eine sozialgerechtere Nutzung des Bodens zu gewährleisten. Das Berliner Modell der kooperativen Baulandentwicklung sieht für die Verpflichtung, einen Anteil an mietpreis- und belegungsgebundenen Wohnungen von 30 Prozent zu errichten, eine Ausnahme vor. Danach kann

„im besonders gelagerten Einzelfall [auf die Umsetzung der Verpflichtung] verzichtet werden, wenn andere städtebauliche Ziele dem entgegenstehen und ein Zurückstellen dieser Ziele sich nach der konkreten Planungssituation auch angesichts der großen Bedeutung der Flächenbereitstellung für die soziale Wohnraumversorgung als nicht gerechtfertigt erweist."[883]

Fraglich ist, inwieweit die Gemeinde befugt ist, eine solche Ausnahme zu formulieren und ob dieses Vorgehen mit dem allgemeinen Gleichheitssatz aus Art. 3 Abs. 1 GG vereinbar ist.

Bei der Aufstellung von Regelungen darf der Gesetzgeber typisieren.[884] Er legt für einen bestimmten Tatbestand eine bestimmte Rechtsfolge fest. Die Typisierung kann dazu führen, dass der Tatbestand im Einzelfall einen Sachverhalt erfasst, der nach der gesetzgeberischen Intention nicht erfasst werden sollte.[885] Gleiches gilt auch für die Regelungen eines kooperativen Baulandmodells. Die Gemeinde schafft für eine Vielzahl von Fällen einheitliche Regelungen. Bei der Anwendung im Einzelfall kann es dazu kommen, dass die städtebaulichen Gründe, die für einzelne Regelungen ausschlaggebend sind, auf einen bestimmten Sachverhalt nicht zutreffen. Denkbar ist, dass das kooperative Baulandmodell die Einhaltung einer Sozialquote von 30 Prozent für ein Vorhaben vorsieht, welches in einem sozialen Brennpunkt verwirklicht werden soll. Das städtebauliche Ziel, mehr bezahlbaren Wohnraum zu schaffen, kollidiert in dieser Situation mit dem städtebaulichen Ziel, sozial stabile Bewohnerstrukturen zu gewährleisten, § 1 Abs. 6 Nr. 2 BauGB. Schafft die Gemeinde in Kenntnis unterschiedlicher Ausgangsvoraussetzungen Ausnahmen, führt die Anwendung der Ausnahme dazu, dass Vorhabenträgern unterschiedlichen Regelungen unterworfen werden. Die Frage, ob dies im Einzelfall zu einer Ungleichbehandlung der Vorhabenträger führt, lässt sich anhand der städtebaulichen Rechtfertigung für die Anwendung einer vertraglichen Bindung beantworten.[886]

Städtebauliche Gründe, die Gemeinden dazu bewegen, vertragliche Bindungen vorzusehen, sind der Mangel an Mietwohnungen, Verdrängungstendenzen auf dem Mietwohnungsmarkt und fehlender bezahlbarer Wohnraum für einkommensschwache Bevölkerungsgruppen. Die städtebaulichen Anforderungen können innerhalb eines Gemeindegebiets variieren, sodass eine einheitliche Anwendung der Regelungen des Baulandmodells nicht in jedem Einzelfall geboten ist. Legt die Gemeinde bei Einführung eines Baulandmodells bereits die Ausnahme von einer Reglung fest, bringt

---

883 Berliner Modell der kooperativen Baulandentwicklung, Leitlinien für den Abschluss städtebaulicher Verträge in Berlin, S. 12.
884 Vgl. *Wollenschläger*, in: v. Mangoldt/Klein/Starck, GG, Art. 3 Rn. 201.
885 Vgl. *Kischel*, Epping/Hillgruber (BeckOK), GG, Art. 3 Rn. 122 ff.
886 Vgl. *Spieß*, KommJur 2017, 441 (445); *ders.* Bayerischer Gemeindetag 2015, 198 (203).

sie damit zum Ausdruck, dass die städtebaulichen Gründe, die sie zu den einzelnen vertraglichen Bindungen bewogen haben, nicht zwingend im gesamten Gemeindegebiet vorliegen müssen oder andere städtebauliche Gründe mit diesen in Konkurrenz stehen. Daher muss im Einzelfall geprüft werden, ob die städtebaulichen Gründe, auf denen eine Regelung beruht, tatsächlich vorliegen und ob andere städtebauliche Gründe gegeben sind, die so stark wiegen, dass die Regelung hinter diesen zurücktreten muss.[887] Dazu sind die konkreten örtlichen Verhältnisse des Einzelfalls zu untersuchen. Der städtebauliche Grund, sozial stabile Bewohnerstrukturen zu schaffen und zu erhalten, muss in Gebieten, in denen einseitige Bewohnerstrukturen herrschen, die durch einkommensschwache Gruppen geprägt sind und zu sozialen Brennpunkten führen können, berücksichtigt werden. Richtig ist, dass bei unveränderter Anwendung des kooperativen Baulandmodells auch ein Anteil von freifinanzierten Wohnungen entstehen würde.[888] Besteht in einem Gebiet aber bereits eine überdurchschnittliche Anzahl von Belegungs- und Mietbindungen, kann dies zur Folge haben, dass an dem Ziel der sozialen Durchmischung nicht mehr festgehalten werden kann.

Ein Überwiegen des städtebaulichen Grunds der sozial stabilen Bewohnerstrukturen über den Grund der Schaffung bezahlbaren Wohnraums kann durch ein sozialempirisches Fachgutachten nachgewiesen werden, welches belegt, dass vertragliche Bindungen im untersuchten Einzelfall nachteilige Auswirkungen auf das Gebiet haben würden.[889] Eine Ausnahmeregelung ist mit Blick auf die Gleichbehandlung der Vorhabenträger eng auszulegen. Zudem sollte die Gemeinde die Gründe, die sie zur Anwendung der Ausnahme bewogen haben, hinreichend dokumentieren. Mit Blick auf eine Gleichbehandlung der Vorhabenträger kann sie gegenüber einem anderen Vorhabenträger, der ebenfalls einen Ausnahmetatbestand für sich geltend macht, darlegen, weshalb im Einzelfall die Voraussetzungen einer Ausnahme vorlagen. Festzuhalten bleibt, dass eine Ausnahme von der Anwendbarkeit bestimmter Regelungen eines Baulandmodells dann

---

887 *Scharmer*, NVwZ 1995, 219 (222) hat bereits bei der Einführung städtebaulicher Verträge nach § 6 BauGB-MaßnahmenG darauf hingewiesen, dass der allgemeine Gleichheitssatz zu praktischen Problemen bei der Vereinbarung städtebaulicher Verträge führen kann. Eine Pflicht der Gemeinde zur Gleichartigkeit der Vereinbarungen lehnt auch er aufgrund der unterschiedlichen Fallgestaltungen innerhalb eines Gemeindegebiets ab.
888 Vgl. *Bunzel*, ZfBR 2018, 638 (642).
889 Vgl. *Schmidt-Eichstaedt*, ZfBR 2018, 537 (539).

zulässig und geboten ist, wenn ein atypischer Einzelfall vorliegt. Eine solche Ausnahme ist mit dem allgemeinen Gleichheitssatz vereinbar, weil dieser nur gleich gelagerte Fälle betrifft und atypische Fälle nicht erfasst.

III. Vertrauensschutz als Ausprägung des Rechtsstaatsprinzips

Die erstmalige Einführung eines kooperativen Baulandmodells sowie die Änderung eines bestehenden Modells führen dazu, dass Vorhabenträger im Rahmen des Verfahrens zur Aufstellung eines Bebauungsplans Pflichten und Kosten übernehmen müssen. Aufgrund des regelmäßig mehrere Jahre dauernden Verfahrens zur Aufstellung eines Bebauungsplans kommt es mitunter zu der Konstellation, in der das Verfahren zur Aufstellung des Bebauungsplans bereits begonnen hat, parallel dazu städtebauliche Verträge ausgearbeitet werden und die Gemeinde während dieses Prozesses ein kooperatives Baulandmodell erstmalig einführt oder ändert. In dieser Situation stellt sich die Frage, inwieweit die Einführung oder Änderung des Baulandmodells auf ein laufendes Bebauungsplanverfahren und den begleitenden städtebaulichen Vertrag Einfluss nehmen darf. Würden neu geschaffene oder geänderte Regelungen auf laufende Planaufstellungsverfahren Anwendung finden, bedeutete dies je nach Stand des Verfahrens eine erhebliche zeitliche Verzögerung des Vorhabens und häufig auch einen finanziellen Mehraufwand für den Vorhabenträger. Städtebauliche Verträge müssten überarbeitet und ihre Angemessenheit überprüft werden. Die Wirtschaftlichkeitsberechnung des Vorhabenträgers veränderte sich. Vor diesem Hintergrund ist zu untersuchen, ob sich Vorhabenträger, die in ein laufendes Planaufstellungsverfahren involviert sind, auf Vertrauensschutz berufen können.

Dazu bedarf es zunächst einer Darlegung der verfassungsrechtlichen Grundlagen sowie der Voraussetzungen des Grundsatzes des Vertrauensschutzes (1.). Die anschließende Prüfung erfolgt angesichts der drei Voraussetzungen, die der Vertrauensschutzgrundsatz erfordert, in drei Schritten. Zunächst muss geklärt werden, ob es im Zusammenhang mit der Einführung oder Änderung eines Baulandmodells eine Handlung der Gemeinde gibt, die eine Vertrauensgrundlage für den Vorhabenträger begründet (2.). Im zweiten Schritt ist zu untersuchen, ob der Vorhabenträger sein Vertrauen ausgeübt hat (3.). Weiterhin ist in einem dritten Schritt auf die Abwägung der unterschiedlichen Interessen der Gemeinde und des Vorhabenträgers einzugehen (4.). Liegen die Voraussetzungen des Grundsatzes des Vertrauensschutzes vor, fragt sich schlussendlich, welche Konsequenz daraus für die Gemeinde folgt (5.)

1. Verfassungsrechtliche Herleitung und Voraussetzungen des Vertrauensschutzes

Der Grundsatz des Vertrauensschutzes gründet auf der Überlegung, dass der Bürger im Vertrauen auf den Bestand staatlicher Regelungen Dispositionen tätigt.[890] Sein Vertrauen in bestehende Regelungen soll nicht durch überraschende grundlegende Änderungen bestehender Regelungen oder die Entwertung von bereits entstandenen Rechtspositionen verletzt werden.[891] Vielmehr soll er die Möglichkeit haben, sein Verhalten rechtzeitig an neuen Regelungen auszurichten.[892] Als „Grundzug der gesamten Rechtsordnung"[893] wurzelt der Vertrauensschutz als objektiv-rechtliches Verfassungsprinzip im Rechtsstaatsgebot, welches in Art. 20 Abs. 3 GG verankert ist.[894] Diejenigen Grundrechte, deren Schutzbereiche durch die jeweilige Änderung der Rechtslage berührt werden, sorgen für eine „subjektive Verdichtung"[895] des Grundsatzes.[896] Die Rechtsprechung zieht insbesondere die Eigentumsgarantie des Art. 14 Abs. 1 GG[897], die Berufsfreiheit des Art. 12 Abs. 1 GG[898] sowie das in Art. 2 Abs. 1 GG garantierte allgemeine Recht

---

890 Vgl. *Maurer*, in: Isensee/Kirchhof, HStR, Bd. IV, § 79 Rn. 4; *Calmes-Brunet*, JuS 2014, 602.

891 Vgl. *Sommermann*, in: v. Mangoldt/Klein/Starck, GG, Art. 20 Rn. 293; *Maurer*, in: Isensee/Kirchhof, HStR, Bd. IV, § 79 Rn. 9.

892 Vgl. *Sommermann*, in: v. Mangoldt/Klein/Starck, GG, Art. 20 Rn. 293.

893 *Maurer*, in: Isensee/Kirchhof, HStR, Bd. IV, § 79 Rn. 12.

894 Vgl. *Schulze-Fielitz*, in: Dreier, GG, Bd. 2, Art. 20 Rn. 146 ff.; *Blanke*, Vertrauensschutz im deutschen und europäischen Verwaltungsrecht, S. 101, bezeichnet das Rechtsstaatsprinzip als „Leitmotiv" für alle staatliche Gewalten, vertrauensschutzwürdige Positionen der Bürger zu achten.

895 *Helbich*, Vertrauensschutz in Verwaltungsvorschriften des Steuerrechts, S. 122.

896 Vgl. aus der jüngeren Rspr. des BVerfG: BVerfG, Beschl. v. 11.08.2020 - 1 BvR 2654/17, NZA 2020, 1338 (1339 f.); BVerfGE 148, 217 (254 ff.). So auch *Schwarz*, Vertrauensschutz als Verfassungsprinzip, S. 134 ff., 295 ff. und 320 ff. In der Literatur finden sich ferner Stimmen, die neben dem grundrechtlichen Begründungsansatz auf Anleihen bei den Grundsätzen von Treu und Glauben und des *venire contra factum proprium* zurückgreifen, vgl. *Lenz*, Das Vertrauensschutz-Prinzip, S. 32; *Leisner, W.*, in: FS Berber, S. 294.

897 Siehe BVerfGE 64, 87 (104); 75, 78 (105); 122, 374 (393 ff.).

898 Siehe BVerfGE 68, 272, (284).

auf freie Entfaltung der Persönlichkeit[899] heran. Der Grundsatz bindet alle drei Gewalten, die Legislative, die Exekutive und die Judikative[900], wobei die Ausprägungen des Prinzips für das Verhalten der drei Gewalten unterschiedlich sind.[901] Im Bereich der Legislative beeinflusst der Vertrauensschutz die zeitliche Geltung von Gesetzen und wird bei der Frage der Rückwirkung von Gesetzen virulent.[902] Im Bereich der Exekutive tritt er häufig bei der Frage der Bestandskraft von Verwaltungsakten auf.[903] Darüber hinaus gilt der Vertrauensschutz auch bei anderen Handlungsformen der Verwaltung, wie etwa bei dem Abschluss eines öffentlich-rechtlichen Vertrags[904], bei Verwaltungsvorschriften[905] sowie bei informalem Verwaltungshandeln.[906] Im Bereich der Judikative gewährt die formelle und materielle Rechtskraft eines Urteils Vertrauensschutz beim Bürger.[907]

Das Vertrauensschutzprinzip betrifft unterschiedliche Materien und bindet als übergeordnetes Verfassungsprinzip verschiedene Akteure der Staatsgewalt, weshalb es sich einer einheitlichen Erfassung entzieht.[908] Dennoch ist eine Grundstruktur auszumachen, an welcher sich die Prüfung im Einzelfall orientieren kann. Zunächst muss durch das Verhalten des Staats ein Vertrauenstatbestand entstanden sein, der eine Grundlage für das Vertrau-

---

899 Siehe BVerfGE 72, 200, (244 ff.); 105, 17, (32 ff.); 146, 1 (47).

900 Vgl. *Voßkuhle/Kaufhold*, JuS 2011, 794; *Calmes-Brunet*, JuS 2014, 602.

901 Vgl. *Maurer*, in: Isensee/Kirchhof, HStR, Bd. IV, § 79 Rn. 17 ff., 86 ff, 134 ff.; *Schwarz*, Vertrauensschutz als Verfassungsprinzip, S. 295 ff., 320 ff.; *Grzeszick*, in: Dürig/Herzog/Scholz, GG, Art. 20 VII., Rn. 69.

902 Die Rückwirkungsdogmatik wird durch die Rechtsprechung des BVerfG geprägt, die diese stetig fortentwickelt. Umfassend zu dieser Entwicklung siehe *Lepsius*, JURA 2018, 577 ff. und 695 ff.

903 Vgl. *Grzeszick* in: Dürig/Herzog/Scholz, GG, Art. 20, VII., Rn. 96.

904 Vgl. *Maurer*, in: Isensee/Kirchhof, HStR, Bd. IV, § 79 Rn. 118 ff.; *Grzeszick* in: Dürig/Herzog/Scholz, GG, Art. 20, VII., Rn. 98.

905 Etwa bei einer Änderung einer Verwaltungsvorschrift, BVerwGE 104, 220 (223 f.). Ausführlich zu der Frage des Vertrauensschutzes im Zusammenhang mit Verwaltungsvorschriften siehe *Helbich*, Vertrauensschutz in Verwaltungsvorschriften des Steuerrechts, S. 119 ff; *Grzeszick* in: Dürig/Herzog/Scholz, GG, Art. 20, VII., Rn. 99; *Maurer*, in: Isensee/Kirchhof, HStR, Bd. IV, § 79 Rn. 122 ff.

906 Vgl. *Maurer*, in: Isensee/Kirchhof, HStR, Bd. IV, § 79 Rn. 131 f.; *Grzeszick* in: Dürig/Herzog/Scholz, GG, Art. 20, VII., Rn. 100.

907 Vgl. *Grzeszick*, in: Dürig/Herzog/Scholz, GG, Art. 20, VII., Rn. 101; *Maurer*, in: Isensee/Kirchhof, HStR, Bd. IV, § 79 Rn. 134. Zu der Frage, inwieweit der Vertrauensschutz den Bürger auch vor einer Änderung der Rechtsprechung schützt, siehe *Brocker*, NJW 2012, 2996 ff.

908 Vgl. *Maurer*, in: Isensee/Kirchhof, HStR, Bd. IV, § 79 Rn. 15.

en des Bürgers legt.[909] Im Bereich der Exekutive basiert das Vertrauen des Bürgers regelmäßig auf einer Handlung der Verwaltung (Erlass eines Verwaltungsakts), aber auch Duldungen oder Unterlassungen kommen als Vertrauensgrundlage in Betracht.[910] Das Handeln oder Unterlassen der Verwaltung muss deutlich erkennen lassen, dass sie eine bestimmte Linie verfolgen will, auf deren Einhaltung sich der Bürger verlassen darf.[911] Sodann bedarf es eine daran anknüpfende Betätigung des Vertrauens durch den Bürger.[912] Dies kann eine unternehmerische Disposition sein, die sich in einer Planung, einem Entwurf, einer Maßnahme oder sonstigen Anordnung niederschlägt.[913] Dabei geht der Bürger regelmäßig eine finanzielle Verpflichtung ein. Letztlich muss das Vertrauen des Bürgers schutzwürdig sein.[914] Das Kriterium der Schutzwürdigkeit erfordert eine Abwägung der Interessen, wobei das Vertrauensinteresse des Bürgers dem Änderungsinteresse des Staates gegenübersteht.[915]

2. Verwaltungshandeln als Vertrauensgrundlage

Bei der erstmaligen Einführung oder Änderung eines kooperativen Baulandmodells kommen verschiedene Handlungen der Gemeinde in Betracht, die für den Vorhabenträger einen Vertrauenstatbestand eröffnen können. Zu differenzieren ist danach, ob die Gemeinde erstmals Regelungen zur sozialgerechten Bodennutzung einführt oder bereits bestehende Regelungen eines Baulandmodells ändert, etwa die Quote für sozial geförderten Wohnraum anhebt oder die Methodik zur Berechnung der Wertsteigerung eines Grundstücks modifiziert.

---

909 Vgl. BVerfGE 122, 248 (278); *Maurer*, in: Isensee/Kirchhof, HStR, Bd. IV, § 79 Rn. 15; *Voßkuhle/Kaufhold*, JuS 2011, 794 (795).

910 Vgl. *Maurer*, in: Isensee/Kirchhof, HStR, Bd. IV, § 79 Rn. 131.

911 Vgl. *Maurer*, in: Isensee/Kirchhof, HStR, Bd. IV, § 79 Rn. 131; *Voßkuhle/Kaufhold*, JuS 2011, 794 (796).

912 Vgl. BVerfG, Beschl. v. 18.02.1993 - 2 BvR 1196/88, BB 1993, 1054; *Weber-Dürler*, Vertrauensschutz im öffentlichen Recht, S. 96 ff.; *Maurer*, in: Isensee/Kirchhof, HStR, Bd. IV, § 79 Rn. 13; *Voßkuhle/Kaufhold*, JuS 2011, 794 (795).

913 Vgl. *Maurer*, in: Isensee/Kirchhof, HStR, Bd. IV, § 79 Rn. 30.

914 Vgl. BVerfGE 127, 1 (20); *Schwarz*, Vertrauensschutz als Verfassungsprinzip, S. 309 ff; *Maurer*, in: Isensee/Kirchhof, HStR, Bd. IV, § 79 Rn. 13.

915 *Maurer*, in: Isensee/Kirchhof, HStR, Bd. IV, § 79 Rn. 15; *Voßkuhle/Kaufhold*, JuS 2011, 794 (795).

a) Vertrauenstatbestand bei erstmaliger Einführung eines kooperativen
   Baulandmodells

Gab es in einer Gemeinde bisher keine Regelungen zur sozialgerechten
Bodennutzung, kann sich ein Vertrauenstatbestand des Vorhabenträgers
aus der bisherigen Verwaltungspraxis ergeben. Verzichtet eine Gemeinde über einen nicht unerheblichen Zeitraum darauf, Vorhabenträger an
der Errichtung sozial geförderten Wohnraums zu beteiligen und verlangt
sie keine teilweise Übernahme der Kosten für soziale Infrastruktur, entsteht bei den Vorhabenträgern durch dieses Verhalten der Gemeinde ein
Vertrauenstatbestand. Ein Vorhabenträger wird sozial geförderten Wohnraum und Folgekosten für soziale Infrastruktur in der wirtschaftlichen
Kalkulation seines geplanten Vorhabens nicht berücksichtigen. Dieser Vertrauenstatbestand kann sich verfestigen, wenn das konkrete Verfahren
zur Aufstellung eines Bebauungsplans begonnen hat und die Gemeinde
durch eine Willensäußerung Vertrauen bei dem Vorhabenträger erweckt
hat. In der zeitlichen Abfolge eines Planaufstellungsverfahrens kommen
verschiedene Äußerungen der Gemeinde als Anknüpfungspunkt für eine
Vertrauensgrundlage in Betracht: Der Abschluss eines Planungsvertrags
nach § 11 Abs. 1 Satz 2 Nr. 1 Var. 4 BauGB, mit dem die Gemeinde die
Ausarbeitung der Planungen und Gutachten, die zur Vorbereitung der Bauleitplanung notwendig sind, auf den Vorhabenträger übertragen kann[916],
der Beschluss des kommunalen Vertretungsorgans zur Aufstellung eines
Bebauungsplans nach § 2 Abs. 1 BauGB, der Entwurf eines Bebauungsplans
oder der Beschluss des kommunalen Vertretungsorgans über die öffentliche
Auslegung des Planentwurfs nach § 3 Abs. 2 BauGB. In jedem Einzelfall
ist zu untersuchen, ob die Handlung der Gemeinde geeignet ist, bei dem
Vorhabenträger einen Vertrauenstatbestand zu schaffen. Dazu muss der
Inhalt der Willensäußerung der Gemeinde analysiert werden.

Denkbar ist auch, dass eine Gemeinde vor Implementierung eines kooperativen Baulandmodells städtebauliche Verträge individuell, ohne Anwendung eines einheitlichen Regelwerks, mit Vorhabenträgern ausgehandelt und sich im Laufe der Zeit eine gefestigte Verwaltungspraxis zu einer
bestimmten Materie etabliert hat. Vor der Einführung ihres kooperativen
Baulandmodells[917] hat die Stadt Dresden beispielsweise bei der Schaffung

---

916 Zum Planungsvertrag siehe oben S. 85 f.
917 Siehe Beschluss des Stadtrats der Landeshauptstadt Dresden v. 06.06.2019, Vorlagen
     Nr. V2804/18.

neuen Wohnbaurechts durch Bebauungsplan grundsätzlich eine Quote von 15 Prozent sozial geförderten Wohnraums verlangt, was den Vorhabenträgern bekannt war, sodass sich diese bei der Planung ihrer Vorhaben auf die Quote einstellen konnten.[918]

b) Vertrauenstatbestand bei Änderung eines bestehenden kooperativen Baulandmodells

Verfügt eine Gemeinde bereits über ein kooperatives Baulandmodell, besteht ein Vertrauenstatbestand in die bestehenden Regelungen. Durch die Veröffentlichung des Baulandmodells und der Anwendung der Regelungen in Bebauungsplanverfahren darf der Vorhabenträger darauf vertrauen, dass diese Bestand haben werden und sich nicht zu seinen Lasten verschlechtern.

Zudem kann sich ein Vertrauenstatbestand auch in laufenden Planaufstellungsverfahren bei einer Änderung eines bestehenden Baulandmodells aus den zuvor genannten Äußerungen der Gemeinde ergeben.

3. Betätigung des Vertrauens durch Vorhabenträger

Weiter ist eine Ausübung des Vertrauens durch den Vorhabenträger erforderlich. Regelmäßig manifestiert sich das Vertrauen in einer finanziellen Verpflichtung oder in einer durchgeführten Wirtschaftlichkeitsanalyse eines Vorhabens. Dort, wo im Vorfeld der Erarbeitung eines Bebauungsplanentwurfs umfangreiche Gutachten zu Verkehrserschließung und Mobilität, Verkehrs- und Gewerbelärm, Altlasten, Artenschutz, Besonnung, Klima und Lufthygiene durchgeführt wurden und die Ergebnisse dieser umfangreichen Untersuchungen in einen Planentwurf eingeflossen sind, hat der Vorhabenträger bereits erhebliche finanzielle Anstrengungen in die Planung getätigt. Ist ein Planentwurf ausgearbeitet, kann der Vorhabenträger regelmäßig auf eine mehrjährige Planungsphase zurückblicken. Häufig liegt einem Planentwurf ein konkreter Grundriss für das Vorhaben zugrunde, der wiederum auf einer umfassenden Kosten- und Wirtschaftlichkeitsuntersuchung basiert und in den die Ergebnisse der Fachgutachten einfließen.

---

918 Siehe Beschluss des Stadtrats der Landeshauptstadt Dresden v. 16.01.2019, Vorlagen Nr. V2804/18, S. 7.

4. Abwägung der Interessen

Ob das Vertrauen des Vorhabenträgers in die bestehende Regelungslage schutzwürdig ist, muss anhand einer Interessenabwägung ermittelt werden. Das Beibehaltungsinteresse des Vorhabenträgers ist dem Änderungsinteresse der Gemeinde gegenüberzustellen. Die Abwägung wird durch verschiedene Aspekte gelenkt.

a) Beibehaltungsinteresse des Vorhabenträgers

Zunächst muss die Qualität des Vertrauenstatbestands berücksichtigt werden. Hat das kommunale Vertretungsorgan bereits einen Beschluss zu einem Planentwurf gefasst und ein Entwurf eines ergänzenden städtebaulichen Vertrags sieht eine konkrete Quote für den sozial geförderten Wohnraum vor, ist dies ein Indiz für die Schutzwürdigkeit des Vertrauens des Vorhabenträgers, diese Quote beizubehalten. Denkbar ist auch, dass das kommunale Vertretungsorgan zeitgleich zu dem Beschluss über die öffentliche Auslegung des Planentwurfs nach § 3 Abs. 2 BauGB dem städtebaulichen Vertrag zum Bebauungsplan zustimmt, soweit aus der förmlichen Öffentlichkeitsbeteiligung kein Änderungsbedarf mehr resultiert.[919]

Ferner muss der Fortschritt der Planung in der Abwägung Berücksichtigung finden. Je detaillierter und fortgeschrittener die Planung, desto stärker wiegt das Interesse des Vorhabenträgers, die bestehende Regelungslage beizubehalten. Mit jedem Fortschritt des Planungsverfahrens wächst das Vertrauen des Vorhabenträgers in den Fortbestand der bestehenden Regelungslage. An dieser hat er seine Planung ausgerichtet und Folgeinvestitionen getätigt. Fordert die Gemeinde beispielsweise erstmalig eine Quote für sozial geförderten Wohnraum oder wird eine bestehende Quote angehoben, muss der Vorhabenträger die einschlägigen Förderbestimmungen berücksichtigen. Diese enthalten Vorgaben zur Ausgestaltung des

---

919 Siehe zu dieser Verwaltungspraxis etwa den Beschluss der Stadtverordnetenversammlung der Landeshauptstadt Potsdam v. 11.04.2018, Vorlage 18/SVV/0007.

Wohnungsgrundrisses[920] und zu Wohnflächenobergrenzen[921]. Für den Vorhabenträger kann die Berücksichtigung der Förderbestimmungen dazu führen, dass der gesamte Grundriss des Vorhabens verändert werden muss. Dies kann Einfluss auf die bereits durchgeführten Fachgutachten haben, die unter Umständen ebenfalls überarbeitet werden müssen. Dies führt zu erheblichen Mehrkosten für den Vorhabenträger und bedeutet eine zeitliche Verzögerung des Vorhabens. Auch die bereits angesprochene Wirtschaftlichkeitsanalyse eines Vorhabens kann durch eine geänderte Regelungslage obsolet werden. Hat die Gemeinde bisher davon abgesehen, die Errichtung von sozial gefördertem Wohnraum sowie die Beteiligung an Kosten der sozialen Infrastruktur zu verlangen, und will sie erstmalig solche Regelungen einführen, muss der Planungsstand bei laufenden Planaufstellungsverfahren berücksichtigt werden. Der Vorhabenträger hat bei seiner Wirtschaftlichkeitsanalyse die Mehrkosten für diese Lasten und Pflichten nicht einkalkuliert. Je nach Fortschritt des Vorhabens kann es sein, dass der Vorhabenträger von einer Investition absieht, falls sie sich bei Anwendung der neuen Regelungen nicht mehr rentiert. In die Interessenabwägung muss die zeitliche Überschneidung des Planaufstellungsverfahrens sowie des gemeindlichen Ausarbeitungsprozesses der Einführung bzw. Änderung eines Baulandmodells Einfluss finden. Sowohl ein Planaufstellungsverfahren einerseits als auch die Ausarbeitung einer Einführung oder Änderung eines Baulandmodelles andererseits nehmen häufig Jahre in Anspruch. Ist das Planaufstellungsverfahren in einem fortgeschrittenen Stadium, wenn die Vorstellungen der Gemeinde für die erstmalige Einführung oder Änderung eines Baulandmodells konkret werden[922], wiegt das Beibehaltungsinteresse des Vorhabenträgers am bisherigen Regelungsstand schwerer als

---

920 Siehe beispielhaft 4.3.3.1 der Anlage 1 zu den Wohnraumförderbestimmungen NRW, Runderlass des Ministeriums für Heimat, Kommunales, Bau und Gleichstellung – 402-2010-81/20 – v. 02.02.2021. Nach 4.3.3.1 Satz 5 der Anlage 1 muss eine förderfähige Mietwohnung beispielsweise über einen Freisitz (Balkon, Terrasse oder Loggia) verfügen.

921 Siehe beispielhaft 4.3.4.1 der Anlage 1 zu den Wohnraumförderbestimmungen NRW, Runderlass des Ministeriums für Heimat, Kommunales, Bau und Gleichstellung – 402-2010-81/20 – v. 02.02.2021.

922 Die Vorstellung einer Gemeinde kann sich beispielsweise mit einer Verschiebung der Mehrheitsverhältnisse im kommunalen Vertretungsorgan ändern. Hat eine Partei im Wahlkampf für eine Änderung oder Einführung eines Baulandmodells geworben, konkretisiert sich diese Position erst, wenn sie eine Mehrheit für diese Position in der Gemeindevertretung organisiert und eine detaillierte Ausarbeitung der Regelungen unter dem Blickwinkel des rechtlich Zulässigen, der Praktikabilität und der Akzeptanz der Wohnungswirtschaft stattfindet.

wenn das Planaufstellungsverfahren und der Ausarbeitungsprozess für das Baulandmodell über einen längeren Zeitraum parallel verlaufen. Dann erlangt der Vorhabenträger zu einem frühen Zeitpunkt, möglicherweise noch bevor das Planaufstellungsverfahren begonnen hat, Kenntnis von den Vorstellungen der Gemeinde und kann nicht mehr ohne Weiteres darauf vertrauen, sein Vorhaben und den dafür erforderlichen Bebauungsplan ohne die neu eingeführten oder geänderten Regelungen des Baulandmodells durchführen zu können. Vielmehr ist er dann gezwungen, seine Wirtschaftlichkeitsanalyse an die neuen Regelungen anzupassen.

Der Fortschritt der Planung muss in einer weiteren Situation in die Interessenabwägung einfließen: Die Änderung der Methodik zur Berechnung der Wertsteigerung eines Grundstücks führt regelmäßig zugunsten der Gemeinde zu einer Erhöhung der planungsbedingten Wertsteigerung. Dies eröffnet ihr einen größeren Spielraum für die Verpflichtung des Vorhabenträgers zur Übernahme von Kosten für die soziale Infrastruktur. Gleichzeitig bedeutet eine Änderung der Berechnungsmethodik für den Vorhabenträger eine höhere vertragliche Lastenübernahme. Bei einer Änderung der Berechnungsmethodik eines Baulandmodells muss auch in dieser Konstellation der Fortschritt der Planung in die Abwägung einfließen, sofern die Änderungen Auswirkungen auf die Wirtschaftlichkeitsanalyse des Vorhabens haben.

b) Änderungsinteresse der Gemeinde

Darüber hinaus muss das Änderungsinteresse der Gemeinde ermittelt werden und in die Abwägung einfließen. Regelungen, die durch kooperative Baulandmodelle eingeführt oder geändert werden, verfolgen den Zweck, sozialgerechte Bodennutzung zu gewährleisten, indem sie bezahlbaren Wohnraum schaffen und die Vorhabenträger an den entstehenden Folgekosten beteiligen. Damit verfolgt die Gemeinde das in § 1 Abs. 5 BauGB verankerte Ziel, welches das Gewicht dieses Grunds hervorhebt.

Ein weiterer Grund für die Einführung oder Änderung eines Baulandmodells kann eine Veränderung der Mehrheitsverhältnisse im kommunalen Vertretungsorgan sein, die es der politischen Mehrheit erlaubt, ihre Vorstellungen zur Verwirklichung einer sozialgerechten Bodennutzung umzusetzen. Auch kann sich der politische Druck, Maßnahmen zur Verbesserung des Wohnungsangebots zu ergreifen, aufgrund verschiedener Entwicklungen erhöhen. Die Niedrigzinsphase der vergangenen Jahre hat Einfluss auf die Baulandpreise genommen. Die starke Nachfrage nach Bauland und das geringe Angebot desselben hat einen Preisanstieg verursacht.[923] Zudem steigen nicht nur die Kosten für ein Grundstück stetig, sondern auch die für die Errichtung des Roh- und Innenausbaus.[924] Gleichzeitig besteht ein Fachkräftemangel in der Immobilienwirtschaft.[925] Verschärft wird dieses Konglomerat an Problemen darüber hinaus durch Lieferengpässe und Preissteigerungen bei Baumaterialien.[926] Dies führt dazu, dass insbesondere in den Ballungsräumen und Städten immer weniger Menschen Wohneigentum selbst erwerben, sondern zur Miete wohnen. Dies erzeugt einen Handlungsdruck auf die Gemeinde, das Wohnungsangebot innerhalb der Gemeinde zu verbessern.

Besteht innerhalb eines Baulandmodells die Möglichkeit, Kosten für die soziale Infrastruktur durch einen Pauschalbetrag zu begleichen, hat die Gemeinde ein Interesse daran, diesen Pauschalbetrag an veränderte wirtschaftliche Gegebenheiten anzupassen. Andernfalls muss sie die Mehrkosten, welche durch den Anstieg der Baukosten entstehen, selbst tragen.

---

923 Der Preisindex für Bauland stellt die Entwicklung der Preise für unbebaute, baureife Grundstücke ab 100 Quadratmeter dar. Von 2010 bis 2020 erhöhten sich die Preise um 102 Prozent. Siehe dazu Datenreport 2021 des statistischen Bundesamts, Kapitel 7: Wohnen, S. 266, https://www.destatis.de/DE/Service/Statistik-Campus/Datenre port/Downloads/datenreport-2021-kap-7.pdf;jsessionid=9222FB735EA84AAE75A 12506A092FE53.live731?__blob=publicationFile (zuletzt aufgerufen am 30.12.2022) sowie https://www.destatis.de/DE/Themen/Wirtschaft/Preise/Baupreise-Immobili enpreisindex/_inhalt.html (zuletzt aufgerufen am 30.12.2022).

924 Die Preise für die Errichtung von Wohngebäude spiegelt der Baupreisindex wider. Die Preise stiegen von 2010 bis 2020 um 29 Prozent an, https://www.destatis.de/DE /Themen/Wirtschaft/Preise/Baupreise-Immobilienpreisindex/_inhalt.html (zuletzt aufgerufen am 30.12.2022).

925 Zum Problem und den Ursachen des Fachkräftemangels in der Immobilienwirtschaft siehe „Human Resources Monitor – Immobilienwirtschaft 2022" des Instituts für Wohnungswesen, Immobilienwirtschaft, Stadt- und Regionalentwicklung (InWIS).

926 So verzeichnet das Statistische Bundesamt den stärksten Anstieg bei Erzeugerpreisen für Holz und Stahl im Jahresdurchschnitt 2021 seit Beginn der Erhebung im Jahr 1949, siehe Statistisches Bundesamt, Pressemitteilung Nr. N 006 v. 10.02.2022.

5. Notwendigkeit von Übergangsregelungen als Folge schutzwürdigen
   Vertrauens

Überwiegt nach dem soeben dargestellten Maßstab das Beibehaltungsinteresse des Vorhabenträgers das Änderungsinteresse der Gemeinde und
ist damit das ausgeübte Vertrauen des Vorhabenträgers schutzwürdig, ist
es der Verwaltung verwehrt, die schutzwürdige Vertrauensposition durch
eine Änderung der Regelungen zu erschüttern.[927] Gleichzeitig schlägt die
Interessenabwägung zu einem bestimmten Zeitpunkt zugunsten der Gemeinde um. Ihr kann die Einführung neuer Regelungen nicht auf Dauer
verwehrt sein. Sofern eine Änderung der Regelungen grundsätzlich zulässig ist und nur das Interesse derjenigen Vorhabenträger in der Abwägung
überwiegt, die bereits erhebliche Investitionen im Rahmen eines Planaufstellungsverfahrens getätigt haben, kann die Verwaltung im Hinblick auf
das Vertrauensschutzprinzip gehalten sein, eine angemessene Übergangsregelung zu schaffen.[928] Bei der Ausgestaltung der Übergangsregelungen
sollte die Gemeinde die folgenden zwei Aspekte beachten. Zunächst sollten
sich der Stand des Planungsverfahrens und die bisher getätigten Investitionen des Vorhabenträgers im Umfang der Übergangsregelung widerspiegeln.
Ferner benötigen Vorhabenträger für die Verwirklichung von Bauvorhaben
Rechtssicherheit. Kann die Gemeinde diese nicht gewährleisten, wird sich
dies auf den Wohnimmobilienmarkt auswirken. Das dringende Ziel, neuen
Wohnraum zu schaffen, darf nicht durch Rechtsunsicherheit gehemmt werden. Daher muss die Gemeinde daran interessiert sein, klare, transparente
und verständliche Regelungen zu erlassen, welche die Vorhabenträger ihren
Investitionsentscheidungen zugrunde legen können.

Einen sehr weitreichenden Vertrauensschutz gewährt die Gemeinde,
wenn die Übergangsregelung an einen frühen Zeitpunkt des Planaufstellungsverfahrens anknüpft, etwa an den Beschluss zur Aufstellung des Bebauungsplans nach § 2 Abs. 1 BauGB.[929] Eine solch großzügige Regelung

---

927 Vgl. für den Fall des Vertrauens des Bürgers in bestehende Verwaltungsvorschriften
    Helbich, Vertrauensschutz in Verwaltungsvorschriften des Steuerrechts, S. 228 ff.
928 Vgl. *Sommermann*, in: v. Mangoldt/Klein/Starck, GG, Art. 20 Rn. 297. Im Bereich
    des Vertrauensschutzes bei der Legislative werden Übergangsvorschriften ebenfalls
    angewandt, vgl. BVerfGE 67, 1 (15); 76, 256 (359); 126, 112 (155); 131, 47 (57).
    Siehe ausführlich zu der Frage von Übergangsregelungen bei Regimewechseln im
    Öffentlichen Recht, *Jahndorf*, NVwZ 2015, 1188 ff.
929 Die letzte Übergangsregelung des Baulandmodells der Stadt München, die bei der
    Änderung des Modells 2021 formuliert wurde, knüpft an diesen Zeitpunkt an, Be-

kann durch die Festlegung eines zusätzlichen Stichtags eingeschränkt werden. Kommt es in einem neuen oder bereits laufenden Planaufstellungsverfahren bis zu diesem zusätzlichen Stichtag nicht zum Abschluss des städtebaulichen Vertrags, finden die neuen Regelungen Anwendung. Der zusätzliche Stichtag sollte so gewählt werden, dass die Vorhabenträger der Planaufstellungsverfahren, die bereits ein fortgeschrittenes Stadium aufweisen, realistische Chancen haben, die städtebaulichen Verträge bis zu dem Stichtag abzuschließen. Dabei dürfte eine Zeitspanne von anderthalb bis zwei Jahren die getätigten Anstrengungen und Investitionen der Vorhabenträger ausreichend berücksichtigen.[930] Eine vergleichsweise strenge Übergangsregelung liegt vor, wenn die Anwendung der neuen oder geänderten Regelungen davon abhängig gemacht wird, ob die Beschlussvorlage zur öffentlichen Auslegung nach § 3 Abs. 2 BauGB schon in das kommunale Vertretungsorgan eingebracht worden ist oder nicht.[931] Zu diesem Zeitpunkt kann ein Vorhabenträger bereits erhebliche Anstrengungen in die Planung des Vorhabens investiert haben, sodass der Grundsatz des Vertrauensschutzes es verbietet, die neuen oder geänderten Regelungen auf ihn anzuwenden. In diesem Fall ist das kommunale Vertretungsorgan gezwungen, eine abweichende Regelung zu treffen.

---

schluss des Stadtrats der Landeshauptstadt München v. 28.07.2021, Sitzungsvorlage Nr. 20-26 / V 03932, S. 30. Ähnlich ausgestaltet ist auch die Übergangsregelung für die Änderung des Berliner Modells der kooperativen Baulandentwicklung 2017. Dort ist der Zeitpunkt der Unterzeichnung der Grundzustimmung maßgeblich. Diese unterzeichnet der Vorhabenträger kurz vor dem Aufstellungsbeschluss, sodass sich die Zeitpunkte nicht wesentlich unterscheiden. Siehe dazu Abgeordnetenhaus Berlin, Antwort v. 10.07.2017 auf die schriftliche Anfrage v. 20.06.2017, Drucksache 18/11620, S. 1.

930 Die Begrenzung der Übergangsregelung durch einen zusätzlichen Stichtag sieht das Berliner Modell und das Dresdener Modell vor, die beide eine Zeitspanne von anderthalb Jahren vorsehen. In Dresden hat sich gezeigt, dass eine Zeitspanne von anderthalb Jahren nicht genügt, um fortgeschrittene Planungsverfahren fertigzustellen. Daher hat der Stadtrat eine Verlängerung der Übergangsregelung um weitere anderthalb Jahre beschlossen, siehe Beschluss des Stadtrats der Landeshauptstadt Dresden v. 10.11.2020, Vorlage Nr. V0541/20, S. 5. Die Verzögerungen in den laufenden Planungsverfahren wurden durch die Einschränkungen während der Corona-Pandemie verschärft.

931 Diesen Zeitpunkt wählt die Stadt Potsdam bei der Änderung ihres kooperativen Baulandmodells, Beschluss der Stadtverordnetenversammlung der Landeshauptstadt Potsdam v. 04.03.2020, Drucksache Nr. 20/SVV/0081 zu Fortschreibung der „Richtlinie zur sozialgerechten Baulandentwicklung in der Landeshauptstadt Potsdam".

B. Einfachgesetzliche Grenzen kooperativer Baulandmodelle

Ein kooperatives Baulandmodell stellt eine Operationalisierung städtebaulicher Verträge dar.[932] Die einfachgesetzlichen Grenzen, die für städtebauliche Verträge gelten, weisen auch Baulandmodellen Schranken auf. Die Regelungen, die in einem Baulandmodell getroffen werden, müssen so ausgestaltet sein, dass die in Umsetzung des Modells abgeschlossenen städtebaulichen Verträge die einfachgesetzlichen Grenzen wahren. Zu begutachten sind die Grenzen, die das Verbot der unzulässigen Planbindung (I.), das Abwägungsgebot (II.), das Gebot der Angemessenheit (III.) und das Koppelungsverbot (IV.) ziehen.

I. Verbot unzulässiger Planbindung

Kooperative Baulandmodelle schreiben für eine Vielzahl von Einzelfällen den Inhalt städtebaulicher Verträge vor und machen den Abschluss eines Vertrags zur Bedingung für die Aufstellung eines Bebauungsplans. Die Lasten und Pflichten, die Vorhabenträger in städtebaulichen Verträgen übernehmen, erfolgen nicht ohne Selbstzweck. Im Gegenzug erwarten sie von der Gemeinde, dass diese einen Bebauungsplan aufstellt, der neues Wohnbaurecht schafft. Indessen darf sich die Gemeinde im städtebaulichen Vertrag nicht dazu verpflichten, den begehrten Bebauungsplan aufzustellen. Eine solche Vereinbarung würde gegen § 1 Abs. 3 Satz 2 Hs. 2 BauGB verstoßen.[933] Nach dieser Vorschrift kann ein Anspruch auf Aufstellung von Bauleitplänen nicht durch Vertrag begründet werden. Zweck der Norm ist der Schutz der kommunalen Planungshoheit, nach der das kommunale Vertretungsorgan bis zum Satzungsbeschluss die Möglichkeit haben muss, ungebunden und umfassend über die durch die Bauleitplanung berührten

---

932 *Dransfeld/Hemprich*, Kommunale Boden- und Liegenschaftspolitik, S. 54, https://www.forum-bauland.nrw/wp-content/uploads/2018/07/kobolipo.pdf (zuletzt aufgerufen am 30.12.2022).

933 Die Norm kodifiziert die dazu ergangene Rechtsprechung. Das BVerwG hat in den 1980er Jahren in zwei Urteilen dargelegt, dass ein Anspruch auf Erlass eines Bauleitplans mit einem bestimmten Inhalt durch Vertrag nicht begründet werden kann, vgl. BVerwG Urt. v. 29.05.1981 - 4 C 72/78, BauR 1982, 30 sowie BVerwG, Urt. v. 01.02.1980 - 4 C 40/77, NJW 1980, 2538. Zunächst wurde diese Rechtsprechung in § 2 Abs. 3 Hs. 2 BauGB a.F. kodifiziert, seit dem EAG Bau 2004 findet sich die Vorschrift in § 1 Abs. 3 Satz 2 Hs. 2 BauGB.

öffentlichen und privaten Belange abzuwägen.[934] Eine Vorwegbindung der Gemeinde, die zur Aufstellung eines Bebauungsplans verpflichtete, würde dem umfassenden Abwägungsgebot zuwiderlaufen.[935] Ein Vertrag, der gegen § 1 Abs. 3 Satz 2 Hs. 2 BauGB verstößt, ist gemäß § 59 Abs. 1 VwVfG i.V.m. § 134 BGB nichtig.[936]

In der Praxis wird in einem städtebaulichen Vertrag häufig eine klarstellende Formulierung aufgenommen, wonach ein Anspruch auf die Aufstellung eines Bauleitplans durch den Vertrag nicht begründet wird.[937] Hingegen steht es dem Verbot der unzulässigen Planbindung nicht entgegen, wenn die Gemeinde in einem Vertrag zum Ausdruck bringt, dass sie an der Verwirklichung der Planung ein Interesse hat und unter Beachtung der gesetzlichen Vorschriften dazu beitragen wird, einen bestimmten Bebauungsplan aufzustellen.[938]

Gleichwohl ist die Aufstellung des Bebauungsplans für den Vorhabenträger der „eigentliche Sinn"[939] des Vertrags, auch wenn diese Leistung der Gemeinde im Vertragstext häufig unerwähnt bleibt.[940] Sie wird – zumindest stillschweigend – von den Vertragsparteien als Geschäftsgrundlage des Vertrags festgelegt.[941] Die Aufstellung des Bebauungsplans durch die Gemeinde ist gerade nicht mit den vom Vorhabenträger übernommenen Pflichten und Kosten im Sinne von Leistung und Gegenleistung verknüpft, weshalb der

---

934 Vgl. *Hoffmann*, in Spannowsky/Hofmeister, Kooperative und nachfrageorientierte Kommunalentwicklung durch städtebauliche Verträge, S. 98; *Burmeister*, Praxishandbuch Städtebauliche Verträge, S. 84; *Drechsler*, JURA 2017, 413 (419).

935 Vgl. *Söfker*, in: Ernst/Zinkahn/Bielenberg/Krautzberger, BauGB, § 1 Rn. 42b ff.

936 Vgl. BVerwGE 124, 385 (388).

937 Vgl. *Bunzel/Coulmas/Schmidt-Eichstaedt*, Städtebauliche Verträge, S. 57. Siehe dort auch die Mustervertragsklausel auf S. 424.

938 Eine vertragliche Vereinbarung, in der die Gemeinde das Risiko für das Scheitern einer Planung übernimmt, ist ebenfalls zulässig, vgl. BGH, Urt. v. 01.12.1983 - III ZR 38/82, BayVBl. 1984, 284. Zu Schadensersatzansprüchen des Vorhabenträgers gegen die Gemeinde für den Fall des Scheiterns des Planaufstellungsverfahrens siehe auch *Battis*, in: Battis/Krautzberger/Löhr, BauGB, § 1 Rn. 31.

939 *Stüer*, in: Spannowsky/Hofmeister, Kooperative und nachfrageorientierte Kommunalentwicklung durch städtebauliche Verträge, S. 44.

940 Vgl. *Grziwotz*, JuS 1998, 1113 (1114); *Looman*, NJW 1996, 1439 (1441).

941 Vgl. *Stüer*, in: Spannowsky/Hofmeister, Kooperative und nachfrageorientierte Kommunalentwicklung durch städtebauliche Verträge, S. 44; *Grziwotz*, DVBl. 1994, 1048 (1053); *Hien*, in: FS Schlichter, S. 135.

städtebauliche Vertrag als hinkendes Austauschverhältnis zu qualifizieren ist.[942]

II. Vereinbarkeit mit dem Abwägungsgebot

Die nach § 1 Abs. 7 BauGB erforderliche planerische Abwägung wird durch die Regelungen eines kooperativen Baulandmodells nicht ersetzt.[943] Zwar legt ein Baulandmodell für eine Vielzahl von Fällen die Vertragsinhalte für festsetzungsergänzende städtebauliche Verträge fest. Die Abwägungsentscheidung des kommunalen Vertretungsorgans nimmt weder das Modell noch der Vertragsschluss vorweg. Es wird keine strikte Bindung im Abwägungsvorgang ausgelöst.[944] Vielmehr bereiten Verträge über die Ausarbeitung von Planentwürfen nach § 11 Abs. 1 Satz 2 Nr. 1 BauGB, Verträge über die mit der Bauleitplanung verfolgten Ziele nach § 11 Abs. 1 Satz 2 Nr. 2 BauGB und Verträge über die Übernahme von Folgekosten nach § 11 Abs. 1 Satz 2 Nr. 3 BauGB die Abwägung vor und generieren Abwägungsmaterial.[945] Eine Vorprägung des planerischen Ermessens durch die Festlegung einheitlich anzuwendender Regelungen steht mit dem Abwägungsgebot in Einklang.[946]

Auch kann der Abschluss eines städtebaulichen Vertrags dazu führen, dass die Gemeinde durch ihn erst in die Lage versetzt wird, der Aufstellung des Bebauungsplans zuzustimmen. Löst das durch die Planung ermöglichte Vorhaben Bedarfe für Kinderbetreuungs- und Grundschulplätze aus, die durch die vorhandenen Einrichtungen in der Gemeinde nicht gedeckt werden können und stehen der Gemeinde keine finanziellen Mittel zur

---

942 Vgl. BVerwGE 111, 162 (164); OVG Niedersachsen, Urt. v. 10.07.2007 - 1 LC 200/05, ZfBR 2007, 804; *Stüer*, in: Spannowsky/Hofmeister, Kooperative und nachfrageorientierte Kommunalentwicklung durch städtebauliche Verträge, S. 44; *Grziwotz*, JuS 1998, 1113 (1114); *Pietzcker*, in: FS Hoppe, S. 452.

943 Vgl. *Bunzel*, ZfBR 2018, 638 (640).

944 Vgl. *Birk*, VBlBW 2016, 89 (93); *Erbguth/Witte*, DVBl. 1999, 435 (440). In diesem Sinne auch *Haaß*, LKV 2018, 156 (159). In der Rechtsprechung ist anerkannt, dass Absprachen, Zusagen und städtebauliche Verträge im Vorfeld der Abwägungsentscheidung zulässig sind und die Abwägung nicht auf „planerisch freiem Felde" stattfinden muss, so schon BVerwGE 45, 309 (317). Der Abschluss eines städtebaulichen Vertrags ist kein Indiz für eine sachwidrige Verkürzung des Abwägungsvorgangs, VGH Baden-Württemberg, Urt. v. 24.05.2006 - 8 S 1367/05, Rn. 32 (*juris*).

945 Vgl. *Hellriegel*, BauR 2020, 1411 (1414).

946 Vgl. *Schäfer/Lau/Specovius*, Baulandbereitstellung, S. 20.

Verfügung, die hinzutretenden Bedarfe aufzufangen, bestünde darin ein unüberwindbares Abwägungshindernis.[947] Erst der Vertragsschluss mit dem Vorhabenträger zur Übernahme der anteiligen Folgekosten der sozialen Infrastruktur kann dieses Abwägungshindernis beseitigen.

III. Gebot der Angemessenheit

Das Gebot der Angemessenheit zwischen Leistung und Gegenleistung wurde von der Rechtsprechung zunächst aus dem verfassungsrechtlichen Übermaßverbot abgeleitet[948], bevor es der Gesetzgeber allgemein für den verwaltungsrechtlichen Vertrag in § 56 Abs. 1 Satz 2 VwVfG normiert hat. Für die Unterform des städtebaulichen Vertrags legt § 11 Abs. 2 Satz 1 BauGB das Gebot fest.[949] Der Gesetzgeber hat es unterlassen, den unbestimmten Rechtsbegriff der Angemessenheit gesetzlich zu konkretisieren. Auch nach jahrzehntelanger Rechtsprechung lässt sich die Frage, wann sich Leistung und Gegenleistung in einem angemessenen Verhältnis befinden, nicht anhand einer feststehenden Formel beantworten. Bereits 1973 urteilte das Bundesverwaltungsgericht das Gebot der Angemessenheit erfordere, dass die Übernahme von Folgekosten in einem städtebaulichen Vertrag „bei wirtschaftlicher Betrachtung des Gesamtvorganges in angemessenem Verhältnis zum Wert des Vorhabens steht [...] und [...] auch sonst keine Anhaltspunkte dafür gegeben sind, daß [sic] die vertragliche Übernahme von Kosten eine unzumutbare Belastung [...] bedeutet".[950] Daraus folgt auch heute noch, dass den Verpflichtungen, die der Vorhabenträger im städtebaulichen Vertrag übernimmt, der „Wert des Vorhabens"[951] gegenüberzustellen ist. Die übernommenen Verpflichtungen dürfen nicht dazu führen, dass das Vorhaben wirtschaftlich nicht mehr rentabel ist.[952] Die Überprüfung der Angemessenheit von vereinbarter Leistung und Gegenleistung ist bei städtebaulichen Verträgen im Rahmen von kooperativen Baulandmo-

---

947 Vgl. BVerwGE 133, 85 Rn. 30.
948 Vgl. BVerwGE 42, 331 (345).
949 Nach der Gesetzesbegründung zu § 11 Abs. 2 Satz 1 BauGB knüpft die Vorschrift an den für alle städtebauliche Verträge von der Rechtsprechung aus dem Übermaßverbot entwickelten Grundsatz der Angemessenheit an, vgl. BT-Drs. 13/6392, S. 50.
950 BVerwGE 42, 331 (345). Auch der BGH hat sich dieser Rechtsprechung angeschlossen, zuletzt BGH, Urt. v. 20.04.2018 - V ZR 169/17, NJW 2018, 3012 (3013).
951 BVerwGE 133, 85 Rn. 34 und so bereits BVerwGE 42, 331 (345).
952 Vgl. *Spieß*, Bayerischer Gemeindetag 2015, 198 (203).

dellen auch deshalb eine Herausforderung, da die „Leistung" der Gemeinde, die darin besteht, neues Wohnbaurecht zu schaffen, beziffert werden muss.[953] Aufgrund der Komplexität der Überprüfung der Angemessenheit von Leistung und Gegenleistung hebt das Bundesverwaltungsgericht hervor, dass sich die Frage der Angemessenheit nach den Umständen des Einzelfalls beurteilt und einer grundsätzlichen Klärung nicht zugänglich ist.[954] In jedem Einzelfall müssen die gesamten Umstände untersucht werden, sodass es für die Frage der Angemessenheit eines städtebaulichen Vertrags nicht auf einzelne Vertragsvereinbarungen ankommt.[955] Die vereinbarte Leistung und Gegenleistung der Vertragspartner sind im Zusammenhang und damit in ihrer wirtschaftlichen Gesamtwirkung zu würdigen.[956] Ein klares Missverhältnis zu Lasten des Vorhabenträgers darf die wirtschaftliche Gesamtbetrachtung nicht hervorbringen.[957] Erschwert wird die Prüfung der Angemessenheit durch den Umstand, dass eine wirtschaftliche Gesamtbetrachtung stets mit Prognosen einhergeht. Im Zeitpunkt des Abschlusses des städtebaulichen Vertrags können einzelne Vor- und Nachteile, die die Planung hervorruft, noch nicht abschließend beziffert werden.

1. Mögliche Maßstäbe der Angemessenheit

Eine pauschalierende Formel zur Überprüfung der Angemessenheit würde der Begutachtung im Einzelfall entgegenstehen und verbietet sich.[958] Gleichwohl besteht in der Praxis ein dringendes Bedürfnis, einen allgemeinen Maßstab zu bilden, anhand dessen die Gemeinde überprüfen kann, ob das vereinbarte Austauschverhältnis die Grenze der Angemessenheit wahrt. Ein kooperatives Baulandmodell ist darauf angelegt, dass die Gemeinde eine Vielzahl von städtebaulichen Verträgen abschließt, die dem Vorhaben-

---

953 Die Schaffung von Bauplanungsrecht kann wegen § 1 Abs. 3 Satz 2 Hs. 2 BauGB nicht Gegenstand eines Folgekostenvertrags sein. Gleichwohl ist diese „Leistung" der Gemeinde bei der Überprüfung der Angemessenheit der vertraglichen Vereinbarung zu berücksichtigen, vgl. *Bank*, in: Brügelmann, BauGB, § 11 Rn. 91.

954 Vgl. BVerwG, Beschl. v. 20.11.2012 - 4 B 7/12, ZfBR 2013, 177 (178).

955 Vgl. *Reidt*, in: Battis/Krautzberger/Löhr, BauGB, § 11 Rn. 75; *Bunzel/Coulmas/Schmidt-Eichstaedt*, Städtebauliche Verträge, S. 209; *Stüer/König*, ZfBR 2000, 528 (533).

956 Vgl. BVerwGE 133, 85 Rn. 34.

957 Vgl. *Reidt*, in: Battis/Krautzberger/Löhr, BauGB, § 11 Rn. 75.

958 So auch *Burmeister*, Praxishandbuch Städtebauliche Verträge, S. 90; *Schmidt-Eichstaedt*, fub 2019, 10; *Dirnberger*, ZfIR 2018, 217 (222); *Stüer/König*, ZfBR 2000, 528 (532); *Spannowsky*, DÖV 2000, 569 (577).

träger nicht unerhebliche Verpflichtungen auferlegen. Sie benötigt daher für den standardisierten Verfahrensablauf eine Möglichkeit, einen allgemeinen Maßstab anzulegen und die Angemessenheit überprüfen zu können.

Im Jahr 2003 kamen *Dransfeld, Freckmann, Joeres und Pfeiffer*[959] in einer Studie zu dem Ergebnis, dass von über 50 untersuchten kommunalen Baulandbeschlüssen nur die Städte München und Bielefeld eine Begrenzung der Kostenbeteiligung im Rahmen der Angemessenheit vertraglicher Vereinbarungen vorsahen und schlussfolgerten daraus, dass die Festsetzung einer Grenze nicht notwendig sei. Vergleicht man dieses Ergebnis mit der heutigen Praxis fällt auf, dass nahezu jedes kooperative Baulandmodell eine Begrenzung der Kostenbeteiligung des Vorhabenträgers vorsieht. Das kooperative Baulandmodell der Stadt Köln stellt eine Ausnahme dar. Nachdem die ursprüngliche Fassung vom 24.02.2014[960] noch eine Grenze der Angemessenheit vorsah, verweist das Modell in der Fassung vom 10.05.2017[961] lediglich darauf, dass davon ausgegangen wird, dass „im Regelfall eine Angemessenheit zur Anwendung des Kooperativen Baulandmodells gegeben ist". Eine formalisierte Prüfung der Angemessenheit findet seitdem nicht mehr statt.[962]

In der Praxis kommen zwei verschiedene Werte zur Anwendung, um zu überprüfen, ob die vereinbarten Regelungen angemessen sind. Seit vielen Jahren wird die mit der Planung einhergehende Steigerung des Bodenwerts als Maßstab herangezogen, um die Angemessenheit der vertraglichen Vereinbarungen zu beurteilen (a). Die kooperativen Baulandmodelle der Städte München und Berlin nutzen die Bodenwertmethode zur Überprüfung der Angemessenheit der vertraglichen Vereinbarungen. Der Wert des Ertrags des gesamten Vorhabens wird bei der Ertragsmethode ermittelt, die ebenfalls der Überprüfung der Angemessenheit dient (b). Dieser Maßstab findet in der Praxis erst seit einiger Zeit Anwendung. Das kooperative Baulandmodell der Stadt Bonn war das erste Modell, welches diesen Maßstab heranzieht.

---

959 *Dransfeld/Freckmann/Joeres/Pfeiffer*, Bausteine zum Baulandbeschluss, S. 16, https://www.forum-bauland.nrw/wp-content/uploads/2018/07/baulandbeschl. pdf (zuletzt aufgerufen am 30.12.2022).

960 Kooperatives Baulandmodell Köln, Beschluss des Rats der Stadt Köln v. 17.12.2013, Vorlage 4325/2012, Beschlussvorlage S. 5. Veröffentlicht im Amtsblatt der Stadt Köln am 24.02.2014, S. 140 ff.

961 Kooperatives Baulandmodell Köln, Beschluss des Rats der Stadt Köln v. 04.04.2017, Vorlage 3559/2016/1. Veröffentlicht im Amtsblatt der Stadt Köln am 10.05.2017, S. 179 ff.

962 Siehe dazu *Oerder*, NWVBl. 2020, 94 (100).

a) Steigerung des Bodenwerts als Maßstab der Angemessenheit

Als Maßstab zur Beurteilung der Angemessenheit kann bei städtebaulichen Verträgen die planungsbedingte Steigerung des Bodenwerts herangezogen werden.[963] Nach der Bodenwertmethode dürfen die Belastungen des Vorhabenträgers einen bestimmten prozentualen Anteil der planungsbedingten Wertsteigerung des Grundstücks nicht überschreiten.[964] Alle von dem Vorhabenträger zu übernehmenden Belastungen werden monetarisiert und von der planungsbedingten Wertsteigerung des Grundstücks abgezogen. Dabei ist besonders die Berechnung des wirtschaftlichen Nachteils des sozial geförderten Wohnraums eine Herausforderung. Nach dem Modell der sozialgerechten Bodennutzung der Stadt München findet die Berechnung des wirtschaftlichen Nachteils des sozial geförderten Wohnraums anhand sogenannter Grundstückswertansätze statt.[965] Dazu beschließt der Stadtrat pauschale Grundstückswertansätze, bei denen der sozial geförderte Wohnraum eine angemessene Eigenkapitalrendite erwirtschaftet.[966] Teilweise stellen Gemeinden einen wirtschaftlichen Nachteil in die Angemessenheitsüberprüfung nicht ein, wenn aufgrund besonders guter Förderkonditionen

---

963 Vgl. OVG Niedersachsen, Urt. v. 19.05.2011 - 1 LC 86/09, BauR 2012, 70 (74 f.); VGH Baden-Württemberg, Urt. v. 02.02.2005 - 5 S 639/02, NVwZ-RR 2006, 90 (93 f.); VG München, Urt. v. 06.05.2008 - M 2 K 07.2743, Rn. 31 (*juris*); *Krautzberger*, in: Ernst/Zinkahn/Bielenberg/Krautzberger, BauGB, § 11 Rn. 167a; *Hoffmann*, in: Spannowsky/Uechtritz (BeckOK), BauGB, § 11 Rn. 46; *Bunzel/Schlünder/Schneider*, Untersuchung der Kostenbeteiligung Dritter an den Infrastrukturkosten von Baumaßnahmen, S. 20, https://repository.difu.de/jspui/bitstream/difu/125487/1/DA01176.pdf (zuletzt aufgerufen am 30.12.2022); *Dransfeld/Hemprich*, Kommunale Boden- und Liegenschaftspolitik, S. 33, https://www.forum-bauland.nrw/wp-cont ent/uploads/2018/07/kobolipo.pdf (zuletzt aufgerufen am 30.12.2022); *Pietzcker*, in: FS Hoppe, S. 453 f.; *Wagner*, GewArch 1995, 231 (234); *Dolde/Menke*, NJW 1999, 1070 (1082); *Hoffmann*, KommunalPraxis BY 2000, 124 (126); *Stüer/König*, ZfBR 2000, 528 (534); *Vierling*, DNotZ 2006, 891 (900); *Bunzel*, ZfBR 2015, 11 (17); *Kötter*, vhw FWS 2018, 149 (153); *Zepf/Neubrandt*, LKV 2019, 207 (208); *Birk*, VBlBW 2020, 177 (180); *Spieß*, ZfIR 2020, 410 (411 f.).

964 Vgl. *Weigelt*, Die wachsende Stadt als Herausforderung für das Recht, S. 143 f.

965 Vgl. Beschluss des Stadtrats der Landeshauptstadt München v. 26.07.2017, Sitzungsvorlage Nr. 14-20 / 09249, S. 10.

966 Nach dem Münchner Modell der sozialgerechten Bodennutzung belaufen sich die Grundstückswertansätze für den geförderten Wohnungsbau auf 375 EUR/m^2 für die einkommensorientiere Förderung nach den staatlichen Wohnraumförderungsbestimmungen des Freistaats Bayern und auf 675 EUR/m^2 Geschossfläche für Flächen, die im Rahmen des kommunalen Förderprogramms München Modell-Miete gefördert werden.

der wirtschaftliche Nachteil durch die Förderung kompensiert wird. Nach dem Berliner Modell der kooperativen Baulandentwicklung ist der wirtschaftliche Nachteil einer Mietbindung im Rahmen der Angemessenheit zu berücksichtigen, soweit die zur Verfügung gestellten Fördermittel den wirtschaftlichen Nachteil nicht kompensieren.[967] Die derzeit geltenden Förderkonditionen der Wohnungsbauförderbestimmungen 2022 gleichen den wirtschaftlichen Nachteil in Berlin allerdings vollständig aus.[968]

Dass die planungsbedingte Bodenwertsteigerung ein möglicher Anknüpfungspunkt für die Frage der Angemessenheit sein kann, zeigt auch Art. 161 Abs. 2 BayVerf und Art. 45 Nr. 4 Satz 2 BremVerf, wonach Steigerungen des Bodenwerts, die ohne besonderen Arbeits- oder Kapitalaufwand des Eigentümers entstehen, für die Allgemeinheit nutzbar zu machen sind. Wie hoch der Anteil der Bodenwertsteigerung sein muss, der beim Vorhabenträger verbleibt, ist umstritten.

Zunächst wurde in der Literatur mit Verweis auf den Halbteilungsgrundsatz vertreten, 50 Prozent der planungsbedingten Bodenwertsteigerung müssen bei dem Vorhabenträger verbleiben.[969] Nach dem vom Bundesverfassungsgericht zur Vermögenssteuer entwickelten Halbteilungsgrundsatz darf höchstens die Hälfte der Erträge durch die Vermögenssteuer aufgezehrt werden.[970] Gegen die Übertragung des Halbteilungsgrundsatzes auf die Bodenwertmethode spricht, dass ein städtebaulicher Vertrag ein Austauschverhältnis zwischen den Vertragspartnern begründet und im Rahmen der Angemessenheit untersucht wird, ob Leistung und Gegenleistung in einem angemessenen Verhältnis zueinander stehen.[971] Der Halbteilungsgrundsatz hingegen bezieht sich auf eine Steuer, bei der es sich um eine Geldleistung handelt, die keine Gegenleistung für eine besondere Leistung darstellt. Das für einen städtebaulichen Vertrag charakteristische Austauschverhältnis ist

---

967 Vgl. Berliner Modell der kooperativen Baulandentwicklung, Leitlinie für den Abschluss städtebaulicher Verträge im Land Berlin, S. 30.

968 Vgl. Berliner Modell der kooperativen Baulandentwicklung, Leitlinie für den Abschluss städtebaulicher Verträge im Land Berlin, S. 30.

969 Vgl. *Gaßner*, BayVBl. 1998, 577 (584); *Huber*, DÖV 1999, 173 (180); *Oehmen/Busch*, BauR 1999, 1402 (1410); *Diehr*, BauR 2000, 1.

970 Vgl. BVerfGE 93, 121 (137 f.).

971 Vgl. OVG Niedersachsen, Urt. v. 19.05.2011 - 1 LC 86/09, BauR 2012, 70 (76). So auch *Burmeister*, Praxishandbuch Städtebauliche Verträge, S. 92, *Bunzel*, ZfBR 2015, 15 (17 f.).

der Steuer fremd. Der städtebauliche Vertrag lässt eine „steuerähnliche Abschöpfung von Wertgewinnen" nicht zu.[972]

Nach dem Modell der sozialgerechten Bodennutzung München ist das Gebot der Angemessenheit gewahrt, sofern dem Vorhabenträger mindestens ein Drittel der planungsbedingten Bodenwertsteigerung verbleibt.[973] Sollten im Einzelfall die Gesamtumstände die Annahme rechtfertigen, dass trotz des Verbleibs von einem Drittel die wirtschaftliche Gesamtbelastung des Vorhabenträgers unangemessen ist, kann dies beim Umfang der geforderten Lastenübernahme berücksichtigt werden.[974] Werden mehr als zwei Drittel der planungsbedingten Bodenwertsteigerung für die Verpflichtungen des Vorhabenträgers verwendet, gilt die vertragliche Vereinbarung als unangemessen. Diese Grenze haben sich weitere kooperative Baulandmodelle als Vorbild genommen und verlangen die Übernahme von Kosten und Verpflichtungen ebenfalls höchstens bis zu zwei Drittel der planungsbedingten Wertsteigerung des Grundstücks.[975] Begründet wird die Grenze von einem Drittel damit, dass dem Vorhabenträger ein Investitionsanreiz verbleiben soll.[976]

In der Praxis finden sich darüber hinaus kooperative Baulandmodelle, bei denen die Grenze der Angemessenheit erst erreicht ist, soweit die Belastungen des Vorhabenträgers die gesamte planungsbedingte Bodenwert-

---

972 Vgl. OVG Niedersachsen, Urt. v. 19.05.2011 - 1 LC 86/09, BauR 2012, 70 (76). Das BVerwG hat im Rahmen des Beschwerdeverfahrens gegen die Nichtzulassung der Revision gegen das Urteil des OVG Niedersachsens zu der Frage der Anwendbarkeit des Halbteilungsgrundsatzes Stellung nicht beziehen müssen, da in dem vorliegenden Fall die Belastung des Vorhabenträgers deutlich unterhalb der Hälfte der Bodenwertsteigerung lag, vgl. BVerwG, Beschl. v. 07.06.2012 - 4 B 36/11, ZfBR 2012, 672 (673).

973 Vgl. Verfahrensgrundsätze zur Sozialgerechten Bodennutzung - Neufassung nach Maßgabe des Stadtratsbeschlusses v. 28.07.2021, Landeshauptstadt München, S. 7.

974 Vgl. Verfahrensgrundsätze zur Sozialgerechten Bodennutzung - Neufassung nach Maßgabe des Stadtratsbeschlusses v. 28.07.2021, Landeshauptstadt München, S. 7.

975 So etwa Baulandbeschluss für die Frankfurter Stadtentwicklung, Beschluss der Stadtverordnetenversammlung v. 07.05.2020, Vorlage M 220; Richtlinie zur sozialgerechten Baulandentwicklung in der Landeshauptstadt Potsdam – Fortschreibung 2019, Anlage 1, S. 31, Beschluss der Stadtverordnetenversammlung v. 04.03.2020, Vorlage 20/SVV/0081.

976 Vgl. Verfahrensgrundsätze zur Sozialgerechten Bodennutzung - Neufassung nach Maßgabe des Stadtratsbeschlusses v. 28.07.2021, Landeshauptstadt München, S. 7; Richtlinie zur sozialgerechten Baulandentwicklung in der Landeshauptstadt Potsdam – Fortschreibung 2019, Anlag 1, S. 31, Beschluss der Stadtverordnetenversammlung v. 04.03.2020, Vorlage 20/SVV/0081.

steigerung aufzehren.[977] Das Berliner Modell der kooperativen Baulandentwicklung geht davon aus, dass die im städtebaulichen Vertrag getroffenen Vereinbarungen insgesamt angemessen sind, wenn die bestehenden Leistungspflichten des Vorhabenträgers in der Summe die planungsbedingten Bodenwertsteigerung nicht überschreiten.[978] Andernfalls sollen die Faktoren überprüft werden, die zu einer Wertsteigerung und/oder Kostensenkung beitragen.[979]

Rechtsprechung zu der Frage, ob dem Vorhabenträger ein bestimmter Anteil der Bodenwertsteigerung verbleiben muss, gibt es nicht. Vereinzelt haben Gerichte bei der Überprüfung der Angemessenheit den Maßstab der Bodenwertsteigerung herangezogen, ohne sich auf einen bestimmten Anteil festlegen zu müssen. In einem vom OVG Niedersachsen[980] zu entscheidenden Fall betrug die Belastung des Vorhabenträgers weniger als 30 Prozent der Wertsteigerung des Grundstücks, sodass das Gericht darauf verweisen konnte, dass eine solch geringe Belastung nach allen zu der Frage der Angemessenheit vertretenen Meinungen angemessen ist. Der VGH Baden-Württemberg[981] führte in einem Urteil an, dass die Belastung des Vorhabenträgers „erheblich unter der Wertsteigerung" liegt, die das Grundstück durch die Planung erfahren hat und bejahte infolgedessen die Angemessenheit der vertraglichen Vereinbarungen. Das VG München[982] verwies bei der Prüfung der Angemessenheit eines städtebaulichen Vertrags nur knapp darauf, dass „das Grundstück [...] durch die Einbeziehung in den Bebauungsplan eine erhebliche Wertsteigerung erhalten [hat], weshalb die geltend gemachten (Teil-)Kosten [...] offensichtlich angemessen sind", ohne eine genauere Berechnung der Wertsteigerung durchzuführen.

Festzuhalten bleibt, dass sich die Anwendbarkeit des Halbteilungsgrundsatzes in der Praxis nicht durchsetzen konnte. Soweit ersichtlich zieht kein kooperatives Baulandmodell die Grenze bei 50 Prozent der Bodenwertstei-

---

977 So etwas das Berliner Modell der kooperativen Baulandentwicklung, Berliner Modell der kooperativen Baulandentwicklung, Leitlinie für den Abschluss städtebaulicher Verträge im Land Berlin, S. 15.

978 Vgl. Berliner Modell der kooperativen Baulandentwicklung, Leitlinie für den Abschluss städtebaulicher Verträge im Land Berlin, S. 15.

979 Vgl. Berliner Modell der kooperativen Baulandentwicklung, Leitlinie für den Abschluss städtebaulicher Verträge im Land Berlin, S. 15.

980 Vgl. OVG Niedersachsen, Urt. v. 19.05.2011 - 1 LC 86/09, BauR 2012, 70 (75).

981 VGH Baden-Württemberg, Urt. v. 02.02.2005 - 5 S 639/02, NVwZ-RR 2006, 90 (93 f.).

982 VG München, Urt. v. 06.05.2008 - M 2 K 07.2743, Rn. 31 (*juris*).

gerung. Legt eine Gemeinde die Grenze der Angemessenheit bei zwei Drittel der planungsbedingten Bodenwertsteigerung fest und belässt dem Vorhabenträger ein Drittel der Bodenwertsteigerung als wirtschaftlichen Anreiz, stellt dies keine zwingende rechtliche Grenze dar, sondern spiegelt eine politische Entscheidung des kommunalen Vertretungsorgans wider. Vertragliche Vereinbarungen können auch dann in einem angemessenen Austauschverhältnis stehen, wenn sich der Wert der Leistung des Vorhabenträgers im Rahmen der gesamten planungsbedingten Wertsteigerung des Grundstücks hält.[983] Dieser Auffassung ist zuzustimmen, denn für die Frage der Angemessenheit ist nicht allein ausschlaggebend, ob dem Vorhabenträger ein bestimmter Anteil der planungsbedingten Bodenwertsteigerung verbleibt. Vielmehr ist zu untersuchen, ob das gesamte Vorhaben trotz der dem Vorhabenträger auferlegten Belastungen für ihn wirtschaftlich sinnvoll ist.[984] Ob ein Vorhaben rentabel ist, bewertet sich nicht allein danach, wie groß der Anteil der beim Vorhabenträger verbleibenden Bodenwertsteigerung ist, sondern ob dieser mit dem Vorhaben einen Gewinn erzielen kann. Letzterer kann neben der Bodenwertsteigerung auch daraus folgen, dass

---

983 Vgl. *Reidt*, in: Battis/Krautzberger/Löhr, BauGB, § 11 Rn. 79; *Bank*, in: Brügelmann, BauGB, § 11 Rn. 93; *Hoffmann*, in: Hoppenberg/de Witt, Handbuch des öffentlichen Baurechts, Bd. 3, Kap. P, Rn. 135; *Kötter*, vhw FWS 2018, 149 (153); *Bunzel*, ZfBR 2021, 222 (225); *Vierling*, DNotZ 2006, 891 (900); *Scharmer*, NVwZ 1995, 219 (222); *Schäfer/Lau/Specovius*, Baulandbereitstellung, S. 30; *Bunzel/Schlünder/Schneider*, Untersuchung der Kostenbeteiligung Dritter an den Infrastrukturkosten von Baumaßnahmen, S. 20, https://repository.difu.de/jspui/bitstream/difu/125487/1/D A01176.pdf (zuletzt aufgerufen am 30.12.2022); *Kötter/Rehorst/Weiß*, Arbeitshilfe, Baulandstrategien im Brandenburger Maßstab, S. 82 f., https://mil.brandenburg.d e/sixcms/media.php/9/Arbeitshilfe_Baulandstrategien_Langfassung_final.pdf (zuletzt aufgerufen am 30.12.2022); *Pietzcker*, in: FS Hoppe, S. 453; *Vierling*, Die Abschöpfung des Planungsgewinns durch städtebauliche Verträge, S. 171. *Hien*, in: FS Schlichter, S. 136 geht sogar weiter und verweist darauf, dass es im Einzelfall möglich ist, dass „die Bodenwertsteigerung nicht immer die absolute Obergrenze für die Frage der Angemessenheit" ist. Denkbar ist, dass ein Vorhaben für den Vorhabenträger auch dann wirtschaftlich interessant bleibt, wenn die planungsbedingte Steigerung des Bodenwerts von den Verpflichtungen aufgebraucht wird. *Stüer/König*, ZfBR 2000, 528 (533) sind der Auffassung, eine Belastung des Vorhabenträgers, welche die volle Wertsteigerung des Grundstücks in Anspruch nimmt, sei nur in Sondersituationen zulässig.

984 Vgl. *Kukk*, in: Schäfer/Uechtritz/Zuber, Rechtsgestaltung in der kommunalen Praxis, § 8 Rn. 27.

das Vorhaben wirtschaftlich verwertet wird, etwa durch die Veräußerung oder die Vermietung der geschaffenen Wohnflächen.[985]

aa) Ermittlung der Steigerung des Bodenwerts

Nach dem Modell der sozialgerechten Bodennutzung der Stadt München wird die planungsbedingte Bodenwertsteigerung anhand des Bodenwerts der Grundstücke vor der Überplanung (Anfangswert) und nach der Überplanung (Endwert) ermittelt.[986] Die planungsbedingte Bodenwertsteigerung ergibt sich aus der Differenz zwischen der Summe der Endwerte und der Summe der Anfangswerte. Das Bewertungsamt der Stadt erstellt entsprechende Gutachten.[987] Beim Anfangswert wird der Bodenwert der Grundstücke im Geltungsbereich des Bebauungsplans vor der Überplanung bestimmt.[988] Dazu wird der Bodenwert der Grundstücke ohne Berücksichtigung von Entwicklungschancen ermittelt.[989] Maßgeblich ist allein der baurechtliche status quo der Fläche.[990] Diese Bodenwertermittlung unterscheidet sich erheblich von der Verkehrswertermittlung eines Grundstücks, die beispielsweise für eine Grundstücksbewertung zum Zweck des An- oder Verkaufs durchgeführt wird. Anders als bei der Bodenwertermittlung bezieht eine Verkehrswertermittlung die Entwicklungschancen der Flächen in die Berechnung ein.[991] Für die Bodenwertermittlung bedeutet dies, dass bei der Bestimmung des Anfangswerts für beispielsweise eine Brachfläche, die in einem Bebauungsplan mit der Festsetzung Gewerbe liegt und diese Fläche durch eine Bebauungsplanänderung zu einem all-

---

985 Diesen Aspekt übersieht *Reitberger*, in: Brandl/Dirnberger/Miosga/Simon, Wohnen im ländlichen Raum. Wohnen für alle, S. 259, wenn er meint, dass Grundstücke, bei denen die Belastungen des Vorhabenträgers die Schwelle von 100 Prozent der Bodenwertsteigerung erreichen, „sich schlicht aus tatsächlichen und wirtschaftlichen Gründen nicht für eine Bebauung" eignen.

986 Vgl. Verfahrensgrundsätze zur Sozialgerechten Bodennutzung - Neufassung nach Maßgabe des Stadtratsbeschlusses v. 28.07.2021, Landeshauptstadt München, S. 7 f.

987 Vgl. Beschluss des Stadtrats der Landeshauptstadt München v. 26.07.2017, Sitzungsvorlage Nr. 14-20 / 09249, S. 21.

988 Vgl. Verfahrensgrundsätze zur Sozialgerechten Bodennutzung - Neufassung nach Maßgabe des Stadtratsbeschlusses v. 28.07.2021, Landeshauptstadt München, S. 7 f.

989 Vgl. Beschluss des Stadtrats der Landeshauptstadt München v. 26.07.2017, Sitzungsvorlage Nr. 14-20 / 09249, S. 23.

990 Vgl. Verfahrensgrundsätze zur Sozialgerechten Bodennutzung - Neufassung nach Maßgabe des Stadtratsbeschlusses v. 28.07.2021, Landeshauptstadt München, S. 7.

991 Vgl. *Spieß*, ZfIR 2020, 410 (412).

gemeinen Wohngebiet entwickelt werden soll, allein der Bodenwert der Brachfläche maßgeblich ist. Sinn und Zweck der Bodenwertermittlung ist nicht die Ermittlung eines angemessenen Kaufpreises der Grundstücke im Bebauungsplangebiet, sondern die Überprüfung der Angemessenheit der vertraglichen Vereinbarungen anhand der planungsbedingten Steigerung des Bodenwerts.[992] Dem Anfangswert wird der Endwert der im Bebauungsplan liegenden Grundstücke gegenübergestellt.[993] Der Bodenwert für Bauland richtet sich danach, ob es sich um Flächen handelt, auf denen geförderter, preisgedämpfter oder freifinanzierter Wohnraum entstehen wird. Bei der Ermittlung des Endwerts für die Flächen, auf denen geförderter Wohnungsbau entsteht, finden die vom Stadtrat beschlossenen Grundstückswertansätze Anwendung.[994] Für Flächen, auf denen preisgedämpfte Mietwohnungen und freifinanzierte Eigentums- und Mietwohnungen entstehen, ermittelt das Bewertungsamt der Stadt in jedem Einzelfall einen Wert.[995] Verkehrs-, Grün- und Gemeinbedarfsflächen werden mit dem Anfangswert angesetzt.[996]

Auch nach dem Berliner Modell der kooperativen Baulandentwicklung wird die Angemessenheit der vertraglichen Vereinbarungen am Maßstab der planungsbedingten Bodenwertsteigerung überprüft. Ähnlich wie das Baulandmodell der Stadt München kommt nach dem Berliner Modell ein auf den allgemeinen Bodenrichtwerten basierendes Schätzverfahren zur Anwendung, das die regelmäßig mindestens zu erwartende und ausschließlich planungsbedingte Wertsteigerung erfasst.[997] Für den praktischen Um-

---

992 In diesem Sinne auch *Spieß*, ZfIR 2020, 410 (412).

993 Vgl. Verfahrensgrundsätze zur Sozialgerechten Bodennutzung - Neufassung nach Maßgabe des Stadtratsbeschlusses v. 28.07.2021, Landeshauptstadt München, S. 8.

994 Siehe dazu bereits Fußnote 966.

995 Beschluss des Stadtrats der Landeshauptstadt München v. 28.07.2021, Sitzungsvorlage Nr. 20-26 / V 03932, S. 28. Bis zur Novellierung der SoBoN 2021 fand eine leicht abgewandelte Berechnungsmethode Anwendung. Bisher wurde der Endwert so ermittelt als würde auf dem gesamten Gebiet 100 Prozent freifinanzierter Wohnungsbau stattfinden und die Belastungen aus dem geförderten und preisgedämpften Mietwohnungsbau flossen in die Berechnung des Nettoendwerts ein. Nunmehr spiegelt sich der wirtschaftliche Nachteil der Förderquote bereits im niedrigerem Bruttoendwert wider.

996 Vgl. Verfahrensgrundsätze zur Sozialgerechten Bodennutzung - Neufassung nach Maßgabe des Stadtratsbeschlusses v. 28.07.2021, Landeshauptstadt München, S. 8.

997 Vgl. Berliner Modell der kooperativen Baulandentwicklung, Leitlinie für den Abschluss städtebaulicher Verträge im Land Berlin, S. 13.

gang der Bewertung wurde ein Berechnungstool entwickelt.[998] Das Bau-landmodell in Berlin ermittelt die planungsbedingte Wertsteigerung anders als das Modell in München nach einem vereinfachten Ansatz. Denn die Erfahrungen der Stadt München haben gezeigt, dass es sich bei der Bewer-tung der Anfangs- und Endwerte um einen aufwendigen Prozess handelt, der erheblichen Personalaufwand verursacht.[999] Durch den vereinfachten Ansatz der Wertsteigerung soll in Berlin der Bewertungsaufwand reduziert werden.

Das Berliner Modell ermittelt nicht Anfangs- und Endwert der im Gebiet des Bebauungsplans liegenden Grundstücke, sondern berechnet die Boden-wertsteigerung aus der Differenz zwischen Zielwert und Eingangswert. Da-bei wird der Eingangswert – anders als in München – nicht anhand eines Gutachtens ermittelt, sondern liegt stets bei 50 Prozent des sich aus den Bodenrichtwerten ergebenden Baulandwerts (Zielwert). Der Zielwert wird auf Basis der amtlichen Bodenrichtwerte, die jährlich durch den Gutachter-ausschuss für Grundstückswerte des Landes Berlin veröffentlicht werden, berechnet.[1000] Dieser Ansatz hat den Vorteil, dass nicht – wie in München – zwei Werte (Anfangs- und Endwert) ermittelt werden müssen, sondern nur ein Wert, der Zielwert. Der Eingangswert ergibt sich anteilsmäßig aus dem Zielwert.

Dieser vereinfachte Ansatz, den das Berliner Modell der kooperativen Baulandentwicklung wählt, führt im Einzelfall dazu, dass die pauschale Ermittlung des Eingangswerts nicht den tatsächlichen Bodenwert vor der

---

998 Dabei handelt es sich um eine Excel-Datei, bei der verschiedene Parameter des jeweiligen Vorhabens einzutragen sind. Durch eine Gesamtberechnung wird dem Anwender mitgeteilt, ob die vereinbarten Leistungspflichten angemessen sind.

999 Bei der Erarbeitung des Berliner Modells der kooperativen Baulandentwicklung hat die Landeshauptstadt München ihre Erfahrungen, die sie mit ihrem Bauland-modell gesammelt hat, mit dem Land Berlin geteilt. Dabei wurde unter anderem auch die Problematik der Ermittlung der Bodenwerte thematisiert, siehe dazu Wortprotokoll des Hauptausschusses des Abgeordnetenhaus Berlin v. 06.03.2013, Wortprotokoll Haupt 17/31, S. 11. Mit den bei der Ermittlung der Bodenwerte auftretenden Problemen befasst sich auch der Beschluss des Stadtrats der Landes-hauptstadt München v. 26.07.2017, Sitzungsvorlage Nr. 14-20 / 09249, S. 22 ff.

1000 Der Rückgriff auf Bodenrichtwerte ist ausnahmsweise nicht möglich, wenn der Bebauungsplan eine Kombination verschiedener Baugebiete beinhaltet, die Wohn-nutzungen ermöglichen. In dieser Konstellation können Bodenrichtwerte nicht zur Anwendung kommen, da geeignete Vergleichszone regelmäßig nicht vorliegen. Stattdessen müssen die Bodenwerte gutachterlich ermittelt werden. Dies legt das Berliner Modell der kooperativen Baulandentwicklung ausdrücklich fest, Leitlinie für den Abschluss städtebaulicher Verträge im Land Berlin, S. 26.

Planung widerspiegelt. Je nach Fallkonstellation kann diese Vereinfachung den Vorhabenträger begünstigen oder belasten. Liegt der tatsächliche Bodenwert vor der Planung unter dem pauschal ermittelten Eingangswert, ist die durch die Planung tatsächlich eintretende Bodenwertsteigerung höher als die nach dem Berliner Modell errechnete.[1001] In dieser Konstellation verbleibt dem Vorhabenträger selbst dann, wenn die vertraglichen Vereinbarungen die nach dem Modell errechnete Bodenwertsteigerung vollständig aufzehren, tatsächlich ein Anteil an der Wertsteigerung. Anders stellt es sich hingegen in der Konstellation dar, wenn der tatsächliche Eingangswert höher liegt als der pauschal anzusetzende Eingangswert. Im Einzelfall kann daraus folgen, dass die Überplanung zu einer geringeren Bodenwertsteigerung führt, als die nach dem Modell errechnete. Denkbar ist beispielsweise, dass ein bestehender Bebauungsplan eine gewerbliche Nutzung eines Grundstücks ermöglicht und der Vorhabenträger gegenüber der Gemeinde die Absicht formuliert, ein Wohnvorhaben auf dem Grundstück zu verwirklichen. Ermittelt die Gemeinde in diesem Fall den Bodenwert des Grundstücks vor der Planung mit 50 Prozent des Zielwerts, kann die nach dem vereinfachten Ansatz ermittelte Bodenwertsteigerung deutlich höher ausfallen als die tatsächlich durch die Planung eintretende Wertsteigerung. Ist die Gemeinde nicht bereit, der Berechnung der Bodenwertsteigerung den tatsächlichen Eingangswert zugrunde zu legen, besteht die Gefahr, dass der Vorhabenträger Abstand von dem Wohnvorhaben nimmt und stattdessen die gewerbliche Nutzung des Grundstücks verwirklicht.[1002]

Der vereinfachte Ansatz der Berechnung der planungsbedingten Bodenwertsteigerung führt zu weniger Bewertungsaufwand, die Gemeinde spart personelle Kosten, da die aufwendige Ermittlung des Eingangswerts nicht durch ein Gutachten vorgenommen werden muss. Der Vorhabenträger spart die Zeit, die die Bewertung des Eingangswerts in Anspruch genommen hätte. Andererseits können diese Erleichterungen im Einzelfall auch mit Ungenauigkeiten zulasten des Vorhabenträgers einhergehen.

1001 Dazu auch *Burmeister*, Praxishandbuch Städtebauliche Verträge, S. 48 f.

1002 Das Berliner Modell der kooperativen Baulandentwicklung sieht eine Berücksichtigung bestehenden Planungsrechts nur vor, wenn die Fläche unverändert in den Planbereich einbezogen werden soll, vgl. Leitlinie für den Abschluss städtebaulicher Verträge im Land Berlin, S. 27. Wird anstatt Gewerbenutzung durch den neuen Bebauungsplan Wohnnutzung ermöglicht, wird das bestehenden Planungsrecht nicht berücksichtigt.

bb) Vor- und Nachteile des Bodenwerts als Maßstab der Angemessenheit

Die Steigerung des Bodenwerts als Maßstab für die Überprüfung der Angemessenheit eines städtebaulichen Vertrags nach § 11 Abs. 2 Satz 1 BauGB heranzuziehen, verschafft der Gemeinde den Vorteil, dem Vorhabenträger zu verdeutlichen, welchen ökonomischen Profit er durch die Aufstellung oder Änderung des Bebauungsplans erzielt. Dem Vorhabenträger wird vor Augen geführt, dass die Bodenwertsteigerung allein auf das Tätigwerden der Gemeinde zurückzuführen ist und nicht auf seinen Leistungen beruht.[1003] Der Maßstab der Bodenwertsteigerung vergegenwärtigt dem Vorhabenträger, dass der planungsbedingte Wertzuwachs des Grundstücks nicht aus seiner Sphäre herrührt. Die Grundlage der Bewertung ist für ihn verständlich und die Berechnung transparent. Dies fördert die Akzeptanz des Maßstabs. Ferner kann die Akzeptanz dadurch gesteigert werden, dass ein bestimmter Anteil der Bodenwertsteigerung beim Vorhabenträger verbleiben muss. Dadurch stellt die Gemeinde sicher, dass dem Vorhabenträger neben der Verwertung der Hochbaumaßnahme ein Teil der Bodenwertsteigerung als Investitionsanreiz verbleibt.[1004] Nach dem Modell der Stadt München soll der Verbleib von einem Drittel der Wertsteigerung beim Vorhabenträger zudem zur Deckung seiner individuellen Kosten beitragen und ihm darüber hinaus als angemessener Ansatz für Wagnis und Gewinn dienen.[1005] Weiterhin ist der beim Vorhabenträger verbleibende Anteil geeignet, Unsicherheiten bei der Ermittlung der Anfangs- und Endwerte der Bodenwerte zu kompensieren[1006] und stützt so die Rechtssicherheit der Regelung. Diese Überlegungen sind auch auf das Modell der kooperativen Baulandentwicklung in Berlin übertragbar, auch wenn dieses dem Vorhabenträger einen bestimmten Anteil der Bodenwertsteigerung nicht zuspricht. Wie gesehen führt der vereinfachte Ansatz des Berechnungsverfahrens der Bodenwertsteigerung in Berlin regelmäßig dazu, dass die tatsächlich eintretende Bodenwertsteigerung höher ausfällt als die überschlägig berechnete. De facto verbleibt einem Vorhabenträger in Berlin ebenfalls ein Anteil der Bodenwertsteigerung als Anreiz für eine Investition und als

---

1003 In diesem Sinne auch *Bunzel*, ZfBR 2018, 638 (644).

1004 Vgl. *Kötter*, vhw FWS 2018, 149 (153); *Spieß*, ZfIR 2020, 410 (412).

1005 Vgl. Verfahrensgrundsätze zur Sozialgerechten Bodennutzung - Neufassung nach Maßgabe des Stadtratsbeschlusses v. 28.07.2021, Landeshauptstadt München, S. 7.

1006 *Spieß*, Bayerischer Gemeindetag 2015, 198 (201) bezeichnet den beim Vorhabenträger verbleibenden Anteil der Bodenwertsteigerung als „Puffer", der dazu dient, die Rechtssicherheit im Rahmen der Angemessenheit zu sichern.

Ausgleich für etwaige Unsicherheiten in der Berechnung. Nur im Einzelfall kann die vereinfachte Berechnung für den Vorhabenträger nachteilig sein.

Die Angemessenheit anhand des Maßstabs der planungsbedingten Bodenwertsteigerung zu beurteilen, stößt demgegenüber in solchen Gemeinden an Grenzen, in denen die Bauleitplanung keine hohen Bodenwertsteigerungen hervorruft.[1007] In Städten wie München und Berlin, in denen der Boden durch die Schaffung von Wohnbaurecht erheblich an Wert gewinnt, führt der Maßstab der Bodenwertsteigerung zu guten Ergebnissen.[1008] Anders beurteilt sich die Situation in Gemeinden, in denen das Bodenpreisniveau geringer ist. Bodenwertsteigerungen wie in München und Berlin sind dort durch die Bauleitplanung nicht zu erreichen. Dieser Nachteil der Bodenwertsteigerung wird in diesen Gemeinden durch den Grundsatz, der Innenentwicklung Vorrang vor der Außenentwicklung einzuräumen, weiter verschärft. Bei der Innenentwicklung können nicht die gleichen Bodenwertsteigerungen erzielt werden wie bei der Entwicklung von Bauland im Außenbereich. Wird ein Grundstück im Innenbereich entwickelt, liegt es häufig bereits im Geltungsbereich eines Bebauungsplans. Dieser weist die Fläche beispielsweise als Gewerbefläche aus. Möchte die Gemeinde auf diesem Grundstück Wohnbebauung ermöglichen, muss sie zunächst den Bebauungsplan ändern. Diese Änderung der Art der baulichen Nutzung führt zu einer deutlich geringeren Steigerung des Bodenwerts als die erstmalige Überplanung einer zuvor im Außenbereich liegenden Fläche. Hinzu kommt, dass Flächen im Innenbereich unabhängig von der Frage, ob auf ihnen Wohngebäude zulässig sind, auf dem Bodenmarkt hohe Preise erzielen, da die Erwartung, das Grundstück könne zeitnah zur Wohnzwecken genutzt werden, Einfluss auf die Berechnung des Bodenpreises nimmt.[1009] Diese Entwicklung des Bodenmarkts im Innenbereich ist vergleichbar mit der Situation, dass Bauerwartungsland im Außenbereich selten zu einem Preis verkauft wird, der Bauerwartungsland entspricht, sondern häufig bereits der Preis für Bauland aufgebracht werden muss.[1010] Regelmäßig vereinbaren die Parteien ein Rücktrittsrecht für den Fall, dass das Grundstück

---

1007   Vgl. *Bunzel*, ZfBR 2021, 222 (224).

1008   Vgl. *Hoffmann*, in: Spannowsky/Uechtritz (BeckOK), BauGB, § 11 Rn. 46.1; *Bunzel/Schlünder/Schneider*, Untersuchung der Kostenbeteiligung Dritter an den Infrastrukturkosten von Baumaßnahmen, S. 42, https://repository.difu.de/jspui/bitstream/difu/125487/1/DA01176.pdf (zuletzt aufgerufen am 30.12.2022).

1009   Vgl. *Faller/Beyer*, fub 2019, 16 (17).

1010   Siehe zu dieser Situation den Beschluss des Stadtrats der Landeshauptstadt München v. 26.07.2017, Sitzungsvorlage Nr. 14-20 / 09249, S. 23.

nicht zu Bauland entwickelt wird. Letztlich führt die geringere Bodenwertsteigerung bei Grundstücken im Innenbereich im Vergleich zu Grundstücken im Außenbereich dazu, dass die von der Gemeinde gesetzte Grenze der Angemessenheit häufig erreicht wird. In der praktischen Anwendung wirft dies die Folgefrage auf, auf welche Vereinbarungen im städtebaulichen Vertrag die Gemeinde verzichtet, um die Grenze der Angemessenheit zu wahren. Dies führt zu Lähmungen der Vertragsverhandlungen zwischen der Gemeinde und dem Vorhabenträger und verzögert die Verwirklichung des Wohnbauprojekts.[1011]

Die geringeren Steigerungen der Bodenwerte im Innenbereich sind auch unter dem Gesichtspunkt der Gleichbehandlung der Vorhabenträger bedenklich.[1012] Befindet sich das Grundstück, für das ein Bebauungsplan erstmalig aufgestellt werden soll, im Außenbereich, führt die bauplanungsrechtliche Entwicklung des Grundstücks zu vergleichsweisen hohen Bodenwertsteigerungen. Hingegen erzielt ein Vorhaben, welches sich in einer sehr guten Lage im Innenbereich befindet und eine hochwertige Vornutzung aufweist, eine vergleichsweise geringe Bodenwertsteigerung.[1013] Ein Beispiel für letztere Konstellation kann ein Grundstück im Zentrum einer Stadt sein, auf dem sich ein Bürogebäude mit sehr guter Bauqualität befindet, welches zu einem Wohngebäude umgebaut werden soll. In der ersten Konstellation ist die Grenze der Angemessenheit bei Anwendung des Maßstabs der Bodenwertsteigerung deutlich später erreicht als in der zweiten Fallkonstellation. Der Vorhabenträger in der zweiten Konstellation muss im Vergleich zu dem Vorhabenträger der ersten Konstellation regelmäßig weniger Verpflichtungen im städtebaulichen Vertrag übernehmen, da die Angemessenheitsgrenze bei ihm schneller erreicht wird. Im Innenbereich spiegelt die Orientierung an der Steigerung des Bodenwerts die Leistung der Gemeinde nur ungenügend wider. Durch die bauplanungsrechtliche Entwicklung des Grundstücks – nicht nur im Innenbereich, sondern auch im Außenbereich – ebnet die Gemeinde dem Vorhabenträger den Weg, Gewinne durch den Bau von Wohnungen und deren Verkauf oder Vermietung

---

1011 Diese Situation ist in der Stadt Köln nach der Einführung des Modells der kooperativen Baulandentwicklung vermehrt aufgetreten, weshalb das Modell in der aktuellen Fassung eine Überprüfung der Angemessenheit am Maßstab der Bodenwertsteigerung nicht mehr vorsieht.

1012 Vgl. *Faller/Beyer*, fub 2019, 16 (18).

1013 Zu diesem Ergebnis kommt eine Untersuchung von *Faller/Beyer*, fub 2019, 16 (18).

zu erzielen.[1014] Diese Gewinne bleiben bei dem Maßstab der Bodenwertsteigerungen außer Betracht.

Ein weiterer Nachteil der Bodenwertmethode ist, dass sie in der praktischen Anwendung einen hohen Bearbeitungsaufwand verursacht und personelle Ressourcen bindet. Insbesondere bei Vorhaben, die eine gewisse Größe aufweisen kommt es im Laufe des Planungsverfahrens mitunter zu Änderungen der Planung. Bei einer Projektänderung, die Einfluss auf die entstehende Geschossfläche Wohnen hat oder bei einer Änderung der Erschließungskosten, die erst während des Bebauungsplanverfahrens erkennbar wird, ist eine erneute Bodenwertberechnung erforderlich. Bei Gemeinden, die nur begrenzte personelle Kapazitäten bei der für die Ermittlung des Bodenwerts zuständigen Stelle haben, kann dieser Umstand zu einer zeitlichen Verzögerung des Bebauungsplanverfahrens führen.

b) Ertragswert als Maßstab der Angemessenheit

Zur Überprüfung der Angemessenheit von vertraglichen Vereinbarungen können neben dem Maßstab der Bodenwertsteigerung auch andere wirtschaftliche Faktoren herangezogen werden.[1015] Dies haben *Faller* und *Beyer*[1016] zum Anlass genommen und eine Methode zur Überprüfung der Angemessenheit entwickelt, die in einer dynamischen Berechnung den zu erwartenden Ertrag eines Vorhabens ermittelt. Diese sogenannte Ertragsmethode[1017] kam zuerst als Maßstab zur Überprüfung der Angemessenheit bei dem Baulandmodell der Stadt Bonn zum Einsatz. Darüber hinaus wenden auch die Baulandmodelle der Städte Erfurt, Dresden und Regensburg die Ertragsmethode als Maßstab an.[1018]

1014 Vgl. *Weigelt*, Die wachsende Stadt als Herausforderung für das Recht, S. 145 f.

1015 Vgl. *Bunzel/Coulmas/Schmidt-Eichstaedt*, Städtebauliche Verträge, S. 209 f.; *Burmeister*, Praxishandbuch Städtebauliche Verträge, S. 91; *Weigelt*, Die wachsende Stadt als Herausforderung für das Recht, S. 146.

1016 *Faller/Beyer*, vhw FWS 2018, 127 ff; *dies.*, fub 2019, 16 ff.

1017 Der Begriff ist zurückzuführen auf *Faller/Beyer*, vhw FWS 2018, 127 (128); *dies.*, fub 2019, 16 (19).

1018 Vgl. Erfurter Wohnbaulandmodell, Beschluss des Stadtrats v. 22.05.2019, Drucksache 0346/19, Anlage 1, S. 5; Kooperatives Baulandmodell Dresden, Beschluss des Stadtrats der Landeshauptstadt Dresden v. 06.06.2019, Vorlage V2804/18, Richtlinie zum kooperativen Baulandmodell, S. 11; Regensburger Baulandmodell, Beschluss des Stadtrats v. 17.12.2019, Drucksachennummer VO/19/16157/66, Beschlussvorlage S. 5 ff.

Betrachtet wird nicht die planungsbedingte Bodenwertsteigerung, sondern welcher Ertrag über einen bestimmten Betrachtungszeitraum mit dem Hochbauvorhaben, das durch die Planung ermöglicht wird, erzielt werden kann. Dazu wird der Wert ermittelt, der dem in Zukunft zu erwartenden Ertrag des Hochbauvorhabens im freifinanzierten Mietmarktsegment entspricht.[1019] Die Gemeinde legt einen Prozentsatz bezogen auf den ermittelten Ertrag fest, der die Grenze der Angemessenheit definiert.[1020] Dieser Prozentsatz beschreibt den Anteil des ermittelten Gesamtertrags, der maximal für die Verpflichtungen des Vorhabenträgers gefordert werden darf.[1021] In Bonn stellen 30 Prozent des Ertrags die Grenze der Angemessenheit dar.[1022] Leistungen im städtebaulichen Vertrag können nur bis zu dieser Höhe vereinbart werden.[1023] Der Betrachtungszeitraum der Investition richtet sich nach der Dauer der Belegungsbindung, die in Bonn 20 Jahre beträgt.[1024]

1019   Vgl. *Faller/Beyer*, fub 2019, 16 (19).

1020   Vgl. *Faller/Beyer*, fub 2019, 16 (19).

1021   *Bunzel*, ZfBR 2021, 222 (226), bezeichnet diesen Prozentsatz als „Belastungsdeckel".

1022   Vgl. Ratsbeschluss der Stadt Bonn v. 12.07.2018, Drucksachen-Nr. 1811574EB5, Ziffer 1. In Erfurt liegt der Wert bei 25 Prozent, Erfurter Wohnbaulandmodell, Beschluss des Stadtrats v. 22.05.2019, Drucksache 0346/19, Anlage 1, S. 5. Dresden zieht die Grenze der Angemessenheit bei 30 Prozent, Kooperatives Baulandmodell Dresden, Beschluss des Stadtrats der Landeshauptstadt Dresden v. 06.06.2019, Vorlage V2804/18, Richtlinie zum kooperativen Baulandmodell, S. 11. In Regensburg liegt der Wert bei 15 Prozent, Regensburger Baulandmodell, Beschluss des Stadtrats v. 17.12.2019, Drucksachennummer VO/19/16157/66, Beschlussvorlage S. 6. Die unterschiedlichen Prozentwerte beruhen auf den unterschiedlichen Ausgestaltungen der kooperativen Baulandmodelle sowie auf den verschiedenen Marktsituationen in den Städten.

1023   Die Städte Bonn, Erfurt, Dresden und Regensburg haben sich bei der Festlegung des Prozentsatzes als Grenze der Angemessenheit an der Bodenwertmethode orientiert. In vergleichbaren Fällen ermöglicht der jeweils festgelegte Prozentsatz eine vertragliche Inanspruchnahme bis zu zwei Dritteln der Bodenwertsteigerung, vgl. *Faller/Beyer*, fub 2019, 16 (20 f.).

1024   Bonner Baulandmodell: FAQ-Broschüre, S. 2, https://www.bonn.de/medien-global/amt-61/191001_BBLM_FAQ-Broschuere_final.pdf (zuletzt aufgerufen am 30.12.2022). In Regensburg wird der Ertrag über einen Zeitraum von 40 Jahre begutachtet, da auch die Belegungsbindung von gefördertem Wohnraum 40 Jahre beträgt. Diese unterschiedliche Dauer der Begutachtung schlägt sich in dem festzulegenden Prozentsatz nieder. Siehe dazu auch Regensburger Baulandmodell, Beschluss des Stadtrats v. 17.12.2019, Drucksachennummer VO/19/16157/66, Beschlussvorlage S. 6.

aa) Ermittlung des Ertragswerts

Der standortbezogene Ertrag wird mittels verschiedener Faktoren errechnet. In die standardisierte Berechnung fließt zunächst die Anfangsinvestition (Grundstücks- und Baukosten) ein. Des Weiteren sind typische wohnungswirtschaftliche Annahmen zu untersuchen. Auf der Einnahmenseite sind dies die Mieten.[1025] Auf der Ausgabenseite sind Verwaltungs- und Instandhaltungskosten, Mietausfallwagnis sowie Finanzierungskosten für die Investition zu berücksichtigen.[1026] Schließlich wird der Vermögenswert am Ende des Betrachtungszeitraums ermittelt und in die Berechnung des Gesamtertrags einbezogen.[1027] Die Ertragsmethode ist eine rein grundstücksbezogene Prüfung. Die Gemeinde kann den Ertrag anhand von allgemein zugänglichen Kennwerten ermitteln, ohne dass ein konkretes Investitionsvorhaben feststehen muss.[1028] Die Baukosten können mithilfe des Baupreisindex ermittelt werden, die Grundstückskosten anhand des Bodenrichtwerts. Die Mieteinnahmen, die für das Vorhaben im Betrachtungszeitraum zu erwarten sind, können anhand des Mietspiegels und/oder der Angebotsmiete prognostiziert werden. Die ortsübliche Vergleichsmiete, die zur Berechnung des Mietspiegels herangezogen wird, hat den Nachteil, dass sie die Mietentwicklungen der zurückliegenden Jahre widerspiegelt.[1029] Zukunftsorientierter ist die Angebotsmiete, d.h. die bei einer Neuvermietung der Wohnung angesetzte Miete.[1030] Diese können Gemeinden bei Immobilienmarktdatenbanken abfragen. Nach dem Bonner Baulandmodell werden die zu erwartenden Mieteinnahmen aus einer Auswertung von Neubau-Angebotsmieten und dem Mietspiegel ermittelt.[1031] Die Berechnung des Ertrags erfolgt mithilfe eines Berechnungstools, in welches die Kennwerte

---

1025 Vgl. *Faller/Beyer*, fub 2019, 16 (19).
1026 Vgl. *Faller/Beyer*, fub 2019, 16 (19); Erfurter Wohnbaulandmodell, Beschluss des Stadtrats v. 22.05.2019, Drucksache 0346/19, Anlage 1, S. 4.
1027 Vgl. *Faller/Beyer*, fub 2019, 16 (19).
1028 Vgl. *Faller/Beyer*, vhw FWS 2018, 127 (129).
1029 Der Betrachtungszeitraum der ortsüblichen Vergleichsmiete wurde in der Vergangenheit mehrfach geändert. Seit dem Gesetz zur Verlängerung des Betrachtungszeitraums für die ortsübliche Vergleichsmiete v. 21.12.2019, BGBl. I, S. 2911 beträgt der Betrachtungszeitraum sechs Jahre, vgl. § 558 Abs. 2 Satz 1 BGB.
1030 Nach der Rechtsprechung können Daten zur Angebotsmiete für die Begründung einer Entscheidung herangezogen werden, vgl. LG Berlin, Urt. v. 29.03.2017 - 65 S 424/16, NZM 2017, 332 (338).
1031 Vgl. *Faller/Beyer*, fub 2019, 16 (20) Fn. 9.

eingegeben werden müssen.[1032] Zu einem festgelegten Stichtag werden diese jährlich aktualisiert.[1033]

Maßgeblicher Zeitpunkt für die Überprüfung der Angemessenheit ist der Abschluss des städtebaulichen Vertrags. Deshalb werden alle Einnahmen, Ausgaben sowie Vermögenswerte, die während des gesamten Betrachtungszeitraums anfallen, auf den Zeitpunkt der Betrachtung abgezinst.

bb) Vor- und Nachteile des Ertragswerts als Maßstab der Angemessenheit

Die Aufstellung oder Änderung eines Bebauungsplans durch die Gemeinde eröffnet dem Vorhabenträger die Möglichkeit der Investition in ein Wohnungsbauvorhaben, das ihm in der Regel eine attraktive Profitoption bietet. Etwaige Gewinne resultieren nicht allein aus der planungsbedingten Bodenwertsteigerung, sondern schöpfen sich vor allem aus der Nutzung des in dem Vorhabengebiet entstehenden Hochbauprojekts durch Verkauf oder Vermietung. Durch die Ertragsmethode fließen diese Gewinnchancen in die Überprüfung der Angemessenheit ein. Bei der Bodenwertmethode hingegen bleiben Gewinnoptionen, die aus dem Hochbau resultieren, außer Betracht.[1034] Aufgrund der Berücksichtigung weiterer Parameter ist die Ertragsmethode daher eher geeignet, die wirtschaftliche Betrachtung des Gesamtvorgangs zu bewerten.[1035]

Führt die Planung der Gemeinde nur zu geringen planungsbedingten Bodenwertsteigerungen, bietet die Ertragsmethode einen Maßstab, der den beim Vorhabenträger planungsbedingten wirtschaftlichen Vorteil berücksichtigt. Die Ertragsmethode eröffnet der Gemeinde für Planungstätigkeiten im Innenbereich im Vergleich zur Bodenwertmethode einen größeren Spielraum zur Beteiligung der Vorhabenträger. Gleichzeitig ist sie sowohl in Innenstadtlagen als auch im Randbereich der Gemeinde anwendbar und ermöglicht es, den wirtschaftlichen Vorteil, den der Vorhabenträger durch die Planung erlangt, besser zu beziffern. Dies fördert zudem die Gleichbehandlung der Vorhabenträger in den unterschiedlichen Planungsbereichen.

1032 Vgl. *Faller/Beyer*, vhw FWS 2018, 127 (129).

1033 Vgl. Ratsbeschluss der Stadt Bonn v. 10.07.2018, Drucksachen Nr. 1811574EB5 und Baulandmodell Bonn: Leitfaden zur Anwendung für Vorhabenträger, S. 15.

1034 Die Entscheidung des Stadtrats Regensburg, die Ertragsmethode der Bodenwertmethode vorzuziehen, basiert auf dieser Überlegung, Regensburger Baulandmodell, Beschluss des Stadtrats v. 17.12.2019, Drucksachennummer VO/19/16157/66, Beschlussvorlage S. 5.

1035 Vgl. *Bunzel*, ZfBR 2021, 222 (226).

Ein weiterer Vorteil der Ertragsmethode ist die gute Anwendbarkeit und Handhabbarkeit des Berechnungstools. Da die Methode nicht auf konkrete vorhabenbezogene Daten angewiesen ist, sondern auf allgemeine Annahmen der Wohnungswirtschaft zurückgreifen kann, ist bereits zu einem frühen Zeitpunkt eine vorläufige Prüfung der Angemessenheit möglich. Im günstigsten Fall bedeutet dies, dass bereits im Vorfeld einer Grundstückstransaktion die maximale Belastung des Vorhabenträgers anhand der Ertragsmethode ermittelt wird, sodass der errechnete Betrag Einfluss auf die Verhandlung des Grundstückskaufpreises nehmen kann.[1036] Dadurch könnte die Ertragsmethode eine dämpfende Wirkung auf den Bodenpreis entfalten.

Darüber hinaus kann mithilfe der Ertragsmethode mit nur wenigen zusätzlichen Annahmen zu den Bedingungen der einschlägigen sozialen Wohnraumförderung (Zins- und Tilgungssätze, Zuschüsse, festgelegte Bewilligungsmiete und zulässige Mieterhöhung im Zeitraum der Mietbindung) der Ertrag eines sozial geförderten Wohnvorhabens errechnet werden.[1037] Die Differenz zwischen dem Ertrag des freifinanzierten und des sozial geförderten Wohnvorhabens beziffert den wirtschaftlichen Nachteil des sozial geförderten Wohnraums. Die langfristige Betrachtung der Wirtschaftlichkeit eines Vorhabens durch die Ertragsmethode ermöglicht es, die Förderkonditionen weitreichend zu berücksichtigen und den wirtschaftlichen Nachteil der Mietbindung präzise zu berechnen.[1038]

Gleichzeitig ist die langfristige Betrachtung der Wirtschaftlichkeit eines Vorhabens auch mit einem Nachteil verbunden. Der ermittelte Ertragswert basiert auf Prognosen, die durch unvorhersehbare Ereignisse beeinträchtigt werden können. Zudem ist die Ertragsmethode in der Praxis bisher wenig erprobt.[1039] Eine breite Anwendungserfahrung fehlt.

c) Bewertung der möglichen Maßstäbe

Legt sich die Gemeinde im Rahmen ihres kooperativen Baulandmodells auf einen Maßstab fest und definiert eine Angemessenheitsgrenze, handelt

---

1036 Vgl. *Faller/Beyer*, vhw FWS 2018, 127 (130).
1037 Vgl. *Faller/Beyer*, fub 2019, 16 (21).
1038 Siehe zur finanzmathematischen Betrachtung der Mietbindung, der Zuschüsse und des Zinsvorteils *Junge*, fub 2020, 66 (67 ff.).
1039 Vgl. *Bunzel*, ZfBR 2021, 222 (226).

es sich dabei um eine politische Entscheidung der Gemeinde.[1040] Die rechtliche Grenze der Angemessenheit nach § 11 Abs. 2 Satz 1 BauGB kann sie dadurch nicht beeinflussen. Sie kann lediglich zum Ausdruck bringen, welche wirtschaftlichen Belastungen des Vorhabenträgers sie für angemessen erachtet. Die Festlegung einer solchen lokalen Angemessenheitsgrenze basiert auf einer politischen Abwägung, in die folgende Überlegungen einfließen müssen:

Zum einen muss die Gemeinde ermitteln, wie groß der Beitrag sein soll, den ein Unternehmen der Immobilienwirtschaft für die Allgemeinheit leistet. Denn die Verpflichtung des Vorhabenträgers zur Errichtung sozial geförderten und mitunter auch preisgedämpften Wohnraums durch städtebaulichen Vertrag schmälert dessen Gewinn. Zum anderen muss die Gemeinde sicherstellen, dass sie durch die Verpflichtungen des Vorhabenträgers die Wirtschaftlichkeit des Vorhabens nicht gefährdet. Ist die Verwirklichung des Vorhabens aus ökonomischer Sicht nicht sinnvoll, ist die rechtliche Grenze der Angemessenheit überschritten. Unterhalb der rechtlichen Angemessenheitsgrenze verbleibt der Gemeinde ein Spielraum bei der Festlegung der Angemessenheitsgrenze, der die Renditeerwartung des Vorhabens beeinflusst. Bei der Entscheidung, welche Belastungen dem Vorhabenträger zugemutet werden können, muss die Gemeinde zudem das Investitionsklima berücksichtigen. Sie ist auf die Kooperation mit den Vorhabenträgern angewiesen, damit diese den dringend benötigten bezahlbaren und geförderten Wohnraum in ihrem Gemeindegebiet errichten. Deshalb muss die Gemeinde sicherstellen, dass potentielle Investoren unter den bestehenden Marktbedingungen nicht von einer Investition in den Wohnungsneubau abgehalten werden.

2. Priorisierungsregelungen zur Wahrung der Angemessenheit

Ergibt die Überprüfung der vertraglichen Vereinbarungen, dass diese die von der Gemeinde gesetzte Grenze der Angemessenheit überschreiten, müssen die vertraglichen Vereinbarungen auf das angemessene Maß reduziert werden. In einem kooperativen Baulandmodell kann die Gemeinde eine einheitliche Regelung zur Priorisierung definieren, die bei allen

---

1040 Die Festlegung eines bestimmten Anteils des berechneten Ertragswerts als Grenze der Angemessenheit bezeichnen *Faller/Beyer*, fub 2019, 16 (20) als „politische Bewertung".

Wohnungsbauvorhaben zur Anwendung kommt. Mit einer solchen Priorisierungsregelung legt die Gemeinde im Voraus fest, welchen vertraglichen
Verpflichtungen sie Vorrang einräumt. Die Stadt Bonn hat in ihrem Baulandmodell eine solche Priorisierungsregelung aufgenommen. Danach verzichtet sie zunächst teilweise oder ganz auf die Beiträge zur Schaffung
der erforderlichen Kinderbetreuungsplätze.[1041] Sofern dieser Verzicht nicht
ausreicht, um die Angemessenheit herzustellen, sieht die Stadt Bonn in dem
erforderlichen Umfang von der Errichtung des geförderten Wohnungsbaus
ab.[1042] Das Modell der sozialgerechten Bodennutzung München und das
Berliner Modell der kooperativen Baulandentwicklung sehen eine Priorisierungsregelung nicht vor. Sofern die vertraglichen Verpflichtungen die
Grenze der Angemessenheit erreichen, muss im Einzelfall entschieden werden, auf welche vertraglichen Vereinbarungen verzichtet wird.

3. Bewertung einzelner Vertragsverpflichtungen

Einige vertragliche Vereinbarungen werfen besondere Fragen bei der Überprüfung der Angemessenheit auf, da sie entweder keinen wirtschaftlichen
Gegenwert haben, der bei der Überprüfung der Angemessenheit berücksichtigt werden kann (a) oder die Monetarisierung der vertraglichen Verpflichtung mit Schwierigkeiten verbunden ist (b-d).

a) Angemessene Frist einer Bauverpflichtung

Vereinbart die Gemeinde im städtebaulichen Vertrag mit dem Vorhabenträger eine Bauverpflichtung mit einer Frist für die Fertigstellung des Bauvorhabens[1043], muss diese angemessen sein. Die Angemessenheit der Dauer
bestimmt sich nach den Umständen des Einzelfalls und muss die Interessen
der Vertragsparteien würdigen.

Das Interesse der Gemeinde stützt sich auf das städtebauliche Ziel, möglichst zeitnah dem Mietwohnungsmarkt neuen Wohnraum zur Verfügung
zu stellen. Sie hat ein Interesse daran, möglichst kurze Fertigstellungsfristen
zu vereinbaren. Gleichwohl darf die Frist nicht so kurz bemessen sein,

---

1041 Vgl. Baulandmodell Bonn: Leitfaden für Vorhabenträger, S. 5.
1042 Vgl. Baulandmodell Bonn: Leitfaden für Vorhabenträger, S. 5.
1043 Siehe dazu oben S. 117 ff.

dass der Vorhabenträger unter durchschnittlichen Rahmenbedingungen die Einhaltung der Frist nicht gewährleisten kann. Eine angemessene Frist liegt dann vor, wenn dem Vertragspartner ausreichend Zeit für Vorbereitung, Planung, Finanzierung und das Bauantragsverfahren sowie für die Baudurchführung des Vorhabens verbleibt.[1044] Welche Frist im Einzelfall angemessen ist, bestimmt sich maßgeblich nach der Größe und der Komplexität des geplanten Vorhabens. Die Rechtsprechung hält bei kleineren Vorhaben Fertigstellungsfristen von drei Jahren in Formularverträgen für zulässig.[1045] Die Frage der Angemessenheit der Fertigstellungsfrist orientiert sich bei § 11 Abs. 2 Satz 1 BauGB an keinem anderen Maßstab als bei §§ 305 ff. BGB, weshalb die zu Formularverträgen ergangene Rechtsprechung auf Fristen im städtebaulichen Vertrag übertragen werden kann.[1046] Die kooperativen Baulandmodelle der Städte München und Bonn finden bereits bei Vorhaben mit nur wenigen Wohneinheiten Anwendung. Hier können Fertigstellungsfristen von drei Jahren angemessen sein. Das Berliner Modell der kooperativen Baulandentwicklung findet erst ab 5.000 Quadratmeter neu entstehender Geschossfläche Wohnen Anwendung. Bauvorhaben solcher Größenordnungen sind komplexer und erfordern in allen Durchführungsstufen, insbesondere bei der Baudurchführung, mehr Zeit für die Verwirklichung. Hier kann die Gemeinde sich an dem zeitlichen Bedarf vergleichbarer Vorhaben in der Vergangenheit orientieren. Fertigstellungsfristen von vier bis sechs Jahren dürften mit Blick auf die vielschichtigen Anforderungen von Großvorhaben angemessen sein. Regelmäßig wird der Vorhabenträger ein eigenes wirtschaftliches Interesse daran haben, jedenfalls den freifinanzierten Wohnraum möglichst zügig zu errichten.

1044 Vgl. *Bank*, in Brügelmann, BauGB, § 11 Rn. 54; *Bunzel/Coulmas/Schmidt-Eichstaedt*, Städtebauliche Verträge, S. 118; *Burmeister*, Praxishandbuch Städtebauliche Verträge, S. 158; *Owusu*, Die Absicherung von Verpflichtungen in städtebaulichen Verträgen gemäß § 11 BauGB, S. 344 f.

1045 Das OLG Karlsruhe, Urt. v. 12.01.2006 - 9 U 125/05, NVwZ-RR 2006, 529, erachtet eine Frist von zweieinhalb Jahren für die Errichtung eines Wohngebäudes für eine Familie als angemessen. Vgl. ferner OLG Karlsruhe, Urt. v. 14.03.1991 - 9 U 260/89, NJW-RR 1992, 18 (19), wonach eine Frist von drei Jahren mit Verlängerungsklausel für unterschiedliche Vorhaben als angemessen beurteilt wurde: die Errichtung eines Doppelhauses, die Errichtung eines Hauses mit sechs Wohnungen sowie die Errichtung von acht Appartements. Das LG Ravensburg, Beschl. v. 25.10.1996 - 1 T 330/96, DNotI-Report 1997, 92, wertet eine zweijährige Fertigstellungsfrist ohne die Möglichkeit einer Verlängerung als Verstoß gegen § 9 AGBG (heute: § 307 BGB).

1046 Vgl. *Owusu*, Die Absicherung von Verpflichtungen in städtebaulichen Verträgen gemäß § 11 BauGB, S. 346.

Nach Fertigstellung der Gebäude wird ein Vorhaben häufig entweder im Globalverkauf an einen Investor und Bestandshalter veräußert oder der Vorhabenträger erzielt Gewinne durch den Einzelverkauf von Wohnungen. Die Vereinbarung einer angemessen Fertigstellungsfrist stellt sicher, dass der Vorhabenträger die Errichtung des sozial geförderten Wohnraums bei seinem Geschäftsmodell nicht vernachlässigen darf. Die Fertigstellungsfrist bezieht sich sowohl auf die freifinanzierten Wohnungen als auch auf die sozial geförderten Wohnungen. Dadurch kann vermieden werden, dass zunächst die profitstärkeren freifinanzierten Wohnungen errichtet werden und erst zeitlich verzögert der sozial geförderte Wohnraum entsteht.

Zur Wahrung der Angemessenheit bietet sich ferner die Aufnahme einer Klausel in den städtebaulichen Vertrag an, wonach sich die Fertigstellungsfrist verlängert, wenn sich die Errichtung des Vorhabens aus Gründen verzögert, die der Vorhabenträger nicht zu vertreten hat.[1047] Die Frist verlängert sich um den Zeitraum der nicht zu vertretenden Verzögerung.

b) Keine Pflicht zur Errichtung sozial geförderten Wohnraums bei unverschuldet ausbleibender Förderzusage

Verpflichtet sich der Vorhabenträger im städtebaulichen Vertrag, sozial geförderten Wohnraum zu errichten, muss bei der Überprüfung der Angemessenheit der vertraglichen Vereinbarung berücksichtigt werden, inwieweit das Vorhaben des Vertragspartners in das einschlägige soziale Wohnraumförderprogramm aufgenommen wird. Die Fördermittel kompensieren die sich im Vergleich zu freifinanzierten Vorhaben ergebenden wirtschaftlichen Belastungen. Besteht eine Mietbindung nach dem Maßstab der sozialen Wohnraumförderung, ohne dass Fördermittel ausbezahlt werden, ist eine angemessene Eigenkapitalrendite nicht zu erzielen. Das Vorhaben könnte nicht wirtschaftlich sinnvoll umgesetzt werden.

Mit dem Abschluss des städtebaulichen Vertrags wird ein Anspruch auf Aufnahme in das Wohnraumförderprogramm nicht begründet. Die Bewilligung von Fördermitteln der sozialen Wohnraumförderung erfolgt in einem gesonderten Verwaltungsverfahren. Liegt bei Abschluss des städtebaulichen Vertrags ein Bewilligungsbescheid über die soziale Wohnraum-

---

1047 *Burmeister*, Praxishandbuch Städtebauliche Verträge, S. 159 schlägt eine Klausel vor, nach der eine Fristverlängerung von der Zustimmung des Gemeinderats abhängt.

förderung noch nicht vor, muss dieser Umstand im städtebaulichen Vertrag festgehalten werden. Wird nach Abschluss des städtebaulichen Vertrags die Aufnahme des Vorhabenträgers in das Förderprogramm abgelehnt, muss die Angemessenheit der vertraglichen Regelungen neu bewertet werden. Regelmäßig ist die Verpflichtung zur Errichtung von sozial gefördertem Wohnraum ohne die Kompensation durch Mittel der sozialen Wohnraumförderung für den Vorhabenträger nicht rentabel und damit unangemessen. Daher sollte in den städtebaulichen Vertrag eine Klausel aufgenommen werden, wonach die Gemeinde die Vereinbarung von Belegungs- und Mietbindungen zurücknimmt, sofern trotz ordnungsgemäßer Beantragung von Fördermitteln eine Bewilligung innerhalb einer bestimmten Frist nicht erfolgt. Die Frist muss so bemessen sein, dass einerseits ausreichend Zeit für die Prüfung der Antragsunterlagen verbleibt. Andererseits darf die Frist nicht dazu führen, dass der Baubeginn aufgrund des unklaren Förderstatus verzögert wird. Häufig sehen die Wohnraumförderbestimmungen vor, dass mit der Ausführung des Bauvorhabens erst begonnen werden darf, sobald die Förderzusage erteilt wurde.[1048] Da Vorhabenträger den Antrag zur Aufnahme in das Wohnraumförderprogramm in der Regel deutlich vor dem Beginn der Bauausführung stellen, erscheint eine Frist von sechs Monaten angemessen.

Ein Grund für die Ablehnung der Förderung kann die Erschöpfung der zur Verfügung stehenden Fördermittel sein. Diese Situation ist in der Stadt Erfurt im Sommer 2020 eingetreten. Das Innenstadtstabilisierungsprogramm[1049], das die Errichtung von Wohnraum fördert, wurde im ersten Halbjahr 2020 so stark in Anspruch genommen, dass für das zweite Halbjahr keine weiteren Haushaltsmittel mehr zur Verfügung standen.[1050] Aufgrund der fehlenden Fördermittel musste die Stadt Erfurt städtebauliche Verträge, in denen sich Vorhabenträger zur Errichtung von sozial geförder-

---

1048 Vgl. 1.4.1 Satz 1 Wohnraumförderbestimmungen NRW, Runderlass des Ministeriums für Heimat, Kommunales, Bau und Gleichstellung – 402-2010-81/20 – v. 02.02.2021; 4.1 Satz 1 Wohnraumförderungsbestimmungen 2022 Bayern, Bekanntmachung des Bayerischen Staatsministeriums für Wohnen, Bau und Verkehr v. 16.03.2022 (BayMBL. Nr. 204).

1049 Richtlinie für die Förderung des sozialen Mietwohnungsbaus in besonderen Gebietskulissen zur Innenstadtstabilisierung im Freistaat Thüringen für die Programmjahre 2018 bis 2020 (Innenstadtstabilisierungsprogramm – ISSP), in der Bekanntmachung des Thüringer Ministeriums für Infrastruktur und Landwirtschaft v. 05.12.2018.

1050 Siehe dazu Beschluss des Stadtrats der Landeshauptstadt Erfurt v. 11.11.2020, Drucksache 1612/2020, S. 2 ff.

tem Wohnraum verpflichtet hatten, nachträglich anpassen und auf die Belegungs- und Mietbindungen der sozialen Wohnraumförderung verzichten. Dieses Beispiel aus der Praxis unterstreicht, wie wichtig eine leistungsstarke Wohnraumförderung für die erfolgreiche Umsetzung eines kooperativen Baulandmodells ist.

c) Angemessene Bindungsdauer von Belegungs- und Mietbindungen

Donner, der in einer Studie die Wohnbaufördersysteme verschiedener europäischer Länder untersucht hat, bezeichnet die in Deutschland praktizierte Förderung des sozialen Wohnungsbaus im Eigentum privater Bauträger aufgrund der befristeten Bindungen als „Förderung privater Mietwohnungsinvestitionen mit »sozialer Zwischennutzung«".[1051] Daran anknüpfend findet sich in der Literatur die Forderung, den „dauerhaften Kreislauf der Förderung"[1052] zu stoppen und stattdessen dauerhafte Bindungen zu vereinbaren.[1053] In der Praxis sieht – soweit ersichtlich – keines der in Deutschland zur Anwendung kommenden kooperativen Baulandmodelle unbefristete Belegungs- und Mietbindungen vor. Vor diesem Hintergrund ist zu untersuchen, welche Dauer von Bindungen angemessen im Sinne des § 11 Abs. 2 Satz 1 BauGB ist und ob dauerhafte Belegungs- und Mietbindungen zulässigerweise vereinbart werden könnten. Dazu ist zunächst herauszuarbeiten, an welchem Maßstab Vereinbarungen zur Dauer von Belegungs- und Mietbindungen nach § 11 Abs. 1 Satz 2 Nr. 2 BauGB zu messen sind (aa). Zudem ist zu untersuchen, ob die Forderung, unbefristete Bindungen zu vereinbaren, mit dem Gebot der Angemessenheit vereinbar ist (bb).

1051 *Donner*, Wohnungspolitiken in der Europäischen Union, S. 200. Ähnlich auch die Koalitionsvereinbarung für die Stadtratsperiode 2020-2026 der Stadt München, die hervorhebt, dass „[g]eförderter Wohnraum auf privaten Grundstücken [...] nicht nur eine »sozial orientierte Zwischennutzung« sein" darf, S. 4, https://spd-ra thausmuenchen.de/workspace/media/static/druckfassung_koalitionsvertrag-5eb18 2453a5e4.pdf (zuletzt aufgerufen am 30.12.2022).

1052 *Holm*, Öffentliche Verantwortung für leistbare Mieten und dauerhafte Bindungen, Öffentliches Fachgespräch im Ausschuss für Bau, Wohnen Stadtentwicklung und Kommunen am 10.10.2018, Ausschussdrucksache 19(24)020, S. 4.

1053 *Holm*, Bauen für eine demokratische Stadt, S. 9, https://www.boeckler.de/pdf/p_01 _report_02_2019.pdf (zuletzt aufgerufen am 30.12.2022).

aa) Maßstab für Vereinbarungen zur Dauer von Bindungen

Wie bereits festgestellt, sind Vereinbarungen in städtebaulichen Verträgen nur wirksam, wenn bei einer wirtschaftlichen Gesamtbetrachtung die Rentabilität des Vorhabens nicht gefährdet ist.[1054] Die Bewertung der Angemessenheit der Dauer von Belegungs- und Mietbindungen ist schwierig, da den Bindungen nicht ohne Weiteres ein wirtschaftlicher Wert zukommt, den die Gemeinde in die Prüfung der Angemessenheit einstellen kann. Die Rechtsprechung hat in der Vergangenheit in verschiedenen Konstellationen über die zulässige Dauer von Bindungen entschieden. Möglicherweise kann einer der in der Rechtsprechung entwickelten Maßstäbe auf die angemessene Dauer von Belegungs- und Mietbindungen bei städtebaulichen Verträgen im Rahmen von kooperativen Baulandmodellen übertragen werden.

(1) Rechtsprechung zur Bindungsdauer bei Einheimischenmodellen

Mit Einheimischenmodellen ermöglichen Gemeinden ortsansässigen Bewohnern den Erwerb von Wohnbauland zur Selbstnutzung. In Hochpreisregionen, in denen ortsansässige Bewohner mit finanzstarken auswärtigen Interessenten konkurrieren, soll eine Vergünstigung beim Grundstückskaufpreis die erzwungene Abwanderung junger Familien aus der Heimatgemeinde wegen zu hoher Baulandkosten verhindern. Die Gemeinde verkauft in ihrem Eigentum stehende Grundstücke nach bestimmten, zuvor festgelegten Kriterien an ortsansässige Bewohner und gewährt ihnen einen Preisnachlass. Im Gegenzug zu der Vergünstigung verpflichtet sich der ortsansässige Bewohner das Grundstück mit einem Wohnhaus zu bebauen und dieses für eine bestimmte Dauer selbst zu nutzen. Eine Weiterveräußerung des Grundstücks während der Bindungsdauer ist ausgeschlossen. Einheimischenmodelle verfolgen das Ziel, einkommensschwächeren oder weniger begüterten Personen der örtlichen Bevölkerung den Erwerb angemessenen Wohnraums zu ermöglichen. Für dieses Ziel kann die Gemeinde städtebauliche Verträge nach § 11 Abs. 1 Satz 2 Nr. 2 BauGB abschließen.[1055]

1054 Siehe dazu bereits oben S. 241.

1055 Siehe dazu bereits oben S. 142 ff. Der städtebauliche Vertrag bei einem Einheimischenmodell ist nicht als öffentlich-rechtlicher Vertrag, sondern als privatrechtlicher Vertrag zu qualifizieren, BGH, Urt. v. 29.11.2002, V ZR 105/02, NJW 2003, 888. Maßgebend für die Qualifizierung als öffentlich-rechtlicher oder privatrechtlicher Vertrag ist der Vertragsgegenstand. Dieser bestimmt sich danach, ob der

Nach der Rechtsprechung des BGH sind Bindungsfristen von über 30 Jahren unabhängig von der gewährten Vergünstigung regelmäßig unzulässig.[1056] Eine Bindung bis zu 30 Jahren ist zulässig, sofern dem Erwerber ein besonders hoher Preisnachlass gewährt wurde oder sonstige außergewöhnliche Umstände vorliegen, die eine derart lange Bindung des Erwerbers rechtfertigen.[1057] Eine Bindungsdauer von 20 Jahren ist zulässig, wenn eine Ermäßigung von mindestens 20 Prozent vorliegt.[1058] Der BGH begründet die höchstzulässige Bindungsdauer von 30 Jahren damit, dass nach Ablauf dieser Zeitspanne der Zweck des Einheimischenmodells, einer Familie ein Eigenheim und damit eine Lebensgrundlage zu ermöglichen, erreicht

---

Schwerpunkt der Vereinbarungen öffentlich-rechtlich oder privatrechtlich ist. Da städtebauliche Verträge im Rahmen von Einheimischenmodellen im Schwerpunkt den Verkauf und die Auflassung eines Grundstücks regeln, liegt der Schwerpunkt der vertraglichen Vereinbarung im Privatrecht.

1056 Vgl. BGH, Urt. v. 15.02.2019, V ZR 77/18, NJW 2019, 2602. In dem zu entscheidenden Fall hat die Gemeinde mit dem Vertragspartner ein Wiederkaufsrecht für den Fall vereinbart, dass der Erwerber des vergünstigt abgegebenen Grundstücks dieses an Dritte verkauft oder zur eigentumsähnlichen Nutzung überlässt. Die Ausübungsfrist für das Wiederkaufsrecht betrug 30 Jahre. Nach Auffassung des BGH ist eine Bindungsfrist von 20 Jahren angemessen, wenn die Vergünstigung des Kaufpreises 20 Prozent beträgt. Siehe auch BGH, Urt. v. 26.06.2015 - V ZR 144/14, NZM 2015, 732; Urt. v. 20.05.2011 - V ZR 76/10, NJW-RR 2011, 1582 (1584); Urt. v. 29.10.2010 - V ZR 48/10, NJW 2011, 515 (517); Urt. v. 21.07.2006 - V ZR 252/05, DNotZ 2006, 910.

1057 Vgl. BGH, Urt. v. 15.02.2019 - V ZR 77/18, NJW 2019, 2602 (2603). Das OLG Düsseldorf hat eine Bindungsfrist von 30 Jahren in einem Fall nicht beanstandet, in dem das Wiederkaufsrecht nach den vertraglichen Regelungen bei einem Verkauf durch die Erwerber an ihre Kinder oder Enkelkinder oder deren jeweiligen Ehegatten nicht eingreift, da durch diese Regelung der Personenkreis der Nutzung erweitert wird und verschiedene Möglichkeiten offenstehen, die Ausübung des Wiederkaufsrechts durch die Gemeinde zu verhindern, Urt. v. 19.06.2012 - I-23 U 108/11, MittBayNot 2013, 336. Ein besonders hoher Nachlass liegt vor, wenn mindestens die Hälfte des Kaufpreises nachgelassen wird, meint *Grziwotz*, MittBayNot 2016, 185 (188) m.w.N.

1058 Vgl. BGH, Urt. v. 15.02.2019 - V ZR 77/18, MittBayNot 2020, 79. In dem zu entscheidenden Fall hat die Gemeinde mit dem Vertragspartner ein Wiederkaufsrecht für den Fall vereinbart, dass der Erwerber des vergünstigt abgegebenen Grundstücks dieses an Dritte verkauft oder zur eigentumsähnlichen Nutzung überlässt. Die Ausübungsfrist für das Wiederkaufsrecht betrug 30 Jahre. Nach Auffassung des BGH ist eine Bindungsfrist von 20 Jahren angemessen, wenn die Vergünstigung des Kaufpreises 20 Prozent beträgt.

ist.[1059] Die Dauer einer Generation beträgt etwa 30 Jahre.[1060] Nach Auffassung des BGH hat sich nach Ablauf von 30 Jahren der Zweck der Eigenheimförderung realisiert und eine Weitergabe des Gewinns an die nächste Generation ist zulässig.[1061] Explizit hebt der BGH die „für ein Einheimischenmodell typischen Nutzungs- und Verfügungsbeschränkungen"[1062] hervor und betont damit diese besondere Sachverhaltskonstellation.

Dieser von der Rechtsprechung bei Einheimischenmodellen entwickelte Maßstab der Zweckerreichung orientiert sich an der Schwere der Beeinträchtigung, die mit der Bindung einhergeht. Für die Dauer der Bindung ist der Vertragspartner der Gemeinde in der Gestaltung seines Lebens beeinträchtigt. Während der gesamten Dauer ist ihm die freie Wahl über seinen Wohnort genommen. Innerhalb des festgelegten Bindungszeitraums ist er verpflichtet, das Grundstück selbst zu nutzen, was für ihn mit einschneidenden Nachteilen verbunden ist, die durch die ihm gewährte Vergünstigung aufgewogen werden müssen.

Eine Übertragung des Maßstabs der Zweckerreichung auf Belegungs- und Mietbindungen bei Wohnhäusern, die der Vertragspartner nicht selbst nutzt, sondern vermietet, scheitert an einer vergleichbaren Schwere der Beeinträchtigung, die mit der Bindung verbunden ist. Belegungs- und Mietbindungen im Bereich des geförderten und preisgedämpften Wohnraums beschränken den Vertragspartner in der Wahl der Mieter sowie in der Höhe der zu vereinbarenden Miete.[1063] Diese Beeinträchtigungen wiegen aber nicht so schwer wie die Nachteile, die mit der Verpflichtung zur Selbstnutzung bei Einheimischenmodellen verbunden sind. Die wirtschaftliche Verwertung eines Grundstücks, für welches Belegungs- und Mietbindungen vereinbart wurden, ist dem Vertragspartner jederzeit möglich.[1064] Diese Unterschiede in den Förderkonstellationen müssen bei der Frage der Angemessenheit der Bindungsdauer Berücksichtigung finden.

1059 Vgl. BGH, Urt. v. 21.07.2006 - V ZR 252/05, DNotZ 2006, 910 (911); Urt. v. 30.09.2005 - V ZR 37/05, MittBayNot 2006, 324 (325).

1060 Vgl. BGH, Urt. v. 21.07.2006 - V ZR 252/05, DNotZ 2006, 910 (911); Urt. v. 30.09.2005 - V ZR 37/05, MittBayNot 2006, 324 (325).

1061 Vgl. BGH, Urt. v. 21.07.2006 - V ZR 252/05, DNotZ 2006, 910 (911); Urt. v. 30.09.2005 - V ZR 37/05, MittBayNot 2006, 324 (325).

1062 BGH, Urt. v. 16.04.2010 - V ZR 175/09, NJW 2010, 3505 (3506).

1063 Dies verkennt *Schmidt-Eichstaedt*, ZfBR 2018, 537 (541), der die Rechtsprechung zur Bindungsdauer von Einheimischenmodellen auf die Frage der angemessenen Dauer von Belegungs- und Mietbindungen bei kooperativen Baulandmodellen überträgt.

1064 Vgl. *Bunzel*, ZfBR 2019, 640 (642 und 645), *ders.*, ZfBR 2018, 638 (643).

(2) Rechtsprechung zur Bindungsdauer von Nutzungsbeschränkungen

Der BGH hat sich in der Vergangenheit schon des Öfteren mit der zulässigen Bindungsdauer von Nutzungsbeschränkungen befasst. Die Grundkonstellation ist vergleichbar mit dem Sachverhalt bei Einheimischenmodellen. Die Gemeinde verkauft ein gemeindeeigenes Grundstück zu vergünstigten Konditionen an einen privaten Dritten und vereinbart im städtebaulichen Vertrag eine Nutzungsbeschränkung für eine bestimmte Dauer, die sicherstellen soll, dass die gewährte Subvention zweckentsprechend verwendet wird.

Veräußert die Gemeinde beispielsweise ein Grundstück mit einem geringen Preisnachlass an eine Stiftung, die Suchtkranken bei der Reintegration in die Arbeitswelt hilft, kann eine Nutzungsbeschränkung vereinbart werden, die es der Stiftung verbietet, das Grundstück für eine bestimmte Dauer für einen anderen als den vereinbarten Zweck zu nutzen.[1065] Dabei verlangt der Grundsatz der Verhältnismäßigkeit, dem Grundstückserwerber als Subventionsempfänger Nutzungsbeschränkungen nur für den Zeitraum aufzuerlegen, in dem die mit der Subvention verbundenen Vorteile wirken.[1066] Eine unbefristete Bindung ist unzulässig.[1067]

Nach der Rechtsprechung des BGH ist ferner die zeitlich unbefristete Vereinbarung von Belegungsrechten mit dem Grundsatz der Verhältnismäßigkeit nicht vereinbar, sofern die mit der Subvention verbundenen Vorteile für den Grundstückserwerber zwischenzeitlich aufgebraucht sind.[1068] Die Gemeinde hatte ein Grundstück an einen Grundstückserwerber und Subventionsempfänger verkauft und ihm zur Finanzierung ein Darlehen gewährt, für welches Zinsen für die Dauer von 35 Jahre nicht erhoben wurden. Das Grundstück sollte mit 52 Sozialwohnungen bebaut werden. Im Gegenzug für die Förderung, die gemäß § 88d II. WoBauG[1069] vereinbart wurde, forderte die Gemeinde unbefristete Belegungs- und Mietbindungen an den geförderten Wohnungen. Der BGH urteilte, die unbefristeten Nutzungsbeschränkungen seien mit den allgemeinen Grundsätzen

---

1065 Vgl. BGH, Urt. v. 21.09.2018 - V ZR 8/17, NZM 2019, 380.
1066 Vgl. BGH, Urt. v. 21.09.2018 - V ZR 8/17, 1. Leitsatz, NZM 2019, 380.
1067 Vgl. BGH, Urt. v. 21.09.2018 - V ZR 8/17, NZM 2019, 380 (381).
1068 Vgl. BGH, Urt. v. 08.02.2019 - V ZR 176/17, NJW 2019, 2016 (2017).
1069 Wohnungsbau- und Familienheimgesetz (II. WoBauG), außer Kraft seit dem 31.12.2001, BGBl. I, S. 1149. Das II. WoBauG folgte dem Ersten Wohnungsbaugesetz aus dem Jahr 1950 und regelte seit dem Jahr 1956 bis zu seinem Außerkrafttreten den sozialen Wohnungsbau in Deutschland.

des Subventionsrechts nicht vereinbar und verstoßen gegen das Verbot angemessener Vertragsgestaltung. Eine Bindung des Grundstückskäufers ist bis längstens zu dem Zeitpunkt zulässig, ab dem die durch die Subvention gewährten Vorteile aufgebraucht sind.[1070] Beliebige Beschränkungen darf die Gemeinde dem Subventionsempfänger nicht auferlegen. Vielmehr müssen sie „geeignet und erforderlich sein, um den mit der Subvention zulässigerweise verfolgten Zweck für einen angemessenen Zeitraum sicherzustellen".[1071] Weder der Verkauf eines Baugrundstücks noch ein zinsgünstiges Darlehen sind Subventionsleistungen, die dem Subventionsempfänger Vorteile bringen, die dauerhaft und unbegrenzt wirken, sodass auch die dauerhafte Bindung an Belegungsrechte nicht gerechtfertigt ist. Die Vorteile der gewährten Subvention sind aufgezehrt, wenn das zinsgünstige Darlehen endet oder wenn eine angemessene Zeit nach vorzeitiger Rückführung des vergünstigten Darlehens verstrichen ist.[1072]

Dieser subventionsrechtliche Maßstab kann für die Bestimmung der zulässigen Dauer von Belegungs- und Mietbindungen, die die Gemeinde im Rahmen von kooperativen Baulandmodellen verlangt, nicht übertragen werden. Denn einer der Vorteile, den der Vertragspartner eines städtebaulichen Vertrags im Rahmen eines kooperativen Baulandmodells erhält, ist die erstmalige Schaffung von Baurecht zur Wohnnutzung. Die Aufstellung oder Änderung eines Bebauungsplans ist nicht Gegenstand einer Subvention der Gemeinde. Der aufgestellte Bebauungsplan ändert die Qualität des Grundstücks des Vorhabenträgers und legt die zulässigen Nutzungen neu fest. Erst mit Inkrafttreten des Bebauungsplans erweitert sich der aus Art. 14 Abs. 1 GG folgende Schutzanspruch des Eigentümers, das Grundstück im Rahmen des im Bebauungsplan festgesetzten Inhalts zu nutzen.[1073] Erst die Planungsleistung der Gemeinde ermöglicht dem Vorhabenträger eine Nutzung des Grundstücks zu Wohnzwecken. Die Qualität dieser Leistung der Gemeinde ist mit einer Subvention, wie etwa die Bereitstellung eines zinsvergünstigten Darlehens oder einem Preisnachlass bei der Veräußerung eines gemeindeeigenen Grundstücks, nicht vergleichbar.

1070 Vgl. BGH, Urt. v. 08.02.2019 - V ZR 176/17, NJW 2019, 2016 (2017).
1071 BGH, Urt. v. 08.02.2019 - V ZR 176/17, NJW 2019, 2016 (2018).
1072 Vgl. BGH, Urt. v. 08.02.2019 - V ZR 176/17, NJW 2019, 2016 (2018).
1073 Siehe zum Umfang des Schutzanspruchs aus Art. 14 Abs. 1 GG bereits oben S. 177 f. So auch *Bunzel*, ZfBR 2019, 640 (644).

(3) Wirtschaftlicher Maßstab

Die Rechtsprechung des BGH zur Befristung von Bindungen bei Einheimischenmodellen und bei Nutzungsbeschränkungen bei sonstigen Verkäufen gemeindeeigener Grundstücke kann für die Frage der angemessenen Dauer von Belegungs- und Mietbindungen im Rahmen kooperativer Baulandmodelle nicht fruchtbar gemacht werden. Allein maßgeblich für die Bindungsdauer ist der in § 11 Abs. 2 Satz 1 BauGB verankerte Maßstab, wonach bei einer wirtschaftlichen Gesamtbetrachtung die Rentabilität des Vorhabens nicht gefährdet werden darf.

Die soziale Wohnraumförderung sieht regelmäßig als Fördermittel zinsvergünstigte Darlehen oder Zuschüsse vor, die als Kompensation für die Mietbindungen dienen. Dabei handelt es sich zwar ebenfalls um Subventionsleistungen. Diese treten anders als in der Konstellation des Grundstücksverkaufs durch die Gemeinde zusätzlich neben die Planungsleistung der Gemeinde. In der wirtschaftlichen Gesamtbetrachtung müssen sie Berücksichtigung finden. Folglich muss die Gemeinde ermitteln, ob die Förderung den Vorhabenträger in die Lage versetzt, trotz der Mietbindung eine angemessene Rendite nach Abzug der Unterhaltungskosten, der Rückstellungen für Instandhaltung und Modernisierung sowie des Mietausfallrisikos zu erwirtschaftet.[1074] Die Förderung muss nicht die maximal mögliche Rendite, die das Vorhaben erwirtschaften könnte, ausgleichen.[1075] Es genügt, dass die Förderung die wirtschaftliche Rentabilität des Vorhabens sichert. Reicht die Förderung nicht aus, um die wirtschaftliche Rentabilität des Vorhabens zu garantieren und die Mindereinnahme der Mietbindung auszugleichen, muss der Wert der verbleibenden wirtschaftlichen Belastung berechnet werden und als Last in die Gesamtbetrachtung der Prüfung der Angemessenheit eingestellt werden.[1076] Werden die Mindereinnahmen

---

1074 Vgl. *Bunzel*, ZfBR 2019, 640 (641); *ders.*, ZfBR 2015, 11 (16); *Hellriegel/Teichmann*, BauR 2014, 189 (194).

1075 Vgl. *Bunzel*, ZfBR 2019, 640 (641).

1076 Das Modell der sozialgerechten Bodennutzung München berücksichtigt Grundstückswertansätze in die Prüfung der Angemessenheit. Diese stellen sicher, dass der Vorhabenträger trotz der Mietbindung eine angemessene Rendite erwirtschaften kann. Die Grundstückswertansätze kommen im Rahmen der Ermittlung des Bodenwertzuwachses zur Anwendung. Flächen, auf denen geförderter Wohnraum entsteht, werden mit den vom Stadtrat beschlossenen Grundstückswertansätzen bewertet. Grundstückswertansätze für den geförderten Wohnungsbau belaufen sich auf 375 EUR/m² Geschossfläche für die einkommensorientiere Förderung nach den staatlichen Wohnraumförderungsbestimmungen des Freistaats Bayern

der Miete durch die Förderung hingegen kompensiert, ist für die Dauer der Förderung die Bindung angemessen.[1077] Ermöglichen die Fördermittel keine Kompensation der Mindereinnahmen auf ein rentables Maß, ist die maximale Dauer der Bindung erreicht, sobald die wirtschaftliche Gesamtbelastung, die aus dem städtebaulichen Vertrag folgt, die Rentabilität des gesamten Vorhabens gefährdet. Wann diese Grenze erreicht ist, muss im Einzelfall untersucht werden.

Im Bereich des preisgedämpften Wohnraums fehlt die kompensatorische Wirkung der sozialen Wohnraumförderung. Ist die Miethöhe beim preisgedämpften Wohnraum so gewählt, dass sie für sich betrachtet eine angemessene Rendite ermöglicht, muss der wirtschaftliche Nachteil der Bindung nicht als Belastung in die Angemessenheitsprüfung eingestellt werden.[1078] Ermöglicht die Mietbindung beim preisgedämpften Wohnraum hingegen

---

und auf 675 EUR/m² Geschossfläche für Flächen, die im Rahmen des kommunalen Förderprogramms München Modell-Miete gefördert werden.

1077 Verbleibt bei der Prüfung der Angemessenheit noch ein wirtschaftlicher Vorteil aus der Überplanung des Grundstücks bei dem Vorhabenträger, ist eine Verlängerung der Bindungsdauer denkbar, die über die Förderdauer hinausgeht bis zu dem Zeitpunkt, zu dem die Rentabilität des Vorhabens nicht mehr gesichert ist. Aufgrund der erheblichen Kompensationen, die erforderlich ist, um das Delta zwischen festgelegter Miethöhe der sozialen Wohnraumförderung und Miethöhe, die eine angemessene Rendite ermöglicht, zu schließen, ist die Verlängerung der Bindungsdauer über die Förderdauer hinaus zu vernachlässigen. Sie zu berechnen ist zum einen mit erheblicher Rechtsunsicherheit verbunden und zum anderen stünde die Dauer der Verlängerung außer Verhältnis zu dem damit verbundenen Berechnungsaufwand. Aus diesen Gründen sehen die kooperativen Baulandmodelle in der Praxis einen Gleichlauf zwischen Dauer der Förderung und Dauer der Mietbindung vor.

1078 Das Modell der sozialgerechten Bodennutzung München sieht für den preisgedämpften Wohnraum bei Erstvermietung eine Miete von 14,50 EUR/m² (netto kalt) vor. Mieterhöhungen sind im gesetzlichen Rahmen (§§ 558 ff. BGB) möglich. Jedoch ist eine Erhöhung der Erstvermietungsmiete für fünf Jahre nach Erstbezug ausgeschlossen. Eine Mietanpassung nach dem Verbraucherpreisindex ist höchstens bis zur ortsüblichen Vergleichsmiete zulässig. Siehe dazu Beschluss des Stadtrats der Landeshauptstadt München v. 28.07.2021, Sitzungsvorlage Nr. 20-26 / V 03932, S. 16. Bis zur Novelle im Jahr 2021 betrug die Miete bei der Erstvermietung beim preisgedämpften Wohnraum 13,90 EUR/m² (netto kalt). Dies zeigt, dass bei Fortschreibungen von kooperativen Baulandmodellen die festgelegten Mieten für die Erstvermietung beim preisgedämpften Wohnraum zu untersuchen und gegebenenfalls an die sich ändernden Marktgegebenheiten anzupassen sind. Mietbindungen im freifinanzierten Bereich bei Wahrung einer ausreichenden Rendite bejahend: *Spieß*, in: Brandl/Dirnberger/Miosga/Simon, Wohnen im ländlichen Raum. Wohnen für alle, S. 243; *Burmeister*, Praxishandbuch Städtebauliche Verträge, S. 170 und 176.

keine ausreichende Rendite, ist die wirtschaftliche Belastung, die über den Punkt der angemessenen Rendite hinausgeht, als Last in die Prüfung der Angemessenheit einzustellen.[1079] Bei der wirtschaftlichen Gesamtbetrachtung kann sich aufgrund dieser Mischkalkulation eine angemessene Vertragsgestaltung ergeben.[1080]

bb) Unbefristete Belegungs- und Mietbindungen

Im Bereich der sozialen Wohnraumförderung ist eine unbefristete Mietbindung nur denkbar, wenn der wirtschaftliche Nachteil der Mietbindung auf Dauer durch die Förderung kompensiert wird. Alle Wohnraumförderungsgesetze der Länder sehen eine zeitliche Befristung der Förderung vor. Nach Ablauf der höchstzulässigen Förderdauer könnte die Gemeinde zwar mit eigenen Fördermitteln einen Ausgleich vornehmen. Dazu müsste sie jedoch enorme finanzielle Mittel aufbringen, die ihr regelmäßig nicht zur Verfügung stehen. Auf Dauer kann die Gemeinde aus ihrem eigenen Haushalt die Differenz zwischen einer Miete, die eine angemessene Rendite sichert, und einer deutlich unterhalb der ortsüblichen Vergleichsmiete liegenden sozial geförderten Miete nicht aufwenden.

Bei preisgedämpftem Wohnraum kann eine dauerhafte Bindung angemessen sein, wenn sichergestellt ist, dass die Mietbindung auf Dauer die Rentabilität des Vorhabens nicht beeinträchtigt.[1081] Die Berechnung der Rentabilität beruht stets auf Prognosen, sodass die Berechnung einer unbefristeten Bindung mit Unsicherheiten verbunden ist. Vereinbart eine Ge-

---

1079 Das kooperative Baulandmodell in Stuttgart (Stuttgarter Innenentwicklungsmodell) sieht vor, dass beim preisgedämpften Wohnraum (Mietwohnungen für mittlere Einkommensbezieher) bei der Erstvermietung eine Miete zwischen 9,00 EUR/m^2 und 10,50 EUR/m^2 je nach Lage und Bodenpreis zulässig ist, wobei diese Miethöhen unterhalb des Mietspiegels liegen. Die Differenz zur ortsüblichen Vergleichsmiete trägt der Planungsbegünstigte und wird als Last bei der Prüfung der Angemessenheit angerechnet.

1080 Vgl. *Bunzel/Coulmas/Schmidt-Eichstaedt*, Städtebauliche Verträge, S. 142; *Burmeister*, Praxishandbuch Städtebauliche Verträge, S. 170; *Owusu*, Die Absicherung von Verpflichtungen in städtebaulichen Verträgen gemäß § 11 BauGB, S. 395; *Bunzel*, ZfBR 2015, 11 (16).

1081 In diesem Sinne wohl auch *Bunzel*, ZfBR 2019, 640 (646) sowie *Bunzel/Coulmas/Schmidt-Eichstaedt*, Städtebauliche Verträge, S. 142. Eine unbefristete Mietbindung im preisgedämpften Bereich mit Verweis auf die Rechtsprechung bei Einheimischenmodellen ablehnend *Burmeister*, Praxishandbuch Städtebauliche Verträge, S. 177.

meinde eine dauerhafte Mietbindung in einem städtebaulichen Vertrag, riskiert sie die Unwirksamkeit der Vereinbarung, wenn es dem Vorhabenträger gelänge, zu beweisen, dass die dauerhafte Bindung der Miete die Rentabilität seines Vorhabens gefährde. Zudem muss berücksichtigt werden, dass die Investitionsbereitschaft des Vorhabenträgers bei einer dauerhaft festgelegten Miethöhe und damit einer dauerhaft feststehenden Rendite geschwächt wird. Instandhaltungs- und Modernisierungsinvestitionen wird er bevorzugt im freifinanzierten Bereich tätigen, da er dort eine höhere Rendite erzielen kann. Ein Anreiz, in ein Vorhaben mit dauerhaft gebundenen Mieten zu investieren, entfällt.

d) Berücksichtigung einer Nachnutzung bei den Kosten der sozialen Infrastruktur?

Verpflichtet sich der Vorhabenträger im städtebaulichen Vertrag, Kosten für die soziale Infrastruktur zu übernehmen, die kausal durch sein Vorhaben verursacht werden, übernimmt er einen wichtigen Beitrag zur Realisierung des Vorhabens. Mit Blick auf die Entwicklung der Bevölkerung innerhalb eines Vorhabengebiets schlägt *Birk* vor, dem Vorhabenträger nicht die gesamten prognostizierten Kosten für die kausal durch das Vorhaben ausgelösten Kinderbetreuungsplätze aufzuerlegen, sondern den Betrag der Kostenbeteiligung um 25 bis 40 Prozent zu reduzieren.[1082] Ein solcher Abschlag bei der Refinanzierung von Infrastrukturkosten ist nach Ansicht von *Birk* erforderlich damit die Nachnutzung der Kinderbetreuungseinrichtung durch Kinder anderer Baugebiete in die Angemessenheitsprüfung einfließt.[1083] Diese Forderung stützt sich auf die These, nach der eine Betreuungseinrichtung nach 15 bis 20 Jahren nicht mehr von Kindern aus dem Vorhabengebiet besucht wird, weil diese dem Betreuungsalter entwachsen sind, gleichzeitig aber kein weiterer Bedarf durch das Vorhabengebiet ausgelöst wird, weil die Familien des Erstbezugs weiterhin im Gebiet wohnen.[1084] Diese Einschätzung verkennt die Realität der Bewohnerentwicklung vieler Neubaugebiete. Bei der überwiegenden Anzahl der Wohnungen, die im Rahmen eines kooperativen Baulandmodells errichtet werden, handelt es sich bei der späteren Vermarktung um Mietwohnun-

---

1082 Vgl. *Birk*, Städtebauliche Verträge, Rn. 501; *ders.*, VBlBW 2020, 177 (180).
1083 Vgl. *Birk*, Städtebauliche Verträge, Rn. 501.
1084 Vgl. *Birk*, Städtebauliche Verträge, Rn. 501; *ders.*, VBlBW 2020, 177 (180).

gen. Bei diesen ist eine Fluktuation bei den Bewohnern des Gebiets die Regel. Gründe für den Auszug aus einer Mietwohnung sind vielfältig: jobbedingter Wohnortwechsel, Umzug in eine altersgerechte Wohnform, Versterben des Mieters, weniger oder mehr Platzbedarf des Mieters oder Erwerb eines Eigenheims. Insbesondere der letzte Grund spricht gegen *Birks* These, wonach Familien in Vorhabengebieten wohnen bleiben und deshalb ein Bedarf durch neue junge Familien desselben Vorhabengebiets nicht ausgelöst wird. Das durchschnittliche Alter beim Ersterwerb einer Wohnimmobilie beträgt 39 Jahre.[1085] Hingegen beträgt das Durchschnittsalter einer verheirateten Mutter bei der Geburt des ersten Kindes 30,8 Jahre.[1086] Familien beziehen ein Eigenheim häufig erst, nachdem sie zuvor mit einem oder mehreren Kindern in einer Mietswohnung gelebt haben. Auch die anderen Gründe für einen Auszug aus einer Mietwohnung führen dazu, dass kleine Familien in das Vorhabengebiet „nachrücken". Dies zeigt, dass anders als *Birk* meint, ein Neubaugebiet nicht nur für eine gewisse Zeit den Bedarf für Kinderbetreuungsplätze kausal verursacht, sondern sich der Bedarf aufgrund der Mieterfluktuation ständig aktualisiert. Das Gebot der Angemessenheit fordert eine Berücksichtigung einer Nachnutzung bei den Kosten der sozialen Infrastruktur nicht.

IV. Koppelungsverbot

Städtebauliche Verträge müssen ferner das für alle öffentlich-rechtliche Verträge geltende Koppelungsverbot wahren. Dieses weist zwei unterschiedliche Erscheinungsformen auf.[1087] Zum einen dürfen hoheitliche Entscheidungen nicht von wirtschaftlichen Gegenleistungen abhängig gemacht werden, es sei denn, erst die Gegenleistung beseitigt rechtliche oder tatsächliche Hindernisse oder ein Gesetz ermächtigt zur Forderung der Gegenleis-

---

1085 Dies ergibt sich aus den Daten des Finanzdienstleisters Dr. Klein, siehe *Papon*, Das ist das beste Alter für den Hauskauf, Frankfurter Allgemeine Zeitung, 12.02.2020, Nr. 36, S. 23.

1086 Durchschnittliches Alter einer verheirateten Mutter 2020 bei der Geburt des ersten Kindes, Statistisches Bundesamt (Destatis), https://www.destatis.de/DE/Themen /Gesellschaft-Umwelt/Bevoelkerung/Geburten/Tabellen/geburten-mutteralter.h tml (zuletzt aufgerufen am 30.12.2022).

1087 Vgl. grundlegend BVerwGE 42, 331 (338 f.); *Hoffmann*, in: Spannowsky/Uechtritz (BeckOK), BauGB, § 11 Rn. 38; *Vierling*, Die Abschöpfung des Planungsgewinns durch städtebauliche Verträge, S. 97; *Riemann*, Baurechtliche Instrumente gegen Gentrifizierung, S. 125 f.; *Breuer*, NVwZ 2017, 112.

tung.[1088] Dadurch soll ein Verkauf von Hoheitsakten verhindert werden.[1089] Zum anderen darf durch den Vertrag nichts miteinander verknüpft werden, was nicht in einem sachlichen Zusammenhang steht.[1090]

Bei städtebaulichen Verträgen im Rahmen von kooperativen Bauland-modellen besteht die Leistung der Gemeinde darin, ihre Planungshoheit auszuüben und einen Bebauungsplan aufzustellen oder zu ändern, der das erforderliche Wohnbaurecht schafft. Vor dem Hintergrund des § 1 Abs. 3 Satz 2 Hs. 2 BauGB, wonach ein Anspruch auf Aufstellung eines Bauleitplans nicht durch Vertrag begründet werden kann, muss zunächst untersucht werden, was Bezugspunkt des Koppelungsverbots ist. Dazu müssen die Begriffe „Leistung" und „Gegenleistung" beleuchtet werden. Im Anschluss werden die beiden Erscheinungsformen des Koppelungsverbots – das Verbot des Verkaufs von Hoheitsakten und das Gebot des Sachzu-sammenhangs – im Hinblick auf städtebauliche Verträge bei kooperativen Baulandmodellen näher untersucht.

1. Bezugspunkt des Koppelungsverbots – Leistung und Gegenleistung

Die Gegenleistung des Vorhabenträgers, die er im städtebaulichen Vertrag übernimmt, ist leicht zu bestimmen. Dies sind alle von ihm übernomme-nen Verpflichtungen, insbesondere die Verpflichtung zur Errichtung von sozial gefördertem Wohnraum sowie die Übernahme der von seinem Vor-haben kausal verursachten Kosten.

Die Bestimmung der Leistung der Gemeinde gestaltet sich schwieriger. Wegen § 1 Abs. 3 Satz 2 Hs. 2 BauGB kann sich die Gemeinde im Vertrag nicht dazu verpflichten, einen Bebauungsplan mit einem bestimmten Inhalt aufzustellen oder zu ändern. Diese „Leistung" der Gemeinde wird hingegen ausdrücklich oder stillschweigend als Geschäftsgrundlage des Vertrags ver-einbart.[1091] Das Koppelungsverbot erfordert einen Vergleich zwischen Leis-tung und Gegenleistung. Auch wenn aus dem städtebaulichen Vertrag für den Vorhabenträger kein Anspruch auf Aufstellung oder Änderung des Be-bauungsplans folgt und dies lediglich die Geschäftsgrundlage des Vertrags darstellt, muss die Schaffung von Wohnbaurechten durch die Gemeinde bei

---

1088 Vgl. BVerwGE 42, 331 (339).
1089 Vgl. BVerwGE 42, 331 (343); 111, 162 (169); *Krautzberger*, in: Ernst/Zinkahn/Bie-lenberg/Krautzberger, BauGB, § 11 Rn. 168; *Stüer/König*, ZfBR 2000, 528 (534).
1090 Vgl. BVerwGE 42, 331 (339) („inneren Zusammenhang"); *Breuer*, NVwZ 2017, 112.
1091 Siehe dazu bereits S. 239.

der Prüfung des Koppelungsverbots als ihre Leistung aus dem Vertrag betrachtet werden.[1092] Andernfalls könnte eine Prüfung mangels Leistung der Gemeinde nicht stattfinden. In der Konsequenz läge stets ein Verstoß gegen das Koppelungsverbots vor, würde die Gemeinde die Gegenleistung, zu der sich der Vorhabenträger verpflichtet, einfordern. Dieses Ergebnis kann aufgrund der Existenz des § 11 BauGB nicht richtig sein.[1093] Bei städtebaulichen Verträgen im Rahmen kooperativer Baulandmodelle ist also zu erörtern, ob der Vorhabenträger bereits – ohne das Tätigwerden der Gemeinde – einen Anspruch auf die Genehmigung seines Vorhabens hat und ob die Schaffung von Wohnbaurechten durch die Gemeinde im sachlichen Zusammenhang mit der Gegenleistung des Vorhabenträgers steht.

2. Keinen Anspruch auf die Gegenleistung

Die erste Ausprägung des Koppelungsverbots – kein Verkauf von Hoheitsakten – beruht auf der Überlegung, dass hoheitliche Entscheidungen ohne entsprechende gesetzliche Ermächtigung nicht von wirtschaftlichen Gegenleistungen abhängig gemacht werden dürfen.[1094] Positivrechtlich verankert ist dieser Aspekt in § 11 Abs. 2 Satz 2 BauGB, wonach die Vereinbarung einer vom Vertragspartner zu erbringenden Leistung unzulässig ist, wenn er auch ohne sie einen Anspruch auf die Gegenleistung hätte. Steht dem Vorhabenträger ein Anspruch auf Erteilung einer Baugenehmigung für sein Vorhaben zu, verstößt eine Vereinbarung, in der er sich unter anderem zur Errichtung von sozial gefördertem Wohnraum und zur Übernahme von Folgekosten verpflichtet, gegen das Koppelungsverbot und ist unzulässig.

1092 So auch bayerischer VGH, Beschl. v. 11.06.2018 - 4 ZB 16.1515, Rn. 12 (*juris*), der bei der Prüfung eines städtebaulichen Vertrags anhand des Koppelungsverbots ausdrücklich von der „Gegenleistung" der Gemeinde spricht, die in der Durchführung des Verfahrens zur Aufstellung eines Bebauungsplans besteht.

1093 Vgl. *Vierling*, Die Abschöpfung des Planungsgewinns durch städtebauliche Verträge, S. 98, der zudem darauf verweist, dass nach dem Wortlaut des § 11 Abs. 2 Satz 1 BauGB im Rahmen der Prüfung der Angemessenheit die vereinbarten Leistungen „den gesamten Umständen nach" angemessen sein müssen, woraus folge, dass nicht nur die im Vertrag ausdrücklich festgelegte Leistung und Gegenleistung berücksichtigt werden müsse, sondern sämtliche Umstände. Gleiches gelte auch für die Bestimmung der Leistung und Gegenleistung im Zusammenhang mit dem Koppelungsverbot, S. 99.

1094 Vgl. BVerwGE 111, 162 (169).

a) Vorhaben entspricht Bebauungsplan

Besteht für das Grundstück des Vorhabenträgers ein Bebauungsplan und ist sein Vorhaben nach diesem zulässig, kann die Gemeinde nicht verlangen, im Gegenzug für die Erteilung der Baugenehmigung einen städtebaulichen Vertrag zu schließen, in dem sich der Vorhabenträger zu einer Gegenleistung verpflichtet.[1095] Die kooperativen Baulandmodelle berücksichtigen diese Ausprägung des Koppelungsverbots, indem sie einen städtebaulichen Vertrag nur fordern, wenn erstmalig neues Wohnbaurecht durch die Aufstellung oder Änderung eines Bebauungsplans geschaffen wird.

Dieser Teilaspekt des Koppelungsverbots hat Einfluss auf den Zeitpunkt des Abschlusses des städtebaulichen Vertrags. Der spätmöglichste Zeitpunkt für den Vertragsschluss ist unmittelbar vor der Bekanntmachung des Beschlusses des Bebauungsplans.[1096] Nach § 10 Abs. 3 Satz 4 BauGB tritt der Bebauungsplan mit Bekanntmachung in Kraft, sodass dem Vorhabenträger ab diesem Zeitpunkt ein Anspruch auf Erteilung der Baugenehmigung für ein plankonformes Vorhaben zusteht.[1097]

Die untersuchten kooperativen Baulandmodelle wahren diesen zeitlichen Aspekt des Koppelungsverbots, indem sie festlegen, bis wann ein Vertragsabschluss herbeigeführt sein muss. Nach dem Modell der kooperativen Baulandentwicklung Berlin muss der städtebauliche Vertrag vor der öffentlichen Auslegung abgeschlossen werden.[1098] Das Bonner Baulandmodell verweist darauf, dass der städtebauliche Vertrag vor dem Satzungsbeschluss über den Bebauungsplan zu unterzeichnen ist.[1099] Die Verfahrensgrundsätze der sozialgerechten Bodennutzung München enthalten keine explizite Aussage über den Zeitpunkt des Vertragsschlusses. Unter Wahrung des Koppelungsverbots findet der Vertragsschluss auch in München vor Bekanntmachung des Bebauungsplans statt.[1100]

1095　Vgl. *Bank*, in: Brügelmann, BauGB, § 11 Rn. 48; *Hoffmann*, in: Spannowsky/Hofmeister, Kooperative und nachfrageorientierte Kommunalentwicklung durch städtebauliche Verträge, S. 99.

1096　In den Fällen, in denen eine Genehmigung der höheren Verwaltungsbehörde erforderlich ist (§ 8 Abs. 2 Satz 2, Abs. 3 Satz 2 und Abs. 4 BauGB), wird nicht der Bebauungsplan, sondern die Genehmigung bekannt gemacht, vgl. § 10 Abs. 3 Satz 1 Alt. 1 BauGB.

1097　Vgl. *Reidt*, in: Battis/Krautzberger/Löhr, BauGB, § 11 Rn. 73.

1098　Vgl. Berliner Modell der kooperativen Baulandentwicklung, Leitlinie für den Abschluss städtebaulicher Verträge im Land Berlin, S. 16.

1099　Vgl. Bonner Baulandmodell: Leitfaden für Vorhabenträger, S. 13.

1100　Vgl. *Kubenka*, Das Münchener Modell der Sozialgerechten Bodennutzung, S. 50 f.

In diesem Zusammenhang stellt sich die Frage, ob vor Abschluss des städtebaulichen Vertrags zwischen Gemeinde und Vorhabenträger ein Anspruch auf Erteilung einer Baugenehmigung im Vorgriff auf den Bebauungsplan nach § 33 BauGB bestehen kann. Neben der formellen Planreife[1101] erfordert der Zulässigkeitstatbestand des § 33 BauGB zudem materielle Planreife. Diese setzt voraus, dass das Vorhaben den künftigen Festsetzungen des Bebauungsplans nicht entgegensteht, § 33 Abs. 1 Nr. 2 BauGB. Der Bebauungsplanentwurf muss mit hinreichender Sicherheit mit den vorgesehenen Festsetzungen in Kraft treten.[1102] Findet bei der Aufstellung oder Änderung eines Bebauungsplans ein kooperatives Baulandmodell Anwendung, resultiert bereits aus den Verfahrensregelungen des Baulandmodells, dass die Gemeinde neues Wohnbaurecht nur schafft, sofern der Vorhabenträger bestimmte Verpflichtungen im städtebaulichen Vertrag übernehmen wird. Die Gemeinde macht den Beschluss des Bebauungsplans von dem Abschluss eines städtebaulichen Vertrags abhängig. Das Erfordernis der Erteilung einer Grundzustimmung durch den Vorhabenträger bringt diesen Willen der Gemeinde bereits in einem frühen Stadium des Planungsverfahrens zum Ausdruck. Auch aus dem Planaufstellungsbeschluss der Gemeinde nach § 2 Abs. 1 Satz 2 BauGB wird ersichtlich, dass der Bebauungsplan von einem städtebaulichen Vertrag flankiert werden soll, in dem sich der Vorhabenträger zur Übernahme der Verpflichtungen aus dem kooperativen Baulandmodell verpflichtet. Dadurch wird deutlich, dass das Tatbestandsmerkmal der materiellen Planreife den Abschluss des städtebaulichen Vertrags erfordert, da ohne den Vertragsschluss keine prognostisch sichere Erwartung vorliegt, der Bebauungsplanentwurf werde auch ohne die vertraglichen Vereinbarungen gültiges Ortsrecht werden.

b) Ausnahme und Befreiung

Soweit die Entscheidung über die Erteilung einer Baugenehmigung im Ermessen der zuständigen Behörde liegt, ist der Abschluss eines städtebau-

---

1101 Vgl. eingehend zur Voraussetzung der formellen Planreife *Scheidler*, KommJur 2015, 241 (243).

1102 Vgl. VGH Baden-Württemberg, Beschl. v. 19.05.2008 - 3 S 2509/07, ZfBR 2009, 71; *Stock*, in: Ernst/Zinkahn/Bielenberg/Krautzberger, BauGB, § 33 Rn. 39.

lichen Vertrags über hoheitliche Leistungen möglich.[1103] Trifft die Behörde eine Ermessensentscheidung bei der Erteilung einer Ausnahme oder Befreiung und schließt einen städtebaulichen Vertrag ab, folgt dieser nicht den Regelungen eines kooperativen Baulandmodells. Diese finden nur Anwendung, wenn durch einen Bebauungsplan neues Wohnbaurecht geschaffen wird.

Gleichwohl ist auch bei sogenannten Baudispensverträgen eine Steuerung der sozialgerechten Bodennutzung durch ermessenslenkende Verwaltungsvorschriften oder durch einen Beschluss des kommunalen Vertretungsorgans denkbar. Der Berliner Bezirk Neukölln steuert das Ermessen bei einer Entscheidung über die Erteilung einer Befreiung durch den Erlass ermessenslenkender Verwaltungsvorschriften, die sich inhaltlich an den Regelungen des Berliner Modells der kooperativen Baulandentwicklung anlehnen.[1104] Liegen die übrigen Voraussetzungen des Befreiungstatbestands nach § 31 Abs. 2 Nr. 2 BauGB vor, hängt danach eine positive Ermessensentscheidung über einen Befreiungsantrag davon ab, ob der Vorhabenträger bereit ist, Verpflichtungen im Bereich des geförderten Wohnungsbaus und Kosten für soziale Infrastruktur zu übernehmen. Der Anwendungsbereich der Verwaltungsvorschrift ist bei Nachverdichtungen aufgrund von Befreiungen ab einer zusätzlichen Geschossfläche für Wohnnutzung von 1000 Quadratmeter eröffnet.[1105] Bei Überschreiten dieses Schwellenwerts muss der Vorhabenträger bereit sein, 30 Prozent der zusätzlich durch die Befreiungsentscheidung ermöglichten Quadratmeter Geschossfläche Wohnen als

---

1103 Bereits früh hat die Rechtsprechung sogenannte Baudispensverträge grundsätzlich für zulässig erachtet, vgl. BGH, Urt. v. 14.07.1966 - III ZR 190/64, DVBl. 1967, 36; BVerwGE 23, 213 (214 ff.); BVerwG, Beschl. v. 25.11.1980 - 4 B 140/80, NJW 1981, 1747 (1748). Dazu auch *Söfker*, in: Ernst/Zinkahn/Bielenberg/Krautzberger, BauGB, § 31 Rn. 62.

1104 Vgl. Neuköllner Modell für kiezverträglichen Wohnungsbau, Arbeitsanweisung v. 06.01.2020,
https://www.berlin.de/ba-neukoelln/politik-und-verwaltung/aemter/stadtentwic klungsamt/stadtplanung/planungsrechtliche-auskuenfte/neukoellner_modell.pdf (zuletzt aufgerufen am 30.12.2022).

1105 Diese Bagatellgrenze wurde gewählt, da nach dem Berliner Modell der kooperativen Baulandentwicklung durch die Erhöhung der Geschossfläche um 1200 m² ein Schulplatz kausal verursacht wird. Vgl. dazu Bezirksamt Treptow-Köpenick, Beantwortung der Schriftlichen Anfrage VIII/1135 v. 07.04.2020, S. 2. Die Befreiungsentscheidung muss eine gewisse Größenordnung erreichen, damit durch sie überhaupt zurechenbare Kosten entstehen, die von dem Vorhabenträger übernommen werden können.

sozial geförderten Wohnraum zu errichten und die kausal verursachten Folgekosten für die soziale Infrastruktur zu übernehmen.

Zu berücksichtigen ist, dass die großzügige Befreiungspraxis im Westteil von Berlin auf der besonderen planungsrechtlichen Situation des Gebiets beruht. Die bauplanungsrechtliche Zulässigkeit von Bauvorhaben bestimmt sich dort, soweit keine gebietsspezifischen Bebauungspläne erlassen worden sind, nach dem übergeleiteten Recht des Baunutzungsplans für Berlin von 1960[1106] und den Vorschriften der Bauordnung für Berlin von 1958.[1107] Der Baunutzungsplan verfehlt jedoch seine Steuerungsfunktion bei den Festsetzungen zum Maß der baulichen Nutzung, insbesondere bei der Geschossflächenzahl, weshalb die Bezirke im Westteil Berlins häufig Befreiungen von der Geschossflächenzahl erteilen.[1108] Aufgrund dieser planungsrechtlichen Besonderheiten in den westlichen Bezirken Berlins kann es dazu kommen, dass eine Befreiungsentscheidung, die eine zusätzliche Geschossfläche von mehr als 1000 Quadratmeter Wohnfläche zulässt, die Grundzüge der Planung nicht berührt.[1109]

Im Anwendungsbereich eines qualifizierten Bebauungsplans ist die Wahrscheinlichkeit, dass eine Abweichung von den Festsetzungen des Bebauungsplans in dieser Größenordnung die Grundzüge der Planung

---

1106 Der Baunutzungsplan i.d.F.v. 28.12.1960 (Berliner ABl. 1961, S. 742) wurde für den Westteil von Berlin aufgestellt und weist für alle dort befindlichen Bezirke Baugebiete aus.

1107 Bauordnung für Berlin i.d.F.v. 21.11.1958 (GVBl. S. 1087/1104). Der Baunutzungsplan stellt in Verbindung mit der Bauordnung für Berlin den Zulässigkeitstatbestand für einzelne Vorhaben dar und bildet als übergeleiteter Bebauungsplan (§ 173 Abs. 3 BBauG) noch heute die Grundlage planungsrechtlicher Entscheidungen im Westteil von Berlin. Ausführlich dazu *Groth*, Das Grundeigentum 2020, 383 f.

1108 Der Baunutzungsplan in Verbindung mit § 7 Nr. 15 Bauordnung für Berlin setzt in der Baustufe V/3 eine Geschossflächenzahl von 1,5 fest. Jedoch wies bereits bei Inkrafttreten des Baunutzungsplans im Jahr 1958 ein großer Teil der aus der Gründerzeit stammenden tatsächlichen Bebauung eine höhere Geschossflächenzahl auf, vgl. *Nebel*, jurisPR-UmwR 9/2017 Anmerkung 3.

1109 Vgl. zur gängigen Verwaltungspraxis Drucksache Abgeordnetenhaus Berlin 17/16051, S. 1 f. Dazu auch *Groth*, Grundeigentum 2020, 383 (385 f.). In jüngster Zeit tritt neben die Möglichkeit, eine Befreiung von den Vorschriften des Baunutzungsplans zu erhalten, die Erklärung der Funktionslosigkeit von einzelnen Festsetzungen des Baunutzungsplans durch Gerichte. Zuletzt hat das OVG Berlin-Brandenburg seine Rechtsprechung zur sognannten „Baublockrechtsprechung" aufgegeben und den Bereich, der für die Prüfung der Funktionslosigkeit zu betrachten ist, erweitert, Beschl. v. 15.09.2020 - 2 B 10.17, NVwZ 2020, 1694.

berührt ungleich höher[1110], weshalb sich die Idee einer ermessenslenkenden Verwaltungsvorschrift nach dem Vorbild des Bezirks Neukölln nicht ohne Weiteres auf andere Gemeinden übertragen lässt.

Auch die Stadt München sieht vor, dass bei einer Befreiungsentscheidung, die zusätzlich Geschossfläche Wohnen ermöglicht, 40 Prozent dieser Fläche als gebundener Wohnraum entstehen muss.[1111] Eine Bagatellgrenze, wie es das Neuköllner Modell mit 1000 Quadratmeter zusätzlicher Geschossfläche vorsieht, kommt in München nicht zur Anwendung. Dadurch sinkt das Risiko, dass durch die Befreiungsentscheidung die Grundzüge der Planung berührt werden.

Zusammenfassend ist festzuhalten: Je mehr zusätzliche Geschossfläche durch die Befreiungsentscheidung ermöglicht wird, desto höher ist das Risiko, dass im Einzelfall die Grundzüge der Planung berührt werden. Je geringer die zusätzliche Geschossfläche ist, die durch die Befreiungsentscheidung ermöglicht wird, desto schwieriger ist es für die Gemeinde, nachzuweisen, dass durch die Befreiungsentscheidung Kosten der sozialen Infrastruktur kausal verursachten werden.

1110   Vgl. bayerischer VGH, Beschl. v. 04.11.2009 - 9 CS 09.2422, nach dem eine Befreiung hinsichtlich der Geschossflächenzahl (0,865 statt 0,5) in der Gesamtschau mit weiteren Befreiungen zur Wandhöhe und Dachform nicht mehr als mit den Grundzügen der Planung vereinbar angesehen wird. Anders hingegen VG Hannover, Urt. v. 24.01.2019 - 4 A 723/17, das eine Befreiung von der Einhaltung der Geschossflächenzahl (0,34 statt 0,3) noch als mit den Grundzügen der Planung vereinbar erachtet. In Treptow-Köpenick, ein im Ostteil Berlins befindlicher Stadtteil, lehnt das Bezirksamt eine vergleichbare ermessenslenkende Verwaltungsvorschrift wie das „Neuköllner Modell des kiezverträglichen Wohnungsbaus" mit der Begründung ab, bei Vorhaben im Geltungsbereich eines qualifizierten Bebauungsplans könne eine wesentliche Erhöhung der Geschossflächenzahl nicht über eine Befreiungsentscheidung erteilt werden, sondern müsse durch eine Änderung des Bebauungsplans erfolgen. Eine Befreiungsentscheidung, die eine wesentliche Erhöhung der Geschossfläche zuließe, berühre regelmäßig die Grundzüge der Planung, Bezirksamt Treptow-Köpenick, Beantwortung der Schriftlichen Anfrage VIII/1135 v. 07.04.2020, S. 2.

1111   Vgl. Wohnungspolitisches Handlungsprogramm - „Wohnen in München VI", S. 45. Ermöglicht eine Befreiung von den Festsetzungen des Bebauungsplans eine zusätzliche Geschossfläche Wohnen von 200 m², müssen danach mindestens 80 m² als geförderter Wohnraum errichtet werden. Mit der Fortschreibung des Modells der sozialgerechten Bodennutzung München 2021 werden die neuen Grundstückswertansätze und Bindungsdauern auch im Rahmen von Befreiungsentscheidungen angewandt, siehe dazu Beschluss des Stadtrats der Landeshauptstadt München v. 28.07.2021, Sitzungsvorlage Nr. 20-26 / V 03932, S. 33 f.

Eine zusätzliche Stärkung der Handlungsmöglichkeiten der Gemeinde im Bauplanungsrecht stellt der durch das Baulandmobilisierungsgesetz[1112] eingefügte Befreiungstatbestand in § 31 Abs. 3 BauGB zugunsten des Wohnungsbaus dar. Anders als § 31 Abs. 2 BauGB erfordert der neue Befreiungstatbestand zwar nicht die Berücksichtigung der Grundzüge der Planung.[1113] Stattdessen müssen aber andere Voraussetzungen vorliegen, etwa ein Gebiet mit einem angespannten Wohnungsmarkt.[1114]

c) Vorhaben innerhalb der im Zusammenhang bebauten Ortsteile

aa) Zulässigkeit des Vorhabens nach § 34 BauGB

Besteht für ein Vorhaben bereits Baurecht nach § 34 BauGB, kann die Erteilung der Baugenehmigung nicht von zusätzlichen vertraglichen Bindungen abhängig gemacht werden.[1115] Sofern dem Vorhabenträger ein Anspruch auf Erteilung der Baugenehmigung im unbeplanten Innenbereich zusteht, verstößt der Abschluss eines städtebaulichen Vertrags gegen das Koppelungsverbot nach § 11 Abs. 2 Satz 2 BauGB und ist nichtig. Die Regelungen eines kooperativen Baulandmodells kommen nur zur Anwendung, wenn neue Wohnbaurechte durch einen Bebauungsplan geschaffen werden.[1116]

Schließen Vorhabenträger und Gemeinde einen städtebaulichen Vertrag, der als Leistung der Gemeinde die Durchführung eines Bebauungsplanverfahrens und als Gegenleistung des Vorhabenträgers eine Kostenübernahme vorsieht, kann sich der Vorhabenträger zu einem späteren Zeitpunkt nicht auf die Unwirksamkeit des Kostenübernahmevertrags mit dem Argument berufen, ihm stünde ein Baurecht bereits nach § 34 BauGB zu.[1117] Ob der städtebauliche Vertrag gegen das Koppelungsverbot verstößt, ist anhand

---

1112 Gesetz zur Mobilisierung von Bauland (Baulandmobilisierungsgesetz) v. 14.06.2021, BGBl. I, S. 1802.

1113 *Scheidler*, UPR 2021, 127 (131).

1114 Siehe zu den einzelnen Voraussetzungen des neu eingefügten Befreiungstatbestands *Scheidler*, UPR 2021, 127 (131).

1115 Vgl. *Kukk*, in: Schäfer/Uechtritz/Zuber, Rechtsgestaltung in der kommunalen Praxis, § 8 Rn. 32; *Burmeister*, Praxishandbuch Städtebauliche Verträge, S. 103; *Spieß*, Bayerischer Gemeindetag 2015, 198 (203).

1116 Siehe zum sachlichen Anwendungsbereich eines kooperativen Baulandmodells S. 77 f.

1117 Vgl. bayerischer VGH, Beschl. v. 11.06.2018 - 4 ZB 16.1515, Rn. 13 (*juris*).

der sich gegenüberstehenden Leistungen zu beurteilen. Ein Anspruch auf die Leistung der Gemeinde – die Durchführung eines Bebauungsplanverfahrens – steht dem Vorhabenträger jedoch nicht zu. Ist er der Auffassung, ihm stünde ein Baurecht bereits nach § 34 BauGB zu, steht es ihm frei, einen Antrag auf Erteilung einer Baugenehmigung unter Berufung auf § 34 BauGB zu stellen[1118] und im Falle einer Ablehnung des Antrags gegebenenfalls Widerspruch und Verpflichtungsklage zu erheben.

Insbesondere in Innenstadtlagen richtet sich die Zulässigkeit von Vorhaben häufig nach § 34 BauGB.[1119] In München wird rund die Hälfte der Baugenehmigungen nach § 34 BauGB erteilt.[1120] Die Gemeinden stellt dies vor die Herausforderung, dass bei Vorhaben, die auf der Grundlage von § 34 BauGB genehmigt werden, eine Beteiligung des Vorhabenträgers an der Errichtung sozial geförderten Wohnraums und an den Kosten der durch das Vorhaben verursachten sozialen Infrastruktur nicht vereinbart werden kann. Der Tatbestand des § 34 BauGB sieht eine Berücksichtigung der Belange des Gemeinwohls nicht vor.[1121]

bb) Planungspflicht der Gemeinde?

Zu untersuchen ist, ob ein Vorhaben, das auf der Grundlage von § 34 BauGB genehmigt werden kann, aber in einem Gebiet errichtet werden soll, in dem eine Unterversorgung mit Kinderbetreuungs- und Grundschulplätzen besteht und in dem die Errichtung von bezahlbarem Wohnraum dringend notwendig ist, eine Planungspflicht der Gemeinde auslöst, einen Bebauungsplan aufzustellen, in dem diese Belange der sozialgerechten Bodennutzung berücksichtigt werden können.[1122] Dazu müsste der Bebau-

---

1118 Vgl. bayerischer VGH, Beschl. v. 11.06.2018 - 4 ZB 16.1515, Rn. 14 (*juris*).

1119 Vgl. *Bunzel/Niemeyer*, ZfBR 2018, 743 (750).

1120 Siehe die Anfrage der Stadtratsfraktionen Die Linke und Die Piraten im Stadtrat der Landeshauptstadt München v. 16.11.2020, Antrags-Nr. 20-26 / F 00136.

1121 Vgl. *Bunzel/zur Nedden/Pätzold/Aring/Coulmas/Rohland*, Bodenpolitische Agenda 2020-2030, S. 5, https://repository.difu.de/jspui/handle/difu/238504 (zuletzt aufgerufen am 30.12.2022); *Bunzel/Niemeyer*, ZfBR 2018, 743 (750).

1122 Die Anfrage der Stadtratsfraktionen Die Linke und Die Piraten im Stadtrat der Landeshauptstadt von München thematisiert die Errichtung von 284 Wohnungen für rund 600 Menschen auf dem Rodenstockgelände in München, die aufgrund einer Baugenehmigung nach § 34 BauGB ermöglicht wurde und dazu geführt hat, dass die Stadt München auf dem Gelände teure Flächen für den Bau einer Kindertagesstätte ankaufen musste. Zudem wurden auf dem Gelände keine sozial

ungsplan in einer solchen städtebaulichen Situation das richtige Instrument sein, um „die Entwicklung in bestimmte Bahnen zu lenken".[1123]

Eine Verdichtung des nach § 1 Abs. 3 Satz 1 BauGB bestehenden Planungsermessens der Gemeinde zu einer Planungspflicht hat das Bundesverwaltungsgericht in einem Fall bejaht, in dem nur die Aufstellung eines Bebauungsplans Probleme im Zusammenhang mit einem großflächigen Einzelhandel lösen konnte, der nach § 34 BauGB zulässig war.[1124] Im unbeplanten Innenbereich verdichtet sich das Planungsermessen der Gemeinde zu einer strikten Planungspflicht, wenn qualifizierte städtebauliche Gründe von besonderem Gewicht vorliegen.[1125] Verursacht die Genehmigungspraxis auf der Grundlage von § 34 Abs. 1 und Abs. 2 BauGB städtebauliche Konflikte oder droht sie, diese zu verursachen, und erfordern die städtebaulichen Konflikte dringend eine Gesamtkoordination der widerstreitenden öffentlichen und privaten Belange in einem förmlichen Planungsverfahren, besteht ein qualifizierter Planungsbedarf.[1126] Kann die planersetzende Vorschrift des § 34 BauGB ihre Steuerungsfunktion für die städtebauliche Ordnung und Entwicklung nicht mehr erzielen, muss die Gemeinde planerisch tätig werden.[1127]

Der Ausnahmecharakter der Planungspflicht der Gemeinde setzt zwingend voraus, dass die bestehenden städtebaulichen Missstände durch die Planung der Gemeinde beseitigt werden können. Der Bebauungsplan kann nur dann das richtige Instrument sein, um die Entwicklung in bestimmte Bahnen zu lenken, wenn er geeignet ist, die ohne ihn verlaufende städtebauliche Entwicklung zu verhindern. Mit Blick auf die Belange der sozialgerechten Bodennutzung, wie die Errichtung von bezahlbarem Wohnraum und der Kostenbeteiligung an sozialer Infrastruktur, kann eine Überplanung des Gebietes jedoch nicht zu einer Verbesserung der städtebaulichen Missstände führen. Die Aufstellung eines Bebauungsplans, der den planungsrechtlichen status quo nach § 34 BauGB festsetzt, müsste davon abhängig gemacht werden, dass der Vorhabenträger sich in einem städtebaulichen Vertrag verpflichtet, geförderten Wohnraum zu errichten und Fol-

---

geförderten Wohnungen errichtet. Vgl. Anfrage v. 16.11.2020, Antrags-Nr. 20-26 / F 00136.

1123 Anfrage der Stadtratsfraktionen Die Linke und Die Piraten im Stadtrat der Landeshauptstadt München v. 16.11.2020, Antrags-Nr. 20-26 / F 00136.
1124 Vgl. BVerwGE 119, 25 (28 ff.).
1125 Vgl. BVerwGE 119, 25 (32).
1126 Vgl. BVerwGE 119, 25 (32).
1127 Vgl. BVerwGE 119, 25 (32).

gekosten für soziale Infrastruktur zu übernehmen. Dieses Vorgehen wird jedoch an der Kooperationsbereitschaft des Vorhabenträgers scheitern. In Ermangelung einer von dem Vorhabenträger benötigten Gegenleistung der Gemeinde wird er einen Vertragsabschluss ablehnen. In dieser Situation stehen der Gemeinde anderweitige Möglichkeiten, die Belange der sozialgerechten Bodennutzung durchzusetzen, nicht zur Verfügung. Die Probleme der sozialgerechten Bodennutzung können durch die Aufstellung eines Bebauungsplans nicht gelöst werden, sodass sie auch nicht geeignet sind, eine Planungspflicht auszulösen.

cc) Schaffung zusätzlichen Baurechts

Ermöglicht die Aufstellung eines Bebauungsplans nicht nur den bauplanungsrechtlichen status quo, der auch nach § 34 BauGB verwirklicht werden könnte, sondern ermöglicht die Bauleitplanung im unbeplanten Innenbereich ein zusätzliches, überschießendes Baurecht, stellt sich die Frage, ob das zuvor bestehende Baurecht nach § 34 BauGB auf die Verpflichtungen, die der Vorhabenträger nach den Vorgaben des kooperativen Baulandmodells zu erbringen hat, angerechnet wird. Die Verpflichtungen nach dem Baulandmodell könnten sich in dieser Konstellation auf die durch die Aufstellung eines Bebauungsplans entstehende zusätzliche Geschossfläche Wohnen beschränken.

Gegen eine solche Anrechnung bestehender Baurechte, die auch ohne Aufstellung eines Bebauungsplans bereits nach § 34 BauGB verwirklicht werden könnten, spricht, dass der Vorhabenträger durch die Aufstellung des Bebauungsplans ein weitergehendes Baurecht erhält. Der Bebauungsplan gestaltet Inhalt und Schranken des Grundeigentums neu aus und ermöglicht eine weitergehende Nutzung des Grundstücks als dies bisher nach § 34 BauGB möglich war. Das Koppelungsverbot steht einem Vertragsschluss nicht entgegen. Auf die Leistung der Gemeinde – Aufstellung eines Bebauungsplans, der dem Vorhabenträger weitergehendes Baurecht ermöglicht – hat der Vorhabenträger keinen Anspruch. Eine Aufspaltung des Baurechts in einen Teil, der auch vor Aufstellung des Bebauungsplans nach § 34 BauGB möglich war und einen weiteren Teil, der darüber hinaus erst zusätzlich durch den Bebauungsplan ermöglicht wird, widerspricht der Funktion des Bebauungsplans: Er steuert die städtebauliche Entwicklung und Ordnung innerhalb seines Geltungsbereichs. Eine Aufspaltung ist ihm fremd. Ein zunächst nach § 34 BauGB bestehendes Baurecht bleibt bei

einer Überplanung eines Gebiets durch einen Bebauungsplan nicht bestehen, sondern wird durch den Bebauungsplan ersetzt. Die Notwendigkeit
der Planersatzvorschrift entfällt mit der Aufstellung eines Bebauungsplans.

Regelmäßig hat der Vorhabenträger ein Interesse daran, sein Grundstück
bestmöglich auszunutzen, sodass er im Rahmen des Planaufstellungsverfahrens die Anwendung der Regelungen des kooperativen Baulandmodells
akzeptieren wird. Andernfalls kann die Gemeinde von der Aufstellung des
Bebauungsplans mit weitergehendem Baurecht Abstand nehmen. In diesem
Fall kann der Vorhabenträger lediglich die nach § 34 BauGB mögliche,
geringere bauliche Nutzung des Grundstücks umsetzen.

3. Sachlicher Zusammenhang zwischen Leistung und Gegenleistung

Die zweite Ausprägung des Koppelungsverbots fordert einen sachlichen
Zusammenhang zwischen den auszutauschenden Leistungen.[1128] Dadurch
soll eine sachwidrige Koppelung von Leistung und Gegenleistung verhindert werden. Positivrechtlich ergibt sich diese Ausprägung aus den einzelnen Voraussetzungen der in § 11 Abs. 1 Satz 2 BauGB genannten städtebaulichen Verträge.[1129] Daneben folgt das Erfordernis eines sachlichen
Zusammenhangs für unbenannte städtebauliche Verträge („insbesondere")
und für andere öffentlich-rechtliche Verträge aus § 56 Abs. 1 Satz 2 Hs. 2
VwVfG, der als Auffangnorm zur Anwendung kommt, soweit die speziellere
Vorschrift des § 11 BauGB nicht greift.[1130]

Ob im Einzelfall ein sachlicher Zusammenhang zwischen Leistung und
Gegenleistung besteht, lässt sich „kaum abstrakt-generell umschreiben
oder gar festlegen".[1131] Der Inhalt und die Begleitumstände des konkreten
Vertrags sind entscheidend.[1132] Nach der Rechtsprechung des Bundesverwaltungsgerichts fehlt ein sachlicher Zusammenhang zwischen Leistung
und Gegenleistung, wenn die vom Bürger zu erbringende Leistung einem
anderen öffentlichen Interesse zu dienen bestimmt ist als die von der Be-

---

1128 Vgl. BVerwGE 42, 331 (338 f.); 111, 162 (168 f.).
1129 Vgl. *Bunzel*, ZfBR 2015, 11 (14); *Brohm*, JZ 2000, 321 (322); *Diehr*, BauR 2000,
1 (6); *Vierling*, Die Abschöpfung des Planungsgewinns durch städtebauliche Verträge, S. 99; *Junker*, Rechtliche Möglichkeiten und Grenzen einer Abschöpfung
planungsbedingter Bodenwertsteigerungen durch Gemeinden, S. 125.
1130 Vgl. *Bick*, DVBl. 2001, 154 (156); *Vierling*, Die Abschöpfung des Planungsgewinns
durch städtebauliche Verträge, S. 99.
1131 BVerwGE 111, 162 (169).
1132 Vgl. BVerwGE 111, 162 (169).

hörde zu erbringende oder von ihr in Aussicht gestellte Leistung.[1133] Für die zu untersuchenden städtebaulichen Verträge der sozialgerechten Bodennutzung bedeutet dies, dass ein sachlicher Zusammenhang vorliegt, wenn die Gegenleistung des Vorhabenträgers demselben Zweck dient, den die Gemeinde mit ihrer Leistung – der Bauleitplanung – verfolgt.

a) Sachlicher Zusammenhang bei Zielbindungsverträgen

Bei Zielbindungsverträgen nach § 11 Abs. 1 Satz 2 Nr. 2 BauGB, die kooperative Baulandmodelle umsetzen, besteht die Leistung der Gemeinde in der Schaffung von Baurecht und die Gegenleistung des Vorhabenträgers in der Errichtung von sozial gefördertem oder preisgedämpftem Wohnraum. Diese Gegenleistung des Vorhabenträgers dient dem mit der Bauleitplanung der Gemeinde verfolgten städtebaulichen Ziel der sozialgerechten Bodennutzung, welches in § 1 Abs. 5 Satz 1 BauGB verankert ist. Der sachliche Zusammenhang von Leistung und Gegenleistung ergibt sich daraus, dass der Gesetzgeber selbst in § 11 Abs. 1 Satz 2 Nr. 2 BauGB die Verknüpfung zwischen diesen Vertragsleistungen herstellt, indem er die Deckung des Wohnbedarfs von Bevölkerungsgruppen mit besonderen Wohnraumversorgungsproblemen als zulässigen Vertragsinhalt anführt.[1134] Diese Deckung wird durch Belegungs- und Mietbindungen im geförderten und freifinanzierten Bereich sichergestellt.[1135]

Eine unzulässige Verknüpfung zwischen Leistung und Gegenleistung liegt hingegen vor, wenn mit dem Vertrag nicht städtebauliche Ziele, sondern allgemeine sozialpolitische oder kulturelle Ziele verfolgt werden.[1136]

1133 Vgl. BVerwGE 111, 162 (169).

1134 Vgl. *Bunzel*, ZfBR 2018, 638 (641); *Köster*, KommJur 2016, 81 (84); *Spieß*, Bayerischer Gemeindetag 2015, 198 (203); *Hellriegel/Teichmann*, BauR 2014, 189 (192); *Riemann*, Baurechtliche Instrumente gegen Gentrifizierung, S. 125; *Reidt*, in: Battis/Krautzberger/Löhr, BauGB, § 11 Rn. 74. Abweichend *Möller/Hatz*, Das Grundeigentum, 2013, 314 (318 f.), die verkennen, dass bei der Prüfung des Koppelungsverbots die Baurechtsschaffung der Gemeinde als Leistung des städtebaulichen Vertrags angesehen werden darf. Dazu bereits oben S. 243 f.

1135 Vgl. *Krautzberger*, in: Ernst/Zinkahn/Bielenberg/Krautzberger, BauGB, § 11 Rn. 148.

1136 Vgl. *Stüer/König*, ZfBR 2000, 528 (534), die die pauschale Abschöpfung des Bodenwerts als ein Ziel benennen, welches nicht mit einem Vertrag nach § 11 Abs. 1 Satz 2 Nr. 2 BauGB verfolgt werden kann. Zustimmend *Vierling*, DNotZ 2006, 891 (894) m.w.N. Siehe hingegen zur Vereinbarkeit sogenannter Einheimischenmo-

So hat das Bundesverwaltungsgericht den sachlichen Zusammenhang in einem Fall verneint, in dem sich die Gemeinde in einem städtebaulichen Vertrag als Gegenleistung für die Baurechtsschaffung einen Geldbetrag zusichern ließ, der für die Instandsetzung von Spielplätzen im Gemeindegebiet verwenden werden sollte.[1137] Zwischen der Leistung der Gemeinde – Schaffung von Baurecht – und der Gegenleistung des Vertragspartners – Zahlung eines Geldbetrags zur Instandsetzung von Kinderspielplätzen – besteht kein sachlicher Zusammenhang. Denn die Instandsetzung von Spielplätzen im Gemeindegebiet ist kein Zweck, welchen die Gemeinde mit ihrer konkreten Bauleitplanung verfolgt. Vielmehr dient die Leistungsverpflichtung des Vorhabenträgers einem allgemeinen gemeinnützigen Zweck.[1138]

Der bayerische VGH hat den sachlichen Zusammenhang zwischen Leistung und Gegenleistung bei einem städtebaulichen Vertrag verneint, der die Schaffung von neuem Baurecht mit der Sanierung und Teilübertragung eines Schlosses an die Gemeinde verknüpfte.[1139] Die Gegenleistung des Vertragspartners – Sanierung und Teilübereignung des Schlosses – diente nicht der Bauleitplanung, sondern einem sonstigen Zweck, den die Gemeinde nicht mit ihrer Bauleitplanung verfolgte. Ein planungsrechtlicher Zusammenhang zwischen den vereinbarten Leistungen ist nicht erkennbar.

---

delle mit dem Koppelungsverbot BGH, Urt. v. 02.10.1998 - V ZR 45/98, DNotZ 1999, 398 (400) und vertiefend dazu *Burmeister*, Praxishandbuch Städtebauliche Verträge, S. 97. Unschädlich ist es hingegen, wenn sich städtebauliche und wohnungspolitische Ziele überlagern, vgl. *Bunzel*, ZfBR 2015, 11 (14 f.). Siehe dazu bereits S. 121 f.

1137 Vgl. BVerwGE 111, 162 (170). Die Leistung der Gemeinde bestand in der Einbeziehung des Grundstücks des Vertragspartners in den Geltungsbereich eines Jahre zuvor aufgestellten Bebauungsplans. Da die Erschließung zu diesem Zeitpunkt bereits abgeschlossen war, das Grundstück des Vertragspartners nunmehr von dieser profitierte, eine Beteiligung an den Kosten für die Erschließung durch den Vertragspartner nachträglich aber nicht mehr möglich war, verlangte die Gemeinde aus Gründen der Gerechtigkeit stattdessen einen an den üblichen Erschließungskosten orientierten Betrag, der zur Reparatur von Kinderspielplätzen im Gemeindegebiet verwendet werden sollte.

1138 Vgl. *Krautzberger*, in: Ernst/Zinkahn/Bielenberg/Krautzberger, BauGB, § 11 Rn. 168a.

1139 Vgl. bayerischer VGH, Urt. v. 12.05.2004 - 20 N 04.329 und 20 NE 04.336, NVwZ-RR, 2005, 781 (782 f.). Die Leistung der Gemeinde bestand darin, einen Bebauungsplan aufzustellen, der 59 neue Wohneinheiten ermöglichte. Von der Erhebung eines Folgekostenbeitrags sah die Gemeinde ab. Im Gegenzug verpflichtete sich der Vorhabenträger zur Sanierung und zu einer Teilübertragung eines im Gemeindegebiet liegenden Schlosses.

Auf zwei Aspekte des Sachzusammenhangs bei Zielbindungsverträgen ist näher einzugehen: Zum einen ist zu untersuchen, ob der sachliche Zusammenhang fordert, dass die Gegenleistung des Vorhabenträgers im Vorhabengebiet verwirklicht werden muss oder ob die Verfolgung der Ziele auch an anderer Stelle des Gemeindegebiets möglich ist (aa). Zum anderen ist zu analysieren, ob eine Ablösung der Verpflichtung des Vorhabenträgers zur Errichtung von gefördertem oder preisgedämpften Wohnraum durch Zahlung eines Geldbetrags mit dem Koppelungsverbot vereinbar ist (bb).

aa) Gebietsbezug

Das Erfordernis des sachlichen Zusammenhangs wirft die Frage auf, ob die Maßnahme des Vorhabenträgers, zu der er sich im städtebaulichen Vertrag verpflichtet, unmittelbar im räumlichen Geltungsbereich des Bebauungsplans errichtet werden muss. Würde das Koppelungsverbot einen strikten Gebietsbezug fordern, könnte sozial geförderter oder preisgedämpfter Wohnraum nicht außerhalb des Vorhabengebiets an anderer Stelle errichtet werden.

Der sachliche Zusammenhang, den das Koppelungsverbot zwischen Leistung und Gegenleistung fordert, enthält keine örtliche Komponente, wonach die mit der Bauleitplanung verfolgten Ziele nur im Bebauungsplangebiet erreicht werden können. Das mit dem Bebauungsplan verfolgte Ziel, den Wohnbedarf von Bevölkerungsgruppen mit besonderen Wohnraumversorgungsproblemen zu decken und mehr bezahlbaren Wohnraum zu schaffen, kann auch durch die Errichtung von gefördertem oder preisgedämpftem Wohnraum an einer anderen Stelle im Gebiet der Gemeinde erreicht werden.[1140]

Der Wortlaut von § 11 Abs. 1 Satz 2 Nr. 2 BauGB enthält keine Anhaltspunkte, dass die Maßnahme des Vorhabenträgers im Gebiet des Bebau-

---

1140 Vgl. *Burmeister*, Praxishandbuch Städtebauliche Verträge, S. 174 ff.; *v. Nicolai/Wagner/Wecker*, Verträge des Baugesetzbuches, S. 42 f.; *Bunzel/Coulmas/Schmidt-Eichstaedt*, Städtebauliche Verträge, S. 143 f.; *Hoffmann*, in: Hoppenberg/de Witt, Handbuch des öffentlichen Baurechts, Bd. 3, Kap. P, Rn. 89. Abweichend *Schmidt-Eichstaedt*, BauR 1996, 1 (8); ohne nähere Begründung *Dolde/Menke*, NJW 1999, 1070 (1082). Vermittelnd *Grötz*, Städtebauliche Verträge zur Baulandbereitstellung, S. 89 f. und S. 71, die auf die nähere Umgebung des Vorhabens abstellt und die Errichtung von belegungs- und mietgebundenem Wohnraum nur im Umkreis von bis zu 2 km zum Vorhabengebiet zulässt.

ungsplans verwirklicht werden muss. § 11 Abs. 1 Satz 2 Nr. 2 BauGB nimmt Bezug auf die „Bauleitplanung". Ein Bebauungsplan hat nach § 9 Abs. 7 BauGB einen räumlich begrenzten Geltungsbereich. Festsetzungen nach § 9 BauGB können nur im Geltungsbereich des Bebauungsplans getroffen werden. Daraus folgt aber nicht, dass Verpflichtungen in Verträgen zur Förderung und Sicherung der mit der Bauleitplanung verfolgten Ziele nur im räumlichen Geltungsbereich des Bebauungsplans getroffen werden dürfen.[1141] Mit dem Instrument des städtebaulichen Vertrags soll die Gemeinde gerade weitergehende Regelungen treffen können als ihr der Katalog des § 9 BauGB Festsetzungsmöglichkeiten eröffnet.

Sinn und Zweck eines Vertrags zur Förderung und Sicherung der mit der Bauleitplanung verfolgten Ziele ist es, die Anzahl an Wohnungen im Gemeindegebiet zu erhöhen, die mit Mitteln der Wohnraumförderung oder im unteren Preissegment errichtet werden. Diese Wohnungen sollen einen Beitrag dazu leisten, die steigende Nachfrage der Bevölkerung der Gemeinde nach bezahlbarem Wohnraum zu decken. Dieses Ziel beschränkt sich nicht auf das Gebiet eines einzelnen Bebauungsplans, sondern kann durch die Errichtung von Wohnraum im gesamten Gemeindegebiet gefördert werden.[1142] Im Einzelfall kann die Errichtung von gefördertem oder preisgedämpftem Wohnraum an anderer Stelle aus städtebaulichen Gründen sogar geboten sein. Das städtebauliche Ziel, die Wohnbedürfnisse der Bevölkerung zu berücksichtigen, fordert die Schaffung und Erhaltung stabiler Bewohnerstrukturen.[1143] In einem Gebiet, in dem bereits ein hoher Anteil an sozial gefördertem Wohnraum existiert, kann dieses Ziel nachhaltiger verfolgt werden, wenn entsprechender Wohnraum an anderer Stelle als im Bebauungsplangebiet errichtet wird.[1144]

Ferner sprechen systematische Gründe gegen einen strengen Gebietsbezug bei der Erbringung der Gegenleistung des Vorhabenträgers. Bei städtebaulichen Maßnahmen, für die nach § 11 Abs. 1 Satz 2 Nr. 3 BauGB Folgekosten vereinbart werden können, ist ein Gebietsbezug nicht erforderlich. So kann eine Kinderbetreuungseinrichtung oder eine Grundschu-

---

1141 So aber *Schmidt-Eichstaedt*, BauR 1996, 1 (8), der das Erfordernis des Gebietsbezugs als Begrenzung für mögliche Vertragsinhalte des städtebaulichen Vertrags heranzieht, da er eine Ausuferung dieser befürchtet.

1142 Vgl. *Schwab*, Städtebauliche Verträge, Rn. 190.

1143 Siehe dazu bereits oben S. 65 f.

1144 In diesem Sinne wohl auch *v. Nicolai/Wagner/Wecker*, Verträge des Baugesetzbuches, S. 43.

le auch außerhalb des Plangebiets errichtet werden.[1145] Darüber hinaus nennt § 11 Abs. 1 Satz 2 Nr. 2 BauGB die Durchführung des Ausgleichs für Eingriffe in Natur und Landschaft (§ 1a Abs. 3 BauGB) als städtebauliches Ziel, welches der Vertrag fördern und sichern kann. Für naturschutzrechtliche Ausgleichsmaßnahmen ist anerkannt, dass sie außerhalb des räumlichen Geltungsbereichs des Bebauungsplans erfolgen dürfen (§ 1a Abs. 3 Satz 3 BauGB).[1146]

Ist aus rechtlicher Sicht die Erfüllung der Maßnahme zur Zielverfolgung an anderer Stelle als im Bebauungsplangebiet möglich, machen die kooperativen Baulandmodelle der Städte München und Berlin in der Praxis von dieser Möglichkeit nur eingeschränkt bzw. keinen Gebrauch.[1147] Das Münchner Modell erlaubt einen Ersatzstandort für den sozial geförderten und preisgedämpften Wohnraum außerhalb des Plangebiets nur in engen Grenzen, unter anderem muss sich der Ersatzstandort in einem Radius von einem Kilometer zum Bebauungsplangebiet befinden.[1148] Das Berliner Modell der kooperativen Baulandentwicklung lehnt eine Verwirklichung der Verpflichtung an einem Ersatzstandort ab.[1149] Der Grund für die Entscheidung, einen Ersatzstandort außerhalb des Bebauungsplangebiets nicht oder nur in engen Grenzen zuzulassen, besteht darin, insbesondere in hochpreisigen Innenstadtlagen sozial stabile Bewohnerstrukturen zu schaffen und

---

1145 Siehe dazu bereits S. 161 ff. Auch *Burmeister*, Praxishandbuch Städtebauliche Verträge, S. 175 lehnt einen konkreten Gebietsbezug mit Verweis auf die in § 11 Abs. 1 Satz 2 Nr. 3 BauGB fehlende Beschränkung auf das Bebauungsplangebiet ab.

1146 So auch bereits vor Einführung des § 1a Abs. 3 BauGB vgl. BVerwGE 104, 353 (356 ff). Die Gemeinde muss durch den städtebaulichen Vertrag sicherstellen, dass die Kompensation tatsächlich erfolgt. Zur mangelnden Sicherung außerhalb des Bebauungsplangebiets liegender Ausgleichsmaßnahmen OVG Niedersachsen, Urt. v. 25.06.2008 - 1 KN 132/06, NuR 2008, 714 ff.

1147 Das Bonner Baulandmodell enthält keine Regelung zu der Frage, ob die Errichtung von gefördertem Wohnraum an anderer Stelle als im Bebauungsplangebiet erfolgen kann.

1148 Vgl. Verfahrensgrundsätze zur Sozialgerechten Bodennutzung - Neufassung nach Maßgabe des Stadtratsbeschlusses v. 28.07.2021, Landeshauptstadt München, S. 8 mit Verweis auf die Maßgaben für einen Ersatzstandort nach dem Beschluss des Stadtrates der Landeshauptstadt München v. 26.07.2006, Sitzungsvorlage Nr. 02-08 / V 08351, S. 9. Des Weiteren muss der Bedarf an Kinderbetreuungs- und Grundschulplätzen, den der Ersatzstandort auslöst, innerhalb des Bebauungsplangebiets gedeckt werden sowie sichergestellt sein, dass die Errichtung des Wohnraums vertraglich gesichert und am Ersatzstandort auch sozial verträglich ist.

1149 Vgl. Berliner Modell der kooperativen Baulandentwicklung, Leitlinie für den Abschluss städtebaulicher Verträge im Land Berlin, S. 12.

zu erhalten. Städtebaulich ist die soziale Durchmischung von Quartieren gewünscht.[1150] Eine Verdrängung von Bewohnern, die auf preisgünstigen Wohnraum angewiesen sind, soll vermieden werde. Der sozioökonomische Status eines Bewohners soll keinen Einfluss auf dessen Zugang zu Dienstleistungen der Daseinsvorsorge, wie Bildungseinrichtungen, soziale und kulturelle Dienstleistungen und Gesundheitsversorgung, haben.[1151] Diesem Ziel steht die Möglichkeit eines Ersatzstandorts, der die Segregation von Bewohner begünstigt, entgegen.[1152]

bb) Ablösung der Verpflichtung durch Zahlung eines Geldbetrags

Mit der Zulässigkeit eines Ersatzstandorts eng verbunden ist die Frage, ob eine Ablösung der Verpflichtung zur Errichtung von sozial gefördertem und preisgedämpftem Wohnraum durch Zahlung eines dem wirtschaftlichen Wert der Bindung entsprechenden Geldbetrags an die Gemeinde möglich ist. Ein Vorhabenträger, der selbst im Bebauungsplangebiet keinen bezahlbaren Wohnraum errichten möchte, könnte auf diesem Wege seine Verpflichtung ablösen und stattdessen würde ein kommunales Wohnungsbauunternehmen an seiner Stelle den erforderlichen Wohnraum errichten.

Eine solche Ablösung in Geld ist mit dem Koppelungsverbot nur vereinbar, wenn die Gemeinde sicherstellt, dass der gezahlte Betrag im zeitlichen Zusammenhang mit der Aufstellung des Bebauungsplans tatsächlich für ein Vorhaben verwendet wird, welches entsprechenden Wohnraum bereithält.[1153] Die Verwirklichung des Ziels muss konkret auf die Zahlung

---

1150 Vgl. Neue Leipzig Charta, S. 5, https://www.bmi.bund.de/SharedDocs/downloads/DE/veroeffentlichungen/2020/eu-rp/gemeinsame-erklaerungen/neue-leipzig-charta-2020.pdf?__blob=publicationFile&v=6 (zuletzt aufgerufen am 30.12.2022).

1151 Vgl. Neue Leipzig Charta, S. 5, https://www.bmi.bund.de/SharedDocs/downloads/DE/veroeffentlichungen/2020/eu-rp/gemeinsame-erklaerungen/neue-leipzig-charta-2020.pdf?__blob=publicationFile&v=6 (zuletzt aufgerufen am 30.12.2022).

1152 Vgl. *v. Lojewski*, vhw FWS 2013, 175 (176).

1153 Vgl. *Schwab*, Städtebauliche Verträge, Rn. 189; *v. Nicolai/Wagner/Wecker*, Verträge des Baugesetzbuches, S. 42 f.; *Birk*, Städtebauliche Verträge, Rn. 348; *Burmeister*, Praxishandbuch Städtebauliche Verträge, S. 175; *Bunzel/Coulmas/Schmidt-Eichstaedt*, Städtebauliche Verträge, S. 144; *Krautzberger*, in: Ernst/Zinkahn/Bielenberg/Krautzberger, BauGB, § 11 Rn. 149; *Bank*, in: Brügelmann, BauGB, § 11 Rn. 58c; *Hoffmann*, in: Hoppenberg/de Witt, Handbuch des öffentlichen Baurechts, Bd. 3, Kap. P, Rn. 89; *Grziwotz*, NVwZ 1996, 637 (639), der als Einschränkung eine Belastungsobergrenze vorschlägt.

des Ablösebetrags zurückzuführen sein. Andernfalls liegt ein sachlicher Zusammenhang zwischen Leistung der Gemeinde und Gegenleistung des Vorhabenträgers nicht vor. § 11 Abs. 1 Satz 2 Nr. 2 BauGB enthält gerade keine Ermächtigungsgrundlage für eine Sonderabgabe zugunsten von Bevölkerungsgruppen mit besonderen Wohnraumversorgungsproblemen.[1154] Die Ablösesumme darf nicht dazu verwendet werden, ein kommunales Wohnungsbauunternehmen allgemein bei seiner Aufgabenwahrnehmung zu unterstützen. Ein konkreter Bezug zu einem Vorhaben und der zweckgebundene Einsatz der Ablösesumme sind zwingend erforderlich.

In der Praxis der kooperativen Baulandmodelle wird von der Möglichkeit einer Ablösung der Verpflichtung durch Zahlung eines Geldbetrags kein Gebrauch gemacht. Insbesondere in Ballungsgebieten stehen die Gemeinden ohnehin vor der Herausforderung, geeignete Wohnbauflächen zu aktivieren. Voraussetzung für eine Ablösung der Verpflichtung durch Zahlung eines Geldbetrags ist das Vorhandensein eines geeigneten Ersatzstandortes. In angespannten Wohnungsmärkten fehlt dieser häufig. Kann bei Vertragsschluss auf ein geeignetes Grundstück nicht zurückgegriffen werden und ist damit die rechtliche Absicherung der Zielverwirklichung nicht möglich, verbietet das Koppelungsverbot die Vereinbarung einer Ablösung durch Zahlung eines Geldbetrags.

b) Sachlicher Zusammenhang bei Folgekostenverträgen

Für Folgekostenverträge ist der sachliche Zusammenhang in § 11 Abs. 1 Satz 2 Nr. 3 BauGB konkretisiert.[1155] Die von dem Vorhabenträger zu erbringende Gegenleistung – die Kostenübernahme – darf nur für Kosten von „städtebaulichen Maßnahmen" vereinbart werden. Ferner fordert § 11 Abs. 1 Satz 2 Nr. 3 BauGB, dass nur solche Kosten für städtebauliche Maßnahmen übernommen werden dürfen, die Voraussetzung oder Folge des geplanten Vorhabens sind. Der geforderte sachliche Zusammenhang zwischen Leistung und Gegenleistung ist in dem für Folgekostenverträge

---

1154 Vgl. *Krautzberger*, in: Ernst/Zinkahn/Bielenberg/Krautzberger, BauGB, § 11 Rn. 149; *Schmidt-Eichstaedt*, BauR 1996, 1 (8), der darüber hinaus einen strengen Gebietsbezug fordert. Ebenso *Kukk*, in: Schrödter, BauGB, § 11 Rn. 44e.
1155 Vgl. *Burmeister*, Praxishandbuch Städtebauliche Verträge, S.101.

erforderlichen Kausalitätserfordernis enthalten.[1156] Verstößt der Vertrag gegen das Kausalitätserfordernis, ist das Koppelungsverbot verletzt.[1157]

C. Zusammenfassung

Die Gemeinde muss bei der Einführung eines kommunalen Baulandmodells sowohl verfassungsrechtliche als auch einfachgesetzliche Grenzen berücksichtigen. Mit Blick auf Art. 14 GG sind Regelungen im kooperativen Baulandmodell so auszugestalten, dass das Spannungsverhältnis zwischen Privatnützigkeit des Eigentums und der sozialen Bindung des Eigentums nach Art. 14 Abs. 2 Satz 1 GG zu einem gerechten Ausgleich gebracht wird. Dazu muss die Gemeinde insbesondere sicherstellen, dass durch die Regelungen des kooperativen Baulandmodells die Wirtschaftlichkeit eines Vorhabens nicht gefährdet wird. Eine Bagatellgrenze, nach welcher das kooperative Baulandmodell erst ab einer gewissen Größe eines Vorhabens Anwendung findet, dient dazu, den gesteigerten personalen Bezug des Grundeigentums bei Kleinvermietern zu berücksichtigen. Einen Verstoß gegen das Gleichbehandlungsverbot begründet die Bagatellgrenze nicht. Ein sachlicher Grund für die Anwendbarkeit eines Baulandmodells erst ab einer bestimmten Größe liegt in den unterschiedlich ausgeprägten personalen Bezügen des Grundeigentums bei einem privaten Kleinvermieter im Vergleich zu einem gewerblichen Vermieter. Zudem rechtfertigt die Verwaltungsvereinfachung die ungleiche Behandlung von Vorhabenträgern je nach Größe des Vorhabens. Im Einzelfall kann die städtebauliche Situation eine Ausnahme von der Anwendbarkeit der Regelungen des kooperativen Baulandmodells zum sozial geförderten Wohnraum erfordern. Der sachliche Grund für die Ungleichbehandlung der Vorhabenträger liegt in dieser Konstellation in dem städtebaulichen Ziel, sozial stabile Bewohnerstrukturen zu schaffen und zu erhalten. Ferner zeigt das Rechtsstaatsprinzip den Regelungen eines kooperativen Baulandmodells Grenzen auf. Der Grundsatz des Vertrauensschutzes verlangt von der Gemeinde, Übergangsregelungen für die Anwendbarkeit eines neu eingeführten kooperativen Bauland-

---

1156 Vgl. OVG Niedersachsen, Urt. v. 10.07.2007 - 1 LC 200/05, ZfBR 2007, 804 (805); *Birk*, Städtebauliche Verträge, Rn. 342; *Bunzel/Coulmas/Schmidt-Eichstaedt*, Städtebauliche Verträge, S. 43; *Vierling*, Die Abschöpfung des Planungsgewinns durch städtebauliche Verträge, S. 100; *Stüer/König*, ZfBR 2000, 528 (534). Siehe ausführlich zum Kausalitätserfordernis S. 128 ff.

1157 Vgl. *Hoffmann*, in: Spannowsky/Uechtritz (BeckOK), BauGB, § 11 Rn. 29.

modells bzw. für die Änderung eines bestehenden Modells vorzusehen, um das schutzwürdige Vertrauen des Vorhabenträgers in bestehende Regelungen nicht zu erschüttern.

Das einfachgesetzliche Verbot einer unzulässigen Planbindung nach § 1 Abs. 3 Satz 2 Hs. 2 BauGB steht der Implementierung eines kooperativen Baulandmodells nicht entgegen. Durch den Abschluss des städtebaulichen Vertrags, der die Pflichten und Kosten der Bauleitplanung regelt, wird ein Anspruch auf Aufstellung eines bestimmten Bebauungsplans nicht begründet. Auch das in § 1 Abs. 7 BauGB verankerte Abwägungsgebot steht der Einführung eines kooperativen Baulandmodells nicht entgegen. Die Regelungen eines kooperativen Baulandmodells ersetzen die planerische Abwägung nicht, sondern bereiten diese vor. Das planerische Ermessen wird in jedem Einzelfall von dem kommunalen Vertretungsorgan bei dem Beschluss über den Bebauungsplan ausgeübt. Eine in der Praxis bedeutsame einfachgesetzliche Grenze kooperativer Baulandmodelle ist das Gebot der Angemessenheit nach § 11 Abs. 2 Satz 2 BauGB. Bei der Ausgestaltung des kooperativen Baulandmodells muss die Gemeinde sicherstellen, dass die Wirtschaftlichkeit eines Vorhabens durch die Pflichten und Kosten, die das Baulandmodell dem Vorhabenträger auferlegt, nicht gefährdet wird. Dazu kann sie entweder den Maßstab der Bodenwertsteigerung oder den Maßstab des Ertragswerts eines Vorhabens heranziehen. Maßgeblich ist eine Gesamtbetrachtung des städtebaulichen Vertrags. Besondere Aufmerksamkeit verlangen Regelungen zu preisgedämpftem Wohnraum. Anders als bei Regelungen zu sozial gefördertem Wohnraum wird der wirtschaftliche Nachteil einer Belegungs- und Mietbindung im freifinanzierten Bereich nicht durch eine Förderzusage der sozialen Wohnraumförderung ausgeglichen. Ferner setzt das Koppelungsverbot einem kooperativen Baulandmodell einfachgesetzliche Grenzen. Sofern der Vorhabenträger einen Anspruch auf Erteilung einer Baugenehmigung hat, sei es, weil sein Vorhaben den Festsetzungen eines bestehenden Bebauungsplans entspricht, sei es, weil sein Vorhaben nach § 34 BauGB genehmigungsfähig ist, kann ein kooperatives Baulandmodell nicht zur Anwendung kommen. Zudem muss zwischen der Aufstellung oder Änderung eines Bebauungsplans als Leistung der Gemeinde und der Gegenleistung des Vorhabenträgers ein sachlicher Zusammenhang bestehen. Die Gemeinde darf mit dem Abschluss des städtebaulichen Vertrags nur solche Interessen und Ziele verfolgen, die sie ebenfalls mit ihrer Bauleitplanung beabsichtigt.

§ 5 Mögliche Maßnahmen zur Stärkung der sozialgerechten Bodennutzung

Aus den vorstehenden Ausführungen ergibt sich, dass ein kooperatives Baulandmodell ein Instrument ist, mit welchem die Gemeinde die sozialgerechte Nutzung des Bodens fördern kann. Der Anwendungsbereich eines Modells ist dabei auf solche Flächen beschränkt, auf denen durch die Aufstellung oder Änderung eines Bebauungsplans neues Wohnbaurecht geschaffen wird. Das Gebot der Angemessenheit und das Koppelungsverbots stellen gesetzliche Grenzen dar, die die Wirkungsweise eines kooperativen Baulandmodells begrenzen. Zu untersuchen ist, ob das Recht der Bauleitplanung Spielräume eröffnet, um die sozialgerechte Nutzung des Bodens weiter zu fördern und eine Stärkung des Belangs zu bewirken.

A. Effektivere Festsetzungsmöglichkeiten für sozial geförderten Wohnraum im Bebauungsplan

I. Fortentwicklung des § 9 Abs. 1 Nr. 7 BauGB auf die tatsächliche Bereitstellung von sozial gefördertem Wohnraum

Die Festsetzungsmöglichkeit des § 9 Abs. 1 Nr. 7 BauGB ermöglicht es nicht, dass auf den entsprechenden Flächen tatsächlich sozial geförderter Wohnraum entsteht.[1158] Lediglich die gebäudebezogenen Voraussetzungen für die soziale Wohnraumförderung müssen eingehalten werden.[1159] Der Regierungsentwurf zum Bundesbaugesetzbuch von 1974 sah für die Festsetzungsmöglichkeit seinerzeit vor, dass auf den Flächen nur „Wohngebäude [...] im sozialen Wohnungsbau" errichtet werden dürfen.[1160] Der Gesetzgeber hat diesen Vorschlag schließlich nicht übernommen, sondern stattdessen die Formulierung „die aus Mitteln des sozialen Wohnungsbaues gefördert werden könnten" gewählt.[1161] Grund hierfür war die Befürchtung des Gesetz-

---

1158 Siehe dazu bereits die Ausführungen auf S. 81 ff.
1159 Vgl. *Söfker*, in: Ernst/Zinkahn/Bielenberg/Krautzberger, BauGB, § 9 Rn. 75.
1160 BT-Drs. 7/2496, S. 6, zu § 9 Abs. 1 Nr. 6 BBauG.
1161 BT-Drs. 7/4793, S. 28.

gebers, aufgrund einer veränderten Finanzierungstechnik die verbindliche Bereitstellung von Mitteln des sozialen Wohnungsbaus im Zeitpunkt der Aufstellung des Bebauungsplans nicht gewährleisten zu können.[1162]

In jüngerer Zeit wird die ursprüngliche Idee, die Festsetzungsmöglichkeit so auszugestalten, dass nicht nur die gebäudebezogenen Standards der sozialen Wohnraumförderung eingehalten werden müssen, sondern darüber hinaus der Grundstückseigentümer verpflichtet ist, auf den Flächen tatsächlich sozial geförderte Wohnungen zu errichten, wieder aufgegriffen. Ein Vorschlag lautet:

„Im Bebauungsplan können aus städtebaulichen Gründen festgesetzt werden: [...]
7. die Flächen, auf denen ganz oder teilweise nur Wohngebäude, die mit Mitteln der sozialen Wohnraumförderung gefördert werden, errichtet werden müssen".[1163]

Dazu müsste dem Gesetzgeber zunächst die Kompetenz für eine solche Verschärfung der Festsetzungsmöglichkeit zustehen (1.). Ferner muss untersucht werden, ob eine solche Festsetzung im Bebauungsplan erforderlich im Sinne des § 1 Abs. 3 BauGB wäre (2.). Darüber hinaus stellen sich Fragen im Zusammenhang mit dem Abwägungsgebot des § 1 Abs. 7 BauGB (3.). Schließlich muss die Forderung nach einer verschärften Festsetzungsmöglichkeit im Rahmen des § 9 Abs. 1 Nr. 7 BauGB mit der vielfach praktizierten Möglichkeit, sozial geförderten Wohnraum durch städtebauliche Verträge sicherzustellen, verglichen werden (4.).

1162   Vgl. BT-Drs. 7/4793, S. 28.
1163   Referat für Stadtplanung und Bauordnung, Landeshauptstadt München, Sitzungsvorlage Nr. 14-20 / V 15568, S. 14. Ähnlich *Spieß*, in: Jäde/Dirnberger, BauGB, § 9 Rn. 33, der fordert, die Festsetzungsmöglichkeit dahingehend zu verschärfen, dass auf den Flächen nur Gebäude für die soziale Wohnraumförderung errichtet werden können. Auch der Deutsche Städtetag fordert eine „Präzisierung des Festsetzungskatalogs" dahingehend, dass tatsächlich sozial geförderter Wohnraum entsteht, vgl. Neuausrichtung der Wohnungs- und Baulandpolitik, Positionspapier des Deutschen Städtetages, 12.09.2017, S. 9, https://www.staedtetag.de/files/dst/doc s/Publikationen/Positionspapiere/Archiv/wohnungs-und-baulandpolitik-position spapier-2017.pdf (zuletzt aufgerufen am 30.12.2022).

l. Gesetzgebungskompetenz

Eine Verschärfung der Festsetzungsmöglichkeit des § 9 Abs. 1 Nr. 7 BauGB müsste von der Gesetzgebungskompetenz des Bundesgesetzgebers gedeckt sein. In Betracht kommt der Kompetenztitel Bodenrecht nach Art. 74 Abs. 1 Nr. 18 GG. Bis zur Föderalismusreform 2006 umfasste die konkurrierende Zuständigkeit nach Art. 74 Abs. 1 Nr. 18 GG ebenfalls den Kompetenztitel Wohnungswesen.[1164] Nunmehr fällt das Wohnungswesen – mit Ausnahme des Wohngeldrechts, des Altschuldenhilferechts und das Wohnungsbauprämienrecht – nach Art. 70 Abs. 1 GG in die allgemeine Zuständigkeit der Länder. Würde eine Verschärfung der Festsetzungsmöglichkeit des § 9 Abs. 1 Nr. 7 BauGB unter den Kompetenztitel Wohnungswesen fallen, wäre nicht der Bundesgesetzgeber zuständig, sondern die Länder. Dies erfordert eine Abgrenzung zwischen den Kompetenztiteln Bodenrecht und Wohnungswesen.

Unter das Bodenrecht fallen alle Vorschriften, „die den Grund und Boden unmittelbar zum Gegenstand rechtlicher Ordnung haben, also die rechtlichen Beziehungen des Menschen zum Grund und Boden regeln".[1165] Diese weite Umschreibung des Begriffs durch das Bundesverfassungsgericht ermöglicht keine trennscharfe Abgrenzung der beiden Kompetenztitel.

Bei der Abgrenzung von Kompetenztiteln kommt der historischen Auslegung erhebliche Bedeutung zu.[1166] Die Reichweite des Kompetenztitels Bodenrecht wird erst in Abgrenzung zu anderen, auch zu heute nicht mehr in Art. 74 Abs. 1 Nr. 18 GG genannten Kompetenztiteln wie dem Wohnungswesen deutlich.[1167] Der bis zur Föderalismusreform 2006 in Art. 74 Abs. 1 Nr. 18 GG enthaltene Begriff Wohnungswesen behandelt die Angelegenheiten, „die sich auf Wohnzwecken dienende Gebäude beziehen"[1168] und erfasst in Abgrenzung zu dem Kompetenztitel Bodenrecht „nicht die bauliche Nutzung von Grundstücken zu Wohnzwecken, sondern die – angesichts der Wohnraumknappheit in der Nachkriegszeit notwendigen – Regelungen über die Bewirtschaftung des Wohnraums".[1169] Regelungen zur Ausgestaltung der Wohnungsbauförderung und des sozialen

---

1164 *Wittreck*, in: Dreier, GG, Bd. 2, Art. 74 Rn. 79.
1165 BVerfGE 3, 407 (414).
1166 Vgl. *Kingreen*, NVwZ 2020, 737 (739).
1167 Vgl. *Heinemann*, NVwZ 2020, 1398 (1399).
1168 BVerfGE 3, 407 (417).
1169 *Oeter*, in: v. Mangoldt/Klein/Starck, GG, Art. 74 Rn. 131.

Wohnungsbaus fallen unter den früheren Kompetenztitel des Wohnungswesens.[1170] Die in den meisten Ländern erlassenen Wohnraumförderungsgesetze regeln die Fördermethodik sowie Bindungs- und Sicherungsrechte.

Eine Verschärfung des § 9 Abs. 1 Nr. 7 BauGB würde dazu führen, dass auf den maßgeblichen Flächen sozial geförderter Wohnraum errichtet werden müsste. Der Grundstückseigentümer wäre verpflichtet, die soziale Wohnraumförderung in Anspruch zu nehmen. Anderenfalls könnte er die Flächen nicht bebauen. Die kompetenzielle Zuordnung der Vorschrift erfolgt jedoch nicht danach, welche Folgen sie auslöst, sondern welche Materie nach dem Spezialitätsprinzip am ehesten zutrifft. Aus der Tatsache, dass die Festsetzung bewirken würde, dass die soziale Wohnraumförderung in Anspruch genommen werden müsste, folgt nicht, dass die Vorschrift materiell der sozialen Wohnraumförderung zuzuordnen ist. Der Schwerpunkt der Vorschrift liegt nicht auf der Bewirtschaftung des Wohnraums, sondern auf der baulichen Nutzbarkeit des Grundstücks. Normen, die die rechtliche Beziehung zu Grund und Boden und dessen bauliche Nutzbarkeit regeln, sind Gegenstand der Bauleitplanung und werden von dem Kompetenztitel Bodenrecht erfasst.[1171] Der Bundesgesetzgeber könnte eine Verschärfung des § 9 Abs. 1 Nr. 7 BauGB kompetenzrechtlich auf Art. 74 Abs. 1 Nr. 18 GG stützen.

2. Erforderlichkeit der Festsetzung, § 1 Abs. 3 Satz 1 BauGB

Mit Blick auf eine verschärfte Festsetzung nach § 9 Abs. 1 Nr. 7 BauGB, die der Gemeinde die Möglichkeit eröffnet, in einem Bebauungsplan Flächen festzusetzen, auf denen zwingend sozial geförderter Wohnraum entstehen muss, ist zu überlegen, ob eine solche Festsetzung mit dem Gebot der Erforderlichkeit in Einklang stehen würde. Ein Verstoß gegen § 1 Abs. 3 Satz 1 BauGB liegt vor, wenn ein Bebauungsplan, der aus tatsächlichen oder rechtlichen Gründen auf Dauer oder auf unabsehbare Zeit der Vollzugsfähigkeit entbehrt, die Aufgabe der verbindlichen Bauleitplanung nicht zu erfüllen vermag.[1172] Dabei gilt das Tatbestandsmerkmal der Erforderlichkeit für jede einzelne Festsetzung des Bebauungsplans.[1173] Ein Fall

---

1170 Vgl. BVerfGE 21, 117 (128); 78, 249 (266).
1171 Vgl. *Degenhart*, in: Sachs, GG, Art. 74 Rn. 73 f.
1172 Vgl. BVerwGE 116, 144 (147); bereits zuvor BVerwG, Beschl. V. 11.05.1999 - 4 BN 15/99, NVwZ 1999, 1338 (1339).
1173 Vgl. BVerwGE 120, 239 (241).

der tatsächlichen Vollzugsunfähigkeit liegt vor, wenn die Planung entweder aus technischen Gründen oder wegen fehlender finanzieller Mittel auf unabsehbare Zeit keine Aussicht auf Verwirklichung bietet.[1174] Rechtliche Vollzugsunfähigkeit ist gegeben, wenn rechtliche Gründe der Umsetzung der Planung entgegenstehen.[1175] Ein naturschutzrechtliches Bauverbot im Geltungsbereich einer Landschaftsschutzverordnung kann ein derartiges rechtliches Hindernis darstellen.[1176]

Eine verschärfte Festsetzungsmöglichkeit nach § 9 Abs. 1 Nr. 7 BauGB könnte gegen das Gebot der Erforderlichkeit der Bauleitplanung verstoßen, soweit die zur Verfügung stehenden Fördermittel des laufenden Förderprogramms erschöpft sind und deshalb wegen fehlender finanzieller Mittel ein Förderbescheid nicht ergehen kann.[1177] Hinzutreten muss allerdings als zweite Voraussetzung, dass die Planung auf unabsehbare Zeit nicht umgesetzt werden kann.[1178] Die Frage, wann mit einer Realisierung einer planerischen Festsetzung auf unabsehbare Zeit nicht zu rechnen ist, beurteilt sich nach den Umständen des Einzelfalls.[1179] Das Bundesverwaltungsgericht hat für die Realisierung einer Straßenplanung durch Bebauungsplan einen zeitlichen Rahmen von ungefähr zehn Jahren herausgearbeitet.[1180] Erst nach Ablauf dieses Zeitraums fehlt dem Bebauungsplan die Erforderlichkeit, wenn tatsächliche oder rechtliche Hindernisse entgegenstehen.[1181] Die Budgets der Förderprogramme der sozialen Wohnraumförderung in den Ländern sind regelmäßig als Jahreskontingente ausgestaltet.[1182] Sollte

---

1174 Vgl. BVerwGE 116, 144 (147); BVerwG, Beschl. V. 11.05.1999 - 4 BN 15/99, NVwZ 1999, 1338 (1339).

1175 Vgl. BVerwGE 117, 351 (353).

1176 Liegt eine objektive Befreiungslage vor, d.h. lässt sich der Widerspruch zwischen Bauleitplanung und Naturschutz im Einzelfall durch eine Ausnahmegenehmigung oder Befreiung aufheben, ist das Gebot der Erforderlichkeit nicht verletzt, vgl. BVerwGE 117, 351 (354).

1177 Siehe dazu S. 265 f. zur Situation in Erfurt.

1178 Vgl. BVerwGE 117, 351 (353); 116, 144 (147); BVerwG, Beschl. v. 11.05.1999 - 4 BN 15/99, NVwZ 1999, 1338 (1339).

1179 Vgl. BVerwG, Beschl. v. 14.06.2007- 4 BN 21/07, BRS 71 Nr. 3.

1180 Vgl. BVerwGE 120, 239 (241 ff.).

1181 Vgl. BVerwGE 120, 239 (241 ff.).

1182 Vgl. etwa für Nordrhein-Westfalen: Ministerium für Heimat, Kommunales, Bau und Gleichstellung des Landes Nordrhein-Westfalen, Mehrjähriges Wohnraumförderungsprogramm 2018 bis 2022 v. 29.02.2018, das für einen Zeitraum von fünf Jahren aufgestellt wurde, aber den Bewilligungsbehörden zu Beginn eines einzelnen Programmjahres ein Fördermittelbudget zuweist. Für Baden-Württemberg: Verwaltungsvorschrift des Wirtschaftsministeriums zum Förderprogramm

es im Einzelfall zu der Situation kommen, dass ein Fördermittelbudget vor Ablauf des Programmjahres bereits ausgeschöpft ist und keine weiteren Finanzmittel mehr mobilisiert werden können, ist die Umsetzung der Planung nicht auf unabsehbare Zeit ausgeschlossen. Sobald neue Fördermittel für ein neues Programmjahr zugeteilt werden, stehen wieder ausreichend finanzielle Mittel zur Verfügung. Etwas anderes würde lediglich gelten, wenn die soziale Wohnraumförderung dauerhaft abgeschafft werden würde.

3. Veränderte Gewichtung der Abwägungsbelange, § 1 Abs. 7 BauGB

Bei der Abwägung der öffentlichen und privaten Belange nach § 1 Abs. 7 BauGB muss die Gemeinde berücksichtigen, dass eine verschärfte Festsetzungsmöglichkeit nach § 9 Abs. 1 Nr. 7 BauGB die wirtschaftliche Freiheit des Grundstückseigentümers im Vergleich zur derzeit bestehenden Festsetzungsmöglichkeit nach § 9 Abs. 1 Nr. 7 BauGB erheblich einschränken würde. *De lege lata* führt die Festsetzung lediglich zu einer Konkretisierung der Wohnungsgröße und der Ausgestaltung der Wohnung.[1183] Keinen Einfluss nimmt die Festsetzung auf die Höhe der Miete. Muss der Grundstückseigentümer zwingend Mittel der sozialen Wohnraumförderung in Anspruch nehmen, entstehen Belegungs- und Mietbindung nach dem Recht der sozialen Wohnraumförderung. In der Regel stellen die Fördermittel die Wirtschaftlichkeit des Vorhabens trotz der Mietbindungen sicher. Die Möglichkeit, eine marktorientierte Anfangsmiete frei zu vereinbaren, ist dem Grundstückseigentümer genommen. Mithilfe der verschärften Festsetzungsmöglichkeit kann die Gemeinde auf Kosten des Grundstückseigentümers Gemeinwohlzwecke verfolgen. Dies erfordert eine detaillierte Prüfung und Begründung, ob ausreichend Fördermittel zur Verfügung stehen und die Wirtschaftlichkeit des Vorhabens gesichert ist.

Zudem muss die Gemeinde mit Blick auf die Bindungsdauer der sozialen Wohnraumförderung und mit Blick auf eine anschließende Folgenutzung nach Auslauf der Bindungen erwägen, von der Möglichkeit einer bedingten oder befristeten Festsetzung nach § 9 Abs. 2 BauGB Gebrauch zu machen. Für den zeitlichen Geltungshorizont von Bauleitplänen sieht das Baugesetz-

---

Wohnungsbau Baden-Württemberg 2020 / 2021 v. 01.04.2020 - Az.: 5-2711.1-20 / 21, nach der das Doppelprogramm für die Jahre 2020 und 2021 nach diesen Kalenderjahren geteilt und entsprechend in getrennten Kontingenten veranlagt wird.

1183   Siehe dazu bereits ausführlich S. 81 ff.

buch keine Regelung vor.[1184] In der Praxis wird ein Flächennutzungsplan für eine Zeitspanne von zehn bis 15 Jahren aufgestellt.[1185] Damit dieser seine Aufgabe, die städtebauliche Entwicklung im gesamten Gemeindegebiet in den Grundzügen darzustellen, wahrnehmen kann, bedarf es nach Ablauf dieser Zeitspanne einer Neukonzeption. Für den Bebauungsplan gilt dies nicht. Seine Festsetzungen entfalten grundsätzlich zeitlich unbegrenzt Geltung, sofern sie nicht nach Maßgabe von § 9 Abs. 2 Satz 1 BauGB bedingt oder befristet werden.[1186] Setzte die Gemeinde Flächen nach der verschärften Festsetzungsmöglichkeit nach § 9 Abs. 1 Nr. 7 BauGB fest, und nähme der Grundstückseigentümer daraufhin Mittel der sozialen Wohnraumförderung in Anspruch, stellt sich die Frage, welche Wirkung die Festsetzung entfaltet, sobald die Förderung nach Ablauf des Förderzeitraums ausläuft. In dieser Konstellation widerspricht das Vorhaben der Festsetzung des Bebauungsplans. Trotz der ab diesem Zeitpunkt vorliegenden materiellen Baurechtswidrigkeit des Vorhabens vermittelt Art. 14 Abs. 1 GG Bestandsschutz, da der Bestand zu einem früheren Zeitpunkt genehmigt wurde.[1187] Durch die Möglichkeit einer bedingten Festsetzung nach § 9 Abs. 2 Satz 1 BauGB könnte die Gemeinde diese Situation vermeiden, indem sie die verschärfte Festsetzung nach § 9 Abs. 1 Nr. 7 BauGB auflösend bedingt bis zum Eintritt des Auslaufens der Bindungen der sozialen Wohnraumförderung. Da die Gemeinde aber beispielsweise im Fall der Aufstellung eines Angebotsbebauungsplans noch keine Kenntnis von dem Zeitpunkt des Auslaufens der Bindung der sozialen Wohnraumförderung hat, ist von der Möglichkeit einer bedingten Festsetzung nach § 9 Abs. 2 Satz 1 BauGB jedenfalls in derartigen Konstellationen abzuraten.

4. Bewertung

Die Untersuchung hat gezeigt, dass eine Verschärfung der Festsetzungsmöglichkeit des § 9 Abs. 1 Nr. 7 BauGB dahingehend, soziale Wohnraumförderung verpflichtend in Anspruch zu nehmen gegenüber der bisher in der Praxis angewandten Möglichkeit, eine solche Verpflichtung mittels städtebaulichen Vertrags zu begründen, keine Vorteile bietet. Eine

---

1184 Vgl. *Mitschang/Reidt*, in: Battis/Krautzberger/Löhr, BauGB, § 9 Rn. 165; *Gierke*, in: Brügelmann, BauGB, § 5 Rn. 84.
1185 *Schrödter/Otto*, in: Schrödter, BauGB, § 5 Rn. 16.
1186 Vgl. *Mitschang/Reidt*, in: Battis/Krautzberger/Löhr, BauGB, § 9 Rn. 8 und 165.
1187 Vgl. BVerfG, Beschl. v. 24.07.2000 - 1 BvR 151/99, NVwZ 2001, 424.

verschärfte Festsetzungsmöglichkeit erfordert flankierend einen städtebaulichen Vertrag, der Einzelheiten der sozialen Wohnraumförderung regelt. Insbesondere der Umstand, dass eine verschärfte Festsetzung zwar die Verpflichtung begründet, Mittel der sozialen Wohnraumförderung in Anspruch zu nehmen, sofern der Grundstückseigentümer Wohnraum errichten möchte, aber die Festsetzung keine Bauverpflichtung des Grundstückseigentümers begründet, verdeutlicht das Bedürfnis, diese in einem städtebaulichen Vertrag zu vereinbaren. In Situationen, in denen die Mittel der sozialen Wohnraumförderung für das Programmjahr bereits erschöpft sind, bietet die Variante, nach der die Verpflichtung zu Errichtung von sozial gefördertem Wohnraum allein im städtebaulichen Vertrag vereinbart wird, mehr Flexibilität. Die Gemeinde kann in dieser Situation reagieren und den städtebaulichen Vertrag dahingehend ändern, dass ausnahmsweise keine sozial geförderten Wohnungen errichtet werden müssen. Bei einer Festsetzung im Bebauungsplan besteht dieser Handlungsspielraum nicht. Im Hinblick auf eine Stärkung der sozialgerechten Bodennutzung überzeugt die Forderung nach einer verschärften Festsetzungsmöglichkeit nach § 9 Abs. 1 Nr. 7 BauGB nicht.

II. Festsetzung einer Quote für sozial geförderte oder preisgedämpfte Wohnungen im Bebauungsplan?

In der Praxis sind Quotierungen und Kontingentierungen von Flächen bei Verkaufsflächenbegrenzungen von Einkaufszentren in Sondergebieten sowie bei Geräuschemissionen von Gewerbebetrieben bekannt. Aus der Rechtsprechung des Bundesverwaltungsgerichts zu Festsetzungen von Verkaufsflächenbegrenzungen[1188] und Lärmemissionskontingenten[1189] folgt, dass eine Kontingentierung von Flächen in einem Angebotsbebauungsplan eine Rechtsgrundlage erfordert. Dies wirft die Frage auf, ob für die Gemeinde eine Möglichkeit besteht, eine Quote für sozial geförderte oder preisgedämpfte Wohnungen nicht nur in einem kooperativen Baulandmodell festzulegen, sondern unmittelbar in einem Bebauungsplan festzusetzen. Die Rechtsgrundlage für Verkaufsflächenbegrenzungen ist

---

1188 Vgl. BVerwGE 166, 378, Rn. 10 ff.; BVerwG, Beschl. v. 06.08.2013 - 4 BN 24/13, ZfBR 2013, 782; Urt. v. 24.03.2010 - 4 CN 3/09, NVwZ 2010, 782 (784); Beschl. v. 11.11.2009 - 4 BN 63/09, ZfBR 2010, 138 f.; BVerwGE 131, 86 Rn. 14 ff.

1189 Vgl. BVerwGE 161, 53 Rn. 14 ff.; BVerwG, Beschl. v. 02.10.2013 - 4 BN 10/13, ZfBR 2014, 148 (149); Beschl. v. 10.08.1993 - 4 NB 2/93, NVwZ-RR 1994, 138 (139).

§ 11 Abs. 1 i.V.m. Abs. 2 Satz 1 BauNVO (1.), Lärmemissionskontingente können auf § 1 Abs. 4 Satz 1 Nr. 2 BauNVO gestützt werden (2.). Ob die Baunutzungsverordnung eine Rechtsgrundlage für eine Quotierung von Flächen für sozial geförderte oder preisgedämpfte Wohnungen beinhaltet, ist im Anschluss zu untersuchen (3.).

1. Rechtsprechung des Bundesverwaltungsgerichts zu Verkaufsflächenbegrenzungen

Nach der Rechtsprechung des Bundesverwaltungsgerichts ist zwischen gebietsbezogenen und vorhabenbezogenen Verkaufsflächenbegrenzungen für Einkaufszentren zu differenzieren, wobei nur vorhabenbezogene Verkaufsflächenbegrenzungen zulässig sind.[1190]

Gebietsbezogene Verkaufsflächenbegrenzungen scheitern an einer fehlenden Rechtsgrundlage.[1191] § 16 Abs. 2 BauNVO scheidet als Rechtsgrundlage für eine Festsetzung hinsichtlich des Maßes der baulichen Nutzung aus, da die Vorschrift Flächenbegrenzungen nur mit Hilfe eines der von § 16 Abs. 2 BauNVO zugelassenen Parameters (Grundfläche, Geschossfläche) ermöglicht.[1192] Ferner ermöglicht auch eine Festsetzung zur Art der baulichen Nutzung keine gebietsbezogene Verkaufsflächenbegrenzung. Das Bundesverwaltungsgericht begründet dies damit, dass der Baunutzungsverordnung eine vorhabenunabhängige Quotierung oder Kontingentierung von Nutzungsoptionen grundsätzlich fremd ist.[1193] Lediglich in engen Ausnahmefällen eröffnet die Baunutzungsverordnung die Möglichkeit, eine Quote festzulegen, beispielsweise in § 4a Abs. 4 Nr. 2 BauNVO, § 7 Abs. 4 Satz 1 Nr. 2 BauNVO und nach Einführung des urbanen Gebiets auch in § 6a Abs. 4 Nr. 2 und 3 BauNVO.[1194] Diese Ausnahmen beziehen sich alle auf eine Quote für Wohnungen bzw. für gewerbliche Nutzung, nicht aber auf die Begrenzung der Verkaufsfläche. Darüber hinaus löst eine gebietsbezogene Kontingentierung der Verkaufsfläche ein Windhundrennen Bauwilliger aus und kann dazu führen,

---

1190 Vgl. BVerwGE 131, 86 Rn. 17 f.
1191 Vgl. BVerwGE 131, 86 Rn. 14. Zur früheren Rechtsprechung des Bundesverwaltungsgerichts und der Obergerichte sowie zum Meinungsstand in der Literatur zu Verkaufsflächenobergrenzen siehe *Hentschel/Wurzel*, NVwZ 2008, 1201 f.
1192 Vgl. BVerwGE 131, 86 Rn. 14.
1193 Vgl. BVerwGE 131, 86 Rn. 17.
1194 Vgl. *Fricke*, ZfBR 2019, 534 (535).

dass im Fall der Erschöpfung des festgesetzten Kontingents Grundstücks-eigentümer ihre Nutzungschance nicht mehr realisieren können.[1195] Das Bundesverwaltungsgericht verweist darauf, dass dieses Ergebnis im Widerspruch zu dem Grundsatz der Baunutzungsverordnung steht, demzufolge im Geltungsbereich eines Bebauungsplans die Nutzungschancen für alle Grundstückseigentümer gleich sein sollen[1196] und nicht von dem Verhalten anderer im selben Baugebiet abhängig sein dürfen.[1197]

Ausnahmsweise ist eine gebietsbezogene Verkaufsflächenbegrenzung als Festsetzung der Art der baulichen Nutzung zulässig und kann auf § 11 Abs. 1 i.V.m. Abs. 2 Satz 1 BauNVO gestützt werden, wenn nur ein einziger Handelsbetrieb in einem sonstigen Sondergebiet nach § 11 BauGB errichtet werden kann, da in diesem Fall die gebietsbezogene und die vorhabenbezogene Verkaufsflächenbegrenzung identisch sind.[1198] Nach § 11 Abs. 2 Satz 1 BauNVO muss die Gemeinde für sonstige Sondergebiete die Zweckbestimmung und die Art der Nutzung darstellen und festsetzen. Die Vorschrift knüpft an das Regelungsmuster der §§ 2 bis 10 BauNVO an. Die Festsetzung der allgemeinen Zweckbestimmung hat für sonstige Sondergebiete die gleiche Aufgabe, wie der jeweilige erste Absatz der §§ 2 bis 10 BauNVO, der die allgemeine Zweckbestimmung für diese Baugebiete charakterisiert.[1199] Die Festsetzung der Art der Nutzung des Sondergebiets erfolgt nach dem Vorbild der weiteren Absätze der §§ 2 bis 10 BauNVO und konkretisiert, welche Vorhaben im Sondergebiet zulässig sein sollen.[1200] Kann aufgrund der Festsetzungen oder des Zuschnitts des Baugebiets nur ein einziges Vorhaben auf dem Grundstück errichtet werden, besteht die

---

1195 Vgl. BVerwGE 131, 86 Rn. 17.
1196 Vgl. BVerwGE 131, 86 Rn. 17.
1197 Vgl. *Hentschel/Wurzel*, NVwZ 2008, 1201 (1202).
1198 Vgl. BVerwGE 131, 86 Rn. 18; BVerwG, Beschl. v. 09.02.2011 - 4 BN 43/10, ZfBR 2011, 374; Beschl. v. 06.08.2013 - 4 BN 24/13, ZfBR 2013, 782; bayerischer VGH, Urt. v. 03.03.2021 - 15 B 20/2075, Rn. 53 (*juris*). Hingegen ist eine Beschränkung der Zahl zulässiger Vorhaben in einem Sondergebiet nach § 11 Abs. 1 BauNVO mangels Rechtsgrundlage nicht möglich. Siehe dazu BVerwGE 166, 378 Rn. 12 ff. Die zahlenmäßige Festsetzung „eines" Betriebs des jeweiligen Anlagentyps kommt nur dann in Betracht, wenn sich aus anderen Festsetzungen – zum Beispiel zum Maß der baulichen Nutzung oder der überbaubaren Grundstücksfläche – oder des Zuschnitts des Baugebiets ergibt, dass der jeweilige Anlagentyp ohnehin nur einmal errichtet werden kann. In einem solchen Fall hat die zahlenmäßige Festsetzung keinen konstitutiven, sondern nur deklaratorischen Charakter.
1199 Vgl. BVerwGE 134, 117 Rn. 14.
1200 Vgl. *Söfker*, in: Ernst/Zinkahn/Bielenberg/Krautzberger, BauNVO, § 11 Rn. 29 ff.

Gefahr eines Windhundrennens nicht[1201], sodass eine Verkaufsflächenbegrenzung möglich ist.

2. Rechtsprechung des Bundesverwaltungsgerichts zu Lärmemissionskontingenten

Ein weiterer praktischer Anwendungsfall von Kontingentierungen bei der Aufstellung eines Angebotsbebauungsplans sind Lärmemissionskontingente für Gewerbebetriebe. Sie verfolgen das Ziel, eine sachgerechte Verteilung der zulässigen Gesamtemissionen zwischen den Betrieben herzustellen und ein Windhundrennen zwischen den Betreibern im Plangebiet zu vermeiden.[1202] Nach § 1 Abs. 4 Satz 1 Nr. 2 BauNVO können für die in §§ 4 bis 9 BauNVO näher beschriebenen Baugebiete im Bebauungsplan für das jeweilige Baugebiet Festsetzungen getroffen werden, die das Baugebiet nach der Art der Betriebe und Anlagen und deren besonderen Bedürfnissen und Eigenschaften gliedern. Das Emissionsverhalten, das durch Emissionskontingente beschrieben werden kann, ist eine solche Eigenschaft im Sinne des § 1 Abs. 4 Satz 1 Nr. 2 BauNVO.[1203] Das Bundesverwaltungsgericht urteilt, dass diese Vorschrift eine Rechtsgrundlage für die Festsetzung von Lärmemissionskontingenten auf der Grundlage der DIN 45691 für verschiedene Bereiche innerhalb eines Gewerbegebiets nach § 8 BauNVO darstellen kann.[1204] Voraussetzung einer solchen Festsetzung ist, dass mindestens ein Bereich in dem Gebiet verbleibt, in dem sich alle in einem Gewerbegebiet prinzipiell zulässigen Gewerbebetriebe ansiedeln können, da bei einer Gliederung durch Lärmemissionskontingente die allgemeine Zweckbestimmung des jeweiligen Baugebiets gewahrt bleiben muss.[1205] Gleiches gilt für die Festsetzung von Lärmemissionskontingenten in Industriegebieten nach

---

1201 Vgl. bayerischer VGH, Urt. v. 03.03.2021 - 15 B 20/2075, Rn. 54 (*juris*).

1202 Vgl. *Heilshorn/Kohnen*, UPR 2019, 81.

1203 Vgl. *Roeser*, in: König/Roeser/Stock, BauNVO, § 1 Rn. 59; *Söfker*, in: Ernst/Zinkahn/Bielenberg/Krautzberger, BauNVO, § 1 Rn. 62.

1204 Vgl. BVerwGE 161, 53 Rn 8 ff. Emissionskontingente werden seit 2006 auf der Grundlage der DIN 45691 festgelegt, zuvor wurden sogenannte immissionswirksamen flächenbezogenen Schallleistungspegel (IFSP) festgesetzt. Die Rechtsprechung behandelt diese beiden Instrumente identisch, siehe dazu BVerwGE 161, 53 Rn. 8; VG Würzburg, Urt. v. 04.10.2012 - W 5 K 11.418, Rn. 62 (*juris*) sowie *Söfker*, in: Ernst/Zinkahn/Bielenberg/Krautzberger, BauNVO, § 1 Rn. 62b.

1205 Vgl. BVerwGE 161, 53 Rn. 15; OVG Nordrhein-Westfalen, Urt. v. 29.10.2018 - 10 A 1403/16, Rn. 58 (*juris*).

§ 9 BauNVO, da auch bei dessen Gliederung die allgemeine Zweckbestimmung des Gebiets gewahrt werden muss.[1206] Nicht zulässig ist hingegen ein sogenannter „Zaunwert" als Summenpegel, da mit ihm keine Nutzungsart, insbesondere nicht das Emissionsverhalten als „Eigenschaft" von Anlagen und Betrieben im Sinne des § 1 Abs. 4 Satz 1 Nr. 2 BauNVO festgesetzt wird, sondern er nur ein Immissionsgeschehen kennzeichnet, das von einer Vielzahl unterschiedlicher Betriebe und Anlagen gemeinsam bestimmt wird und deshalb für das Emissionsverhalten einer bestimmten Anlage für sich genommen letztlich unbeachtlich ist.[1207] Im Gegensatz dazu bestimmt ein Emissionskontingent nach DIN 45691, welche Emissionen von einer einzelnen Anlage oder einem einzelnen Betrieb ausgehen dürfen.[1208]

3. Rechtsgrundlage für eine Quotierung von Flächen für sozial geförderte oder preisgedämpfte Wohnungen in der BauNVO?

Dem Regelungssystem der Baunutzungsverordnung sind gebietsbezogene Quotierungen von Flächen grundsätzlich fremd.[1209] Die Baunutzungsverordnung verfolgt das Ziel, dass in einem Baugebiet die Nutzungsmöglichkeiten für die Grundstückseigentümer nicht von dem Verhalten anderer Eigentümer in demselben Gebiet abhängig sein dürfen.[1210] Eine Quotierung von Fläche für sozial geförderte oder preisgedämpfte Wohnungen würde innerhalb eines Baugebiets ein Windhundrennen potentieller Investoren und Bauherren auslösen.[1211] Anders als bei Verkaufsflächenbegrenzungen oder Lärmemissionskontingenten würden potentielle Bauantragsteller nicht die quotierte Fläche ausschöpfen und auf diese Weise die übrigen Grundstückseigentümer von der quotierten Nutzung ausschließen, sondern zunächst die nicht quotierten Nutzungsoptionen ausschöpfen, sodass verbleibende potentielle Bauwillige lediglich die quotierte Fläche für sozial geförderte oder preisgedämpfte Wohnungen realisieren könnten.

1206 Vgl. BVerwG, Beschl. v. 07.03.2019 - 4 BN 45/18, NVwZ 2019, 655.
1207 Vgl. BVerwGE 161, 53 Rn. 9; BVerwG, Beschl. v. 02.10.2013 - 4 BN 10/13, ZfBR 2014, 148; BVerwGE 110, 193 (200 f.).
1208 Vgl. *Söfker*, in: Ernst/Zinkahn/Bielenberg/Krautzberger, BauNVO, § 1 Rn. 62b.
1209 Siehe dazu zuvor S. 307 f.
1210 Vgl. *Hentschel/Wurzel*, NVwZ 2008, 1201 (1202).
1211 Vgl. *Oerder*, NWVBl. 2020, 94 (97).

a) § 4a Abs. 4 Nr. 2 Alt. 1 BauNVO, § 6a Abs. 4 Nr. 3 Alt. 1 BauNVO und § 7 Abs. 4 Satz 1 Nr. 2 Alt. 1 BauNVO

In drei ausdrücklich normierten Fällen – § 4a Abs. 4 Nr. 2 Alt. 1 BauNVO, § 6a Abs. 4 Nr. 3 Alt. 1 BauNVO und § 7 Abs. 4 Satz 1 Nr. 2 Alt. 1 BauNVO – ermöglicht die Baunutzungsverordnung die Quotierung von Flächen für Wohnungen. Diese Festsetzungsmöglichkeiten sind sowohl beim besonderen Wohngebiet nach § 4a BauNVO, beim urbanen Gebiet nach § 6a BauNVO als auch beim Kerngebiet nach § 7 BauNVO in Bezug zu setzen zu den übrigen Nutzungsarten, die nach den jeweils einschlägigen Abätzen 2 und 3 allgemein oder ausnahmsweise innerhalb des Baugebiets zugelassen sind. Sinn und Zweck der Festsetzung eines Mindestanteils für Wohnungen ist es, das Wohnen im Allgemeinen im Vergleich zu den übrigen zulässigen Nutzungsarten zu privilegieren und die Wohnnutzung in dem Gebiet zu sichern und fortzuentwickeln.[1212] Eine spezifische Form des Wohnens soll hingegen nicht privilegiert werden. Die Festsetzung einer Quote für eine spezielle Unterart von Wohnungen – wie etwa sozial geförderte oder preisgedämpfte Wohnungen – ermöglichen diese speziellen Festsetzungsmöglichkeiten nicht.

b) § 11 Abs. 1 i.V.m. Abs. 2 Satz 1 BauNVO

Die im Fall von Verkaufsflächenbegrenzungen herangezogene Rechtsgrundlage für eine Kontingentierung, § 11 Abs. 1 i.V.m. Abs. 2 Satz 1 BauNVO, scheidet für eine Quotierung von Flächen für sozial geförderte oder preisgedämpfte Wohnungen aus, da sie die Festsetzung eines Sondergebiets voraussetzt. Nach § 11 Abs. 1 BauNVO kann ein Sondergebiet festgesetzt werden, sofern sich das Gebiet wesentlich von den Baugebieten nach den §§ 2 bis 10 BauNVO unterscheidet. Dies ist für ein Gebiet, welches nach der allgemeinen Zweckbestimmung überwiegend oder unter anderem der Unterbringung von Wohnnutzung dient, nicht der Fall.

1212 Vgl. *Stock*, in: König/Roeser/Stock, BauNVO, § 4a Rn. 49; *Söfker*, in: Ernst/Zinkahn/Bielenberg/Krautzberger, BauNVO, § 7 Rn. 47.

c) § 1 Abs. 4 Satz 1 Nr. 1 BauNVO

Nach § 1 Abs. 4 Satz 1 Nr. 1 BauNVO können Baugebiete nach der Art der zulässigen Nutzung gegliedert werden. Der Nutzungsbegriff bezieht sich auf die in den Baugebietsvorschriften bezeichneten Nutzungsbegriffe.[1213] Entscheidend ist, welche Nutzungen nach den jeweiligen Absätzen 2 und 3 der Baugebietsvorschriften allgemein und ausnahmsweise zulässig sind.[1214] § 1 Abs. 4 Satz 1 Nr. 1 BauNVO ermöglicht in einem allgemeinen Wohngebiet nach § 4 BauNVO beispielsweise eine räumliche Gliederung der Nutzungsarten „Wohngebäude", „nicht störende Handwerksbetriebe" und „Anlagen für Verwaltungen". Auf Grundlage der jeweiligen städtebaulichen Situation kann die Gemeinde durch die Gliederung Einfluss auf die räumliche Anordnung dieser einzelnen Nutzungsarten nehmen. Eine weitere Untergliederung der Nutzungsarten erlaubt die Vorschrift hingegen nicht. Eine Gliederung für sozial geförderte oder preisgedämpfte Wohnungen als Unterart der Nutzungsart „Wohngebäude" kann nach dieser Rechtsgrundlage nicht erfolgen und erst recht kann keine Quote für diese Unterart festgesetzt werden.

d) § 1 Abs. 4 Satz 1 Nr. 2 BauNVO

Ebenso scheidet die für Lärmemissionskontingente herangezogene Rechtsgrundlage (§ 1 Abs. 4 Satz 1 Nr. 2 BauNVO) als Rechtsgrundlage für eine Quote für sozial geförderte oder preisgedämpfte Wohnungen aus. Nach § 1 Abs. 4 Satz 1 Nr. 2 BauNVO können die Baugebiete nach der Art der Betriebe und Anlagen und deren besonderen Bedürfnissen und Eigenschaften gegliedert werden. Charakteristisch für einen Betrieb im bauplanungsrechtlichen Sinne ist die organisatorische Zusammenfassung von Betriebsanlagen und Betriebsmitteln zu einem bestimmten Betriebszweck.[1215] An einer solchen organisatorischen Zusammenfassung mangelt es einem Wohnge-

---

1213 Vgl. *Söfker*, in: Ernst/Zinkahn/Bielenberg/Krautzberger, BauNVO, § 1 Rn. 53.

1214 Vgl. *Roeser*, in: König/Roeser/Stock, BauNVO, § 1 Rn. 51 und 53. Umstritten war, ob die in einer Nummer der jeweiligen Baugebietsvorschrift genannten Nutzungen lediglich „en bloc" oder auch jede innerhalb einer Nummer beschriebenen Nutzungsart für sich genommen Gegenstand der Gliederung sein kann. Dies hat das BVerwG für § 1 Abs. 5 BauNVO im Sinne der zweiten Auffassung entschieden, Beschl. v. 22.05.1987 - 4 N 4/86, BVerwGE 77, 308 (314).

1215 BVerwG, Beschl. v. 27.11.1987 - 4 B 230 - 231/87, DÖV 1988, 382.

bäude. Ferner erlaubt § 1 Abs. 4 Satz 1 Nr. 2 BauNVO die Gliederung nach Anlagen. Die Baunutzungsverordnung enthält keinen eigenen Anlagenbegriff, sondern übernimmt den planungsrechtlichen Begriff der baulichen Anlage nach § 29 Abs. 1 BauGB.[1216] Ein Wohngebäude ist dauerhaft mit dem Erdboden verbunden und kann die in § 1 Abs. 5 und 6 BauGB genannten Belange in einer Weise berühren, die geeignet ist, das Bedürfnis nach einer ihre Zulässigkeit regelnden verbindlichen Bauleitplanung hervorzurufen. Eine Gliederung eines Baugebiets nach Anlagen auf der Grundlage von § 1 Abs. 4 Satz 1 Nr. 2 BauNVO ermöglicht jedoch lediglich die räumliche Konzentration des Anlagentyps in einem bestimmten Bereich des Baugebiets.[1217] So kann festgesetzt werden, dass Wohngebäude nur in einem bestimmten Bereich des Baugebiets zulässig sind. Eine Gliederung nach einer speziellen Unterart von Anlagen des jeweiligen Nutzungstyps kann mithilfe dieser Festsetzungsmöglichkeit nicht erfolgen.

Bleibt zu prüfen, ob die besonderen Bedürfnisse und Eigenschaften der Art der Anlage „Wohngebäude" Anknüpfungsmerkmal für eine Quote für sozial geförderte oder preisgedämpfte Wohnungen innerhalb eines Baugebiets sein können. Besondere Bedürfnisse müssen sich aus der Spezialität der Anlage ergeben und sind von allgemeinen Bedürfnissen der Anlage zu unterscheiden.[1218] Besondere Bedürfnisse können sich etwa aus dem Standort der Anlagen (z.B. Standort am Wasser oder im Hafengebiet), aus der Anbindung an notwendige Verkehrsanschlüsse (z.B. Gütergleis- oder Autobahnanschluss) oder aus dem besonderen Flächenbedarf bei flächenintensiven industriellen Großvorhaben ergeben.[1219] Eine Gliederung nach besonderen Eigenschaften der Anlagen dient der Berücksichtigung von Auswirkungen, die von den Betrieben oder Anlagen auf ihre Umgebung ausgehen.[1220] Bei dieser Gliederungsmöglichkeit hatte der Verordnungsgeber insbesondere die Auswirkungen der Belange des Immissionsschutzes und andere Umweltbelange im Blick.[1221] Wohngebäude weisen weder besondere Bedürfnisse auf, die sich im Vergleich zu allgemeinen Bedürfnissen

---

1216 Vgl. BVerwGE 102, 351 (353).

1217 Vgl. *Spannowsky*, in: Hornmann/Kämper/Spannowsky (BeckOK), BauNVO, § 1 Rn. 184.1.

1218 Vgl. *Söfker*, in: Ernst/Zinkahn/Bielenberg/Krautzberger, BauNVO, § 1 Rn. 58.

1219 Vgl. *Roeser*, in: König/Roeser/Stock, BauNVO, § 1 Rn. 56; *Söfker*, in: Ernst/Zinkahn/Bielenberg/Krautzberger, BauNVO, § 1 Rn. 58 f.

1220 Vgl. *Söfker*, in: Ernst/Zinkahn/Bielenberg/Krautzberger, BauNVO, § 1 Rn. 61.

1221 In der Verordnungsbegründung heißt es zu § 1 Abs. 3a Satz 1 Nr. 2 BauNVO 1977 (heute: § 1 Abs. 4 Satz 1 Nr. 2 BauNVO), dass diese Gliederungsmöglichkeit „im Interesse des Umweltschutzes" eingeführt wird, BR-Drs. 261/77, S. 15.

ergeben, noch verursachen sie Auswirkungen auf die Umwelt, die eine horizontale Gliederung des Baugebiets nach § 1 Abs. 4 Satz 1 Nr. 2 BauNVO erforderlich machen. Eine Quote für sozial geförderte oder preisgedämpfte Wohnungen kann sich nicht auf diese Rechtsgrundlage stützen.

e) § 1 Abs. 9 BauNVO

§ 1 Abs. 9 BauNVO stellt im Gegensatz zu den vorhergehenden Absätzen des § 1 BauNVO nicht auf bestimmte Arten von Nutzungen ab, sondern ermöglicht, dass sich die Festsetzungen nach den Absätzen 4 bis 8 des § 1 BauNVO auch auf Unterarten von Nutzungen beziehen können. Während die Festsetzungen nach § 1 Abs. 4 bis 8 BauNVO sich jeweils an den allgemein oder ausnahmsweise zulässigen Nutzungen innerhalb eines Baugebiets orientieren, ermöglicht § 1 Abs. 9 BauNVO weitergehende Differenzierungen im Sinne einer „Feingliederung".[1222]

Nach § 1 Abs. 9 BauNVO können aus den jeweils in den Absätzen 2 und 3 der Baugebietsvorschriften genannten zulässigen baulichen oder sonstigen Anlagen „Unterarten von Nutzungen"[1223] ausdifferenziert werden und bei Anwendung der Absätze 5 bis 8 des § 1 BauNVO im Bebauungsplan für zulässig oder nicht zulässig oder nur ausnahmsweise zulässig festgesetzt werden.[1224] Dabei muss sich die Differenzierung nach Unterarten von Nutzungen auf einen Anlagentyp beziehen, der in der Realität vorkommt.[1225] Darüber hinaus muss die Feingliederung nach § 1 Abs. 9 BauNVO durch besondere städtebauliche Gründe gerechtfertigt sein.

Es ist bereits fraglich, ob „sozial geförderte oder preisgedämpfte Wohnungen" einen Anlagentyp darstellen können, der als Unterart der Nutzung „Wohngebäude" Gegenstand der Feingliederung des § 1 Abs. 9 BauNVO sein kann. Erforderlich für einen Anlagentyp ist, dass er städtebaulich beachtliche Merkmale aufweist.[1226] Eine geförderte oder preisgedämpfte Wohnung besitzt aber im Vergleich zu einem freifinanzierten Wohngebäude keine städtebaulich beachtlichen Merkmale, die einen eigenständigen

---

1222 Vgl. BVerwG, Beschl. v. 27.07.1998 - 4 BN 31/98, NVwZ-RR 1999, 9; Beschl. v. 05.06.2014 - 4 BN 8/14, ZfBR 2014, 574.

1223 BVerwGE 77, 317 (320).

1224 Vgl. *Bönker*, in: Bönker/Bischopink, BauNVO, § 1 Rn. 192 ff.

1225 Vgl. BVerwG, Beschl. v. 07.05.2020 - 4 BN 44/19, ZfBR 2020, 675.

1226 Vgl. *Söfker*, in: Ernst/Zinkahn/Bielenberg/Krautzberger, BauNVO, § 1 Rn. 100a.

Anlagentyp charakterisieren könnten. Anders ist dies hingegen bei Wohngebäuden, die ganz oder teilweise der Betreuung und Pflege ihrer Bewohner dienen, § 3 Abs. 4 BauNVO. Hierbei handelt es sich um eine Unterart des Wohnens.[1227] Dieser Anlagentyp weist auch städtebauliche Merkmale auf, wie etwa Gemeinschaftsräume für die Bewohner des Gebäudes, Mitarbeiterräume für die dort tätigen Pflegekräfte oder die behindertengerechte Ausgestaltung des Gebäudes. Hingegen ist die Höhe der zulässigen Miete kein maßgebliches Kriterium für die Beschreibung eines bestimmten Anlagentyps. Die durch § 1 Abs. 9 BauNVO eröffnete Planungsfreiheit der Gemeinde wird dadurch begrenzt, dass sich die differenzierende Festsetzung auf einen bestimmten Anlagentyp beziehen muss, den es in der sozialen und ökonomischen Realität bereits gibt.[1228] Rein quantitative Merkmale genügen den Anforderungen an die Bestimmung des Anlagentyps nicht.[1229] Bei sozial geförderten Wohnungen ist die zulässige Miethöhe im Einzelnen von den Fördervoraussetzungen des einschlägigen Wohnraumförderrechts abhängig, bei preisgedämpften Wohnungen von individuellen Vorgaben der Gemeinde.[1230] Die Begrenzung der höchstzulässigen Miete trägt nicht die Umschreibung eines Anlagentyps gleichsam in sich. Vielmehr müsste die Gemeinde darlegen, weshalb Wohnungen, die eine bestimmte Miethöhe überschreiten, eine bestimmte Art von baulichen Anlagen darstellen. Die Beschreibung „sozial geförderte oder preisgedämpfte Wohnung" erfasst keinen bestimmten Anlagentyp. In ähnlicher Weise kann auch bei sozialen Anlagen die Differenzierung in Unterarten nicht anhand der Anzahl der unterzubringenden Personen erfolgen, da bei sozialen Anlagen hinsichtlich der Art der Nutzung nicht danach unterschieden wird, wie viele Personen in der sozialen Anlage untergebracht oder betreut werden können.[1231]

Ferner spricht gegen eine Feingliederung nach § 1 Abs. 9 BauNVO, dass sie nur bei Anwendung der Absätze 5 bis 8 des § 1 BauNVO zur Anwendung kommen kann. Ein Ausschluss von „Wohngebäuden" nach § 1 Abs. 5 BauNVO verbunden mit einer Rückausnahme für „sozial geförderte oder preisgedämpfte Wohnungen" nach § 1 Abs. 9 BauNVO hätte zur Rechtsfolge, dass ausschließlich Letzteres als Anlagentyp in dem Baugebiet zulässig wäre. Hingegen ermöglicht § 1 Abs. 9 BauNVO nicht die Festsetzung einer

---

1227 Vgl. *Stock*, in: Ernst/Zinkahn/Bielenberg/Krautzberger, BauNVO, § 3 Rn. 60.
1228 Vgl. BVerwG, Beschl. v. 05.06.2014 - 4 BN 8/14, ZfBR 2014, 574.
1229 In diesem Sinne auch *Bönker*, in: Bönker/Bischopink, BauNVO, § 1 Rn. 202.
1230 Siehe dazu im Einzelnen oben S. 139 f.
1231 Vgl. bayerischer VGH, Beschl. v. 15.06.2016 - 15 N 15/1583, Rn. 21 (*juris*).

Quote für den jeweils beschriebenen Anlagentyp. Zwar kann nach § 1 Abs. 8 BauNVO die Festsetzung auch lediglich auf einen Teil des Baugebiets beschränkt werden.[1232] In der Folge müsste nur in einem Teil des Baugebiets günstiger Wohnraum errichtet werden. Dies würde aber einer sozialen Segregation Vorschub leisten und die soziale Trennung einkommensstarker und einkommensschwacher Bewohner eines Gebiets begünstigen. Dies widerspricht dem in § 1 Abs. 6 Nr. 2 BauGB genannten bauleitplanerischen Ziel, stabile Bewohnerstrukturen zu schaffen und zu erhalten.

Schließlich fehlt es auch an einem besonderen städtebaulichen Grund im Sinne des § 1 Abs. 9 BauNVO für eine solche Festsetzung im Bebauungsplan. Mit diesem Erfordernis wird sichergestellt, dass die Modifizierung der Zulässigkeit von Nutzungen als Abweichung vom Grundsatz der nach den Baugebietsvorschriften typisiert festgelegten Zulässigkeitsregelungen einer besonderen Rechtfertigung bedarf.[1233] Zwar ist nach § 1 Abs. 5 Satz 1 BauGB die Gewährleistung einer sozialgerechten Bodennutzung ein städtebaulicher Grund. Dieser rechtfertigt aber nicht den gleichzeitigen Ausschluss aller übrigen Wohngebäude. Zumal der städtebauliche Grund der Schaffung und Erhaltung von stabilen Bewohnerstrukturen (§ 1 Abs. 6 Nr. 2 BauGB) durch eine solche Differenzierungsmöglichkeit vollständig unterlaufen werden würde. Die ausschließliche Zulässigkeit von sozial geförderten oder preisgedämpften Wohnungen innerhalb eines Baugebiets wäre nicht ein besonderer städtebaulicher Grund, sondern ein sozialer Grund, der für eine Rechtfertigung der Ausdifferenzierung nach § 1 Abs. 9 BauNVO nicht herangezogen werden kann.[1234]

1232 Vgl. *Bönker*, in: Bönker/Bischopink, BauNVO, § 1 Rn. 216.

1233 Vgl. *Söfker*, in: Ernst/Zinkahn/Bielenberg/Krautzberger, BauNVO, § 1 Rn. 104; *Spannowsky*, in: Hornmann/Kämper/Spannowsky (BeckOK), BauNVO, § 1 Rn. 235.

1234 Auch der Ausschluss von Bordellen und bordellartigen Einrichtungen, die bestimmte Unterarten der gewerblichen Nutzung darstellen, ist nach § 1 Abs. 5 und Abs. 9 BauNVO nur bei Vorliegen besonderer städtebaulicher Gründe, nicht aber aus polizei- oder ordnungsrechtlichen Gründen zulässig, vgl. VGH Baden-Württemberg, Urt. v. 26.04.2016 - 8 S 205/14, Rn. 38 (*juris*). Der Ausschluss von Spielhallen als Unterart von Vergnügungsstätten innerhalb eines Kerngebiets kann sich ausschließlich auf besondere städtebauliche Gründe, nicht aber auf Gründe des Jugendschutzes oder der Suchtprävention stützen. Ein in der Rechtsprechung anerkannter besonderer städtebaulicher Grund für den Ausschluss von Spielhallen ist die Vermeidung eines Trading-Down-Effekts, vgl. BVerwG, Beschl. v. 04.09.2008 - 4 BN 9/08, ZfBR 2008, 799 (800).

4. Ergebnis

Die Baunutzungsverordnung ermöglicht die Festsetzung einer Quote für Wohnungen im Angebotsbebauungsplan nur in ausdrücklich benannten Fällen (§ 4a Abs. 4 Nr. 2, § 6a Abs. 4 Nr. 3, § 7 Abs. 4 Satz 1 Nr. 2 BauNVO). Eine Möglichkeit zur Spezifizierung einer solchen Quotenfestsetzung dahingehend, dass nur eine besondere Unterart des Wohnens – etwa sozial geförderte oder preisgedämpfte Wohnungen – möglich ist, sieht die Baunutzungsverordnung nicht vor. Bei einem vorhabenbezogenen Bebauungsplan ist die Gemeinde nicht an die Festsetzungen der Baunutzungsverordnung gebunden[1235], sodass die Festsetzung einer Quote denkbar ist. Eine solche wird aber bereits im Durchführungsvertrag vereinbart, weshalb eine planerische neben der vertraglichen Regelung nicht erforderlich ist.

B. Sektoraler Bebauungsplan zur Wohnraumversorgung

Kooperative Baulandmodelle stoßen im Anwendungsbereich des § 34 BauGB an ihre Grenzen. Soweit Baurecht nach § 34 BauGB besteht, können aufgrund des Koppelungsverbots keine städtebaulichen Verträge geschlossen werden.[1236] Maßgeblich ist das Einfügen in die nähere Umgebung nach Art und Maß der baulichen Nutzung sowie die gesicherte Erschließung des Grundstücks. Die Berücksichtigung von Gemeinwohlbelangen, insbesondere die Bereitstellung von Wohnungen für Bevölkerungsgruppen mit geringen und mittleren Einkommen, bleiben außer Acht.[1237] Der Vorhabenträger kann Wohnraum errichten, ohne dass er Belegungs- und Mietbindungen einzuhalten hat oder sich an den Kosten der sozialen Infrastruktur beteiligen muss. Im unbeplanten Innenbereich erfolgt die Verwirklichung von Vorhaben ohne die Berücksichtigung des städtebaulichen Ziels der sozialgerechten Bodennutzung. Bestehen keine vertraglichen Verpflichtungen, entscheidet sich der Vorhabenträger regelmäßig für die Errichtung von Wohnraum im gehobenen Preissegment, da er in diesem höhere Ren-

---

1235 Vgl. *Krautzberger*, in: Ernst/Zinkahn/Bielenberg/Krautzberger, BauGB, § 12 Rn. 80.

1236 Siehe dazu S. 284 f.

1237 Vgl. Beirat für Raumentwicklung beim Bundesministerium des Innern, für Bau und Heimat, Empfehlungen des Beirats für Raumentwicklung, Siedlungsentwicklung - Flächen sparen, S. 9 f.; Landeshauptstadt München, Sitzungsvorlage Nr. 14-20 / V 16067, S. 10.

diten erzielen kann. Das Marktsegment des geförderten Wohnungsbaus wird aufgrund struktureller Rahmenbedingungen freiwillig nicht bedient. Beachtenswert ist, dass rund die Hälfte des neuen Wohnbaurechts auf der Grundlage von § 34 BauGB erteilt wird.[1238] Aufgrund der fehlenden Möglichkeit, in diesem Bereich städtebauliche Verträge mit Verpflichtungen für den Vorhabenträger abzuschließen, wird einer sozialen Segregation Vorschub geleistet. Dieses Defizit planungsrechtlicher Handlungsmöglichkeiten im Anwendungsbereich des § 34 BauGB verhindert die Verfolgung des städtebaulichen Ziels der sozialgerechten Bodennutzung.

I. Entstehungsgeschichte

Seit einigen Jahren wird daher gefordert, dass der Gesetzgeber die planungsrechtlichen Regelungen in beplanten und unbeplanten Gebieten mit Blick auf das Allgemeinwohl und insbesondere die Schaffung von bezahlbarem Wohnraum angleicht.[1239]

Ein Vorschlag, der beabsichtigt, die Gemeinwohlbelange im Anwendungsbereich des § 34 BauGB stärker zu berücksichtigen, sieht eine Änderung des § 34 BauGB dahingehend vor, dass eine Baugenehmigung im unbeplanten Innenbereich nur unter der Voraussetzung erteilt werden darf, dass ein angemessener Beitrag zum Gemeinwohl geleistet wird.[1240] Gegen eine solche Modifikation des § 34 BauGB spricht, dass eine solche zusätzliche Tatbestandsvoraussetzung nicht geeignet ist, auf eine konkrete Situation in einer Gemeinde zu reagieren. Würde in § 34 BauGB als weiteres Tatbestandsmerkmal normiert, dass eine Baugenehmigung nur unter der Voraussetzung erteilt werden darf, dass ein angemessener Beitrag zum Gemeinwohl geleistet wird, stünde der Entscheidungsebene zwar ein weiter Beurteilungsspielraum zu, der eine Wertung im Einzelfall ermöglicht. Gleichzeitig wäre eine solche Genehmigungsvoraussetzung wegen ihrer Unbestimmtheit wenig praktikabel, da die Frage, was ein angemessener

---

1238 Vgl. *Bunzel/Niemeyer*, ZfBR 2018, 743 (750); Kommission „Nachhaltige Baulandmobilisierung und Bodenpolitik" (Baulandkommission), Handlungsempfehlungen und Dokumentation der Beratungen, Stand November 2019, S. 29, https://www.die-wohnraumoffensive.de/fileadmin/user_upload/aktivitaeten/veroeffentlichungen/Dokumentation_BLKommission_bf.pdf (zuletzt aufgerufen am 30.12.2022).

1239 Vgl. Beirat für Raumentwicklung beim Bundesministerium des Innern, für Bau und Heimat, Empfehlungen des Beirats für Raumentwicklung, Siedlungsentwicklung - Flächen sparen, beschlossen am 15.01.2019, S. 9 f.

1240 Vgl. *Reiß-Schmidt*, vhw FWS 2018, 119 (121).

Beitrag für das Gemeinwohl ist, vom Einzelfall abhängt und gerichtlich nicht abschließend geklärt werden kann. Eine Ergänzung des § 34 BauGB würde zu mehr Rechtsunsicherheit führen und nicht dazu beitragen, dass mehr bezahlbarer Wohnraum im unbeplanten Innenbereich entsteht.

Vorgeschlagen wurde des Weiteren ein neuer Bebauungsplan, der sich ausschließlich auf das städtebauliche Ziel konzentriert, bezahlbaren Wohnraum zu schaffen, und der für Flächen aufgestellt werden kann, die im Zusammenhang bebaute Ortsteile darstellen.[1241] In Anlehnung an die Bebauungspläne in § 9 Abs. 2a bis c BauGB soll sich dieser neue Bebauungsplan auf den thematisch begrenzten Bereich der Wohnraumversorgung richten, weshalb er auch als sektoraler Bebauungsplan bezeichnet wird.[1242] Das Baugesetzbuch ermöglicht bisher die Aufstellung von Bebauungsplänen zur Sicherung zentraler Versorgungsbereiche (§ 9 Abs. 2a BauGB), zur Steuerung von Vergnügungsstätten (§ 9 Abs. 2b BauGB) und zur Nutzungssteuerung in der Nachbarschaft von Betriebsbereichen nach § 3 Abs. 5a BImSchG (§ 9 Abs. 2c BauGB).

Der Koalitionsvertrag der 19. Legislaturperiode sah vor, dass Kommunen bei der Aktivierung von Bauland und der Sicherung bezahlbaren Wohnens unterstützt werden sollten.[1243] Dazu strebten die Regierungsparteien eine Verbesserung des Bauplanungsrechts an. Zu diesem Zweck wurde die Kommission „Nachhaltige Baulandmobilisierung und Bodenpolitik"

1241 Vgl. *Bunzel/zur Nedden/Pätzold/Aring/Coulmas/Rohland*, Bodenpolitische Agenda 2020-2030, Deutsches Institut für Urbanistik/vhw-Bundesverband für Wohnen und Stadtentwicklung (Hrsg.), S. 2 f. und 19 f., https://repository.difu.de/jspui/handle/difu/238504 (zuletzt aufgerufen am 30.12.2022); Münchner Initiative für ein soziales Bodenrecht, Kommunaler Impuls zu einer gemeinwohlorientierten Bodenpolitik, 23.06.2018, S. 7, https://www.stattbau-muenchen.de/files/stattbau/b odenrecht/Münchner_Ratschlag_Bodenrecht_Ergebnispapier.pdf (zuletzt aufgerufen am 30.12.2022); Deutscher Städte- und Gemeindebund, Bilanz 2018 & Ausblick 2019 der deutschen Städte & Gemeinden, S. 32, https://www.dstgb .de/publikationen/dokumentationen/bilanz-2018-ausblick-2019/bilanz-18-19-web. pdf?cid=5j4 (zuletzt aufgerufen am 30.12.2022); Beirat für Raumentwicklung beim Bundesministerium des Innern, für Bau und Heimat, Empfehlungen des Beirats für Raumentwicklung, Siedlungsentwicklung - Flächen sparen, beschlossen am 15.01.2019, S. 9 f.

1242 Zur rechtsdogmatischen Einordnung als sektoraler Bebauungsplan siehe *Reiling*, ZfBR 2021, 228 (231).

1243 Siehe Koalitionsvertrag zwischen CDU, CSU und SPD, Ein neuer Aufbruch für Europa. Eine neue Dynamik für Deutschland. Ein neuer Zusammenhalt für unser Land, Zeile 5114 ff.

(Baulandkommission) eingesetzt.[1244] In ihrem Abschlussbericht empfiehlt die Baulandkommission die befristete Einführung eines sektoralen Bebauungsplans (§ 9 Abs. 2d BauGB), um geförderten oder bezahlbaren Wohnraum im unbeplanten Innenbereich zu ermöglichen.[1245] Diese Empfehlung hat der Referentenentwurf des Bundesministeriums des Innern, für Bau und Heimat der 19. Legislaturperiode zum Entwurf eines Gesetzes zu Mobilisierung von Bauland (Baulandmobilisierungsgesetz) aufgegriffen, der die Einführung eines neuen Bebauungsplans zur Wohnraumversorgung vorsieht.[1246] Nach Abstimmung innerhalb des Bundeskabinetts wurde der Gesetzentwurf der Bundesregierung dem Bundestag und Bundesrat zugeleitet.[1247] Das Baulandmobilisierungsgesetz wurde am 07.05.2021 vom Bundestag beschlossen und ist am 23.06.2021 in Kraft getreten.[1248]

1244 Siehe Koalitionsvertrag zwischen CDU, CSU und SPD, Ein neuer Aufbruch für Europa. Eine neue Dynamik für Deutschland. Ein neuer Zusammenhalt für unser Land, Zeile 5094 f. Zunächst war im Koalitionsvertrag die Einsetzung einer Enquete-Kommission vorgesehen. Stattdessen hat im Herbst 2018 lediglich eine Regierungskommission ihre Arbeit zu diesem Thema aufgenommen, vgl. ausführlich zur Zusammensetzung der eingesetzten Kommission die Antwort der Bundesregierung auf die Kleine Anfrage der Fraktion Bündnis 90/Die Grünen, BT-Drs. 19/5794.

1245 Vgl. Empfehlungen auf Grundlage der Beratungen in der Kommission für „Nachhaltige Baulandmobilisierung und Bodenpolitik" (Baulandkommission), 02.07.2019, S. 7, https://www.bmi.bund.de/SharedDocs/downloads/DE/veroeff entlichungen/nachrichten/Handlungsempfehlungen-Baulandkommission.pdf?__ blob=publicationFile&v=1 (zuletzt aufgerufen am 30.12.2022).

1246 Referentenentwurf des Bundesministeriums des Innern, für Bau und Heimat, Entwurf eines Gesetzes zur Mobilisierung von Bauland (Baulandmobilisierungsgesetz), 09.06.2020, https://www.bmi.bund.de/SharedDocs/gesetzgebungsverfahre n/DE/Downloads/referentenentwuerfe/baulandmobilisierungsgesetz.pdf?__blob= publicationFile&v=3 (zuletzt aufgerufen am 30.12.2022).

1247 Kabinettsfassung des Entwurfs eines Gesetzes zur Mobilisierung von Bauland (Baulandmobilisierungsgesetz), https://www.bmi.bund.de/SharedDocs/gesetzgeb ungsverfahren/DE/Downloads/kabinettsfassung/baulandmobilisierungsgesetz-ka binett.pdf;jsessionid=49F21382A4C7F845FC8A1586E5B4AF09.1_cid295?__blob=p ublicationFile&v=3 (zuletzt aufgerufen am 30.12.2022).

1248 Gesetz zur Mobilisierung von Bauland (Baulandmobilisierungsgesetz) v. 14.06.2021, BGBl. I, S. 1802.

II. Zeitlicher Anwendungsbereich

Bei dem Bebauungsplan zur Wohnraumversorgung handelt es sich um eine befristete Regelung. Nach § 9 Abs. 2d Satz 5 BauGB können Verfahren für Bebauungspläne nach § 9 Abs. 2d BauGB nur bis zum 31.12.2024 förmlich eingeleitet werden. Der Aufstellungsbeschluss muss bis zu diesem Zeitpunkt vorliegen.[1249] Der Satzungsbeschluss muss bis zum 31.12.2026 gefasst werden, § 9 Abs. 2d Satz 6 BauGB.

III. Mögliche Festsetzungsinhalte

Bei einem Bebauungsplan nach § 9 Abs. 2d BauGB handelt es sich um einen einfachen Bebauungsplan, in dem die Gemeinde Festsetzungen nach § 9 Abs. 2d Satz 1 und 2 BauGB treffen kann. Die Norm ist zweigeteilt. Die Festsetzungsmöglichkeiten des § 9 Abs. 2d Satz 1 Nr. 1 bis 3 BauGB betreffen die Art der baulichen Nutzung und erlauben die Festsetzung von Flächen, auf denen Wohnraum zulässig ist. Nach § 9 Abs. 2d Satz 2 BauGB können darüber hinaus ergänzende Festsetzungen getroffen werden, etwa zum Maß der baulichen Nutzung (Nr. 1). Dabei sind isolierte und kumulierte Festsetzungen möglich („eine oder mehrere der folgenden Festsetzungen"). Mit einem Bebauungsplan nach § 9 Abs. 2d BauGB kann die Gemeinde in einem schlanken Verfahren einen Bebauungsplan aufstellen, der sich ausschließlich auf die Ausweisung von Flächen für Wohnraum konzentriert.

1. Festsetzung nach § 9 Abs. 2d Satz 1 Nr. 1 BauGB

§ 9 Abs. 2d Satz 1 Nr. 1 BauGB ermöglicht die Festsetzung von Flächen, auf denen Wohngebäude errichtet werden dürfen. Diese Formulierung („dürfen") lässt Raum für zwei Auslegungsmöglichkeiten.[1250] Zum einen könnte damit gemeint sein, dass die in einem sektoralen Bebauungsplan nach § 9 Abs. 2d Satz 1 Nr. 1 BauGB getroffene Festsetzung die Art der baulichen Nutzung abschließend regelt und den Zulässigkeitsmaß-

---

1249 Vgl. zur Parallelvorschrift bei der Einbeziehung von Außenbereichsflächen in das beschleunigte Verfahren, § 13b Satz 1 und 2 BauGB, *Arndt/Mitschang*, ZfBR 2017, 738.

1250 *Battis/Mitschang/Reidt*, NVwZ 2021, 905 (907) bezeichnen die beiden Auslegungsalternative als „offene oder geschlossene Regelungen".

stab des § 34 Abs. 1 BauGB insoweit verdrängt.[1251] Nach diesem Verständnis ist eine andere Nutzungsart auf der Fläche unzulässig, auch wenn sie sich in die nähere Umgebung einfügen würde. Zum anderen könnte die Norm auch so verstanden werden, dass eine Festsetzung nach § 9 Abs. 2d Satz 1 Nr. 1 BauGB ein Angebot an den Grundstückseigentümer beinhaltet, auf den Flächen Wohngebäude zu errichten.[1252] Gleichzeitig bleiben andere Vorhaben weiterhin zulässig, soweit sie sich nach Art und Maß der baulichen Nutzung in die Eigenart der näheren Umgebung einfügen.[1253] Nach diesem Verständnis könnte sich der Vorhabenträger, wenn sich ein Bürogebäude in die nähere Umgebung einfügen würde, für die Errichtung eines solchen anstatt für Wohnnutzung entscheiden, obwohl der sektorale Bebauungsplan für die Fläche die Errichtung von Wohngebäuden vorsieht.[1254]

Der Wortlaut von § 9 Abs. 2d Satz 1 Nr. 1 BauGB kann für diese zweite Auslegung fruchtbar gemacht werden. Im Vergleich zu § 9 Abs. 2d Satz 1 Nr. 2 und 3 BauGB fehlt bei Nr. 1 die Exklusivität der Festsetzung, die bei Nr. 2 und 3 durch das Wort „nur" zum Ausdruck kommt. Auch aus der Formulierung „dürfen" in § 9 Abs. 2d Satz 1 Nr. 1 BauGB kann auf einen Angebotscharakter der Festsetzung geschlossen werden.

Gegen diese Auslegung und für ein Verständnis der Norm, nach dem im Hinblick auf die zulässige Nutzung der Zulässigkeitsmaßstab des § 34 BauGB verdrängt wird, sprechen der Telos und die Systematik der Vorschrift. Die Intention des Gesetzgebers und des Baulandmobilisierungsgesetzes ist es nicht nur, das Angebot möglicher Flächen für Wohnnutzung zu erweitern und es dem Grundstückseigentümer zu überlassen, ob er weiteren Wohnraum schafft. Vielmehr bezweckt das Baulandmobilisierungsgesetz eine Verbesserung des Bauplanungsrechts, damit dringend benötigter Wohnraum geschaffen werden kann.[1255] Auch weitere bauplanungsrechtli-

---

1251 Vgl. *Reidt*, BauR 2021, 38 (42); *Mitschang*, UPR 2021, 206 (207); im Ergebnis wohl zustimmend, aber ohne nähere Begründung *Reiling*, ZfBR 2021, 228 (231).

1252 Vgl. *Mitschang*, UPR 2021, 206 (207).

1253 Vgl. *Reidt*, BauR 2021, 38 (41 f.), der diese Auslegung auch für § 9 Abs. 2d Satz 1 Nr. 2 und 3 in Erwägung zieht. Der Wortlaut dieser Vorschriften („nur") und die Funktion des Bebauungsplans der Wohnraumversorgung widersprechen bei Nr. 2 und 3 dieser Auslegung. So auch *Mitschang*, UPR 2021, 206 (209) und *Reiling*, ZfBR 2021, 228, Fn. 33. Im Ergebnis zustimmend ohne Begründung auch *Kment*, ZRP 2020, 179 (180).

1254 Vertreter der offenen Regelung: *Muckel/Ogorek*, JA 2021, 881 (885); *Reicherzer*, UPR 2021, 361 ff; *Mock*, VBlBW 2021, 397 (400).

1255 Vgl. BT-Drs. 19/24838, S. 2.

che Instrumente, die durch das Baulandmobilisierungsgesetz eine Erweiterung erfahren haben, zeigen diese Intention des Gesetzgebers. Sowohl das allgemeine Vorkaufsrecht als auch das Satzungsvorkaufsrecht nach §§ 24, 25 BauGB werden gestärkt. Beispielsweise stellt § 24 Abs. 3 Satz 2 BauGB nunmehr klar, dass die Deckung eines Wohnbedarfs in der Gemeinde zu den Gründen des Wohls der Allgemeinheit gehört, der zur Rechtfertigung der Ausübung des Vorkaufsrechts herangezogen werden kann.[1256] Auch die Verschärfung des Instruments des Baugebots verdeutlicht, dass der Gesetzgeber mit dem Baulandmobilisierungsgesetz bezweckt, dass Wohnraum tatsächlich errichtet wird und nicht nur das Angebot an Flächen erweitert werden soll.[1257] Nunmehr kann die Gemeinde nach dem neu eingefügten § 176 Abs. 1 Nr. 3 BauGB im Geltungsbereich eines Bebauungsplans den Eigentümer durch Bescheid verpflichten, innerhalb einer zu bestimmenden angemessenen Frist

> „sein Grundstück mit einer oder mehreren Wohneinheiten zu bebauen, wenn in dem Bebauungsplan Wohnnutzungen zugelassen sind und wenn es sich um ein durch Satzung der Gemeinde bestimmtes Gebiet mit einem angespannten Wohnungsmarkt handelt".[1258]

Aus den Neuregelungen kann geschlossen werden, dass der Gesetzgeber auch bei § 9 Abs. 2d Satz 1 Nr. 1 BauGB den Zweck verfolgt, Flächenfestsetzungen zu ermöglichen, auf denen tatsächlich Wohnnutzung entsteht. Käme § 34 BauGB im Hinblick auf die zulässige Art der Nutzung daneben weiterhin zur Anwendung, würde dieser Gesetzeszweck unterlaufen. Dem Zweck des Baulandmobilisierungsgesetzes, dringend benötigten Wohnraum zu schaffen, kann nur entsprochen werden, wenn durch die Festsetzung im sektoralen Bebauungsplan zur Wohnraumversorgung anderweitige Nutzungen gesperrt werden.

Für diese Auslegung spricht zudem, dass die Gemeinde das Ziel, die Fläche ausschließlich der Wohnnutzung zur Verfügung zu stellen, bereits vor der Einführung des § 9 Abs. 2d Satz 1 Nr. 1 BauGB über einen Bebauungs-

---

1256 Zu den weiteren Ergänzungen der kommunalen Vorkaufsrechte durch das Baulandmobilisierungsgesetz siehe *Reicherzer/Finster*, ZfIR 2021, 149 (151) sowie *Krautzberger/Stüer*, ZfBR 2021, 33 (35).

1257 Die Gesetzesbegründung hebt hervor, dass die Änderungen beim Baugebot „der Erleichterung der Wohnraumschaffung" dienen, BT-Drs. 19/24838, S. 17.

1258 Zu dem Begriff des „Gebiets mit einem angespannten Wohnungsmarkt" siehe den ebenfalls neu eingefügten § 201a BauGB, der sich an der Formulierung des § 556d Abs. 2 Satz 2 und 3 BGB orientiert.

plan erreichen konnte, der ein reines Wohngebiet festsetzt. Der Mehrwert eines sektoralen Bebauungsplans nach § 9 Abs. 2d BauGB ergibt sich für die Gemeinde aus den weiteren Festsetzungsinhalten, insbesondere der Festsetzung nach § 9 Abs. 2d Satz 1 Nr. 3 BauGB. Der planerische Gewinn liegt in der Möglichkeit der Kumulation dieser Festsetzungen.

Eine weitere Überlegung spricht für eine verdrängende Wirkung des § 9 Abs. 2d Satz 1 Nr. 1 BauGB: Wenn die Gemeinde in einem Bebauungsplan von den drei möglichen Festsetzungen des Katalogs in § 9 Abs. 2d Satz 1 BauGB Gebrauch macht und dabei für Nr. 1 davon ausgegangen wird, dass weiterhin andere Nutzungen, die nach § 34 BauGB möglich sind, zulässig wären, bei Nr. 2 und 3 hingegen ausschließlich Wohnnutzung, dann zöge dies in der Praxis Schwierigkeiten beim Lärmimmissionsschutz nach sich, wenn der Vorhabenträger neben Wohnnutzung gewerbliche Nutzung verwirklichen wollte. Zwar wird für die Flächen nach Nr. 2 und 3 in dem sektoralen Bebauungsplan ein reines Wohngebiet im Sinne des § 3 BauNVO nicht festgesetzt.[1259] Aus immissionsschutzrechtlicher Sicht müssen diese Flächen aber als ein solches behandelt werden.[1260] Dies spricht dafür, den drei Festsetzungsmöglichkeiten des § 9 Abs. 2d Satz 1 BauGB ein einheitliches Verständnis zugrunde zu legen.

2. Festsetzung nach § 9 Abs. 2d Satz 1 Nr. 2 BauGB

Nach § 9 Abs. 2d Satz 1 Nr. 2 BauGB können Flächen festgesetzt werden, auf denen nur Gebäude errichtet werden dürfen, bei denen einzelne oder alle Wohnungen die baulichen Voraussetzungen für eine Förderung erfüllen. Diese Festsetzungsmöglichkeit ähnelt der Regelung in § 9 Abs. 1 Nr. 7 BauGB.[1261] Die nach § 9 Abs. 2d Satz 1 Nr. 2 BauGB entstehenden Wohnungen müssen so ausgestaltet sein, dass sie die baulichen Voraussetzungen und technischen Standards der Förderung erfüllen. Ebenso wie bei § 9 Abs. 1 Nr. 7 BauGB folgt aus der Festsetzung keine Pflicht des Vorhabenträgers, Mittel der sozialen Wohnraumförderung tatsächlich in Anspruch zu nehmen.[1262] Die abstrakte Förderfähigkeit der Wohnungen im Hinblick auf

---

1259 Vgl. *Reiling*, ZfBR 2021, 228 (231).
1260 So auch *Reidt*, BauR 2021, 38 (42). Dies folgt aus 6.6 Satz 2 TA Lärm, wonach sich die zulässigen Immissionswerte, wenn eine Festsetzung eines Baugebietstyps nicht geben ist, nach der Schutzbedürftigkeit des Gebiets beurteilt.
1261 Siehe dazu bereits S. 81 ff.
1262 *Kment*, ZRP 2020, 179 f.

die bauliche Beschaffenheit genügt.[1263] Der Unterschied im Wortlaut der beiden Vorschriften ist darauf zurückzuführen, dass bei Festsetzungen nach § 9 Abs. 2d BauGB nach Satz 4 der Vorschrift eine vertikale Gliederung möglich ist, weshalb explizit auf „einzelne oder alle Wohnungen" Bezug genommen wird.

3. Festsetzung nach § 9 Abs. 2d Satz 1 Nr. 3 BauGB

§ 9 Abs. 2d Satz 1 Nr. 3 BauGB ermöglicht den Gemeinden in einem sektoralen Bebauungsplan Flächen festzusetzen, auf denen nur Gebäude errichtet werden dürfen, bei denen sich ein Vorhabenträger hinsichtlich einzelner oder aller Wohnungen dazu verpflichtet, die zum Zeitpunkt der Verpflichtung geltenden Förderbedingungen der sozialen Wohnraumförderung, insbesondere die Miet- und Belegungsbindung, einzuhalten, und die Einhaltung dieser Verpflichtung in geeigneter Weise sichergestellt wird.

Diese neu geschaffene Festsetzungsmöglichkeit knüpft an das Vorgehen vieler Gemeinden an, neues Wohnbauland nur auszuweisen, sofern sich der Vorhabenträger dazu verpflichtet, einen bestimmten Anteil der neu entstehenden Wohnfläche als sozial geförderten Wohnraum zu errichten. Mit dem sektoralen Bebauungsplan und der Festsetzung nach § 9 Abs. 2d Satz 1 Nr. 3 BauGB wird den Gemeinden ein Instrument an die Hand gegeben, welches eine solche Verpflichtung des Grundstückseigentümers auch im unbeplanten Innenbereich ermöglicht. So wurde die gesetzliche Lücke geschlossen, die aufgrund des Koppelungsverbots im Bereich des § 34 BauGB bestand.[1264] Mit der Vorschrift wird ein wesentlicher Bestandteil der BauGB-Novelle – die Kommunen bei der Schaffung von mehr bezahlbarem Wohnraum zu unterstützen – umgesetzt.[1265]

a) Verpflichtungserklärung des Vorhabenträgers

Der Vorhabenträger muss sich dazu verpflichten, die zum Zeitpunkt der Verpflichtung geltenden Förderbedingungen der sozialen Wohnraumförderung für die im Bebauungsplan festgesetzte Anzahl an Wohnungen einzu-

---

1263 *Reidt*, BauR 2021, 38 (42 f.); *Reiling*, ZfBR 2021, 228 (230).
1264 Siehe hierzu bereits S. 283 f.
1265 Vgl. BT-Drs. 19/24838, S. 17.

halten. Für diese Verpflichtung muss nicht zwingend ein städtebaulicher Vertrag zwischen ihm und der Gemeinde geschlossen werden. Es genügt, wenn der Vorhabenträger einseitig erklärt, die Verpflichtung zur Errichtung der geförderten Wohnungen zu übernehmen.[1266] Auch der Zeitpunkt der Verpflichtungserklärung unterscheidet sich bei § 9 Abs. 2d Satz 1 Nr. 3 BauGB von dem Zeitpunkt, der bei Vereinbarungen über die Errichtung von gefördertem Wohnraum im Rahmen von kooperativen Baulandmodellen berücksichtigt werden muss.[1267] Bei städtebaulichen Verträgen, die kooperative Baulandmodelle umsetzen, muss der Abschluss des Vertrags wegen des Koppelungsverbots spätestens zum Zeitpunkt des Satzungsbeschlusses über den Bebauungsplan vorliegen.[1268] Bei Verpflichtungen, die § 9 Abs. 2d Satz 1 Nr. 3 BauGB verlangt, ist eine Erklärung seitens des Vorhabenträgers auch zu einem Zeitpunkt nach Satzungsbeschluss möglich.[1269] Dafür spricht zum einen der Wortlaut der Vorschrift („verpflichtet" statt „verpflichtet hat").[1270] Zum anderen verlangt das Koppelungsverbot die Erklärung des Vorhabenträgers im Zusammenhang mit einem sektoralen Bebauungsplan nicht spätestens bis zum Zeitpunkt des Satzungsbeschlusses über den Bebauungsplan. Bei einem sektoralen Bebauungsplan wird für ein Grundstück, für welches bereits ohne Bebauungsplan Baurecht nach § 34 BauGB bestand, ein Bebauungsplan aufgestellt, der die Bebaubarkeit des Grundstücks neu regelt. Bei der Aufstellung eines Bebauungsplans, der erstmalig Wohnbaurecht schafft, verlangt das Koppelungsverbot hingegen den Abschluss des städtebaulichen Vertrags bis spätestens zum Satzungsbeschluss. Beim sektoralen Bebauungsplan kann der Vorhabenträger die Verpflichtung auch noch in einem dem Bebauungsplanverfahren nachgeordneten Baugenehmigungsverfahren erklären.[1271] Ähnlich wie bei

---

1266 So auch *Reidt*, BauR 2021, 38 (43); *Mitschang/Reidt*, in: Battis/Krautzberger/Löhr, BauGB, § 9 Rn. 210u; *Mock*, VBlBW 2021, 397 (402). Anders wohl *Reiling*, ZfBR 2021, 228 (230), die „vertragliche Abreden" verlangt. Ebenso *Grziwotz*, NotBZ 2021, 361 (362) mit Verweis auf den Rechtsgedanken des § 311 Abs. 1 BGB.

1267 Vgl. auch *Reidt*, BauR 2021, 38 (43).

1268 Siehe hierzu bereits S. 245 f.

1269 Vgl. *Reidt*, BauR 2021, 38 (43); *Reiling*, ZfBR 2021, 228 (230); *Uechtritz*, BauR 2021, 1227 (1233). A.A. *Spannowsky*, ZfBR 2022, 127 (133) mit Verweis auf eine fehlende städtebauliche Rechtfertigung, wenn die Verpflichtung nicht schon im Zeitpunkt der Abwägungsentscheidung vorliegt.

1270 *Reiling*, ZfBR 2021, 228 (230).

1271 Vgl. *Mitschang/Reidt*, in: Battis/Krautzberger/Löhr, BauGB, § 9 Rn. 210v. Ist hingegen die Verpflichtung nach § 9 Abs. 2d Satz 1 Nr. 3 BauGB Gegenstand eines städtebaulichen Vertrags, der zudem Regelungen zu Folgekosten beinhaltet, muss

§ 35 Abs. 5 Satz 2 BauGB prüft die zuständige Behörde im Rahmen des Baugenehmigungsverfahrens, ob eine Erklärung des Vorhabenträgers vorliegt, wonach er sich verpflichtet, die im sektoralen Bebauungsplan festgesetzte Anzahl an sozial geförderten Wohnungen zu errichten.

b) Sicherstellung der Verpflichtung

Nach § 9 Abs. 2d Satz 1 Nr. 3 BauGB muss die Einhaltung der Verpflichtung des Vorhabenträgers in geeigneter Weise sichergestellt werden. Wie eine solche Sicherstellung umzusetzen ist, lässt die Vorschrift offen. Orientierung kann die Vorschrift des § 35 Abs. 5 Satz 2 und 3 BauGB geben. Ähnlich wie die Festsetzung nach § 9 Abs. 2d Satz 1 Nr. 3 BauGB verlangt § 35 Abs. 5 Satz 2 BauGB für bestimmte Vorhaben im Außenbereich eine Verpflichtungserklärung des Vorhabenträgers, das Vorhaben nach dauerhafter Aufgabe der zulässigen Nutzung zu beseitigen.[1272] Nach § 35 Abs. 5 Satz 3 BauGB soll die Baugenehmigungsbehörde durch Baulast oder in anderer Weise die Einhaltung der Rückbauverpflichtung nach § 35 Abs. 5 Satz 2 BauGB sicherstellen. Mit Ausnahme von Bayern kennen alle Landesbauordnungen das Institut der Baulast.[1273] Es handelt sich um eine Erklärung des Grundstückseigentümers gegenüber der Baurechtsbehörde, eine öffentlich-rechtliche Verpflichtung zu einem sein Grundstück betreffenden Tun, Dulden oder Unterlassen zu übernehmen. Die Errichtung der im sektoralen Bebauungsplan festgesetzten Fläche für sozial geförderten Wohnraum stellt eine solche Verpflichtung zu einem sein Grundstück betreffenden Tun dar. Wird die Baulast als Instrument der Sicherstellung der Verpflichtung gewählt, wird die Baulast in ein Baulastenverzeichnis eingetragen.[1274]

Nach § 35 Abs. 5 Satz 3 BauGB kann eine Sicherstellung der Verpflichtung auch „auf andere Weise" erfolgen. Dies kann eine Nebenbestimmung

der städtebauliche Vertrag mit Rücksicht auf das Kopplungsverbot vor Satzungsbeschluss abgeschlossen werden.

1272 Siehe dazu *Söfker*, in: Ernst/Zinkahn/Bielenberg/Krautzberger, BauGB, § 35 Rn. 165a ff.

1273 Vgl. etwa § 71 Abs. 1 Satz 1 LBO BW, § 85 Abs. 1 Satz 1 BauO NRW.

1274 Vgl. etwa § 72 LBO BW, § 85 Abs. 4 BauO NRW. Die für das Baulastenverzeichnis zuständige Stelle ergibt sich aus der jeweiligen Landesbauordnung.

zu einer Baugenehmigung sein[1275] oder die Eintragung einer beschränkten persönlichen Dienstbarkeit nach §§ 1090 ff. BGB[1276]. Überträgt man die erste Möglichkeit auf die Sicherstellung der Verpflichtung beim sektoralen Bebauungsplan zur Wohnraumversorgung, erteilt die Baugenehmigungsbehörde die Baugenehmigung für das Vorhaben nur in Verbindung mit der Auflage, die im sektoralen Bebauungsplan festgesetzte Fläche an sozial gefördertem Wohnraum zu errichten. Bei der zweiten Möglichkeit – einer beschränkten persönlichen Dienstbarkeit – kann zugunsten der Gemeinde zur Sicherung der Verpflichtung des Vorhabenträgers ein Belegungsrecht bestellt werden.[1277] Anders als bei § 35 Abs. 5 Satz 3 BauGB genügt eine beschränkte persönliche Dienstbarkeit nicht den Anforderungen des § 9 Abs. 2d Satz 1 Nr. 3 BauGB, da die Vorschrift verlangt, insbesondere auch die Einhaltung von Mietbindungen sicherzustellen. Eine beschränkte persönliche Dienstbarkeit ist jedoch kein geeignetes Sicherungsinstrument für eine Mietbindung, sondern nur für eine Belegungsbindung.[1278]

c) Einhaltung der Förderbedingungen bei Ausbleiben der sozialen Wohnraumförderung?

Reiling meint, der Vorhabenträger müsse die Bedingungen der sozialen Wohnraumförderung auch dann einhalten, wenn im Zeitpunkt der Bauantragstellung die Mittel der sozialen Wohnraumförderung erschöpft seien und eine Förderung deshalb nicht geleistet werden könne.[1279]

1275 Vgl. *Söfker*, in: Ernst/Zinkahn/Bielenberg/Krautzberger, BauGB, § 35 Rn. 166. Eine Baugenehmigung mit Nebenbestimmung ist ebenfalls anerkannt für die Sicherung begünstigter Vorhaben nach § 35 Abs. 5 Satz 4 BauGB vgl. *Mitschang/Reidt*, in: Battis/Krautzberger/Löhr, BauGB, § 35 Rn. 185. Nach dem OVG Nordrhein-Westfalen, Beschl. v. 17.09.2008 - 10 A 2634/07, UPR 2009, 113 f., kann einer Baugenehmigung für ein Gebäude im Außenbereich eine Auflage beigefügt werden, wonach das neu errichtete Wohngebäude ausschließlich für den Eigenbedarf des bisherigen Eigentümers oder seiner Familie genutzt werden darf, um die nach § 35 Abs. 5 Satz 4 BauGB erforderliche Sicherstellung zu gewährleisten.

1276 Vgl. bayerischer VGH, Beschl. v. 14.02.2001 - 20 ZB 01/467, Rn. 2 (*juris*).

1277 Ständige Rechtsprechung, vgl. nur BGH, Urt. v. 21.12.2012 - V ZR 221/11, NZM 2013, 324 (325 f.).

1278 So auch *Mock*, VBlBW 2021, 397 (404).

1279 Vgl. *Reiling*, ZfBR 2021, 228 (230).

Aus dem Wortlaut der Vorschrift folgt dies nicht zwingend.[1280] Richtig ist, dass sich der Vorhabenträger grundsätzlich dazu verpflichtet, die zum Zeitpunkt der Verpflichtung geltenden Förderbedingungen der sozialen Wohnraumförderung einzuhalten. Allerdings ist die soziale Wohnraumförderung eine zweiseitig ausgestaltete Rechtsbeziehung. Sie basiert darauf, dass der Vorhabenträger im Gegenzug für die Übernahme der Miet- und Belegungsbindungen eine Kompensation erhält. Sind Fördermittel nicht vorhanden, sodass eine Kompensation ausbleibt, fällt eine Säule der Förderbedingungen aus. Ausnahmsweise muss sich der Vorhabenträger in dieser Konstellation nicht dazu verpflichten, die Bedingungen der sozialen Wohnraumförderung einzuhalten.

Gestützt wird dieses Ergebnis durch die Überlegung, dass eine Verpflichtung zur einseitigen Einhaltung der Förderbedingungen durch den Vorhabenträger trotz unverschuldetem Ausbleiben der Fördermittel beim Vorliegen eines städtebaulichen Vertrags gegen das Gebot der Angemessenheit nach § 11 Abs. 2 Satz 1 BauGB verstößt.[1281] Zwar findet das Gebot der Angemessenheit nach § 11 Abs. 2 Satz 1 BauGB keine Anwendung auf eine einseitige Verpflichtungserklärung des Vorhabenträgers. Es kann aber für die Beurteilung der Verpflichtung keinen Unterschied machen, ob eine einseitige Verpflichtungserklärung des Vorhabenträgers oder ein Abschluss eines städtebaulichen Vertrags erfolgt.

Darüber hinaus spricht eine praktische Erwägung gegen das Verständnis, wonach der Vorhabenträger die Förderbedingungen einseitig auch bei ausbleibender Förderung erfüllen muss: Anders als bei kooperativen Baulandmodellen wird bei einem sektoralen Bebauungsplan nicht in jedem Fall eine Bauverpflichtung vereinbart. Müsste der Vorhabenträger die Wohnungen nach den Bedingungen der sozialen Wohnraumförderung errichten, ohne dass die daraus entstehenden Nachteile kompensiert würden, würde der Vorhabenträger in der Praxis Abstand von seinem Bauvorhaben nehmen, um dauerhafte Verluste als Vermieter zu vermeiden.[1282] So würde in dieser Fallkonstellation weder bezahlbarer noch überhaupt Wohnraum entstehen, was dem gesetzgeberischen Ziel zuwiderläuft.[1283]

1280 So auch *Reidt*, BauR 2021, 38 (43).

1281 Zu diesem Ergebnis kommt auch *Reidt*, BauR 2021, 38 (43).

1282 Diesen Gedanken verkennt *Reiling*, ZfBR 2021, 228 (230), wenn sie meint, private Bauherren würden „in die Pflicht" genommen, auch unrentablen Wohnraum zu schaffen.

1283 Vgl. BT-Drs. 19/24838, S. 2.

4. Ergänzende Festsetzungsmöglichkeiten nach § 9 Abs. 2d Satz 2 BauGB

Nach § 9 Abs. 2d Satz 2 BauGB können ergänzende Festsetzungen getroffen werden. Die Vorschrift setzt voraus, dass zumindest eine Festsetzung nach Satz 1 vorliegt. Besondere Bedeutung für die Schaffung von mehr Wohnraum hat § 9 Abs. 2d Satz 2 Nr. 1 BauGB, wonach ergänzende Festsetzungen zum Maß der baulichen Nutzung erfolgen können. Wird ein Gebiet überplant, welches bereits (teilweise) bebaut ist, hat die Gemeinde über diese Festsetzung die Möglichkeit, eine großzügige Aufstockung bereits bestehender Gebäude oder einen Anbau zu ermöglichen. Auch können die Voraussetzungen für eine Nachverdichtung von Innenhöfen durch ergänzende Festsetzungen zum Maß der baulichen Nutzung geschaffen werden. Bereits bestehendes Baurecht im unbeplanten Innenbereich kann durch wenige Festsetzungen in einem sektoralen Bebauungsplan intensiviert werden. Auf diese Weise kann eine Gemeinde einen Anreiz für den Vorhabenträger setzen, noch nicht bebaute Flächen im Innenbereich nachzuverdichten bzw. bereits bebaute Flächen aufzustocken.

5. Räumliche Präzisierung der Festsetzungen nach § 9 Abs. 2d Satz 3 und 4 BauGB

Die Möglichkeit zur Feingliederung nach § 1 Abs. 4 bis 9 BauNVO entfällt bei einem sektoralen Bebauungsplan, da die Vorschriften der BauNVO über die Art der baulichen Nutzung (§§ 1-15 BauNVO) nicht zur Anwendung kommen. Stattdessen hat der Gesetzgeber in § 9 Abs. 2d Satz 3 und 4 BauGB eine Möglichkeit geschaffen, Festsetzungen für einzelne Teile des Geltungsbereichs des Bebauungsplans sowie für einzelne Geschosse oder Ebenen zu treffen. Dadurch wird das Instrumentarium des sektoralen Bebauungsplans flexibler und die Gemeinde kann ähnlich wie bei der Feingliederung nach § 1 Abs. 4 bis 9 BauNVO oder etwa bei den besonderen Festsetzungen zu Wohnungen in einem Kerngebiet (§ 7 Abs. 4 BauNVO) detaillierte Vorgaben treffen.[1284] Dies erlaubt es der Gemeinde, den planerischen Handlungsbedarf zu ermitteln und durch vielfältige Kombinationen der Festsetzungsmöglichkeiten präzise Regelungen festzulegen. Insbesondere die soziale Durchmischung kann durch die Steuerungsmöglichkeit nach § 9 Abs. 2d Satz 4 BauGB bedarfsgerecht erfolgen, indem die Gemeinde beispielsweise festsetzt, dass in bestimmten

---

1284 Vgl. *Kment*, ZRP 2020, 179; *Reiling*, ZfBR 2021, 228 (230).

Geschossen nur Wohnungen nach § 9 Abs. 2d Satz 1 Nr. 3 BauGB errichtet werden dürfen.

6. Rückgriff auf § 9 Abs. 1 BauGB?

Fraglich ist, ob die Gemeinde bei der Aufstellung eines Bebauungsplans nach § 9 Abs. 2d BauGB auf die dort genannten Festsetzungsmöglichkeiten beschränkt ist oder sie auf darüberhinausgehende Festsetzungen nach § 9 Abs. 1 BauGB zurückgreifen darf.[1285] Diese Frage kann sich insbesondere bei solchen Gebietskulissen stellen, bei denen die nähere Umgebung nicht durch Wohnbebauung geprägt ist, sondern durch Gewerbenutzung. Dies können beispielsweise Innenbereichsflächen sein, die bisher gewerblich genutzt wurden (z.B. ein Bürostandort, ein Elektrofachmarkt oder ein großes Kaufhaus). Der Strukturwandel der Innenstädte, der durch die Corona-Pandemie beschleunigt werden dürfte, erfordert städtebauliche Planung, um Umnutzungen solcher Flächen zu ermöglichen und Leerständen vorzubeugen. In diesen Gebietskulissen sind häufig flankierende Regelungen zum Lärmschutz erforderlich, um die Entwicklung von Wohnbebauung auf Innenbereichsflächen zu ermöglichen.[1286] Ein Rückgriff auf die Festsetzungsmöglichkeit des § 9 Abs. 1 Nr. 24 BauGB (Vorkehrungen zum Schutz vor schädlichen Umwelteinwirkungen) wäre der Gemeinde verwehrt, wenn es sich bei dem Katalog in § 9 Abs. 2d BauGB um enumerativ abschließende Festsetzungen für den Bebauungsplan zur Wohnraumversorgung handelte.

Der Wortlaut der Vorschrift spricht dafür, § 9 Abs. 2d BauGB als abschließende Regelung zu verstehen und einen Rückgriff auf § 9 Abs. 1 BauGB abzulehnen. Der Wortlaut des § 9 Abs. 2d Satz 1 BauGB hat im Gesetzgebungsverfahren eine Änderung erfahren. Zunächst hieß es in einem ersten Entwurf ebenso wie bei § 9 Abs. 1 BauGB „können [...] festgesetzt

---

1285 Vgl. Stellungnahme der Senatsverwaltung für Stadtentwicklung und Wohnen Berlin zu dem Referentenentwurf des Baulandmobilisierungsgesetzes v. 09.06.2020, S. 2.

1286 Die Stellungnahme des Ministeriums für Heimat, Kommunales, Bau und Gleichstellung des Landes Nordrhein-Westfalen zu dem Referentenentwurf des Baulandmobilisierungsgesetzes v. 09.06.2020, S. 5, weist auf die Notwendigkeit von Festsetzungen zur planerischen Konfliktbewältigung (z.B. aufgrund von Immissionsschutzanforderungen) hin. In diesem Sinne auch *Reiling*, ZfBR 2021, 228 (235).

werden".[1287] Sodann wurde der Wortlaut von § 9 Abs. 2d Satz 1 BauGB um den Zusatz „eine oder mehrere der folgenden Festsetzungen" ergänzt. Dadurch hat der Gesetzgeber verdeutlicht, dass es sich bei dem Katalog des § 9 Abs. 2d BauGB um eine abschließende Aufzählung von Festsetzungsmöglichkeiten handelt.[1288] Gestützt wird dieses Ergebnis von dem Wortlaut des § 9 Abs. 2d Satz 2 BauGB. Die Vorschrift lässt „ergänzend" zu Satz 1 ausgewählte Festsetzungen zu.

Auch systematische Gründe sprechen dafür, die in § 9 Abs. 2d BauGB aufgelisteten Festsetzungen als abschließenden Katalog zu erfassen. Käme § 9 Abs. 1 BauGB neben § 9 Abs. 2d BauGB zur Anwendung, wären die Festsetzungsmöglichkeiten des § 9 Abs. 2d BauGB – bis auf die Festsetzung nach § 9 Abs. 2d Satz 1 Nr. 3 BauGB – überflüssig, da sie auch nach § 9 Abs. 1 BauGB erfolgen könnten.[1289]

Schließlich streitet auch der Sinn und Zweck der Vorschrift für einen abschließenden Festsetzungskatalog. Mit dem Bebauungsplan zur Wohnraumversorgung will der Gesetzgeber den Gemeinden ein Instrument an die Hand geben, welches thematisch auf einen eng begrenzten Bereich – die Wohnnutzung – beschränkt ist. Dadurch sollen Gemeinden in der Lage sein, möglichst schnell in einem schlanken Verfahren mit geringem Planungsaufwand bezahlbaren Wohnraum zu schaffen.[1290] Der Vorteil eines sektoralen Bebauungsplans ist gerade die thematische Begrenzung auf ein einziges städtebauliches Ziel.[1291] Ließe man einen Rückgriff auf den Festset-

---

1287 Siehe Referentenentwurf des Bundesministeriums des Innern, für Bau und Heimat zum Baulandmobilisierungsgesetz v. 09.06.2020, S. 4, https://www.bmi.bund.de/S haredDocs/gesetzgebungsverfahren/DE/Downloads/referentenentwuerfe/baula ndmobilisierungsgesetz.pdf?__blob=publicationFile&v=3 (zuletzt aufgerufen am 30.12.2022).

1288 Die im Gesetzgebungsverfahren von der Senatsverwaltung für Stadtentwicklung und Wohnen Berlin geforderte Klarstellung zum Verhältnis von § 9 Abs. 2d BauGB zu § 9 Abs. 1 BauGB (vgl. Stellungnahme der Senatsverwaltung für Stadtentwicklung und Wohnen Berlin zu dem Referentenentwurf des Baulandmobilisierungsgesetzes v. 09.06.2020, S. 2) ist der Gesetzgeber damit nachgekommen.

1289 Vgl. *Reiling*, ZfBR 2021, 228 (235).

1290 Die Baulandkommission befürchtet eine Überfrachtung des Planungsverfahrens, sofern weitere Festsetzungen möglich sind, vgl. Kommission „Nachhaltige Baulandmobilisierung und Bodenpolitik" (Baulandkommission), Handlungsempfehlungen und Dokumentation der Beratungen, Stand November 2019, S. 31, https://w ww.die-wohnraumoffensive.de/fileadmin/user_upload/aktivitaeten/veroeffentlich ungen/Dokumentation_BLKommission_bf.pdf (zuletzt aufgerufen am 30.12.2022).

1291 Vgl. Kommission „Nachhaltige Baulandmobilisierung und Bodenpolitik" (Baulandkommission), Handlungsempfehlungen und Dokumentation der Beratungen,

zungskatalog des § 9 Abs. 1 BauGB zu, widerspräche dies dem Sinn und Zweck der Vorschrift, da dies die Gefahr langwieriger Planungsverfahren mit sich brächte.[1292]

IV. Räumlicher Anwendungsbereich

Der Anwendungsbereich des § 9 Abs. 2d BauGB erstreckt sich auf im Zusammenhang bebaute Ortsteile nach § 34 BauGB. Ein sektoraler Bebauungsplan zur Wohnraumversorgung kann nicht im Außenbereich nach § 35 BauGB aufgestellt werden und grundsätzlich nicht in Bereichen, in denen bereits ein einfacher oder qualifizierter Bebauungsplan besteht. Eine Ausnahme davon macht § 246 Abs. 6 BauGB, der den Anwendungsbereich des § 9 Abs. 2d BauGB ausweitet. Nach dieser Vorschrift gilt § 9 Abs. 2d BauGB entsprechend für Pläne, die gemäß § 173 Abs. 3 Satz 1 BBauG i.V.m. § 233 Abs. 3 BauGB als Bebauungspläne fortgelten. Dies betrifft zum Beispiel Durchführungspläne, die nach den Aufbaugesetzen der Länder aufgestellt wurden.[1293] Ein weiteres Beispiel sind Fluchtlinienpläne, deren Festsetzungen heute als Baugrenzen oder Baulinien fortgelten.[1294]

Stand November 2019, S. 30, https://www.die-wohnraumoffensive.de/fileadmin/us er_upload/aktivitaeten/veroeffentlichungen/Dokumentation_BLKommission_bf. pdf (zuletzt aufgerufen am 30.12.2022). Ähnlich *Spannowsky*, ZfBR 2022, 127 (133), der darauf verweist, dass einem Rückgriff auf die Festsetzungsinhalte des § 9 Abs. 1 BauGB der Charakter des sektoralen Bebauungsplans entgegensteht.

1292 In diesem Sinne auch *Reiling*, ZfBR 2021, 228 (235). Abweichend *Mitschang*, UPR 2021, 206 (213), der ohne nähere Begründung davon ausgeht, ergänzende Festsetzungen seien zulässig, sofern sie dem Regelungszweck des § 9 Abs. 2d BauGB dienen.

1293 Aufgrund der Überleitungsvorschriften kann sich die planungsrechtliche Zulässigkeit eines Vorhabens nach Durchführungsplänen richten, vgl. etwa OVG Hamburg, Urt. v. 10.05.2017, 1 LB 15/15, Rn. 46 (*juris*); OVG Nordrhein-Westfalen, Urt. v. 26.06.2003 - 10 A 372/00, Rn. 34 ff. (*juris*). In Nordrhein-Westfalen wurden Durchführungspläne nach § 10 des nordrhein-westfälischen Gesetzes über Maßnahmen zum Aufbau in den Gemeinden (Aufbaugesetz) v. 29.04.1950, GVBl. NRW, S. 78, erlassen.

1294 Vgl. OVG Nordrhein-Westfalen, Beschl. v. 22.06.2017 - 10 A 167/16, Rn. 39 (*juris*); OVG Berlin-Brandenburg, Beschl. v. 17.10.2014 - OVG 2 B 1/13, Rn. 16 (*juris*). In den meisten Bundesländern wurden Fluchtlinienpläne nach dem Preußischen Fluchtliniengesetz v. 02.07.1875, GS, S. 561, erlassen. In Bayern wurden stattdessen Baulinienpläne erlassen, die auf der Grundlage der jeweiligen Bauordnung ergingen, etwa der Münchner Bauordnung v. 29.07.1895 (BayBS II, S. 430). Vgl. dazu bayerischer VGH, Urt. v. 14.12.2016 - 2 B 16/1574, NVwZ-RR 2017, 483 (484). In

Durch den erweiterten Anwendungsbereich können Bebauungspläne zur Wohnraumversorgung auch dort als planungsrechtliches Instrument eingesetzt werden, wo sich die bauplanungsrechtliche Zulässigkeit nach Regelungen richtet, die vor dem Inkrafttreten des Bundesbaugesetzbuchs erlassen wurden. Dies eröffnet die Möglichkeit einer effizienten Modernisierung des übergeleiteten Planrechts.[1295] Beispielsweise richtet sich in Hamburg die bauplanungsrechtliche Zulässigkeit auf rund 65 Prozent der Landesflächen nach Regelungen, die vor dem Inkrafttreten des Bundesbaugesetzbuchs erlassen worden sind.[1296] Durch den sektoralen Bebauungsplan zur Wohnraumversorgung kann dieses übergeleitete Recht an die sich veränderten städtebaulichen Aufgaben angepasst werden.

V. Ergänzende städtebauliche Verträge über Kosten für soziale Infrastruktur

Neben der Verpflichtung des Vorhabenträgers zur Errichtung von sozial gefördertem oder preisgedämpftem Wohnraum besteht eine weitere Säule kooperativer Baulandmodelle darin, den Vorhabenträger an den durch das Vorhaben verursachten Kosten für die soziale Infrastruktur zu beteiligen. Aus Sicht der Gemeinde wäre eine Kostenbeteiligung für soziale Infrastruktur auch bei sektoralen Bebauungsplänen zur Wohnraumversor-

---

Baden wurden sog. Baufluchtenpläne nach dem Badischen Ortsstraßengesetz v. 20.02.1868, Großherzogliches Regierungsblatt, S. 286, erlassen, vgl. VG Freiburg, Urt. v. 26.04.2005 - 4 K 51/03, Rn. 20 (*juris*). Darüber hinaus gibt es weitere Pläne, die als übergeleitetes Recht fortgelten, etwa den Baustufenplan in Hamburg, vgl. OVG Hamburg, Urt. v. 14.11.2002 - 2 Bf 700/98, Rn. 32 ff. (*juris*), den Ortsplan im Saarland, vgl. saarländisches OVG, Urt. v. 20.08.2020 - 2 A 305/19, Rn. 25 (*juris*), oder den Staffel- und Gewerbeplan in Bremen, vgl. OVG Bremen, Urt. v. 03.05.2016 - 1 LC 100/15, Rn. 41 ff. (*juris*).

1295 Vgl. *Mechel*, Stellungnahme im Rahmen der öffentlichen Anhörung im Ausschuss für Bau, Wohnen, Stadtentwicklung und Kommunen am 22.02.2021, Ausschussdrucksache 19(24)265-H, S. 2. Von „gravierenden Auswirkungen" des erweiterten Anwendungsbereichs auf die westdeutschen Großstädte spricht *Möller*, ZRP 2021, 99. Abweichend *Mitschang*, UPR 2021, 206 (214), der ohne Begründung meint, der räumliche Anwendungsbereich sei nur eröffnet, sofern der übergeleitete Plan keine Regelungen zur Art der baulichen Nutzung enthalte. Weder der Gesetzeswortlaut noch die Entstehungsgeschichte der Vorschrift geben Anlass für dieses Verständnis.

1296 Vgl. *Mechel*, Stellungnahme im Rahmen der öffentlichen Anhörung im Ausschuss für Bau, Wohnen, Stadtentwicklung und Kommunen am 22.02.2021, Ausschussdrucksache 19(24)265-H, S. 2.

gung wünschenswert.[1297] Dazu müsste die Gemeinde die Aufstellung eines Bebauungsplans nach § 9 Abs. 2d BauGB mit einem Vertragsabschluss nach § 11 Abs. 1 Satz 2 Nr. 3 BauGB rechtssicher kombinieren können.

Der Gesetzgeber selbst geht davon aus, dass der sektorale Bebauungsplan zur Wohnraumversorgung von städtebaulichen Verträgen flankiert werden kann, sofern die Voraussetzungen des § 11 BauGB gewahrt werden.[1298] Werden Flächen im Anwendungsbereich von § 34 BauGB bzw. Flächen, auf denen übergeleitetes Planrecht gilt, mithilfe eines Bebauungsplans nach § 9 Abs. 2d BauGB überplant, darf das Koppelungsverbot durch die Aufstellung eines sektoralen Bebauungsplans nicht ausgehebelt werden. Hätte der Vorhabenträger nach der Rechtslage vor Inkrafttreten des sektoralen Bebauungsplans zur Wohnraumversorgung einen Anspruch auf Erteilung einer Baugenehmigung für sein Vorhaben gehabt, darf die Gemeinde die Aufstellung des Plans nicht davon abhängig machen, dass der Vorhabenträger einen städtebaulichen Vertrag abschließt, in dem er sich zur Übernahme von Kosten für die soziale Infrastruktur verpflichtet. Wo kraft Gesetzes schon Baurecht besteht, kann die Erteilung einer Baugenehmigung nicht davon abhängig gemacht werden, dass der Vorhabenträger Kosten für die soziale Infrastruktur übernimmt. Nach dem System des Baugesetzbuchs hat grundsätzlich die öffentliche Hand die Kosten für die durch die Planung verursachten Folgekosten der sozialen Infrastruktur zu tragen. Eine Ausnahme von diesem Grundsatz ermöglicht der Kostenvertrag nach § 11 Abs. 1 Satz 2 Nr. 3 BauGB. Aus der Systematik des Gesetzes folgt, dass eine vertragliche Kostenübernahme des Vorhabenträgers nur möglich ist, wenn durch die Planungsleistung der Gemeinde neues Baurecht geschaffen wird.[1299]

Dieses Ergebnis wird von folgender praktischer Erwägung gestützt: Im Vergleich zu der planungsrechtlichen Ausgangssituation bei Flächen im Außenbereich (§ 35 BauGB) ist die Verhandlungsposition der Gemeinde für den Abschluss eines städtebaulichen Vertrags bei der Aufstellung eines Bebauungsplans nach § 9 Abs. 2d BauGB ungleich schlechter. Liegt eine Fläche im Außenbereich, besteht für den Grundstückseigentümer nur in den sehr engen Grenzen des § 35 BauGB die Möglichkeit, das Grundstück

---

1297 Vgl. Stellungnahme der Senatsverwaltung für Stadtentwicklung und Wohnen Berlin zu dem Referentenentwurf des Baulandmobilisierungsgesetzes v. 09.06.2020, S. 3.

1298 Vgl. die Begründung zum Baulandmobilisierungsgesetz, BT-Drs. 19/24838, S. 23 f. So auch *Reiling*, ZfBR 2021, 228 (235).

1299 So auch *Mitschang/Reidt*, in: Battis/Krautzberger/Löhr, BauGB, § 9 Rn. 210u.

zu bebauen. Er hat ein ausgeprägtes Interesse daran, dass die Gemeinde die Außenbereichsfläche mit einem Bebauungsplan überplant. In diesem Fall profitiert der Grundstückseigentümer von einer deutlichen Steigerung des Bodenwerts und ist im Gegenzug für die Planungsleistung der Gemeinde bereit, sich unter anderem an den Folgekosten für die soziale Infrastruktur zu beteiligen.

Anders ist die Situation zu bewerten, wenn die Gemeinde mit der Aufstellung des Bebauungsplans nach § 9 Abs. 2d BauGB die planungsrechtliche Zulässigkeit zugunsten des Vorhabenträgers verbessert. Denkbar ist, dass ein Vorhaben innerhalb der im Zusammenhang bebauten Ortsteile bisher nicht zulässig war, da der Maßstab des Einfügens nicht eingehalten werden konnte. Wenn etwa die Umgebungsbebauung von eingeschossigen Gebäuden geprägt ist, würde sich ein mehrgeschossiges Wohngebäude nicht in die nähere Umgebung einfügen. Ermöglicht der Bebauungsplan nach § 9 Abs. 2d BauGB im Vergleich zur Lage vor Inkrafttreten des Plans ein zusätzliches, überschießendes Baurecht, kann unter Beachtung des Gebots der Angemessenheit ein städtebaulicher Vertrag nach § 11 Abs. 1 Satz 2 Nr. 3 BauGB geschlossen werden. Ein Vertragsschluss stellt keinen Verstoß gegen das Koppelungsverbot dar. Auf die für das Koppelungsverbot maßgebliche Leistung der Gemeinde – Aufstellung eines Bebauungsplans, der dem Vorhabenträger zusätzliches Baurecht ermöglicht – hat der Vorhabenträger keinen Anspruch. Es widerspricht der Funktion des Bebauungsplans, Baurecht in einen Teil aufzuspalten, der auch vor Aufstellung des Bebauungsplans nach § 34 BauGB möglich war und einen weiteren Teil, der erst zusätzlich durch den Bebauungsplan ermöglicht wird. Innerhalb seines Geltungsbereichs steuert er die städtebauliche Entwicklung und Ordnung. Ein Baurecht, welches sich vor Aufstellung eines Bebauungsplans zunächst aus § 34 BauGB herleiten ließ, bleibt bei der Überplanung einer Fläche durch einen Bebauungsplan nicht bestehen, sondern wird durch den Bebauungsplan ersetzt. Eine Aufspaltung in verschiedene Baurechte ist dem Bebauungsplan fremd. Mit Aufstellung des Bebauungsplans erübrigt sich die Aufgabe der Planersatzvorschrift des § 34 BauGB.[1300]

Zu bedenken hat die Gemeinde in dieser Situation, dass die Bereitschaft des Vorhabenträgers zum Abschluss eines städtebaulichen Vertrags über Folgekosten mit dem Zulässigkeitsmaßstab des neuen Bebauungsplans korreliert. Je mehr Baurecht der Bebauungsplan im Vergleich zum bauplanungsrechtlichen status quo, der auch nach § 34 BauGB verwirklicht

---

1300 Siehe dazu bereits zuvor S. 287 f.

werden könnte, ermöglicht, desto höher wird die Bereitschaft des Vorhabenträgers sein, zusätzlich einen städtebaulichen Vertrag über Kosten für die soziale Infrastruktur abzuschließen. Ermöglicht der Bebauungsplan nur eine geringe Erhöhung des Maßes der baulichen Nutzung und erfolgt zudem eine Festsetzung nach § 9 Abs. 2d Satz 1 Nr. 3 BauGB, kann es für die Gemeinde sinnvoller sein, die Erhöhung des Maßes der baulichen Nutzung als Anreiz für den Vorhabenträger einzusetzen, eine brachliegende Fläche im Innenbereich tatsächlich mit Wohnraum zu bebauen und auf die Übernahme der Kosten für die soziale Infrastruktur zu verzichten. Eine Pflicht des Vorhabenträgers zum Abschluss eines städtebaulichen Vertrags zur Kostenübernahme besteht nicht. Im Einzelfall hat ein Vergleich zwischen dem bauplanungsrechtlichen Zulässigkeitsmaßstab nach § 34 BauGB und dem bauplanungsrechtlichen Zulässigkeitsmaßstab nach der Aufstellung des Bebauungsplans entscheidenden Einfluss auf die Verhandlungsposition der Gemeinde.

VI. Kritische Würdigung

Die neue Rechtsgrundlage des § 9 Abs. 2d BauGB ruft rechtliche und praktische Fragen hervor, die näher zu untersuchen sind. Zunächst stellt die Regelung Gemeinden bei der Abwägungsentscheidung vor Herausforderungen (1.). Darüber hinaus kann ein Bebauungsplan mit Festsetzungen nach § 9 Abs. 2d Satz 1 BauGB unter Umständen Baurecht, welches auf der Grundlage von § 34 BauGB besteht, einschränken. Fraglich ist, ob dies zu einem Planungsschaden führen kann, der seinerseits einen Entschädigungsanspruch nach § 42 BauGB auslöst (2.). Ferner ist die Regelung der Befristung in § 9 Abs. 2d Satz 5 und 6 BauGB kritisch zu hinterfragen (3.).

1. Besonderheiten bei der planerischen Abwägung

Stellt die Gemeinde einen Bebauungsplan nach § 9 Abs. 2d BauGB auf, muss sie bei der Abwägung nach § 1 Abs. 7 BauGB in besonderem Maße die Privatnützigkeit des Eigentums gegenüber der Sozialpflichtigkeit abwägen. Insbesondere Festsetzungen nach § 9 Abs. 2d Satz 1 Nr. 3 BauGB führen zu einer erheblichen Einschränkung der Nutzungsmöglichkeit der überplanten Fläche. Der Gemeinde kommt bei der Planrechtfertigung ein weites planerisches Ermessen zu, sodass eine konkrete Analyse des Bedarfs an sozial geförderten Wohnungen nicht erforderlich ist.[1301] Rein sozialpolitische und sozioökonomische Gründe, wie die Senkung der Mietbelastungsquote, können die Aufstellung eines Bebauungsplans mit Festsetzungen nach § 9 Abs. 2d Satz 1 Nr. 3 BauGB aber nicht rechtfertigen.[1302] Diese Festsetzungen darf die Gemeinde nicht ins Blaue hinein in den Bebauungsplan aufnehmen. Aus ihrer planerischen Konzeption, die der jeweiligen Bebauungsplanung zugrunde liegt, muss erkennbar werden, dass ein Bedarf an sozial geförderten Wohnungen im Gemeindegebiet besteht. Eine reine Verhinderungsplanung mit der alleinigen Absicht, den Bau von Wohnungen im gehobenen Preissegment zu unterbinden, scheitert am Abwägungsgebot.[1303] Die planerische Konzeption der Gemeinde und die Begründung des Bebauungsplans können sich auf ein Wohnraumversorgungskonzept nach § 1 Abs. 6 Nr. 11 BauGB stützen.[1304] Ein solches stellt eine Analyse des Wohnungsmarkts innerhalb der Gemeinde auf und trifft prognostische Aussagen zu dem zukünftigen Bedarf an Wohnungen innerhalb verschiedener Preissegmente.[1305] Darüber hinaus wurde durch das Baulandmobilisierungsgesetz ein zusätzliches Instrument des besonderen Städtebaurechts eingeführt, das städtebauliche Entwicklungskonzept zur Stärkung der Innenentwicklung (§ 176a BauGB).[1306] Dieses kann ebenfalls als Begründung für einen sektoralen Bebauungsplan zur Wohnraumversorgung herangezogen werden, § 176a Abs. 3 BauGB.[1307]

Zugleich muss die Gemeinde im Rahmen der Aufstellung eines Bebauungsplans nach § 9 Abs. 2d BauGB die Interessen der Grundstückseigentümer berücksichtigen. Sie darf durch ihre Bauleitplanung die bauliche Nutzbarkeit von Grundstücken verändern und dabei auch die privaten

---

1301 Vgl. BVerwGE 117, 58 (65).
1302 Vgl. *Reiling*, ZfBR 2021, 228 (232). Gleiches gilt für den Abschluss eines städtebaulichen Vertrags, vgl. *Spieß*, KommJur 2017, 441 (442).
1303 Vgl. *Reiling*, ZfBR 2021, 228 (232).
1304 Vgl. *Reiling*, ZfBR 2021, 228 (232 f.).
1305 Vgl. *Krisch*, Wohnen im Wandel, S. 41.
1306 Das städtebauliche Entwicklungskonzept soll die Entwicklung und bauliche Nutzbarmachung ungenutzter Grundstücke und die Schließung von Baulücken bei nicht zusammenhängenden, im Gemeindegebiet verteilt liegenden Grundstücken erleichtern. Bei einem Konzept nach § 176a BauGB handelt es sich um ein städtebauliches Entwicklungskonzept im Sinne des § 1 Abs. 6 Nr. 11 BauGB, siehe dazu die Gesetzesbegründung zu § 176a BauGB, BT-Drs. 19/24838, S. 18.
1307 Vgl. auch *Krautzberger/Stüer*, ZfBR 2021, 33 (36); *Mitschang*, UPR 2021, 206 (214 f.).

Nutzungsmöglichkeiten einschränken oder gar aufheben.[1308] Voraussetzung für eine wirksame städtebauliche Planung ist, dass hinreichend gewichtige städtebaulich beachtliche Allgemeinbelange für sie bestehen.[1309] Je stärker die Festsetzungen eines Bebauungsplans die Befugnisse des Eigentümers einschränken, desto gewichtiger müssen diese Allgemeinbelange sein.[1310] Das durch Art. 14 GG gewährleistete Eigentumsrecht gehört in hervorgehobener Weise zu den von der Bauleitplanung zu berücksichtigenden Belangen.[1311] Wird durch die Bauleitplanung die Nutzungsmöglichkeit eines Grundstücks beschränkt, muss die Gemeinde dies als wichtigen Belang privater Eigentümerinteressen in die nach § 1 Abs. 7 BauGB erforderliche Abwägung einstellen.[1312] Im Rahmen der Abwägungsentscheidung hat die Gemeinde die Nachteile ihrer Planung für den Planunterworfenen zu berücksichtigen.[1313]

Bei sektoralen Bebauungsplänen zur Wohnraumversorgung wird es häufig zu Planungskonstellationen kommen, bei denen ein Grundstückseigentümer auf der Grundlage von § 34 BauGB die Möglichkeit hat, ein Wohngebäude zu errichten. Stellt die Gemeinde sodann einen Bebauungsplan mit Festsetzungen nach § 9 Abs. 2d Satz 1 Nr. 2 und Nr. 3 BauGB auf, der die Nutzbarkeit des Grundstücks dahingehend einschränkt, dass auf bestimmten Flächen nur noch Wohnungen errichtet werden dürfen, die die baulichen Voraussetzungen der sozialen Wohnraumförderung beachten (Nr. 2) bzw. sich der Vorhabenträger verpflichten muss, soziale geförderte Wohnungen zu errichten (Nr. 3), verschlechtert sich aus der Sicht des Eigentümers die Nutzungsmöglichkeit seines Grundstücks durch diese Festsetzungen. Die Gemeinde muss bei der Aufstellung des Bebauungsplans diesen Umstand bei ihrer Abwägungsentscheidung berücksichtigen. Der private Belang der Eigentümerinteressen, der in der bauleitplanerischen Abwägung das durch Art. 14 GG gewährleistete Eigentumsrecht verkörpert, verlangt von der Gemeinde, solche nutzungsbeschränkenden Festsetzungen nur zu treffen, wenn sie erforderlich sind. Vor diesem Hintergrund kommt einem Wohnraumversorgungskonzept oder einem städtebaulichen

---

1308 BVerwG, Beschl. v. 13.03.2017 - 4 BN 25/16, ZfBR 2017, 589.
1309 Vgl. BVerwGE 34, 301, 305.
1310 Vgl. BVerwG, Beschl. v. 13.03.2017 - 4 BN 25/16, ZfBR 2017, 589.
1311 Vgl. BVerwG, Beschl. v. 13.03.2017 - 4 BN 25/16, ZfBR 2017, 589 mit Verweis auf BVerfG, Beschl. v. 19.12.2002 - 1 BvR 1402/01, NVwZ 2003, 727 f.
1312 BVerwG Beschl. v. 16.01.1996 - 4 NB 1/96, NVwZ-RR 1997, 83 f.
1313 BVerwG, Beschl. v. 13.03.2017 - 4 BN 25/16, ZfBR 2017, 589.

Entwicklungskonzept zur Stärkung der Innenentwicklung auch eine grundrechtliche Bedeutung zu.[1314]

Im Verfahren zur Aufstellung des Bebauungsplans kann die Gemeinde prüfen, ob Einschränkungen der Nutzungsmöglichkeiten dadurch kompensiert werden können, dass der sektorale Bebauungsplan zur Wohnraumversorgung im Vergleich zu dem Einfügungsmaßstab nach § 34 BauGB ein höheres Maß der baulichen Nutzung anhand von Festsetzungen nach § 9 Abs. 2d Satz 2 Nr. 1 BauGB ermöglicht. Gleichzeitig dürfte es der Gemeinde verwehrt sein, die gesamten Flächen im Anwendungsbereich des Bebauungsplans mit Festsetzungen nach § 9 Abs. 2d Satz 1 Nr. 3 BauGB zu überplanen.[1315] Dies würde die privaten Belange der Grundstückseigentümer nicht hinreichend berücksichtigen und einen unverhältnismäßigen Eingriff in ihr Eigentumsrecht darstellen. Eine Orientierung für ein zulässiges Maß kann die Sozialquote aus kooperativen Baulandmodellen bieten, wonach regelmäßig nicht mehr als 40 Prozent der entstehenden Geschossflächen als sozial geförderter Wohnraum errichtet werden müssen.

2. Planungsschadensrechtliche Entschädigungsansprüche

Eng verknüpft mit dem Belang der privaten Eigentümerinteressen ist die Frage, ob ein Grundstückseigentümer einen Planungsschaden erleidet, sofern der sektorale Bebauungsplan zur Wohnraumversorgung die zuvor nach § 34 BauGB bestehenden Nutzungsmöglichkeiten einschränkt.[1316]

1314 Ähnlich auch *Reiling*, ZfBR 2021, 228 (232).

1315 Im Rahmen der Verbändeanhörung zum Baulandmobilisierungsgesetz äußerte der Bundesverband Freier Immobilien- und Wohnungsunternehmen die Sorge, durch Festsetzungen nach § 9 Abs. 2d Satz 1 Nr. 3 BauGB könne es zu einem räumlichen „Übergewicht von sozialer Wohnraumförderung" kommen, vgl. Stellungnahme zum Referentenentwurf eines Gesetzes zur Mobilisierung von Bauland, S. 3. Ähnlich auch die Empfehlung des Ausschusses für Innere Angelegenheiten des Bundesrats zum Baulandmobilisierungsgesetz, BR-Drs. 686/1/20, S. 10, wonach „im räumlichen Geltungsbereich 100 Prozent sozialer Wohnungsbau möglichen wären".

1316 Im Rahmen der Verbändeanhörung zum Referentenentwurf eines Gesetzes zur Mobilisierung von Bauland haben einzelne Verbände die Einführung des § 9 Abs. 2d BauGB mit Blick auf die Entschädigungsregelungen des § 42 BauGB kritisiert, vgl. Stellungnahme des Deutschen Anwaltvereins, S. 8, Stellungnahme der Bundesvereinigung der kommunalen Spitzenverbände, S. 5 und Stellungnahme des Bundesverbands Freier Immobilien- und Wohnungsunternehmen, S. 3. Auch der Ausschuss für Innere Angelegenheiten des Bundesrats lehnte in seiner Empfehlung die Einführung des § 9 Abs. 2d BauGB im Gesetzgebungsverfahren unter

Für den Grundstückseigentümer kann sich ein Anspruch auf Entschädigung für Vermögensnachteile aufgrund von planungsrechtlichen Eingriffen in die zulässige Nutzung des Grundstücks aus § 42 BauGB ergeben. Das sogenannte Planungsschadensrecht gewährt eine Entschädigung in solchen Fällen, in denen durch Festsetzungen eines Bebauungsplans die Bebaubarkeit eines Grundstücks begrenzt oder der Grundstückseigentümer hinsichtlich sonstiger Nutzungsmöglichkeiten eingeschränkt wird.[1317] Die drei allgemeinen Anspruchsvoraussetzungen nach § 42 Abs. 1 BauGB sind, dass es sich um eine zulässige Nutzung handelt, die durch Festsetzungen eines Bebauungsplans aufgehoben oder geändert wird, und dadurch eine nicht nur unwesentliche Wertminderung des Grundstücks eintritt.

Zu den zulässigen Nutzungen im Sinne des § 42 Abs. 1 BauGB zählen auch solche im unbeplanten Innenbereich, sofern zum Zeitpunkt der Aufhebung oder Änderung ein Rechtsanspruch auf Bebauung nach § 34 BauGB bestand.[1318] Besteht die zulässige Nutzung eines Grundstücks darin, dass der Grundstückseigentümer auf der Grundlage von § 34 BauGB sein Grundstück mit einem Wohnhaus mit freifinanzierten Wohnungen bebauen kann, ist bereits fraglich, ob ein Bebauungsplan mit Festsetzungen nach § 9 Abs. 2d Satz 1 Nr. 3 BauGB zu einer Aufhebung oder Änderung dieser zulässigen Nutzung führt. In beiden Fällen besteht die zulässige Nutzung im Wohnen. Das Bauplanungsrecht unterscheidet nicht danach, ob es sich um Wohnnutzung im gehobenen Preissegment oder um Wohnungen handelt, die mit Mitteln der sozialen Wohnraumförderung errichtet werden. Die planungsrechtlichen Anforderungen an gesunde Wohnverhältnisse und die Sicherheit der Wohnbevölkerung beurteilen sich unabhängig davon, zu welchem Preis eine Wohnung letztlich veräußert oder vermietet wird. Geht man hingegen zugunsten des Grundstückseigentümers von einem weiten Begriffsverständnis der Änderung aus und lässt jeden Eingriff in die Bodennutzbarkeit mit bodenrechtlicher Wirkung für eine Änderung im Sinne des § 42 Abs. 1 BauGB genügen[1319], wird man diese bei einer Festsetzung nach § 9 Abs. 2d Satz 1 Nr. 3 BauGB bejahen müssen. Denn eine Vorschrift, die zu einer Ablehnung eines Bauantrags führt, entfaltet eine bodenrechtliche

---

anderem mit der Begründung ab, die Aufstellung eines sektoralen Bebauungsplans zur Wohnraumversorgung im unbeplanten Innenbereich, in dem bereits Baurecht auf der Grundlage von § 34 BauGB besteht, könne „schwierige Entschädigungsfragen aufwerfen", BR-Drs. 686/1/20, S. 10.

1317 *Battis*, in: Battis/Krautzberger/Löhr, BauGB, Vorb. zu §§ 39 bis 44 Rn. 1.
1318 Vgl. *Runkel*, in: Ernst/Zinkahn/Bielenberg/Krautzberger, BauGB, § 42 Rn. 34.
1319 So das Verständnis des Bundesgerichtshofs, BGHZ 99, 262 (267).

Wirkung.[1320] Der Vergleich zeigt, dass ein Vorhabenträger im unbeplanten Innenbereich – sofern die Voraussetzungen des § 34 BauGB vorliegen – einen Anspruch auf Erteilung einer Baugenehmigung für ein Vorhaben mit freifinanzierten Wohnungen hat, derselbe Bauantrag bei einem Bebauungsplan mit Festsetzungen nach § 9 Abs. 2d Satz 1 Nr. 3 BauGB allerdings abgelehnt werden muss.

Als dritte allgemeine Voraussetzung muss die planungsrechtliche Änderung zu einer wesentlichen Minderung des Grundstückswerts führen. Bei unbebauten Grundstücken ist Anknüpfungspunkt der Wertminderung ein Vergleich des Grundstückswerts vor und nach der Planung.[1321] Die Wertminderung ergibt sich aus der Differenz zwischen dem Grundstückswert vor und nach Änderung oder Aufhebung der bisher zulässigen Nutzung.[1322] Vergleicht man den Wert eines Grundstücks, für welches ein Bebauungsplan eine Festsetzung nach § 9 Abs. 2d Satz 1 Nr. 3 BauGB vorsieht, mit dem Wert eines Grundstücks, auf dem ein Wohnvorhaben nach § 34 BauGB zulässig ist, lässt sich Folgendes festhalten: Zum einen hat die Verpflichtung zur Inanspruchnahme der sozialen Wohnraumförderung nicht zwingend Einfluss auf den Wert des Grundstücks. Die wirtschaftlichen Nachteile, die durch eine Mietbindung nach dem Recht der sozialen Wohnraumförderung entstehen, werden durch Fördermittel kompensiert, sodass die Wirtschaftlichkeit des Vorhabens sichergestellt ist.[1323] Zum anderen hat die Gemeinde die Möglichkeit, vorbeugend durch Festsetzungen nach § 9 Abs. 2d Satz 2 Nr. 1 BauGB das Maß der baulichen Nutzung zu erhöhen und damit dazu beizutragen, dass der Wert des Grundstücks durch die Aufstellung eines sektoralen Bebauungsplans zur Wohnraumversorgung steigt. Diese Baurechtsmehrung kann die Gemeinde zudem mit einem Verzicht des Vorhabenträgers auf Entschädigungsansprüche in einem flankierenden städtebaulichen Vertrag verbinden.[1324]

Liegen die allgemeinen Anspruchsvoraussetzungen nach § 42 Abs. 1 BauGB vor, entscheiden spezielle Anspruchsvoraussetzungen nach § 42 Abs. 2 bis 7 BauGB über die Höhe der Entschädigung. Wird die zulässige Nutzung eines Grundstücks innerhalb einer Frist von sieben Jahren ab deren Zulässigkeit eingeschränkt oder aufgehoben, ist die Höhe der

---

1320 Vgl. BVerwGE 129, 318 Rn. 14.
1321 Vgl. *Hoffmann*, in: Spannowsky/Uechtritz (BeckOK), BauGB, § 42 Rn. 16.
1322 Vgl. *Breuer*, in: Schrödter, BauGB, § 42 Rn. 67.
1323 Siehe dazu bereits oben S. 304.
1324 Vgl. *Reicherzer/Finster*, ZfIR 2021, 149 (151).

Entschädigung der ermittelten Wertminderung gleichzusetzen, § 42 Abs. 2 BauGB. Erfolgt die Änderung oder Aufhebung der zulässigen Nutzung nach Ablauf dieser Frist, steht dem Eigentümer nach § 42 Abs. 3 BauGB nur ein Entschädigungsanspruch für Eingriffe in die ausgeübte Nutzung zu.[1325] Nach Ablauf der Frist kann eine bis dahin nicht ausgeübte Nutzung entschädigungslos aufgehoben oder geändert werden, sofern nicht ausnahmsweise einer der Sondertatbestände des § 42 Abs. 5 bis 7 BauGB einschlägig ist.[1326]

Für Grundstücke im Anwendungsbereich eines sektoralen Bebauungsplans zur Wohnraumversorgung bedeutet dies, dass ein Anspruch auf Entschädigung nur besteht, sofern eine anderweitige als die durch den Plan festgesetzte Nutzung innerhalb der letzten sieben Jahre zulässig gewesen wäre.[1327] Im unbeplanten Innenbereich wird die Siebenjahresfrist häufig verstrichen sein, insbesondere wenn sich die örtliche Situation in den vergangenen sieben Jahren kaum verändert hat.[1328] Eine Entschädigungsanspruch nach § 42 Abs. 3 BauGB scheitert in diesen Fällen regelmäßig daran, dass auf der Brachfläche im unbeplanten Innenbereich eine Nutzung bisher nicht ausgeübt wurde, sodass die bis dato zulässige Nutzung entschädigungslos aufgehoben oder geändert werden darf. Ein Entschädigungsanspruch kann sich dann nur noch aus den sehr eng umgrenzten Sondertatbeständen der § 42 Abs. 5 bis 7 BauGB ergeben.

Festzuhalten bleibt, dass die Voraussetzungen für einen Entschädigungsanspruch nach § 42 BauGB in Folge der Aufstellung eines sektoralen Bebauungsplans zur Wohnraumversorgung im Einzelfall nur sehr selten vorliegen dürften, ein solcher Anspruch aber nicht vollständig ausgeschlossen werden kann. Bei der Aufstellung eines Bebauungsplans hat die Gemeinde den Aspekt der Entschädigung zu berücksichtigen und kann unter Umständen durch eine Baurechtsmehrung dafür sorgen, dass es nicht zu einer wesentlichen Wertminderung des Grundstücks kommt, sodass ein Entschädigungsanspruch ausscheidet.

1325 Vgl. *Battis*, in: Battis/Krautzberger/Löhr, BauGB, § 42 Rn. 8.
1326 Vgl. *Schmidt-Eichstaedt*, in: Brügelmann, BauGB, § 42 Rn. 72.
1327 Da der Beginn und der Ablauf der Siebenjahresfrist für den Eigentümer oftmals nicht eindeutig erkennbar sind, steht ihm nach § 42 Abs. 10 BauGB ein Auskunftsanspruch gegenüber der Gemeinde zu. Die Bestimmung des Beginns der Siebenjahresfrist innerhalb im Zusammenhang bebauter Ortsteile nach § 34 Abs. 1 BauGB kann problematisch sein, vgl. dazu *Busse*, in: Jäde/Dirnberger, BauGB, § 42 Rn. 17.
1328 Vgl. *Hoffmann*, in: Spannowsky/Uechtritz (BeckOK), BauGB, § 42 Rn. 24.1.

3. Befristung

Der Gesetzgeber des Baugesetzbuchs hat in jüngerer Zeit bei der Einführung neuer Regelungen häufig Gebrauch von einer Befristung gemacht. Die Sonderregelungen für Flüchtlingsunterkünfte in § 246 Abs. 8 bis 17 BauGB beinhalten Befristungen, nach denen die zuständige Behörde zunächst bis zum Ablauf des 31.12.2019 entsprechende Genehmigungen bzw. Befreiungen erteilen oder auf die Verfahrensregelungen nach § 246 Abs. 15 und 16 BauGB zurückgreifen konnte.[1329] Durch das Baulandmobilisierungsgesetz wurden die Fristen verlängert.[1330] Im Rahmen der Corona-Pandemie wurden in § 246b BauGB Sonderregelungen für Anlagen für gesundheitliche Zwecke eingeführt, deren Anwendung bis zum 31.12.2020 befristet waren und bauplanungsrechtliche Erleichterungen bezweckten.[1331] Die Neuregelungen zur Verfahrensbeteiligung durch das Planungssicherstellungsgesetz[1332] waren zunächst bis zum 31.03.2021 befristet und wurden sodann bis zum 31.12.2022 verlängert.[1333] Sie beinhalteten Verfahrensmodifikationen, die sicherstellen sollen, dass die Bauleitplanung auch unter den erschwerten Bedingungen der Corona-Pandemie stattfinden kann. Diese Beispiele zeigen, dass eine Befristung von Vorschriften sinnvoll ist, wenn neu eingeführte Vorschriften auf eine zeitlich begrenzte

---

1329 Vgl. *Blechschmidt*, in: Ernst/Zinkahn/Bielenberg/Krautzberger, BauGB, § 246 Rn. 59. Zunächst wurde 2014 durch das Flüchtlingsunterbringungs-Maßnahmengesetz § 246 Abs. 8 bis 10 BauGB befristet eingeführt, Gesetz über Maßnahmen im Bauplanungsrecht zur Erleichterung der Unterbringung von Flüchtlingen v. 20.11.2014, BGBl. I, S. 1748. Das Gesetz schaffte unter anderem bauplanungsrechtliche Erleichterungen für die Zulassung von Flüchtlingsunterkünften. Siehe dazu *Battis/Mitschang/Reidt*, NVwZ 2014, 1609 ff. und *Krautzberger/Stüer*, DVBl. 2015, 73 ff. Knapp ein Jahr später wurde § 246 BauGB durch Art. 6 des Asylverfahrensbeschleunigungsgesetzes um die Absätze 11 bis 17 ergänzt, Asylverfahrensbeschleunigungsgesetz v. 20.10.2015, BGBl. I, S. 1722. Siehe dazu *Battis/Mitschang/Reidt*, NVwZ 2015, 1633 ff.

1330 Die in § 246 Abs. 12 und 13 BauGB genannten Fristen können um weitere drei Jahre verlängert werden, längstens bis zum Ablauf des 31.12.2027. Die in § 246 Abs. 8 bis 13 sowie 15 und 16 BauGB genannten Fristen wurden bis zum 31.12.2024 verlängert.

1331 § 246b BauGB wurde durch Art. 6 des Gesetzes zum Schutze der Bevölkerung bei einer epidemischen Lage von nationaler Tragweite v. 28.03.2020, BGBl. I, S. 587, eingeführt. Siehe dazu *Scheidler*, UPR 2020, 161 ff.

1332 Gesetz zur Sicherstellung ordnungsgemäßer Planungs- und Genehmigungsverfahren während der COVID-19-Pandemie (Plansicherstellungsgesetz) v. 20.05.2020, BGBl. I, S. 1041. Siehe dazu *Krautzberger/Stüer*, DVBl. 2020, 910 ff.

1333 Gesetz zur Verlängerung der Geltungsdauer des Planungssicherstellungsgesetzes und der Geltungsdauer dienstrechtlicher Vorschriften v. 18.03.2021, BGBl. I, S. 353.

Krisensituation reagieren und das Regulierungserfordernis nach einem gewissen Zeitraum entfällt.

In einer weiteren Situation macht der Gesetzgeber von befristeten Vorschriften Gebrauch: Die Einführung einer Regelung ist im Gesetzgebungsverfahren umstritten und die Befristung der Vorschrift soll zur Klärung der Frage beitragen, ob das mit der Vorschrift verfolgte Ziel in der Praxis erreicht werden kann. So wurde 2017 die Einführung des § 13b BauGB, der die Einbeziehung von Außenbereichsflächen in das beschleunigte Verfahren regelt, dahingehend befristet, dass das Verfahren zur Aufstellung des Bebauungsplans bis zum 31.12.2019 förmlich eingeleitet werden konnte und der Satzungsbeschluss über den Bebauungsplan bis zum 31.12.2021 zu fassen ist.[1334] Durch das Baulandmobilisierungsgesetz wurde die Befristung in § 13b BauGB verlängert.[1335] Der Aufstellungsbeschluss muss nunmehr bis zum 31.12.2022 erfolgen und der Satzungsbeschluss bis zum 31.12.2024.

Durch das Baulandmobilisierungsgesetz wurden weitere befristete Regelungen eingeführt, unter anderem die Regelung des § 9 Abs. 2d BauGB zum sektoralen Bebauungsplan zur Wohnraumversorgung.[1336] Die Befristung wurde eingeführt, um überprüfen zu können, ob der Bebauungsplan nach § 9 Abs. 2d BauGB ein geeignetes Mittel zur Sicherung bzw. Schaffung bezahlbaren Wohnraums sein kann.[1337] Die Befristung führt dazu, dass ab in Krafttreten der Vorschrift bis zum spätesten Aufstellungsbeschluss dreieinhalb Jahre verbleiben. Es kann nicht damit gerechnet werden, dass bis zum Ende des Jahres 2024 ausreichende praktische Erfahrungen zu der Vorschrift gesammelt werden können und eine Evaluierung der Vorschrift im Hinblick auf das verfolgte Ziel möglich ist. Auch wenn sich der Bebauungsplan nach § 9 Abs. 2d BauGB thematisch auf die Schaffung von

---

1334 Eingeführt wurde § 13b BauGB durch das Gesetz zur Umsetzung der Richtlinie 2014/52/EU im Städtebaurecht und zur Stärkung des neuen Zusammenlebens in der Stadt v. 04.05.2017, BGBl. I, S. 1057. Siehe dazu *Hofmeister/Mayer*, ZfBR 2017, 551 ff.

1335 Zuvor waren Bemühungen der nordrhein-westfälischen Landesregierung, den zeitlichen Anwendungsbereich noch vor Ablauf der Befristung zu verlängern im Dezember 2019 im Bundesrat fruchtlos geblieben. Über den Gesetzesantrag „Entwurf eines Gesetzes zur Änderung des § 13b Baugesetzbuch", BR-Drs. 612/19, wurde im Bundesrat nicht entschieden, sondern der Antrag wurde an die zuständigen Ausschüsse überwiesen, siehe Plenarprotokoll der 984. Bunderatssitzung v. 20.12.2019, S. 646.

1336 Daneben ist etwa auch die Ausweisung von Gebieten mit angespannten Wohnungsmärkten nach § 250 BauGB bis Ende 2025 befristet.

1337 BT-Drs. 19/24838, S. 17.

Wohnraum beschränkt und deshalb damit zu rechnen ist, dass das Planaufstellungsverfahren im Vergleich zu Bebauungsplänen, die weitere Themen berücksichtigen müssen, schneller abgeschlossen ist, verbleibt nur ein kurzer Zeitraum, um die Vorschrift in der Praxis tatsächlich zu erproben. Angesichts der Tatsache, dass im Gesetzgebungsverfahren Rechtsfragen offen geblieben sind[1338], genügt der zeitliche Anwendungsbereich voraussichtlich lediglich dazu, diese offenen Rechtsfragen durch die Oberverwaltungsgerichte klären zu lassen. Zieht man einen Vergleich zu der zunächst bis zum Ende des Jahres 2019 (Aufstellungsbeschluss) befristeten Regelung des § 13b BauGB, ist zu konstatieren, dass es bis zu diesem Zeitpunkt keine Entscheidung des Bundesverwaltungsgerichts zu § 13b BauGB gab. Es ist damit zu rechnen, dass Bebauungspläne zur Wohnraumversorgung Gegenstand von Normenkontrollanträgen sein werden und Gemeinden aufgrund der Rechtsunsicherheit zunächst zurückhaltend Gebrauch von den Ermächtigungsgrundlagen machen werden.[1339] Vor dem Hintergrund der Motivation des Gesetzgebers für die Befristung – Evaluierung, ob der Bebauungsplan nach § 9 Abs. 2d BauGB ein geeignetes Mittel zur Sicherung bzw. Schaffung bezahlbaren Wohnraums sein kann – ist zweifelhaft, ob mit Blick auf die tatsächliche Anwendungsphase des Bebauungsplans, die erst nach Satzungserlass bzw. abgeschlossenem Normenkontrollverfahren beginnt, ausreichende praktische Erfahrungen in dem kurzen Zeitraum der Befristung gesammelt werden können.[1340]

Der sektorale Bebauungsplan zur Wohnraumversorgung erfordert im Rahmen der Abwägung nach § 1 Abs. 7 BauGB die Berücksichtigung eines Wohnraumversorgungskonzepts bzw. eines städtebaulichen Entwicklungskonzepts zur Stärkung der Innenentwicklung. Erschwert wird die Abwägungsentscheidung durch die Prüfung etwaiger planungsschadensrechtlicher Entschädigungsansprüche. Diese beiden Aspekte werden erheblichen Einfluss auf die Dauer des Planaufstellungsverfahrens haben, weshalb es

---

1338 Etwa die Frage, ob § 9 Abs. 2d Satz 1 Nr. 1 BauGB die Art der baulichen Nutzung abschließend regelt und den Zulässigkeitsmaßstab des § 34 Abs. 1 BauGB insoweit verdrängt, siehe dazu S. 321 ff. Das Verständnis der Norm hat Einfluss auf die Abwägungsentscheidung der Gemeinde. Geht die Gemeinde davon aus, dass § 9 Abs. 2d Satz 1 Nr. 3 BauGB keine abschließende Wirkung entfaltet, ein Oberverwaltungsgericht im Rahmen eines Normenkontrollverfahrens der Norm hingegen ein abschließendes Verständnis zugrunde legt, liegt ein Abwägungsfehler vor, der die Unwirksamkeit des Bebauungsplans nach sich zieht.
1339 Vgl. auch *Otto*, Frankfurter Allgemeine Zeitung v. 20.11.2020, S. 13.
1340 Vgl. Stellungnahme der Bundesvereinigung der kommunalen Spitzenverbände zum Entwurf eines Gesetzes zur Mobilisierung von Bauland, 03.07.2020, S. 6.

Gemeinden nicht möglich sein wird, innerhalb des Zeitraums der Befristung ausreichende Praxiserfahrungen mit dem Instrument des sektoralen Bebauungsplans zu sammeln.

VII. Bewertung und Ausblick

Mit dem Bebauungsplan zur Wohnraumversorgung hat der Gesetzgeber den Gemeinden die Möglichkeit eröffnet, im unbeplanten Innenbereich sowie in Bereichen, in denen übergeleitetes Planrecht zur Anwendung kommt, durch städtebauliche Planung steuernd Einfluss zu nehmen und dabei Gemeinwohlbelange in die Planung einfließen zu lassen.

Die Festsetzungsmöglichkeit des § 9 Abs. 2d Satz 1 Nr. 3 BauGB ist geeignet, Vorhabenträger im Anwendungsbereich des § 34 BauGB und im Anwendungsbereich von kooperativen Baulandmodellen gleichermaßen an der Errichtung sozial geförderten Wohnraums zu beteiligen. Aus der Sicht der Vorhabenträger, die im Anwendungsbereich eines kooperativen Baulandmodells Wohnraum errichten, kann nunmehr die ungleiche Behandlung in den verschiedenen Anwendungsbereichen reduziert werden.

Dadurch dass bei einer Festsetzung nach § 9 Abs. 2d Satz 1 Nr. 3 BauGB die Verpflichtungserklärung auch erst nach Satzungsbeschluss erfolgen kann, muss die Gemeinde nicht bereits zwingend im Planaufstellungsverfahren einen konkreten Vorhabenträger im Auge haben, sondern sie kann die Festsetzung dazu nutzen, auch unabhängig von konkreten Vorhaben im unbeplanten Innenbereich die Belange des Gemeinwohls durch ihre Planung zu stärken. In dieser Angebotsbebauungsplanung liegt aber gleichzeitig auch eine Schwäche: Anders als bei Bebauungsplänen, bei denen vor Satzungsbeschluss ein städtebaulicher Vertrag geschlossen wird, hat die Gemeinde in der Konstellation der Angebotsbebauungsplanung keine Möglichkeit, eine Bauverpflichtung mit dem Vorhabenträger zu vereinbaren. Daher sollte die Gemeinde – sofern es die Konstellation im Einzelfall ermöglicht – auch einen Bebauungsplan nach § 9 Abs. 2d BauGB, insbesondere einen solchen mit Festsetzungen nach § 9 Abs. 2d Satz 1 Nr. 3 BauGB, in Kooperation mit dem Vorhabenträger erarbeiten und aufstellen und in einem etwaigen städtebaulichen Vertrag auf die Vereinbarung einer Bauverpflichtung drängen.

Der Bebauungsplan zur Wohnraumversorgung fokussiert sich thematisch lediglich auf ein einziges städtebauliches Ziel. Im Aufstellungsverfahren müssen im Vergleich zu regulären Bebauungsplanverfahren nicht sämtliche Konflikte beachtet werden. Dies zieht eine Arbeitserleichterung für Gemeinden nach sich und verkürzt die Zeitspanne zur Aufstellung des Plans.[1341] Insbesondere in Städten mit übergeleitetem Planrecht kann der Bebauungsplan nach § 9 Abs. 2d BauGB dazu beitragen, altes Planrecht mit zeitgemäßen Bebauungsplänen zu aktualisieren. Aufgrund des thematischen Fokus auf das Wohnen können diese Städte erheblichen Verwaltungsaufwand einsparen, da sich die Abwägungsentscheidung ausschließlich auf die neuen Festsetzungen beschränkt. Jedoch ist zu befürchten, dass der Zeitgewinn beim Verfahren zur Aufstellung eines Bebauungsplans zur Wohnraumversorgung durch die lange Dauer von Normenkontrollverfahren konterkariert werden wird.

Im Gesetzgebungsverfahren wurde der Vorwurf erhoben, der Bebauungsplan nach § 9 Abs. 2d BauGB erschwere das Bauen, da den Gemeinden die Möglichkeit genommen werden, ohne zeitintensive Planungsverfahren die Errichtung von neuem Wohnraum im unbeplanten Innenbereich auf der Grundlage von § 34 BauGB zu genehmigen.[1342] Diesem Vorwurf ist entgegenzuhalten, dass es der Gemeinde freisteht, einen Bebauungsplan nach § 9 Abs. 2d BauGB aufzustellen. Es ist ein weiteres Planungsinstrument, von dem sie Gebrauch machen kann, aber nicht muss. Der Bebauungsplan zur Wohnraumversorgung ist ein Angebot an die Gemeinden, welches die Planersatzvorschrift des § 34 BauGB nicht ersetzt. Es wird weiterhin städtebauliche Konstellationen geben, in denen das neue Instrument nicht zum Einsatz kommen wird, weil es sich beispielsweise um eine kleine Baulücke handelt und die Gemeinde die städtebauliche Entwicklung auf dem Grundstück anhand des Maßstabs des § 34 BauGB befürwortet. In der Praxis wird der Fokus der neuen Ermächtigungsgrundlage darauf liegen, über die Festsetzung des § 9 Abs. 2d Satz 1 Nr. 3 BauGB die Entwicklung sozial geförderten Wohnraums in Gebieten zu fördern, die bereits bebaut sind. Die Regelung ist geeignet, eine städtebauliche Verdichtung im Bereich des sozial geförderten Wohnraums im Einklang mit dem Vorrang der Innenentwicklung umzusetzen.[1343]

1341 Vgl. *Vogel*, Sitzung des Bundesrats v. 18.12.2020, Plenarprotokoll 998, S. 513.

1342 Vgl. Antrag der FDP-Fraktion, BT-Drs. 19/2619, S. 2; Stellungnahme von Haus & Grund zum Referentenentwurf eines Gesetzes zur Mobilisierung von Bauland, Juli 2020, S. 6; Stellungnahme des Bundesverbands Freier Immobilien- und Wohnungsunternehmen zum Referentenentwurf eines Gesetzes zur Mobilisierung von Bauland v. 03.07.2020, S. 2.

1343 *Schink*, UPR 2020, 326 (330).

C. Integration eines Musterbeschlusses „kooperatives Baulandmodell" in das BauGB?

Einen Musterbeschluss, der bundesweit als Vorlage für die Einführung eines kooperativen Baulandmodells dienen könnte, gibt es nicht. Grund dafür ist, dass ein Baulandmodell immer auf die jeweiligen lokalen Gegebenheiten abgestimmt sein muss.[1344] Ein Musterbeschluss kann nicht als Vorlage für die spezifischen Probleme und Anforderung einer Gemeinde dienen. Insbesondere die Einführung einer Quote für sozial geförderten Wohnraum ist in Abhängigkeit von dem Entwicklungspotential einer Gemeinde zu ermitteln sowie dem damit zusammenhängenden Bedarf an gefördertem Wohnraum. Auch die Größe einer Gemeinde beeinflusst die Ausgestaltung eines Baulandmodells. In ländlichen Gegenden muss eine andere städtebauliche Struktur bei der Entwicklung von Wohnbauflächen berücksichtig werden als in einer Großstadt. Während in einer kleinen Gemeinde auf dem Land Bedarf an kleinteiligen Wohntypen wie Einfamilienhäusern, Doppel- oder Reihenhäusern und Geschosswohnungsbau mit einigen wenigen Geschossen besteht, findet sich in großen Städten überwiegend Geschosswohnungsbau. Ferner kann ein Musterbeschluss die schwierige Frage der Angemessenheit vertraglicher Vereinbarungen nicht lösen. Die Untersuchung hat gezeigt, dass die Überprüfung der Angemessenheit davon abhängt, welche Marktbedingungen in der Gemeinde vorzufinden sind, insbesondere beim Bodenpreisniveau.[1345] Die individuellen Bedingungen des jeweiligen Boden- und Wohnungsmarkts müssen bei der Erarbeitung eines kooperativen Baulandmodells in jedem Einzelfall Berücksichtigung finden. Darüber hinaus beeinflussen unterschiedliche Landesvorgaben im Bereich der Wohnraumförderung den Regelungsinhalt von kooperativen Baulandmodellen. Die Förderbedingungen, insbesondere die Art und Höhe der Förderung sowie die Dauer der Bindungen sind bundesweit nicht einheitlich. Diese vielfältigen Strukturunterschiede stehen einem einheitlichen Musterbeschluss entgegen. Bei der Entwicklung eines kooperativen Baulandmodells sind die spezifischen lokalen Gegebenheiten

---

1344 Vgl. *Dransfeld*, vhw FWS 2018, 136 (139); *Dransfeld/Freckmann/Joeres/Pfeiffer*, Bausteine zum Baulandbeschluss, S. 26, https://www.forum-bauland.nrw/wp-content/uploads/2018/07/baulandbeschl.pdf (zuletzt aufgerufen am 30.12.2022); *Spieß*, ZfIR 2020, 410 (414 f.); *Kötter*, FWW 2019, 20 (21).

1345 Vgl. dazu bereits die Ausführungen auf S. 220 f. sowie *Faller/Beyer*, fub 2019, 16 (17); *Kötter*, FWW 2019, 20 (21).

zu untersuchen und auf dieser Grundlage für jede Gemeinde passende Regelungen zu erarbeiten.

D. Stärkung der interkommunalen Zusammenarbeit im Bereich der Wohnbaulandentwicklung

Seit vielen Jahren finden sich in der Praxis verschiedene Formen der interkommunalen Zusammenarbeit im Rahmen der kommunalen Wirtschafts- und Infrastrukturpolitik. Die Art und Weise sowie das Betätigungsfeld der Kooperationen sind dabei vielfältig. Lange Tradition hat die Zusammenarbeit von Gemeinden, teilweise auch unter Einbindung weiterer öffentlicher oder privater Akteure, in den Bereichen des öffentlichen Personennahverkehrs, der Abwasser- und Abfallbeseitigung sowie im Tourismus- und Regionalmarketing.[1346] Mit dem gemeinsamen Management von Gewerbeflächen ist in den letzten Jahren ein weiteres Betätigungsfeld dazugekommen.[1347] Viele Gemeinden weisen zusammen mit einer Nachbargemeinde ein interkommunales Gewerbe- und/oder Industriegebiet aus.[1348]

Trotz dieser Vielzahl unterschiedlicher Kooperationen zwischen Gemeinden sind bisher wirksame Ansätze einer gemeinsam getragenen Wohnbaulandentwicklung selten.[1349] Absprachen oder interkommunale Verabredungen zwischen Nachbargemeinden im Bereich der Wohnbau-

---

1346 Vgl. *Müller*, DÖV 2010, 931 (932); *Köninger*, KommunalPraxis BY 2015, 207 (208).

1347 Vgl. *Wuschansky/König*, Interkommunale Gewerbegebiete in Deutschland, S. 8, https://www.ils-forschung.de/files_publikationen/pdfs/Interk%20Gewerb%20BRD%20110825_opt.pdf (zuletzt aufgerufen am 30.12.2022). Zu den einzelnen Rechtsproblemen eines interkommunalen Gewerbegebiets siehe *Zinell*, VBlBW 2002, 49 ff.

1348 Beispielsweise haben die Städte Heidelberg und Leimen zum 01.01.2021 den gemeinsamen Zweckverband „Interkommunales Gewerbe- und Industriegebiet Heidelberg-Leimen" gegründet, der hälftig von beiden Kommunen getragen wird. Der Zweckverband plant, erschließt und vermarktet das „Interkommunale Gewerbe- und Industriegebiet Heidelberg-Leimen", vgl. dazu Beschluss des Gemeinderats der Stadt Heidelberg v. 23.07.2020, Drucksache 0222/2020/BV. Eine breite Darstellung interkommunaler Gewerbegebiete bietet die Untersuchung von *Wuschansky/König*, Interkommunale Gewerbegebiete in Deutschland, S. 84 ff., https://www.ils-forschung.de/files_publikationen/pdfs/Interk%20Gewerb%20BRD%20110825_opt.pdf (zuletzt aufgerufen am 30.12.2022).

1349 Vgl. *Sachs*, Bericht des Expertengremiums zum Umsetzungsstand der Wohnungsbau-Offensive, S. 22 f., https://www.bid.info/wp-content/uploads/2017/09/Bericht_zur_Wohnungsbauoffensive.pdf (zuletzt aufgerufen am 30.12.2022).

landentwicklung sind in der Praxis Ausnahmefälle. Grund für diese Zurückhaltung der Gemeinden ist häufig die Sorge vor dem Verlust der lokalen Identität.[1350] Insbesondere in Konstellationen, in denen kleinere Städte und Gemeinden im Umland einer Großstadt liegen, möchten erstere ihre ländlichen Räume und Strukturen bewahren und schützen.[1351] Eine Erhöhung der baulichen Dichte steht dazu häufig im Widerspruch. Die Umlandgemeinden spüren den Siedlungsdruck, der von einem Ballungszentrum ausstrahlt und eine Steigerung der Bodenpreise nach sich zieht. Dies führt nicht selten dazu, dass sich bestimmte Bevölkerungsgruppen ein Eigenheim nicht mehr leisten können. Hinzu kommt oft ein befürchtetes Missverhältnis zwischen dem Aufwand, den die Gemeinde für soziale und technische Infrastruktur aufbringen muss, um neues Wohnbauland zu entwickeln und den zusätzlichen Einnahmen, die der Gemeinde nach der Einkommenssteuer zufließen.[1352]

Der interkommunale Dialog ist ein Weg, Sorgen und Vorurteile zu überwinden und aus der Zusammenarbeit Synergien zu ziehen. Der Austausch und Wissenstransfer über angewandte Instrumente, die bei der Wohnbaulandentwicklung zum Einsatz kommen (kooperative Baulandmodelle, Konzeptvergabe, städtebaulicher Wettbewerb, Erbbaurechte), kann gerade in kleineren Gemeinden zu einer Verbesserung ihrer Baulandentwicklung beitragen. Sie verfügen häufig nicht über das notwendige qualifizierte Fachpersonal und entsprechendes Wissen. Die Chancen, die sich aus einer Zusammenarbeit erschließen lassen, erkennt auch die Baulandkommission und empfiehlt eine enge interkommunale Zusammenarbeit und Koordinierung bei der Wohnbaulandentwicklung.[1353] Anhand zweier

---

1350 Vgl. *Huttenloher/Meyer/Senner*, Gemeinschaftsaufgabe Neubauakzeptanz, S. 35, https://www.die-wohnraumoffensive.de/fileadmin/user_upload/aktivitaeten/ veroeffentlichungen/Neubauakzeptanz_bf.pdf (zuletzt aufgerufen am 30.12.2022).

1351 Vgl. *Bunzel/zur Nedden/Pätzold/Aring/Coulmas/Rohland*, Bodenpolitische Agenda 2020-2030, Deutsches Institut für Urbanistik/vhw-Bundesverband für Wohnen und Stadtentwicklung (Hrsg.), S. 29, https://repository.difu.de/jspui/handle/difu/2 38504 (zuletzt aufgerufen am 30.12.2022).

1352 Vgl. *Bunzel/zur Nedden/Pätzold/Aring/Coulmas/Rohland*, Bodenpolitische Agenda 2020-2030, Deutsches Institut für Urbanistik/vhw-Bundesverband für Wohnen und Stadtentwicklung (Hrsg.), S. 29, https://repository.difu.de/jspui/handle/difu/2 38504 (zuletzt aufgerufen am 30.12.2022).

1353 Vgl. Empfehlungen auf Grundlage der Beratungen in der Kommission für „Nachhaltige Baulandmobilisierung und Bodenpolitik" (Baulandkommission), 02.07.2019, S. 6, https://www.bmi.bund.de/SharedDocs/downloads/DE/veroef

Beispiele unterschiedlicher Formen der Kooperation werden die Potentiale einer interkommunalen Zusammenarbeit dargestellt.

I. Regionale Wohnungsmarkstrategie des Kommunalverbunds Niedersachsen/Bremen e.V.

Der Kommunalverbund Niedersachsen/Bremen e.V. ist ein länderübergreifender Zusammenschluss von Städten und Gemeinden der Region Bremen.[1354] In ihm sind 28 Kommunen organisiert, in denen zusammen mehr als eine Millionen Einwohner beheimatet sind. Der Kommunalverbund verfolgt das Ziel, den Raum wirtschaftlich zu stärken und strukturell zu verbessern, raumordnerischen Fehlentwicklungen im Rahmen seiner Möglichkeiten entgegenzuwirken, die kulturellen Belange und sonstigen Aktivitäten zu fördern sowie die ökologische Situation zu erhalten und zu verbessern.[1355] Zu diesem Zweck ist es Aufgabe des Verbunds, die planerischen Interessen der Mitglieder untereinander und gesamtregional bekannt zu machen, gemeinsame Interessen zu formulieren und zu fördern, sowie bei möglichen Interessengegensätzen zu vermitteln und mögliche Lösungsansätze einzubringen.[1356] Die Arbeit des Verbunds findet in verschiedenen Arbeitsgruppen und -kreisen statt. Der Arbeitskreis Planung und die Arbeitsgruppe Kultur sind dauerhafte Zusammenschlüsse der von den Mitgliederkommunen entsandten Fachkundigen. Darüber hinaus können Projektarbeitsgruppen eingesetzt werden, in denen Experten aus den Kommunen sich temporär mit einem Schwerpunktthema beschäftigen. Ein Fokus liegt beispielsweise auf einem gemeinsamen Einzelhandelskonzept.[1357] Eine weitere Projektarbeitsgruppe befasst sich mit einem Mobilitätskonzept für den Radverkehr. Die jüngste Projektarbeitsgruppe behan-

---

fentlichungen/nachrichten/Handlungsempfehlungen-Baulandkommission.pdf?__blob=publicationFile&v=1 (zuletzt aufgerufen am 30.12.2022).

1354 OVG Bremen, Urt. v. 31.10.2007 - 1 D 147/07, NordÖR 2008, 69.

1355 § 1 Abs. 1 Satz 1 Satzung des Kommunalverbunds Niedersachsen / Bremen e.V., https://www.kommunalverbund.de/kommunalverbund/satzung/ (zuletzt aufgerufen am 30.12.2022)

1356 § 1 Abs. 1 Satz 2 Satzung des Kommunalverbunds Niedersachsen / Bremen e.V., https://www.kommunalverbund.de/kommunalverbund/satzung/ (zuletzt aufgerufen am 30.12.2022).

1357 Siehe „Regionales Zentren- und Einzelhandelskonzept der Region Bremen" sowie den raumplanerischen Vertrag zum Zentren- und Einzelhandelskonzept, https://www.kommunalverbund.de/aufgaben-projekte/einzelhandel/regionales-zent

delt das Thema bezahlbarer Wohnraum für alle Bevölkerungsgruppen. Dazu hat der Kommunalverbund im Dezember 2019 nach Durchführung einer regionalen Wohnungsmarktbeobachtung zunächst eine wohnungspolitische Leitlinie beschlossen.[1358] Diese drückt eine gemeinsame politische Haltung und grundsätzliche Zielvorstellungen der Mitgliederkommunen zum Wohnungsmarkt aus. Die Leitlinie sieht unter anderem vor, dass die Mitgliederkommunen gute Rahmenbedingungen für bezahlbare Wohnraumangebote schaffen sowie bei der Entwicklung neuer Wohnbauflächen eine Mindestquote für bezahlbaren Wohnraum anstreben. In Umsetzung dieses Beschlusses hat der Kommunalverbund im Jahr 2020 eine regionale Wohnungsmarktstrategie verabschiedet.[1359] Sie enthält unterschiedliche Maßnahmen und Empfehlungen, die die regionale, interkommunale oder kommunale Ebene adressieren. An die Mitgliederkommunen richtet sich ein „Instrumentenkoffer", der 16 unterschiedliche Instrumente darstellt, erörtert und Modellprojekte innerhalb der Mitglieder des Kommunalverbunds benennt.[1360] Unter anderem führt die regionale Wohnungsmarktstrategie das Instrument der kommunalen Baulandbeschlüsse auf[1361], mit denen das Ziel verfolgt werden kann, eine Quote für bezahlbaren Wohnraum bei der Ausweisung von neuem Wohnbauland sicherzustellen. Ob und in welcher Form die in der Strategie erarbeiteten Maßnahmen von den Mitgliederkommunen aufgenommen und umgesetzt werden, liegt in ihrem Ermessen.[1362] Eine Pflicht zur Umsetzung der regionalen Wohnungsmarktstrategie besteht nicht. So wird die kommunale Planungshoheit gewahrt. Gleichwohl listet die regionale Wohnungsmarktstrategie für jede einzelne der 28 dem Verbund angehörenden Kommunen in einem sogenannten Steckbrief auf, welche Instrumente sie bereits nutzt und welche konkreten Maßnahmen in der jeweiligen Kommune zur Verbesserung der Wohnungsmarktsituation beitragen können. Auf diese Weise entsteht für

---

ren-und-einzelhandelskonzept-region-bremen-rzehk-/ (zuletzt aufgerufen am 30.12.2022).

1358 Wohnungspolitische Leitlinien, Beschluss der Mitgliederversammlung des Kommunalverbunds Niedersachsen / Bremen e.V. v. 09.12.2019, https://www.kommunal verbund.de/portal/meldungen/mitgliederversammlung-beschliesst-wohnungspoli tische-leitlinien-901000262-3300.html (zuletzt aufgerufen am 30.12.2022).

1359 Vgl. Regionale Wohnungsmarktstrategie, Langfassung, Stand: 22.06.2020, https:// www.kommunalverbund.de/aufgaben-projekte/wohnungsmarktbeobachtung-und -strategie/ (zuletzt aufgerufen am 30.12.2022).

1360 Vgl. Regionale Wohnungsmarktstrategie, Langfassung, Stand: 22.06.2020, S. 75 ff.

1361 Vgl. Regionale Wohnungsmarktstrategie, Langfassung, Stand: 22.06.2020, S. 82 f.

1362 Vgl. Regionale Wohnungsmarktstrategie, Langfassung, Stand: 22.06.2020, S. 123.

die einzelnen Kommunen zwar kein rechtlicher, aber ein politischer Handlungsdruck, die Empfehlungen umzusetzen. Ferner greift die regionale Wohnungsmarktstrategie verschiedene Themen rund um das Aufgabenfeld bezahlbarer Wohnraum auf und sammelt Erfahrungen, Erkenntnisse und gute Beispiele aus der Region und gibt auf diese Weise Anreize für Handlungsoptionen, die einzelne Kommunen in ihrem Verantwortungsbereich umsetzen können. Zusätzlich regt sie zu einem Wissenstransfer zwischen den einzelnen Kommunen an und trägt so dazu bei, dass die Kommunen untereinander von ihren Erfahrungen profitieren können.

II. „Großer Frankfurter Bogen"

Unter der Federführung des hessischen Ministeriums für Wirtschaft, Energie, Verkehr und Wohnen hat die hessische Landesregierung im Jahr 2019 das Programm „Großer Frankfurter Bogen" aufgenommen. Ziel des Programms ist es, Partnerkommunen, die in einem Radius von 30 Zugminuten um den Frankfurter Hauptbahnhof liegen, bei der Entwicklung von neuem Wohnraum zu fördern und zu unterstützen. Mit der Begrenzung potentieller Partnerkommunen durch das Erfordernis der Erreichbarkeit des Frankfurter Hauptbahnhofs innerhalb von 30 Zugminuten wird nicht nur die Schaffung neuen Wohnraums, sondern zugleich auch eine klimafreundliche Mobilität sowie eine nachhaltige Quartiersentwicklung fokussiert. Von 55 potentiellen Partnerkommunen sind bisher 38 Kommunen dem Programm beigetreten. Dazu müssen sie eine sogenannte Partnerschaftsvereinbarung mit dem Land Hessen abschließen.[1363] In dieser sind die zu erbringenden Beiträge der Partner niedergeschrieben. Die Kommunen bekunden, dass sie sich für den Erhalt und die Schaffung von angemessenen, bezahlbaren und generationsgerechten Wohnungsangeboten in ihrer Gemeinde einsetzen. Dazu sollen sie unter anderem neues Bauland für den Wohnungsbau mobilisieren und verstreute Potenzialflächen im Innenbereich identifizieren, um der Entwicklung im Innenbereich Vorrang vor der Inanspruchnahme von Freiflächen im Außenbereich einzuräumen. Im Gegenzug bietet das Land Hessen drei verschiedene Formen der Unterstützung an:

1363 Partnerschaftsvereinbarung Großer Frankfurter Bogen: https://www.grosser-frank furter-bogen.de/wp-content/uploads/2019/10/GFB-Partnerschaftsvereinbarung_O ktober-2019.pdf (zuletzt aufgerufen am 30.12.2022).

Erstens erfolgt eine finanzielle Unterstützung der Kommunen des Großen Frankfurter Bogens. Die Bereitstellung von Fördermitteln für den Neubau von Mietwohnungen für Haushalte mit geringem Einkommen setzt eine kommunale Finanzierungsbeteiligung von mindestens 10.000 EUR je Wohneinheit voraus.[1364] Diese nach dem Wohnraumförderprogramm des Landes Hessen erforderliche kommunale Finanzierungsbeteiligung kann das Land Hessen für die Partnerschaftskommunen übernehmen.[1365] Voraussetzung für diese Unterstützung ist, dass das zu fördernde Objekt nicht weiter als einen Kilometer vom nächsten vorhandenen oder geplanten Schienenhaltepunkt entfernt ist.[1366] Darüber hinaus kann eine finanzielle Unterstützung unter anderem im Rahmen des Landesförderprogramms „Nachhaltiges Wohnumfeld - Investitionen" erfolgen.[1367] Mit diesem Förderprogramm werden unter anderem Projekte der sozialen Infrastruktur mit Landesmitteln unterstützt.[1368] Für Partnerschaftskommunen des Großen Frankfurter Bogens erhöht sich die Höhe der Zuwendung von 75 Prozent auf 85 Prozent der zuwendungsfähigen Ausgaben.[1369]

Zweitens können Kommunen vom Land Hessen Impulse und Unterstützung bei der Umsetzung sowie Kommunikation von Wohnungsbauvorha-

---

1364 4.5 Richtlinie des Landes Hessen zur sozialen Mietwohnraumförderung v. 09.09.2020, Hess. StAnz., S. 987. Eine Förderung von Neubau von Mietwohnungen für Haushalte mit mittleren Einkommen fordert regelmäßig eine kommunale Finanzierungsbeteiligung von mindestens 6.000 EUR pro Wohneinheit, 5.5 Richtlinie des Landes Hessen zur sozialen Mietwohnraumförderung v. 09.09.2020, Hess. StAnz., S. 987, die im Rahmen des Programms Großer Frankfurter Bogen von dem Land Hessen übernommen werden kann.

1365 Siehe Partnerschaftsvereinbarung Großer Frankfurter Bogen, S. 9 und 2.2. Richtlinie des Landes Hessen zur sozialen Mietwohnraumförderung v. 09.09.2020, Hess. StAnz., S. 987.

1366 2.2. Richtlinie des Landes Hessen zur sozialen Mietwohnraumförderung v. 09.09.2020, Hess. StAnz., S. 987. Ausnahmen von diesem Entfernungskriterium gelten zum einen für einen sogenannten Toleranzkorridor, der auch eine Entfernung des Vorhabens von 1,5 Kilometern ermöglicht sowie für besonders innovative, ökologisch und/oder soziale Projekte, bei denen gänzlich von dem Entfernungskriterium abgewichen werden kann.

1367 Siehe Partnerschaftsvereinbarung Großer Frankfurter Bogen, S. 9.

1368 Vgl. 2.5. Richtlinie zur Förderung eines nachhaltigen Wohnumfelds in neuen Wohnquartieren v. 03.02.2021, Hess. StAnz., S. 269.

1369 Siehe 6.1. Richtlinie zur Förderung eines nachhaltigen Wohnumfelds in neuen Wohnquartieren v. 03.02.2021, Hess. StAnz., S. 269. Voraussetzung dieser zusätzlichen Förderung ist ebenfalls die Einhaltung des Entfernungskriterium von einem Kilometer, wobei die beiden Ausnahmetatbestände zur Anwendung kommen, vgl. Fußnote 1366.

ben innerhalb der Kommune erhalten. Ziel ist es, einen Raum für Dialoge zwischen Immobilienbranche, Grundstückseigentümern und weiteren beteiligten Akteuren zu schaffen und die Zustimmung eines breiten Teils der Gemeindebevölkerung für Wohnprojekte zu fördern.

Drittens bietet das Land Hessen ein Forum für die Partnerschaftskommunen an, in dem ein fachlicher Wissenstransfer zwischen den Kommunen stattfinden kann. Dazu sollen die Bürgermeister sowie Vertreter des Landes Hessen ein- bis zweimal pro Jahr zusammenkommen und Erfahrungen und Anregungen austauschen. Auf Wunsch der Partnerschaftskommunen führt das Ministerium darüber hinaus interkommunale Fachforen zu konkreten Themengebieten durch und unterstützt so eine engere Zusammenarbeit zwischen den Partnerschaftskommunen sowie die Wissensvermittlung.

Im Unterschied zu der zuerst vorgestellten Kooperationsform des Kommunalverbunds Niedersachsen/Bremen e.V. geht das Förderprogramm Großer Frankfurter Bogen nicht auf die Initiative der Kommunen, sondern auf die des Landes Hessen zurück. Sofern Kommunen von sich aus nicht genug für die Schaffung und Errichtung von mehr bezahlbarem Wohnraum unternehmen – sei es, weil sie nicht über ausreichend finanzielle Mittel verfügen, sei es, weil ihnen die nötige Fachkompetenz fehlt – kann ein Land eine wichtige Anstoßfunktion übernehmen. Das Beispiel des Großen Frankfurter Bogens verdeutlicht zudem, dass diese Form der Kooperation die Förderung bezahlbaren Wohnens zusätzlich mit weiteren Aspekten verknüpfen kann, wie etwa klimafreundlicher Mobilität. Gerade für die Verdichtung und stärkere Verflechtung von Siedlungsgebieten innerhalb einer Region ist die Einbeziehung von Mobilitätskonzepten unerlässlich.

In Bezug auf die abzuschließende Partnerschaftsvereinbarung zwischen dem Land Hessen und der einzelnen Kommune stellt sich die Frage, wie diese Vereinbarung rechtlich einzuordnen ist. In Betracht kommt ein Raumordnungsvertrag nach § 14 Abs. 2 Satz 1 Nr. 1 ROG.[1370] Nach § 14 Abs. 1 Satz 1 ROG sollen die Träger der Landes- und Regionalplanung zur Vorbereitung oder Verwirklichung von Raumordnungsplänen oder von sonstigen raumbedeutsamen Planungen und Maßnahmen mit den hierfür maßgeblichen Stellen zusammenarbeiten. Ein mögliches Instrument dieser Zusammenarbeit ist der Raumordnungsvertrag nach § 14 Abs. 2 Satz 1 Nr. 1 ROG. Nach § 12 Abs. 1 Satz 1 HLPG ist oberste Lan-

---

1370 Neben dem Begriff Raumordnungsvertrag werden für den Vertrag nach § 14 Abs. 2 Satz 1 Nr. 1 ROG ferner verwendet: raumordnerischer, landesplanerischer oder regionalplanerischer Vertrag, vgl. *Pleiner*, in: Kment, ROG, § 14 Rn. 2.

desplanungsbehörde das für Raumordnung zuständige Ministerium. Dies ist das Ministerium für Wirtschaft, Energie, Verkehr und Wohnen.[1371] Nach § 12 Abs. 1 Satz 2 Nr. 6 HLPG obliegen ihm Maßnahmen nach § 14 ROG und damit auch der Abschluss eines Raumordnungsvertrags. Die formale Ausgestaltung der Partnerschaftsvereinbarung spricht jedoch gegen die Annahme, dass das Ministerium in seiner Funktion als oberste Landesplanungsbehörde tätig wird. Vertragspartei der Vereinbarung ist das Land Hessen, das durch das Ministerium vertreten wird. Dies wird aus der Überschrift der Vereinbarung und dem Text der Vereinbarung deutlich. Zudem erfolgt die Unterschrift „für das Land Hessen". Auch der Gegenstand der Partnerschaftsvereinbarung spricht gegen einen Raumordnungsvertrag. Raumordnerische Verträge sind darauf ausgerichtet, ihre Wirkung in Verbindung mit einem Raumordnungsplan zu entfalten.[1372] Regelmäßig werden sie zur Verwirklichung von Raumordnungsplänen eingegangen.[1373] Zwar hat sich die Siedlungsentwicklung nach dem Landesentwicklungsplan Hessen „an den Einrichtung der Ver- und Entsorgung – unter besonderer Berücksichtigung des öffentlichen Personennahverkehrs – zu orientieren".[1374] Gleichwohl liegt der Schwerpunkt der Partnerschaftsvereinbarung nicht auf der Verwirklichung dieses Grundsatzes der Regionalplanung, sondern auf den Beiträgen der Partner zur Verbesserung des Wohnungsangebots. Ferner stellt die Vereinbarung keinen Bezug zu dem Landesentwicklungsplan her. Einer Konkretisierung des Landesentwicklungsplans dient die Partnerschaftsvereinbarung nicht, weshalb sie nicht als Raumordnungsvertrag qualifiziert werden kann.

Die Partnerschaftsvereinbarung erfüllt aber die Voraussetzungen eines öffentlich-rechtlichen Vertrags nach §§ 54 ff. HVwVfG.[1375] Es handelt sich um einen Vertrag, der zwischen zwei gleichgeordneten Rechtsträgern – dem Land Hessen und der einzelnen Kommune – geschlossen wird und so-

---

1371 Vgl. Kabinettsbeschluss v. 25.03.2019, Anlage „Zuständigkeit der einzelnen Ministerinnen und Minister nach Art. 104 Abs. 2 der Verfassung des Landes Hessen", Zeile 721, Drucksache 20/387.

1372 Vgl. *Pleiner*, in: Kment, ROG, § 14 Rn. 32.

1373 Vgl. *Domhardt/Gebert/Konze/Priebs/Scholich/Weick*, Positionspapier Nr. 85, Raumordnerische Verträge zielorientiert und aufgabengerecht einsetzen, S. 2, https://shop.arl-net.de/media/direct/pdf/pospaper_85.pdf (zuletzt aufgerufen am 30.12.2022).

1374 4.1.1. Siedlungsstrukturpolitik – Grundsätze, Landesentwicklungsplan Hessen 2000, festgestellt durch Rechtsverordnung v. 13.12.2000.

1375 Hessisches Verwaltungsverfahrensgesetz (HVwVfG) i.d.F.v. 15.01.2009, GVBl. Hessen 2010, S. 18.

mit um einen koordinationsrechtlichen Vertrag. Die Vereinbarung enthält Regelungen, die dem Gebiet des öffentlichen Rechts zuzuordnen sind. Die Kommunen sagen die Mobilisierung von neuem Bauland zu, das Land Hessen unterstützt die Kommunen im Gegenzug durch finanzielle Förderungen sowie durch die Vermittlung von Fachkompetenzen auf dem Gebiet der Schaffung von bezahlbarem Wohnraum. Der Einordnung einer vertraglichen, zweiseitigen Regelung könnte zwar entgegengehalten werden, dass die einzelne Kommune keinen gleichwertigen Einfluss auf die inhaltliche Ausgestaltung der Vereinbarung nehmen kann. Dies liegt aber in dem Umstand begründet, dass der Vertrag nicht nur zwischen dem Land Hessen und einer einzelnen Kommune geschlossen wird, sondern das Land einen Vertragsschluss mit zahlreichen Vertragsparteien (55 potentiellen Kommunen) anstrebt.

III. Fortentwicklung der interkommunalen Zusammenarbeit

Die Beispiele der regionalen Wohnungsmarktstrategie des Kommunalverbunds Niedersachsen/Bremen e.V. und des Großen Frankfurter Bogens zeigen, dass interkommunale Zusammenarbeit auf unterschiedlichen Wegen erfolgt und die Initiative einer Zusammenarbeit auf unterschiedliche Akteure zurückgehen kann. Der Erfahrungsaustausch über Instrumente der Baulandentwicklung, insbesondere über kooperative Baulandmodelle, und die gegenseitige Hilfestellung zwischen Kommunen ist stets dann wichtig, wenn kleinere Gemeinden im Umland einer Großstadt nicht über das erforderliche Wissen verfügen. Sie können auf ihrem Gemeindegebiet einen wesentlichen Beitrag dazu leisten, den Wohnungsmarkt der Großstadt zu entlasten. Für die Zukunft sollte die Zusammenarbeit zwischen den Gemeinden in Bezug auf die Baulandentwicklung und insbesondere mit Blick auf bezahlbaren Wohnraum gestärkt werden. Dabei ist von großer Bedeutung, dass eine Wohnungsmarktanalyse für die Region durchgeführt wird, damit die Wohnbaulandentwicklung besser aufeinander abgestimmt werden kann. Die Verknüpfung mit finanziellen Vorteilen für die Gemeinde – wie es das Programm Großer Frankfurter Bogen vorsieht – kann Gemeinden einen zusätzlichen Anreiz geben, enger zusammenzuarbeiten.

Darüber hinaus sollte die Ebene der Raumordnung stärker bei der Frage der Schaffung von bezahlbarem Wohnraum eingebunden werden. Die Einbeziehung des Trägers der Regionalplanung kann beispielsweise durch die

Aufstellung eines regionalen Flächennutzungsplans erfolgen. In verdichteten Räumen kann nach § 13 Abs. 4 Satz 1 ROG ein Plan zugleich die Funktion eines Regionalplans und eines gemeinsamen Flächennutzungsplans nach § 204 BauGB übernehmen. Deutschlandweit gibt es zurzeit lediglich einen einzigen regionalen Flächennutzungsplan, den Regionalplan Südhessen 2010 / Regionaler Flächennutzungsplan für das Gebiet des Ballungsraums Frankfurt/Rhein-Main.[1376] Wie gesehen kann zwar weder der Regionalplan[1377] noch der Flächennutzungsplan[1378] Einfluss darauf nehmen, welche Art von Wohnungen in der Gemeinde bei der Verwirklichung des Bebauungsplans letztlich entstehen. In Kombination mit anderen Instrumenten, etwa einem kooperativen Baulandmodell oder einem Förderprogramm, kann dennoch auf der Ebene des Bebauungsplans die konkrete Nutzungsmöglichkeit eines Grundstücks beeinflusst werden. Die Aufstellung eines regionalen Flächennutzungsplans würde zwei Planungsebenen zusammenziehen, die ohnehin wenig bis keinen Einfluss auf die sozialgerechte Nutzung des Bodens haben. Der Prozess der Planaufstellung würde beschleunigt werden, sodass eine Berücksichtigung der sozialgerechten Bodennutzung auf der Ebene des Bebauungsplans zügiger möglich wäre.

Die interkommunale Zusammenarbeit kann nicht nur im Hinblick auf die Ermittlung des Bedarfs an bezahlbarem Wohnraum Synergien freisetzen, sondern auch bei der Bedarfsermittlung für Kinderbetreuungsplätze und Plätze für Grundschulen. Stellt eine Gemeinde ein kooperatives Baulandmodell auf und erarbeitet in diesem Zusammenhang ein Gesamtkonzept für soziale Infrastruktur und Folgekosten, benötigt sie dafür verlässliche Daten. Gerade in kleineren Gemeinden kann die Situation auftreten, dass es keine vergleichbaren Referenzbaugebiete gibt, weil in der Gemeinde bereits seit längerer Zeit kein vergleichbares Baugebiet ausgewiesen wurde. Ein Datenaustausch zwischen Nachbargemeinden mit einem vergleichbaren Referenzbaugebiet kann Abhilfe schaffen. Dabei muss darauf geachtet werden, dass die Daten eine städtebauliche Vergleichbarkeit hinsichtlich der Wohnungstypen und der jeweiligen Zusammensetzung der Einwohnerstruktur im jeweiligen Baugebiet wahren.[1379] Denkbar ist auch, dass ein

---

1376 Der Plan ist mit der Bekanntmachung am 17.10.20211 in Kraft getreten, Hess. StAnz., S. 1311. Durch ihn wird die Siedlungsentwicklung, die Verkehrsinfrastruktur sowie die Sicherung des Freiraums für 75 Kommunen im Ballungsraum Frankfurt/Rhein-Main gesteuert.

1377 Siehe dazu S. 57.

1378 Siehe dazu S. 70 ff.

1379 Vgl. *Reicherzer*, Der Bayerische Bürgermeister 2009, 357 (358).

kommunaler Zusammenschluss, wie etwa der Kommunalverbund Niedersachsen/Bremen e.V., eine Koordinierungs- und Bündelungsfunktion einnimmt und einen Datenpool verwaltet, in dem sich die Mitglieder ihre Erfahrungswerte zur sozialen Infrastruktur und Folgekosten gegenseitig zur Verfügung stellen.

E. Zusammenfassung

Eine Stärkung der sozialgerechten Bodennutzung kann nicht über weitergehende Festsetzungsmöglichkeiten im Bebauungsplan erzielt werden. Eine Verschärfung der Festsetzungsmöglichkeit des § 9 Abs. 1 Nr. 7 BauGB auf die tatsächliche Bereitstellung von sozial gefördertem Wohnraum birgt Risiken im Hinblick auf einen Widerspruch zwischen den Festsetzungen des Bebauungsplans und dem tatsächlichen status quo der Flächen nach Auslauf der Bindungen. Zudem fehlt es an einem Mehrwert gegenüber der eingeübten Praxis, die Errichtung von sozial gefördertem Wohnraum durch städtebauliche Verträge zu erreichen. Eine verschärfte Festsetzung müsste stets von einem städtebaulichen Vertrag flankiert werden, der eine Bauverpflichtung vorsieht. Die Gemeinde wäre weiterhin auf die Kooperationsbereitschaft des Vorhabenträgers angewiesen. Des Weiteren scheitert die Festsetzung einer Quote für sozial geförderte Wohnungen im Bebauungsplan an einer fehlenden Rechtsgrundlage.

Mit dem sektoralen Bebauungsplan zur Wohnraumversorgung hat der Gesetzgeber ein Instrument eingeführt, durch welches eine Stärkung der sozialgerechten Bodennutzung im unbeplanten Innenbereich ermöglicht werden soll. Die neue Rechtsgrundlage des § 9 Abs. 2d BauGB wirft jedoch eine Vielzahl an rechtlichen Fragen auf, die zunächst einer gerichtlichen Klärung bedürfen. Insbesondere das Verhältnis des sektoralen Bebauungsplans zu § 34 BauGB ist unklar. Auch bestehen Auslegungsfragen bei der Verknüpfung zwischen Bebauungsplan und der Verpflichtung des Vorhabenträgers nach § 9 Abs. 2d Satz 1 Nr. 3 BauGB. Dieser Umstand und die Befristung der Regelung dämpfen die Erwartungen an das Instrument.

Der Einführung eines Musterbeschlusses „kooperatives Baulandmodell" in das BauGB steht entgegen, dass ein kooperatives Baulandmodell auf unterschiedliche Situationen in der Gemeinde reagieren muss und die Gegebenheiten vor Ort stark variieren können. Zwischen Städten und Gemeinden in Ballungsräumen und solchen im ländlichen Raum bestehen erhebliche Unterschiede bei Angebot und Nachfrage nach sozial geförderten Wohnungen und den dafür erforderlichen Flächen als auch bei der planungsbedingten Bodenwertsteigerung. Regelungen in kooperativen Baulandmodellen müssen passgenau auf die örtlichen Gegebenheiten und Bedürfnisse zugeschnitten werden.

Schließlich kann eine Stärkung der sozialgerechten Bodennutzung durch eine verbesserte interkommunale Zusammenarbeit im Bereich der Wohnbaulandentwicklung erzielt werden. Insbesondere kleinere Gemeinden mit wenigen personellen Ressourcen und geringer fachlicher Kompetenz profitieren von einem Erfahrungsaustausch mit anderen Gemeinden, die bereits kooperative Baulandmodelle anwenden. Auch bei der Ermittlung des Bedarfs an Kinderbetreuungs- und Grundschulplätzen und den damit verbundenen Folgekosten kann eine interkommunale Zusammenarbeit hilfreich sein, die erforderlichen Daten festzustellen.

Zusammenfassung der Ergebnisse

Teil 1: Kooperative Baulandmodelle als Instrument zur Steuerung der sozialgerechten Bodennutzung

1. Der Begriff der sozialgerechten Bodennutzung stammt aus dem Baugesetzbuch (§ 1 Abs. 5 Satz 1 BauGB). Neben seiner städtebaulichen Dimension hat er sowohl eine kommunalpraktische, beschreibende Dimension als auch eine politische Dimension. Der Begriff beschreibt in der kommunalpraktischen als auch in der politischen Dimension ein Instrument, welches zwei Ziele verfolgt: die Schaffung und Erhaltung bezahlbaren Wohnraums sowie die Beteiligung des durch die Planung Begünstigten an den Kosten und Lasten, die durch kommunale Bauleitplanung entstehen. (Teil 1, § 1, A.)

2. Die sozialgerechte Bodennutzung wurzelt im Sozialstaatsprinzip sowie in der Sozialfunktion des Eigentums. Gleichwohl konkretisiert sich die sozialgerechte Bodennutzung für den Einzelnen nicht in einem einklagbaren Recht auf Wohnung. Ein Anspruch kann weder aus dem Grundgesetz, den Verfassungen der Länder, der revidierten Europäischen Sozialcharta, der UN-Menschenrechtscharta noch aus dem UN-Sozialpakt hergeleitet werden. Bei der Ausgestaltung des Sozialstaatsprinzips kommt dem Gesetzgeber ein weiter Gestaltungsspielraum zu. Dieser wird im Rahmen der Objektförderung durch die Wohnraumfördergesetze der Länder, im Rahmen der Subjektförderung durch Maßnahmen der Sozialhilfe sowie über Regelungen zum Kündigungs- und Preisschutz im Wohnraummietrecht ausgefüllt. Auch die Sozialfunktion des Eigentums (Art. 14 Abs. 2 GG) legt dem Grundstückseigentümer keine unmittelbare Pflicht auf, sein Eigentum sozialgerecht zu nutzen und bei der Planung und Ausführung eines Bauvorhabens die sozialgerechte Nutzung des Bodens zu berücksichtigen. (Teil 1, § 1, B.)

3. Voraussetzung für eine sozialgerechte Bodennutzung ist das Vorhandensein ausreichender Flächen, die bebaut werden können. Auf der Planungsebene der Raumordnung ist der Wohnbedarf der Bevölkerung ein zu berücksichtigender Belang (§ 2 Abs. 2 Nr. 2 Satz 2 ROG). Über Festlegungen besonderer Gemeindefunktionen (§ 13 Abs. 5 Satz 1 Nr. 1 c) ROG) oder zur Siedlungsentwicklung (§ 13 Abs. 5 Satz 1 Nr. 1 d) ROG) kann der Raumordnungsplaner Einfluss auf die Raum- und Siedlungsstruktur nehmen. Auf der

nachgeordneten Ebene der Bauleitplanung folgt aus § 1 Abs. 4 BauGB eine Anpassungs- und Erstplanungspflicht. Diese Pflicht findet ihre Grenze in der Umsetzbarkeit der betreffenden Bauleitpläne. Aus dem System der abgestuften Planungsebenen folgt, dass auf einer konkreteren Planungsstufe Belange erstmals erkennbar werden, die auf der übergeordneten Planungsstufe noch nicht ersichtlich waren. Dies kann im Einzelfall dazu führen, dass eine Anpassungs- oder Erstplanungspflicht entfällt und die Raumordnungsplanung keine Steuerungswirkung auf die sozialgerechte Bodennutzung entfaltet. Mit Blick auf die Steuerungswirkung gilt zudem: Qualität und Quantität der später entstehenden Wohnungen können auf der Ebene der Raumordnung nicht beeinflusst werden. Der Einfluss der Raumordnung auf die sozialgerechte Bodennutzung ist als sehr gering einzustufen. (Teil 1, § 1, C.)

4. Der Planungsgrundsatz der sozialgerechten Bodennutzung in § 1 Abs. 5 Satz 1 BauGB formt den Auftrag zur sozialen Gestaltung der Eigentumsordnung aus und adressiert den Träger der Bauleitplanung. Die Bodennutzung ist sozialgerecht, wenn sie die Bedürfnisse und Belange der Allgemeinheit insgesamt berücksichtigt und diese mit den Rechten und Befugnissen des Eigentümers in einen gerechten Ausgleich bringt. Der abstrakt gehaltene Planungsgrundsatz wird durch Planungsleitlinien (§ 1 Abs. 6 BauGB) konkretisiert. Als Konkretisierung dienen insbesondere die Wohnbedürfnisse der Bevölkerung (§ 1 Abs. 6 Nr. 2 BauGB) und die sozialen Bedürfnisse der Bevölkerung (§ 1 Abs. 6 Nr. 3 BauGB). (Teil 1, § 1, D., I. und II.)

5. Der Flächennutzungsplan als vorbereitender Bauleitplan entfaltet lediglich eine geringe Steuerungswirkung auf die sozialgerechte Bodennutzung. Mit Darstellungen nach § 5 Abs. 2 Nr. 1 BauGB kann nur das Ziel erreicht werden, ausreichend Flächen zur Wohnnutzung zur Verfügung zu stellen. Die Qualität der auf den Flächen entstehenden Wohnungen kann nicht beeinflusst werden. (Teil 1, § 1, D., III.)

6. Mithilfe des Bebauungsplans kann die Gemeinde in begrenztem Maße Einfluss auf die sozialgerechte Bodennutzung nehmen. Durch Festsetzungen zur Art und zum Maß der baulichen Nutzung kann sie steuern, wie viel Wohnfläche im Bebauungsplangebiet errichtet wird, nicht aber die Qualität der entstehenden Wohnungen. Auch Festsetzungen zur Bauweise oder zu überbaubaren Grundstücksflächen (§ 9 Abs. 1 Nr. 2 BauGB) haben keinen Einfluss auf die Art der entstehenden Wohnungen, vor allem nicht auf die Frage, ob bezahlbarer Wohnraum entsteht. Ebenfalls garantieren Festsetzungen von Flächen

für den geförderten Wohnungsbau (§ 9 Abs. 1 Nr. 7 BauGB) nicht, dass auf den Flächen tatsächlich sozial geförderter und damit bezahlbarer Wohnraum entsteht. Für den Grundstückseigentümer besteht keine Pflicht, die soziale Wohnraumförderung in Anspruch zu nehmen. Allein die gebäudebezogenen Anforderungen der Förderbestimmungen werden über die Festsetzung Inhalt des Bebauungsplans. (Teil 1, § 1, D., IV.)

7. Durch Darstellungs- und Festsetzungsmöglichkeiten kann die Gemeinde eine sozialgerechte Bodennutzung nicht in ausreichendem Maße steuern. Eine Quote für sozial geförderten Wohnraum sowie die Beteiligung des Vorhabenträgers an den planungsbedingten Kosten kann die Gemeinde durch den Bebauungsplan flankierende städtebauliche Verträge sicherstellen. Inhalt und Ausgestaltung dieser Verträge können in kooperativen Baulandmodellen festgelegt werden. Mit kooperativen Baulandmodellen kann die Gemeinde erheblichen Einfluss auf die sozialgerechte Bodennutzung nehmen.

8. Der Begriff „Baulandmodell" ist rechtlich weder definiert, noch gibt es eine einheitliche Verwendung in der Praxis. Er umschreibt eine von der Gemeinde aufgestellte Leitlinie, an der sie sich bei der Verhandlung von städtebaulichen Verträgen, die einen Bebauungsplan flankieren, orientiert. Bei Baulandmodellen sind zwei Grundausrichtungen zu unterscheiden: kooperative Baulandmodelle zur Gewährleistung einer sozialgerechten Bodennutzung und Zwischenerwerbsmodelle, die als primäres Ziel eine Bodenbevorratung der Gemeinde verfolgen. (Teil 1, § 2, A., I.)

9. Der Begriff „Baulandbeschluss" ist ebenfalls rechtlich nicht definiert. Dabei handelt es sich um den Beschluss des kommunalen Vertretungsorgans, mit dem ein Baulandmodell eingeführt wird. Auch der Begriff „Baulandstrategie" ist nicht kodifiziert. Eine Baulandstrategie erfüllt eine übergeordnete Funktion und erfasst regelmäßig verschiedene Instrumente zur Bereitstellung von Bauland. Ein kooperatives Baulandmodell ist ein der Baulandstrategie der Gemeinde untergeordnetes Instrument. (Teil 1, § 2, A., II. und III.)

10. Kooperative Baulandmodelle setzen einen Rahmen für die Zusammenarbeit mit dem Vorhabenträger bei der Aufstellung von Bebauungsplänen, durch die neues Wohnbaurecht geschaffen wird. Mit einem kooperativen Baulandmodell verfolgt die Gemeinde drei Ziele:
   – Soziales Ziel: Durch ein kooperatives Baulandmodell soll das Angebot an sozial gefördertem Wohnraum und mitunter auch preis-

gedämpftem Wohnraum erweitert werden. Dazu wird in einem städtebaulichen Vertrag vereinbart, dass ein bestimmter Anteil des neu entstehenden Wohnraums sozial gefördert bzw. preisgedämpft errichtet werden muss.

- Ökonomisches Ziel: Ein kooperatives Baulandmodell legt fest, welche Kosten der Wohnbaulandentwicklung der Vorhabenträger zu tragen hat.
- Städtebauliches Ziel: Ein kooperatives Baulandmodell sichert ferner Transparenz, Gleichbehandlung und Kalkulierbarkeit.
(Teil 1, § 2, B., I.)

11 .Ein kooperatives Baulandmodell muss einen personellen und einen sachlichen Anwendungsbereich festlegen. In personeller Hinsicht erfasst es denjenigen Vorhabenträger, der von der Planung der Gemeinde profitiert. In sachlicher Hinsicht kommt es zur Anwendung, soweit zugunsten eines privaten Vorhabenträgers Baurecht durch die erstmalige Aufstellung eines Bebauungsplans oder die Änderung eines bestehenden Bebauungsplans geschaffen wird. Denkbar ist die Einschränkung des Anwendungsbereichs anhand einer Bagatellgrenze. (Teil 1, § 2, B., III.)

12. Kernstück kooperativer Baulandmodelle ist der Abschluss städtebaulicher Verträge. Mögliche Vertragsinhalte listet § 11 Abs. 1 Satz 2 BauGB nicht abschließend auf. Kooperative Baulandmodelle regeln insbesondere den Abschluss eines städtebaulichen Vertrags über die Erschließung sowie den Abschluss eines Planungsvertrags (§ 11 Abs. 1 Satz 2 Nr. 1 BauGB). (Teil 1, § 2, B., V., 1.)

13. Ein Schwerpunkt von kooperativen Baulandmodellen liegt auf der Ausgestaltung von städtebaulichen Verträgen zur Förderung und Sicherung der mit der Bauleitplanung verfolgten Ziele (§ 11 Abs. 1 Satz 2 Nr. 2 BauGB). Hierzu kann eine Bauverpflichtung sowie eine Sozialquote im städtebaulichen Vertrag vereinbart werden. Durch letztere wird der Vorhabenträger verpflichtet, für einen festgelegten Anteil der entstehenden Wohnfläche Mittel der sozialen Wohnraumförderung in Anspruch zu nehmen. Belegungs- und Mietpreisbindungen richten sich nach dem Rechtsverhältnis, welches durch den Förderbescheid begründet wird. Klarstellend können diese Regelungen auch in den städtebaulichen Vertrag aufgenommen werden. Darüber hinaus kann die Gemeinde in einem kooperativen Baulandmodell die Erfüllung einer Quote für preisgedämpften Wohnraum fordern. Die nähere Ausgestaltung einer solchen Quote (Belegungs- und Mietbin-

dungen sowie Bindungsdauer) muss die Gemeinde vornehmen, da anders als bei der Inanspruchnahme der sozialen Wohnraumförderung kein separates Rechtsverhältnis begründet wird. (Teil 1, § 2, B., V., 2.)

14. Ein weiterer Schwerpunkt von kooperativen Baulandmodellen ist die Ausgestaltung von städtebaulichen Verträgen über Kosten- und Aufwendungsersatz für städtebauliche Maßnahmen (§ 11 Abs. 1 Satz 2 Nr. 3 BauGB). Städtebauliche Maßnahmen erfassen Erschließungsanlagen, städtebauliche Planung sowie Kinderbetreuungseinrichtungen und Grundschulen als Einrichtungen der sozialen Infrastruktur. Voraussetzung für die Übernahme des Kosten- und Aufwendungsersatzes durch den Vorhabenträger ist, dass die städtebauliche Maßnahme Voraussetzung oder Folge des geplanten Vorhabens ist. Der Nachweis der Kausalität muss von der Gemeinde geführt werden. Bei Erschließungsanlagen und städtebaulicher Planung stellt der Kausalitätsnachweis keine Herausforderung dar, anders hingegen bei städtebaulichen Maßnahmen der sozialen Infrastruktur. Die Kausalität zwischen Aufwendung und Kinderbetreuungseinrichtung bzw. Grundschule erfordert sowohl eine räumliche als auch eine zeitliche Komponente. (Teil 1, § 2, B., V., 3.)

Teil 2: Rechtliche Anforderungen an kooperative Baulandmodelle und deren Grenzen

15. Nach dem Vorbehalt des Gesetzes ist eine Ermächtigungsgrundlage erforderlich, soweit eine staatliche Maßnahme für die Grundrechtsverwirklichung wesentlich ist. Die Einführung eines kooperativen Baulandmodells entfaltet keine Auswirkung auf eine Rechtsposition eines Einzelnen. Erst die das kooperative Baulandmodell umsetzenden städtebaulichen Verträge berühren die Rechtsposition des Vorhabenträgers. (Teil 2, § 1)

16. Ein kooperatives Baulandmodell adressiert ausschließlich die Verwaltung, indem es ihr die Vertragsinhalte für einen den Bebauungsplan flankierenden städtebaulichen Vertrag aufzeigt. Es ist rechtlich als Beschluss des kommunalen Vertretungsorgans ohne Außenwirkung zu qualifizieren. (Teil 2, § 2)

17. Bei der Einführung eines kooperativen Baulandmodells hat die Gemeinde Zuständigkeits-, Verfahrens- und Formvoraussetzungen zu berücksichtigen. Die Verbandskompetenz der Gemeinde folgt aus Art. 28 Abs. 2 Satz 1 GG i.V.m. § 1 Abs. 5 Satz 1 BauGB. Die Organkom-

petenz der Gemeindevertretung ergibt sich aus ihrer organschaftlichen Allzuständigkeit. Rechtliche Verfahrensvoraussetzung für die Einführung eines kooperativen Baulandmodells ist ein Beschluss des kommunalen Vertretungsorgans. Rechtlich nicht normiert, aber in der Praxis häufig vorzufinden, ist darüber hinaus eine Beteiligung der Wohnungs- und Immobilienwirtschaft sowie der interessierten Öffentlichkeit an dem Ausarbeitungsprozess. (Teil 2, § 3)

18. Bei der Implementierung eines kooperativen Baulandmodells hat die Gemeinde sowohl verfassungsrechtliche als auch einfachgesetzliche Grenzen zu berücksichtigen. Bei der Ausgestaltung eines kooperativen Baulandmodells muss die Gemeinde das Spannungsverhältnis zwischen Privatnützigkeit und Sozialbindung des Eigentums in einen angemessenen Ausgleich bringen. Die Aufnahme einer Bagatellgrenze in ein kooperatives Baulandmodell stellt keine willkürliche Ungleichbehandlung von Vorhabenträgern dar. Auch sind unter bestimmten Voraussetzungen Ausnahmen von der Anwendbarkeit eines kooperativen Baulandmodells möglich. Ein Verstoß gegen den allgemeinen Gleichheitssatz ist nicht erkennbar. Bei der Einführung und Änderung eines kooperativen Baulandmodells kann der Vertrauensschutz als Ausprägung des Rechtsstaatsprinzips die Aufnahme von Übergangsregelungen erfordern. (Teil 2, § 4, A.)

19 .Einfachgesetzliche Grenzen kooperativer Baulandmodelle ergeben sich aus dem Baugesetzbuch. Wegen des Verbots unzulässiger Planbindung darf die Gemeinde in ihrem kooperativen Baulandmodell nicht vorsehen, dass ein städtebaulicher Vertrag mit dem Vorhabenträger geschlossen wird, in dem sich die Gemeinde zur Aufstellung eines Bebauungsplans verpflichtet. Ferner ersetzen die Regelungen eines kooperativen Baulandmodells nicht die nach § 1 Abs. 7 BauGB erforderliche planerische Abwägung. Vielmehr muss der Inhalt des städtebaulichen Vertrags in die Abwägungsentscheidung der Gemeinde einfließen. Eine wichtige Grenze stellt ferner das Gebot der Angemessenheit dar. Um die Angemessenheit eines städtebaulichen Vertrags zu bewerten, kann die Gemeinde auf den Maßstab der Steigerung des Bodenwerts oder auf den Ertragswert zurückgreifen. Schließlich ist als Grenze das Koppelungsverbot zu berücksichtigen. Danach kann ein kooperatives Baulandmodell keine Anwendung finden, sofern dem Vorhabenträger nach bestehender Rechtslage bereits ein Anspruch auf Genehmigung seines Vorhabens zusteht (z.B. auf der Grundlage des § 34 BauGB). (Teil 2, § 4, B.)

20. Die Fortentwicklung des § 9 Abs. 1 Nr. 7 BauGB hin zu einer Vorschrift, die den Vorhabenträger zur Inanspruchnahme der sozialen Wohnraumförderung verpflichtet, ist abzulehnen. Die Gemeinde kann dieses Ziel ebenso über den Abschluss eines städtebaulichen Vertrags erreichen. (Teil 2, § 5, A., I.)

21. Die Festsetzung einer Quote für sozial geförderten oder preisgedämpften Wohnraum im Bebauungsplan scheitert an einer fehlenden Rechtsgrundlage. (Teil 2, § 5, A., II.)

22. In Gemeinden mit angespannten Wohnungsmärkten besteht Bedarf an einer Möglichkeit zur Steuerung der sozialgerechten Bodennutzung im Anwendungsbereich des § 34 BauGB. Der durch das Baulandmobilisierungsgesetz neu eingefügte sektorale Bebauungsplan zur Wohnraumversorgung (§ 9 Abs. 2d BauGB) bietet der Gemeinde eine Möglichkeit, den Vorhabenträger auch im unbeplanten Innenbereich zur Errichtung von sozial gefördertem Wohnraum zu verpflichten. Aufgrund der im Gesetzgebungsverfahren offen gebliebenen rechtlichen Fragen und der zeitlichen Befristung der Vorschrift, wird der sektorale Bebauungsplan zur Wohnraumversorgung in der Praxis nur geringen Einfluss auf die Gewährleistung einer sozialgerechten Bodennutzung entfalten können. (Teil 2, § 5, B.)

23. Die Integration eines Musterbeschlusses „kooperatives Baulandmodell" in das Baugesetzbuch ist nicht zielführend. Ein kooperatives Baulandmodell muss stets die lokalen Besonderheiten berücksichtigen. Im Vorfeld der Einführung eines kooperativen Baulandmodells sind umfassende Untersuchungen erforderlich, die die Ausgestaltung des Modells in der jeweiligen Gemeinde maßgeblich beeinflussen. (Teil 2, § 5, C.)

24. Zur Stärkung der sozialgerechten Bodennutzung sollten Gemeinden ihre interkommunale Zusammenarbeit im Bereich der Wohnbaulandentwicklung verbessern. Insbesondere kleinere Gemeinden im Einzugsgebiet einer Großstadt können von einem Erfahrungsaustausch mit anderen Gemeinden, die bereits kooperative Baulandmodelle anwenden, profitieren. Zudem kann eine gemeinsame Wohnungsmarktanalyse dazu beitragen, dass die Wohnbaulandentwicklung besser aufeinander abgestimmt wird. Auch bei der Bedarfsermittlung für Kinderbetreuungsplätze und Plätze für Grundschulen können durch eine engere interkommunale Zusammenarbeit Synergien freigesetzt werden. (Teil 2, § 5, D.)

Literaturverzeichnis

Apelt, Willibalt, Geschichte der Weimarer Verfassung, 2. Aufl., 1964.

Arndt, Malte/*Mitschang*, Stephan, Bebauungspläne nach § 13b BauGB, ZfBR 2017, 737 ff.

Bader, Johann/*Ronellenfitsch*, Michael, Beck'scher Onlinekommentar Verwaltungsverfahrensgesetz, 55. Edition, Stand: 01.04.2022 (zit.: *Bearbeiter*, in: Bader/Ronellenfitsch (BeckOK), VwVfG, § Rn.).

Badura, Peter, Das Planungsermessen und die rechtsstaatliche Funktion des Allgemeinen Verwaltungsrechts, in: Bayer. Verfassungsgerichtshof (Hrsg.), Verfassung und Verfassungsrechtsprechung, Festschrift zum 25-jährigen Bestehen des Bayer. Verfassungsgerichtshofs, 1972, S. 157 ff. (zit.: *Badura*, in: FS Bayer. Verfassungsgerichtshof, S.).

Bath, Rainer, Soziale Menschenrechte in theologischer Perspektive, 1999.

Bartram, Gesa, Die Ziele der Raumordnung, Ein Planungsinstrument im Spannungsfeld zwischen gewachsenem Steuerungsanspruch und verfassungsrechtlichen Anforderungen, 2012.

Battis, Ulrich, Öffentliches Baurecht und Raumordnungsrecht, 8. Aufl., 2022.

Battis, Ulrich/*Eder*, Niklas, Der Krebsgang der Föderalismusreform, NVwZ 2019, 592 ff.

Battis, Ulrich/*Krautzberger*, Michael/*Löhr*, Rolf-Peter (Hrsg.), Baugesetzbuch, Kommentar, 15. Aufl., 2022 (zit.: *Bearbeiter*, in: Battis/Krautzberger/Löhr, BauGB, § Rn.).

Battis, Ulrich/*Mitschang*, Stephan/*Reidt*, Olaf, Baulandmobilisierungsgesetz 2021 in Kraft getreten, NVwZ 2021, 905 ff.

–, Das Flüchtlingsunterbringungs-Maßnahmengesetz 2015, NVwZ 2015, 1633 ff.

–, Das Gesetz über Maßnahmen im Bauplanungsrecht zur Erleichterung der Unterbringung von Flüchtlingen, NVwZ 2014, 1609 ff.

Baumgart, Sabine/*Kment*, Martin, Gutachten D/E zum 73. Deutschen Juristentag Hamburg 2020/Bonn 2022, Die nachhaltige Stadt der Zukunft – Welche Neuregelungen empfehlen sich zu Verkehr, Umweltschutz und Wohnen?, 2020/2022.

Beaucamp, Guy, Der Einfluss der Eigentumsfreiheit des Art. 14 GG auf das öffentliche Baurecht, JA 2018, 487 ff.

Benda, Ernst/*Maihofer*, Werner/*Vogel*, Hans-Jochen (Hrsg.), Handbuch des Verfassungsrechts der Bundesrepublik Deutschland, 1995 (zit.: *Bearbeiter*, in: Benda/Maihofer/Vogel, Handbuch des Verfassungsrechts der Bundesrepublik Deutschland, § Rn.).

Bender, Bernd, Sozialbindung des Eigentums und Enteignung, NJW 1965, 1297 ff.

Berliner Kommentar zum Baugesetzbuch, *Schlichter*, Otto/*Stich*, Rudolf/*Driehaus*, Hans-Joachim/*Paetow*, Stefan (Hrsg.), Stand: 58. Aktualisierung, Dezember 2022 (zit.: *Bearbeiter*, Berliner Kommentar, BauGB, § Rn.).

Bick, Ulrike, Städtebauliche Verträge, DVBl. 2001, 154 ff.

Bielenberg, Walter, Verfassungsrechtliche Eigentumsgarantie und Sozialbindung im Städtebau, dargestellt an der Sanierung (Stadt- und Dorferneuerung) nach dem Städtebauförderungsgesetz, DVBl. 1971, 441 ff.

Bielenberg, Walter/*Runkel*, Peter/*Spannowsky*, Willy, Raumordnungs- und Landesplanungsrecht des Bundes und der Länder, Kommentar, Stand: Lfg. 1/2021 (zit.: *Bearbeiter*, in: Bielenberg/Runkel/Spannowsky, Raumordnungs- und Landesplanungsrecht, § Rn.).

Birk, Hans-Jörg, Grundkriterien und Maßstäbe der Angemessenheit im öffentlich-rechtlichen/städtebaulichen Vertrag, VBlBW 2020, 177 ff.

–, Städtebauliche Verträge, 6. Aufl., 2022.

–, Städtebauliche Verträge in der anwaltlichen Praxis, in: Battis, Ulrich/Söfker, Wilhelm/Stüer, Bernhard (Hrsg.), Nachhaltige Stadt- und Raumentwicklung, Festschrift für Michael Krautzberger, 2008, S. 169.

–, Städtebaulicher Vertrag und Erschließungsvertrag – Gemeinsamkeiten und Unterschiede, BauR 1999, 205 ff.

Blank, Hubert/*Börstinghaus*, Ulf, Miete, Kommentar, 6. Aufl., 2020 (zit.: *Bearbeiter*, in: Bank/Börstinghaus, Miete, BGB, § Rn.).

Blanke, Hermann-Josef, Vertrauensschutz im deutschen und europäischen Verwaltungsrecht, 2000.

Bonner Kommentar zum Grundgesetz, *Kahl*, Wolfgang/*Waldhoff*, Christian/*Walter*, Christian (Hrsg.), 211. Ergänzungslieferung, Stand: April 2021 (zit.: *Bearbeiter*, in: Bonner Kommentar GG, Stand, Art. , Rn.).

Bönker, Christian/*Bischopink*, Olaf (Hrsg.), Baunutzungsverordnung, Kommentar, 2. Aufl., 2018 (zit.: *Bearbeiter*, Bönker/Bischopink, BauNVO, § Rn.).

Bracher, Christian-Dietrich/*Reidt*, Olaf/*Schiller*, Gernot, Bauplanungsrecht, 9. Aufl., 2021 (zit.: *Bearbeiter*, in: Bracher/Reidt/Schiller, Bauplanungsrecht, Rn.).

Brenndörfer, Bernd, Reichweite und Grenzen des baurechtlichen Bestandsschutzes, 2009.

Breuer, Rüdiger, Das rechtsstaatliche Koppelungsverbot, NVwZ 2017, 112 ff.

–, Entschädigungsrechtliche Konsequenzen von Eingriffen in die Baufreiheit, DÖV 1978, 189 ff.

–, Die Bodennutzung im Konflikt zwischen Städtebau und Eigentumsgarantie, 1976.

Britzelmeier, Elisa, Die größte Mieterdemo, die München je gesehen hat, in: SZ.de, sz.de/1.4131464 (zuletzt aufgerufen am 30.12.2022).

Brosius-Gersdorf, Frauke, Das neue Betreuungsgeldgesetz – Familienförderung wider das Grundgesetz, NJW 2013, 2316 ff.

Brocker, Lars, Rechtssprechungsänderung und Vertrauensschutz, Staatsfunktionengerechte Auslegung des rechtsstaatlichen Rückwirkungsverbots, NJW 2012, 2996 ff.

Brohm, Winfried, Städtebauliche Verträge zwischen Privat- und Öffentlichem Recht, JZ 2000, 321 ff.

Brügelmann, Hermann, Baugesetzbuch, Kommentar, Stand: 121. Ergänzungslieferung, Januar 2022 (zit.: *Bearbeiter*, in: Brügelmann, BauGB, § Rn.).

Bunzel, Arno, Wege zur Beurteilung der Angemessenheit beim Abschluss städtebaulicher Verträge, ZfBR 2021, 222 ff.

–, Die Dauer der Bindungen im sozialen Wohnungsbau bei städtebaulichen Verträgen und Vergabe kommunaler Grundstücke, ZfBR 2019, 640 ff.

–, Baulandmodelle mit städtebaulichen Verträgen – das Berliner Modell, ZfBR 2018, 638 ff.

–, Soziale Wohnraumförderung durch städtebauliche Verträge, ZfBR 2015, 11 ff.

–, Finanzierung städtebaulicher Folgeinvestitionen als Gegenstand städtebaulicher Verträge, DVBl. 2011, 796 ff.

–, Nachhaltigkeit – ein neues Leitbild für die kommunale Flächennutzungsplanung – Was bringt das novellierte Baugesetzbuch? NuR 1997, 583 ff.

Bunzel, Arno/*Coulmas*, Diana/*Schmidt-Eichstaedt*, Gerd, Städtebauliche Verträge – Ein Handbuch, 4. Aufl., 2013.

–, Städtebauliche Verträge – Ein Handbuch, 2. Aufl., 1999.

Bunzel, Arno/*Niemeyer*, Eva Maria, Baulandentwicklung – Der Gesetzgeber ist beim Bodenrecht gefordert, ZfBR 2018, 743 ff.

Bunzel, Arno/*Schlünder*, Irene/*Schneider*, Stefan, Untersuchung der Kostenbeteiligung Dritter an den Infrastrukturkosten von Baumaßnahmen, Landeshauptstadt Potsdam (Hrsg.), 2012, https://repository.difu.de/jspui/bitstream/difu/125487/1/DA01176.pdf (zuletzt aufgerufen am 30.12.2022).

Bunzel, Arno/*zur Nedden*, Martin/*Pätzold*, Ricarda/*Aring*, Jürgen/*Coulmas*, Diana/ *Rohland*, Fabian, Bodenpolitische Agenda 2020-2030, Warum wir für eine nachhaltige und sozial gerechte Stadtentwicklungs- und Wohnungspolitik eine andere Bodenpolitik brauchen, Deutsches Institut für Urbanistik/vhw-Bundesverband für Wohnen und Stadtentwicklung (Hrsg.), https://repository.difu.de/jspui/bitstream/di fu/238504/1/DCF2102.pdf (zuletzt aufgerufen am 31.12.2022).

Burgi, Martin, Eigentumsordnung und Wohnungsnot: Spielräume für eine wohnraumbezogene Bodenpolitik, NVwZ 2020, 257 ff.

–, Kommunalrecht, 6. Aufl., 2019.

Burmeister, Thomas, Praxishandbuch Städtebauliche Verträge, 4. Aufl., 2019.

Busse, Jürgen, Folgekosten – vom Aufwendungsersatz zur sozialgerechten Bodennutzung, ZfIR 2018, 164 ff.

–, Städtebauliche Verträge im Lichte der Rechtsprechung, KommJur 2009, 241 ff.

–, Neue Vorgaben für die Regionalplanung – ein trojanisches Pferd für die örtliche Bauleitplanung?, BayVBl. 1998, 293 ff.

Calmes-Brunet, Sylvia, Rechtssicherheit und Vertrauensschutz im Verfassungsrecht, JuS 2014, 602 ff.

Dähne, Harald, Die sogenannte Baufreiheit, JURA 2003, 455 ff.

Dann, Philipp, Entwicklungszusammenarbeit, in: Isensee, Josef/Kirchhof, Paul (Hrsg.), Handbuch des Staatsrechts der Bundesrepublik Deutschland, Band XI: Internationale Bezüge, 3. Aufl., 2013, § 249.

Decker, Andreas, Ausgewählte examensrelevanten Probleme des städtebaulichen Vertrages, JA 2012, 286 ff.

Detterbeck, Steffen, Allgemeines Verwaltungsrecht, 20. Aufl., 2022.

Diehr, Uwe, Möglichkeiten und Grenzen der Planungswertabschöpfung durch Gemeinden – dargestellt anhand des brandenburgischen Landesrechtes, BauR 2000, 1 ff.

Dietlein, Johannes/*Heusch,* Andreas (Hrsg.), Beck'scher Online-Kommentar, Kommunalrecht Nordrhein-Westfalen, Gemeindeordnung NRW, 22. Edition, Stand: 01.12.2022 (zit.: *Bearbeiter,* in: Dietlein/Heusch (BeckOK KommunalR NRW), GO NRW, § Rn.).

Dietlein, Johannes/*Pautsch,* Arne (Hrsg.), Beck'scher Online-Kommentar, Kommunalrecht Baden-Württemberg, Gemeindeordnung BW, 19. Edition, Stand: 01.10.2022 (zit.: *Bearbeiter,* in: Dietlein/Pautsch (BeckOK KommunalR BW), GemO BW, § Rn.).

Dirnberger, Franz, Vom Erschließungs- zum Kostenübernahmevertrag – Verträge statt Beiträge, ZfIR 2018, 217 ff.

Dolde, Klaus-Peter/*Menke,* Rainard, Das Recht der Bauleitplanung 1996 bis 1998, NJW 1999, 1070 ff.

Domhardt, Hans-Jörg/*Gebert,* Friedrich/*Konze,* Heinz/*Priebs,* Axel/*Scholich,* Dietmar/ *Weick,* Theophil, Akademie für Raumforschung und Landesplanung (Hrsg.), Positionspapier Nr. 85, Raumordnerische Verträge zielorientiert und aufgabengerecht einsetzen, April 2011, https://shop.arl-net.de/media/direct/pdf/pospaper_85.pdf (zuletzt aufgerufen am 31.12.2022).

Donner, Christian, Wohnungspolitiken in der Europäischen Union, 2000.

Dransfeld, Egbert, Kommunale Boden- und Liegenschaftspolitik, vhw FWS 2018, 136 ff.

Dransfeld, Egbert/*Freckmann,* Jennifer/*Joeres,* Barbara/*Pfeiffer,* Petra, Bausteine zum Baulandbeschluss, Institut für Landes- und Stadtentwicklungsforschung des Landes Nordrhein-Westfalen (Hrsg.), 2003, https://www.forum-bauland.nrw/wp-content /uploads/2018/07/baulandbeschl.pdf (zuletzt aufgerufen am 31.12.2022) (zit.: *Dransfeld/Freckmann/Joeres/Pfeiffer,* Bausteine zum Baulandbeschluss, S.).

Dransfeld, Egbert/*Hemprich,* Christian, Der kommunale Zwischenerwerb als Weg des Baulandmanagements, Forum Baulandmanagement NRW (Hrsg.), 2. Aufl., 2019, https://www.forum-bauland.nrw/wp-content/uploads/Zwischenerwerb_Zweitauflag e.pdf (zuletzt aufgerufen am 30.12.2022) (zit.: *Dransfeld/Hemprich,* Der kommunale Zwischenerwerb als Weg des Baulandmanagements, S.).

–, Kommunale Boden- und Liegenschaftspolitik – Wohnbaulandstrategien auf dem Prüfstand, Forum Baulandmanagement NRW (Hrsg.), 2017, https://www.forum-b auland.nrw/wp-content/uploads/2018/07/kobolipo.pdf (zuletzt aufgerufen am 30.12.2022) (zit.: *Dransfeld/Hemprich,* Kommunale Boden- und Liegenschaftspolitik, S.).

Drechsler, Stefan, Städtebauliche Verträge (§ 11 BauGB) – Eine kooperative Handlungsform an der Schnittstelle von öffentlichem und privatem Recht, von allgemeinem und besonderem Verwaltungsrecht, JURA 2017, 413 ff.

Dreier, Horst (Hrsg.), Grundgesetz Kommentar, Band 1, 3. Aufl., 2013 (zit.: *Bearbeiter,* in: Dreier, GG, Bd. 1, Art. Rn.).

–, Grundgesetz Kommentar, Band 2, 3. Aufl., 2015 (zit.: *Bearbeiter*, in: Dreier, GG, Bd. 2, Art. Rn.).

Drixler, Erwin/*Friesecke*, Frank/*Kötter*, Theo/*Weitkamp*, Alexandra/*Weiß*, Dominik, Kommunale Bodenpolitik und Baulandmodelle – Strategien für bezahlbaren Wohnraum?, DVW – Gesellschaft für Geodäsie, Geoinformation und Landmanagement e.V. (Hrsg.), 2014 (zit.: *Drixler/Friesecke/Kötter/Weitkamp/Weiß*, Kommunale Bodenpolitik und Baulandmodelle, S.).

Dürig, Günter/*Herzog*, Roman/*Scholz*, Rupert, Grundgesetz: Kommentar, 98. Aufl., Stand: März 2022 (zit.: *Bearbeiter*, in: Dürig/Herzog/Scholz, GG, Stand, Art. Rn.).

Durinke, Corinna/*Zepf*, Uwe, Einheit der Abwägung und bezirkliche Selbstverwaltung in Berlin bei der Aufstellung von Bebauungsplänen, LKV 2011, 385 ff.

Ebeling, Christoph/*Tellenbröker*, Johannes, Subventionsrecht als Verwaltungsrecht, JuS 2014, 217 ff.

El Bureiasi, Achmed, Rechtliche und praktische Aspekte der informellen Bürgerbeteiligung, DVP 2013, 424 ff.

Erbguth, Wilfried, Raumordnung und Fachplanung: ein Dauerthema, DVBl. 2013, 274 ff.

Erbguth, Wilfried/*Mann*, Thomas/*Schubert*, Mathias, Besonderes Verwaltungsrecht, 13. Aufl., 2019.

Erbguth, Wilfried/*Witte*, Markus, Biete Planung, suche Grundstück – Möglichkeiten und Grenzen städtebaulicher Verträge, DVBl. 1999, 435 ff.

Epping, Volker, Grundrechte, 9. Aufl., 2021.

Epping, Volker/*Hillgruber*, Christian (Hrsg.), Beck'scher Online-Kommentar Grundgesetz, 53. Edition, Stand: 15.11.2022 (zit.: *Bearbeiter*, Epping/Hillgruber (BeckOK) GG, Art. Rn.).

Erichsen, Hans-Uwe u.a. (Hrsg.), Allgemeines Verwaltungsrecht, 1992.

Ernst, Werner/*Zinkahn*, Willy/*Bielenberg*, Walter/*Krautzberger*, Michael, Baugesetzbuch Kommentar, 147. EL., Stand: August 2022 (zit.: *Bearbeiter*, in: Ernst/Zinkahn/Bielenberg/Krautzberger, BauGB, § Rn.).

Evangelische Kirche in Deutschland (Hrsg.), EKD-Texte 136, Bezahlbar wohnen, Anstöße zur gerechten Gestaltung des Wohnungsmarktes im Spannungsfeld sozialer, ökologischer und ökonomischer Verantwortung, März 2021 (zit.: EKD, Bezahlbar wohnen, S.).

Faller, Bernhard/*Beyer*, Colin, Baulandrichtlinien: Ein neuer Ansatz zur Prüfung der Angemessenheit von städtebaulichen Verträgen, fub 2019, 16 ff.

–, Baulandmodelle nach dem Vorbild der Münchener SoBoN, vhw FWS 2018, 127 ff.

Feßler, Sigrid, Die Zersplitterung der Regelungen über den geförderten Wohnungsbau nach der Föderalismusreform, WuM 2010, 267 ff.

Fickert, Hans Carl/*Fieseler*, Herbert, Baunutzungsverordnung, Kommentar, 13. Aufl., 2018 (zit.: *Bearbeiter*, in: Fickert/Fieseler, BauNVO, § Rn.).

Freudenberg, Jens/*Huttenloher*, Christian, Mehr Bauland für bezahlbaren Wohnungsbau. Gute Beispiele kommunaler Boden- und Liegenschaftspolitik, Deutscher
Verband für Wohnungswesen, Städtebau und Raumordnung e.V. (Hrsg.), 2016,
https://www.deutscher-verband.org/fileadmin/user_upload/documents/Bro-
schüren/Mehr_Bauland_bezahlbarer_Wohnungsbau_DV.pdf (zuletzt aufgerufen am
30.12.2022) (zit.: *Freudenberg/Huttenloher*, Mehr Bauland für bezahlbaren Wohnungsbau, S.).

Fricke, Hanns-Christian, Verkaufsflächenfestsetzungen in Bebauungsplänen, ZfBR
2019, 534 ff.

Froese, Judith, Wohnungseigentum zwischen individualgrundrechtlicher Gewährleistung und kollektiver Einbindung, 2015.

Gaßner, Otto, Planungsgewinn und städtebaulicher Vertrag, Materielle Vertragsgerech-
tigkeit im Öffentlichen Recht, BayVBl. 1998, 577 ff.

Gassner, Erich, Die Situationsgebundenheit des Grundeigentums und das Gesetz,
NVwZ 1982, 165 ff.

Gelzer, Konrad/*Bracher*, Christian-Dietrich/*Reidt*, Olaf, Bauplanungsrecht, 6. Aufl.,
2001 (zit.: *Bearbeiter*, in: Gelzer/Bracher/Reidt, Bauplanungsrecht, Rn.).

Gern, Alfons/*Brüning*, Christoph, Deutsches Kommunalrecht, 4. Aufl., 2019.

Gsell, Beate, Die gerechte Miete, NZM 2017, 305 ff.

Geyer, Helmut, Kennzahlen für die Bau- und Immobilienwirtschaft, 3. Aufl., 2020.

Giesberts, Ludger/*Reinhardt*, Michael (Hrsg.), Beck'scher Onlinekommentar Umweltrecht, Bundesnaturschutzgesetz, 64. Edition, Stand: 01.04.2022 (zit.: *Bearbeiter*, in:
Giesberts/Reinhardt (BeckOK UmweltR), BNatSchG, § Rn.).

–, Beck'scher Onlinekommentar Umweltrecht, Wasserhaushaltsgesetz, 64. Edition,
Stand: 01.12.2017 (zit.: *Bearbeiter*, in: Giesberts/Reinhardt (BeckOK UmweltR),
WHG, § Rn.).

Grochtmann, Ansgar, Die Normgeprägtheit des Art. 14 GG, Konsequenzen für die
Eigentumsdogmatik, 2. Aufl., 2010.

Groth, Klaus-Martin, Bauhindernis Berliner Baunutzungsplan von 1958 ... und was
dagegen getan werden könnten, Das Grundeigentum 2020, 383 ff.

Grötz, Vera Katharina, Städtebauliche Verträge zur Baulandbereitstellung, 2020.

Grüneberg, Christian, Bürgerliches Gesetzbuch, Kommentar, 82. Aufl., 2023 (zit.: *Bearbeiter*, in: Grüneberg, BGB, § Rn.).

Grziwotz, Herbert, Baulandmobilisierung und Grundstücksverkehr, NotBZ 2021, 361 ff.

–, Bodenrechtsreform oder Kooperation?, ZfIR 2020, 81 ff.

–, Bodenspekulation, Wohneigentumsförderung und städtebauliche Verträge, ZfIR
2019, 693 ff.

–, Einheimischenmodelle ohne Einheimische, ZfIR 2017, 761 ff.

–, Anmerkung zum Urteil des BGH v. 26.06.2015, V ZR 144/14, MittBayNot 2016, 184 f.

–, Die unredliche öffentliche Hand – Unzulässige Gestaltung und Klauseln in Immobi-
lienverträgen, ZfIR 2015, 121 ff.

–, Folgekosten, KommJur 2009, 293 ff.

–, Einführung in die Vertragsgestaltung im Öffentlichen Recht, 3. Teil, Verträge im Beamten-, Abgaben-, Subventions- und Wohnungsbauförderungsrecht, JuS 1998, 1113 ff.

–, Praktische Probleme beim Abschluß städtebaulicher Verträge, NVwZ 1996, 637 ff.

–, Städtebauliche Verträge als Weg zu einer sozialgerechten Bodennutzung?, DVBl. 1994, 1048 ff.

Haarmann, Wennemar, Wohnungsrecht, MDR 1949, 473 ff.

Haaß, Bernhard, Das „Berliner Modell der kooperativen Baulandentwicklung" in der bauleitplanerischen Abwägung, LKV 2018, 156 ff.

Hager, Gerd, Kommentar zum Landesplanungsrecht in Baden-Württemberg, 2. Aufl., 2021.

Halama, Günter, Durchsetzung und Abwehr von Zielen der Raumordnung und Landesplanung auf der Gemeindeebene, in: Berkemann, Jörg/Gaentzsch, Günter/Halama, Günter/Heeren, Helga/Hien, Eckart/Lemmel, Hans-Peter (Hrsg.), Planung und Plankontrolle, Festschrift für Otto Schlichter, 1995, S. 201 ff. (zit.: *Halama*, FS Otto, S.).

Heilshorn, Torsten/*Kohnen*, Guido, Geräuschkontingentierung nach DIN 45691, UPR 2019, 81 ff.

Heinemann, Patrick, Geplantes Umwandlungsverbot im BauGB formell verfassungswidrig?, NVwZ 2020, 1398 ff.

Helbich, Julius, Vertrauensschutz in Verwaltungsvorschriften des Steuerrechts, 2015.

Hellriegel, Mathias, Bezahlbares Gewerbe, Ausweitung der kooperativen Baulandentwicklung auf Kultur und Gewerbe in den Innenstädten, BauR 2020, 1411 ff.

Hellriegel, Mathias/*Teichmann*, Lisa, Sozialgerechte Bodennutzung (SoBoN) – Voraussetzung und Grenzen für städtebauliche Verträge zwischen Plangeber und Bauherren, BauR 2014, 189 ff.

Hendler, Reinhard, Zum Verhältnis von gemeindlicher Bauleitplanung und Raumordnungsplanung, in: Schliesky, Utz/Ernst, Christian/Schulz, Sönke E. (Hrsg.), Festschrift für Edzard Schmidt-Jortzig, Die Freiheit des Menschen in Kommune, Staat und Europa, 2011, S. 209 ff. (zit.: *Hendler*, in: FS Schmidt-Jortzig, S.).

Henger, Ralph/*Voigtländer*, Michael, IW-Report 28/2019, Ist der Wohnungsbau auf dem richtigen Weg?, 22.07.2019, https://www.iwkoeln.de/fileadmin/user_upload/Studien/Report/PDF/2019/IW-Report_2019_Wohnungsbaubedarfmodell.pdf (zuletzt aufgerufen am 30.12.2022).

Hentschel, Jochen/*Wurzel*, Gabriele, Verkaufsflächenbegrenzungen: Das Urteil des BVerwG vom 3.4.2008, NVwZ 2008, 1201 ff.

Herdegen, Matthias, Strukturen und Institute des Verfassungsrechts der Länder, in: Isensee, Josef/Kirchhof, Paul (Hrsg.), Handbuch des Staatsrechts der Bundesrepublik Deutschland, Band VI: Bundesstaat, 3. Aufl., 2009, § 129.

Hien, Bemerkungen zum städtebaulichen Vertrag, in: Berkemann, Jörg/Gaentzsch, Günter/Halama, Günter/Heeren, Helga/Hien, Eckart/Lemmel, Hans-Peter (Hrsg.), Planung und Plankontrolle, Festschrift für Otto Schlichter, 1995, S. 129 ff. (zit.: *Hien*, FS Schlichter, S.).

Hoffmann, Klaus, Baulandentwicklungsmodelle und Baulandbeschlüsse für den ländlichen Raum, in: Brandl, Uwe/Dirnberger, Franz/Miosga, Manfred/Simon, Matthias (Hrsg.), Wohnen im ländlichen Raum. Wohnen für alle. Bedarfsgerechte und (flächen)nachhaltige Planungs- und Umsetzungsstrategien für den Wohnbedarf der Zukunft, 2019, S. 109 ff.

–, Städtebauliche Rahmenverträge – Kooperationsverträge zur Baulandentwicklung, in: Spannowsky, Willy/Hofmeister, Andreas (Hrsg.), Kooperative und nachfrageorientierte Kommunalentwicklung durch städtebauliche Verträge, 2016, S. 91 ff.

–, Baulandfinanzierung durch städtebaulichen Vertrag, Möglichkeiten und Grenzen von Folgekostenvereinbarungen, KommunalPraxis BY 2000, 124 ff.

Hofmeister, Andreas/*Mayer*, Christoph, Die Erstreckung des beschleunigten Verfahrens auf die Überplanung von Außenbereichsflächen für Wohnnutzung gemäß § 13b BauGB 2017 – Anwendungsvoraussetzungen, Rechtsfolgen und ausgewählte Anwendungsprobleme, ZfBR 2017, 551 ff.

Holm, Hilmar, Bauen für eine demokratische Stadt, Hans-Böckler-Stiftung (Hrsg.), März 2019, https://www.boeckler.de/pdf/p_01_report_02_2019.pdf (zuletzt aufgerufen am 30.12.2022).

Hoppe, Werner/*Bönker*, Christian/*Grotefels*, Susan, Öffentliches Baurecht, 4. Aufl., 2010.

Hoppenberg, Michael/*de Witt*, Siegfried (Hrsg.), Handbuch des öffentlichen Baurechts, Band 3, 59. EL., Stand: November 2021 (zit.: *Bearbeiter* in: Hoppenberg/de Witt, Handbuch des öffentlichen Baurechts, Bd. 3, Kap. Rn.).

Hornmann, Gerhard/*Kämper*, Norbert/*Spannowsky*, Willy (Hrsg.), Beck'scher Online-Kommentar, Baunutzungsverordnung, 31. Edition, Stand: 15.10.2022 (zit.: *Bearbeiter*, in: Hornmann/Kämper/Spannowsky (BeckOK), BauNVO, § Rn.).

Huber, Peter M., Rechtliche Grenzen von Planungswertausgleich und städtebaulichen Verträgen, DÖV 1999, 173 ff.

Huber, Peter M./*Wollenschläger*, Ferdinand, Einheimischenmodelle, Städtebauliche Zielverwirklichungen an der Schnittstelle von europäischem und nationalem, öffentlichem und privatem Recht, 2008.

Hufen, Friedhelm, Staatsrecht II, Grundrechte, 9. Aufl., 2021.

Huge, Antonia, Die Öffentlichkeitsbeteiligung in Planungs- und Genehmigungsverfahren dezentraler Energieanlagen, 2018.

Huttenloher, Christian/*Meyer*, Hauke/*Senner*, Kathrin, Gemeinschaftsaufgabe Neubauakzeptanz, Deutscher Verband für Wohnungswesen, Städtebau und Raumordnung e.V. (Hrsg.), Januar 2020, https://www.die-wohnraumoffensive.de/fileadmin/user_upload/aktivitaeten/veroeffentlichungen/Neubauakzeptanz_bf.pdf (zuletzt aufgerufen am 30.12.2022).

Ipsen, Jörn, Staatsrecht II, Grundrechte, 24. Aufl., 2021.

Isensee, Josef, Grundrechtsvoraussetzungen und Verfassungserwartungen an die Grundrechtsausübung in: Isensee, Josef/Kirchhof, Paul (Hrsg.), Handbuch des Staatsrechts der Bundesrepublik Deutschland, Band IX: Allgemeine Grundrechtslehre, 3. Aufl., 2011, § 190.

Jäde, Henning/*Dirnberger*, Franz, Baugesetzbuch, Baunutzungsverordnung, Kommentar, 9. Aufl., 2018 (zit.: *Bearbeiter*, in: Jäde/Dirnberger, BauGB/BauNVO, § Rn.).

Jäde, Henning/*Dirnberger*, Franz/*Weiss*, Josef, Baugesetzbuch, Baunutzungsverordnung, Kommentar, 7. Aufl., 2013 (zit.: *Bearbeiter*, in: Jäde/Dirnberger/Weiss, BauGB/BauNVO, § Rn.).

Jahndorf, Christian, Übergangsfristen bei Regimewechseln im Öffentlichen Recht, NVwZ 2015, 1188 ff.

Jarass, Hans D./*Kment*, Martin, Baugesetzbuch, Kommentar, 3. Aufl., 2022 (zit.: *Jarass/Kment*, BauGB, § Rn.).

Jarass, Hans D./*Pieroth*, Bodo (Hrsg.), Grundgesetz für die Bundesrepublik Deutschland, Kommentar, 17. Aufl., 2022 (zit.: *Bearbeiter*, in: Jarass/Pieroth, GG, Art. Rn.).

Jarass, Hans D./*Schnittker*, Daniel/*Milstein*, Alexander, Schwerpunkt - Einführung in das Raumordnungs- und Landesplanungsrecht, JuS 2011, 215 ff.

Jesch, Dietrich, Gesetz und Verwaltung, Eine Problemstudie zum Wandel des Gesetzmäßigkeitsprinzips, 1960.

Junge, Volker, Zur Ermittlung des Bodenwertes bei Mietbindungen, fub 2020, 66 ff.

Junker, Tobias, Rechtliche Möglichkeiten und Grenzen einer Abschöpfung planungsbedingter Bodenwertsteigerungen durch Gemeinden, 2010.

Kaiser, Joseph H., Staat und Privateigentum: öffentliche Gewährleistung, Beschränkung und Inanspruchnahme privaten Eigentums in sechs Staaten rechtsvergleichend dargestellt, Beiträge zum ausländischen öffentlichen Recht und Völkerrecht, Band 34, 1960.

Kingreen, Thorsten, Die Verteilung der Gesetzgebungskompetenz für das Mietpreisrecht beim Wohnraum, NVwZ 2020, 737 ff.

Kingreen, Thorsten/*Poscher*, Ralf, Grundrechte Staatsrecht II, 38. Aufl., 2022.

Kiwitt, Thomas, Regionale Steuerung der Wohnraumversorgung, in: Mitschang, Stephan (Hrsg.), Erhaltung und Sicherung von Wohnraum, 2017, S. 119 ff.

Kley, Nicolai/*Grahovac*, Dragan, Münchner Baulandmodell der Sozialgerechten Bodennutzung – Novelle 2021 und Möglichkeiten, Grenzen und Rahmenbedingungen der Baurechtsmehrung bei der Nachverdichtung im Innenbereich, fub 2022, 8 ff.

Kley, Nicolai/*Wuttke*, Inken, Sicherung der sozialgerechten Bodennutzung durch Verträge, in: Spannowsky, Willy/Gohde, Christian (Hrsg.), Nachfrageorientierte städtebauliche Planung, 2020, S. 67 ff.

Kloepfer, Michael, Die Sozialisierung von Wohnungsunternehmen und die Verfassung, NJW 2019, 1656 ff.

Kment, Martin, Öffentliches Baurecht Band I: Bauplanungsrecht, 8. Aufl., 2022.

–, Auf dem Weg zum Baulandmobilisierungsgesetz, ZRP 2020, 179 ff.

–, Raumordnungsgesetz, Kommentar, 2019 (zit.: *Bearbeiter*, in: Kment, ROG, § Rn.).

–, Wohnungsnot und Verfassungsrecht, NJW 2018, 3692 ff.

Knospe, Armin, Per Aspera ad astra oder der lange Marsch der Europäischen Sozialcharta durch die Institutionen der Revision, ZESAR 2015, 449 ff.

Koch, Hans-Joachim/*Hendler*, Reinhard, Baurecht, Raumordnungs- und Landesplanungsrecht, 6. Aufl., 2015.

König, Helmut/*Roeser*, Thomas/*Stock*, Jürgen, Baunutzungsverordnung, Kommentar, 5. Aufl., 2022 (zit.: *Bearbeiter*, in: König/Roeser/Stock, § Rn.).

Köninger, Daniela, Interkommunale Zusammenarbeit - Förderung eines Erfolgsmodells mit Zukunftsperspektive, KommunalPraxis BY 2015, 207 ff.

Köster, Bernd, Die (Wieder-)Entdeckung des Baugebots nach § 176 Baugesetzbuch, BauR 2019, 1378 ff.

–, Möglichkeiten der kommunalen Förderung des sozialen Wohnungsbaus im allgemeinen Städtebaurecht, KommJur 2016, 81 ff.

Kötter, Theo, Erfolgsfaktoren kommunaler Baulandmodelle, FWW 2019, 20 f.

–, Mangel an bezahlbarem Wohnraum – Was leisten kommunale Baulandmodelle, vhw FWS 2018, 149 ff.

–, Kommunale Baulandmodelle – die Lösung für die aktuellen Wohnungsprobleme? in: Bayerische Akademie ländlicher Raum e.V. (Hrsg.), Its all about land, 2014, S. 77 ff.

Kötter, Theo/*Rehorst*, Frauke, Arbeitshilfe. Schaffung preisgünstigen Wohnraums durch Bauleitplanung, städtebauliche Verträge und Zwischenerwerbsmodelle, Ministerium für Infrastruktur und Landesplanung Brandenburg (Hrsg.), März 2017, https://mil.b randenburg.de/sixcms/media.php/9/Arbeitshilfe_gefoerderter_Wohnungsbau.40380 01.pdf (zuletzt aufgerufen am 30.12.2022).

Kötter, Theo/*Rehorst*, Frauke/*Weiß*, Dominik, Arbeitshilfe, Baulandstrategien im Brandenburger Maßstab, Ministerium für Infrastruktur und Landesplanung Brandenburg (Hrsg.), Juli 2020, https://mil.brandenburg.de/sixcms/media.php/9/Arbeitshilfe_Ba ulandstrategien_Langfassung_final.pdf (zuletzt aufgerufen am 30.12.2022).

Krautzberger, Michael, Städtebauliche Refinanzierungsverträge – Kostenerstattungs–, Aufwandsersatz–, Durchführungs- und Folgelastenverträge, in: Spannowsky, Willy/Hofmeister, Andreas (Hrsg.), Kooperative und nachfrageorientierte Kommunalentwicklung durch städtebauliche Verträge, 2016, S. 133 ff.

Krautzberger, Michael/*Stüer*, Bernhard, Baulandmobilisierung: Gesetzentwurf der Bundesregierung, ZfBR 2021, 33 ff.

–, Bernhard, Planungssicherstellungsgesetz 2020: Öffentlichkeitsbeteiligung in Krisenzeiten, DVBl. 2020, 910 ff.

–, BauGB-Novelle 2014 II: Erleichterte Unterbringung von Flüchtlingen, DVBl. 2015, 73 ff.

Krebs, Walter, Vorbehalt des Gesetzes und Grundrechte, 1975.

Kreft, Friedrich, Die Schutzgrenzen des verfassungsmäßig garantierten Grundeigentums, in: v. Caemmerer/Fischer/Nüßgens/Schmidt (Hrsg.) Festschrift für Fritz Hauß (zit.: *Kreft*, in: FS Hauß, S.).

Krennerich, Michael, Ein Recht auf (menschenwürdiges) Wohnen?, APuZ 25-16/2018, 9 ff.

Kreuter-Kirchhof, Charlotte, Kumulative Grundrechtseingriffe in das Grundeigentum, Verfassungsrechtliche Schranken kumulativer Inhalts- und Schrankenbestimmungen, NVwZ 2019, 1791 ff.

Krisch, Michael, Wohnen im Wandel, Wohnraumversorgungskonzepte als Handlungs-instrument der Kommunen, 2014.

Kröninger, Holger/*Aschke*, Manfred/*Jeromin*, Curt M. (Hrsg.), Baugesetzbuch, Kommentar, 4. Aufl., 2018 (zit.: *Bearbeiter*, Kröninger/Aschke/Jeromin, BauGB, § Rn.).

Kropp, Sebastian, Das Berliner Modell der kooperativen Baulandentwicklung, zfv 2017, 234 ff.

Kullmann, Ulrich (Hrsg.), Nomos-Kommentar Bundesberggesetz, 2012 (zit.: *Bearbeiter*, in: Kullmann, NK BBergG, § Rn.).

Kümper, Boas, Raumordnung und Bauleitplanung – Regelungsbefugnisse der Raum-ordnung und Bindungswirkungen raumordnerischer Festlegungen für die Bauleit-planung –, ZfBR 2018, 119 ff.

–, »Verwerfung« und »Überwindung« von Raumordnungszielen durch die Träger der Fachplanung und der Bauleitplanung?, DVBl. 2017, 1216 ff.

Kümpers, Susanne/*Alisch*, Monika, Altern und Soziale Ungleichheiten: Teilhabechan-cen und Ausgrenzungsrisiken, in: Huster, Ernst-Ulrich/Boeckh, Jürgen/Mogge-Grot-jahn, Hildegard (Hrsg.), Handbuch Armut und soziale Ausgrenzung, 3. Aufl., 2018, S. 597 ff.

Landmann/Rohmer, Umweltrecht, *Beckmann*, Martin/*Durner*, Wolfgang/*Mann*, Thomas/*Röckinghausen*, Marc (Hrsg.), Wasserhaushaltsgesetz, 99. EL., Stand: Sep-tember 2022 (zit.: *Bearbeiter*, in: Landmann/Rohmer, WHG, § Rn.).

Lange, Klaus, Kommunalrecht, 2. Aufl., 2019.

Langeloh, Tobias, Die Zulässigkeit von finanziellen Einheimischenprivilegierungen, 2016.

Lege, Joachim, Art. 14 GG für Fortgeschrittene, ZJS 2012, 44 ff.

Leisner, Roberta, Baufreiheit und Baugebot, 2009.

Leisner, Walter, Eigentum, in: Isensee, Josef/Kirchhof, Paul (Hrsg.), Handbuch des Staatsrechts der Bundesrepublik Deutschland, Band VIII: Grundrechte: Wirtschaft, Verfahren, Gleichheit, 3. Aufl., 2010, § 173.

Leisner, Walter, Städtebauliche Entwicklungsmaßnahmen und Eigentum Privater, Zum neuen Investitionserleichterungs- und Wohnbaulandgesetz, NVwZ 1993, 935 ff.

Leisner, Walter, Baufreiheit oder staatliche Baurechtsverleihung? DVBl. 1992, 1065 ff.

Leisner, Walter, Das Gesetzesvertrauen des Bürgers, Zur Theorie der Rechtsstaat-lichkeit und der Rückwirkung der Gesetze, in: Blumewitz, Dieter/Randelzhofer, Albrecht (Hrsg.), Festschrift für Friedrich Berber, 1972, S. 273 ff. (zit.: *Leisner, W.*, in: FS Berber, S.).

Leisner-Egensperger, Anna, »Geschäfte der laufenden Verwaltung« im Kommunalrecht – Kritische Bestandsaufnahme – erforderliche Neuorientierung –, VerwArch 2009, 161 ff.

Lenz, Karl-Heinz, Das Vertrauensschutz-Prinzip, 1968.

Lepsius, Oliver, Die Rückwirkung von Gesetzen - Teil 1, JURA 2018, 577 ff.

–, Die Rückwirkung von Gesetzen - Teil 2, JURA 2018, 695 ff.

v. Lewinski, Kai/*Burbat*, Daniela, (Hrsg.), Nomos-Kommentar, Bundeshaushaltsord-nung, 2013.

Lindner, Josef/*Möstl*, Markus/*Wolff*, Heinrich Amadeus, Verfassung des Freistaates Bayern, Kommentar, 2. Aufl., 2017 (zit.: *Bearbeiter*, Lindner/Möstl/Wolff, BayVerf, Art. Rn.).

Lindner-Figura, Jan/*Oprée*, Frank/*Stellmann*, Frank (Hrsg.), Geschäftsraummiete, Handbuch, 4. Aufl., 2017 (zit.: *Bearbeiter*, in: Lindner-Figura/Oprée/Stellmann, Geschäftsraummiete, Kap., Rn.).

v. Lojewski, Hilmar, Zum Verhältnis von sozialer Durchmischung, Segregation und Gentrifizierung, vhw FWS 2013, 175 ff.

Looman, Gundula, „Ausverkauf von Hoheitsrechten" in Verträgen zwischen Bauherren und Gebietskörperschaften, NJW 1996, 1439 ff.

Lutter, Marcus, Der Letter of Intent, 3. Aufl., 1998.

Mager, Ute, Einrichtungsgarantien, Entstehung, Wurzeln, Wandlungen und grundgesetzgemäße Neubestimmung einer dogmatischen Figur des Verfassungsrechts, 2003.

v. Mangoldt, Hermann/*Klein*, Friedrich/*Starck*, Christian, Kommentar zum Grundgesetz, 7. Aufl., 2018 (zit.: *Bearbeiter*, in: v. Mangoldt/Klein/Starck, GG, Art. Rn.).

Manssen, Gerrit, Die BauGB-Novelle 2017 – geänderte Zielvorstellungen für die städtebauliche Entwicklung? ZfIR 2017, 809 ff.

Maurer, Hartmut, Kontinuitätsgewähr und Vertrauensschutz, in: Isensee, Josef/Kirchhof, Paul (Hrsg.), Handbuch des Staatsrechts der Bundesrepublik Deutschland, Band IV: Aufgaben des Staates, 3. Aufl., 2006, § 79.

Maurer, Hartmut/*Waldhoff*, Christian, Allgemeines Verwaltungsrecht, 20. Aufl., 2020.

Mitschang, Stephan, Einfacher Bebauungsplan zur Wohnraumversorgung, UPR 2021, 206 ff.

Möbert, Jochen, Deutsche Bank Research, Ausblick auf den deutschen Wohnungsmarkt 2021 ff., 08.03.2021, https://www.dbresearch.de/PROD/RPS_DE-PROD/PROD0000 000000517006/Ausblick_auf_den_deutschen_Wohnungsmarkt_2021_ff_%3A.PDF? undefined&realload=KLlBgGslK2BRmzC4j5Di3l sQXifWK9nG3jFZavXW/7TAK1bV xIe8iKFgyym2vE57 (zuletzt aufgerufen am 30.12.2022).

Mock, Darío, Sektorale Bebauungspläne zur Wohnraumversorgung nach § 9 Abs. 2d BauGB, VBlBW 2021, 397 ff.

Möller, Andreas, Plant endlich! ZRP 2021, 99.

Möller, Andreas/*Hatz*, Maximiliane, Bringt die Sozialwohnungsquote den Bauboom für Wohnungen in Berlin zum Erliegen?, Das Grundeigentum 2013, 314 ff.

Moench, Christoph, Die Planungspflicht der Gemeinde, DVBl. 2005, 676 ff.

Muckel, Stefan/*Ogorek*, Markus/*Rixen*, Stephan, Sozialrecht, 5. Aufl., 2019 (zit.: *Muckel/Ogorek/Rixen*, Sozialrecht, § Rn.).

Muckel, Stefan/*Ogorek*, Markus, Neues im Öffentlichen Baurecht: das Baulandmobilisierungsgesetz – ein Überblick, JA 2021, 881 ff.

Müller, Michael, Die Entwicklung der Zweckverbände in Nordrhein-Westfalen, DÖV 2010, 931 ff.

v. Münch, Ingo/*Kunig*, Philip, Grundgesetz-Kommentar, 7. Aufl., 2021 (zit.: *Bearbeiter*, in: v. Münch/Kunig, GG, Art. Rn.).

v. Münch, Ingo/*Mager*, Ute, Staatsrecht II Grundrechte, 7. Aufl., 2018.

Münchener Kommentar zum Bürgerlichen Gesetzbuch, *Säcker*, Franz Jürgen/*Rixecker*, Roland/*Oetker*, Hartmut/*Limperg*, Bettina (Hrsg.), 9. Aufl., 2021 (zit.: *Bearbeiter*, Münchener Kommentar, § Rn.).

Murswiek, Dietrich, Grundrechte als Teilhaberechte, soziale Grundrechte, in: Isensee, Josef/Kirchhof, Paul (Hrsg.), Handbuch des Staatsrechts der Bundesrepublik Deutschland, Band IX: Allgemeine Grundrechtslehren, 3. Aufl., 2011, § 192.

Musil, Andreas/*Kirchner*, Sören, Das Recht der Berliner Verwaltung, 5. Aufl., 2022.

Nebel, Julian Asmus, Anmerkung zum Urteil VG Berlin v. 17.03.2017 - 19 K 66.15, jurisPR-UmwR 9/2017 Anmerkung 3.

Nettesheim, Martin, Die Allgemeine Erklärung der Menschenrechte und ihre Rechtsnatur, in: Merten, Detlef/Papier, Hans-Jürgen (Hrsg.), Handbuch der Grundrechte in Deutschland und Europa, Bd. VI/2: Europäische Grundrechte II - Universelle Menschenrechte, 2009, § 173.

v. Nicolai, Helmuth/*Wagner*, Karl/*Wecker*, Lucia, Verträge des Baugesetzbuches, Vorhaben- und Erschließungsplan mit Durchführungsvertrag – Erschließungsvertrag – Sonstige städtebauliche Verträge, Systematische Darstellung mit Mustern für eine moderne Bauleitplanung, 1999.

Nipperdey, Hans Carl, Die Grundrechte und Grundpflichten der Reichsverfassung: Kommentar zum zweiten Teil der Reichsverfassung, Bd. 3, 1975 (zit.: *Bearbeiter*, in: Nipperdey, Die Grundrechte und Grundpflichten der Reichsverfassung, Bd. 3, S.).

Nüßgens, Karl/*Boujong*, Karlheinz, Eigentum, Sozialbindung, Enteignung, 1987.

Obertreis, Sarah, Mit Papphäusern und Trommlern, Frankfurter Allgemeine Zeitung v. 22.10.2018, Nr. 245, S. 29.

Oehmen, Klaus/*Busch*, Christiane, Städtebauliche Verträge und die Grenzen des Zulässigen, BauR 1999, 1402 ff.

Oerder, Michael, Wohnbaulandförderung durch städtebauliche Verträge? NWVBl. 2020, 94 ff.

–, Praktische Probleme der Städtebaulichen Verträge nach § 11 BauGB, BauR 1998, 22 ff.

Ossenbühl, Fritz, Satzung, in: Isensee, Josef/Kirchhof, Paul (Hrsg.), Handbuch des Staatsrechts der Bundesrepublik Deutschland, Band V: Rechtsquellen, Organisation, Finanzen, 3. Aufl., 2007, § 105.

Otto, Christian-W., Viel Arbeit für Planer und Anwälte, Frankfurter Allgemeine Zeitung v. 20.11.2020, S. 13

Owusu, Franziska, Die Absicherung von Verpflichtungen in städtebaulichen Verträgen gemäß § 11 BauGB, 2017.

Pahnke, Burkhard, Einkommensorientierte Förderung des sozialen Mietwohnungsbaues, 1998.

Papier, Hans-Jürgen, Das Sozialstaatsgebot des Grundgesetzes – der rechtliche Rahmen der sozialen Sicherung, in: Pöttering, Hans-Gert u.a. (Hrsg.), Die Zukunft des Sozialstaats, 2011, S. 47 ff. (zit.: *Papier*, in: Pöttering, Die Zukunft des Sozialstaats, S.).

Papon, Kerstin, Das ist das beste Alter für den Hauskauf, Frankfurter Allgemeine Zeitung, v. 12.02.2020, Nr. 36, S. 23

Parzefall, Helmut, Das (Wohn-)Baurecht auf Zeit – Ein neues Instrument der Baulandmobilisierung, NVwZ 2020, 26 ff.

Patzelt, Wolfgang, Die Dauer der naturschutzrechtlichen Unterhaltungsmaßnahmen bei Bebauungsplänen, ZUR 2020, 410 ff.

Pietzcker, Jost, Probleme des städtebaulichen Vertrages, in: Erbguth, Wilfried/Oebbecke, Janbernd/Rengeling, Hans-Werner/Schulte, Martin (Hrsg.), Planung, Festschrift für Werner Hoppe, 2000, S. 439 ff. (zit.: *Pietzcker*, in: FS Hoppe, S.).

Pitschas, Rainer, Die Zukunft der sozialen Sicherungssysteme, Veröffentlichungen der Vereinigung der Deutschen Staatsrechtslehrer, Band 64, (2005), S. 109 ff.

Portz, Norbert/Richter, Sarah, Planungsrechtliche Steuerung von Windenergieanlagen durch Städte und Gemeinden, KommJur 2014, 2 ff.

Quaas, Michael, Erschließungskosten in der Bauland- und Projektentwicklung, BauR 1999, 1113 ff.

Ramsauer, Stefanie, Steuerung sozialer und ethnischer Segregation durch städtebauliche Planungsinstrumente, 2018.

Rehorst, Frauke/*Kötter*, Theo, Baulandentwicklung für bezahlbaren Wohnraum, fub 2017, 160 ff.

Reicherzer, Max, Sektoraler Bebauungsplan zur Wohnraumversorgung – „alter Wein in neuen Schläuchen" oder eigenständiges Instrument mit Innovationspotenzial?, UPR 2021, 361 ff.

–, Gestaltung von Folgekostenverträgen, Praktische Umsetzung der neuen Rechtsprechung, Der Bayerische Bürgermeister 2009, 357 ff. und 410 ff.

Reicherzer, Max/*Finster*, Cornelia, Baulandmobilisierung durch Gesetz? Was bringt die BauGB-Novelle?, ZfIR 2021, 149 ff.

Reidt, Olaf, Der Bebauungsplan zur Festsetzung von Flächen für den sozialen Wohnungsbau, BauR 2021, 38 ff.

–, Die Änderung von bebauungsplanbegleitenden städtebaulichen Verträgen, in: Battis, Ulrich/Söfker, Wilhelm/Stüer, Bernhard (Hrsg.), Festschrift für Michael Krautzberger, 2008 (zit.: *Reidt*, in: FS Krautzberger, S.).

–, Städtebaulicher Vertrag und Durchführungsvertrag im Lichte der aktuellen Rechtsprechung, BauR 2008, 1541 ff.

Reiling, Katharina, Der Bebauungsplan zur Wohnraumversorgung, ZfBR 2021, 228 ff.

Reiß-Schmidt, Stephan, Wachsende Stadt, entfesselter Bodenmarkt – wo bleibt der soziale Frieden?, vhw FWS 2018, 119 ff.

Reitberger, Mathias, Folgekosten und Planungskostenerstattung – die zulässige Entlastung der Gemeinde durch Vertrag, in: Brandl, Uwe/Dirnberger, Franz/Miosga, Manfred/Simon, Matthias (Hrsg.), Wohnen im ländlichen Raum. Wohnen für alle. Bedarfsgerechte und (flächen)nachhaltige Planungs- und Umsetzungsstrategien für den Wohnbedarf der Zukunft, 2019, S. 249 ff.

Riemann, Charlotte Sophie, Baurechtliche Instrumente gegen Gentrifizierung, 2016.

Rittstieg, Helmut, Grundgesetz und Eigentum, NJW 1982, 721 ff.

Rixen, Stephan, Verfassungsgemäße Familienförderung nach dem Urteil zum Betreuungsgeld, NJW 2015, 3136 ff.

Rudolph, Kurt, Die Bindung des Eigentums, Eine rechtsvergleichende Studie, 1960.

Sachs, Michael (Hrsg.), Grundgesetz, Kommentar, 9. Aufl., 2021 (zit.: *Bearbeiter*, in: Sachs, GG, Art. Rn.).

–, Bericht des Expertengremiums zum Umsetzungsstand der Wohnungsbau-Offensive, 17.07.2017, https://www.bid.info/wp-content/uploads/2017/09/Bericht_zur_Wohnun gsbauoffensive.pdf (zuletzt aufgerufen am 30.12.2022).

Schach, Klaus/*Schultz*, Michael/*Schüller*, Peter (Hrsg.), Beck'scher Onlinekommentar Mietrecht, 30. Edition, Stand: 01.02.2022 (zit.: *Bearbeiter*, Schach/Schultz/Schüller, BeckOK MietR, BGB, § Rn.).

Schade, Grit, Das Berliner Modell der kooperativen Baulandentwicklung, in: Schönig, Barbara/Kadi, Justin/Schipper, Sebastian (Hrsg.), Wohnraum für alle?!, S. 231 ff.

Schäfer, Martin/*Uechtritz*, Michael/*Zuber*, Andreas (Hrsg.), Rechtsgestaltung in der kommunalen Praxis, 2015 (zit.: *Bearbeiter*, in: Schäfer/Uechtritz/Zuber, Rechtsgestaltung in der kommunalen Praxis, § Rn.).

Schäfer, Rudolf/*Lau*, Petra/*Specovius*, Christina, Baulandbereitstellung. Bodenpolitische Grundsatzbeschlüsse, Bundesministerium für Verkehr, Bau- und Wohnungswesen (Hrsg.), 2001 (zit.: *Schäfer/Lau/Specovius*, Baulandbereitstellung, S.).

Schäfer, Rudolf/*Schmidt-Eichstaedt*, Gerd, Praktische Erfahrungen mit dem Bundesbaugesetz, 1984.

Scharmer, Eckart, Städtebauliche Verträge nach § 6 BauGB-Maßnahmengesetz, NVwZ 1995, 219 ff.

Scheidler, Alfred, Baulandmobilisierung mit dem künftigen Befreiungstatbestand des § 31 Abs. 3 BauGB, UPR 2021, 127 ff.

–, Bauplanungsrechtliche Erleichterungen in der Corona-Krise, UPR 2020, 161 ff.

–, Die Zulässigkeit von Bauvorhaben während der Planaufstellung – eine Betrachtung des § 33 BauGB aus Sicht der Gemeinden, KommJur 2015, 241 ff.

Schink, Alexander, Entwurf eines Gesetzes zur Mobilisierung von Bauland, UPR 2020, 326 ff.

Schmid-Urban, Petra, Städtebauliche Planung und sozialer Anspruch, 1985.

Schmidt-Aßmann, Eberhard, Verwaltungsverträge im Städtebaurecht, in: Lenz, Wolfgang (Hrsg.), Festschrift für Konrad Gelzer, 1991 (zit.: *Schmidt-Aßmann*, in: FS Gelzer, S.).

–, Grundfragen des Städtebaurechts, 1972.

Schmidt-Bleibtreu, *Hofmann*, Hans/*Henneke*, Hans-Günter (Hrsg.), Grundgesetz, Kommentar, 14. Aufl., 2017, GG (zit.: *Bearbeiter*, in: Schmidt-Bleibtreu/Hofmann/ Henneke, GG, Art. Rn.).

Schmidt-Eichstaedt, Gerd, Kriterien zur Beurteilung der Angemessenheit von Verträgen zur Baulandbereitstellung – mit einer Empfehlung an den Gesetzgeber, fub 2019, 10 ff.

–, Das Berliner Modell der kooperativen Baulandentwicklung: „Den Umständen nach angemessen"?, ZfBR 2018, 537 ff.

–, Verträge im Zusammenhang mit der Aufstellung von Bebauungsplänen: Über die Reichweite und Zulässigkeit von städtebaulichen Verträgen nach § 6 BauGB-Maßnahmengesetz, BauR 1996, 1 ff.

Schrödter, Wolfgang (Hrsg.), Baugesetzbuch, Kommentar, 9. Aufl., 2019 (zit.: *Bearbeiter*, in: Schrödter, BauGB, § Rn.).

–, Baugesetzbuch, Kommentar, 7. Aufl., 2006 (zit.: *Bearbeiter*, in: Schrödter, BauGB, § Rn.).

Schröer, Thomas/*Kullick*, Christian, Umlegung von Planungskosten – Das Münchner Modell, NZBau 2012, 429 ff.

Schulte, Hans, Freiheit und Bindung des Eigentums im Bodenrecht, JZ 1984, 297 ff.

–, Das Dogma Baufreiheit, DVBl. 1979, 133 ff.

Schulze, Rainer, Rezepte für den Wohnungsmarkt, Frankfurter Allgemeine Zeitung v. 12.12.2019, Nr. 289, S. 32.

Schütte, Peter, Mehr Demokratie versus Verfahrensbeschleunigung?, ZUR 2011, 169 ff

Schütze, Rolf A./*Weipert*, Lutz/*Rieder*, Markus S. (Hrsg.), Münchener Vertragshandbuch, Band 4: Wirtschaftsrecht III, 8. Aufl., 2018 (zit.: *Bearbeiter*, in: Schütze/Weipert/Rieder, Münchener Vertragshandbuch, Bd. 4, S.).

Schwab, Karl, Städtebauliche Verträge, 2017.

Schwarz, Kyrill-Alexander, Vertrauensschutz als Verfassungsprinzip: eine Analyse des nationalen Rechts, des Gemeinschaftsrechts und der Beziehungen zwischen beiden Rechtskreisen, 2002.

Seibt, Christoph (Hrsg.), Beck'sches Formularbuch Mergers & Acquisitions, 3. Aufl., 2018.

Shirvani, Foroud, Wohnraummangel und Bodenordnung – Rechtliche Maßnahmen zur Behebung des Wohnraummangels im Fokus der Eigentumsverfassung –, DVBl. 2020, 172 ff.

Siegel, Thorsten, Allgemeines Verwaltungsrecht, 14. Aufl., 2022.

Simon, Matthias/*Gleich*, Florian, Baulandvergabe in der Hochpreislage, Der Leitlinienkompromiss zum Einheimischenmodell und seine praktische Umsetzung vor Ort, Bayerischer Gemeindetag 2017, 258 ff.

Sodan, Helge (Hrsg.), Grundgesetz, Kommentar, 4. Aufl., 2018 (zit.: *Bearbeiter*, in: Sodan, GG, Art. Rn.).

Spannowsky, Willy, Vertragliche Regelungen als Instrument zur Sicherung der nachhaltigen städtebaulichen Entwicklung, DÖV 2000, 569 ff.

–, Die verschiedenen städtebaulich-planerischen Möglichkeiten zur Mobilisierung von Bauland, ZfBR 2022, 127 ff.

Spannowsky, Willy/*Runkel*, Peter/*Goppel*, Konrad, Raumordnungsgesetz, Kommentar, 2. Aufl., 2018 (zit.: *Bearbeiter*, in: Spannowsky/Runkel/Goppel, § Rn.).

Spannowsky, Willy/*Uechtritz*, Michael (Hrsg.), Beck'scher Online-Kommentar, Baugesetzbuch, Stand: 56. Edition, 01.09.2022 (zit.: *Bearbeiter*, in: Spannowsky/Uechtritz (BeckOK), BauGB, § Rn.).

Spieß, Gerhard, Sozialgerechte Bodennutzung durch städtebauliche Verträge, ZfIR 2020, 410 ff.

–, Modelle der sozialgerechten Bodennutzung und Zielbindungsverträge zur Schaffung günstigen Wohnraums, in: Brandl, Uwe/Dirnberger, Franz/Miosga, Manfred/Simon, Matthias (Hrsg.), Wohnen im ländlichen Raum. Wohnen für alle. Bedarfsgerechte und (flächen)nachhaltige Planungs- und Umsetzungsstrategien für den Wohnbedarf der Zukunft, 2019, S. 229.

–, Sozialgerechte Bodennutzung – Rechtliche Anforderungen an Baulandmodelle für bezahlbaren Wohnraum, KommJur 2017, 441 ff.

–, Sozialgerechte Bodennutzung (SoBoN), Bayerischer Gemeindetag 2015, 198 ff.

v. Staudinger, Julius, Kommentar zum Bürgerlichen Gesetzbuch, Stand: 26.03.2021 (zit.: *Bearbeiter*, in: Staudinger, BGB, § Rn.).

Staupe, Jürgen, Parlamentsvorbehalt und Delegationsbefugnis, 1986.

Stelkens, Paul/*Bonk*, Heinz Joachim/*Sachs*, Michael, Verwaltungsverfahrensgesetz, Kommentar, 10. Aufl., 2022 (zit.: *Bearbeiter*, in: Stelkens/Bonk/Sachs, VwVfG, § Rn.).

Stepanck, Bettina, Verfassungsunmittelbare Pflichtaufgaben der Gemeinden, 2014.

Stern, Klaus, Das Staatsrecht der Bundesrepublik Deutschland, Band 1, Grundbegriffe und Grundlagen des Staatsrechts, Strukturprinzipien der Verfassung, 2. Aufl., 1984.

Stüer, Bernhard, Städtebauliche Verträge (§ 11 BauGB), in: Spannowsky, Willy/Hofmeister, Andreas (Hrsg.), Kooperative und nachfrageorientierte Kommunalentwicklung durch städtebauliche Verträge, 2016, S. 1 ff.

–, Handbuch des Bau- und Fachplanungsrechts, 5. Aufl., 2015.

Stüer, Bernhard/*König*, Claas-Dietrich, Städtebauliche Verträge – Strikter Gesetzesvollzug oder grenzenlose Vertragsfreiheit? ZfBR 2000, 528 ff.

Süring, Julia/*Weitkamp*, Alexandra, Erfolgsfaktoren von Baulandmodellen – Unterschiede und Gemeinsamkeiten der Lösungsansätze, fub 2019, 134 ff.

Uechtritz, Michael, Das Baulandmobilisierungsgesetz – Anmerkungen zu den Neuregelungen (Teil 1), BauR 2021, 1227 ff.

Unbekannter Verfasser, IVD-Analyse, Wie beeinflusst die Corona-Pandemie die Preisentwicklung auf dem Wohnimmobilienmarkt 2020?, 18.05.2021, https://ivd.net/wp-content/uploads/2020/05/2020_05_18-IVD-Analyse_Wie-beeinflusst-die-Corona-Pandemie-die-Preisentwicklungen.pdf (zuletzt aufgerufen am 30.12.2022).

Unbekannter Verfasser, Tausende demonstrieren gegen hohe Mieten in Berlin, https://www.tagesspiegel.de/berlin/mehrere-tausend-demonstranten-fur-enteignungen-ziehen-durch-berlin-5614351.html (zuletzt aufgerufen am 30.12.2022).

Vierling, Markus, Die Abschöpfung des Planungsgewinns durch städtebauliche Verträge, 2006.

–, Die Kostenbeteiligung von Bauwilligen im Rahmen von Baulandausweisungen – Zugleich Anmerkung zum Urt. des BVerwG v. 25.11.2005 - 4 C 15.04 –, DNotZ 2006, 891 ff.

Vogel, Hans-Jochen, Mehr Gerechtigkeit!, 2019.

Voßkuhle, Andreas, Grundwissen – Öffentliches Recht: Der Grundsatz des Vorbehalts des Gesetzes, JuS 2007, 118 f.

Voßkuhle, Andreas/*Kaufhold*, Ann-Katrin, Grundwissen - Öffentliches Recht: Vertrauensschutz, JuS 2011, 794 ff.

Waechter, Kay, Leitvorstellungen der Bauleitplanung und Planungsverständnis, DVBl. 2006, 465 ff.

Wagner, Klaus, Der städtebauliche Vertrag als Mittel zur Baulandmobilisierung, GewArch 1995, 231 ff.

Wahl, Rainer, Aktuelle Probleme im Verhältnis der Landesplanung zu den Gemeinden – Steuerung der Siedlungsentwicklung und Standortplanungen –, DÖV 1981, 597 ff.

Weber, Werner, Die verfassungsrechtlichen Grenzen sozialstaatlicher Forderungen, Sonderdruck aus: Der Staat, Band 4, 1965, S. 409 ff.

Weber-Dürler, Béatrice, Vertrauensschutz im öffentlichen Recht, 1983.

Weigelt, Thomas, Die wachsende Stadt als Herausforderung für das Recht, 2016.

Welti, Felix, Felder kommunaler Sozial- und Beschäftigungspolitik - Teil 1, KommJur 2006, 241 ff.

Wuschansky, Bernd/*König*, Kristina, Interkommunale Gewerbegebiete in Deutschland, Grundlagen und Empfehlungen zur Planung, Förderung und Finanzierung, Organisation, Vermarktung, ILS – Institut für Landes- und Stadtentwicklungsforschung gGmbH (Hrsg.), 2011, https://www.ils-forschung.de/files_publikationen/pdfs/Interk %20Gewerb%20BRD%20110825_opt.pdf (zuletzt aufgerufen am 30.12.2022).

Zacher, Hans F., Das soziale Staatsziel in: Isensee, Josef/Kirchhof, Paul (Hrsg.), Handbuch des Staatsrechts der Bundesrepublik Deutschland, Band II: Verfassungsstaat, 3. Aufl., 2004, § 28.

–, Zur sozialen Programmatik der Bayerischen Verfassung, in: Bayer. Verfassungsgerichtshof (Hrsg.), Verfassung und Verfassungsrechtsprechung, Festschrift zum 25-jährigen Bestehen des Bayer. Verfassungsgerichtshofs, 1972, S. 95 ff. (zit.: *Zacher*, in: FS Bayer. Verfassungsgerichtshofs, S.).

Zepf, Uwe/*Neubrandt*, Philipp, Städtebauliche Verträge und bezahlbarer Wohnraum: Berliner Leitlinie in angespannten Wohnungsmärkten – Erster Teil, LKV 2019, 207 ff.

Ziekow, Jan (Hrsg.), Handbuch des Fachplanungsrechts, Grundlagen, Praxis, Rechtsschutz, 2. Aufl., 2014 (zit.: *Bearbeiter*, HdB FachplanungsR, § Rn.).

Zinell, Herbert O., Rechtsprobleme bei der Vereinbarung eines gemarkungsüberschreitenden interkommunalen Gewerbe- oder Industriegebietes, VBlBW 2002, 49 ff.

Sonstige Materialien

Baulandmodell Bonn: Leitfaden zur Anwendung für Vorhabenträger, https://www.bon n.de/medien-global/amt-61/191001_BBLM_Leitfaden_Investoren_final.pdf (zuletzt aufgerufen am 30.12.2022).

Baulandmodell Bonn: FAQ-Broschüre, https://www.bonn.de/medien-global/amt-61/19 1001_BBLM_FAQ-Broschuere_final.pdf (zuletzt aufgerufen am 30.12.2022).

Beirat für Raumentwicklung beim Bundesministerium des Innern, für Bau und Heimat, Empfehlungen des Beirats für Raumentwicklung, Siedlungsentwicklung - Flächen sparen vom 15.01.2019,

https://www.bmi.bund.de/SharedDocs/downloads/DE/veroeffentlichungen/themen/h
eimat-integration/raumordnung/beirat/bfr-empfehlung-siedlungsentwicklung.pdf?_
_blob=publicationFile&v=1 (zuletzt aufgerufen am 30.12.2022).

Berliner Modell der kooperativen Baulandentwicklung, Leitlinien für den Abschluss
städtebaulicher Verträge in Berlin vom 01.11.2018, https://www.stadtentwicklung.berl
in.de/wohnen/wohnungsbau/download/vertraege/modell_baulandentwicklung.pdf
(zuletzt aufgerufen am 30.12.2022).

Berliner Modell der kooperativen Baulandentwicklung, Leitlinien für den Abschluss
städtebaulicher Verträge vom 28.08.2014, https://digital.zlb.de/viewer/resolver?urn=
urn:nbn:de:kobv:109-opus-238615 (zuletzt aufgerufen am 30.12.2022).

Bündnis für Wohnungsneubau in Berlin, Vereinbarung zwischen der Senatsverwaltung
für Stadtentwicklung und Umwelt und den Bezirksämtern von Berlin, https://www.s
tadtentwicklung.berlin.de/wohnen/bezirksbuendnis/download/WohnenSenStadtU
m_neubaubuendnis_mit_bezirken.pdf (zuletzt aufgerufen am 30.12.2022).

Bundesverband Freier Immobilien- und Wohnungsunternehmen, Stellungnahme des
Bundesverbands Freier Immobilien- und Wohnungsunternehmen zum Referentenentwurf eines Gesetzes zur Mobilisierung von Bauland, https://www.bmi.bund.de/S
haredDocs/gesetzgebungsverfahren/DE/Downloads/stellungnahmen/baulandmobi
lisierungsgesetz/bundesverband-freier-immobilienunternehmen.pdf;jsessionid=AF0
160A7943E96774022460B47BB4BF3.1_cid373?__blob=publicationFile&v=1 (zuletzt
aufgerufen am 30.12.2022).

Bundesvereinigung der kommunalen Spitzenverbände, Stellungnahme der Bundesvereinigung der kommunalen Spitzenverbände zum Referentenentwurf eines Gesetzes
zur Mobilisierung von Bauland, https://www.bmi.bund.de/SharedDocs/gesetzgebun
gsverfahren/DE/Downloads/stellungnahmen/baulandmobilisierungsgesetz/kommu
nale-spitzenverbaende.pdf;jsessionid=AF0160A7943E96774022460B47BB4BF3.1_cid
373?__blob=publicationFile&v=1 (zuletzt aufgerufen am 30.12.2022).

Deutscher Anwaltverein, Stellungnahme des Deutschen Anwaltvereins zum Referentenentwurf eines Gesetzes zur Mobilisierung von Bauland, https://www.bmi.bund.d
e/SharedDocs/gesetzgebungsverfahren/DE/Downloads/stellungnahmen/bauland
mobilisierungsgesetz/deutscher-anwaltverein.pdf;jsessionid=AF0160A7943E96774
022460B47BB4BF3.1_cid373?__blob=publicationFile&v=3 (zuletzt aufgerufen am
30.12.2022).

Deutscher Städtetag, Neuausrichtung der Wohnungs- und Baulandpolitik, Positionspapier des Deutschen Städtetages, 12.09.2017, https://www.staedtetag.de/files/dst/docs/
Publikationen/Positionspapiere/Archiv/wohnungs-und-baulandpolitik-positionspap
ier-2017.pdf (zuletzt aufgerufen am 30.12.2022).

Deutscher Städte- und Gemeindebund, Bilanz 2018 & Ausblick 2019 der deutschen
Städte & Gemeinden, https://www.dstgb.de/publikationen/dokumentationen/
bilanz-2018-ausblick-2019/bilanz-18-19-web.pdf?cid=5j4 (zuletzt aufgerufen am
30.12.2022).

Empfehlungen auf Grundlage der Beratungen in der Kommission für „Nachhaltige Baulandmobilisierung und Bodenpolitik" (Baulandkommission), 02.07.2019, https://www.bmi.bund.de/SharedDocs/downloads/DE/veroeffentlichungen/nachrichten/Handlungsempfehlungen-Baulandkommission.pdf?__blob=publicationFile&v=1 (zuletzt aufgerufen am 30.12.2022).

Landeshauptstadt München, Die sozialgerechte Bodennutzung – Der Münchner Weg, Landeshauptstadt München (Hrsg.), 3. Aufl., 2009, https://www.regensburg-digital.de/wp-content/uploads/2017/10/SoBoN-2010.pdf (zuletzt aufgerufen am 30.12.2022).

Münchner Initiative für ein soziales Bodenrecht, Kommunaler Impuls zu einer gemeinwohlorientierten Bodenpolitik vom 23.06.2018, https://www.stattbau-muenchen.de/files/stattbau/bodenrecht/Münchner_Ratschlag_Bodenrecht_Ergebnispapier.pdf (zuletzt aufgerufen am 30.12.2022).

Neue Leipzig Charta, Die transformative Kraft der Städte für das Gemeinwohl, Verabschiedet beim Informellen Ministertreffen Stadtentwicklung am 30.11.2020, https://www.bmi.bund.de/SharedDocs/downloads/DE/veroeffentlichungen/2020/eu-rp/gemeinsame-erklaerungen/neue-leipzig-charta-2020.pdf?__blob=publicationFile&v=6 (zuletzt aufgerufen am 30.12.2022).

Neufassung der Richtlinien „Mietwohnungen für mittlere Einkommensbezieher", Richtlinien zur Förderung von Mietwohnungen in Stuttgart vom 19.07.2007 in der Fassung vom 27.07.2016, geändert am 29.07.2020, https://www.stuttgart.de/medien/ibs/Neufassung-der-Richtlinien-Mietwohnungen-fuer-mittlere-Einkommensbezieher.pdf (zuletzt aufgerufen am 30.12.2022).

Wahlprogramm 2020 der Oberbürgermeisterin von Augsburg, Eva Weber, https://www.evaweber.de/fileadmin/Eva_Weber/Downloads/CSU_Stadt_der_Chancen_2020.pdf (zuletzt aufgerufen am 30.12.2022).

Wohnungspolitisches Konzept für die Landeshauptstadt Potsdam, Juli 2015, https://www.potsdam.de/sites/default/files/documents/wohnungspolitisches_konzept_0.pdf (zuletzt aufgerufen am 30.12.2022).